新

왕초보에서 고급까지
활용빈도가 가장 높은 단어중심

English

영단어
숙어

★ Words & Phrases ★

사사연 어학연구소 저

도서출판 사사연

# 머리말

영어를 배우고 있는 학교는 말할것도 없고, 가정과 직장 그리고 사회 여러 분야 직업을 막론하고 이제 영어는 우리사회의 필수 생활수단의 하나가 되었습니다.

남보다 앞서 나가기 위해, 그리고 무엇보다도 안정된 직장과 원만한 비즈니스를 위해 영어는 반드시 제대로 익혀야 한다는 것입니다. 바로 그것이 오늘을 살아가는 우리 현대인의 당면과제가 된 것입니다.

지금 우리 사회는 어린이에서부터 성인에 이르기까지 그 영어열풍에 자나깨나 결실을 이루고자 온갖 노력을 다 쏟고 있는 것입니다.

'新 영단어 숙어'는 영어의 가장 기초가 되는 각종 시험과 일상생활에 쓰이는 단어들을 중심으로 우리 발음을 달아 쉽게 학습할 수 있도록 하여 지난 날 기초 없이 겉핥기 식으로 영어를 배웠거나, 또 영어의 중요성을 모르고 무작정 멀리 했던 사람, 영어를 다시 배우고자 열망하는 사람들에게는 배움의 올바른 길잡이가 될 것입니다.

사사연 어학연구소

# 차 례

## 약어·기호표

| | |
|---|---|
| 명 명사 | 《독》 독어 |
| 대 대명사 | 《라》 라틴어 |
| 형 형용사 | 《이》 이탈리어 |
| 관 관사 | 《프》 프랑스어 |
| 자 자동사 | 《古》 고어 |
| 타 타동사 | 《口》 구어 |
| 부 부사 | 《機》 기계 |
| 전 전치사 | 《動》 동물 |
| 조 조동사 | 《物》 물리학 |
| 접 접속사 | 《法》 법률 |
| 감 감탄사 | 《俗》 속어 |
| 《영》 영어 | 《數》 수학 |
| 《미》 미어 | |

| a, an | [ə, éi] [ən, æn] [어, 에이] [언, 앤]<br>관 하나의, 어떤, 같은, 동일한, ～에, ～마다 |
|---|---|
| abacus | [ǽbəkəs] [애버커스]<br>명 주판 |
| abandon | [əbǽndən] [어밴던]<br>타 버리다, 그만두다, 포기하다<br>* abandon oneself to ～에 내맡기다.<br>～에 빠지다, ～에 젖다 |
| abandonment | [əbǽndənmənt] [어밴던먼트]<br>명 포기, 버림받음, 위탁 |
| abase | [əbéis] [어베이스]<br>타 깎아내리다, (지위 따위를) 낮추다 |

| abash | [əbǽʃ] [어배쉬]<br>타 ~를 부끄럽게 하다 |
|---|---|
| abate | [əbéit] [어베잇]<br>타자 (값을) 내리다, 감하다, 감소시키다 |
| abatement | [əbéitmənt] [어베이트먼트]<br>명 인하, 감소, 폐지 |
| abbess | [ǽbis] [애비스]<br>명 여자 대수도원장 |
| abbey | [ǽbi] [애비]<br>명 대수도원, 대사원, 승원 |
| abbot | [ǽbət] [애버트]<br>명 대수도원장, 승원장 |
| abbreviate | [əbrí:vièit] [어브뤼비에잇]<br>타 짧게 하다, 단축하다, 생략하다 |
| abbreviation | [əbri:viéiʃən] [어브뤼비에이션]<br>명 생략, 생략형, 단축형, 약어 |
| abdomen | [ǽbdəmən] [앱더먼]<br>명 배, 복부(belly) |
| abduct | [æbdʌ́kt] [앱덕트]<br>타 유괴하다(kidnap) |

2

| | |
|---|---|
| **abhor** | [æbhɔ́:r] [앱호어]<br>타 증오하다, 몹시 싫어하다, 혐오하다 |
| **abhorrence** | [əbhɔ́:rəns] [어브호오런스]<br>명 혐오, 딱 질색인 것, 증오 |
| **abhorrent** | [əbhɔ́:rənt] [어브호오런트]<br>형 몹시 싫은, 용납하지 않는, 지겨운 |
| **abide** | [əbáid] [어바이드]<br>자타 참다, 견디다, 살다, 머무르다 |
| **ability** | [əbíləti] [어빌러티]<br>명 능력, 수완, 할 수 있는 힘, 재능 |
| **abject** | [æbdʒekt] [애브젝트]<br>형 비천한, 영락한, 비열한 |
| **able** | [éibl] [에이블]<br>형 ~할 수 있는, 유능한, 자격 있는<br>* [be] able to [do] ~할 수 있다(can) |
| **abnormal** | [æbnɔ́:rməl] [애브노오멀]<br>형 비정상의, 이상한, 예외적인, 변칙의 |
| **aboard** | [əbɔ́:rd] [어보오드]<br>부 배로(에) 전 (배 · 차 · 비행기를) 타고 |

*3*

| | |
|---|---|
| **abode** | [əbóud] [어보우드]<br>명 거주, 거처 |
| **abolish** | [əbáliʃ] [어발리쉬]<br>타 (제도 · 법률 · 습관 따위를) 폐지하다 |
| **abolition** | [æbəlíʃən] [애벌리션]<br>명 폐지, 철폐 |
| **abominable** | [əbámənəbl] [어바머너브얼]<br>형 밉살맞은, 지긋지긋하게 싫은 |
| **abominate** | [əbámənèit] [어바머네잇]<br>타 지겨워하다, 혐오하다 |
| **abound** | [əbáund] [어바운드]<br>자 많이 있다, 풍부하다<br>* abound in [with]<br>　～이 풍부하다, ～이 많다 |
| **about** | [əbáut] [어바웃]<br>전 ～에 대하여 부 대략, 거의, 무렵<br>* [be] about to [do] 막 ～하려고 하다<br>　([be] on the point of [doing]) |
| **above** | [əbʌ́v] [어버브]<br>전 ～의 위에 부 위로, ～이상 |

4

\* above all [things]
특히, 그 가운데서도, 무엇보다도, 먼저

| | |
|---|---|
| **abridge** | [əbrídʒ] [어브뤼쥐]<br>타 단축하다, 줄이다, 요약하다 |
| **abroad** | [əbrɔ́ːd] [어브로오드]<br>부 외국에 [으로], 집 밖으로, 널리 |
| **abrupt** | [əbrʌ́pt] [어브랍트]<br>형 갑작스러운, 뜻밖의, 급한, 험한 |
| **absence** | [ǽbsns] [앱슨스]<br>명 부재, 출타, 결석, 결근 |
| **absent** | [ǽbsnt] [앱슨트]<br>형 부재의, 결석한 |
| **absent-minded** | [ǽbsntmáindid] [앱슨트마인디드]<br>형 멍하니 있는, 넋 잃은 |
| **absolute** | [ǽbsəlùːt] [앱썰루우트]<br>형 절대의, 완전한 명 절대 |
| **absolutely** | [ǽbsəlúːtli] [앱썰루우틀리]<br>부 절대로, 단연코, 완전히 |
| **absolution** | [ǽbsəlúːʃən] [앱썰루우션]<br>명 면제, 무죄 언도, 사면 |

| | |
|---|---|
| **absolve** | [əbzálv] [업잘브]<br>타 방면하다, (죄를) 용서하다 |
| **absorb** | [əbzɔ́:rb] [업조오브]<br>타 흡수하다, 병합하다<br>* [be] absorbed in<br>　～에 열중하다, ～에 몰두하다 |
| **absorption** | [əbzɔ́:rpʃən] [업조오럽션]<br>명 흡수, 병합, 몰입, 전념 |
| **abstain** | [əbstéin] [업스테인]<br>자 삼가다, ～을 끊다, 없애다<br>* abstain from ～을 삼가다, 끊다 |
| **abstract** | [æbstrǽkt] [앱스츄랙트]<br>형 추상적인 타 추상하다, 발췌하다 |
| **abstraction** | [æbstrǽkʃən] [앱스츄랙션]<br>명 방심, 추상 (작용), 절취 |
| **absurd** | [əbsə́:rd] [업서어드]<br>형 불합리한, 어리석은 |
| **abundance** | [əbʌ́ndəns] [어반던스]<br>명 풍부, 다수, 다량, 윤택 |

| **abundant** | [əbʌ́ndənt] [어반던트]<br>® 풍부한, 많은, 풍족한 |
| **abuse** | [əbjúːs] [어뷰우쓰]<br>® 남용, 악용, 학대 |
| **abyss** | [əbís] [어비쓰]<br>® 심연, 지옥, 혼돈 |
| **academic** | [æ̀kədémik] [애커데믹]<br>® 학원의, 대학의, 학문의, 학구적인 |
| **academical** | [æ̀kədémikəl] [애커데미커얼]<br>® 학원의, 대학의, 학문상의 |
| **academy** | [əkǽdəmi] [어캐더미]<br>® 전문학교, 학원, 학회 |
| **accelerate** | [æksélərèit] [액쎌러뤠잇]<br>재타 속도를 더하다, 촉진하다 |
| **acceleration** | [æksèləréiʃən] [액쎌러뤠이션]<br>® 가속, 촉진, 가속도 |
| **accent** | [ǽksent] [액쎈트]<br>® 어조, 액선트 타 강하게 발음하다 |
| **accept** | [æksépt] [액쎕트]<br>® 승낙하다, 인정하다, 받아들이다 |

| | |
|---|---|
| **acceptable** | [ækséptəbl] [액쎕터브얼]<br>혱 훌륭한, 좋은, 받아들일 수 있는 |
| **acceptance** | [ækséptəns] [억쎕턴쓰]<br>몡 수락, 용인 |
| **access** | [ǽkses] [액쎄쓰]<br>몡 접근, 면회 |
| **accessory, -sary** | [æksésəri] [액쎄써뤼] 혱 보조의, 부속의<br>몡 ((보통 복수)) 부속품, 액세서리 |
| **accident** | [ǽksədənt] [액써던트]<br>몡 뜻밖의 사건, 사고<br>* by accident 우연히, 뜻밖에(by chance) |
| **accommodate** | [əkámədèit] [어카머데잇]<br>자타 수용하다, 공급하다 |
| **accompany** | [əkʌ́mpəni] [어컴퍼니]<br>타 ~에 동반하다, ~에 첨가시키다<br>* [be] accompanied by [with]<br>  ~이 따르다, ~이 이어서 일어나다 |
| **accomplice** | [əkámplis] [어캄플리쓰]<br>몡 공범자 |

| | |
|---|---|
| **accomplish** | [əkámpliʃ] [어캄플리쉬]<br>탄 이루다, 성취하다, 완성하다 |
| **accomplished** | [əkámpliʃt] [어캄플리쉬트]<br>형 성취한, 능숙한, 완성된 |
| **accomplishment** | [əkámpliʃmənt] [어캄플리쉬먼트]<br>명 성취, 완성, 교양, 수행, 솜씨 |
| **accord** | [əkɔ́ːrd] [어코오드]<br>자타 일치하다, 조화하다 명 일치<br>* [be] in accord with ~와 일치하다<br>* of one's own accord 자발적으로<br>* with one accord 다 함께, 일제히 |
| **accordance** | [əkɔ́ːrdəns] [어코오던쓰]<br>형 일치, 조화<br>* in accordance with<br>  ~와 일치하여, ~에 따라서 |
| **according** | [əkɔ́ːrdiŋ] [어코오딩]<br>부 ~에 따라서, 준하여<br>* according as ~에 준하여,<br>  ~함에 따라서<br>* according to ~에 의하면, ~에 따라 |

| | |
|---|---|
| **accordingly** | [əkɔ́:rdiŋli] [어코오딩리]<br>부 따라서, 그러므로, 적당히 |
| **accordion** | [əkɔ́:rdiən] [어코오디언]<br>명 손풍금, 아코디언 |
| **accost** | [əkɔ́st] [어코스트]<br>타 (남에게) 말을 걸다 |
| **account** | [əkáunt] [어카운트]<br>명 설명, 계산(서) 타자 설명하다<br>* account for ~을 설명하다(explain),<br>  명백히 하다<br>* make much [no] account of<br>  ~을 중요시하다 [무시하다]<br>* not ~on any account 결코 ~아니다<br>  (on no account, by no means)<br>* of much [no] account<br>  중요한 [대수롭지 않은]<br>* on account of ~ 때문에, ~까닭으로<br>  (because of)<br>* take ~ into account ~을 참작하다,<br>  고려하다<br>* turn to account 이용하다(utilize) |
| **accountable** | [əkáuntəbl] [어카운터블]<br>형 책임이 있는, 해명할 수 있는 |

| | |
|---|---|
| **accountant** | [əkáuntənt] [어카운턴트]<br>명 회계원. 회계사 |
| **accumulate** | [əkjú:mjulèit] [어큐우물레잇]<br>타자 (조금씩) 모으다, 축적하다 |
| **accumulation** | [əkjù:mjuléiʃən] [어큐우물레이션]<br>명 축적, 축재, 축적물, 누적 |
| **accuracy** | [ǽkjərəsi] [애큐어뤄씨]<br>명 정확, 정밀, 정밀도 |
| **accurate** | [ǽkjurət] [애큐륏]<br>형 정확한, 정밀한, 조심성 있는 |
| **accurately** | [ǽkjurətli] [애큐뤄틀리]<br>부 정확하게(exactly), 정밀하게 |
| **accusation** | [æ̀kjuzéiʃən] [애큐제이션]<br>명 비난, 규탄, 고발, 고소, 죄(명) |
| **accuse** | [əkjú:z] [어큐우즈]<br>타 고발하다, 고소하다, 비난하다<br>* accuse~ of ~을 나무라다, 비난하다,<br>　고소하다 |
| **accustom** | [əkʌ́stəm] [어커스텀]<br>타 습관을 들이다, 익숙하게 하다 |

*11*

* accustom oneself to
  ~의 습관을 들이다, ~에 익숙해지다

**accustomed**

[əkʌ́stəmd] [어커스텀드]
형 익숙한, 습관의, 평소의
* be accustomed to
  ~에 익숙하다, 항상 ~하다

**ache**

[eik] [에익]
자 아프다, 쑤시다 명 아픔(pain)

**achieve**

[ətʃíːv] [어취이브]
타 성취하다, 달성하다, 이루다

**achievement**

[ətʃíːvmənt] [어취이브먼트]
명 달성, 성취, 성공, 업적

**achromatic**

[æ̀krəmǽtik] [애크러매틱]
형 무색의

**achromatize**

[eikróumətàiz] [에이크로우머타이즈]
타 색을 지우다

**acid**

[ǽsid] [애씨드]
형 신, 신맛이 나는 명 산(酸), 신 것

**acidify**

[əsídəfài] [어씨더화이]
자타 시게 하다, 시어지다

| **acknowledge** | [əknálidʒ] [억날리쥐]<br>타 인정하다, 알리다, 감사하다 |
| **acknowledg[e]ment** | [əknálidʒmənt] [억날리쥐먼트]<br>명 승인, 용인, 자백, 통지, 감사 |
| **acorn** | [éikɔːrn] [에이코언]<br>명 도토리, 상수리 |
| **acquaint** | [əkwéint] [어크웨인트]<br>타 알리다, 잘 알게 하다, 통고하다<br>* [be] acquainted with ~와 아는 사이다,<br>~에 정통하다 |
| **acquaintance** | [əkwéintəns] [어크웨인턴쓰]<br>명 알고 있음, 면식, 아는 사람 |
| **acquainted** | [əkwéintid] [어크웨인티드]<br>형 안면이 있는, 친한, 정통한 |
| **acquiesce** | [ækwiés] [애크위에쓰]<br>자 묵인하다, 묵묵히 따르다 |
| **acquiescence** | [ækwiésns] [애크위에슨쓰]<br>명 묵종, 묵인 |
| **acquire** | [əkwáiər] [어크와이어]<br>타 얻다, 손에 넣다, 습득하다 |

*13*

| | |
|---|---|
| **acquit** | [əkwít] [어크윗]<br>타 석방하다, 무죄로 하다 |
| **acre** | [éikər] [에이커]<br>명 에이커(면적 단위: 약 4,047m²) |
| **acrobat** | [ǽkrəbæt] [애크러뱃]<br>명 곡예사, 줄타기꾼 |
| **across** | [əkrɔ́ːs] [어크로오스]<br>전 ～의 건너편에 부 가로질러 |
| **act** | [ǽkt] [액트]<br>자타 행동하다 명 행위<br>* act on [upon] ～에 작용하다,<br>  ～에 따르다 |
| **action** | [ǽkʃən] [액션]<br>명 행동, 동작, 연기 |
| **active** | [ǽktiv] [액티브]<br>형 활동적인, 적극적인, 활발한 |
| **activity** | [æktívəti] [액티버티]<br>명 활동, 활기, 활발, 호경기 |
| **actor** | [ǽktər] [액터]<br>명 남자 배우, 장본인, 행위자 |

| **actual** | [ǽktʃuəl] [액츄어얼]<br>형 실제의, 현실의, 현재의 |
| **actually** | [ǽktʃuəli] [액츄얼리]<br>부 현실로, 실제로 |
| **acute** | [əkjúːt] [어큐우트]<br>형 날카로운, 예민한, (병이) 급성인 |
| **A.D.** | [éidíː] [에이디이]<br>형 ((약어)) 기원후(紀元後), 서기 |
| **adapt** | [ədǽpt] [어댑트]<br>타 (습관 · 언행을) 적응시키다<br>* adapt oneself to ~에 적응하다,<br>  순응하다 |
| **add** | [ǽd] [애드]<br>자타 더하다, 늘리다, 보태다<br>* add to ~을 늘리다(increase)<br>* add up [together] ~을 합계하다 |
| **addition** | [ədíʃən] [어디션]<br>명 부가, 부가물, 추가, 덧셈<br>* in addition to ~에 더하여,<br>  ~외에 또(besides) |

**address**

[ədrés] [어쥬뤠쓰]

명 주소, 연설 타 주소를 쓰다, 연설하다

* address oneself to ~에게 말을 걸다, ~에 착수하다

**adequate**

[ǽdikwit] [애디크윗]

형 충분한, 적당한, 알맞은

**adhere**

[ædhíər] [애드히어]

자 들러붙다, 고수하다, 부착하다

**adieu**

[ədjú:] [어듀우]

감 ((프)) 안녕 명 작별

**adjacent**

[ədʒéisnt] [어줴이슨트]

형 인접한, 이웃의, 가까이 있는

**adjective**

[ǽdʒiktiv] [애쥑티브]

명 ((문법)) 형용사 〈약어 a., adj.〉

**adjoin**

[ədʒɔ́in] [어죠인]

자타 이웃하다, 인접하다

**adjoining**

[ədʒɔ́iniŋ] [어죠이닝]

형 인접한

**adjourn**

[ədʒə́:rn] [어줘언]

자타 연기하다(put off), 휴회(폐회)하다

| | |
|---|---|
| **adjust** | [ədʒʌ́st] [어쥬스트]<br>타 맞추다, 조절하다, 적응시키다<br>\* adjust oneself to ～에 순응하다 |
| **adjustment** | [ədʒʌ́stmənt] [어쥬스트먼트]<br>명 조정, 정리, 조절 |
| **administer** | [ædmínistər] [앳미니스터]<br>타 경영하다, 관리하다 |
| **administration** | [ædmìnəstréiʃən] [앳미너스트레이션]<br>명 행정, 경영, 관리, 통제 |
| **admirable** | [ǽdmərəbl] [앳머뤄브얼]<br>형 칭찬할 만한, 기특한, 훌륭한 |
| **admiration** | [ædməréiʃən] [앳머뤠이션]<br>명 감탄, 칭찬, 경탄 |
| **admire** | [ædmáiər] [앳마이어]<br>타 감탄(탄복)하다, 찬미하다 |
| **admirer** | [ædmáiərər] [앳마이어러]<br>명 숭배자, 찬미자, 구혼자 |
| **admiring** | [ædmáiəriŋ] [앳마이어링]<br>형 감탄하는, 칭찬(찬미)하는 |

A
B
C
D
E
F
G
H
I
J
K
L
M
N
O
P
Q
R
S
T
U
V
W
X
Y
Z

| | |
|---|---|
| **admission** | [ædmíʃən] [앳미션]<br>몡 입장, 입회, 입학, 가입<br>* admission ticket 입장권 |
| **admit** | [ædmít] [앳밋]<br>탄 허락하다, 들이다, 인정하다<br>* admit of ~(의심 · 변명 따위의) 여지가<br>있다 |
| **admittance** | [ædmítəns] [앳미턴쓰]<br>몡 입장, 입장 허가 |
| **admonish** | [ədmániʃ] [어드마니쉬]<br>탄 훈계하다, 타이르다, 충고하다 |
| **ado** | [ədúː] [어두우]<br>몡 야단 법석, 소동 |
| **adolescence** | [æ̀dəlésns] [애덜레쓰쓰]<br>몡 청춘기, 사춘기 |
| **adopt** | [ədápt] [어답트]<br>탄 채용하다, 양자(양녀)로 삼다 |
| **adore** | [ədɔ́ːr] [어도어]<br>탄 숭배하다, 사모하다 |

| | |
|---|---|
| **adorn** | [ədɔ́ːrn] [어도언]<br>타 꾸미다, 장식하다 |
| **adult** | [ədʌ́lt] [어덜트]<br>명 성인, 어른 형 성인의 |
| **advance** | [ədvǽns] [엇밴쓰]<br>자타 나아가다, 진보하다, (값이) 오르다<br>* in advance [of] ~보다 나아가서,<br>　~보다 앞서 |
| **advantage** | [ədvǽntidʒ] [엇밴티쥐]<br>명 유리한 입장, 이점, 우위<br>* take advantage of<br>　(좋은 기회를) 이용하다, 틈타다<br>* to advantage 유리하게 |
| **adventure** | [ædvéntʃər] [앳벤춰]<br>명 모험 자타 감행하다 |
| **adventurous** | [ædvéntʃərəs] [앳벤춰러쓰]<br>형 모험심이 많은, 위험한 |
| **adverb** | [ǽdvəːrb] [앳버어브]<br>명 ((문법)) 부사 〈약어 ad., adv.〉 |
| **adversary** | [ǽdvərsəri] [앳버서뤼]<br>명 적, 상대자, 반대자 |

| | |
|---|---|
| **adverse** | [ǽdvəːrs] [앳버어쓰]<br>형 거꾸로의, 반대의, 불리한 |
| **adversity** | [ədvə́ːrsəti] [앳버어써티]<br>명 역경, 불운, 불행 |
| **advertise** | [ǽdvərtàiz] [앳버타이즈]<br>타자 광고하다, 선전을 하다<br>* advertising agent 광고 대행업(자) |
| **advertisement** | [ǽdvə́ːtɑizmənt] [앳버어타이즈먼트]<br>명 광고, 선전 |
| **advice** | [ædváis] [앳바이쓰]<br>명 충고, 조언, 권고<br>* a piece [word, bit] of advice<br>  조언 한마디 |
| **advisable** | [ædváizəbl] [앳바이저브얼]<br>형 권고할 만한, 현명한, 타당한 |
| **advise** | [ædváiz] [앳바이즈]<br>타자 충고하다, 권하다, 통지하다 |
| **adviser, -sor** | [ædváizər] [앳바이저]<br>명 충고자, 의논 상대, 고문 |

| | |
|---|---|
| **advocate** | [金dvəkèit] [앳버케이트]<br>명 창도자, 주창자, 변호사<br>타 변호(주장, 창도)하다, 지지하다 |
| **aeon** | [íːən] [이이언]<br>명 무한한 시간, 영겁(eternity) |
| **aerial** | [έəriəl] [에어뤼얼]<br>형 공기의, 대기의, 기체의 |
| **aerodrome** | [έərədròum] [에어러드로우음]<br>명 공항, (소형) 비행장 |
| **aeronautics** | [ὲrənɔ́ːtiks] [에어러노오틱쓰]<br>명 항공술, 항공학 |
| **aeroplane** | [έərəplèin] [에어뤄플레인]<br>명 비행기(airplane) |
| **Aesop** | [íːsəp] [이이섭]<br>명 이솝(고대 그리스의 우화작가) |
| **afar** | [əfάːr] [어화아]<br>부 멀리, 아득히 |
| **affable** | [金fəbl] [애훠브얼]<br>형 붙임성 있는, 상냥한 |

| **affair** | [əfέər] [어훼어]<br>몡 사건, 일, 문제, 사무 |
| **affect** | [əfékt] [어훽트]<br>탸 영향을 미치다, ~인 체하다 |
| **affectation** | [æfektéiʃən] [애훽테이션]<br>몡 ~체하기, 꾸민 태도, 허식 |
| **affection** | [əfékʃən] [어훽션]<br>몡 애정, 사랑, 감동, 영향 |
| **affectionate** | [əfékʃənit] [어훽셔닛]<br>혱 애정이 깊은, 자애로운, 상냥한 |
| **affectionately** | [əfékʃənətli] [어훽셔너틀리]<br>븟 자애롭게, 애정을 다하여<br>* Affectionately Yours<br>친애하는 ~로부터 (편지의 맺음말) |
| **affinity** | [əfínəti] [어휘너티]<br>몡 친척(관계), 유사성, 취미 |
| **affirm** | [əfə́ːrm] [어훰엄]<br>탸쟈 증언하다, 긍정하다, 단언하다 |
| **affirmative** | [əfə́ːrmətiv] [어훰머티브]<br>혱 확언적인, 단정적인, 긍정적인 |

**afflict**

[əflíkt] [어흘릭트]
타 괴롭히다(distress)

**affliction**

[əflíkʃən] [어흘릭션]
명 고난, 고뇌, 고통

**affluence**

[ǽfluəns] [애흘루언쓰]
명 풍요, 부유, 유입, 쇄도

**afford**

[əfɔ́ːrd] [어호오드]
타 ~할 여유가 있다. 산출하다
* can afford to [do] ~을 할 여유가 있다

**affright**

[æfráit] [애흐라잇]
명 공포, 놀람 타 놀라게 하다

**afire**

[əfáiər] [어화이어]
형부 불타서, 벌겋게, 격하여

**aflame**

[əfléim] [어흘레임]
부형 불타 올라, (얼굴이) 화끈 달아서
* aflame with patriotism 애국심에 불타서

**afloat**

[əflóut] [어흘로웃]
부형 (물 위에) 떠서, 바다 위에

| | |
|---|---|
| **afraid** | [əfréid] [어흐뤠이드] <br> 혱 두려워하는, 걱정하는, 우려하는 <br> * be afraid of ~을 두려워하다(fear) |
| **afresh** | [əfréʃ] [어흐레쉬] <br> 閉 다시, 새로이 |
| **Africa** | [ǽfrikə] [애흐뤼커] <br> 명 아프리카 |
| **after** | [ǽftər] [애흐터] <br> 젼 ~의 뒤에, 다음에 혱 뒤의, 나중의 <br> * after all 결국, 요컨대 |
| **afternoon** | [ǽftərnúːn] [애흐터누은] <br> 명 오후 |
| **afterward[s]** | [ǽftərwərd(z)] [애흐터워드(즈)] <br> 閉 뒤에, 나중에 |
| **again** | [əgén, əgéin] [어겐, 어게인] <br> 閉 다시, 게다가, 또 <br> * again and again 몇 번이고, 되풀이하여 |

| **against** | [əgénst] [어겐스트]<br>전 ~에 반대하여, ~에 대비하여 |
| --- | --- |
| **age** | [éidʒ] [에이쥐]<br>명 나이, 시대, 세대, 성년<br>* come [be] of age 성년이 되다(이다) |
| **agency** | [éidʒənsi] [에이쥔씨]<br>명 대리(권), 대리점, 요인, 행위자 |
| **agent** | [éidʒənt] [에이쥔트]<br>명 대리인, 대리점, 작용, 앞잡이 |
| **aggravate** | [ǽgrəvèit] [애그뤄베잇]<br>타 악화시키다, 괴롭히다 |
| **aggressive** | [əgrésiv] [어그뤠시브]<br>형 침략적인, 공세의, 적극적인 |
| **agitate** | [ǽdʒətèit] [애쥐테잇]<br>타자 동요시키다, 흥분시키다, 흔들다 |
| **agitation** | [ædʒətéiʃən] [애쥐테이션]<br>명 뒤섞기, 동요, 선동 |
| **ago** | [əgóu] [어고우]<br>부 (지금부터) ~전에 |

| | |
|---|---|
| **agonize** | [ǽgənàiz] [애거나이즈]<br>타자 괴로워하다, 고민하다, 괴롭히다 |
| **agony** | [ǽgəni] [애거니]<br>명 심한 고통, 고뇌, 극도의 걱정, 몸부림 |
| **agree** | [əgríː] [어그뤼이]<br>자 동의하다, 일치하다<br>* agree to ~에 동의하다, 승낙하다<br>* agree with ~에 일치하다, 찬성하다 |
| **agreeable** | [əgríːəbl] [어그뤼어브얼]<br>형 기꺼이 응하는, 기분 좋은 |
| **agreement** | [əgríːmənt] [어그뤼이먼트]<br>명 협정, 계약, 일치 |
| **agricultural** | [ǽgrikʌ́ltʃurəl] [애그뤼컬쳐럴]<br>형 농업(농사, 농경)의, 농학의 |
| **agriculture** | [ǽgrikʌ́ltʃər] [애그뤼컬쳐]<br>명 농업, 농학, 농예 |
| **ah** | [aː] [아아]<br>감 (기쁨 · 슬픔 · 놀람 · 고통 등) 아아! |
| **ahead** | [əhéd] [어헤드]<br>부 전방에, 앞으로, 앞에 |

* ahead of ~의 앞에, ~보다 앞서
* Go ahead! 어서 계속하세요!

**aid**

[éid] [에이드]
타 돕다, 원조하다, 조력하다 명 원조
* with aid of ~의 도움을 빌려

**ail**

[eil] [에이얼]
타 괴롭히다 자 앓다

**ailing**

[éiliŋ] [에이얼링]
형 병든, 괴로워하는

**ailment**

[éilmənt] [에이얼먼트]
명 병, 편찮음, 불쾌

**aim**

[éim] [에임]
타자 겨누다 명 겨냥, 과녁, 목표
* take aim at ~을 목표로 삼다,
  ~을 겨냥하다

**aimless**

[éimlis] [에임리쓰]
형 목적(목표) 없는

**air**

[ɛ́ər] [에어]
명 공기, 공중 타자 바람 쐬다

27

**air-condition**

[ɛ́ərkəndíʃən] [에어컨디션]

타 공기를 조절하다, 냉(난)방 장치를 하다

**air-conditioner**

[ɛ́ərkəndíʃənər] [에어컨디셔너]

명 공기 조절 장치, 에어컨

**aircraft**

[ɛ́ərkræ̀ft] [에어크래흐트]

명 ((단·복수 동형)) 항공기

**airdrome**

[ɛ́ərdròum] [에어드로움]

명 비행장(airport)

**airline**

[ɛ́ərlàin] [에얼라인]

명 (정기) 항공 노선, ((복수)) 항공회사

**airmail**

[ɛ́ərmeil] [에어메얼]

명 항공 우편

**airman**

[ɛ́ərmən] [에어먼]

명 비행가, 비행사

**airplane**

[ɛ́ərplèin] [에어플레인]

명 비행기 자 비행기로 가다

| | |
|---|---|
| **airport** | [ɛ́ərpɔ̀ːrt] [에어포오트]<br>명 공항 |
| **airship** | [ɛ́ərʃip] [에어쉽]<br>명 비행선 |
| **airy** | [ɛ́əri] [에어뤼]<br>형 공기 같은, 덧없는, 경쾌한 |
| **aisle** | [ail] [아열]<br>명 (극장·열차 등의) 통로, 복도 |
| **akin** | [əkín] [어킨]<br>형 혈족의, 동족의, 유사한 |
| **alabaster** | [ǽləbæ̀stər] [앨러배스터]<br>형 희고 매끄러운 명 설화 석고 |
| **alarm** | [əlɑ́ːrm] [얼라암]<br>명 놀람, 경보(기) 타 경보하다<br>* be alarmed at ∼에 놀라다<br>* in alarm 놀라서 |
| **alarm clock** | [əlɑ́ːrm klɑ́k] [얼라암클락]<br>명 자명종 |
| **alarming** | [əlɑ́ːrmiŋ] [얼라아밍]<br>형 놀랄 만한, 불온한 |

A
B
C
D
E
F
G
H
I
J
K
L
M
N
O
P
Q
R
S
T
U
V
W
X
Y
Z

| | |
|---|---|
| **alas** | [əlǽs] [얼래스]<br>김 아아!, 슬프도다! |
| **album** | [ǽlbəm] [애얼범]<br>명 앨범, 사진첩 |
| **alchemy** | [ǽlkəmi] [애얼커미]<br>명 연금술 |
| **alcohol** | [ǽlkəhɔ̀ːl] [애얼커호올]<br>명 알코올, 주정(酒精), 술 |
| **alert** | [ələ́ːrt] [얼러어트]<br>형 빈틈없는, 날 쌘 명 경계 |
| **algebra** | [ǽldʒəbrə] [애얼줘브러]<br>명 대수, 대수학 |
| **alien** | [éiliən] [에일리언]<br>형 외국(인)의(foreign), ~와 다른 |
| **alight** | [əláit] [얼라잇]<br>자 (말·차에서) 내리다, (비행기가) 착륙하다 |
| **alike** | [əláik] [얼라익]<br>형 닮은, 같은 부 마찬가지로 |
| **alive** | [əláiv] [얼라이브]<br>형 살아 있는 반 dead(죽은) |

| | |
|---|---|
| **all** | [ɔːl] [오올]<br>형 모든, 전부의 명대 모든 것(사람)<br>\* all along 처음부터 죽, 내내<br>\* all at once 갑자기, 돌연<br>\* all over 도처에, 온몸에<br>\* all right 틀림없이, 무사히, 좋아, 순조롭게<br>\* all sorts of 여러 종류의<br>\* all the more 더욱더, 점점 더<br>\* all the same 마찬가지(이다),<br>역시, 그래도<br>\* all the way back 멀리 거슬러 올라가<br>\* all through~ ~동안 쭉, ~동안 내내<br>\* in all 통틀어서(all told), 전부 해서<br>\* not at all 조금도 ~않다<br>\* of all 전체 중에서 |
| **allay** | [əléi] [얼레이]<br>타 가라앉히다, 누그러뜨리다 |
| **allergy** | [ǽlərdʒi] [앨러쥐]<br>명 알레르기, 과민 반응 |
| **alley** | [ǽli] [앨리]<br>명 좁은 길, 샛길, 오솔길 |
| **alliance** | [əláiəns] [얼라이언쓰]<br>명 협력, 조합, 관계, 동맹(국) |

| **allied** | [əláid] [얼라이드]<br>형 동맹한, 연합국의 |
| **alligator** | [æligèitər] [앨리게이터]<br>명 (미국산) 악어, 악어 가죽 |
| **allot** | [əlát] [얼랏]<br>타 할당하다, 정하다, 분배하다 |
| **allotment** | [əlátmənt] [얼랏먼트]<br>명 할당, 분배, 배당, 몫, 운영 |
| **allow** | [əláu] [얼라우]<br>타 허락하다, 인정하다, 고려하다<br>* allow for ~을 고려(참작)하다<br>* allow of ~의 여지가 있다, 허용하다 |
| **allowance** | [əláuəns] [얼라우언스]<br>명 수당, 용돈, 허가, 참작<br>* make allowance [for] ~을 참작하다;<br>  ~을 공제하다 |
| **allude** | [əlú:d] [얼루우드]<br>자 (넌지시) 말하다, 암시하다 |
| **allure** | [əlúər] [얼루어]<br>타 유혹하다, 꾀다 |

| allusion | [əlúːʒən] [얼루우줜]<br>명 암시, 풍자, 빗댐, 언급 |
| --- | --- |
| **ally** | [əlái] [얼라이]<br>타 동맹시키다, 결연을 맺다 |
| almanac | [ɔ́ːlmənæ̀k] [오얼머낵]<br>명 달력, 책력, 연감 |
| **almighty** | [ɔːlmáiti] [오얼마이티]<br>형 전능한, 대단한 부 굉장히 |
| almost | [ɔ́ːlmoust] [오얼모우스트]<br>부 거의(nearly), 대체로 |
| **alms** | [aːmz] [아암즈]<br>명 ((단·복수 동형)) 보시(布施), 구호금 |
| aloft | [əlɔ́ːft] [얼로오흐트]<br>부 위에, 높이(high up) |
| **alone** | [əlóun] [얼로운]<br>형 홀로, 다만~뿐 부 단지, 홀로 |
| along | [əlɔ́ːŋ] [얼로엉]<br>전부 ~을 따라(서)<br>* along with ~와 함께, ~와 같이 |

| | |
|---|---|
| **aloof** | [əlúːf] [얼루우흐]<br>부 따로 떨어져서, 초연히 |
| **aloud** | [əláud] [얼라우드]<br>부 큰 소리로 반 silently(조용히) |
| **alphabet** | [ǽlfəbèt] [앨퍼벳]<br>명 알파벳, 초보, 입문 |
| **alpine** | [ǽlpain] [앨파인]<br>형 높은 산의, [A-] 알프스 산맥의 |
| **Alps** | [ǽlps] [앨프스]<br>명 [the~] 알프스 산맥 |
| **already** | [ɔːlrédi] [오얼뤠디]<br>부 이미, 벌써 반 yet(아직) |
| **also** | [ɔ́ːlsou] [오얼쏘우]<br>부 ~도 또한, 역시(too) |
| **altar** | [ɔ́ːltər] [오얼터]<br>명 (기독교의) 제단, 성찬대 |
| **alter** | [ɔ́ːltər] [오얼터]<br>타자 변경하다, 고치다 |
| **alternate** | [ɔ́ːltərnèit] [오얼터네잇]<br>자타 교대하다, 번갈아 하다 |

| | |
|---|---|
| **alternative** | [ɔːltə́ːrnətiv] [오얼터어너티브]<br>형 (둘 중의) 어느 한쪽의 명 양자택일 |
| **although** | [ɔːlðóu] [오얼도우]<br>접 비록 ~일지라도, ~이지만 |
| **altitude** | [ǽltətjùːd] [애얼터튜우드]<br>명 높이, 해발, 고도 |
| **altogether** | [ɔ̀ːltəgéðər] [오얼터게더]<br>부 완전히, 전체적으로, 대체로 |
| **aluminum** | [əljùːmənəm] [얼루우머넘]<br>명 알루미늄 |
| **alumnus** | [əlʌ́mnəs] [얼럼너쓰]<br>명 (남자) 졸업생, 교우 ((복수 alumni))<br>* alumni association 교우회, 동창회 |
| **always** | [ɔ́ːlweiz] [오얼웨이즈]<br>부 항상, 언제나, 늘<br>* not always 반드시 ~한 것은 아니다 |
| **am** | [ǽm, əm] [앰, 엄]<br>동 ~이다, (~에) 있다 |

|  |  |
|------|-----------|
| **A.M., a.m.** | [éiém] [에이엠]<br>약 오전 반 p.m.(오후) |
| **amass** | [əmǽs] [어매쓰]<br>자타 쌓다, 축적하다(accumulate) |
| **amateur** | [ǽmətʃùər] [애머츄어]<br>명 아마추어, 비전문가 형 아마추어의 |
| **amaze** | [əméiz] [어메이즈]<br>타 놀라다, 깜짝 놀라게 하다<br>* be amazed at ~을 보고 [듣고]<br>   깜짝 놀라다 |
| **amazement** | [əméizmənt] [어메이즈먼트]<br>명 경악, 놀람 |
| **ambassador** | [æmbǽsədər] [앰배써더]<br>명 대사, 사절 |
| **amber** | [ǽmbər] [앰버]<br>명 ((광물)) 호박 형 호박색의 |
| **ambition** | [æmbíʃən] [앰비션]<br>명 야심, 대망, 큰 포부 |
| **ambitious** | [æmbíʃəs] [앰비셔쓰]<br>형 야심적인, 대망을 품은 |

| | |
|---|---|
| **ambulance** | [ǽmbjuləns] [앰뷸런쓰]<br>명 구급차, 앰브란스, 야전병원 |
| **ambush** | [ǽmbuʃ] [앰부쉬]<br>명 잠복, 복병, 매복한 장소 |
| **amen** | [éimén] [에이멘]<br>감 명 아멘 (기독교의 기도 끝에 하는 말) |
| **amend** | [əménd] [어멘드]<br>타 정정하다, 개심하다, 수정하다 |
| **amendment** | [əméndmənt] [어멘드먼트]<br>명 개정, 수정(안), 개심 |
| **America** | [əmérikə] [어메뤼커]<br>명 아메리카, 미국 |
| **American** | [əmérikən] [어메뤼컨]<br>형 아메리카의 명 미국인 |
| **amiable** | [éimiəbl] [에이미어브얼]<br>형 귀여운, 호감을 주는, 상냥한 |
| **amiability** | [èimiəbíləti] [에이미어빌러티]<br>명 상냥함, 온화, 사랑스러움 |
| **amid** | [əmíd] [어미드]<br>전 ～의 가운데, ～ 속에 |

| | |
|---|---|
| **amidst** | [əmídst] [어미드스트]<br>전 ~의 가운데(=amid) |
| **amiss** | [əmís] [어미쓰]<br>형 잘못한 부 잘못하여, 탈이 나서 |
| **ammonia** | [əmóuniə] [어모우니어]<br>명 암모니아 (기체), 암모니아수 |
| **ammonium** | [əmóuniəm] [어모우니엄]<br>명 암모늄, 암모니아 염기 |
| **ammunition** | [æ̀mjuníʃən] [애뮤니션]<br>명 탄약, 군수품 형 군용의 |
| **amoeba** | [əmíːbə] [어미이버]<br>명 아메바 ((복수)) amoebas, amoebae |
| **among(st)** | [əmʌ́ŋ(st)] [어멍(스트)]<br>전 ~의 가운데, ~에 둘러싸여<br>* among other things 특히, 무엇보다<br>* among the rest 그중에서도, 특히 |
| **amount** | [əmáunt] [어마운트]<br>자 (총계) ~이 되다, 결국 ~이 되다<br>* amount to ~ (총계가) ~에 달하다 |

| | |
|---|---|
| **ampere** | [ǽmpiər] [앰피어] <br> 명 암페어(전류 세기의 단위) |
| **ample** | [ǽmpl] [앰플] <br> 형 풍부한, 충분한, 광대한 |
| **amplification** | [æ̀mpləfikéiʃən] [앰플러휘케이션] <br> 명 확대, 부연, 증폭 |
| **amplify** | [ǽmpləfài] [앰플러화이] <br> 자타 부연하다, 확대하다 |
| **amuse** | [əmjúːz] [어뮤우즈] <br> 타 즐겁게 해 주다, 재미나게 하다 <br> * be amused at [by, with] <br> ~을 보고(듣고, 하고) 즐기다 |
| **amusement** | [əmjúːzmənt] [어뮤우즈먼트] <br> 명 오락, 오락물, 즐거움 |
| **anachronism** | [ənǽkrənizm] [어내크러니즘] <br> 명 시대착오, 시대에 뒤짐 |
| **analogue** | [ǽnəlɔ̀ːg] [애널로오그] <br> 명 비슷한 물건, 동류어(同類語) |
| **analogy** | [ənǽlədʒi] [어낼러쥐] <br> 명 유사, 유추(類推) |

| | |
|---|---|
| **analysis** | [ənǽləsis] [어낼러씨쓰]<br>몡 분해, 분석 |
| **analyze, -lyse** | [ǽnəlàiz] [애널라이즈]<br>타 분해하다, 자세히 조사하다 |
| **anarchy** | [ǽnərki] [애너키]<br>몡 무정부, 무질서 |
| **anatomy** | [ənǽtəmi] [어내터미]<br>몡 해부, 해부학 |
| **ancestor** | [ǽnsestər] [앤쎄스터]<br>몡 조상, 선조 반 descendant(자손) |
| **anchor** | [ǽŋkər] [앵커]<br>몡 닻, (릴레이 경주 팀의) 최종 주자 |
| **ancient** | [éinʃənt] [에인션트]<br>톙 고대의 반 modern(현대의) |
| **and** | [ǽnd, ənd] [앤드, 언드]<br>젭 그리고, 또한, ~와, 및, 그리하여, 그러면<br>* and so forth [on] 따위, 등등,<br>  기타(and the like)<br>* and yet 그런데도, 그럼에도 불구하도 |
| **anecdote** | [ǽnikdòut] [애닉도웃]<br>몡 일화(逸話), 비화 |

*40*

| | |
|---|---|
| **anew** | [ənjúː] [어뉴우]<br>부 새로이, 다시 한 번(once more) |
| **angel** | [éindʒəl] [에인쥐얼]<br>명 천사(天使) |
| **anger** | [æŋgər] [앵거]<br>명 노여움, 화 자타 노하게 하다, 성내다 |
| **angle** | [æŋgl] [앵그얼]<br>명 모퉁이, 각도, 구석 |
| **angry** | [æŋgri] [앵그뤼]<br>형 성난, 노한 |
| **anguish** | [æŋgwiʃ] [앵그위쉬]<br>명 고뇌, 고통, 심한 고민 |
| **animal** | [ǽnəməl] [애너멀]<br>명 동물, 짐승 형 동물의, 동물적인 |
| **animate** | [ǽnəmeit] [애너메잇]<br>타 고무하다, 활기를 주다 |
| **animation** | [æ̀nəméiʃən] [애너메이션]<br>명 생기, 활기, 만화 영화 |
| **ankle** | [æŋkl] [앵크얼]<br>명 복사뼈, 발목 |

| | |
|---|---|
| **annals** | [ǽnəlz] [애널즈]<br>명 연대기, 기록, 연보 |
| **annex** | [ǽneks] [애넥쓰]<br>타 부가하다, 병합하다, 첨부하다 |
| **annihilate** | [ənáiəlèit] [어나이얼레잇]<br>타 전멸시키다, 근절시키다 |
| **anniversary** | [ænəvə́ːrsəri] [애너버어서뤼]<br>명 기념일, 기념제 형 연례의, 기념일의 |
| **announce** | [ənáuns] [어나운쓰]<br>타 알리다, 발표하다 |
| **annoy** | [ənɔ́i] [어노이]<br>타 귀찮게 굴다, 성가시게 굴다 |
| **annoyance** | [ənɔ́iəns] [어노이언쓰]<br>명 괴롭힘, 시달림, 성가심, 고뇌 |
| **annual** | [ǽnjuəl] [애뉴얼]<br>형 일년에 한 번의, 일년의 명 연감 |
| **anoint** | [ənɔ́int] [어노인트]<br>타 (종교적 의식으로) 기름을 바르다 |
| **anon** | [ənɔ́n] [어논]<br>부 이내(soon), 멀지 않아, 곧 |

| another | [ənʌ́ðər] [어너더] |
|---|---|
| | 형 다른 , 또 하나의, 제 2의 대 또 하나 |
| | * one after another 차례로, 하나씩, 속속, 뒤이어 |
| | * one another 서로 |

| answer | [ǽnsər] [앤써어] |
|---|---|
| | 타자 응답하다, 대답하다 명 대답 |
| | * answer back 말대꾸하다 |
| | * answer for ~의 책임을 지다, ~대신 대답하다 |
| | * answer to ~에 부합하다, ~에 회답하다 |

| answerable | [ǽnsərəbl] [앤써러브얼] |
|---|---|
| | 형 책임 있는, 대답할 수 있는 |

| ant | [ǽnt] [앤트] |
|---|---|
| | 명 개미 |

| antagonism | [æntǽgənìzm] [앤태거니즘] |
|---|---|
| | 명 반대, 적대 |

| antagonist | [æntǽgənist] [앤태거니스트] |
|---|---|
| | 명 반대자, 적대자, 경쟁자 |

| antagonistic | [æntæ̀gənístik] [앤태거니스틱] |
|---|---|
| | 형 반대의, 사이가 나쁜 |

| | |
|---|---|
| **antagonize** | [æntǽgənàiz] [앤태거나이즈]<br>타 반대하다, 적대시키다 |
| **antarctic** | [æntάːrktik] [앤타아크틱]<br>형 남극 (지방)의 명 남극 지방 |
| **antecedent** | [æntəsíːdənt] [앤터씨이던트]<br>형 앞서는, 선행의, 이전의 명 선행사 |
| **antenna** | [ænténə] [앤테너]<br>명 안테나, 더듬이, 촉각, 공중선 |
| **anterior** | [æntíəriər] [앤티어뤼어]<br>형 (때 · 장소 · 사건) 전의, 앞의, 먼저의 |
| **anthem** | [ǽnθəm] [앤썸]<br>명 찬송가, 성가, 축가, 송가, 국가 |
| **anthology** | [ænθάlədʒi] [앤쌀러쥐]<br>명 (시의) 선집, 명시선(名詩選) |
| **anthracite** | [ǽnθrəsàit] [앤쓰러사잇]<br>명 무연탄(hard coal) |
| **anthropology** | [ænθrəpάlədʒi] [앤쓰러팔러쥐]<br>명 인류학 |
| **anti-aircraft** | [ǽntiέrkræft] [앤티에어크래흐트]<br>형 비행기에 대항하는, 방공의, 대공의 |

**antibiotic**

[æntibaió̱tik] [앤티바이오틱]
형 항생의 명 항생 물질

**anticipate**

[æntísəpèit] [앤티써페잇]
타 예상(예기)하다, 미리 짐작하다

**anticipation**

[æntìsəpéiʃən] [앤티써페이션]
명 예견, 예기, 예상

**antidote**

[ǽntidòut] [앤티도웃]
명 해독제, 교정(矯正) 수단

**antique**

[æntí:k] [앤티이크]
형 고풍의, 낡은, 구식의, 고대의

**antiquity**

[æntíkwəti] [앤티크워티]
명 고대, 오래됨, 고대 유물, 고풍, 먼 옛날

**antler**

[ǽntlər] [앤틀러]
명 (사슴의) 가지진 뿔

**antonym**

[ǽntənìm] [앤터님]
명 ((문법)) 반의어

**anvil**

[ǽnvəl] [앤버얼]
명 (대장간에서 쓰는) 모루

| | |
|---|---|
| **anxiety** | [æŋzáiəti] [앵자이어티]<br>몡 근심, 걱정, 불안, 갈망 |
| **anxious** | [ǽŋkʃəs] [앵크서쓰]<br>혱 걱정하는, 불안스러운, 열망하는<br>* be anxious about ~을 걱정하다<br>* be anxious for (to do) 몹시 ~을 하고<br>  싶어 하는, ~을 갈망하는 |
| **any** | [éni] [에니]<br>혱데부 무엇인가, 누군가, 얼마간<br>* in any case 어떤 경우에도, 어떻든 간에 |
| **anybody** | [énibàdi] [에니바디]<br>데 누구라도, 아무도, 누군가 |
| **anyhow** | [énihàu] [에니하우]<br>부 어떻게든, 어쨌든, 아무튼 |
| **anyone** | [éniwʌ̀n] [에니원]<br>데 누구라도, 누구도, 아무도 |
| **anything** | [éniθìŋ] [에니씽]<br>데 무엇이든, 무엇도, 아무것도<br>* anything but ~외에는 무엇이든,<br>  결코 ~은 아닌, ~은 당치도 않은<br>* anything of 조금도, 조금은 |

| | |
|---|---|
| **anyway** | [éniwèi] [에니웨이] <br> 위 아무튼, 하여간(anyhow) |
| **anywhere** | [énihwɛər] [에니웨(훼)어] <br> 위 어디든, 어디서나, 아무데도 |
| **apace** | [əpéis] [어페이쓰] <br> 위 빨리, 신속히 |
| **apart** | [əpάːrt] [어파아트] <br> 위 떨어져서, 헤어져, 따로 <br> * apart from ~은 별도로 하고, <br> ~은 그렇다 치고 <br> * take apart 따로 떼다, <br> (기계 따위) 분해하다 |
| **apartment** | [əpάːrtmənt] [어파앗먼트] <br> 명 방, 아파트, 한 세대의 방 |
| **ape** | [éip] [에입] <br> 명 (꼬리 없는) 원숭이 타 흉내내다 |
| **aperture** | [ǽpərtʃər] [애퍼춰] <br> 명 틈새, 구멍(hole), 틈(gap) |
| **apiece** | [əpíːs] [어피이쓰] <br> 위 각각, 하나하나, 각자에 대하여 |

| | |
|---|---|
| **Apollo** | [əpálou] [어팔로우]<br>명 아폴로(옛 그리스 · 로마의 태양신) |
| **apologetic** | [əpàlədʒétik] [어팔러줴틱]<br>형 변명의 명 변증론 |
| **apologetically** | [əpàlədʒétikəli] [어팔러줴티커얼뤼]<br>부 변명하여 |
| **apologist** | [əpálədʒist] [어팔러쥐스트]<br>명 변명자, (기독교의) 변증자 |
| **apologize** | [əpálədʒàiz] [어팔뤄좌이즈]<br>자 변명하다, 사과하다<br>* apologize to ~ for…<br>  …에 대하여 ~에게 사과하다 |
| **apology** | [əpálədʒi] [어팔뤄쥐]<br>명 사과, 변명 |
| **appalling** | [əpɔ́ːliŋ] [어포얼링]<br>형 섬뜩하게 하는, 무서운, 겁나는 |
| **apparatus** | [æpərǽtəs] [애퍼래터쓰]<br>명 기구류, 장치, 기관 |
| **apparent** | [əpǽrənt] [어패뤈트]<br>형 명백한, 눈에 보이는, 외관상의 |

| | |
|---|---|
| **appeal** | [əpíːl] [어피얼]<br>자타 호소하다, 흥미를 돋우다 |
| **appear** | [əpíər] [어피어]<br>자 나타나다, ~인 것 같다, 등장하다 |
| **appearance** | [əpíərəns] [어피어뤈쓰]<br>명 출현, 외관, 기색<br>* to [in] all appearance(s) 아무리 보아도,<br>  어느 모로 보나 |
| **appease** | [əpíːz] [어피이즈]<br>타 달래다, 가라앉히다 |
| **appendix** | [əpéndiks] [어펜딕쓰]<br>명 부속물, 부록, 충양돌기 |
| **appetite** | [ǽpitàit] [애피타잇]<br>명 욕망, 욕구, 식욕 |
| **applaud** | [əplɔ́ːd] [어플로오드]<br>타자 칭찬하다, 박수 갈채하다 |
| **applause** | [əplɔ́ːz] [어플로오즈]<br>명 박수 갈채, 찬성, 칭찬<br>* with an applause 박수 갈채를 받다 |

| | |
|---|---|
| **apple** | [ǽpl] [애프얼]<br>명 사과, 능금 |
| **appliance** | [əpláiəns] [어플라이언쓰]<br>명 기구, 설비, 장치, 적용 |
| **applicant** | [ǽplikənt] [애플리컨트]<br>명 신청자, 지원자, 응모자 |
| **application** | [æpləkéiʃən] [애플리케이션]<br>명 적용, 응용, 지원, 신청 |
| **apply** | [əplái] [어플라이]<br>타자 적용하다, 충당하다, 신청하다<br>* apply for ~을 지원하다, 부탁하다, 신청하다<br>* apply oneself to ~에 몰두하다, ~에 열중하다, ~에 전념하다 |
| **appoint** | [əpɔ́int] [어포인트]<br>타자 임명하다, 지정하다, 지명하다 |
| **appointment** | [əpɔ́intmənt] [어포인(트)먼트]<br>명 임명, 관직, 지정, 약속, 예약 |
| **appreciable** | [əprí:ʃəbl] [어프뤼이셔브얼]<br>형 평가할 수 있는, 다소의 |

| | |
|---|---|
| **appreciate** | [əprí:ʃièit] [어프뤼이쉬에잇]<br>타 옳게 평가하다, 감상하다, 감사하다 |
| **appreciation** | [əprì:ʃiéiʃən] [어프뤼이쉬에이션]<br>명 평가, 감상, 존중 |
| **appreciative** | [əprí:ʃətiv] [어프뤼이셔티브]<br>형 감식력이 있는, 감사하는 |
| **apprehend** | [æprihénd] [애프뤼헨드]<br>타 걱정하다, 붙잡다, 깨닫다 |
| **apprehension** | [æprihénʃən] [애프뤼헨션]<br>명 염려, 이해, 체포 |
| **apprehensive** | [æprihénsiv] [애프뤼헨시브]<br>형 이해가 빠른, 염려하는 |
| **apprentice** | [əpréntis] [어프렌티쓰]<br>명 계시, 견습 타 도제로 보내다 |
| **apprenticeship** | [əpréntisʃip] [어프렌티스쉽]<br>명 도제살이, 도제의 신분(연한) |
| **approach** | [əpróutʃ] [어프로우취]<br>타자 접근하다, ~에 가깝다 |
| **approachable** | [əpróutʃəbl] [어프로우춰브얼]<br>형 가까이하기 쉬운 |

| | |
|---|---|
| **approbation** | [æprəbéiʃən] [애프러베이션] <br> 명 허가, 인가, 면허, 시인 |
| **appropriate** | [əpróupriət] [어프로우프리엇] <br> 형 적당한, 특정의 |
| **appropriateness** | [əpróupriətnis] [어프로우프리엇니쓰] <br> 명 적당, 타당성 |
| **appropriation** | [əpròupriéiʃən] [어프로우프리에이션] <br> 명 전용, 사용, 충당 |
| **appropriator** | [əpróuprièitər] [어프로우프리에이터] <br> 명 전용자, 충당자 |
| **approvable** | [əprúːvəbl] [어프루우버브얼] <br> 형 승인할 수 있는 |
| **approval** | [əprúːvəl] [어프루우버얼] <br> 명 승인, 찬성, 허가 |
| **approve** | [əprúːv] [어프루우브] <br> 타자 시인하다, 찬성하다 <br> * approve of ~을 시인하다, <br>  ~에 찬성하다 |
| **approving** | [əprúːviŋ] [어프루우빙] <br> 형 찬성의, 만족의 |

| | |
|---|---|
| **approvingly** | [əprúːviŋli] [어프루우빙리]<br>囝 찬성하여, 만족스럽게 |
| **approximate** | [əprɔ́ksəmeit] [어프록서메잇]<br>태자 접근하다, 가깝다 |
| **approximation** | [əprɔ̀ksəméiʃən] [어프록서메이션]<br>명 접근, 근사, 어림셈, 근사치 |
| **April** | [éiprəl] [에이프뤌]<br>명 4월 〈약어 Apr.〉 |
| **Apron** | [éiprən] [에이프뤈]<br>명 에이프런, 앞치마 |
| **apt** | [ǽpt] [앺트]<br>형 적절한, ~하기 쉬운<br>* [be] apt to [do] ~하기 쉽다,<br>  ~하는 경향이 있다 |
| **aptitude** | [ǽptətjùːd] [앺터튜우드]<br>명 적성, 재능, 경향 |
| **Arab** | [ǽrəb] [애럽]<br>명형 아라비아 사람(의) |
| **Arabia** | [əréibiə] [어뤠이비어]<br>명 아라비아 |

| | |
|---|---|
| **Arabic** | [ǽrəbik] [애뤄빅]<br>명 아라비아어(말) 형 아라비아 말의 |
| **arbitrary** | [ɑ́ːrbitrèri] [아아비츄레리]<br>형 임의의, 독단적인, 제멋대로의 |
| **arch** | [ɑ́ːrtʃ] [아아취]<br>명 아치 자타 활 모양으로 하다 |
| **archery** | [ɑ́ːrtʃəri] [아아춰뤼]<br>명 궁술(弓術) |
| **architect** | [ɑ́ːrkətèkt] [아아커텍트]<br>명 건축가, 건축 기사, 설계자 |
| **architecture** | [ɑ́ːrkətèktʃər] [아아커텍춰]<br>명 건축, 건축술, 건축학 |
| **arctic** | [ɑ́ːrktik] [아아크틱]<br>형 북극의 명 [the A-] 북극 지방 |
| **ardent** | [ɑ́ːrdənt] [아아던트]<br>형 열렬한, 열심인, 강렬한, 타는 듯한 |
| **ardo(u)r** | [ɑ́ːrdər] [아아더]<br>명 열심(eagerness), 작열 |
| **arduous** | [ɑ́ːrdʒuəs] [아아쥬어쓰]<br>형 곤란한, 힘든, 고난의 |

| area | [ɛ́:riə, ɛ́əriə] [에뤼어, 에어뤼어]<br>명 면적, 지역, 지방, 범위 |
|---|---|
| arena | [ərí:nə] [어뤼이너]<br>명 투기장, 경기장, 활동무대, 아레나 |
| Argentina | [à:rdʒəntí:nə] [아르줸티이너]<br>명 아르헨티나 |
| argue | [á:rgjuː] [아아규우]<br>자타 증명하다, 논하다, 설복시키다<br>* argue with (a person) about<br>  ~에 대하여 아무와 논의하다 |
| argument | [á:rgjumənt] [아아규먼트]<br>명 논의, 논쟁, 이론, 요지, 논지 |
| argumentation | [à:rgjuməntéiʃən] [아아규먼테이션]<br>명 논법, 논증, 입론 |
| argumentative | [à:rgjuméntətiv] [아아규멘터티브]<br>형 논쟁적인, 까다로운 |
| aright | [əráit] [어롸잇]<br>부 바르게, 정확히 |
| arise | [əráiz] [어롸이즈]<br>자 생기다, 일어나다, 일어서다 |

| | |
|---|---|
| **aristocracy** | [æ̀rəstákrəsi] [애뤄스타크뤄시]<br>몡 귀족 정치, 귀족 사회 |
| **aristocrat** | [ərístəkræt] [어뤼스터크래트]<br>몡 귀족, 귀족 정치주의자 |
| **aristocratic** | [əristəkrǽtik] [어뤼스터크래틱]<br>혱 귀족의, 귀족적인 |
| **arithmetic** | [əríθmətik] [어뤼쓰머틱]<br>몡 산수, 계산, 셈 |
| **arithmetical** | [æ̀riθmétikəl] [애리쓰메티커얼]<br>혱 산수의 |
| **arm** | [á:rm] [아암]<br>몡 팔, (동물의) 앞다리, 권력, 무기, 병기<br>* arm in arm 서로 팔을 끼고<br>* with open arms 진심으로(warmly) |
| **armada** | [a:rmά:də] [아아마아더]<br>몡 함대, 비행단 |
| **armament** | [á:rməmənt] [아아머먼트]<br>몡 군비, 병력, 병기, 무장 |
| **armchair** | [á:rmtʃέər] [아암췌어]<br>몡 팔걸이 의자, 안락 의자 |

| | |
|---|---|
| **armed** | [ɑ́:rmd] [아암드]<br>형 무장한<br>* armed forces 군대<br>* armed robbery 무장 강도 |
| **armful** | [ɑ́:rmfùl] [아암푸을]<br>명 한 아름(가득) |
| **armistice** | [ɑ́:rməstis] [아아머스티쓰]<br>명 휴전(truce), 정전, 휴전 조약 |
| **armo(u)r** | [ɑ́:rmər] [아아머]<br>명 갑옷, 장갑(裝甲) 타 갑옷을 입히다 |
| **armo(u)ry** | [ɑ́:rməri] [아아머뤼]<br>명 병기고, 병기 공장 |
| **army** | [ɑ́:rmi] [아아미]<br>명 육군, 군대, 큰 떼, 무리 |
| **around** | [əráund] [어롸운드]<br>부 주위에, 사방에 전 ~의 주위에 |
| **arouse** | [əráuz] [어롸우즈]<br>타 깨우다, 일으키다 |
| **arrange** | [əréindʒ] [어뤠인쮜]<br>타자 가지런히 하다, 정돈하다, 배열하다 |

| **arrangement** | [əréindʒmənt] [어뤠인쥐먼트]<br>명 정돈, 정리, 협정, 준비, 배열 |
| --- | --- |
| **array** | [əréi] [어뤠이]<br>타 차려입다, 배열하다 명 정렬, 소집 |
| **arrest** | [ərést] [어뤠스트]<br>타 억제하다, 체포하다 명 체포, 정지, 검거 |
| **arrival** | [əráivəl] [어롸이버얼]<br>명 도착, 입항, 도달 |
| **arrive** | [əráiv] [어롸이브]<br>자 도착하다, 도달하다 |
| **arrogant** | [ǽrəgənt] [애뤄건트]<br>형 거만한, 건방진, 무례한, 오만한 |
| **arrow** | [ǽrou] [애로우]<br>명 화살, 화살표 |
| **art** | [aːrt] [아아트]<br>명 예술, 미술, 기술 형 예술적인 |
| **article** | [ɑ́ːrtikl] [아아티크얼]<br>명 물품, 기사, ((문법)) 관사 |

| | |
|---|---|
| **articulate** | [aːrtíkjulət] [아아**티**큘럿]<br>톙 (언어가) 또렷한, 명확한 |
| **artificial** | [àːrtəfíʃəl] [아아터**휘**셔얼]<br>톙 인공의, 모조의 톙 natural(자연의) |
| **artillery** | [aːrtíləri] [아아**틸**러뤼]<br>똉 포병, ((집합적)) 대포 |
| **artisan** | [áːrtizn] [아아티즌]<br>똉 기능공, 공예가 |
| **artist** | [áːrtist] [아아티스트]<br>똉 예술가, 미술가 |
| **artistic** | [aːrtístik] [아아**티**스틱)<br>톙 예술적인 |
| **as** | [ǽz, əz] [애즈, 어즈]<br>졉 ～이므로, ～처럼 톂 ～으로서<br>톂 ～와 같이, ～만큼, ～하면서<br>\* as a matter of course 당연히, 물론<br>\* as a matter of fact 사실은, 사실상<br>\* as a [general] rule 대체로, 일반적으로,<br>　대개<br>\* as~ as ～와 같은 정도로, ～만큼<br>\* as~ as any 누구(어떤 것)에도 못지않게<br>\* as~ as ever 변함없이, 여전히, 더없이 |

* as~ as one can(possible) 될 수 있는 대로
* as far as (〜에 관한) 한, 〜까지
* as for 〜에 관해서는, 〜로서는, 〜만은(as regards)
* as if 마치〜인 것처럼(as though)
* as it is (사실 있는) 그대로, 사실은 (그렇지 않으므로)
* as it were 말하자면(so to speak)
* as long as 〜하는 동안에는, 〜하는 이상에는, 〜하는 한에는
* as many as 〜 만큼, 〜와 같은 수의
* as much as 〜 만큼, 〜와 같은 양의
* as often as not 때때로, 종종(more often than not)
* as regards 〜에 대하여, 관하여
* as~, so… 〜와 마찬가지로
* as soon as 〜하자마자, 곧 (immediately after)
* as though 마치 〜인 것처럼(as if)
* as to~ 〜에 관하여, 〜에 대해서
* as usual 평소와 같이, 여느 때처럼
* as well 〜도 마찬가지로
* as well as 〜 와 마찬가지로, 〜은 물론이고, 〜뿐만 아니라
* as yet 아직은, 지금까지는

| | |
|---|---|
| **ascend** | [əsénd] [어쎈드]<br>자 올라가다, 오르다, 상승하다 |
| **ascendancy** | [əséndənsi] [어쎈던시]<br>명 우세, 지배권 |
| **ascendant** | [əséndənt] [어쎈던트]<br>형 떠오르는, 뛰어난 |
| **ascension** | [əsénʃən] [어쎈션]<br>명 상승, 즉위 |
| **ascent** | [əsént] [어쎈트]<br>명 향상, 오르막길, 오름, 등산, 앙등 |
| **ascertain** | [æsərtéin] [애써테인!]<br>타 확인하다, 탐지하다, 알아채다 |
| **ascribable** | [əskráibəbl] [어스크롸이버브얼]<br>형 ~에 돌릴 수 있는 |
| **ascribe** | [əskráib] [어스크롸이브]<br>타 ~에 돌리다, ~의 탓으로 하다<br>* ascribe ~ to… ~을 …탓으로 돌리다 |
| **ascription** | [əskrípʃən] [어스크맆션]<br>명 탓으로 함, 귀속시킴 |

| | |
|---|---|
| **ash** | [æʃ] [애쉬]<br>명 재, 유골, 유해, 폐허 |
| **ashamed** | [əʃéimd] [어쉐임드]<br>형 부끄러워하는, 부끄러운<br>* be ashamed of ~을 부끄러워하다 |
| **ashore** | [əʃɔ́ːr] [어쇼어]<br>부 물가에, 해변에, 기슭에 |
| **Asia** | [éiʃə] [에이셔]<br>명 아시아 |
| **Asia Minor** | [éiʃəmáinər] [에이셔 마이너]<br>명 소아시아 |
| **Asian** | [éiʃən, éiʒən] [에이션, 에이줜]<br>형 아시아의 명 아시아 사람 |
| **aside** | [əsáid] [어싸이드]<br>부 곁에, 옆으로, 떨어져서<br>* aside from ~은 별문제로 하고,<br>~은 제쳐 놓고 |
| **ask** | [æsk] [애스크]<br>타자 묻다, 요구하다, 물어보다 |

**asleep**

[əslíːp] [어슬리이프]
형부 잠들어, (손·발이) 마비되어

**aspect**

[ǽspekt] [애스펙트]
명 (문제 따위의) 양상, 견지, 관점

**asphalt**

[ǽsfɔːlt] [애스포얼트]
명 아스팔트

**aspire**

[əspáiər] [어스파이어]
자 갈망하다, 열망하다

**ass**

[ǽs] [애쓰]
명 당나귀, 바보(fool)

**assail**

[əséil] [어쎄얼]
타 습격하다, 공격하다

**assault**

[əsɔ́ːlt] [어쏘얼트]
명 습격 타 습격하다, 성폭행하다

**assay**

[æséi] [애쎄이]
타 분석(평가)하다, 시금(試金)하다

**assemble**

[əsémbl] [어쎔브얼]
자타 모이다, 모으다, 조립하다

| assent | [əsént] [어쎈트] |
| | 자 동의하다 명 동의, 찬동 |

| assert | [əsə́ːrt] [어써어트] |
| | 타 주장하다, 단언하다 |

| assess | [əsés] [어쎄쓰] |
| | 타 평가하다, (세금 따위를) 과세하다 |

| assign | [əsáin] [어싸인] |
| | 타 할당하다, 지정하다 |

| assimilate | [əsíməlèit] [어시멀레잇] |
| | 자타 동화하다, 소화 · 흡수하다 |

| assist | [əsíst] [어씨스트] |
| | 자타 돕다, 거들다, 원조하다 |

| associate | [əsóuʃièit] [어쏘우쉬에잇] |
| | 타자 연합시키다, 연상시키다 |

| association | [əsòuʃiéiʃən] [어쏘우쉬에이션] |
| | 명 연합, 합동, 결합, 교제, 동료 |

| assume | [əsjúːm] [어슈음] |
| | 타자 ~인 체하다, 가정하다, 주제넘게 굴다 |

| assumption | [əsʌ́mpʃən] [어썸(프)션] |
| | 명 떠맡음, 횡령, 가장, 가정 |

| | |
|---|---|
| **assurance** | [əʃúərəns] [어슈어륀쓰]<br>몡 보증, 확인, 자신, 장담, 보험<br>* give an assurance 보증하다<br>* have the assured to [do] 뻔뻔스럽게도<br>　～하다 |
| **assure** | [əʃúər] [어슈어]<br>타 확인하다, 보증하다, 확신시키다<br>* assure oneself of ～을 확인하다<br>* be assured of ～을 확신하다 |
| **astonish** | [əstániʃ] [어스타니쉬]<br>타 놀라게 하다, 깜짝 놀래주다 |
| **astonishing** | [əstániʃiŋ] [어스타니슁]<br>혱 놀라운, 눈부신 |
| **astound** | [əstáund] [어스타운드]<br>타 깜짝 놀라게 하다 |
| **astray** | [əstréi] [어스트레이]<br>혱부 길을 잃어, 잘못해서 |
| **astronomer** | [əstránəmər] [어스츄롸너머]<br>몡 천문학자 |
| **astronomy** | [əstránəmi] [어스츄롸너미]<br>몡 천문학 |

| | |
|---|---|
| **asunder** | [əsʌ́ndər] [어썬더]<br>부 산산조각으로, 따로 떨어져 |
| **asylum** | [əsáiləm] [어싸일럼]<br>명 수용소, 보호소, 피난처 |
| **at** | [ǽt, ət] [앳, 엇]<br>전 ~전에, ~에, ~하고<br>* at all 조금도, 적어도, 도대체<br>* at any time 언제든지, 어느 때라도<br>* at last 드디어<br>* at once 한꺼번에, 곧, 당장(right away)<br>* at one time or the other 언젠가 한때<br>* at short notice 즉각, 준비 없이<br>* at that moment 그 순간에<br>* at the same time 동시에<br>  (simultaneously)<br>* at this moment 이 순간에 |
| **ate** | [éit] [에잇]<br>동 eat(먹다)의 과거형 |
| **atelier** | [ǽtəljèi] [애털래이]<br>명 아틀리에, 화실, 일터 |
| **atheism** | [éiθi(:)ìzm] [에이씨이즘]<br>명 무신론 |

| | |
|---|---|
| **Athens** | [ǽθinz] [애씬즈]<br>몡 아테네(그리스도의 수도) |
| **athlete** | [ǽθli:t] [애쓸리이트]<br>몡 운동 선수, 경기자 |
| **athletic** | [æθlétik] [에쓸레틱]<br>혱 운동 경기의, 강건한 |
| **athletics** | [æθlétiks] [애쓸레틱스]<br>몡 체육 실기, 육상 경기 |
| **Atlantic** | [ətlǽntik] [어틀랜틱]<br>몡 대서양 혱 대서양의 |
| **atlas** | [ǽtləs] [애틀러쓰]<br>몡 지도책 |
| **atmosphere** | [ǽtməsfiər] [애트머스휘어]<br>몡 대기, 공기, 분위기, 환경 |
| **atmospheric** | [ǽtməsférik] [애트머스풰릭]<br>혱 대기의, 기압의 |
| **atom** | [ǽtəm] [애텀]<br>몡 원자, 미분자 |
| **atomic** | [ətámik] [어타믹]<br>혱 원자(력)의, 극소의 |

| | |
|---|---|
| **atomically** | [ətámikəli] [어타미커얼리]<br>부 원자(력)의, 극소의 |
| **atone** | [ətóun] [어토운]<br>타 보상하다, 속죄하다, 갚다 |
| **atrocity** | [ətrάsəti] [어트라써티]<br>명 극악, 포악, 잔악 |
| **attach** | [ətǽtʃ] [어태취]<br>타 붙이다, 달다, 첨부하다<br>* attach oneself to ~에 가입하다,<br> ~에 애착을 느끼다 |
| **attache** | [ətǽʃei] [어태쉐이]<br>명 대사관원, 수행원, 무관 |
| **attachment** | [ətǽtʃmənt] [어태취먼트]<br>명 부착(물), 애착 |
| **attack** | [ətǽk] [어택]<br>타 공격하다, 침범하다, 착수하다 |
| **attain** | [ətéin] [어테인]<br>타 자 목적을 이루다, 달성하다 |
| **attainment** | [ətéinmənt] [어테인먼트]<br>명 도달, 달성, 성취 |

| | |
|---|---|
| **attempt** | [ətém(p)t] [어템(프)트]<br>타 시도하다, 꾀하다 명 시도<br>\* make an attempt at [to do]<br>～ 하려고 (시도)하다 |
| **attend** | [əténd] [어텐드]<br>자타 참석하다, ～에 주의하다<br>\* attend on [upon] ～에게 시중들다,<br>간호하다, 모시다<br>\* attend to ～에 주의를 기울이다,<br>보살피다, 유의하다 |
| **attention** | [əténʃən] [어텐션]<br>명 주의, 배려, 돌봄, ((구령)) 차렷!<br>\* draw [attract, call] one's attention to<br>주의를 끌다, 눈에 띄다<br>\* pay [give] attention to<br>～에 주의하다 |
| **attentive** | [əténtiv] [어텐티브]<br>형 주의 깊은, 경청하는 |
| **attest** | [ətést] [어테스트]<br>타 자 증명하다(prove) |

| | |
|---|---|
| **attic** | [ǽtik] [애틱] <br> 몡 다락방(garret) |
| **attire** | [ətáiər] [어타이어] <br> 탄 차려입다, 치장시키다 몡 복장, 옷 |
| **attitude** | [ǽtitjùːd] [애티튜우드] <br> 몡 태도, 자세 |
| **attorney** | [ətə́ːrni] [어터어니] <br> 몡 변호사, 대리인 |
| **attract** | [ətrǽkt] [어츄랙트] <br> 탄 끌다, 유혹하다, 잡아당기다 |
| **attractive** | [ətrǽktiv] [어츄랙티브] <br> 혱 매력 있는, 애교 있는 |
| **attribute** | [ətríbjuːt] [어츄뤼뷰우트] <br> 탄 ~의 탓으로 돌리다 몡 속성, 특질 |
| **auction** | [ɔ́ːkʃən] [오옥션] <br> 몡 경매, 공매 탄 경매하다 |
| **audacity** | [ɔːdǽsəti] [오오대써티] <br> 몡 대담무쌍함, 뻔뻔스러움, 방약무인 |
| **audible** | [ɔ́ːdəbl] [오오더브얼] <br> 혱 들리는, 들을 수 있는 |

| | |
|---|---|
| **audience** | [ɔ́ːdiəns] [오오디언쓰]<br>몡 청중, 관객, 접견 |
| **auditorium** | [ɔ̀ːdətɔ́ːriəm] [오오더토리엄]<br>몡 강당, 청중석 |
| **aught** | [ɔːt] [오오트]<br>데 어떤 일(것), 무엇이든 몡 제로, 영(零) |
| **augment** | [ɔːgmént] [오오그멘트]<br>타자 증가하다, 늘리다, 늘다 |
| **August** | [ɔ́ːgəst] [오오거스트]<br>몡 8월 〈약어 Aug.〉 |
| **aunt** | [ǽnt] [앤트]<br>몡 아주머니, 숙모, 백모, 이모 |
| **aural** | [ɔ́ːrəl] [오오럴]<br>혱 귀의, 청각의 |
| **aurora** | [ɔːrɔ́ːrə] [오오로라]<br>몡 오로라, 극광, 서광, 새벽빛 |
| **auspice** | [ɔ́ːspis] [오오스피쓰]<br>몡 주최, 후원, 길조, 징조 |
| **austere** | [ɔːstíər] [오오스티어]<br>혱 엄격한, 가혹한, 심한, 엄한 |

| **Australia** | [ɔ:stréiljə] [오오스츄뤠일리어]<br>명 오스트레일리아, 호주 |
| **authentic** | [ɔ:θéntik] [오오쎈틱]<br>형 진짜의, 믿을 만한, 신빙할 만한 |
| **author** | [ɔ́:θər] [오오써]<br>명 저자, 창시자 |
| **authority** | [əθɔ́:rəti] [오오쏘뤄티]<br>명 권위, 근거, 〈보통 복수로〉 관헌, 당국 |
| **auto** | [ɔ́:tou] [오오토우]<br>명 자동차(automobile) |
| **autobiography** | [ɔ́:təbaiágrəfi] [오오터바이아그뤄휘]<br>명 자서전(自敍傳) |
| **automatic** | [ɔ̀:təmǽtik] [오오터매틱]<br>형 자동의, 기계적인 |
| **automobile** | [ɔ̀:təməbi:l] [오오터머비일]<br>명 자동차 자 자동차에 타다 |
| **autumn** | [ɔ́:təm] [오오텀]<br>명 가을 |
| **auxiliary** | [ɔ:gzíljəri] [오오그질러뤼]<br>형 보조의, 부(副)의 명 보조자, 조수 |

**avail**

[əvéil] [어베얼]
타자 소용이 되다, 이용하다
* avail oneself of ~을 이용하다,
  ~의 틈(기회)을 타다
* be of [no] avail 도움이 되다 [안 되다],
  쓸모가 있다 [없다]

**available**

[əvéiləbl] [어베일러브얼]
형 이용할 수 있는, 입수 가능한
* be available for ~에 도움이 되다,
  ~에 쓸모가 있다

**avalanche**

[ǽvəlæntʃ] [애벌랜취]
명 눈사태, (우편물 등의) 쇄도

**avarice**

[ǽvəris] [애버뤼쓰]
명 탐욕, 허욕

**avenge**

[əvéndʒ] [어벤쥐]
타 복수하다, 원수를 갚다

**avenue**

[ǽvənjù:] [애버뉴우]
명 가로수 길, 큰 거리

**average**

[ǽvəridʒ] [애버뤼쥐]
명 평균 형 보통의, 평균의

**avert**

[əvə́ːrt] [어버어트]
태 피하다, 막다, 돌리다

**aviation**

[èiviéiʃən] [에이비에이션]
명 비행, 항공, 비행술

**aviator**

[éivièitər] [에이비에이터]
명 비행가, 비행사

**avid**

[ǽvid] [애비드]
형 탐욕스러운

**avocation**

[ævəkéiʃən] [애버케이션]
명 직업(occupation), 부업, 취미

**avoid**

[əvɔ́id] [어보이드]
태 기피(회피)하다, 무효로 하다

**avouch**

[əváutʃ] [어바우취]
태 단언하다(assert), 보증하다, 승인하다

**avow**

[əváu] [어바우]
태 공언하다, 고백하다, 승인하다

**avowal**

[əváuəl] [어바우얼]
명 공인, 자인(自認)

**await**

[əwéit] [어웨잇]
타 기다리다, 대기하다, 예기하다

**awake**

[əwéik] [어웨익]
타 일으키다, 깨우다, 눈을 뜨다

**awaken**

[əwéikən] [어웨이컨]
타 잠깨다(awake), 깨우다

**award**

[əwɔ́ːrd] [어워어드]
타 (심사하여) 수여하다 명 심판, 판정

**aware**

[əwɛ́ər] [어웨어]
형 알고 있는, 의식하고
* (be) aware of ~을 알고 있다.
  알아채고 있다

**away**

[əwéi] [어웨이]
부 떨어져서, 멀리, 부재로

**awe**

[ɔ́ː] [오오]
타 두렵게 하다 명 두려움, 경외
* be [stand] in awe of ~을 두려워하다

**A-weapon**

[éiwépən] [에이웨펀]
명 원자 무기, 원자 폭탄

| | |
|---|---|
| **awesome** | [ɔ́:səm] [오오썸]<br>형 두려운(dread) |
| **awful** | [ɔ́:ful] [오오훠얼]<br>형 두려운, 장엄한, 무서운 |
| **awfully** | [ɔ́:fuli] [오오훠얼리]<br>부 무섭게, 두려워서, 대단히, 심하게 |
| **awhile** | [əhwáil] [어화얼]<br>부 잠시, 잠깐 |
| **awkward** | [ɔ́:kwərd] [오오크워드]<br>형 어설픈, 서투른, 난처한, 거북한 |
| **ax[e]** | [ǽks] [액쓰]<br>명 도끼 타 도끼로 찍다 |
| **axis** | [ǽksis] [액씨쓰]<br>명 축(軸), 굴대, 주축 |
| **axle** | [ǽksl] [액쓰얼]<br>명 차바퀴의 굴대, 차축 |
| **azalea** | [əzéiljə] [어제일려]<br>명 진달래 |
| **azure** | [ǽʒər] [애쥐]<br>형 푸른 명 하늘빛, 창공 |

| babble | [bǽbl] [배qmdjf] 자타 졸졸 흐르다, 수다<br>떨다 명 수다, 졸졸 소리 |
| **babe** | [beib] [베이브]<br>명 갓난아이(baby) |
| **baby** | [béibi] [베이비]<br>명 갓난아이 형 어린애 같은, 어린 |
| **baby-buggy** | [béibibʌ̀gi] [베이비버기]<br>명 유모차 |
| **baby-sit** | [béibisìt] [베이비씻]<br>자 ((미·구어)) 아기를 돌보다 |
| **bachelor** | [bǽtʃələr] [배춰얼러]<br>명 미혼 남자, 독신 남자, 학사 |

| | |
|---|---|
| **back** | [bæk] [백]<br>명 등, 뒤, 배경 부 뒤에 형 뒤의 타자 후퇴하다<br>* at the back of ~의 뒤에, 후원자로서, ~을 쫓아<br>* back and forth 앞뒤로, 이리저리<br>* on one's back 등에 지고, 반듯이 드러 누워서<br>* to the back 철저하게, 뼛속까지<br>* turn one's back on ~에게 등을 돌리다, 저버리다 |
| **backbite** | [bǽkbàit] [백바잇]<br>자타 험담하다 |
| **backboard** | [bǽkbɔ̀:rd] [백보오드]<br>명 (농구대 따위의) 백보드, 뒤판 |
| **backbone** | [bǽkbòun] [백보운]<br>명 등뼈, 기골, 중추 |
| **background** | [bǽkgràund] [백그라운드]<br>명 배경, 바탕색, 이면 |
| **backstage** | [bǽkstéidʒ] [백스테이쥐]<br>명 부 무대 뒤(에서) |
| **backward** | [bǽkwərd] [백워드]<br>형 후방으로의, 뒤로의, 역의, 성장이 늦은 |

| **backwards** | [bǽkwərdz] [백워어(드)즈]<br>부 뒤에, 뒤로, 저쪽으로 |
| **bacon** | [béikən] [베이컨]<br>명 베이컨(돼지고기를 훈제한 것) |
| **bacteria** | [bæktíəriə] [백티어뤼어]<br>명 박테리아 |
| **bad** | [bæd] [배드]<br>형 나쁜, 틀린, 서투른, 불량한<br>* be bad at ~이 서투르다(be poor at)<br>* (about) go bad 썩다, 못쓰게 되다,<br>　상하다 |
| **badge** | [bædʒ] [배쥐]<br>명 기장, 배지, 상징, 표지 |
| **badger** | [bædʒər] [배쥐]<br>명 오소리 타 못살게 굴다 |
| **badly** | [bædli] [배들리]<br>부 나쁘게, 서투르게, 몹시, 대단히, 아주 |
| **badminton** | [bædmintn] [배드민튼]<br>명 배드민턴 |

| | |
|---|---|
| **baffle** | [bǽfl] [배흐얼]<br>타 방해하다, 당황하게 하다 |
| **bag** | [bæg] [배그]<br>명 자루, 가방 타 자루에 넣다 |
| **baggage** | [bǽgidʒ] [배기쥐]<br>명 ((미)) 수화물, (((영))은 luggage) |
| **bail** | [beil] [베이얼]<br>명 보석(保釋), 보석금 |
| **bait** | [beit] [베잇]<br>명 미끼, 유혹 타 미끼로 꾀다 |
| **bake** | [beik] [베익]<br>자타 (빵 따위를) 굽다 |
| **balance** | [bǽləns] [밸런쓰]<br>명 균형, 천칭 타 저울로 달다 |
| **balcony** | [bǽlkəni] [배얼커니]<br>명 발코니, (극장의) 2층 특별석 |
| **bald** | [bɔːld] [보얼드]<br>형 (머리가) 벗어진, 꾸밈 없는 |
| **ba[u]lk** | [bɔːk] [보오크]<br>명 ((야구)) 보크(투수의 반칙적인 견제 행동) |

| **ball** | [bɔːl] [보얼]<br>몡 공, 구(球) |
|---|---|
| **ballad** | [bǽləd] [밸러드]<br>몡 민요, 발라드 |
| **ballet** | [bæléi] [밸레이]<br>몡 발레, 군무(群舞), 무용단 |
| **balloon** | [bəlúːn] [벌루은]<br>몡 기구, 풍선 |
| **ballot** | [bǽlət] [밸럿]<br>몡 투표 재태 투표하다<br>* cast [take] a ballot 투표하다<br>* elect by ballot 투표로 뽑다<br>* ballot box 투표함<br>* ballot paper 투표 용지 |
| **ballpark** | [bɔ́ːlpàːrk] [보얼파아크]<br>몡 ((미)) 야구장 |
| **ballroom** | [bɔ́ːlrːm] [보얼루음]<br>몡 무도장 |
| **balm** | [bɑ́ːm] [바암]<br>몡 향유, 방향(芳香), 진통제 |

| | |
|---|---|
| **balmy** | [bάːmi] [바아미]<br>형 향기로운, 진통의, 기분 좋은 |
| **bamboo** | [bæmbúː] [뱀부우]<br>명 대, 죽재, 대나무 |
| **ban** | [bæn] [밴]<br>명 금지(령) 타자 금지하다 |
| **banana** | [bənǽnə] [버내너]<br>명 바나나 |
| **band** | [bænd] [밴드]<br>명 띠, 악단, 무리 자타 결합하다, 단결하다 |
| **bandage** | [bǽndidʒ] [밴디쥐]<br>명 붕대 타 붕대로 감다 |
| **bandit** | [bǽndit] [밴딧]<br>명 산적, 강도, 악당 |
| **bane** | [bein] [베인]<br>명 독, 해독 |
| **bang** | [bæŋ] [뱅]<br>명 탕, 쾅하는 소리 타자 쾅 치다 |
| **banish** | [bǽniʃ] [배니쉬]<br>타 추방하다, 쫓아 버리다 |

| | |
|---|---|
| **bank** | [bæŋk] [뱅크]<br>명 은행, 저장소, 둑, 제방 |
| **banker** | [bǽŋkər] [뱅커]<br>명 은행가, (도박의) 물주 |
| **bankrupt** | [bǽŋkrʌpt] [뱅크룁트]<br>명 파산자 형 파산한 |
| **bankruptcy** | [bǽŋkrʌptsi] [뱅크룁(트)시]<br>명 파산, 도산, 파탄 |
| **banner** | [bǽnər] [배너]<br>명 기, 군기 |
| **banquet** | [bǽŋkwit] [뱅크윗]<br>명 연회 타자 잔치를 베풀다 |
| **baptism** | [bǽptizm] [뱁티즘]<br>명 세례 |
| **Baptist** | [bǽptist] [뱁티스트]<br>명 침례교도 |
| **baptize** | [bæptáiz] [뱁타이즈]<br>타 세례를 주다, 명명(命名)하다 |
| **bar** | [baːr] [바아]<br>명 막대기, 술집, 법정(court) |

| **barbarian** | [ba:rbέəriən] [바아베어뤼언]<br>몡 야만인 혱 야만적인 |
| **barber** | [bάːrbər] [바아버]<br>몡 이발사 (((영))은 hairdresser) |
| **bare** | [bɛər] [베어]<br>혱 적나라한, 벌거벗은 빤 clad(옷을 입은) |
| **barely** | [bέərli] [베어얼리]<br>뷘 겨우, 가까스로 |
| **bargain** | [bάːrgin] [바아긴]<br>몡 흥정, 매매 계약, 싸게 산 물건<br>* into [in] the bargain 더구나,<br>  게다가(besides) |
| **barge** | [ba:rdʒ] [바아쥐]<br>몡 거룻배, 짐배 |
| **bark** | [ba:rk] [바아크]<br>쟈태 (개가) 짖다 몡 짖는 소리 |
| **barley** | [bάːrli] [바아얼리]<br>몡 보리 |
| **barn** | [ba:rn] [바언]<br>몡 헛간, 광, ((미)) 외양간, 차고 |

| | |
|---|---|
| **barometer** | [bərámitər] [버라미터]<br>명 청우계, 기압계, 지표 |
| **baron** | [bǽrən] [배런]<br>명 남작(男爵) |
| **barrack** | [bǽrək] [배뤅]<br>명 ((보통 복수)) 바라크, 병영(兵營) |
| **barrel** | [bǽrəl] [배뤄얼]<br>명 통 타 통에 채우다 |
| **barren** | [bǽrəl] [배런]<br>형 (땅이) 불모의 명 불모지 |
| **barrier** | [bǽriər] [배뤼어]<br>명 장벽, 울타리, 장애 |
| **base** | [beis] [베이쓰]<br>명 기초, 토대 타 기초를 두다 형 비열 |
| **baseball** | [béisbɔ̀ːl] [베이쓰보얼]<br>명 야구, 야구공 |
| **basement** | [béismənt] [베이쓰먼트]<br>명 지하실 |
| **basic** | [béisik] [베이씩]<br>형 기초의, 근본적인, 기본의 |

| | |
|---|---|
| **basin** | [béisn] [베이슨]<br>명 물그릇, 대야, 웅덩이, 분지 |
| **basis** | [béisis] [베이씨쓰]<br>명 기초, 근거, 토대 |
| **basket** | [bǽskit] [배스킷]<br>명 바구니 타 바구니에 넣다 |
| **basketball** | [bǽskitbɔ̀ːl] [배스킷보얼]<br>명 농구, 농구공 |
| **bass** | [beis] [베이쓰]<br>명 저음 악기, 저음 (가수) |
| **bat** | [bæt] [뱃]<br>명 타봉, (구기의) 배트, 박쥐 |
| **bath** | [bæθ] [배쓰]<br>명 목욕, 목욕실 자타 목욕하다 |
| **bathroom** | [bǽθrùːm] [배쓰루음]<br>명 목욕실, 화장실 |
| **battalion** | [bətǽljən] [버탤리언]<br>명 포병 대대, 대부대 |
| **batter** | [bǽtər] [배터]<br>명 ((야구)) 타자 타자 난타하다 |

| | |
|---|---|
| **battery** | [bǽtəri] [배터뤼] 명 포대, 포병대, 전지, ((야구)) 투수와 포수, 한 벌(조)의 기구<br>* a dry battery 건전지<br>* change one's battery 수단을 바꾸다<br>* cooking battery 요리 기구 한 벌 |
| **batting** | [bǽtiŋ] [배팅]<br>명 타격, 튼 솜, 이불솜<br>* batting order 타격 순서<br>* batting average 타격률 |
| **battle** | [bǽtl] [배트얼]<br>명 싸움, 전투 자 싸우다 |
| **battlefield** | [bǽtlfìːld] [배트얼휘얼드]<br>명 싸움터(battleground) |
| **battlement** | [bǽtlmənt] [배트얼먼트]<br>명 총안벽 |
| **battleship** | [bǽtlʃìp] [배트얼쉽]<br>명 전투함 |
| **bawl** | [bɔ́ːl] [보올]<br>자타 호통치다, 고함치다 명 고함(高喊) |
| **bay** | [béi] [베이]<br>명 짖는 소리, 만(灣) 타자 짖다 |

| | |
|---|---|
| **bayonet** | [béiənit] [베이어닛]<br>명 총검 타 총검으로 찌르다 |
| **bazaar** | [bəzá:r] [버자아]<br>명 (동양의) 상점가, 시장 |
| **bazooka** | [bəzú:kə] [버주우커]<br>명 대전차, 로케트포의 일종, 바주카포 |
| **B.C.** | [bí:sí:] [비이씨이]<br>((약어)) 기원전(Before Christ) |
| **be** | [bi:, bi] [비이, 비]<br>자 …이다, 있다<br>* be ~what it may ~이 어쨌든,<br>…은 ~일지라도 |
| **beach** | [bi:tʃ] [비이취]<br>명 해안(seashore), 물가 |
| **beacon** | [bí:kən] [비이컨]<br>명 (경계 · 신호 등의) 표시, 봉화 |
| **bead** | [bi:d] [비이드]<br>명 염주, 염주알, 장식용 구슬 |
| **beak** | [bi:k] [비이크]<br>명 부리, 부리처럼 생긴 것 |

A
B
C
D
E
F
G
H
I
J
K
L
M
N
O
P
Q
R
S
T
U
V
W
X
Y
Z

| | |
|---|---|
| **beam** | [biːm] [비임]<br>명 광선, 들보, 도리 자타 빛을 내다 |
| **bean** | [biːn] [비인]<br>명 콩 |
| **bear** | [bɛər] [베어]<br>명 곰 자타 (아이를) 낳다, 견디다<br>\* bear in mind 기억하고 있다<br>  (remember), 명심하다<br>\* bear on [upon] ~에 무게가 쏠리다,<br>  ~에 영향이 [관계가] 있다.<br>\* bear oneself 처신하다, 거동하다<br>\* bear out ~을 지지하다,<br>  (빛깔이) 나타나다<br>\* bear the burden of ~을 떠맡다,<br>  곤란에 견디다<br>\* bear witness [testimony] to [of]<br>  증언[증명]하다 |
| **beard** | [biərd] [비어드]<br>명 턱수염 타 수염을 잡아당기다, 뽑다 |
| **bearer** | [bɛ́ərər] [베어뤄]<br>명 운반인, 지참인, 짐꾼 |
| **bearing** | [bɛ́əriŋ] [베어링]<br>명 태도, 관계, 의미, 방위, 출산 |

| beast | [bíːst] [비이스트]<br>명 짐승(animal), 야수, (네 발) 동물 |
|---|---|
| beastly | [bíːstli] [비이스틀리]<br>형 짐승 같은, 지독한 부 짐승처럼 |
| beastliness | [bíːstlinis] [비이스틀리니쓰]<br>명 야수성 |
| beat | [bíːt] [비이트]<br>자타 (계속) 때리다, 이기다 |
| beaten | [bíːtn] [비이튼]<br>동 beat의 과거분사<br>형 얻어맞은<br>* beaten track 항상 지켜야 할 도리, 관계 |
| beating | [bíːtiŋ] [비이팅]<br>명 때림, 매질 |
| beau | [bóu] [보우]<br>명 멋쟁이, 애인 형 아름다운 |
| beautiful | [bjúːtifəl] [뷰우티훠얼]<br>형 아름다운, 훌륭한, 멋진 |
| beauty | [bjúːti] [뷰우티]<br>명 미관, 아름다움, 미인 |

| | |
|---|---|
| **beaver** | [bíːvər] [비이버]<br>몡 해리, 비버 (가죽) |
| **because** | [bikɔ́ːz] [비코즈]<br>쩝 왜냐하면, ~이기 때문에<br>* because of ~때문에, ~한 까닭으로 |
| **beckon** | [békən] [베컨]<br>쟈탸 고개를 끄덕이다, 손짓해서 부르다 |
| **become** | [bikʌ́m] [비컴]<br>쟈탸 ~이 되다, ~에 어울리다<br>* become of ~이 되다, ~이 되어가다 |
| **bed** | [bed] [베드]<br>몡 침대, 모판, 강바닥, 꽃밭 |
| **bedroom** | [bédrùːm] [베드루움]<br>몡 침실 |
| **bedside** | [bédsaid] [베드싸이드]<br>몡 베갯머리 혱 머리맡의 |
| **bedtime** | [bédtàim] [베드타임]<br>몡 자는 시간, 취침 시간 |

| | |
|---|---|
| **bee** | [biː] [비이]<br>명 꿀벌 |
| **beech** | [biːʧ] [비이취]<br>명 너도밤나무(재목) |
| **beef** | [biːf] [비이프]<br>명 쇠고기 |
| **been** | [bin, bíːn] [빈, 비인]<br>동 be의 과거분사 |
| **beer** | [biər] [비어]<br>명 맥주 |
| **beet** | [biːt] [비이트]<br>명 사탕무 |
| **beetle** | [bíːt] [비이트얼]<br>명 딱정벌레, 공이 자 돌출하다 |
| **befall** | [bifɔ́ːl] [비훠올]<br>타자 ~이 일어나다, 신변에 닥치다 |
| **before** | [bifɔ́ːr] [비훠오]<br>전 ~의 앞에<br>부 앞쪽에, 이전에<br>* before long 머지 않아, 곧<br>* long before 훨씬 전에 |

| | |
|---|---|
| **beforehand** | [bifɔ́ːrhæ̀nd] [비훠오핸드]<br>부 이전에, 전부터, 미리(in advance)<br>* be beforehand with ~에 앞서다,<br>미리 대비하다 |
| **befriend** | [bifrénd] [비흐뤤드]<br>타 ~의 편이 되다, 도와주다 |
| **beg** | [bég] [베그]<br>타자 빌다, 구걸하다, 청하다<br>* beg for ~을 빌다, 바라다<br>* beg one's pardon 사과하다,<br>용서를 빌다 |
| **beget** | [bigét] [비겟]<br>타 생기게 하다, 보다, 얻다 |
| **beggar** | [bégər] [베거]<br>명 거지, 가난뱅이 |
| **beggarly** | [bégərli] [베거얼리]<br>형 거지 같은 |
| **beggary** | [bégəri] [베거뤼]<br>명 거지 신세, 빈궁 |
| **begin** | [bigín] [비긴]<br>자타 시작하다, 착수하다 |

* begin with ~부터 시작하다
* to begin with 우선, 제일, 먼저(first of all)

## beginner

[bigínər] [비기너]
몡 초심자, 초학자

## beginning

[bigíniŋ] [비기닝]
몡 시초, 개시, 처음, 단서, 초기
* the beginning of the end 최후의
  결과를 미리 알리는 처음의 징조
* at the beginning [of] ~(의) 처음에

## beguile

[bigáil] [비가이얼]
탁 속이다(deceive), (시간을) 즐겁게 보내다

## behalf

[biháef] [비해흐]
몡 지지(支持), 이익, 이로움
* in (one's) behalf of ~을 위하여
* on (one's) behalf of ~을 대신하여,
  ~을 위하여

## behave

[bihéiv] [비헤이브]
쟈 행동하다(act), 예절 바르게 처신하다

## behavio[u]r

[bihéivjər] [비헤이비이어]
몡 행동, 행실, 태도

## behind

[biháind] [비하인드]
튁 뒤에, 뒤떨어져, 배후에 젼 ~의 뒤에

*95*

**behold**

[bihóuld] [비호울드]
타 보다(look at)

**being**

[bíːiŋ] [비이잉]
자 be의 현재분사 명 실제, 본질

**Belgium**

[béldʒəm] [베얼줘엄]
명 벨기에

**belch**

[beltʃ] [벨취]
자 트림을 하다 명 트림

**belief**

[bilíːf] [빌리이흐]
명 신념, 신앙, 의견

**believe**

[bilíːv] [빌리이브]
자타 믿다, 생각하다
* believe in ~을 신용하다.
  ~의 존재를 믿다

**bell**

[bél] [베얼]
명 종, 방울
타 방울을 달다
* bell the cat (이솝 이야기에서) 자진하여
  어려운 일에 나서다

*96*

* bear [carry away] the bell 승리를 얻다,
상품을 타다

| | |
|---|---|
| **belle** | [bel] [베얼]<br>명 미인, 예쁜 소녀 |
| **bellow** | [bélou] [벨로우]<br>자타 짖다, 으르렁거리다 |
| **belly** | [béli] [벨리]<br>배, 복부, 위 |
| **belong** | [bilɔ́ːŋ] [빌로엉]<br>자 ~에 속하다, ~의 것이다 |
| **beloved** | [bilʌ́vid] [빌러비드]<br>형 가장 사랑하는, 소중한 명 애인 |
| **below** | [bilóu] [빌로우]<br>부 (보다) 아래에(로) 전 ~의 아래에 |
| **belt** | [bélt] [베얼트]<br>명 벨트, 띠, 지대, 혁대 |
| **bench** | [bentʃ] [벤취]<br>명 벤치, 긴 의자 |
| **bend** | [bend] [벤드]<br>타 구부리다, 굴복시키다, 쏟다 |

| | |
|---|---|
| **beneath** | [biníːθ] [비니이쓰]<br>전 ~의 바로 밑에 부 아래에 |
| **beneficial** | [bènəfíʃəl] [베너휘셔얼]<br>형 유익한, 유리한, 이로운 |
| **benefit** | [bénəfit] [베너휫]<br>명 이익, 은혜, 은전<br>* for the benefit of ~을 위하여,<br>~의 이익을 위하여 |
| **benevolence** | [bənévələns] [버네벌런쓰]<br>명 은혜, 자선, 자비, 박애 |
| **benevolent** | [bənévələnt] [버네벌런트]<br>명 자애스러운, 친절한 |
| **benevolently** | [bənévələntli] [버네벌런틀리]<br>부 자애롭게 |
| **benign** | [bináin] [비나인]<br>형 인자한, 상냥한, 친절한(gracious,<br>kindly), (기후 · 풍토 따위가) 온화한(mild) |
| **bent** | [bént] [벤트]<br>동 bend의 과거 · 과거분사 형 굽은 |

| **benumb** | [binʌ́m] [비념]<br>타 무감각하게 하다, 마비시키다 |
| **bequeath** | [bikwíːθ] [비크위이쓰]<br>타 남기다, 유언으로 물려주다 |
| **bereave** | [biríːv] [비리이브 ] 타 (희망·기쁨을)<br>빼앗다, (죽임이 사람을) 앗아가다 |
| **bereaved** | [biríːvd] [비리이브드]<br>형 (가족 따위를) 여윈 |
| **bereavement** | [biríːvmənt] [비리이브먼트]<br>명 사별(死別) |
| **beret** | [bérei] [베뤠이]<br>명 베레모, 특전사의 모자 |
| **Berlin** | [bəːrlín] [버얼린]<br>명 베를린(독일의 수도) |
| **berry** | [béri] [베뤼]<br>명 (딸기류의) 과일 자 열매가 열다 |
| **berth** | [bəːrθ] [버어쓰]<br>명 (배·차의) 침대, 정박지 |
| **beseech** | [bisíːtʃ] [비시이취]<br>타 탄원하다, 간청하다 |

*99*

| | |
|---|---|
| **beset** | [bisét] [비쎗]<br>타 둘러싸다, 공격하다 |
| **beside** | [bisáid] [비싸이드]<br>전 ~의 옆에, ~와 비교하여<br>* beside oneself with 정신을 잃고,<br>실성하여<br>* beside the mark 과녁을 벗어나서 |
| **besides** | [bisáidz] [비싸이(드)즈]<br>부 게다가, 그 밖에 전 ~외에 |
| **besiege** | [bisí:ʤ] [비씨이쥐]<br>타 포위하다, 둘러싸다, 몰려들다 |
| **best** | [best] [베스트]<br>형 (good의 최상급) 가장 좋은, 최선의<br>부 가장 잘 명 최선, 최상<br>* at (the) best 기껏해야, 잘 해야, 고작<br>* best of all 무엇보다도, 첫째<br>* best seller (일정 기간에) 가장 잘 팔린 책<br>* at one's best 한창 때에, 전성기에 |
| **bestow** | [bistóu] [비스토우]<br>타 (선물로) 주다 |
| **bet** | [bet] [벳]<br>자타 (돈을) 걸다 명 내기, 내기에 건 돈 |

| **betray** | [bitréi] [비츄뤠이]<br>타 (조국·동지 따위를) 배반하다 |
| **better** | [bétər] [베터]<br>형 더 좋은 부 더욱 잘<br>* better off 형편이 더 좋은, 더욱 부유한<br>* all the better 오히려, 더욱 좋게,<br>  그만큼 더욱 |
| **between** | [bitwíːn] [비트위인]<br>전 ~의 사이에 부 사이에<br>* between ourselves [you and me]<br>  우리끼리만의 이야기이지만 |
| **beverage** | [bévəridʒ] [베버뤼쥐]<br>명 마실 것, 음료(drink) |
| **beware** | [biwéər] [비웨어]<br>자타 조심하다, 주의하다 |
| **bewilder** | [biwíldər] [비위얼더]<br>타 어리둥절하게 하다, 당황하게 하다 |
| **bewitch** | [biwítʃ] [비위취]<br>타 요술을 걸다, 매혹시키다 |
| **beyond** | [bijɔ́nd] [비욘드]<br>전 ~의 저쪽에, ~을 넘어서 |

* beyond description 형언할 수 없을
  정도로
* go beyond oneself 자제력을 잃다

| **bias** | [báiəs] [바이어쓰]<br>명 경사, 편견 타 기울게 하다 |
| **bib** | [bib] [비브]<br>명 턱받이 |
| **Bible** | [báibl] [바이브얼]<br>명 성서, 성전 |
| **bicentennial** | [bàisenténiəl] [바이쎈테니얼]<br>형 200년간 계속되는 명 200주년 기념일 |
| **bicycle** | [báisikl] [바이씨크얼]<br>명 자전거 자 자전거에 타다 |
| **bid** | [bid] [비드]<br>타자 명하다, 말하다 |
| **bidder** | [bídər] [비더]<br>명 입찰인, 경매자, 명령자 |
| **big** | [big] [빅]<br>형 큰, 중요한, 거드름 피우는 |

* Big Ben (영국 국회 의사당 탑 위의) 큰
  시계(종)
* the Big Dipper 북두칠성
* big game 큰 사냥감, 큰 시합, 큰 목표

**bigly**
[bígli] [비글리]
부 ~인 체하며, 거드름 피우며, 거만하게

**bill**
[bil] [비얼]
명 계산서, 목록, 어음, 새의 부리

**billboard**
[bilbɔːrd] [빌보오드]
명 게시판

**billiards**
[bíljərdz] [빌려어(드)즈]
당구

**billion**
[bíljən] [빌려언]
명 10억 형 10억의

**billow**
[bílou] [빌로우]
명 놀, 큰 파도 자 큰 파도가 일다

**bimonthly**
[bàimʌ́nθli] [바이먼쓸뤼] 형 두 달에 한
번의, 한 달에 두 번의 명 격월 간행물

**bin**
[bin] [빈]
명 저장통 타 통에 넣어 저장하다

| | |
|---|---|
| **bind** | [baind] [바인드]<br>자타 매다, 묶다, 속박하다<br>* bind oneself to ~할 것을 약속하다,<br>맹세하다 |
| **binocular** | [binάkjulər] [비나큘러]<br>명 쌍안경 형 쌍안경의 |
| **biography** | [baiάgrəfi] [바이아그뤄휘]<br>명 전기(傳記), 전기 문학 |
| **biologic[al]** | [bàiəlάʤik[(əl)]] [바이얼라쥑[쥐크얼]]<br>형 생물학의 |
| **biology** | [baiάləʤi] [바이알러쥐]<br>명 생물학 |
| **bird** | [bə:rd] [버어드]<br>명 새 |
| **birth** | [bə:rθ] [버어쓰]<br>명 출생, 탄생 반 death(사망)<br>* by birth 타고난, 태생은 |
| **birthday** | [bə́:rθdèi] [버어쓰데이]<br>명 생일, 탄생일 |

| | |
|---|---|
| **biscuit** | [bískit] [비스킷]<br>몡 비스킷, 양과자 |
| **bit** | [bit] [빗]<br>몡 작은 조각, 소량<br>* bit by bit 조금씩, 점차로<br>* a bit of 한 조각의, 소량의 |
| **bite** | [bait] [바잇]<br>재타 물다, 물어 뜯다 |
| **bitter** | [bítər] [비터]<br>혱 쓴, 쓰라린, 심한 몡 쓴맛 |
| **black** | [blæk] [블랙]<br>혱 검은, 어두운, 음울한 몡 검정 |
| **blackboard** | [blǽkbɔ̀ːrd] [블랙보오드]<br>몡 칠판, 흑판 |
| **blackmail** | [blǽkmèil] [블랙메일]<br>몡 공갈 타 공갈하다 |
| **blade** | [bleid] [블레이드]<br>몡 풀잎, 칼날 |
| **blame** | [bleim] [블레임]<br>타 책망하다, 비난하다 몡 책망 |

| blank | [blæŋk] [블랭크]<br>형 백지의, 공허한 명 백지, 여백 |
| --- | --- |
| **blanket** | [blǽŋkit] [블랭킷]<br>명 담요, 모포 타 담요로 싸다 |
| **blast** | [blǽst] [블래스트]<br>명 한 바탕 부는 바람, 돌풍, 폭발 |
| **blaze** | [bleiz] [블레이즈]<br>명 화염, 불꽃 자 타오르다 타 널리 알리다 |
| **bleach** | [bli:tʃ] [블리이취]<br>타 표백하다, 마전하다 |
| **bleak** | [bli:k] [블리이크]<br>형 황량한, 쌀쌀한, 바람받이의 |
| **bleat** | [bli:t] [블리이트]<br>타자 매애 하고 울다 명 (염소) 우는 소리 |
| **bleed** | [bli:d] [블리이드]<br>자 피를 흘리다 타 애통해 하다 |
| **blemish** | [blémiʃ] [블레미쉬]<br>명 흠, 결점, 오점 타 흠을 내다, 더럽히다 |

**blend**

[blend] [블렌드]
타자 섞다, 혼합하다

**bless**

[blés] [블레쓰]
타 찬미하다, 축복하다
* (be) blessed with ～의 혜택을 받고
  있다, ～을 누리다
* bless oneself 이마와 가슴에
  십자가를 긋다
* bless one's stars 행운을 감사하다
* God bless you! 신의 가호가 있기를!
  아니 저런!

**blessed**

[blésid] [블레씨드]
형 신성한, 복된

**blessing**

[blésiŋ] [블레씽]
명 은총, 축복

**blight**

[bláit] [블롸잇]
명 말라죽는 병 타 말라죽게 하다

**blind**

[bláind] [블라인드]
명 눈먼, 맹목적인
* (be) blind to ～을 보지 못하다,
  ～을 모르다

| **blindfold** | [bláindfould] [블라인드훠울드]<br>동 눈을 가리다 명 눈 가리는 헝겊 |
|---|---|
| **blindness** | [bláindnis] [블라인드니쓰]<br>명 맹목, 무분별 |
| **blink** | [blíŋk] [블링크]<br>자타 (눈을) 깜빡거리다, 힐끔 보다 |
| **bliss** | [blís] [블리쓰]<br>명 더 없는 행복 |
| **blister** | [blístər] [블리스터]<br>타자 물집이 생기게 하다, 중상하다 |
| **blizzard** | [blízərd] [블리저어드]<br>명 눈보라 |
| **block** | [blάk] [블락]<br>명 블록, 덩어리, 토막 타 방해하다 |
| **blockhead** | [blάkhed] [블락헤드]<br>명 멍청이, 바보 |
| **blockade** | [blάkéid] [블라케이드]<br>명 봉쇄, 폐쇄 |
| **blond(e)** | [blɔ́nd] [블론드]<br>형 금발의 명 머리가 금발인 사람 |

| | |
|---|---|
| **blood** | [blʌd] [블러드]<br>명 피, 혈액, 살육<br>* blood bank 혈액 은행<br>* blood vessel 혈관 |
| **bloody** | [blʌdi] [블러디]<br>형 피의, 피 같은, 피투성이의 |
| **bloom** | [blu:m] [블루움]<br>명 꽃, 개화기, 한창 때<br>자 꽃이 피다(flower)<br>* in full bloom 만발하여, 꽃이 피어 |
| **blossom** | [blɑ́səm] [블라썸]<br>명 (과실의) 꽃 자 꽃이 피다 |
| **blot** | [blɑ́t] [블랏]<br>명 얼룩, 결점 타 더럽히다 |
| **blouse** | [blaus] [블라우쓰]<br>명 블라우스, 셔츠 같은 웃옷 |
| **blow** | [blou] [블로우]<br>자타 불다, 허풍치다 명 강타, 구타<br>* blow off 불어 날려 버리다,<br>  (증기 따위를) 내뿜다<br>* blow up 폭파하다, 화내다 |

| blue | [blu:] [블루우]<br>형 푸른, 우울한 명 파랑, 우울 |
| --- | --- |
| **bluebird** | [blú:bə̀:rd] [블루우버드]<br>명 푸른 울새, 파랑새 |
| bluff | [blʌf] [블러흐]<br>명 절벽 형 솔직한 타자 속이다 |
| **blunder** | [blʌndər] [블런더]<br>명 실수, 실책 자타 큰 실수를 하다 |
| blunt | [blʌnt] [블런트]<br>형 둔한, 무딘 타 무디게 하다 |
| **blur** | [blə:r] [블러어]<br>자타 더럽히다, 더러워지다 |
| blush | [blʌʃ] [블러쉬]<br>명 얼굴을 붉힘 자 얼굴을 붉히다 |
| **boar** | [bɔ:r] [보오]<br>명 수퇘지, 멧돼지 |
| board | [bɔ:rd] [보오드]<br>명 판자, 칠판, 뱃전 |

동 판자를 깔다, 하숙시키다
* on board 승선하여, 승차하여

**boast**

[boust] [보우스트]
자타 자랑하다 명 자랑

**boat**

[bout] [보웃]
명 보트, 기선, 배 자타 배를 젓다

**body**

[bádi] [바디]
명 신체, 주요 부분 반 soul(정신)

**boil**

[bɔil] [보얼]
자타 끓다, 끓이다 명 비등

**boisterous**

[bɔ́istərəs] [보이스터러쓰]
형 떠들썩한, 날씨가 사나운, 거친

**bold**

[bould] [보우을드]
형 대담한, 뻔뻔스러운

**bolt**

[boult] [보우을트] 명 볼트, 빗장, 도주
자타 도망하다, 걸쇠로 문을 잠그다

**bomb**

[bám] [밤]
명 폭탄 자타 폭격하다

**bombard**

[bambá:rd] [밤바아드]
타 폭격하다, 질문을 퍼붓다

*111*

| | |
|---|---|
| **bonanza** | [bənǽnzə] [버낸저]<br>몡 노다지, 운수 대통 |
| **bond** | [band] [반드]<br>몡 속박, 공채(公債) 틔 저당하다 |
| **bone** | [boun] [보운]<br>몡 뼈, ((복수)) 골격 뺀 flesh(살) |
| **bonfire** | [bánfàiər] [반화이어]<br>몡 (축제일 · 놀이에 피우는) 모닥불 |
| **bonus** | [bóunəs] [보우너쓰]<br>몡 상여금, 보너스 |
| **book** | [buk] [북]<br>몡 책, 장부 틔 예약하다, 기입하다 |
| **bookstore** | [búkstɔ́ːr] [북스토오]<br>몡 ((미)) 책방 (((영)) bookshop) |
| **boom** | [buːm] [부음]<br>몡 쿵 울리는 소리, 붐, 벼락 경기 |
| **boon** | [buːn] [부운]<br>몡 은혜, 혜택 혱 유쾌한 |
| **boor** | [buər] [부어]<br>몡 시골뜨기, 농군 |

| | |
|---|---|
| **boot** | [buːt] [부우트]<br>몡 장화, 목이 긴 구두 |
| **booth** | [buːθ] [부우쓰]<br>몡 오두막집, 매점, (공중) 전화 박스 |
| **booty** | [búːti] [부우티]<br>몡 전리품, 획득물 |
| **bopeep** | [boupíːp] [보우피입]<br>몡 아웅, 까꿍(아기를 놀리는 소리) |
| **border** | [bɔ́ːrdər] [보오더]<br>몡 가장자리, 경계 타자 인접하다 |
| **bore** | [bɔːr] [보오]<br>타 (구멍·터널을) 뚫다 동 bear의 과거형 |
| **born** | [bɔːrn] [보오언]<br>혱 타고난, 태어난<br>동 bear의 과거분사<br>* born of ~에서 태어난, ~출신의<br>* born to ~으로 태어난, ~을 타고난 |
| **borough** | [bə́ːrou] [버로우]<br>몡 자치 도시, 면, 독립 구 |
| **borrow** | [báːrou] [바로우]<br>타자 빌리다, 차용하다 |

| | |
|---|---|
| **bosom** | [búzəm] [부점]<br>명 가슴, 흉부 |
| **boss** | [bɔs] [보쓰]<br>명 두목 타 우두머리가 되다 |
| **botanical** | [bətǽnikəl] [버태니커얼]<br>형 식물의, 식물학의 |
| **botany** | [bɑ́təni] [보터니]<br>명 식물학 |
| **both** | [bouθ] [보우쓰]<br>형 양쪽의 대 둘 다 부 다 같이 |
| **bother** | [bɑ́ðər] [보더]<br>타자 폐를 끼치다, 괴롭히다 |
| **bottle** | [bɑ́tl] [보트얼]<br>명 병, 술병 타 병에 담다 |
| **bottom** | [bɑ́təm] [보텀]<br>명 밑, 밑바닥, 바다 밑 |
| **bough** | [bau] [바우]<br>명 큰 가지 |
| **boulder** | [bóuldər] [보울더]<br>명 둥근 돌, 옥석 |

| | |
|---|---|
| **bounce** | [bauns] [바운쓰] <br> 타자 뛰어오르다, 껑충 뛰다 |
| **bound** | [baund] [바운드] <br> 명 경계, 튐 자타 튀다(게 하다) <br> * bound to (do) ~할 의무가 있다, <br> ~하지 않으면 안 된다 <br> * at a bound 단 한 번의 도약으로, 일약 |
| **boundary** | [báundəri] [바운더뤼] <br> 명 경계, 한계 |
| **boundless** | [báundlis] [바운들리쓰] <br> 형 한없는, 끝없는 |
| **bounty** | [báunti] [바운티] <br> 명 후함, 관대, 박애 |
| **bouquet** | [boukéi] [보우케이] <br> 명 부케, 꽃다발, 향기 |
| **bout** | [baut] [바웃] <br> 명 한바탕, 한참 |
| **bow** | [bou] [보우] <br> 명 활, 나비 매듭 <br> [báu] [바우] <br> 자타 절하다 명 절, 뱃머리 |

| **bowel** | [báuəl] [바우얼]<br>명 내장, 창자 |
|---|---|
| **bower** | [báuər] [바우어]<br>명 정자, 나무그늘 |
| **bowl** | [boul] [보우을]<br>명 대접, 사발, 나무공 |
| **bowling** | [bóuliŋ] [보울링]<br>명 볼링, 볼링공 |
| **bowman** | [bóumən] [보우먼]<br>명 궁수(弓手), 활 쏘는 사람 |
| **box** | [baks] [박쓰]<br>명 상자 타 상자에 넣다 |
| **boxer** | [báksər] [박써]<br>명 권투 선수 |
| **boxing** | [báksiŋ] [박씽]<br>명 권투, 복싱 |
| **boy** | [bɔi] [보이]<br>명 소년, 사내아이, 급사 |
| **boycott** | [bɔ́ikɔt] [보이콧]<br>명 공동 배척, 불매 동맹, 배척 |

| | |
|---|---|
| **boyhood** | [bɔ́ihùd] [보이후드]<br>명 소년 시대(시절) |
| **boyish** | [bɔ́iiʃ] [보이이쉬]<br>형 소년 같은, 어린애 같은 |
| **Boy Scout** | [bɔis káut] [보이스카웃]<br>명 소년단, 보이스카우트 |
| **brace** | [breis] [브레이쓰]<br>명 버팀대 자타 받치다 |
| **bracket** | [brǽkit] [브래킷]<br>명 까치발, 모진 괄호 |
| **brag** | [bræg] [브래그]<br>명 자랑 자타 자랑하다 |
| **braid** | [breid] [브레이드]<br>명 꼰 끈 타 끈을 꼬다 |
| **brain** | [brein] [브레인]<br>명 뇌, 두뇌 |
| **brake** | [breik] [브레익]<br>명 브레이크 자타 브레이크를 밟다 |
| **bran** | [bræn] [브랜]<br>명 밀기울, 겨 |

| | |
|---|---|
| **branch** | [bræntʃ] [브랜취] <br> 몡 가지, 부문, 분파, 분가 |
| **brand** | [brænd] [브랜드] <br> 몡 타는 나무, 상표 囼 낙인을 찍다 |
| **brandy** | [brǽndi] [브랜디] <br> 몡 브랜디, 화주(술) |
| **brass** | [bræs] [브래쓰] <br> 몡 놋쇠, 금관 악기, 뻔뻔스러움 |
| **brave** | [bréiv] [브뤠이브] <br> 혱 용감한, 화려한 |
| **bravery** | [bréivəri] [브뤠이버뤼] <br> 몡 용기, 용감, 화려한 옷 |
| **brawl** | [brɔːl] [브로올] <br> 몡 말다툼 짜 싸움하다 |
| **brazen** | [bréizn] [브레이즌] <br> 혱 놋쇠로 만든, 놋쇠 빛의 |
| **Brazil** | [brəzíl] [브뤄지얼] <br> 몡 브라질 |
| **breach** | [briːtʃ] [브뤼취] <br> 몡 위반, 깨뜨림 囼 깨뜨리다 |

| | |
|---|---|
| **bread** | [bred] [브뤠드]<br>몡 빵, 양식 |
| **breadth** | [breθ] [브뤠드쓰]<br>몡 폭 넓이, 넓은 도량 |
| **break** | [bréik] [브뤠익]<br>타자 부수다, 깨뜨리다, 어기다<br>\* break away 도망치다, 이탈하다<br>\* break down 파괴하다, 부서지다<br>\* break in (말을) 길들이다,<br>　(아이를) 훈육하다<br>\* break into ~에 침입하다,<br>　별안간 ~하기 시작하다<br>\* break loose 탈출하다, 도망치다<br>\* break out 일어나다, 발생하다<br>\* break through ~ (~사이에서)<br>　나타나다(come out)<br>\* break up 산회하다, 분쇄하다<br>\* break with ~와 절교하다,<br>　~을 그만두다 |
| **breakable** | [bréikəbl] [브뤠이커버얼]<br>혱 깨지기 쉬운 |
| **breakage** | [bréikidʒ] [브뤠이키쥐]<br>몡 파손, 파손물, 파손량 |

| **breaker** | [bréikər] [브뤠이커] |
| | 명 깨뜨리는 사람 |

| **breakfast** | [brékfəst] [브랙풔스트] |
| | 명 조반 자타 조반을 먹다 |

| **breakneck** | [bréiknek] [브뤠이크넥] |
| | 형 위험천만한 |

| **breast** | [brést] [브뤠스트] |
| | 명 가슴, 흉부 |

| **breath** | [bréθ] [브뤠쓰] |
| | 명 숨, 호흡, 한숨 |
| | * out of breath 숨이 차서(breathlessly) |

| **breathe** | [briːð] [브리이드] |
| | 자타 호흡하다, 쉬다 |

| **breathless** | [bréθlis] [브뤠쓸리쓰] |
| | 형 숨가쁜, 숨을 죽인 |

| **breeches** | [brítʃiz] [브뤼취즈] |
| | 명 승마용 바지, 바지 |

| **breed** | [briːd] [브뤼이드] |
| | 타자 기르다, 새끼를 낳다 |

| | |
|---|---|
| **breeze** | [bríːz] [브뤼이즈]<br>명 산들바람 |
| **brethren** | [bréðrən] [브뤠드런]<br>명 동포, 동업자, 교우 |
| **brevity** | [brévəti] [브뤠버티]<br>명 간결, 짧음, 간략 |
| **brew** | [brúː] [브루우]<br>타자 양조하다 명 양조장 |
| **briar** | [bráiər] [브롸이어]<br>명 찔레, 들장미 |
| **bribe** | [bráib] [브롸이브]<br>명 뇌물 자타 뇌물을 주다 |
| **bribery** | [bráibəri] [브롸이버뤼]<br>명 뇌물을 줌(받음), 증회 |
| **brick** | [brik] [브뤽]<br>명 벽돌 타 벽돌을 쌓다 |
| **bridal** | [bráidl] [브롸이드얼]<br>명 결혼식 형 새색시의 |
| **bride** | [braid] [브롸이드]<br>명 새색시, 신부 |

| | |
|---|---|
| **bridegroom** | [bráidgrum] [브롸이드그루음]<br>몡 신랑 |
| **bridge** | [brídʒ] [브뤼쥐]<br>몡 다리, 배다리, 교량 |
| **bridle** | [bráidl] [브롸이드얼]<br>몡 (말) 굴레, 구속 |
| **brief** | [bri:f] [브뤼이흐]<br>혱 잠시의, 간결한<br>* hold a brief for ~을 변호하다<br>* in brief 요컨대, 요약하면 |
| **brier** | [bráiər] [브롸이어]<br>몡 찔레, 들장미 |
| **brigade** | [brigéid] [브뤼게이드]<br>몡 여단, 대대(군) |
| **bright** | [brait] [브롸이트]<br>혱 빛나는, 환한, 밝은 |
| **brighten** | [bráitn] [브롸이튼]<br>쟈타 반짝이다, 밝게 하다 |
| **brightly** | [bráitli] [브롸이틀리]<br>붸 밝게, 빛나게, 슬기롭게 |

**brightness**

[bráitnis] [브롸잇니쓰]
명 현명, 빛남

**brilliant**

[bríljənt] [브륄리언트]
형 빛나는, 찬란한

**brim**

[brim] [브림]
명 가장자리, 테두리

**bring**

[briŋ] [브링]
타 가지고 오다, 오게 하다
* bring about 일으키다, 야기하다, 해내다
* bring down 내리다, 꺾다, 멸망시키다
* bring forth (열매를) 맺다, 생기다,
  발표하다
* bring in 가지고 들어오다, 소개하다,
  ~의 수입이 있다
* bring out 공표하다, 출판하다,
  생각해 내다
* bring to life 소생시키다
* bring to light 공표하다, 밝히다
* bring to mind ~을 생각나게 하다
* bring to pass 생기게 하다
* bring up 기르다, 교육하다, 제출하다

**brink**

[briŋk] [브링크]
명 (벼랑의) 가장자리

123

| | |
|---|---|
| **brisk** | [brisk] [브리스크]<br>형 활발한, 빠른 |
| **bristle** | [brísl] [브리스얼]<br>명 뻣뻣한 털 자타 털이 곤두서다 |
| **Britain** | [brítn] [브리튼]<br>명 영국(Great Britain의 약칭) |
| **British** | [brítiʃ] [브리티쉬]<br>형 영국의 명 [the B-] 영국인 |
| **broad** | [brɔːd] [브로아드]<br>형 넓은, 관대한 반 narrow(좁은) |
| **broadcast** | [brɔːdkæst] [브로아드캐스트]<br>자타 방송하다 명 방송 |
| **broil** | [brɔil] [브로얼]<br>타자 (고기를) 불에 굽다(grill) |
| **broken** | [bróukən] [브로우컨]<br>동 break의 과거분사 형 깨진 |
| **broker** | [bróukər] [브로우커]<br>명 중개인, 중개업자 |

| | |
|---|---|
| **bronze** | [bránz] [브란즈]<br>형 청동색의 명 청동 |
| **brooch** | [brouʧ] [브로우취]<br>명 브로치 |
| **brood** | [bruːd] [브루우드]<br>명 한 배의 병아리, 한 배에서 난 새끼 |
| **brook** | [bruk] [브룩]<br>명 시내, 개울 타 견디다 |
| **broom** | [bruːm] [브루음]<br>명 비 타 비로 쓸다 |
| **broth** | [brɔːθ] [브라쓰]<br>명 묽은 수프 |
| **brother** | [bráðər] [브라더]<br>명 형제, 형, 아우, 동료 |
| **brotherhood** | [bráðərhùd] [브라더후드]<br>명 형제 관계, 형제의 우애 |
| **brow** | [brau] [브라우]<br>명 이마, 돌출한 끝 |
| **brown** | [braun] [브라운]<br>명 갈색, 밤색 형 갈색의 |

| | |
|---|---|
| **bruise** | [brúːz] [브루우즈]<br>명 타박상, 멍 자타 상처를 입다 |
| **brush** | [brʌ́ʃ] [브러쉬]<br>명 솔, 화필, 브러시, 덤불<br>* at a brush 일거에, 단번에<br>* brush aside (away) 털어 버리다,<br>  무시하다<br>* brush up 다듬다, 몸단장을 하다 |
| **brutal** | [brúːtl] [브루우트얼]<br>형 짐승 같은, 잔인한 |
| **brute** | [brúːt] [브루우트]<br>명 짐승, 야수 |
| **bubble** | [bʌ́bl] [버브얼]<br>명 거품 자타 거품이 일다 |
| **buck** | [bʌk] [벅]<br>명 수사슴 |
| **bucket** | [bʌ́kit] [버킷]<br>명 양동이, 물통 |
| **buckle** | [bʌ́kl] [버크얼]<br>명 혁대 장식, 죔쇠 |

| | |
|---|---|
| **bud** | [bʌd] [버드]<br>명 꽃 눈, 싹, 봉오리 |
| **Buddha** | [búdə] [부더]<br>명 부처 |
| **Buddhism** | [búdizm] [부디즘]<br>명 불교 |
| **Buddhist** | [búdist] [부디스트]<br>명 불교 신자 형 불교의 |
| **budget** | [bʌ́dʒit] [버쥐잇]<br>명 예산안 자 예산을 세우다 |
| **budgetary** | [bʌ́dʒitəri] [버쥐터리]<br>형 예산에 관한, 예산의 |
| **buff** | [bʌf] [버흐]<br>명 담황색의 가죽 |
| **buffalo** | [bʌ́fəlòu] [버훨로우]<br>명 물소, 들소(bison) |
| **buffet** | [bʌféit] [버훼이]<br>명 뷔페, 찬장, 칵테일 파티식 요리 |
| **bug** | [bʌg] [버그]<br>명 빈대, 곤충 |

| bugle | [bjúːgl] [뷰우그얼]<br>명 나팔 자타 나팔을 불다 |
| --- | --- |
| **build** | [bíld] [비얼드]<br>타자 짓다, 세우다<br>* build a nest 둥지를 짓다(틀다)<br>* build a fire 불을 피우다 |
| **building** | [bíldiŋ] [비얼딩]<br>명 건물, 건축, 빌딩 |
| bulb | [bʌ́lb] [버얼브]<br>명 구근(球根), 전구(電球) 자 구근이 되다 |
| **bulk** | [bʌ́lk] [버얼크]<br>명 부피, 크기 자 부풀다 |
| bull | [búl] [부을]<br>명 황소 |
| **bulldog** | [búldɔːg] [부을도오그]<br>명 불독(사나운 개의 일종) |
| bulldozer | [búldòuzər] [부을도우저]<br>명 불도저(땅을 고르는 중장비) |
| **bullet** | [búlit] [불릿]<br>명 탄환, 소총탄 |

| | |
|---|---|
| **bulletin** | [búlətin] [불러틴]<br>명 공보, 회보, 게시 |
| **bullfight** | [búlfàit] [부을화잇]<br>명 투우 |
| **bully** | [búli] [부얼리]<br>명 약한 자를 못살게 구는 자 |
| **bump** | [bʌ́mp] [범프]<br>명 충돌 타자 부딪히다 |
| **bunch** | [bʌ́ntʃ] [번취]<br>명 (과일 따위의) 송이, (열쇠 따위의) 다발 |
| **bundle** | [bʌ́ndl] [번드얼]<br>명 다발, 묶음 타자 묶다 |
| **bunny** | [bʌ́ni] [버니]<br>명 토끼, 다람쥐 |
| **buoyant** | [bɔ́iənt] [보이언트]<br>형 쾌활한, 활기 있는, 잘 뜨는 |
| **burden** | [bə́:rdn] [버어든]<br>명 무거운 짐 타 짐을 지우다 |
| **bureau** | [bjúərou] [뷰로우]<br>명 국(局), 부, 처 |

| | |
|---|---|
| **burglar** | [bə́:rglər] [버어글러]<br>똉 밤도둑, 야간의 강도 |
| **burial** | [bériəl] [베뤼어얼]<br>똉 매장 혱 매장의 |
| **burn** | [bə:rn] [버언]<br>타자 태우다, 볕에 타다 |
| **burrow** | [bʌ́rou] [버로우]<br>똉 굴, 숨어있는 곳 |
| **burst** | [bə:rst] [버어스트]<br>타자 파열하다, 터지다 똉 파열, 폭발<br>\* burst into tears 울음을 터뜨리다<br>\* burst out laughing (into laughter)<br>  웃음을 터뜨리다 |
| **bury** | [béri] [베뤼]<br>타 묻다, 감추다, 매장하다 |
| **bus** | [bʌs] [버쓰]<br>똉 버스 |
| **bush** | [buʃ] [부쉬]<br>똉 숲, 관목, 덤불 |
| **bushel** | [búʃəl] [부셔얼]<br>똉 부셸(양을 재는 단위, 약 36리터) |

| | |
|---|---|
| **bushy** | [búʃi] [부쉬]<br>형 관목(덤불)이 많은, 털이 많은 |
| **busily** | [bízəli] [비즈얼리]<br>부 바쁘게, 분주하게 |
| **business** | [bíznis] [비즈니쓰]<br>명 사무, 직업, 영업<br>\* do a big business 장사가 잘 되다,<br>　번창하다<br>\* have no business to (do) ～할 권리가<br>　없다<br>\* make a great business of ～감당 못<br>　하다<br>\* on business 상용으로, 용무가 있어 |
| **businesslike** | [bíznislaik] [비즈니쓸라익]<br>형 사무적인, 능률적인 |
| **businessman** | [bíznismæn] [비즈니쓰맨]<br>명 실업가, 상인, 사무가 |
| **bust** | [bʌ́st] [버스트]<br>명 흉상, 상반신, (부인의) 흉부 |
| **bustle** | [bʌ́sl ] [버쓰얼]<br>자타 떠들다, 떠들게 하다 |

*131*

| **busy** | [bízi] [비지]<br>몡 바쁜, 분주한 |
|---|---|
| **busybody** | [bízibádi] [비지바디] 몡 참견하는 사람,<br>일 봐주기를 좋아하는 사람 |
| **but** | [bʌt, bət] [밧, 벗]<br>졥 그러나, 그렇지만 뷔 다만<br>* all but 거의(almost, nearly)<br>* but for ～이 없(었)다면(without)<br>* but little 거의 ～하지 않다(very little)<br>* but that 만일 ～이 아니면, 이란 것 |
| **butcher** | [bútʃər] [부쳐]<br>몡 도살업자, 백정 톼 도살하다 |
| **butcherly** | [bútʃərli] [부쳘리]<br>혱 도살자 같은, 잔인한 |
| **butchery** | [bútʃəri] [부쳐리]<br>몡 살생, 도살장, 도살업 |
| **butler** | [bʌ́tlər] [벗을러]<br>몡 하인의 우두머리, 집사 |
| **butt** | [bʌ́t] [벗]<br>타자 머리(뿔)로 받다, 부딪치다 |

| | |
|---|---|
| **butter** | [bʌ́tər] [버터] <br> 명 버터 타 버터를 바르다, 아첨하다 |
| **butterfly** | [bʌ́tərflài] [버터흘라이] <br> 명 나비, (여자) 멋쟁이, 접영 |
| **button** | [bʌ́tn] [벗은] <br> 명 단추 타자 단추를 채우다 |
| **buy** | [bai] [바이] <br> 타 사다, 매수하다 명 산 물건 |
| **buzz** | [bʌz] [버즈] <br> 명 윙윙거리는 소리 자 윙윙거리다 |
| **by** | [bai] [바이] <br> 전 ~의 곁에, ~에 의하여 부 곁에, 옆에 <br> * by and by 얼마 안 있어, 이윽고 <br> * by birth 태생은, 타고난 <br> * by chance 우연히(by accident) <br> * by dint of ~의 힘으로, ~에 의하여 <br> * by far 훨씬, 퍽 <br> * by land 육로로 <br> * by oneself 혼자, 단독으로(alone) <br> * by the way 그런데, 말이 나온 김에 |
| **by-election** | [báiilèkʃən] [바이일렉션] <br> 명 보궐선거 |

*133*

| | |
|---|---|
| **bygone** | [báigɔ́:n] [바이고온]<br>형 지나간 명 ((복수)) 과거(지사) |
| **bypass** | [báipæs] [바이패쓰] 명 샛길, 바이패스<br>(자동차용) 우회 도로 |
| **bypath** | [báipæ̀θ] [바이패쓰]<br>명 샛길 |
| **by-product** | [báipràdəkt] [바이프라덕트]<br>명 부산물(副産物) |
| **bystander** | [báistændər] [바이스탠더]<br>명 구경꾼, 방관자, 국외자 |
| **byway** | [báiwèi] [바이웨이]<br>명 샛길, 옆길 |
| **bywork** | [báiwə̀:rk] [바이워어크]<br>명 부업(副業) |

| | |
|---|---|
| **cab** | [kæb] [캡]<br>명 (4륜) 마차, 택시 자 택시로 가다 |
| **cabbage** | [kǽbidʒ] [캐비쥐]<br>명 양배추, 캐비지 |
| **cabby** | [kǽbi] [캐비]<br>명 ((구어)) 택시 운전사 |
| **cabin** | [kǽbin] [캐빈]<br>명 오두막집, 선실, 객실 |
| **cabinet** | [kǽbənit] [캐버닛]<br>명 내각, 캐비닛, 농, 진열실, 장식장 |
| **cable** | [kéibl] [케이브얼]<br>명 굵은 밧줄, 해저 전선, 닻줄 |

| | |
|---|---|
| **cacao** | [kəkάːou] [커카아오우]<br>명 카카오 나무(열매) |
| **caddie** | [kǽdi] [캐디] 명 캐디(골프장 보조 요원)<br>자 캐디로 일하다 |
| **cadence** | [kéidəns] [케이던쓰]<br>명 운율, 억양 |
| **cafe** | [kǽfei] [캐훼이]<br>명 찻집, 다방, 커피점, 요리점, 카페 |
| **cafeteria** | [kæ̀fətíəriə] [캐퍼티어뤼어]<br>명 ((미)) 카페테리아(손님 스스로 음식을<br>날라다 먹는 간이 식당) |
| **cage** | [keidʒ] [케이쥐]<br>명 우리, 새장 타 새장에 넣다 |
| **cake** | [kéik] [케잌]<br>명 과자, 케이크, (비누 따위의) 덩어리 |
| **calamity** | [kəlǽməti] [컬래머티]<br>명 재난(disaster), 불행, 비운 |
| **calcium** | [kǽlsiəm] [캐얼씨엄]<br>명 칼슘 〈원소 기호 Ca〉 |

| | |
|---|---|
| **calculate** | [kǽlkjulèit] [캐얼큘레잇]<br>자타 계산하다, 적응시키다, 기대하다 |
| **calendar** | [kǽlindər] [캘린더]<br>명 달력, 목록표, 일람표, 예정표 |
| **calf** | [kæf] [캐프]<br>명 송아지, (사슴·코끼리 등의) 새끼 |
| **call** | [kɔːl] [코얼]<br>자타 부르다, 방문하다, 전화하다<br>* call after ~을 따서 이름짓다<br>* call back (사람을) 다시 불러들이다, ((미))<br>  나중에 전화를 다시 하다<br>* call at (집을) 방문하다, 들르다<br>* call for 요구하다, 데리러 가다, 찾다<br>* call forth 환기하다, 분기시키다,<br>  불러일으키다<br>* call on [upon] (사람을) 방문하다,<br>  부탁하다<br>* call out 도전하다, 소집하다, 소리치다<br>* call up 전화 걸다<br>* what is called ; what you call 소위,<br>  이른바 |
| **calm** | [kaːm] [카암]<br>형 평온한, 바람이 없는 타자 가라앉히다 |

| | |
|---|---|
| **calmness** | [kάːmnis] [카암니스]<br>몡 평온, 냉정, 침착, 고요<br>* with calmness 조용히(calmly) |
| **calorie** | [kǽləri] [캘러뤼]<br>몡 칼로리(음식의 열량 단위) |
| **camel** | [kǽməl] [캐머얼]<br>몡 낙타 |
| **camera** | [kǽmərə] [캐머러]<br>몡 카메라, 사진기 |
| **camp** | [kæmp] [캠프]<br>몡 야영, 캠프 쟈 야영하다 |
| **campaign** | [kæmpéin] [캠페인]<br>몡 캠페인, 운동, 유세 쟈 유세하다 |
| **campfire** | [kǽmpfàiər] [캠프화이어]<br>몡 (야영의) 모닥불, 캠프파이어 |
| **camping** | [kǽmpiŋ] [캠핑]<br>몡 야영, 캠프 생활, 캠핑 |
| **campus** | [kǽmpəs] [캠퍼쓰]<br>몡 교정, 학교 구내, 학원, 대학 생활 |

**can**

[kǽn, kən] [캔, 컨]
조 ~할 수 있다 명 깡통, 통조림통
* can but do 단지 ~할 따름이다
* No can do. (나로서는) 불가능하다

**Canada**

[kǽnədə] [캐너더]
명 캐나다

**Canadian**

[kənéidiən] [커네이디언]
형 캐나다의 명 캐나다 사람

**canal**

[kənǽl] [커내얼]
명 운하, 수로(水路), 도랑

**canary**

[kənέəri] [커네어뤼]
명 카나리아 형 카나리아 빛깔의

**cancel**

[kǽnsəl] [캔쓰얼]
자타 취소하다, 무효로 하다

**cancer**

[kǽnsər] [캔써]
명 암, (사회의) 적폐(積弊)

**candid**

[kǽndid] [캔디드]
형 솔직한, 숨김없는, 정직한

| | |
|---|---|
| **candidate** | [kǽndidèit] [캔디데잇]<br>명 지원자, 후보자 |
| **candle** | [kǽndl] [캔드얼]<br>명 양초, 촉광 |
| **cando(u)r** | [kǽndər] [캔더]<br>명 공평함, 솔직함, 담백함 |
| **candy** | [kǽndi] [캔디]<br>명 사탕 과자, 캔디 |
| **cane** | [kein] [케인]<br>명 지팡이, 단장, 몽둥이 |
| **cannon** | [kǽnən] [캐넌]<br>명 대포 자 대포를 쏘다 |
| **cannot** | [kǽnat] [캐낫]<br>조 ~할 수 없다<br>* cannot but do ~하지 않을 수 없다<br>* cannot help ~ing ~ 하지 않을 수 없다<br>* cannot ~too 아무리 ~하여도 지나치는<br>법은 없다<br>* cannot ~without ~하지 않고선<br>~못하다, ~하면 반드시 ~하다 |

| | |
|---|---|
| **canoe** | [kənúː] [커누우]<br>명 카누, 통나무배 통 통나무배를 젓다 |
| **canon** | [kǽnən] [캐넌]<br>명 교회법, 교회법규, 경전 |
| **canopy** | [kǽnəpi] [캐너삐]<br>명 닫집, 차양 자 천개로 덮다 |
| **can't** | [kǽnt] [캔트]<br>조 ~할 수 없다, cannot의 단축형 |
| **canton** | [kǽntn] [캔튼]<br>명 (스위스의) 주(州), (프랑스의) 군(郡) |
| **canvas** | [kǽnvəs] [캔버쓰]<br>명 화포, 캔버스, (링의) 바닥 |
| **canvass** | [kǽnvəs] [캔버쓰] 자타 검토하다,<br>유세하다 명 유세, 권유, 검토 |
| **canyon** | [kǽnjən] [캐녀언]<br>명 대협곡 |
| **cap** | [kæp] [캡]<br>명 챙 없는 모자, 학생모, 뚜껑 |
| **capable** | [kéipəbl] [케이퍼브얼]<br>형 ~을 할 수 있는, 유능한 |

* [be] capable of ～을 할 능력이 있다,
역량이 있다

**capacity**
[kəpǽsəti] [커패써티]
명 용적, 수용량, 역량, 자격

**cape**
[kéip] [케입]
명 곶, (소매 없는) 외투, 어깨 망토

**capital**
[kǽpətl] [캐퍼트얼]
형 수위의, 으뜸가는 명 수도, 자본

**capsize**
[kǽpsaiz] [캡싸이즈]
자타 (배 따위를) 전복시키다 명 전복

**capsule**
[kǽpsəl] [캡써얼]
명 (약의) 캡슐, (로켓의) 캡슐

**captain**
[kǽptin] [캡틴]
명 우두머리, 선장, 육군 대위, 해군 대령

**captive**
[kǽptiv] [캡티브]
형 사로잡힌 명 포로

**capture**
[kǽptʃər] [캡춰]
타 사로잡다 명 사로잡음, 잡기, 포획

**car**
[kɑːr] [카아]
명 차, 자동차, 전차

| | |
|---|---|
| **caramel** | [kǽrəmel] [캐뤄머얼]<br>명 구운 설탕, 캐러멜 |
| **caravan** | [kǽrəvǽn] [캐뤄밴]<br>명 (사막의) 대상(隊商), 포장마차 |
| **carbon** | [káːrbən] [카아번]<br>명 탄소 〈원소 기호 C〉 |
| **carbonic** | [kaːrbɔ́nik] [카아보닉]<br>형 탄소의 |
| **carcass** | [káːrkəs] [카아커스]<br>명 (짐승의) 시체 |
| **card** | [kaːrd] [카아드]<br>명 카드, 트럼프, 명함, 엽서 |
| **cardboard** | [káːrdbɔːrd] [카아드보오드]<br>명 판지, 마분지 |
| **cardinal** | [káːrdənl] [카아더느얼]<br>형 기본적인, 진홍빛의 명 추기경 |
| **care** | [kέər] [케어]<br>명 주의, 근심, 걱정 자 걱정하다, 염려하다<br>* care for ~을 좋아하다, ~을 돌보다<br>* care to 원하다, 희망하다<br>* take care of ~을 돌보다 |

| career | [kəríər] [커뤼어] |
| | 명 이력, 생애, 경력, (전문적인) 직업 |

| careful | [kέərfəl] [케어휘얼] |
| | 형 주의 깊은, 조심스러운 |

| carefulness | [kέərfəlnis] [케어휘얼니쓰] |
| | 명 주의 깊음, 세심함, 신중 |

| careless | [kέərlis] [케얼리쓰] |
| | 형 부주의한, 경솔한 |

| carelessness | [kέərlisnis] [케얼리쓰니쓰] |
| | 명 부주의, 소홀 |

| caress | [kərés] [커레스] |
| | 명 애무 타 애무하다, 품에 안다 |

| caretaker | [kέərtèikər] [케어테이커] |
| | 명 돌보는 사람, 수위 |

| careworn | [kέərwɔ̀:rn] [케어워언] |
| | 형 고생에 시달린 |

| cargo | [kά:rgou] [카아고우] |
| | 명 뱃짐, 화물 |

| caricature | [kǽrikətʃər] [캐뤼커춰어] |
| | 명 풍자 만화 |

| | |
|---|---|
| **caricaturist** | [kǽrikətʃurist] [캐뤼커츄리스트]<br>® 풍자 만화가 |
| **carnal** | [káːrnəl] [카아느얼]<br>® 육체의, 현세의 |
| **carnation** | [kaːrnéiʃən] [카아네이션]<br>® 카네이션, 담홍색 |
| **carnival** | [káːrnəvəl] [카아너벌]<br>® 사육제, 축제 |
| **carol** | [kǽrəl] [캐뤄얼]<br>® 기쁨의 노래, 찬미가, 캐럴 |
| **carp** | [káːrp] [카아프]<br>® 잉어 ㉏ 흠을 잡다 |
| **carpenter** | [káːrpəntər] [카아펀터]<br>® 목수 ㉏㉤ 목수 일을 하다 |
| **carpet** | [káːrpit] [카아핏]<br>® 양탄자 ㉤ 양탄자를 깔다 |
| **carriage** | [kǽridʒ] [캐뤼쥐]<br>® 마차, ((영)) 객차, 운반 |
| **carrier** | [kǽriər] [캐뤼어]<br>® 운반인, 운송업자, (병균의) 매개체 |

**carrot**

[kǽrət] [캐럿]
명 당근

**carry**

[kǽri] [캐뤼]
타자 나르다, 지탱하다, 휴대하다
* carry away 가져가다, 황홀하게 하다
* carry off (상품 · 명예를) 획득하다,
  빼앗아 가다
* carry on 영위하다, 계속하다
* carry out 실행하다, 성취하다
* carry through 끝까지 견디어 내다,
  이루다, 관철하다

**cart**

[ka:rt] [카아트]
명 짐마차, 짐수레

**carton**

[kάːrtn] [카아튼]
명 (두꺼운 종이로 만든) 상자, 판지

**cartoon**

[kaːrtúːn] [카아투은]
명 만화, 초벌 그림

**carve**

[ka:rv] [카아브]
자타 조각하다, (고기 따위를) 자르다

**case**

[kéis] [케이쓰]
명 경우, 실정, 사실, 상자

* in case of [that] ~의 경우에는,
~의 경우를 고려하여
* in any case 어떠한 경우에도,
어쨌든(anyway)
* in no case 결코 ~이 아니다
* in the case of ~에 관하여 말하면,
~의 경우에는

| | |
|---|---|
| **cash** | [kæʃ] [캐쉬]<br>명 현금 타 (수표를) 현금으로 바꾸다 |
| **cashier** | [kæʃíər] [캐쉬어]<br>명 출납원, 회계원 |
| **cask** | [kà:sk] [카아스크]<br>명 통, 한 통(의 분량) 타 통에 넣다 |
| **casket** | [kæskit] [캐스킷]<br>명 (보석을 넣는) 작은 상자, 관, 함 |
| **cassette** | [kəsét] [커셋]<br>명 카세트 (테이프) |
| **cast** | [kæst] [캐스트]<br>타자 던지다, 주조하다 명 던지기, 배역<br>* cast about 찾아다니다, 궁리하다<br>* cast out 내던지다, 버리다 |

| | |
|---|---|
| **castle** | [kǽsl] [캐쓰얼]<br>명 성곽, 저택, 누각 타자 성을 쌓다 |
| **casual** | [kǽʒuəl] [캐쥬어얼]<br>형 우연의, 뜻하지 않은 |
| **cat** | [kǽt] [캣]<br>명 고양이 |
| **catalog(ue)** | [kǽtəlɔ̀:g] [캐털로그]<br>명 목록, 카탈로그 타 목록에 올리다 |
| **catastrophe** | [kətǽstrəfi] [커태스트뤄휘]<br>명 대재난, (비극의) 대단원, 파국 |
| **catch** | [kǽtʃ] [캐취]<br>타자 붙잡다, 따르다 명 포획<br>* catch (a) cold 감기 들다, 감기에 걸리다<br>* catch at ~을 잡으려고 하다, 덤벼들다<br>* catch (take) fire 불붙다(begin to burn)<br>* catch hold of ~을 잡다, 파악하다<br>* catch (one's) breath (놀라서) 숨을<br>  삼키다, 헐떡이다<br>* catch sight of ~을 발견하다,<br>  ~을 갑자기 보다<br>* catch up with ~을 따라잡다 |

A
B
C
D
E
F
G
H
I
J
K
L
M
N
O
P
Q
R
S
T
U
V
W
X
Y
Z

| | |
|---|---|
| **catcher** | [kǽtʃər] [캐취]<br>명 잡는 사람, ((야구)) 포수 |
| **catching** | [kǽtʃiŋ] [캐칭]<br>형 전염하는, (마음을) 빼앗는 |
| **catchphrase** | [kǽtʃfreiz] [캐취프레이즈]<br>명 표어, 유행어구 |
| **category** | [kǽtəgɔ̀:ri] [캐터고오뤼]<br>명 범주, 부류, 종류(class) |
| **caterpillar** | [kǽtərpìlər] [캐터필러]<br>명 모충, 쐐기벌레, 무한궤도(차) |
| **cathedral** | [kəθí:drəl] [커씨이쥬뤼얼]<br>명 대성당, 대사원, 본산 |
| **catholic** | [kǽθəlik] [캐썰릭]<br>형 보편적인, 도량이 넓은<br>[C-] 형 가톨릭교의 명 가톨릭교 신자 |
| **cattle** | [kǽtl] [캐트얼]<br>명 소, 가축 |
| **cause** | [kɔ:z] [코오즈]<br>형 원인, 이유, 동기 |

| caution | [kɔ́ːʃən] [코오션]<br>명 조심, 경고, 신중함 |
| cautious | [kɔ́ːʃəs] [코오셔쓰]<br>형 조심성 있는, 신중한 |
| cavalier | [kæ̀vəlíər] [캐벌리어]<br>명 기사, 춤 상대 형 거만한 |
| cavalry | [kǽvəlri] [캐버얼뤼]<br>명 기병대 |
| cave | [kéiv] [케이브]<br>명 동굴 자타 함몰하다, 무너지다 |
| cavern | [kǽvərn] [캐버언]<br>명 (넓은) 동굴 |
| cavity | [kǽvəti] [캐버티]<br>명 공동(空洞), 구멍, 빈 곳 |
| caw | [kɔː] [코오]<br>자 까악까악 울다 |
| cease | [siːs] [씨이쓰]<br>자타 그치다, 끝나다, 멈추다 |
| ceaseless | [síːslis] [씨이쓸리쓰]<br>형 끊임없는 |

| | |
|---|---|
| **cedar** | [síːdər] [씨이더]<br>명 히말라야 삼나무, 백향목 |
| **ceiling** | [síːliŋ] [씨일링]<br>명 천장, 판자, 한계 |
| **celadon** | [sélədən] [쎌러던]<br>명 청자, 청자색 |
| **celebrate** | [séləbrèit] [쎌러브뤠잇]<br>타자 축하하다, 거행하다 |
| **celebrated** | [séləbrèitid] [쎌러브뤠이티드]<br>형 유명한, 이름 높은 |
| **celebrity** | [səlébrəti] [썰레브뤄티]<br>명 명성, 명사(名士) |
| **celebration** | [sèləbréiʃən] [쎌러브뤠이션]<br>명 축하, 칭찬, 찬양<br>* in celebration of ~을 축하하여 |
| **celery** | [séləri] [쎌러뤼]<br>명 셀러리(서양 요리 재료) |
| **celestial** | [siléstʃəl] [실레스철]<br>형 하늘의, 신성한 |

| | |
|---|---|
| **cell** | [sel] [쎄얼]<br>명 작은 방, 독방, 세포 |
| **cellar** | [sélər] [쎌러]<br>명 지하실, 움 |
| **cement** | [simént] [씨멘트]<br>명 시멘트 타 시멘트를 붙이다 |
| **cemetery** | [sémətèri] [쎄머테뤼]<br>명 묘지, ((복수)) 공동 묘지 |
| **censorship** | [sénsərʃip] [쎈써쉽]<br>명 검열(檢閱) |
| **censure** | [sénʃər] [쎈쉬]<br>명 비난, 견책 타 비난하다 |
| **census** | [sénsəs] [쎈써쓰]<br>명 국세 조사, 인구조사 |
| **cent** | [sént] [쎈트]<br>명 센트(미국의 1/100달러 화폐 단위) |
| **centenary** | [séntənèri] [쎈터네뤼]<br>형 100년의 명 백년간, 백년제 |
| **center, -tre** | [séntər] [쎈터]<br>명 중심, 한가운데, 중심지 |

A B C D E F G H I J K L M N O P Q R S T U V W X Y Z

| | |
|---|---|
| **central** | [séntrəl] [쎈츄뤄얼]<br>형 중심의, 주요한 |
| **century** | [séntʃəri] [쎈츄뤼]<br>명 1세기, 100년 |
| **cereal** | [síəriəl] [씨뤼어얼]<br>명 곡물, 곡류 형 곡물의 |
| **ceremony** | [sérəmòuni] [쎄뤼모우니]<br>명 의식, 격식 |
| **certain** | [sə́ːrtn] [써어튼]<br>형 확실한, 약간의, 어떤, 일정한<br>* for certain 확실히(for sure) |
| **certainly** | [sə́ːrtnli] [써어튼리]<br>부 확실히, 꼭, (대답으로) 물론이죠 |
| **certificate** | [sərtífəkət] [써티훠컷]<br>명 증명서(證明書), 면허증<br>[sərtífikèit] [써티휘케잇]<br>타 증명서를 주다, 면허하다 |
| **certify** | [sə́ːrtifài] [써어티화이]<br>타 증명하다, 확인하다 |

154

| chain | [tʃéin] [췌인]<br>명 사슬, ((복수)) 구속 타 사슬로 묶다 |
| chair | [tʃɛər] [췌어]<br>명 의자, 강좌, 의장 |
| chairman | [tʃɛ́ərmən] [췌어먼]<br>명 의장, 회장, 위원장, 사회자 |
| chalk | [tʃɔːk] [초오크]<br>명 분필, 백묵, 백악 타 분필로 쓰다 |
| challenge | [tʃǽlindʒ] [챌린쥐]<br>명 도전, 수하, 요청 타 도전하다 |
| chamber | [tʃéimbər] [췌임버]<br>명 방, 의회, 회의실 |
| chamberlain | [tʃéimbərlin] [췌임버린]<br>명 시종, 청지기, 의전관 |
| champagne | [ʃæmpéin] [샴페인]<br>명 샴페인, [C-] 프랑스 북부 지방 |
| champion | [tʃǽmpiən] [챔피언]<br>명 우승자, 선수권자, 챔피언, 투사 |
| chance | [tʃǽns] [챈쓰]<br>명 기회, 우연, 호기 형 우연한 |

| | |
|---|---|
| **chandelier** | [[ǽndəlíə] [샌덜리어]<br>몡 꽃 전등, 샹들리에 |
| **change** | [tʃéindʒ] [췌인쥐]<br>타 변하다, 바꾸다 몡 변화, 거스름돈<br>* change about 변절하다,<br>　마음이 흔들리다<br>* change for the better 좋아지다,<br>　호전하다 |
| **channel** | [tʃǽnəl] [채느얼]<br>몡 수로, 해협, 방면, 경로 |
| **chant** | [tʃǽnt] [챈트]<br>몡 노래, 찬송 타자 노래하다, 칭송하다 |
| **chaos** | [kéias] [케이아쓰]<br>몡 혼돈, 혼란, 무질서 |
| **chap** | [tʃæp] [챕]<br>몡 갈라진 금, 틈, ((구어)) 놈, 녀석 |
| **chapel** | [tʃǽpəl] [채퍼얼]<br>몡 (학교 · 병원 구내의) 예배당, 교회당 |
| **chaplain** | [tʃǽplin] [채플린]<br>몡 예배당 전속 목사, 군목 |

| | |
|---|---|
| **chapter** | [tʃǽptər] [챕터]<br>명 (책의) 장(章), 한 구간, 부문 |
| **character** | [kǽriktər] [캐릭터]<br>명 인격, 성격, 품성, 특성, 명성 |
| **characteristic** | [kæ̀riktərístik] [캐릭터뤼스틱]<br>형 특유의, 독특한 명 특색 |
| **characterize** | [kǽriktəràiz] [캐릭터라이즈]<br>타 특징을 나타내다, 특색 짓다 |
| **charcoal** | [tʃɑ́:rkòul] [촤아코우을]<br>명 목탄, 숯 |
| **charge** | [tʃɑ́:rdʒ] [촤아쥐]<br>타 채워 넣다, 채우다 명 책임, 대가<br>* (be) in the charge of ~을 책임지고<br>  있다, ~을 담당하고 있다<br>* charge at (upon) ~을 향해 돌진하다,<br>  ~에게 돌격해 들어가다<br>* (be) charged with ~이 부과되다,<br>  ~의 죄로 고발되다<br>* take charge of ~을 떠맡다, 감독하다,<br>  담임하다 |
| **charger** | [tʃɑ́:rdʒər] [촤아줘]<br>명 (장교용) 군마, 충전기 |

*157*

| | |
|---|---|
| **chariot** | [ʧǽriət] [췌뤼엇]<br>똉 (옛 그리스·로마의 경주용) 2륜 마차 |
| **charitable** | [ʧǽrətəbl] [췌뤄터브얼]<br>똉 자비심 많은 |
| **charity** | [ʧǽrəti] [췌뤄티]<br>똉 사랑, 자비, 양육원 |
| **charm** | [ʧɑ́ːrm] [촤암]<br>똉 마력, 매력 타자 매혹하다 |
| **charming** | [ʧɑ́ːrmiŋ] [촤아밍]<br>휑 매력적인, 아름다운 |
| **chart** | [ʧɑ́ːrt] [촤아트]<br>똉 그림, 해도(海圖), 도표 |
| **charter** | [ʧɑ́ːrtər] [촤아터]<br>똉 특허장, 헌장, 계약서 |
| **chartered** | [ʧɑ́ːrtərd] [촤아터드]<br>휑 특허를 받은, 고용한 |
| **chase** | [ʧéis] [췌이쓰]<br>타 뒤쫓다, 쫓아가다 똉 추격 |
| **chasm** | [kǽzm] [캐즘]<br>똉 깊게 갈라진 틈, 틈새 |

| | |
|---|---|
| **chaste** | [tʃéist] [췌이스트]<br>형 성숙한, 수수한, 담백한 |
| **chastity** | [tʃǽstəti] [채스터티]<br>명 정조, 순결 |
| **chat** | [tʃǽt] [채트]<br>명 잡담, 수다 자 잡담하다 |
| **chatter** | [tʃǽtər] [채터]<br>자 지껄여 대다 명 수다, 잡담 |
| **chatterbox** | [tʃǽtərbaks] [채터박쓰]<br>명 수다쟁이 |
| **chauffeur** | [ʃóufər] [쇼우퍼]<br>명 (자가용차) 운전기사 자 몰고 가다 |
| **chauvinism** | [ʃóuvinìzm] [쇼우비니즘]<br>명 맹목적인 애국심, 광신적 배타주의 |
| **cheap** | [tʃiːp] [취이프]<br>형 싼, 싸구려의, 값싼 |
| **cheaply** | [tʃiːpli] [취이플리]<br>부 값싸게(at a low price) |
| **check** | [tʃek] [췌크]<br>명 점검, 대조, 방해 타 조사하다, 막다 |

| cheek | [tʃiːk] [취이크] |
| | 명 볼, 뺨, 뻔뻔함 |

| cheer | [tʃiər] [취어] |
| | 명 아주 기쁨, 환호, 갈채 |

| cheerful | [tʃíərfəl] [취어휘얼] |
| | 형 기분 좋은, 즐거운, 쾌활한, 활발한 |

| cheery | [tʃíəri] [취어뤼] |
| | 형 기분 좋은, 명랑한, 활기 있는 |

| cheese | [tʃiːz] [취이즈] |
| | 명 치즈 |

| chemical | [kémikəl] [케미커얼] |
| | 형 화학의, 화학적인 명 화학 제품 |

| chemise | [ʃimíːz] [쉬미이즈] |
| | 명 슈미즈, 속치마 |

| chemist | [kémist] [케미스트] |
| | 명 화학자, 약제사, 약종상 |

| chemistry | [kémistri] [케미스츄뤼] |
| | 명 화학 |

| cherish | [tʃériʃ] [췌뤼쉬] |
| | 타 소중히 하다, 귀여워하다 |

| chess | [tʃes] [췌쓰]<br>명 체스, 서양장기 |
|---|---|
| chest | [tʃest] [췌스트]<br>명 상자, 궤, 흉곽, 가슴, 금고 |
| chestnut | [tʃésnʌt] [췌쓰넛]<br>명 밤, 밤색 형 밤색의 |
| chew | [tʃuː] [츄우]<br>타자 씹다, 씹어 부수다 명 씹음 |
| chicken | [tʃíkin] [취킨]<br>명 병아리, 새 새끼, 닭고기, 치킨 |
| chide | [tʃáid] [촤이드]<br>타자 꾸짖다, 꾸짖어 내쫓다 |
| chief | [tʃíːf] [취이흐]<br>명 우두머리, 지도자, 추장 형 최고의 |
| chieftain | [tʃíːftən] [취이흐턴]<br>명 (산적의) 두목, 추장 |
| chiffonier | [ʃifəníər] [쉬훠니어]<br>명 (거울이 달려 있는) 서랍장 |
| child | [tʃáild] [촤일드]<br>명 아이, 어린이, 유아 |

| | |
|---|---|
| **childhood** | [ʧáildhud] [촤얼드후드]<br>몡 유년기, 초기의 시대 |
| **childish** | [ʧáildiʃ] [촤얼디쉬]<br>형 어린아이 같은, 앳띤 |
| **childlike** | [ʧáildláik] [촤얼들라익]<br>형 어린아이다운, 순진한 |
| **children** | [ʧíldrən] [취얼드뤈]<br>몡 어린이들, child의 복수형 |
| **chill** | [ʧíl] [취얼]<br>몡 한기, 냉기, <u>으스스함</u> |
| **chilly** | [ʧíli] [췰리]<br>형 냉냉한, 추운 |
| **chime** | [ʧaim] [촤임]<br>몡 차임 탸쟈 가락을 맞추어 울리다<br>* chime in 맞장구를 치다 |
| **chimney** | [ʧímni] [췸니]<br>몡 굴뚝 |
| **chin** | [ʧin] [췬]<br>몡 아래턱 쟈탸 지껄여대다 |

| | |
|---|---|
| **China** | [tʃáinə] [촤이너]<br>명 중국 |
| **china** | [tʃáinə] [촤이너]<br>명 도자기 형 도자기의 |
| **Chinese** | [tʃàiní:z] [촤이니이즈]<br>형 중국의 명 중국어, 중국 사람 |
| **chink** | [tʃíŋk] [췽크]<br>명 쨍그렁 소리 자타 쨍그렁 울리다 |
| **chip** | [tʃip] [췹]<br>명 토막, 조각 자타 깎다, 자르다 |
| **chisel** | [tʃízl] [취즈얼]<br>명 끌, 조각칼 타 끌로 깎다 |
| **chivalry** | [ʃívəlri] [쉬버얼뤼]<br>명 기사도, 기사도 정신 |
| **chocolate** | [tʃɑ́kəlit] [촤컬릿]<br>명 초콜릿 형 초콜릿의 |
| **choice** | [tʃɔis] [쵸이쓰]<br>명 선택, 선발 형 정선한<br>* have no choice but to [do] ~ 할 수밖에<br>없다<br>* make a choice 선택하다 |

| | |
|---|---|
| **choir** | [kwaiər] [크와이어]<br>명 합창대(chorus), 성가대 |
| **choke** | [ʧouk] [쵸욱]<br>타자 질식시키다, 막다 명 질색 |
| **cholera** | [kálərə] [칼러롸]<br>명 콜레라 |
| **choose** | [ʧúːz] [츄우즈]<br>타자 고르다, 선택하다, 원하다 |
| **chop** | [ʧáp] [챂]<br>타자 (칼 등으로) 자르다, 잘게 썰다 |
| **choral** | [kɔ́ːrəl] [코오르얼]<br>형 합창대(곡)의, 합창의 |
| **chord** | [kɔ́ːrd] [코오드]<br>명 (악기의) 줄, 현, 끈, 화음 |
| **chorus** | [kɔ́ːrəs] [코오뤄쓰]<br>명 합창(단) |
| **chosen** | [ʧóuzn] [쵸우즌]<br>동 choose의 과거분사 형 선택된 |
| **Christ** | [kráist] [크라이스트]<br>명 그리스도, 구세주 |

| | |
|---|---|
| **christen** | [krísn] [크뤼슨]<br>타자 세례를 주다, 이름을 붙이다 |
| **Christian** | [krístʃən] [크뤼스췬]<br>명 기독교 신자 형 그리스도의 |
| **Christianity** | [krìstʃiǽnəti] [크뤼스취애너티]<br>명 기독교, 기독교 신앙 |
| **Christmas** | [krísməs] [크뤼쓰머쓰]<br>명 크리스마스, 성탄절 |
| **chronicle** | [kránikl] [크롸니크얼]<br>명 연대기(年代記), 기록 |
| **chuckle** | [tʃʌkl] [촤크얼]<br>자 킬킬 웃다, 꼬꼬거리다 |
| **church** | [tʃə́ːrtʃ] [춰어취]<br>명 교회당, 성당 |
| **churchman** | [tʃə́ːrtʃmən] [춰어취먼]<br>명 목사, 성직자 |
| **churchyard** | [tʃə́ːrtʃjáːrd] [춰어취야아드]<br>명 (교회 경내의) 뜰, (교회 부속) 묘지 |
| **cider** | [sáidər] [싸이더]<br>명 사과 술, 사이다 |

| **cigar** | [sigάːr] [씨가아] |
| | 몡 잎담배, 여송연, 시가 |

| **cigaret** | [sìgərét] [씨거렛] |
| | 몡 궐연, 시가헤트, 담배 |

| **cinder** | [síndər] [씬더] |
| | 몡 (석탄 따위) 탄 재, 뜬 숯 |

| **cinema** | [sínəmə] [씨너머] |
| | 몡 영화, 영화관 |

| **circle** | [sə́ːrkl] [써어크얼] |
| | 몡 원, 동그라미, 집단, 사회, ~계(界) |

| **circuit** | [sə́ːrkit] [써어킷] |
| | 몡 순회, 주위, ((전기)) 회로 |

| **circulate** | [sə́ːrkjulèit] [써어큘레잇] |
| | 자타 순환하다, 유포하다, 유통하다 |

| **circumference** | [sərkʌ́mfərəns] [써컴훠뤈쓰] |
| | 몡 주위, 원주 |

| **circumstance** | [sə́ːrkəmstæns] [써어컴스탠쓰] |
| | 몡 ((복수)) 환경, 경우, 사정 |

| **circus** | [sə́ːrkəs] [써어커쓰] |
| | 몡 서커스, 원형 광장, 곡마단 |

| | |
|---|---|
| **citizen** | [sítizn] [씨티즌]<br>명 시민, 국민 |
| **city** | [síti] [씨티]<br>명 도시, 시(市) |
| **civil** | [sívəl] [씨버얼]<br>형 시민의, 국내의, 정중한 |
| **civilization** | [sìvəlizéiʃən] [씨벌리제이션]<br>명 문명, 개화 |
| **civilize** | [sívilàiz] [씨벌라이즈]<br>형 문명화한, 교화된, 예의 바른 |
| **claim** | [kléim] [클레임]<br>타자 요구하다, 주장하다 명 요구 |
| **clamber** | [klǽmbər] [클램버]<br>자 기어오르다 명 기어오르기 |
| **clamo[u]r** | [klǽmər] [클래머]<br>명 외치는 소리, 아우성 소리, 항의 |
| **clap** | [klǽp] [클랩]<br>자타 탁 치다, 찰싹 때리다 명 박수 |
| **clash** | [klǽʃ] [클래쉬]<br>자타 충돌하다 명 충돌, 불일치 |

| | |
|---|---|
| **class** | [klǽs] [클래쓰]<br>명 계급, 학급, 등급 타 등급을 매기다 |
| **classic** | [klǽsik] [클래씩]<br>형 고전의 명 고전, 대작가 |
| **classify** | [klǽsəfài] [클래써화이]<br>타 분류하다 |
| **classmate** | [klǽsmeit] [클래쓰메잇]<br>명 급우, 동급생 |
| **classroom** | [kǽsrum] [클래쓰루음]<br>명 교실 |
| **clatter** | [klǽtər] [클래터]<br>명 덜걱덜걱 소리 자타 덜걱덜걱 소리나다 |
| **clause** | [klɔːz] [클로오즈]<br>명 조목, 조항, ((문법)) 절(節) |
| **claw** | [klɔː] [클로오]<br>명 (고양이·매 등의) 발톱 |
| **clay** | [kléi] [클레이]<br>명 찰흙, 점토 |
| **clean** | [klíːn] [클리인]<br>형 깨끗한, 청결한, 순결한 |

* clean up 깨끗이 청소하다
* make a clean breast of ~을 깨끗이 털어놓다

**cleaner**

[klí:nər] [클리이너]
명 청소원(기), 세탁소, 세제

**cleanse**

[klénz] [클렌즈]
타 깨끗이 하다, 청결하게 하다

**clear**

[klíər] [클리어]
형 맑은, 투명한, 분명한
* be clear of ~이 전연 없다
* clear away 걷어 치우다, (안개 따위가) 걷히다
* clear off 제거하다, (빚 따위를) 갚다
* clear up (날씨가) 개다, 해결하다

**clearly**

[klíərli] [클리얼리]
부 똑똑히, 분명히, 확실히

**cleave**

[kli:v] [클리이브]
자타 (결을 따라) 쪼개다, 고수하다

**clement**

[klémənt] [클레먼트]
형 너그러운, 온화한

| | |
|---|---|
| **clench** | [klentʃ] [클렌취]<br>타자 꼭 쥐다, (이를) 악물다 |
| **clergyman** | [kláːrdʒimən] [클러어쥐먼]<br>명 목사, 성직자 |
| **clerk** | [kláːrk] [클러어크]<br>명 서기, 사무원, ((미)) 점원 |
| **clever** | [klévər] [클레버]<br>형 영리한 반 stupid(우둔한) |
| **click** | [klik] [클릭]<br>명 딸깍 소리 자타 딸깍 소리가 나다 |
| **client** | [kláiənt] [클라이언트]<br>명 소송 의뢰인, 단골 손님 |
| **cliff** | [klif] [클리흐]<br>명 절벽, 낭떠러지 |
| **climate** | [kláimit] [클라이밋]<br>명 기후, 풍토 |
| **climax** | [kláimæks] [클라이맥쓰]<br>명 절정 자타 절정에 달하다 |
| **climb** | [kláim] [클라임]<br>타자 기어오르다, 올라가다 |

| | |
|---|---|
| **clime** | [klaim] [클라임]<br>명 ((詩語)) 풍토, 지방, 나라 |
| **cling** | [klíŋ] [클링]<br>자 집착하다, 달라붙다<br>* cling to ~ ~에 달라붙다, 고집하다,<br>집착하다(stick to) |
| **clinic** | [klínik] [클리닉]<br>명 임상 강의(실), 진찰실, 진료소 |
| **clip** | [klíp] [클립]<br>타 (가위 등으로) 자르다, 오려내다 |
| **clipper** | [klípər] [클리퍼]<br>명 깎는 사람, ((복수)) 이발 기계, 가위 |
| **cloak** | [klóuk] [클로욱]<br>명 (소매 없는) 외투, 망토 |
| **cloakroom** | [klóukrum] [클로욱루음]<br>명 (호텔 등) 외투 · 휴대품 보관소 |
| **clock** | [klάk] [클락]<br>명 시계 타자 ~의 시간을 재다 |
| **clockwise** | [klάkwaiz] [클락와이즈]<br>형 오른쪽(시계 방향)으로 도는 |

| | |
|---|---|
| **clockwork** | [klákwərk] [클락웍] <br> 명 시계(태엽) 장치 |
| **clog** | [klag] [클라그] <br> 명 나막신, 장애물 자타 방해하다, 틀어막다 |
| **cloister** | [klɔ́istər] [클로이스터] <br> 명 수도원, 은둔처, 복도, 낭하 |
| **close** | [klóuz] [클로우즈] 타 닫다, 막다 <br> [klóus] [클로우쓰] 형 근접한, 좁은, 정밀한 <br> * close by ～의 가까이, ～의 바로 옆에 <br> * close in [on] 포위하다, 육박하다 <br> * close on [upon] ～거의, ～에 가까운 <br>   (nearly) <br> * close to ～에 가까이 <br> * close up 밀집하다, 꼭 닫다, <br>   (상처가) 아물다 <br> * close with ～와 접전하다, ～와 협정하다 <br> * be close to ～ 접근하고 있다, 가깝다 |
| **closely** | [klóusli] [클로우쓸리] <br> 부 가까이, 밀접하여, 자세히 |
| **closet** | [klɔ́zit] [클로짓] <br> 명 벽장, 찬장 타 벽장에 가두다 |

| cloth | [klɔ(ː)θ] [클로쓰]<br>명 헝겊, 천, 식탁보, 옷감 |
|---|---|
| **clothe** | [klouð] [클로우드]<br>타 입히다, 덮다, 가리다 |
| clothes | [klouz] [클로우즈]<br>명 옷, 의복 |
| **clothing** | [klóuðiŋ] [클로우딩]<br>명 의류 |
| cloud | [kláud] [클라우드]<br>명 구름, 연기, 암운 |
| **cloudy** | [kláudi] [클라우디]<br>형 흐린, 똑똑하지 않은, 탁한 |
| clover | [klóuvər] [클로우버]<br>명 토끼풀, 클로버 |
| **clown** | [kláun] [클라운]<br>명 어릿광대, 촌뜨기 |
| club | [kláb] [클럽]<br>명 곤봉, 굵은 몽둥이, 클럽, 경찰봉 |
| **clue** | [kluː] [클루우]<br>명 단서, 실마리 |

| | |
|---|---|
| **clumsy** | [klʌ́mzi] [클럼지]<br>형 솜씨가 없는, 꼴사나운, 서툰 |
| **cluster** | [klʌ́stər] [클러스터]<br>명 떼, 송이 자타 떼를 이루다 |
| **clutch** | [klʌ́tʃ] [클러취]<br>명 (자동차의) 클러치 자타 움켜잡다 |
| **clutter** | [klʌ́tər] [클러터]<br>명 난잡, 소란 자타 떠들다 |
| **coach** | [kóutʃ] [코우취]<br>명 역마차, (운동의) 코치 타자 지도하다 |
| **coal** | [kóul] [코우을]<br>명 석탄 |
| **coarse** | [kɔ́ːrs] [코오씨]<br>형 조잡한, 상스러운, 거친 |
| **coast** | [kóust] [코우스트]<br>명 연안, 해안(seashore) |
| **coat** | [kóut ] [코읏]<br>명 외투, 코트 타 입히다, 씌우다 |
| **coax** | [kóuks] [코욱씨]<br>자타 살살 구슬리다, 달래다 |

| | |
|---|---|
| **cobweb** | [kábwèb] [카브웹]<br>명 거미집 |
| **cock** | [kák] [칵]<br>명 수탉, (새의) 수컷 반 hen(암탉) |
| **cocktail** | [káktèil] [칵테일]<br>명 칵테일(알코올 음료의 일종) |
| **cocoa** | [kóukou] [코우코우]<br>명 코코아 |
| **coconut** | [kóukənʌt] [코우커넛]<br>명 코코넛, 야자수 열매 |
| **code** | [kóud] [코우드]<br>명 법전, 암호, (사회의) 규약 |
| **coexist** | [kòuigzíst] [코우익지스트]<br>자 공존하다, 동시에 있다 |
| **coffee** | [kɔ́ːfi] [코오휘]<br>명 커피 |
| **coffin** | [kɔ́ːfin] [코오휜]<br>명 관, 널 타 관에 넣다 |
| **coil** | [kɔ̀il] [코얼]<br>타 …을 똘똘 감다 명 ((전기)) 코일 |

| | |
|---|---|
| **coin** | [kɔ̀in] [코인]<br>몡 화폐, 돈<br>탐 화폐를 주조하다, (신어를) 만들어내다<br>* false coin 위조 화폐 |
| **coinage** | [kɔ́inidʒ] [코이니쥐]<br>몡 화폐 주조, 화폐 제도 |
| **coincide** | [kòuinsáid] [코우인싸이드]<br>자 일치하다, 부합하다 |
| **coincidence** | [kouínsədəns] [코우인써던쓰]<br>몡 일치, 동시 발생 |
| **coke** | [kóuk] [코욱]<br>몡 코크스, ((미·속어)) 코카콜라(Coca Cola) |
| **cold** | [kóuld] [코울드]<br>혱 추운, 차가운, 한기가 도는<br>* have a cold 감기에 걸려 있다<br>* catch cold 감기에 걸리다 |
| **collaborate** | [kəlǽbərèit] [컬래버뤠잇]<br>자 함께 일하다, 공동으로 연구하다, 합작하다 |
| **collapse** | [kəlǽps] [컬랩쓰]<br>몡 붕괴, 쇠약 자 붕괴하다 |

| collar | [kálər] [칼러]<br>몡 칼라, 깃, 목걸이 |
|---|---|
| **colleague** | [káli:g] [칼리이그]<br>몡 동료, 동아리 |
| collect | [kəlékt] [컬렉트]<br>타자 모으다, 수집하다, 모이다 |
| **collection** | [kəlékʃən] [컬렉션]<br>몡 수금, 징수, 수집 |
| collective | [kəléktiv] [컬렉티브]<br>몡 집합적인, 집단적인 |
| **college** | [kálidʒ] [칼리쥐]<br>몡 단과 대학, 전문학교 |
| colonel | [kə́:rnəl] [커어느얼]<br>몡 육군 대령, 연대장 |
| **colonial** | [kəlóuniəl] [컬로우니얼]<br>몡 식민지의, 식민의 |
| colonist | [kálənist] [칼러니스트]<br>몡 이주민, 식민지 사람 |
| **colony** | [káləni] [칼러니]<br>몡 식민지, 거류지, 거류민 |

| | |
|---|---|
| **colo(u)r** | [kʌ́lər] [컬러]<br>몡 빛, 색깔 재태 색칠하다 |
| **colorful** | [kʌ́lərfəl] [컬러훠얼]<br>혱 다채로운, 화려한 |
| **colossal** | [kəlɔ́səl] [컬로스얼]<br>혱 거대한, 굉장한 |
| **colt** | [kóult] [코울트]<br>몡 망아지, 초심자, 당나귀 새끼 |
| **Columbus** | [kəlʌ́mbəs] [컬럼버쓰]<br>몡 콜럼버스(1451~1506) |
| **column** | [kάləm] [칼럼]<br>몡 원주, (신문의) 난(欄), 단(段) |
| **comb** | [kóum] [코움]<br>몡 빗, 닭의 볏 태 빗질하다 |
| **combat** | [kάmbæt] [캄뱃]<br>몡 격투, 싸움, 전투 |
| **combatant** | [kάmbətənt] [캄버턴트]<br>몡 전투원 혱 싸우는 |
| **combative** | [kάmbətiv] [캄버티브]<br>혱 싸움을 좋아하는, 호전적인 |

| **combination** | [kámbənéiʃən] [캄버네이션]<br>몡 결합, 단결, 배합 |
| **combine** | [kəmbáin] [컴바인]<br>탸자 결합시키다, 합동하다 |
| **combustion** | [kəmbʌ́stʃən] [컴버스춴]<br>몡 연소, 산화 |
| **come** | [kʌ́m] [컴]<br>자 오다, 일어나다, ～이 되다<br>* come about 생기다, 일어나다(happen)<br>* come across 만나다, 발견하다, 갚다<br>* come on 다가오다, 등장하다<br>* come to 결국 ～이 되다,<br>　～의 액수에 달하다, 회복하다 |
| **comedy** | [kámədi] [카머디]<br>몡 희극 |
| **comely** | [kʌ́mli] [캄리]<br>혱 아름다운, 얼굴이 잘생긴 |
| **comet** | [kámit] [카밋]<br>몡 혜성, 살별 |
| **comfort** | [kʌ́mfərt] [캄훠트]<br>몡 위로, 위안, 안락 타 위로하다 |

| | |
|---|---|
| **comfortable** | [kʌ́mfərtəbl] [캄훠터브얼] <br> 형 기분 좋은, 안락한 |
| **comic** | [kámik] [카믹] <br> 형 희극의, 우스운 명 만화 잡지 |
| **coming** | [kʌ́miŋ] [카밍] 명 도래, <br> [the C-] 그리스도의 재림 형 미래의 |
| **comma** | [kámə] [카머] <br> 명 콤마, 쉼표( , ) |
| **command** | [kəmǽnd] [커맨드] <br> 타 명령하다, 지배하다 <br> * at one's command ~의 지휘 아래, <br> ~의 명령대로 <br> * command of the seas 제해권 |
| **commandant** | [kǎməndǽnt] [카먼댄트] <br> 명 지휘관, 대장 |
| **commandeer** | [káməndíər] [카먼디어] <br> 타 (장정을) 징집하다, <br> (소·말 따위를) 징발하다 |
| **commander** | [kəmǽndər] [커맨더] <br> 명 지휘관, 해군 중령 |

\* commander-in-chief 총사령관,
최고 사령관

**commandment**
[kəmǽndmənt] [커맨(드)먼트]
몡 명령, 계명, 계율

**commemorate**
[kəmémərèit] [커메머뤠잇]
동 기념하다

**commemoration**
[kəmèməréiʃən] [커메머뤠이션]
몡 기념, 축하
\* in commemoration of ~의 기념으로

**commemorative**
[kəmémərətiv] [커메머러티브]
혱 기념의, 기념하기 위한

**commence**
[kəméns] [커멘쓰]
타자 개시하다, 시작하다

**commencement**
[kəménsmənt] [커멘쓰먼트]
몡 개시, 졸업식

**commend**
[kəménd] [커멘드]
타 추천하다, 칭찬하다

**comment**
[kámənt] [카먼트]
몡 논평, 주석 자 논평하다

*181*

| | |
|---|---|
| **commerce** | [kámə:rs] [카머쓰]<br>명 상업, 무역(trade) |
| **commercial** | [kəmə́:rʃəl] [커어머셔얼]<br>형 상업의, 상거래의 명 광고 방송 |
| **commission** | [kəmíʃən] [커미션]<br>명 위임, 위임장 타 위임하다 |
| **commit** | [kəmít] [커밋]<br>타 위탁하다, (죄 · 과오를) 범하다<br>* commit oneself to ~에 몸을 맡기다,<br>　~한다고 약속하다, ~에 전념하다 |
| **committee** | [kəmíti] [커미티]<br>명 위원회(委員會), 위원 |
| **commodity** | [kəmádəti] [커마더티]<br>명 상품, 물품, 일용품 |
| **common** | [kámən] [카먼]<br>형 공동의, 보통의 명 공유지<br>* [be] common to ~에 공통하다<br>* in common 공통으로, 공동으로 |
| **commonly** | [kámənli] [카먼리]<br>부 일반적으로, 보통 |

| | |
|---|---|
| **commonplace** | [kámənplèis] [카먼플레이쓰]<br>형 평범한, 보통의 명 평범한 일 |
| **commonwealth** | [kámənwèlθ] [카먼웨얼쓰]<br>명 국가, 공화국 |
| **commotion** | [kəmóuʃən] [커모우션]<br>명 동요, 동란, 폭동 |
| **commune** | [kəmjúːn] [커뮤은]<br>자 친하게 사귀다 |
| **communicate** | [kəmjúːnəkèit] [커뮤우너케잇]<br>타자 전하다, 통신하다 |
| **communication** | [kəmjúːnəkéiʃən] [커뮤우너케이션]<br>명 전달, 통신, 교통 |
| **communion** | [kəmjúːnjən] [커뮤우니언]<br>명 공유, 친교, 간담, 성찬식 |
| **communism** | [kámjunìzm] [카뮤니즘]<br>명 공산주의 |
| **communist** | [kámjunist] [카뮤니스트]<br>명 공산주의자<br>* communist party 공산당 |

| | |
|---|---|
| **community** | [kəmjúːnəti] [커뮤우너티]<br>명 사회, 공동(생활)체, 부락 |
| **compact** | [kəmpǽkt] [컴팩트]<br>형 꽉 찬, 간결한 타 꽉 채우다 |
| **companion** | [kəmpǽnjən] [컴패니언]<br>동 동반자, 친구, 동무, 짝 |
| **company** | [kʌ́mpəni] [캄퍼니]<br>명 사귐, 교제, 교우, 회사<br>* in company 사람들과 어울려 있는 데서,<br>  다른 사람 앞에서<br>* in company with ～와 함께, ～와 더불어 |
| **comparable** | [kʌ́mpərəbl] [캄퍼뤄브얼]<br>형 비교할 수 있는 |
| **comparative** | [kəmpǽrətiv] [컴패뤄티브]<br>형 비교의, 비교적, 필적하는 |
| **compare** | [kəmpɛ́ər] [컴페어]<br>타자 비교하다, 필적하다<br>* compare to ～에 비유하다<br>* compare with ～와 비교하다 |
| **comparison** | [kəmpǽrisn] [컴패뤼슨]<br>명 비교, 대조 |

| | |
|---|---|
| **compartment** | [kəmpáːrtmənt] [컴파아트먼트]<br>명 구분, 구획, 칸막이 |
| **compass** | [kʌ́mpəs] [컴퍼쓰]<br>명 나치반, 범위, 컴퍼스, 한계 |
| **compassion** | [kəmpǽʃən] [컴패션]<br>명 불쌍히 여김, 연민, 동정 |
| **compatible** | [kəmpǽtəbl] [컴패터브얼]<br>형 양립할 수 있는, 적합한 |
| **compel** | [kəmpél] [컴페얼]<br>타 억지로~시키다, 강요하다 |
| **compensate** | [kámpənsèite] [캄펀쎄잇]<br>타자 배상하다, 보상하다 |
| **compete** | [kəmpíːt] [컴피이트]<br>자 경쟁하다, 겨루다 |
| **competent** | [kámpətənt] [캄퍼턴트]<br>형 능력 있는, 유능한 |
| **competition** | [kámpətíʃən] [캄퍼티션]<br>명 경쟁(競爭), 시합 |

| competitive | [kəmpétətiv] [컴페터티브]<br>형 경쟁의, 경쟁적인 |
|---|---|
| compile | [kəmpáil] [컴파일]<br>타 편찬하다, 편집하다 |
| complacent | [kəmpléisnt] [컴플레이슨트]<br>형 만족한, 자기 만족의 |
| complain | [kəmpléin] [컴플레인]<br>자 불평하다, 호소하다 |
| complement | [kámpləmənt] [캄플러먼트]<br>명 보완하는 것, 보충, ((문법)) 보어 |
| complete | [kəmplí:t] [컴플리이트]<br>타 완성하다 형 완전한 |
| completely | [kəmplí:tli] [컴플리이틀리]<br>부 완전히, 충분히, 전혀, 전부 |
| complex | [kəmpléks] [컴플렉쓰]<br>형 복잡한, 복합의<br>[kámpleks] [캄플렉쓰]<br>명 합성물, ((심리)) 콤플렉스 |
| complexion | [kəmplékʃən] [컴플렉션]<br>명 안색, 형세, 외모 |

| | |
|---|---|
| **compliance** | [kəmpláiəns] [컴플라이언스]<br>명 응낙, 순종 |
| **compliant** | [kəmpláiənt] [컴플라이언트]<br>형 고분고분한 |
| **complicate** | [kámpləkèit] [캄플러케잇]<br>타 복잡하게 하다, 뒤얽히게 하다 |
| **complicated** | [kámpləkèitid] [캄플러케이티드]<br>형 복잡한 |
| **complication** | [kámpləkéiʃən] [캄플러케이션]<br>명 복잡, 분규(tangle) |
| **compliment** | [kámpləmənt] [캄플러먼트]<br>명 찬사, 빈말, 인사치레, 치하 |
| **complimentary** | [kámpləméntəri] [캄플러멘터뤼]<br>형 칭찬의, 인사의 |
| **comply** | [kəmplái] [컴플라이]<br>자 응하다, 따르다 |
| **component** | [kəmpóunənt] [컴포우넌트]<br>형 구성하는, 성분의 명 성분 |
| **compose** | [kəmpóuz] [컴포우즈]<br>타·자 구성하다, 짜맞추다, (시를) 짓다 |

| | |
|---|---|
| **composed** | [kəmpóuzd] [컴포우즈드]<br>형 태연한, 침착한 |
| **composer** | [kəmpóuzər] [컴포우저]<br>명 작곡가 |
| **composition** | [kàmpəzíʃən] [캄퍼지션]<br>명 짜맞춤, 조립, 조성 |
| **composure** | [kəmpóuʒər] [컴포우저]<br>명 평정, 침착, 고요 |
| **compound** | [kəmpáund] [컴파운드]<br>타 혼합하다, 화해하다 |
| **comprehend** | [kàmprihénd] [캄프리헨드]<br>타 이해하다, 포함하다 |
| **comprehensive** | [kæmprihénsiv] [캄프리헨씨브]<br>형 이해력이 있는, 포함하는 |
| **compress** | [kəmprés] [컴프뤠쓰]<br>타 압축하다, 줄이다 |
| **comprise** | [kəmpráiz] [컴프라이즈]<br>타 포함하다, 〜로 되다 |

| | |
|---|---|
| **compromise** | [kàmprəmàiz] [캄프뤄마이즈]<br>명 타협, 절충안 타자 타협하다 |
| **compulsory** | [kəmpʌ́lsəri] [컴펄써뤼]<br>형 강제적인, 의무적인, 필수의 |
| **compute** | [kəmpjúːt] [컴퓨우트]<br>타자 계산하다, 측정하다 |
| **computer** | [kəmpjúːtər] [컴퓨우터]<br>명 전자 계산기, 컴퓨터, 계산하는 사람 |
| **comrade** | [kάmræd] [캄뤠드]<br>명 친구(friend), 전우(戰友) |
| **concave** | [kankéiv] [칸케이브]<br>형 오목한 반 convex(볼록한) |
| **conceal** | [kənsíːl] [컨씨얼]<br>타 숨기다, 은닉하다 |
| **concede** | [kənsíːd] [컨씨이드]<br>타 양보하다, 용인하다, 인정하다 |
| **conceit** | [kənsíːt] [컨씨이트]<br>명 자만, 자부심 |
| **conceive** | [kənsíːv] [컨씨이브]<br>타자 상상하다, 임신하다 |

| | |
|---|---|
| **concentrate** | [kànsəntrèit] [칸썬츄뤠잇] <br> 타자 집중하다, 전념하다 <br> * concentrate~ on… ~을…에 집중하다 |
| **concentration** | [kànsəntréiʃən] [칸썬츄뤠이션] <br> 명 집중, 전념, 정신 통일 |
| **concept** | [kánsept] [칸쎕트] <br> 명 개념, 관념 |
| **conception** | [kənsépʃən] [컨쎕션] <br> 명 임신, 개념, 착상 |
| **conceptive** | [kənséptiv] [컨쎕티브] <br> 형 개념적인 |
| **conceptual** | [kənséptʃuəl] [컨쎕츄얼] <br> 형 개념의 |
| **concern** | [kənsə́:rn] [컨써언] <br> 타 ~와 관계가 있다, 관계하다 <br> * (be) concerned with ~에 관계가 있다 <br> * concern oneself about ~을 염려하다 <br> (be concerned about~) |
| **concerned** | [kənsə́:rnd] [컨써언드] <br> 형 근심하는, 관계하고 있는 |

| **concernedly** | [kənsə́:rnidli] [컨써언들리]<br>부 걱정하여 |
| --- | --- |
| **concerning** | [kənsə́:rniŋ] [컨써어닝]<br>전 ~에 관하여(about) |
| **concernment** | [kənsə́:rnmənt] [컨써언먼트]<br>명 관계, 용건, 중요성 |
| **concert** | [kànsərt] [칸써트]<br>명 협력, 합주, 연주회<br>*concert hall 연주회장 |
| **concession** | [kənséʃən] [컨쎄션]<br>명 양보, 허가, 면허, 조계(租界) |
| **conciliate** | [kənsílièit] [컨씰리에잇]<br>타 무마하다, 조정하다, 화해시키다 |
| **conciliator** | [kənsílièitər] [컨씰리에이터]<br>명 조정자 |
| **concise** | [kənsáis] [컨싸이쓰]<br>형 간명한, 간결한 |
| **conclude** | [kənklú:d] [컨클루우드]<br>타자 끝내다, 결정하다, 결심하다 |

| | |
|---|---|
| **conclusion** | [kənklúːʒən] [컨클루우전] <br> 몡 결말, 종결, 결론 |
| **concomitant** | [kənkámətənt] [컨카머턴트] <br> 혱 공존의, 부수의 몡 부수물 |
| **concord** | [kánkɔːrd] [칸코오드] <br> 몡 일치, 조화 빤 discord(불일치) |
| **concourse** | [kánkɔːrs] [칸코오스] <br> 몡 집합, 군집 |
| **concrete** | [kánkriːt] [칸크뤼이트] <br> 혱 구체적인 몡 응고물, 콘크리트 <br> * in the concrete 구체적으로 |
| **concur** | [kənkə́ːr] [컨커어] <br> 잨 일치하다, 동시에 일어나다 |
| **condemn** | [kəndém] [컨뎀] <br> 탸 나무라다, 비난하다 |
| **condense** | [kəndéns] [컨덴쓰] <br> 탸잨 응축시키다, 요약하다 |

| **condescend** | [kándisénd] [칸디쎈드]<br>자 자신을 낮추다, 겸손하다 |
|---|---|
| **condescension** | [kándisénʃən] [칸디쎈션]<br>명 겸손 |
| **condition** | [kəndíʃən] [컨디션]<br>명 상태, 처치, 조건, 신분<br>* in condition 건강하여, 양호한 상태로<br>* on condition that ~이라는 조건으로,<br>  만약 ~이라면(if)<br>* out of condition 건강하지 못하여,<br>  나쁜 상태로 |
| **conduct** | [kándʌkt] [컨닥트]<br>명 행위, 품행, 행실, 지휘 |
| **conductor** | [kəndʌ́ktər] [컨닥터]<br>명 지도자, 안내자, 차장 |
| **cone** | [kóun] [코운]<br>명 원뿔, 솔방울, 원추형 |
| **confederacy** | [kənfédərəsi] [컨훼더러쉬]<br>명 연합, 동맹, 연방 |
| **confer** | [kənfə́ːr] [컨훠어]<br>타자 주다, 수여하다, 상담하다 |

| conference | [kánfərəns] [칸훠런쓰]<br>명 회의, 상담, 협의 |
| confess | [kənfés] [컨훼쓰]<br>타자 자인하다, 자백하다 |
| confession | [kənféʃən] [컨훼션]<br>명 자백, 신앙 고백, 고해 |
| confide | [kənfáid] [컨화이드]<br>타 털어놓다, 신뢰하다 |
| confidence | [kánfidəns] [칸휘던쓰]<br>명 신임, 신용, 신뢰 |
| confident | [kánfidənt] [칸휘던트]<br>형 확신하는, 자신 있는 |
| confidential | [kánfədénʃəl] [칸휘덴셔얼]<br>형 신임하는, 심복의 |
| confine | [kənfáin] [컨화인]<br>타 가두다, 제한하다<br>* confine oneself to ~에 틀어박혀 있다,<br>　~에 국한하다 |
| confirm | [kənfə́ːrm] [컨훠엄]<br>타 확인하다, 확실히 하다 |

| | |
|---|---|
| **confirmation** | [kánfərméiʃən] [칸훠메이션] <br> 몡 확정, 확인 |
| **confiscate** | [kánfiskèit] [칸휘스케잇] <br> 目 몰수하다, 압수하다 |
| **conflict** | [kánflikt] [칸흘릭트] <br> 몡 투쟁, 모순, 싸움 |
| **conform** | [kənfɔ́:rm] [컨포음] <br> 쟈目 일치하다, 따르게 하다 |
| **confound** | [kənfáund] [컨화운드] <br> 目 혼동하다, 당황케 하다 |
| **confront** | [kənfrʌ́nt] [컨흐뤈트] <br> 目 직면하다, 대결하다, 대항하다 <br> * [be] confronted with [by] ~에 직면하다 |
| **confuse** | [kənfjú:z] [컨휴우즈] <br> 目 혼란시키다, 어리둥절하게 하다 |
| **confusion** | [kənfjú:ʒən] [컨휴우줜] <br> 몡 혼란, 당황, 혼동 |
| **congenial** | [kəndʒí:njəl] [컨쥐이니얼] <br> 혱 같은 성질의, 성미에 맞는 |

**congest**

[kəndʒést] [컨줴스트]
타 혼잡하게 하다, 충혈시키다

**congratulate**

[kəngrǽtʃuleit] [컨그래츌레잇]
타 축하하다, 축사를 하다

**congregate**

[káŋgrigèit] [캉그뤼게잇]
자타 모이다, 모으다

**congress**

[káŋgris] [캉그뤼쓰]
명 회의, 대회, ((미)) [C-] 의회

**conjugation**

[kàndʒugéiʃən] [칸쥬게이션]
명 ((문법)) (동사의) 활용, 결합

**conjunction**

[kəndʒʌ́ŋkʃən] [컨쥥(크)션]
명 ((문법)) 접속사 〈약어 conj.〉

**conjure**

[kándʒər] [칸져]
자타 환기하다, 마법을 쓰다

**connect**

[kənékt] [커넥트]
타자 잇다, 이어지다, 연락하다
* [be] connected with ~와 연고 관계가
  있다

**connection**

[kənékʃən] [커넥션]
명 관계, 친척, 접속, 연락

| | |
|---|---|
| **conquer** | [kάŋkər] [캉커]<br>타자 정복하다 반 surrender(항복하다) |
| **conquest** | [kάnkwest] [캉크웨스트]<br>명 정복, 획득 |
| **conscience** | [kάnʃəns] [칸션쓰]<br>명 양심, 도의심 |
| **conscious** | [kάnʃəs] [칸셔쓰]<br>형 의식적인, 자각하고 있는<br>* [be, become] conscious of<br>　～을 의식하다, ～을 알아채다 |
| **consciousness** | [kάnʃəsnis] [칸셔쓰니쓰]<br>명 의식, 자각 |
| **conscript** | [kάnskript] [칸스크립트]<br>형 징집된 명 징병 타 징집하다 |
| **consecrate** | [kάnsəkrèit] [칸써크뤠잇]<br>타 봉헌하다, 바치다 |
| **consecution** | [kάnsikjúːʃən] [칸씨큐우션]<br>명 연속 |
| **consecutive** | [kənsékjutiv] [컨쎄큐티브]<br>형 연속하는, 잇달은 |

| | |
|---|---|
| **consent** | [kənsént] [컨쎈트]<br>명 동의 자 승낙하다, 동의하다<br>* with the consent of ~의 동의를 얻어 |
| **consequence** | [kánsikwèns] [칸씨크웬쓰]<br>명 결과, 중요성 반 cause(원인)<br>* in consequence of ~결과, ~때문에 |
| **consequent** | [kánsikwènt] [칸씨크웬트]<br>형 결과로서 일어나는, 당연한 |
| **consequently** | [kánsikwèntli] [칸씨크웬틀리]<br>부 따라서, 필연적으로 |
| **conservative** | [kənsə́ːrvətiv] [컨써어버티브]<br>형 보수적인, 전통적인 |
| **conserve** | [kənsə́ːrv] [컨써어브]<br>타 보존하다, 설탕에 절여 두다 |
| **consider** | [kənsídər] [컨씨더]<br>타자 숙고하다, ~라고 생각하다 |
| **considerable** | [kənsídərəbl] [컨씨더뤄브얼]<br>형 상당한, 고려해야 할 |

| | |
|---|---|
| **consideration** | [kənsìdəréiʃən] [컨씨더뤠이션]<br>몡 고려(考慮), 사려 |
| **consist** | [kənsíst] [컨씨스트]<br>재 ~으로 이루어지다, ~에 있다<br>* consist in ~에 있다, ~에 존재하다<br>* consist of ~으로 이루어지다 |
| **consistent** | [kənsístənt] [컨씨스턴트]<br>휑 일치하는, 시종일관한, 양립하는 |
| **consolation** | [kánsəléiʃən] [칸썰래이션]<br>몡 위자료, 위로, 낙, 위로가 되는 사연 |
| **consolatory** | [kənsɔ́lətəri] [콘쏠러터뤼]<br>휑 위로의 |
| **console** | [kənsóul] [컨쏘우을]<br>탕 위로하다, 위안하다 |
| **consolidate** | [kənsálədèit] [컨쌀러데잇]<br>타자 공고히 하다, 굳어지다 |
| **consonance** | [kánsənəns] [칸써넌쓰]<br>몡 일치, 조화<br>* in consonance with ~와 일치(조화)하여 |

| **consonant** | [kànsənənt] [칸써넌트]<br>형 일치하는, 자음의 명 ((문법)) 자음 |
| **consort** | [kànsɔːrt] [칸쓰오트]<br>명 (왕·여왕의) 배우자 |
| **conspicuous** | [kənspíkjuəs] [컨스피큐어쓰]<br>형 두드러진, 유난히 눈에 띄는 |
| **conspiracy** | [kənspírəsi] [컨스피뤄씨]<br>명 공모, 음모 |
| **conspirator** | [kənspírətər] [컨스피러터]<br>명 공모자, 음모자 |
| **conspire** | [kənspáiər] [컨스파이어]<br>자타 공모하다, 음모를 꾸미다 |
| **constable** | [kʌ́nstəbl] [컨스터브얼]<br>명 경관, 순경 |
| **constancy** | [kànstənsi] [칸스턴씨]<br>명 불변성, 항구성, 성실함 |
| **constant** | [kànstənt] [칸스턴트]<br>형 불변의, 일정한 |
| **constantly** | [kànstəntli] [칸스턴틀리]<br>부 끊임없이, 항상, 변함없이 |

| constellation | [kànstəléiʃən] [칸스털레이션]<br>명 별자리, 성좌 |
|---|---|
| constituency | [kənstítʃuənsi] [컨스티튜언시]<br>명 선거민, 선거구 |
| constituent | [kənstítʃuənt] [컨스티튜언트]<br>형 조직하는, 선거권이 있는 |
| constitute | [kánstətjùːt] [칸스터튜우트]<br>타 구성하다, 설립하다, 임명하다 |
| constitution | [kànstətjúːʃən] [칸스터튜우션]<br>명 구성, 체격, 헌법 |
| constrain | [kənstréin] [컨스츄레인]<br>타 강제하다, 억지로 ~시키다 |
| construct | [kənstrʌ́kt] [컨스츄롹트]<br>타 건조하다, 건설하다 |
| construction | [kənstrʌ́kʃən] [컨스츄롹션]<br>명 조립, 건축, 구조<br>* under construction 공사 중, 건축 중 |
| constructive | [kənstrʌ́ktiv] [컨스츄롹티브]<br>형 건설적인, 구성의, 구조상의 |

A B C D E F G H I J K L M N O P Q R S T U V W X Y Z

*201*

| | |
|---|---|
| **consul** | [kánsəl] [칸쓰얼] <br> 몡 영사(領事) |
| **consult** | [kənsʌ́lt] [컨써얼트] <br> 자타 상의하다, 상담하다 |
| **consume** | [kənsú:m] [컨쑤음] <br> 타자 소비하다, 다 써 버리다 |
| **contact** | [kántækt] [칸택트] <br> 몡 접촉, 교제 타 연락하다 <br> * in(into) contact with ~와 접촉하여, <br> ~와 사귀어 |
| **contain** | [kəntéin] [컨테인] <br> 타 내포하다, 포함하다 |
| **contemplate** | [kántəmplèit] [칸텀플레잇] <br> 타자 깊이 생각하다, 응시하다 |
| **contemporary** | [kəntémpərèri] [컨템퍼뤠루] <br> 혱 현대의, 같은 시대의 |
| **contempt** | [kəntémpt] [컨템트] <br> 몡 경멸, 모욕 뻔 respect(존경) <br> * in contempt 경멸하여, 부끄럽게 |

| contend | [kənténd] [컨텐드] |
| | 자타 싸우다, 논쟁하다, 주장하다 |
| | * contend with [against] ~에 만족하다 |

| content | [kəntént] [컨텐트] |
| | 명 만족 형 만족한 타 만족시키다 |
| | * content oneself with ~에 만족하다 |
| | * in content 만족하여 |
| | * to one's heart's content 마음껏, 실컷 |

| contents | [kənténts] [컨텐츠] |
| | 명 속에 담긴 것, 내용물 |

| contest | [kántést] [칸테스트] |
| | 자타 겨루다, 경쟁하다, 다투다 |

| continent | [kántənənt] [칸터넌트] |
| | 명 대륙, 육지, 유럽 대륙 |

| continual | [kəntínjuəl] [컨티뉴얼] |
| | 형 빈번한, 끊임없이 되풀이하는 |

| continuance | [kəntínjuəns] [컨티뉴언스] |
| | 명 계속, 연속 |

| continuation | [kəntìnjuéiʃən] [컨티뉴에이션] |
| | 명 계속, 연속, 속편 |

| | |
|---|---|
| **continue** | [kəntínjuː] [컨티뉴우]<br>자타 계속하다, 연장하다, 이어지다 |
| **continuous** | [kəntínjuəs] [컨티뉴어쓰]<br>형 연속적인, 끊임없는 |
| **contract** | [kántræk] [칸츄랙트]<br>명 정관, 계약 타자 계약하다 |
| **contradict** | [kàntrədíkt] [칸츄뤄딕트]<br>타 부인하다, 반박하다, 모순되다, 상반되다 |
| **contrary** | [kántrəri] [칸츄뤠뤼]<br>형 거꾸로의, 반대의, 모순된<br>* on the contrary 반대로, 오히려,<br>　～이기는커녕<br>* to the contrary 그와 반대로, 그 반대의 |
| **contrast** | [kántraːst] [칸츄래스트]<br>명 대조, 대비 타자 대조하다 |
| **contribute** | [kəntríbjuːt] [컨츄뤼뷰우트]<br>타자 기부하다, 공헌하다 |
| **contribution** | [kántrəbjúːʃən] [칸츄뤄뷰우션]<br>명 기부, 기증, 공헌<br>* make a contribution to [towards]<br>　～에 기부(공헌)하다 |

| | |
|---|---|
| **contributor** | [kəntríbjutər] [컨츄리뷰터]<br>명 기부자, 기고자 |
| **contributory** | [kəntríbjutɔ̀:ri] [컨츄리뷰터뤼]<br>형 공헌하는, 보조의 |
| **contrivance** | [kəntráivəns] [컨츄롸이번쓰]<br>명 고안, 고안물 |
| **contrive** | [kəntráiv] [컨츄롸이브]<br>타 연구하다, 고안하다 |
| **control** | [kəntróul] [컨츄로우을]<br>명 지배, 관리 타 지배하다<br>* bring ~ under control<br>~을 제어하다(억누르다) |
| **controllable** | [kəntróuləbl] [컨츄로울러브얼]<br>형 지배(억제, 통제)할 수 있는 |
| **controversial** | [kántrəvə́:rʃəl] [칸츄러버어셔얼]<br>형 논쟁거리가 되는 |
| **controversy** | [kántrəvə̀:rsi] [칸츄러버어씨]<br>명 논쟁, 논박 |
| **controvert** | [kántrəvə:rt] [칸춰러버어트]<br>자타 토론하다 |

| | |
|---|---|
| **convene** | [kənvíːn] [컨비인]<br>자타 소집하다, 소환하다 |
| **convenient** | [kənvíːnjənt] [컨비이년트]<br>형 편리한 반 inconvenient(불편한) |
| **convent** | [kɑ́nvent] [컨벤트]<br>명 수도원, 수녀회 |
| **convention** | [kənvénʃən] [컨벤션]<br>명 관례, 인습, 회의, 집회 |
| **conventional** | [kənvénʃənl] [컨벤셔느얼]<br>형 인습적인, 틀에 박힌 |
| **conversation** | [kɑ̀nvərséiʃən] [칸버쎄이션]<br>명 회화, 담화 |
| **converse** | [kənvə́ːrs] [컨버어쓰]<br>자 이야기를 나누다 형 반대의 |
| **convert** | [kənvə́ːrt] [컨버어트]<br>타 바꾸다, 개종시키다<br>[kɑ́nvəːrt] [칸버어트]<br>명 개종자, 전향자 |
| **convey** | [kənvéi] [컨베이]<br>타 나르다, 전하다 |

*206*

| | |
|---|---|
| **convict** | [kənvíkt] [컨빅트]<br>타 유죄로 판결하다<br>[kánvikt] [칸빅트]<br>명 죄수, 죄인 |
| **conviction** | [kənvíkʃən] [컨빅션]<br>명 확신, 유죄의 판결 |
| **convince** | [kənvíns] [컨빈쓰]<br>타 확신시키다, 납득시키다<br>* [be] convinced of ~을 확신하다 |
| **convoy** | [kánvɔi] [칸보이]<br>명 호송, 호송선 타 호송하다 |
| **convulsion** | [kənvʌ́lʃən] [컨벌션]<br>명 발작, 경련, 격동 |
| **cook** | [kúk] [쿡]<br>타자 요리하다 명 요리사 |
| **cool** | [kúːl] [쿠얼]<br>형 서늘한, 차가운, 냉정한 |
| **coop** | [kuːp] [쿠우프]<br>명 닭장 타 닭장에 넣다, 가두다 |

| | |
|---|---|
| **cooperate** | [kouápərèit] [코우아퍼뤠잇]<br>자 협동하다, 서로 돕다 |
| **cooperation** | [kouápəréiʃən] [코우아퍼뤠이션]<br>명 협동, 협력<br>* in cooperation with<br>~와 협력 (협동)하여 |
| **cooperative** | [kouápərətiv] [코우아퍼뤄티브]<br>형 협동의 명 협동조합 |
| **coordinate** | [kouɔ́ːrdənət] [코우오오더넛]<br>형 동등의 명 동등한 것<br>[kouɔ́ːrdənèit] [코우오오더네잇]<br>타 동등하게 하다, 조정하다 |
| **cope** | [kóup] [코웁]<br>자 지지 않고 싸우다, 대처하다<br>* cope with~ 잘 대항하다, 수습하다,<br>대처하다 |
| **copious** | [kóupiəs] [코우피어쓰]<br>형 풍부한, 방대한, 지식이 풍부한 |
| **copper** | [kápər] [카퍼]<br>명 동전, 구리, 동 〈원소 기호 Cu〉 |

| | |
|---|---|
| **copy** | [kápi] [카피]<br>명 베낌, 복사, 모방, 등본 |
| **copyright** | [kápirait] [카피롸잇]<br>명 판권, 저작권 타 판권을 얻다 |
| **coral** | [kɔ́rəl] [코뤄얼]<br>명 산호 형 산호빛의 |
| **cord** | [kɔ́ːrd] [코오드]<br>명 가는 끈, 줄 타 가는 끈으로 묶다 |
| **cordial** | [kɔ́ːrdʒəl] [코오줘얼]<br>형 충심으로의, 성실한, 진심의 |
| **cordiality** | [kɔ̀ːrdiǽləti] [코오디앨러티]<br>명 진심, 성실 |
| **core** | [kɔ́ːr] [코어]<br>명 핵심, 나무 속, 속마음, 응어리, 골자<br>* to the core 속속들이, 철저히 |
| **cork** | [kɔ́ːrk] [코오크]<br>명 코르크 타 코르크 마개를 하다 |
| **corkscrew** | [kɔ́ːrkskruː] [코오크스크루우]<br>명 코르크 마개 뽑이, 타래 송곳 |

| | |
|---|---|
| **corn** | [kɔ́ːrn] [코언] <br> 명 곡물, 낱알, ((미)) 옥수수 |
| **corner** | [kɔ́ːrnər] [코오너] <br> 명 구석, 모퉁이, 궁지 |
| **corona** | [kəróunə] [커로우너] <br> 명 관, 화관, 코로나 방전 |
| **coronation** | [kɔ̀ːrənéiʃən] [코뤄네이션] <br> 명 즉위, 대관식 |
| **corps** | [kɔ́ːr] [코오] <br> 명 복수: corps[kɔːrz], 군단, 병단, 단체 |
| **corpse** | [kɔ́ːrps] [코오프쓰] <br> 명 시체 |
| **correct** | [kərékt] [커뤤트] <br> 형 올바른, 정확한 타 고치다, 정정하다 |
| **correction** | [kərékʃən] [커뤡션] <br> 명 정정, 수정 |
| **correspond** | [kɔ̀ːrəspǽnd] [코오뤄스판드] <br> 자 서신 왕래를 하다, 부합하다 <br> * correspond to ~에 해당하다, <br>  ~에 부합하다 <br> * correspond with ~와 편지 왕래를 하다. |

A
B
C
D
E
F
G
H
I
J
K
L
M
N
O
P
Q
R
S
T
U
V
W
X
Y
Z

**correspondence**

[kɔ̀:rəspándəns] [코오뤄스판던쓰]
명 편지 왕래, 통신, 일치, 조화

**correspondent**

[kɔ̀:rəspándənt] [코오뤄스판던트]
명 통신원, 통신인, 특파원

**corridor**

[kɔ́:ridər] [코오뤼더]
명 복도, 낭하

**corrupt**

[kərʌ́pt] [커랖트]
형 썩은, 타락한  자타 썩다

**cosmopolitan**

[kàzməpálətn] [카즈머팔러튼]
형 세계적인, 세계를 제집으로 삼는
명 세계인, 세계주의자

**cossack**

[kɔ́sæk] [코색]
명 (러시아의) 카자흐인

**cost**

[kɔ̀:st] [코오스트]
명 비용  타 (비용이 얼마) 들다
* at all costs 어떠한 희생이 있더라도,
  무슨 일이 있어도
* at any cost 어떤 희생을 치르더라도,

*211*

만난을 무릅쓰고
* at the cost of ~을 희생하여,
  ~을 들여서
* to one's cost ~의 부담으로,
  ~에게 폐를 끼치고, 혼이 나게

**costly**

[kɔ́ːstli] [코오스틀리]
형 값비싼(expensive), 고가의

**costume**

[kástjuːm] [카스튜음]
명 (특유한) 복장, (부인의) 의상

**cot**

[kát] [캇]
명 오두막집, 간이 침대

**cottage**

[kátidʒ] [카티쥐]
명 시골 집, 작은 주택

**cotton**

[kátn] [카튼]
명 목화, 솜, 무명, 면

**couch**

[káutʃ] [카우취]
명 침대, 소파 타 재우다

**cough**

[kɔ́ːf] [코오프]
명 기침 타자 기침하다

**could**

[kúd] [쿠드]
조 ~할 수 있었다, can의 과거

| | |
|---|---|
| **council** | [káunsl] [카운쓰얼]<br>명 평의회, 회의 |
| **counsel** | [káunsl] [카운쓰얼]<br>명 상담, 협의, 충고 |
| **count** | [káunt] [카운트]<br>타자 세다, 계산하다, 수를 세다<br>\* count for little [nothing] 대수롭지 않다<br>\* count on [upon] 믿다, 기대하다<br>\* count [out] 세어 내다, 제외하다 |
| **countless** | [káuntlis] [카운틀리쓰]<br>형 셀 수 없는, 많은, 무수한 |
| **countenance** | [káuntənəns] [카운터넌쓰]<br>명 얼굴, 용모, 안색 |
| **counter** | [káuntər] [카운터]<br>명 카운터, 계산대 |
| **counteract** | [kàuntərǽkt] [카운터랙트]<br>타 반작용하다, 방해하다 |
| **counterfeit** | [káuntərfit] [카운터휘트]<br>형 모조의 명 가짜 타 흉내내다 |
| **countess** | [káuntis] [카운티쓰]<br>명 백작 부인, 여자 백작 |

| | |
|---|---|
| **country** | [kʌ́ntri] [칸츄뤼]<br>똉 나라, 국가, 고국, 시골 |
| **countryman** | [kʌ́ntrimən] [칸츄뤼먼]<br>똉 시골 사람, 시골뜨기 |
| **countryside** | [kʌ́ntrisàid] [칸츄뤼싸이드]<br>똉 시골, 지방 |
| **county** | [káunti] [카운티]<br>똉 주(州), 군(郡) |
| **couple** | [kʌ́pl] [카프얼]<br>똉 한 쌍, 부부 탸쟈 결혼하다, 맺다<br>* a couple of 두 개의, 두서넛의 |
| **coupon** | [kúːpɔn] [쿠우폰]<br>똉 쿠폰, 할인권, 회수권 |
| **courage** | [kə́ːridʒ] [커뤼쥐]<br>똉 용기(bravery) |
| **courageous** | [kəréidʒəs] [커뤠이줘쓰]<br>똉 용기 있는, 용감한 |
| **course** | [kɔ́ːrs] [코오쓰]<br>똉 진행, 진로, 길, 경과 |

* in the course of ~하는 중에, 동안에
* of course 물론, 당연히(naturally)

**court**
[kɔ́:rt] [코오트]
몡 법원, 궁정, 재판소, 마당

**courteous**
[kə́:rtiəs] [커어티어쓰]
혱 예의 바른, 정중한

**courtesy**
[kə́:rtəsi] [커어터씨]
몡 예절, 공손

**cousin**
[kʌ́zn] [카즌]
몡 사촌, 친척

**cover**
[kʌ́vər] [카버]
타 덮다, 가리다 몡 덮개, 표지, 뚜껑
* [be] covered with ~으로 덮혀 있다
* cover up 싸서 감추다, (덮어) 감싸다

**cow**
[káu] [카우]
몡 암소 반 bull(수소) 타 위협하다

**coward**
[káuərd] [카우어드]
몡 겁쟁이 혱 겁많은

**cozy**
[kóuzi] [코우지]
혱 포근한, 기분 좋은

215

| | |
|---|---|
| **crab** | [kræb] [크랩]<br>명 게, 야생의 능금(crab-apple) |
| **crack** | [kræk] [크랙]<br>명 갈라진, 금, 결점 자타 금이 가다 |
| **cradle** | [kréidl] [크뤠이드얼]<br>명 요람, (학문 따위의) 발상지 |
| **craft** | [kræft] [크래흐트]<br>명 솜씨, 기능, 교활 |
| **crafty** | [kræfti] [크래흐티]<br>형 교활한, 간교한 |
| **cram** | [kræm] [크램]<br>타자 다져 넣다 명 주입식 공부 |
| **cramp** | [kræp] [크램프]<br>명 경련 타 경련을 일으키다 |
| **crane** | [kréin] [크뤠인]<br>명 두루미, 기중기 자타 기중기로 나르다 |
| **crank** | [kræŋk] [크뢩크]<br>명 크랭크, 굴곡, 변덕 |
| **crash** | [kræʃ] [크뢔쉬]<br>명 충돌, 추락 자타 와지끈 무너지다 |

| crate | [kréit] [크뤠잇]<br>명 나무틀, 나무 상자 |
|---|---|
| **crater** | [kréitər] [크뤠이터]<br>명 (화산의) 분화구 |
| crave | [kréiv] [크뤠이브]<br>타자 열망하다, 간절히 바라다<br>*crave for ~을 간청(갈망)하다 |
| crawl | [krɔ́ːl] [크뤄얼]<br>자 기다, 살금살금 걷다 |
| **crayon** | [kréiən] [크뤠이언]<br>명 크레용 타 크레용으로 그리다 |
| craze | [kréiz] [크뤠이즈]<br>타자 미치게 하다, 잔금이 생기다 |
| **crazy** | [kréizi] [크뤠이지]<br>명 미친, 열광한 |
| creak | [kriːk] [크뤼이크]<br>자타 삐걱거리다, 금이 가다 |
| **cream** | [krím] [크뤼임]<br>명 크림, 크림색, 유지, 노른자 |

| | |
|---|---|
| **creamy** | [krími] [크뤼이미]<br>형 크림 같은, 크림색의 |
| **create** | [kriéit] [크뤼에잇]<br>타 창조하다, 창시하다 |
| **creation** | [kriéiʃən] [크뤼에이션]<br>명 창조, 창작품, 창설 |
| **creative** | [kriétiv] [크뤼에이티브]<br>형 창조적인, 창조력이 있는 |
| **creature** | [kríːtʃər] [크뤼이춰]<br>명 창조물, 생물, 동물 |
| **credit** | [krédit] [크뤠딧]<br>명 신용, 명예, 명성<br>* give credit to ~을 믿다, ~을 신임하다<br>* on credit 신용 대부로, 외상으로 |
| **creed** | [kriːd] [크뤼이드]<br>명 신조, 교의 |
| **creek** | [kriːk] [크뤼이크]<br>명 후미, 작은 개울, 지류 |
| **creep** | [kriːp] [크뤼이프]<br>자 기다, 살금살금 걷다 |

| | |
|---|---|
| **crescent** | [krésnt] [크레슨트]<br>명 초생달 형 초생달 모양의 |
| **crest** | [krést] [크레스트]<br>명 (닭의) 볏, 봉우리, 꼭대기 |
| **crevice** | [krévis] [크레비쓰]<br>명 갈라진 틈, 터진 곳 |
| **crew** | [kru:] [크루우]<br>명 승무원, 패거리, 동아리 |
| **cricket** | [kríkit] [크뤼킷]<br>명 귀뚜라미, 크리켓 |
| **crime** | [kraim] [크롸임]<br>명 범죄, 나쁜 짓, 죄 |
| **criminal** | [krímənəl] [크뤼머느얼]<br>형 범죄의, 죄를 범한 명 범인 |
| **crimson** | [krímzn] [크륌즌]<br>명 진홍색 형 진홍색의 |
| **cripple** | [krípl] [크뤼프얼]<br>명 절름발이, 불구자 |
| **crisis** | [kráisis] [크롸이씨쓰]<br>명 위기, (병의) 고비, 중대 시국 |

| | |
|---|---|
| **crisp** | [krísp] [크뤼스프]<br>형 (머리가) 곱슬곱슬한, 파삭파삭한 |
| **critic** | [krítik] [크뤼틱]<br>명 비평가, 감정가, 평론가 |
| **critical** | [krítikəl] [크뤼티커얼]<br>형 비평의, 평론의, 위기의 |
| **criticism** | [krítisìzm] [크뤼티씨즘]<br>명 비평, 평론 |
| **criticize** | [krítisàiz] [크뤼티싸이즈]<br>타자 비평하다, 비난하다 |
| **crooked** | [krúkid] [크루키드]<br>형 구부러진, 비뚤어진 |
| **crop** | [krάp] [크랍]<br>형 수확, 농작물 타자 수확하다 |
| **cross** | [krɔ́ːs] [크롸아쓰]<br>명 십자가 형 가로의, 교차되는 |
| **crouch** | [kráutʃ] [크라우취]<br>자 웅크리다, 굽실거리다 |
| **crow** | [krou] [크로우]<br>명 까마귀 자 (수탉이) 울다 |

**crowd**

[kráud] [크롸우드]
명 군중, 많은 사람, 다수
* a crowd of~ ; crowds of ~ 많은
* be crowd with ~으로 혼잡하다,
  ~으로 만원이다

**crown**

[kráun] [크롸운]
명 왕관 타 왕위에 즉위하다

**crucial**

[krú:ʃəl] [크루우셔얼]
형 최종적인, 혹독한, 곤란한

**crude**

[krú:d] [크루우드]
형 천연 그대로의, 생으로의, 투박한

**cruel**

[krúəl] [크루어얼]
형 잔인한, 비참한

**cruelly**

[krú:əli] [크루우얼리]
부 잔인하게

**cruelty**

[krú:əlti] [크루얼티]
명 잔인

**cruise**

[krú:z] [크루우즈]
명 순항 자 순항하다, 떠돌다

**crumb**

[krʌmb] [크럼]
명 빵 부스러기, 빵의 속

| | |
|---|---|
| **crumble** | [krʌ́mbl] [크럄브얼]<br>타자 부스러지다, 무너지다 |
| **crumple** | [krʌ́mpl] [크럄프얼]<br>명 주름, 구김 타자 구기다 |
| **crusade** | [kruːséid] [크루우쎄이드]<br>명 십자군, 개혁 운동<br>* a temperance crusade 금주 운동 |
| **crush** | [krʌ́ʃ] [크롸쉬]<br>타 눌러 으스러뜨리다, 으깨다 |
| **crust** | [krʌ́st] [크롸스트]<br>명 빵의 껍질 타자 외피로 덮다 |
| **crutch** | [krʌ́tʃ] [크러취]<br>명 버팀, 협장 |
| **cry** | [krái] [크롸이]<br>명 외침 타자 부르짖다, 외치다<br>* cry for ~을 울며 요구하다,<br>  ~을 갈망하다<br>* cry off (계약 · 약속 따위를) 포기하다,<br>  취소하다 |

| | |
|---|---|
| **crystal** | [krístl] [크뤼스트얼]<br>명 결정체, 수정 형 수정 같은 |
| **cub** | [kʌ́b] [카브]<br>명 버릇없는 아이, (곰·사자) 새끼 |
| **cube** | [kjuːb] [큐우브]<br>형 입방체, 세제곱 타 세제곱하다 |
| **cubic** | [kjúːbik] [큐우빅]<br>형 입방체의, 세제곱의 |
| **cuckoo** | [kúkuː] [쿠쿠우]<br>명 뻐꾸기 |
| **cucumber** | [kjúːkʌmbər] [큐우컴버]<br>명 오이 |
| **cuddle** | [kʌ́dl] [커드얼]<br>타자 꼭 껴안다, 안고 귀여워하다 |
| **cue** | [kjuː] [큐우]<br>명 단서, 계기, 개시 신호 |
| **cuff** | [kʌ́f] [커흐]<br>명 소맷부리, ((보통 복수)) 수갑 |
| **cultivate** | [kʌ́ltəvèit] [컬터베잇]<br>명 경작하다, 재배하다 |

A
B
C
D
E
F
G
H
I
J
K
L
M
N
O
P
Q
R
S
T
U
V
W
X
Y
Z

| culture | [kʌ́ltʃər] [컬쳐] |
|---|---|
| | 명 경작, 재배, 문화 |

| cunning | [kʌ́niŋ] [커닝] |
|---|---|
| | 형 교묘한, 교활한 명 교활 |

| cup | [kʌ́p] [컵] |
|---|---|
| | 명 잔, 찻잔, 컵, 상배(賞杯) |

| cupboard | [kʌ́bərd] [커버드] |
|---|---|
| | 명 찬장 |

| cure | [kjuə] [큐어] |
|---|---|
| | 명 치유, 약 타자 치료하다 |

| curiosity | [kjùriɑ́səti] [큐뤼아써티] |
|---|---|
| | 명 호기심, 골동품, 진기한 물건 |

| curious | [kjúriəs] [큐뤼어쓰] |
|---|---|
| | 형 이상한, 호기심 강한 |

| curl | [kɔ́ːrl] [커얼] |
|---|---|
| | 명 곱슬머리 타자 머리털을 지지다 |

| current | [kə́ːrənt] [커어뤈트] |
|---|---|
| | 형 유행의, 유통되고 있는 명 전류 |

| curriculum | [kəríkjuləm] [커뤼큘럼] |
|---|---|
| | 명 (교과의) 과목, 교과 과정 |

| | |
|---|---|
| **curse** | [kə́:rs] [커어쓰]<br>몡 저주 타자 저주하다 |
| **curtail** | [kə:rtéil] [커어테일]<br>타 단축하다, 생략하다 |
| **curtain** | [kə́:rtn] [커어튼]<br>몡 커튼, 막 타 커튼을 달다 |
| **curve** | [kə́:rv] [커어브]<br>몡 곡선, 굽음 타자 구부리다 |
| **cushion** | [kúʃən] [쿠션]<br>몡 쿠션, 방석, 베개, 완충물 |
| **custard** | [kʌ́stərd] [커스터드]<br>몡 커스터드 (과자의 일종) |
| **custody** | [kʌ́stədi] [커스터뒤]<br>몡 보관, 보호, 관리 |
| **custom** | [kʌ́stəm] [커스텀]<br>몡 습관, 관례, 풍습 |
| **customary** | [kʌ́stəmeri] [커스터메뤼]<br>혱 관습상의, 관례의 |
| **customer** | [kʌ́stəmər] [커스터머]<br>몡 고객, 손님, 단골 |

**customs**

[kʌ́stəmz] [커스텀즈]
명 관세, 세관
* customs and passport control 세관과
  출입국 관리소

**cut**

[kʌ́t] [컷]
타 베다, 자르다, 잘라내다
* cut across 횡단하다, 질러가다
* cut a figure 사람의 눈을 끌다, 출중하다
* cut down 자르다, 줄이다(reduce,
  lessen)
* cut in 끼어들다, 참견하다
* cut off 떼어내다, 중단하다
* cut out 오려내다, 생략하다, 앞지르다
* cut short 갑자기 중지하다, 단축하다
* cut up ~을 잘게 썰다, ~을 혹평하다

**cute**

[kjúːt] [큐우트]
형 영리한, 귀여운, 약삭빠른

**cutter**

[kʌ́tər] [커터]
명 자르는 사람, 재단사

**cycle**

[sáikl] [싸이크얼] 명 주기, 순환, 자전거,
주파, 사이클 자 순환하다, 자전거를 타다

| | |
|---|---|
| **cylinder** | [sílindər] [씰린더]<br>명 원통, (기관의) 실린더 |
| **cynical** | [sínikəl] [씨니커얼]<br>형 냉소적인, 빈정대는 |
| **cypress** | [sáiprəs] [싸이프러쓰]<br>명 사이프러스나무(애도의 상징) |
| **Czar** | [zɑːr] [자아]<br>명 (옛 제정 러시아 시대의) 황제 |
| **Czechoslovakia** | [tʃèkəsləvǽkiə] [체커슬러배키어]<br>명 체코슬로바키아 |

| | |
|---|---|
| **dad, daddy** | [dæd], [dǽdi] [대드, 대디]<br>명 아빠(papa, father) |
| **daffodil** | [dǽfədìl] [대훠디얼]<br>명 나팔수선화 |
| **dagger** | [dǽgər] [대거]<br>명 단검, 비수, 단도 |
| **dahlia** | [dáljə] [달랴]<br>명 달리아 |
| **daily** | [déili] [데일리]<br>형 매일의, 일상의, 나날의<br>부 매일, 날마다<br>명 ((복수)) 일간 신문 |

| | |
|---|---|
| **dainty** | [déinti] [데인티]<br>명 맛있는 것 형 맛있는, 우아한 |
| **dairy** | [dέəri] [데어뤼]<br>명 착유장(搾乳場), 낙농업 |
| **daisy** | [déizi] [데이지]<br>명 데이지, 들국화 형 훌륭한, 멋진 |
| **dale** | [déil] [데이얼]<br>명 골짜기, 계곡 |
| **dam** | [dǽm] [댐]<br>명 댐, 둑, 망축<br>타 둑으로 막다<br>* a storage dam 저수지 |
| **damage** | [dǽmidʒ] [대미쥐]<br>명 손해, 손상 타 손상시키다 |
| **dame** | [deim] [데임]<br>명 귀부인, 부인, 주부 |
| **damn** | [dǽm] [댐]<br>타 자 비난하다, 저주하다 |
| **damnation** | [dæmnéiʃən] [댐네이션]<br>명 유죄, 비난 |

*229*

| | |
|---|---|
| **damp** | [dæmp] [댐프]<br>몡 습기, 실망, 낙담 혱 습기 찬 |
| **dampen** | [dǽmpən] [댐펀]<br>탸 축축하게 하다 |
| **damsel** | [dǽmzəl] [댐절]<br>몡 ((古)) 소녀, 처녀 |
| **dance** | [dæns] [댄쓰]<br>몡 춤, 무용 쟈탸 춤추다, 뛰다 |
| **dancer** | [dǽnsər] [댄써]<br>몡 댄서, 무용가 |
| **dancing** | [dǽnsiŋ] [댄씽]<br>몡 춤, 무용 |
| **dandelion** | [dǽndəlàiən] [댄덜라이언]<br>몡 민들레 |
| **dandy** | [dǽndi] [댄디]<br>몡 멋쟁이, 잘 차린 남자 혱 멋내는 |
| **Dane** | [dein] [데인]<br>몡 덴마크 사람 |
| **danger** | [déindʒər] [데인쥐]<br>몡 위험, 장애 |

| | |
|---|---|
| **dangerous** | [déindʒərəs] [데인줘뤄쓰]<br>형 위험한, 위독한 반 safe(안전한) |
| **dangle** | [dǽŋgl] [댕그얼]<br>자타 매달다, 매달리다, 붙어다니다 |
| **dare** | [dɛ́ər] [데어]<br>타자 감히 ~하다, 도전하다 |
| **daring** | [dɛ́əriŋ] [데어링]<br>형 대담한, 결사의 명 대담무쌍 |
| **dark** | [dɑ́:rk] [다아크]<br>형 어두운, 검은 명 어둠, 암흑 |
| **darkness** | [dɑ́:rknis] [다아크니쓰]<br>명 어둠, 무지, 엉큼함 |
| **darling** | [dɑ́:rliŋ] [다얼링]<br>형 귀여운 명 사랑하는 사람 |
| **dart** | [dɑ́:rt] [다아트]<br>자타 돌진하다, 던지다 명 투창, 다트 |
| **dash** | [dǽʃ] [대쉬]<br>명 돌진 자타 던지다, 돌진하다 |

*231*

**data**

[déitə] [데이터]
명 자료, 근거, 데이터

**date**

[déit] [데잇]
명 날짜, ((미)) 회합 약속, 데이트
* out of date 시대에 뒤떨어진, 구식의
* up to date 현재까지, 최선의, 현대적인

**daughter**

[dɔ́ːtər] [도오터]
명 딸

**daunt**

[dɑ́ːnt] [다안트]
타 놀라게 하다, 기를 꺾다, 으르다

**dawn**

[dɔːn] [도온]
명 새벽, 시작 자 날이 새다

**day**

[dei] [데이]
명 낮, 날, ((보통 복수)) 시대 반 night(밤)
* all day [long] 종일
* by day 낮에는 반 by night(밤에는)
* day after day 매일, 날마다
* day by day 나날이, 날마다
* from day to day 나날이, 날이 갈수록

* in those days 그때에는,그 당시에는
* one day (과거나 미래의) 어느 날, 언젠가는
* the day after tomorrow 모레
* the day before yesterday 그저께

**daybreak**

[déibrèik] [데이브뤠익]

명 새벽(dawn)

**daydream**

[déidri:m] [데이쥬뤼임]

명 백일몽, 공상

**daytime**

[déitaim] [데이타임]

명 낮, 주간

**daze**

[déiz] [데이즈]

타 눈부시게 하다 명 현혹, 망연

**dazzle**

[dǽzl] [대즐얼]

타자 눈부시게 하다 명 현혹, 눈부신 빛

**dead**

[déd] [데드]

형 죽은, 무감각한, 생기가 없는

**deadly**

[dédli] [데들리]

형 치명적인 부 죽은 듯이, 지독하게

**deaf**

[déf] [데흐]

형 귀머거리의, 들으려 하지 않는

| | |
|---|---|
| **deafen** | [défn] [데흔]<br>타 귀먹게 하다, 안 들리게 하다 |
| **deal** | [díːl] [디얼]<br>타자 분배하다, 거래하다, 다루다<br>* a great [good] deal 다량, 대량, 많이,<br>  훨씬 , 아주<br>* deal in ～을 팔다, ～에 종사하다<br>* deal out ～을 나누어주다<br>* deal with ～와 거래하다, ～을 취급하다,<br>  ～와 교제하다 |
| **dealing** | [díːliŋ] [디얼링]<br>명 분배, 거래, 교제, 처치 |
| **dean** | [diːn] [디인]<br>명 학장, 학부장, 학생감, 수석 목사 |
| **dear** | [díər] [디어]<br>형 친애하는, 귀중한, 비싼 명 애인 |
| **dearth** | [dəːrθ] [더어쓰]<br>명 부족, 결핍(lack scarcity) |
| **death** | [deθ] [데쓰]<br>명 죽음, 사망, 절멸, 사인 |

* be the death of ～의 사인이 되다,
～을 죽이다

**deathlike**

[déθlaik] [데쓸라익]
형 죽음 같은, 죽은 듯한

**deathly**

[déθli] [데쓸리]
형 죽음의 부 죽은 듯이

**deathbed**

[déθbed] [데쓰베드]
명 임종

**debase**

[dibéis] [디베이쓰]
타 (가치·품질 따위를) 떨어뜨리다

**debate**

[dibéit] [디베잇]
명 토론, 논쟁 타 자 토론하다

**debt**

[dét] [뎃]
명 부채, 빚, 채무, 의리, 은혜
* be in debt 빚을 지고 있다
* run [get, fall] into debt 빚지다

**decade**

[dékeid] [데케이드]
명 10년간

**decagram**

[dékəgræm] [데커그램]
명 데카그램, 10그램

| **decaliter** | [dékəlì:tər] [데컬리이터] |
| | 명 데카리터, 10리터 |
| **decameter** | [dékəmì:tər] [데커미이터] |
| | 명 데카미터, 10미터 |
| **decay** | [dikéi] [디케이] |
| | 자 썩다, 부패하다 명 부패 |
| **decease** | [disí:s] [디씨이쓰] |
| | 명 사망 자 사망하다 |
| **deceit** | [disí:t] [디씨이트] |
| | 명 허위, 거짓, 사기 |
| **deceive** | [disí:v] [디씨이브] |
| | 타 속이다, 기만하다 |
| **December** | [disémbər] [디쎔버] |
| | 명 12월 〈약어 Dec.〉 |
| **decency** | [dí:snsi] [디이슨시] |
| | 명 예의, 점잖음 |
| **decent** | [dí:snt] [디이슨트] |
| | 형 보기 싫지 않은, 점잖은 |
| **deception** | [disépʃən] [디쎕션] |
| | 명 기만, 사기 |

| | |
|---|---|
| **deceptive** | [diséptiv] [디쎕티브]<br>형 속이는, 기만적인 |
| **decide** | [disáid] [디싸이드]<br>타자 결정하다, 해결하다, 판결하다<br>* decide for ~하기로 결심하다<br>* decide on ~로 결정하다 |
| **decided** | [disáidid] [디싸이디드]<br>형 뚜렷한, 명백한, 결정적인 |
| **decigram** | [désigræm] [데씨그램]<br>명 데시그램, 1/10그램 |
| **deciliter** | [désilì:tər] [데씰리이터]<br>명 데시리터, 1/10리터 |
| **decimeter** | [désimì:tər] [데씨미이터]<br>명 데시미터, 1/10미터 |
| **decision** | [disíʒən] [디씨쥔]<br>명 결정, 결심, 해결 |
| **deck** | [dék] [덱]<br>명 갑판 타 장식하다 |
| **declaim** | [dikléim] [디클레임]<br>타자 낭독하다, 연설하다 |

| | |
|---|---|
| **declaration** | [dèkləréiʃən] [데클러뤠이션]<br>명 선언, 포고, (세관에서의) 신고 |
| **declare** | [diklɛ́ər] [디클레어]<br>타자 선언하다, (세관에) 신고하다 |
| **decline** | [dikláin] [디클라인]<br>자타 기울다, 쇠퇴하다 |
| **decode** | [diːkóud] [디이코우드]<br>타 암호를 풀다 |
| **decorate** | [dékərèit] [데커뤠잇]<br>타 장식하다, 훈장을 수여하다 |
| **decrease** | [dikríːs] [디크뤼이쓰]<br>자타 감소하다, 줄다 |
| **decree** | [dikríː] [디크뤼이]<br>명 명령, 포고 타자 포고하다, 명령하다 |
| **dedicate** | [dédikèit] [데디케잇]<br>타 봉납하다, 바치다, 헌납하다 |
| **deduce** | [didjúːs] [디듀우쓰]<br>타 연역하다, 추론하다, 끌어내다 |
| **deed** | [diːd] [디이드]<br>명 행위, 실행, 사실 |

| **deem** | [di:m] [디임]<br>자타 ~라고 생각하다 |
| **deep** | [di:p] [디이프]<br>형 깊은 부 깊게 반 shallow(얕은) |
| **deeply** | [díːpli] [디이플리]<br>부 깊이, 짙게, 대단히 |
| **deer** | [diər] [디어]<br>명 ((단·복수 동형)) 사슴 |
| **defeat** | [difíːt] [디휘이트]<br>명 패배, 실패 타 지우다, 무효로 하다 |
| **defect** | [difékt] [디훽트]<br>명 결점, 단점 반 merit(장점) |
| **defend** | [difénd] [디휀드]<br>타 방어하다, 변호하다 |
| **defense** | [diféns] [디휀쓰]<br>명 방어, 수비 반 offense(공격) |
| **defer** | [difəːr] [디훠어]<br>타자 늦추다, 연기하다 |
| **defiance** | [difáiəns] [디화이언쓰]<br>명 도전, 반항, 무시 |

* in defiance of ~을 무시하고,
  ~을 상관 않고, ~에 반항하여
* set ~ at defiance 반항하다, 무시하다
  (bid defiance to)

**deficiency**

[difíʃənsi] [디휘션씨]
명 결함, 결핍, 부족

**deficient**

[difíʃənt] [디피션트]
형 결함있는, 불충분한

**defile**

[difáil] [디화이얼]
자타 더럽히다, 종대로 행진하다

**define**

[difáin] [디화인]
타 한계를 정하다, 정의를 내리다

**definite**

[défənət] [데휘닛]
형 일정한, 명확한, 뚜렷한, 한정된

**definitive**

[difínətiv] [디휘너티브]
형 결정(한정)적인, 최후적인, 일정한, 명확한

**deflation**

[difléiʃən] [디흘레이션]
명 공기 빼기, 통화 수축, 디플레이션

**deform**

[difɔ́ːrm] [디훠엄]
타 모양 없이 하다, 불구로 하다

| | |
|---|---|
| **deformity** | [difɔ́ːrməti] [디훠오머티]<br>명 불구, (인격상의) 결함, 기형 |
| **deft** | [déft] [데흐트]<br>형 능숙한(skillful), 솜씨 좋은 |
| **deftly** | [déftli] [데흐틀리]<br>부 능숙하게 |
| **deftness** | [déftnis] [데흐트니쓰]<br>명 솜씨 있음, 능숙 |
| **defy** | [difái] [디화이]<br>타 도전하다, 반항하다 |
| **degenerate** | [didʒénərèit] [디제너레잇]<br>자 나빠지다, 타락하다, 퇴화하다 |
| **degrade** | [digréid] [디그레이드]<br>자타 타락하다, 품위를 떨어뜨리다 |
| **degree** | [digríː] [디그뤼이]<br>명 도(度), 정도, 급, 학위, 지위<br>\* by degrees 점차로(gradually)<br>\* to a degree 대단히, 매우 |
| **deity** | [díːəti] [디이어티]<br>명 신(god), 신격, 신성 |

| | |
|---|---|
| **deject** | [didʒékt] [디젝트]<br>재 낙심시키다, 기를 꺾다 |
| **delay** | [diléi] [딜레이]<br>타자 늦추다, 연기하다 명 연기 |
| **delegate** | [déligèit] [델리게잇]<br>타 (대표로서) 파견하다 명 대표자 |
| **deliberate** | [dilíbərət] [딜리버럿]<br>자타 숙고하다, 검토하다 |
| **delicacy** | [délikəsi] [델리커씨]<br>명 섬세, 우아, 고상함 |
| **delicate** | [délikət] [델리컷]<br>형 섬세한, 우아한, 미묘한, 정묘한 |
| **delicious** | [dilíʃəs] [딜리셔쓰]<br>형 맛있는, 진미의, 멋진, 유쾌한 |
| **delight** | [diláit] [딜라잇]<br>명 기쁨, 유쾌 자타 기뻐하다 |
| **delighted** | [diláitid] [딜라이티드]<br>형 아주 기뻐하는<br>* be delighted at [with] ～을 기뻐하다 |

| | |
|---|---|
| **delightful** | [diláitfəl] [딜라이트훠얼]<br>형 매우 기쁜, 유쾌한, 즐거운 |
| **deliver** | [dilívər] [딜리버]<br>타 구하다, 해방시키다, 배달하다<br>* deliver the goods 물품을 건네주다,<br>약속을 이행하다 |
| **deliverance** | [dilívərəns] [딜리버륀쓰]<br>명 구출, 석방, 진술, 구조 |
| **delivery** | [dilívəri] [딜리버뤼]<br>명 배달, 인도, 교부, 납품 |
| **dell** | [del] [델]<br>명 작은 골짜기 |
| **delta** | [déltə] [데얼터]<br>명 삼각주, 삼각형의 물건, 델타 |
| **delude** | [dilú:d] [딜루우드]<br>타 속이다(deceive), 현혹하다 |
| **deluge** | [délju:dʒ] [델류우쥐]<br>명 대홍수, 큰 비, 폭우 |
| **deluxe** | [dilúks] [딜룩쓰]<br>형 호화판의, 사치스러운 |

243

| | |
|---|---|
| **delusion** | [dilú:ʒən] [딜루우줜]<br>몡 속임, 미혹, 환상, 착각 |
| **demand** | [dimǽnd] [디맨드]<br>몡 요구, 수요, 청구 囘 요구하다 |
| **demeanor** | [dimí:nər] [디미이너]<br>몡 행동, 태도, 품행 |
| **democracy** | [dimɔ́krəsi] [디모크뤄씨]<br>몡 민주주의, 민주 정체, 민주국 |
| **democrat** | [déməkræ̀t] [데머크뢋]<br>몡 민주주의자 |
| **democratic** | [dèməkrǽtik] [데모크래틱]<br>혱 민주주의의, 민주적인, 민주 정체의 |
| **demon** | [dí:mən] [디이먼]<br>몡 악마, 귀신, 마귀 |
| **demonstrate** | [démənstrèit] [데먼스츄뤠잇]<br>囘재 논증하다, 시위 운동을 하다 |
| **demonstration** | [dèmənstréiʃən] [데먼스츄뤠이션]<br>몡 증명, 시범, 시위 운동, 데모 |
| **den** | [den] [덴]<br>몡 (들짐승의) 굴, (도둑의) 소굴 |

| denial | [dináiəl] [디나이얼]<br>명 부정, 거부, 부인, 절제 |
| --- | --- |
| **Denmark** | [dénma:rk] [덴마아크]<br>명 덴마크 |
| **denomination** | [dinàmənéiʃən] [디나머네이션]<br>명 명명, 명칭, 종류 |
| **denote** | [dinóut] [디노우트]<br>타 나타내다, 표시하다 |
| **denounce** | [dináuns] [디나운쓰]<br>타 (공공연히) 비난하다, 고발하다 |
| **dense** | [dens] [덴쓰]<br>형 조밀한, 짙은, 우둔한, 밀집한 |
| **density** | [dénsəti] [덴써티]<br>명 밀도, 농도 |
| **dent** | [dent] [덴트]<br>명 옴폭 들어간 곳 |
| **dental** | [déntl] [덴트얼]<br>형 이의, 치과의, 치음의 |
| **dentist** | [déntist] [덴티스트]<br>명 치과 의사 |

| | |
|---|---|
| **dentistry** | [déntistri] [덴티스트뤼]<br>몡 치과 의술(업) |
| **denunciation** | [dinʌnsiéiʃən] [디넌시에이션]<br>몡 탄핵, 비난, (조약의) 폐기 공고 |
| **deny** | [dinái] [디나이]<br>탸 부정하다, 거절하다 |
| **depart** | [dipáːrt] [디파아트]<br>쟈 출발하다, 떠나다 |
| **department** | [dipáːrtmənt] [디파아트먼트]<br>몡 부(部), 부문, 국, 성 |
| **departure** | [dipáːrtʃər] [디파아춰]<br>몡 출발, 이탈 |
| **depend** | [dipénd] [디펜드]<br>쟈 ~에 의존하다, ~에 달려 있다 |
| **dependent** | [dipéndənt] [디펜던트]<br>혱 의존하고 있는, 종속하는<br>* [be] dependent on [upon]~<br>　~에 의존하다, ~나름이다 |
| **depeople** | [diːpíːpl] [디이피이프얼]<br>탸쟈 인구를 줄이다, 인구가 줄다 |

| depict | [dipíkt] [디픽트]<br>타 묘사하다, 서술하다 |
| --- | --- |
| **deplore** | [diplɔ́ːr] [디플로오]<br>타 한탄하다, 슬퍼하다 |
| deposit | [dipázit] [디파짓]<br>명 예금, 맡긴 것 타 맡기다 |
| **deprave** | [dipréiv] [디프레이브]<br>타 타락시키다, 악화시키다 |
| depress | [diprés] [디프뤠쓰]<br>타 억압하다, 내리누르다 |
| **deprive** | [dipráiv] [디프롸이브]<br>타 빼앗다, 박탈하다, 반 endow(주다)<br>* deprive ~ of … ~으로부터 …을 빼앗다 |
| depth | [depθ] [뎁쓰]<br>명 깊이, 깊은 곳, 깊음 |
| deride | [diráid] [디롸이드]<br>타 비웃다, 조소하다 |
| **derive** | [diráiv] [디롸이브]<br>타자 이끌어내다, 유래하다 |

| | |
|---|---|
| **descend** | [disénd] [디쎈드]<br>자 내리다, 내려가다 |
| **descendant** | [diséndənt] [디쎈던트]<br>명 후예, 자손 |
| **descent** | [disént] [디쎈트]<br>명 하강, 내리받이, 상속 |
| **describe** | [diskráib] [디스크라이브]<br>타 기술하다, 그리다 |
| **description** | [diskrípʃən] [디스크립션]<br>명 묘사, 서술, 기술 |
| **descriptive** | [diskríptiv] [디스크립티브]<br>형 기술적, 서술적 |
| **desert** | [dézərt] [데저트] 명 황무지, 사막<br>[dizə́ːrt] [디저트] 타 버리다 |
| **deserter** | [dizə́ːrtər] [디저어터]<br>명 도망자, 유기자 |
| **deserve** | [dizə́ːrv] [디저어브]<br>타자 ～을 받을 가치가 있다 |

| design | [dizáin] [디자인]<br>명 계획, 설계, 의장 타 계획하다<br>* be designed to ~하도록 고안되어<br>(만들어져) 있다<br>* by design 고의로, 계획적으로<br>* have designs upon [against] ~을 해칠<br>뜻을 품다 |
| --- | --- |
| designate | [dézignèit] [데지그네잇]<br>타 가리키다, 명명하다 |
| designedly | [dizáinidli] [디자이니들리]<br>부 고의적으로 |
| desirable | [dizáiərəbl] [디자이어뤄브얼]<br>형 바람직한, 갖고 싶은 |
| desire | [dizáiər] [디자이어]<br>타 원하다, 바라다 |
| desirous | [dizáiərəs] [디자이어러쓰]<br>형 원하는, 바라는 명 욕망, 소원 |
| desk | [desk] [데스크]<br>명 책상 |
| desolate | [désələt] [데썰럿]<br>형 황량한, 황폐한, 고독한 |

| despair | [dispéər] [디스페어] |
| | 명 절망 자 절망하다, 단념하다 |

| despairing | [dispéəriŋ] [디스페어링] |
| | 형 절망의, 단념의 |

| despatch | [dispǽtʃ] [디스패취] |
| | 명 급파 타 급파하다(dispatch) |

| desperate | [déspərət] [데스퍼릿] |
| | 형 절망적인, 필사적인 |

| despise | [dispáiz] [디스파이즈] |
| | 타 경멸하다, 얕보다 |

| despite | [dispáit] [디스파잇] |
| | 명 원한, 무례 전 ~에도 불구하고 |

| despond | [dispánd] [디스판드] |
| | 자 낙담하다, 실망하다 |

| dessert | [dizə́ːrt] [디저어트] |
| | 명 디저트(식후의 과자나 과일) |

| destine | [déstin] [데스틴] |
| | 타 운명짓다, 예정하다 |

| destiny | [déstəni] [데스터니] |
| | 명 운명, 천명, 숙명 |

| | |
|---|---|
| **destitute** | [déstətjùːt] [데스터튜우트]<br>형 결핍한, ~이 없는 |
| **destroy** | [distrɔ́i] [디스츄뤄이]<br>타 파괴하다, 죽이다 |
| **destruction** | [distrʌ́kʃən] [디스츄확션]<br>명 파괴 반 construction(건설) |
| **destructive** | [distrʌ́ktiv] [디스츄확티브]<br>형 파괴적인 |
| **detach** | [ditǽtʃ] [디태취]<br>타 분리하다, 파견하다 |
| **detail** | [díːteil] [디이테얼]<br>명 상설(詳說), 세부 타자 상세히 말하다<br>* in detail 상세히, 세부에 걸쳐 |
| **detect** | [ditékt] [디텍트]<br>타 간파하다, 발견하다, 탐지하다 |
| **detective** | [ditéktiv] [디텍티브]<br>명 탐정 형 탐정의 |
| **deteriorate** | [ditíriərèit] [디티뤼어뤠잇]<br>타 저하시키다, 악화시키다 |

| | |
|---|---|
| **determine** | [ditə́:rmin] [디터어민]<br>타자 결정하다, ((법률)) 판결하다 |
| **detest** | [ditést] [디테스트]<br>타 아주 싫어하다, 혐오하다 |
| **detract** | [ditrǽkt] [디트랙트]<br>타자 (가치를) 떨어뜨리다 |
| **develop** | [divéləp] [디벨럽]<br>자타 발달하다, 발전시키다 |
| **development** | [divéləpmənt] [디벨럽먼트]<br>명 발달, 발전, 발육, 개발 |
| **device** | [diváis] [디바이쓰]<br>명 고안, 계획, 장치 |
| **devil** | [dévl] [데브얼]<br>명 악마, 악마 같은 사람 |
| **devise** | [diváiz] [디바이즈]<br>타 고안하다, 궁리하다 |
| **devoid** | [divɔ́id] [디보이드]<br>형 ～이 없는, 결여된 |
| **devote** | [divóut] [디보웃]<br>타 바치다, 이바지하다 |

\* devote oneself to ~에 전념하다,
~에 빠지다, ~에 몰두하다

**devoted**

[divóutid] [디보우티드]
형 헌신적인, 열애하는

**devotion**

[divóuʃən] [디보우션]
명 헌신, 전념, 애착

**devour**

[diváuər] [디바우어]
타 게걸스럽게 먹다, 삼켜 버리다

**dew**

[dju:] [듀우]
명 이슬, (땀·눈물 등의) 방울

**dewy**

[djú:i] [듀우이]
형 이슬을 머금은, 이슬 같은

**diagram**

[dáiəgræm] [다이어그램]
명 도표, 도식, 도형

**dial**

[dáiəl] [다이얼]
명 다이얼, (시계·나침반 등의) 숫자판

**dialect**

[dáiəlèk] [다이얼렉트]
명 방언, 사투리

**dialog(ue)**

[dáiəlɔ̀g] [다이얼로그]
명 대화, 문답, 회화

| | |
|---|---|
| **diameter** | [daiǽmitər] [다이애미터] <br> 몡 직경, 지름 |
| **diamond** | [dáiəmənd] [다이어먼드] <br> 몡 다이아몬드, 금강석, 유리칼 |
| **diary** | [dáiəri] [다이어뤼] <br> 몡 일기, 일지 |
| **dice** | [dáis] [다이쓰] <br> 몡 주사위, 작은 육면체 |
| **dictate** | [díktéit] [딕테잇] <br> 자타 받아쓰게 하다, 명령하다 |
| **dictation** | [diktéiʃən] [딕테이션] <br> 몡 받아쓰기, 명령, 지령 |
| **dictator** | [diktéitər] [딕테이터] <br> 몡 구술자, 지령자, 독재자 |
| **dictatorship** | [diktéitərʃip] [딕테이터쉽] <br> 몡 독재, 독재권, 독재자의 지위 |
| **dictionary** | [díkʃənèri] [딕셔너뤼] <br> 몡 사전, 사서 |
| **did** | [did] [디드] <br> 몡 do(행하다, 하다)의 과거 |

| | |
|---|---|
| **die** | [dai] [다이] |
| | 困 죽다, 아사하다, 말라죽다 |
| | * die away 사라지다, |
| | (바람 · 소리 따위가) 차츰 조용해지다 |
| | * die from ~으로 죽다(외상 · 부주의에 |
| | 의함) |
| | * die hard 좀처럼 죽지 않다, |
| | (습관 따위가) 쉽사리 없어지지 않다 |
| | * die of (병 · 굶주림 · 노쇠 따위) ~으로 |
| | 죽다 |
| | * die out (생물이) 멸종(사멸)하다 |
| **diet** | [dáiət] [다이엇] |
| | 명 (일상의) 음식물, 규정식, 식이요법 |
| **differ** | [dífər] [디풔어] |
| | 困 다르다, 의견을 달리하다 |
| **difference** | [dífərəns] [디풔뤈쓰] |
| | 명 다름, 차이, 불화 |
| | * make no difference 차이가 없다, |
| | 차별하지 않다 |
| **different** | [dífərənt] [디풔뤈트] |
| | 형 다른, 여러 가지의, 틀린 |

* be different from ~와 다르다(differ from~)

**differential**

[difərénʃəl] [디훠렌셔얼]
형 차별적인, 구별하는

**difficult**

[dífikəlt] [디휘커얼트]
형 곤란한, 어려운, 까다로운

**difficulty**

[dífikəlti] [디휘커얼티]
명 곤란, 난사, 지장, 난국
* with difficulty 어렵게, 힘들게, 겨우
* have [no] difficulty in ~이 곤란하다
  [하시 않다]

**diffident**

[dífidənt] [디휘던트]
형 자신이 없는, 수줍은

**diffuse**

[difjúːz] [디휴우즈]
타자 흐트러뜨리다, 발산하다

**dig**

[dig] [디그]
타자 파다, 파내다 반 bury(묻다)

**digest**

[didʒést, dai-] [디줴스트, 다이-]
타자 소화하다, 숙고하다
[dáidʒést] [다이줴스트]
명 요약(要約), 다이제스트

| | |
|---|---|
| **digital** | [dídʒitl] [디쥐트얼] <br> 혱 손가락의, 계수형(計數型)의 |
| **dignify** | [dígnəfai] [디그너화이] <br> 탸 위엄을 갖추다 |
| **dignity** | [dígnəti] [디그너티] <br> 몡 위엄(威嚴) |
| **dike** | [daik] [다이크] <br> 몡 도랑, 둑, 제방 |
| **dilemma** | [dilémə] [딜레머] <br> 몡 진퇴양난, 궁지, 딜레마 |
| **diligent** | [dílidʒənt] [딜리쥔트] <br> 혱 근면한 빤 lazy(게으른) |
| **dilute** | [dailjú:t] [다일류웃] <br> 탸 묽게 하다 쟈 묽어지다 |
| **dim** | [dim] [딤] <br> 혱 어둠침침한, 희미한 |
| **dime** | [daim] [다임] <br> 몡 (미국·캐나다의) 10센트 은화 |
| **dimension** | [diménʃən] [디멘션] <br> 몡 치수, 크기, 용적 |

| | |
|---|---|
| **diminish** | [dimíniʃ] [디미니쉬]<br>타자 감소시키다, 감소하다 |
| **diminutive** | [dimínjutiv] [디미뉴티브]<br>형 작은, 소형의 |
| **dimple** | [dímpl] [딤프얼]<br>명 보조개 타자 보조개를 짓다 |
| **din** | [din] [딘]<br>명 소음 타 소음을 일으키다 |
| **dine** | [dain] [다인]<br>자타 식사를 하다, 정찬을 들다<br>* dine out 밖에서 식사하다 |
| **dingy** | [díndʒi] [딘쥐]<br>형 거무스름한, 지저분한, 더러운 |
| **dining car** | [dáiniŋ kaːr] [다이닝 카아]<br>명 식당차 |
| **dining room** | [dáiniŋ rum] [다이닝 루음]<br>명 식당 |
| **dinner** | [dínər] [디너]<br>명 정찬, 오찬, 만찬, 향연 |

| | |
|---|---|
| **dint** | [dint] [딘트]<br>몡 힘, 폭력, 움푹 들어간 곳<br>* by dint of ~의 힘으로, ~에 의하여 |
| **dip** | [dip] [딥]<br>타자 적시다, 담그다, 살짝 적시다 |
| **diploma** | [diplóumə] [디플로우머]<br>몡 면허장, 졸업장 |
| **diplomacy** | [diplóuməsi] [디플로우머씨]<br>몡 외교, 수완 |
| **diplomat** | [dípləmæt] [디플러맷]<br>몡 외교관, 외교가 |
| **diplomatic** | [dìpləmætik] [디플러매틱]<br>혱 외교의 |
| **dipper** | [dípər] [디퍼]<br>몡 국자, 주걱, [the D-] 북두칠성 |
| **dire** | [dáiər] [다이어]<br>몡 무서운, 극도의 |
| **direct** | [dirékt] [디렉트]<br>타 지도하다 혱 직접의, 솔직한 |

| | |
|---|---|
| **direction** | [dirékʃən] [디렉션]<br>몡 방위, 방향, 지휘, 방침<br>* in many directions 여러 방향으로 |
| **directly** | [diréktli] [디뤠클리]<br>閅 곧바로, 즉시, 직접 |
| **director** | [diréktər] [디뤤터]<br>몡 지휘자, 지도자, 중역, 이사 |
| **directory** | [dairéktəri] [다이뤤터뤼]<br>몡 주소 성명록, 전화 번호부 |
| **dirt** | [də́:rt] [더어트]<br>몡 쓰레기, 먼지, 오물, 진흙 |
| **dirty** | [də́:rti] [더어티]<br>혱 더러운, 추잡한, 비열한 |
| **disable** | [diséibl] [디쎄이브얼]<br>탄 무능하게 하다, 불구로 만들다 |
| **disadvantage** | [dìsədvǽntidʒ] [디써드밴티쥐]<br>몡 불리, 불편, 손해 |
| **disagree** | [dìsəgrí:] [디써그뤼이]<br>잔 일치하지 않다, 맞지 않다 |

| | |
|---|---|
| **disagreeable** | [dìsəgríːəbl] [디써그뤼어브얼]<br>형 불쾌한, 까다로운 |
| **disappear** | [dìsəpíər] [디써피어]<br>자 안 보이게 되다, 소멸하다 |
| **disappoint** | [dìsəpɔ́int] [디써포인트]<br>타 실망시키다, 기대를 어기다 |
| **disappointment** | [dìsəpɔ́intmənt] [디써포인(트)먼트]<br>명 실망, 낙담 |
| **disapproval** | [dìsəprúːvəl] [디써프루우버얼]<br>명 불찬성, 비난 |
| **disapprove** | [dìsəprúːv] [디써프루우브]<br>타 ~을 안 된다고 하다, 비난하다 |
| **disarm** | [disάːrm] [디싸암]<br>타자 군비를 축소하다 |
| **disarmament** | [disάːrməmənt] [디싸아머먼트]<br>명 군비 축소, 무장 해제 |
| **disaster** | [dizǽstər] [디재스터]<br>명 재앙, 재해, 재난 |
| **disastrous** | [dizǽstrəs] [디재스트러씨]<br>형 재해의, 비참한 |

| | |
|---|---|
| **discard** | [diskάːrd] [디쓰카아드]<br>타 버리다, 해고하다 |
| **discern** | [disə́ːrn] [디써언]<br>타 분별하다, 식별하다 |
| **discharge** | [distʃάːrdʒ] [디쓰촤아쥐]<br>타자 발사하다, 수행하다, 짐을 부리다 |
| **disciple** | [disáipl] [디싸이프얼]<br>명 제자, 문하생, 사도 |
| **discipline** | [dísəplin] [디써플린]<br>명 훈련, 훈육, 규율 |
| **disclaim** | [diskléim] [디쓰클레임]<br>타자 포기하다, 기권하다 |
| **disclose** | [disklóuz] [디쓰클로우즈]<br>타 드러내다, 폭로하다 |
| **discomfort** | [diskʌ́mfərt] [디쓰컴풔트]<br>명 불유쾌, 불안 |
| **discontent** | [dìskəntént] [디쓰컨텐트]<br>명 불만, 불평 형 불만스러운 |
| **discord** | [dískɔːrd] [디쓰코오드]<br>명 불화, 불일치 반 concord(일치) |

| | |
|---|---|
| **discount** | [dískaunt] [디쓰카운트] <br> 명 할인, 참작 타 할인하다 |
| **discourage** | [diskə́:ridʒ] [디쓰커어뤼쥐] <br> 타 용기를 잃게 하다, 낙담시키다 |
| **discourse** | [dískɔːrs] [디쓰코어쓰] <br> 명 담화 타 이야기하다 |
| **discover** | [diskΛvər] [디쓰커버] <br> 타 발견하다, 알게 되다 |
| **discoverer** | [diskΛvərər] [디쓰커버뤄] <br> 명 발견자 |
| **discovery** | [diskΛvəri] [디쓰커버뤼] <br> 명 발견, 발견물 <br> * make a discovery 발견하다 |
| **discredit** | [diskrédit] [디쓰크뤠딧] <br> 명 불신용 타 신용하지 않다 |
| **discreet** | [diskríːt] [디쓰크리이트] <br> 형 사려가 깊은, 신중한, 분별 있는 |
| **discretion** | [diskréʃən] [디쓰크뤠션] <br> 명 사려, 분별, 신중 |

*263*

| **discriminate** | [diskrímənèit] [디쓰크뤼머네잇] <br> 자타 구별하다, 차별 대우를 하다 |
| --- | --- |
| **discrimination** | [diskrìmənéiʃən] [디쓰크뤼머네이션] <br> 명 구별, 식별, 차별 대우 |
| **discus** | [dískəs] [디스커쓰] <br> 명 (경기용) 원반, 원반 던지기 <br> * discus-throw(ing) 원반던지기 |
| **discuss** | [diskʌ́s] [디스커쓰] <br> 타 음미하다, 논의하다, 검토하다 |
| **discussion** | [diskʌ́ʃən] [디스커션] <br> 명 토론, 토의, 변론, 논문 |
| **disdain** | [disdéin] [디쓰데인] <br> 명 모멸, 경멸, 멸시 타 경멸하다 |
| **disease** | [dizíːz] [디지이즈] <br> 명 병, 질환 |
| **disfigure** | [disfígər] [디쓰휘거] <br> 타 모양을 손상하다, 추하게 하다 |
| **disguise** | [disgáiz] [디쓰가이즈] <br> 타 변장하다, 가장하다, 감추다 |

| disgust | [disgʌ́st] [디쓰거스트]<br>타 역겹게 하다, 정떨어지게 하다 |
|---|---|
| **dish** | [diʃ] [디쉬]<br>명 접시, 요리 타 접시에 담다 |
| dishonest | [disánist] [디싸니스트]<br>형 정직하지 않은, 부정한, 불성실한 |
| **dishono(u)r** | [disánər] [디싸너]<br>명 망신, 불명예 타 망신시키다 |
| disk | [disk] [디스크]<br>명 원반, 레코드 |
| **dislike** | [disláik] [디쓸라익]<br>타 싫어하다, 미워하다 명 혐오 |
| dislocation | [dìsloukéiʃən] [디슬로우케이션]<br>명 탈구(脫臼), 전위(轉位), 단층 |
| **disloyal** | [dislɔ́iəl] [디슬로이얼]<br>형 불충실한, 불충한, 성실하지 못한 |
| dismal | [dízməl] [디즈머얼]<br>형 음침한, 우울한, 음산한 |
| **dismay** | [disméi] [디쓰메이]<br>명 놀람, 당황 타 깜짝 놀라게 하다 |

| | |
|---|---|
| **dismiss** | [dismís] [디쓰미쓰]<br>타 해고하다, 제거하다, 해산하다 |
| **dismount** | [dismáunt] [디쓰마운트]<br>타자 (말 · 자전거 따위에서) 내리다 |
| **disobey** | [dìsəbéi] [디써베이]<br>타자 순종하지 않다, 어기다 |
| **disorder** | [disɔ́:rdər] [디쏘오더]<br>명 난잡, 혼란, 무질서 |
| **disorganize** | [disɔ́:rgənàiz] [디쏘오거나이즈]<br>타 조직을 파괴하다, 혼란시키다 |
| **disorientate** | [disɔ́:riəntèit] [디쏘오리언테잇]<br>타 방향을 잃게 하다, 어리둥절하게 하다 |
| **dispatch** | [dispǽtʃ] [디쓰패취]<br>타자 급송하다, 파견하다 |
| **dispel** | [dispél] [디쓰페얼]<br>타 (걱정 · 의심 따위를) 떨쳐버리다 |
| **dispensary** | [dispénsəri] [디쓰펜써뤼]<br>명 약방, 약국 |
| **dispense** | [dispéns] [디쓰펜쓰]<br>타자 분배하다, 조제하다, 나누어주다 |

A
B
C
D
E
F
G
H
I
J
K
L
M
N
O
P
Q
R
S
T
U
V
W
X
Y
Z

* dispense with ~을 폐지하다,
~없이 지내다, ~을 면제하다

**disperse**

[dispə́:rs] [디쓰퍼어쓰]
자타 흐트러지다, 퍼뜨리다

**dispirit**

[dispírit] [디쓰피릿]
타 낙담시키다(discourage)

**displace**

[displéis] [디쓰플레이쓰]
타 바꾸어 놓다, 이동시키다

**display**

[displéi] [디쓰플레이]
타 보이다, 진열하다
명 진열, 과시, 표시
* out of display ~보란 듯이

**displease**

[displí:z] [디쓰플리이즈]
타 불쾌하게 하다, 성나게 하다

**disposal**

[dispóuzl] [디쓰포우즈얼]
명 배치, 처리, 처분, 매각

**dispose**

[dispóuz] [디쓰포우즈]
타자 배열하다, 처리하다
* dispose of ~을 처분하다,
~을 해결하다

*267*

| | |
|---|---|
| **disposed** | [dispóuzd] [디쓰포우즈드] <br> 형 ~하는 경향이 있는, ~할 생각이 있는 |
| **disposition** | [dìspəzíʃən] [디쓰퍼지션] <br> 명 기질, 배열, 처분 |
| **dispute** | [dispjúːt] [디스퓨우트] <br> 타자 논쟁하다, 다투다 명 논쟁 |
| **disregard** | [dìsrigáːrd] [디스뤼가아드] <br> 타 무시하다 명 무시, 경시 |
| **dissatisfy** | [dissǽtisfài] [디(스)쌔티스화이] <br> 타 불만을 느끼게 하다 |
| **dissect** | [disékt] [디쎅트] <br> 타 자세히 조사하다, 해부하다 |
| **dissent** | [disént] [디쎈트] <br> 자 ~와 의견이 다르다 |
| **dissolve** | [dizɔ́lv] [디조얼브] <br> 자타 용해하다, 해산시키다 |
| **distance** | [dístəns] [디스턴쓰] <br> 명 거리, 간격 <br> * at a distance 얼마간 떨어져, <br> 떨어진 곳에 <br> * in the distance 아주 먼 곳에, 멀리 |

| | |
|---|---|
| **distant** | [dístənt] [디스턴트] <br> 형 떨어진, 먼 |
| **distaste** | [distéist] [디스테이스트] <br> 명 싫음(dislike) |
| **distill** | [distíl] [디스티얼] <br> 타자 증류하다, 방울져 떨어지다 <br> * distilled water 증류수 |
| **distinct** | [distíŋkt] [디스팅(크)트] <br> 형 명백한, 별개의, 다른 |
| **distinction** | [distíŋkʃən] [디스팅(크)션] <br> 명 차별, 구별 |
| **distinguish** | [distíŋgwiʃ] [디스팅귀쉬] <br> 타 분간하다, 구별하다 <br> * distinguish~ from ~와 …을 구별하다 <br> * distinguish oneself 두드러지게 하다, <br> 뚜렷하게 하다 |
| **distort** | [distɔ́ːrt] [디쓰토오트] <br> 타 (얼굴을) 일그러뜨리다 |
| **distract** | [distrǽkt] [디쓰츄뤡트] <br> 타 (마음을) 혼란하게 하다 |

| **distress** | [distrés] [디쓰츄뤠쓰]<br>® 고통, 고민, 곤궁 |
| **distribute** | [distríbjuːt] [디쓰츄뤼뷰트]<br>® 분배하다, 배급하다 |
| **distribution** | [dìstribjúːʃən] [디쓰츄뤼뷰우선]<br>® 분배, 배급, 배치 |
| **district** | [dístrikt] [디스츄뤽트]<br>® 지구(地區), 지방 |
| **distrust** | [distrʌ́st] [디쓰츄롸스트]<br>® 불신, 의심 ® 믿지 않다 |
| **disturb** | [distə́ːrb] [디스터어브]<br>® 교란하다, 방해하다 |
| **disturbance** | [distə́ːrbəns] [디스터어번쓰]<br>® 소동, 폭동, 불안 |
| **disuse** | [disjúːs] [디슈우쓰]<br>® 폐기, 쓰지 않음<br>[disjúːz] [디슈우즈]<br>® 쓰지 않다, 폐기하다 |
| **ditch** | [ditʃ] [디취]<br>® 도랑, 개천, 배수구 |

| | |
|---|---|
| **dive** | [daiv] [다이브]<br>자 다이빙하다, 잠수하다 명 잠수 |
| **diverge** | [divə́ːrdʒ] [디버어쥐]<br>자 분기하다, 갈라지다 |
| **diverse** | [divə́ːrds] [디버어쓰]<br>형 다른, 여러 가지의 |
| **divert** | [divə́ːrt] [디버어트]<br>타 전환하다, 위안하다 |
| **divide** | [diváid] [디바이드]<br>타자 나누다, 구분하다, 분할하다 |
| **divine** | [diváin] [디바인]<br>형 신의, 신성한 타 예언하다 |
| **division** | [divíʒən] [디비젼]<br>명 분할, 구분, 나눗셈 |
| **divorce** | [divɔ́ːrs] [디보오쓰]<br>명 이혼, 분리 타 이혼하다, 분리하다 |
| **dizzy** | [dízi] [디지]<br>형 현기증 나는, 어질어질한 |
| **do** | [dúː, du, də] [두우, 두, 더]<br>동 하다, 행하다, 처리하다 |

271

* do~ a favor ~에게 은혜를 베풀다
* do away with ~을 폐지하다,
  ~을 없애다, 버리다
* do by 대우하다
* do for ~을 대리하다 , ~을 돌보다
* do (a person) a good turn ~에게
  친절을 다하다
* do well 잘하다, 번영하다, 경과가 좋다
* do with ~을 처분하다, ~을 참다,
  ~에 만족하다, ~을 다루다
* do without ~없이 지내다, ~없이 해
  나가다

| | |
|---|---|
| **docile** | [dóusail, dɔ́sil] [도우사일, 도시얼]<br>형 온순한(obedient), 다루기 쉬운 |
| **dock** | [dɔ́k] [도크]<br>명 선창, 부두, 도크 타자 도크에 넣다 |
| **doctor** | [dάktər] [닥터]<br>명 의사, 박사 타 치료하다 |
| **doctrine** | [dάktrin] [닥츄린]<br>명 교의(敎義), 교리, 주의 |
| **document** | [dάkjumənt] [다큐먼트]<br>명 서류, 문서, 증서 |

| dodge | [dɔ́dʒ] [다쥐] |
|---|---|
| | 자타 홱 몸을 피하다, 살짝 피하다 |
| | * dodge about 요리조리 몸을 피하다 |

| dog | [dɔg] [도그] |
|---|---|
| | 명 개, 놈 |

| dogma | [dɔ́:gmə] [도오그머] |
|---|---|
| | 명 교의, 신조, 정설 |

| doings | [dú:iŋz] [두잉즈] |
|---|---|
| | 명 행위, 짓, 소행, 행동 |

| doll | [dɔl] [돌] |
|---|---|
| | 명 인형, 인형 같은 미인 |

| dollar | [dálər] [달러] |
|---|---|
| | 명 불(弗), 달러(미국의 화폐 단위) |

| dolly | [dɔ́li] [돌리] |
|---|---|
| | 명 ((애칭)) 인형, 이동식 촬영기대(臺), 작은 수레 |

| dolphin | [dálfin] [다얼휜] |
|---|---|
| | 명 돌고래 |

| | |
|---|---|
| **domain** | [douméin] [도우메인] <br> 명 영토, 판도, 영역 |
| **dome** | [doum] [도움] <br> 명 둥근 지붕, 둥근 천장 |
| **domestic** | [douméstik] [도우메스틱] <br> 형 가정 내의, 가정적인, 국내의 |
| **dominant** | [dɔ́mənənt] [도머넌트] <br> 형 우세한, 지배적인 |
| **dominate** | [dɔ́məneit] [도머네잇] <br> 타자 지배하다, 통치하다 |
| **dominion** | [dəmínjən] [더미니언] <br> 명 통치권, 주권, 지배력 |
| **don** | [dɔn] [돈] <br> 명 스페인 신사, 거물, 명사 타 걸치다 |
| **donate** | [dóuneit] [도우네잇] <br> 타 증여하다, 기증하다 |
| **done** | [dʌn] [던] <br> 동 do(하다, 행하다)의 과거분사 |
| **donkey** | [dɑ́ŋki] [당키] <br> 명 당나귀, 바보, 고집쟁이 |

**doom**

[duːm] [두음]
명 (나쁜 뜻으로) 운명, 죽음 타 운명 짓다

**door**

[dɔːr] [도어]
명 문, 출입구
* from door to door 집집마다
* out of doors 옥외에서

**dormitory**

[dɔ́ːrmətɔ̀ːri] [도오머토오뤼]
명 기숙사(寄宿舍)

**does**

[dous] [도우쓰]
명 (약의) 1회 복용량

**dot**

[dɑ́t] [다트]
명 점 타 점을 찍다
* be dotted with ∼이 점점이 흩어져 있다
* on the dot 정각에, 제 시간에, 즉석에서

**double**

[dʌ́bl] [더브얼]
형 2배의, 겹친, 이중의 부 2배로

**doubt**

[dɑ́ut] [다웃]
명 의심, 의혹 자 타 의심하다
* beyond doubt 의심할 나위 없이
* in doubt 의심스러운, 확실치 않은
* no doubt 의심할 여지 없이, 확실한

275

| **doubtful** | [dáutfəl] [다웃풔얼] |
| | 혱 확실치 않은, 의심스러운 |

| **dough** | [dou] [도우] |
| | 몡 밀가루 반죽, 굽지 않은 빵 |

| **doughnut** | [dóunət] [도우넛] |
| | 몡 도넛 |

| **dove** | [dʌv] [더브] |
| | 몡 비둘기(pigeon), 평화의 상징 |

| **down** | [daun] [다운] |
| | 붜 아래로, 밑으로 젼 ~의 아래쪽으로 |

| **downstairs** | [dáunstéərz] [다운스테어즈] |
| | 붜 아래층으로 혱 아래층의 |

| **downtown** | [dáuntáun] [다운타운] |
| | 몡 번화가, 도심지 |

| **doze** | [douz] [도우즈] |
| | 몡 선잠, 졸기 잠탸 졸다 |

| **dozen** | [dʌzn] [더즌] |
| | 몡 다스(12개), 다수 |
| | * dozens of 수십의, 다수의 |
| | * half-dozen 반 다스, 여섯 개 |

| | |
|---|---|
| **Dr.** | [dάktər] [닥터]<br>약 Doctor의 줄임말, 박사, 의사 |
| **drab** | [dræb] [드래브]<br>형 단조로운, 멋없는 명 단정치 못한 여자 |
| **draft** | [drǽft] [쥬래흐트]<br>명 초고, 초안 타 기초하다 |
| **drag** | [drǽg] [쥬래그]<br>자타 끌다, 질질 끌다, 당기다 |
| **draggle** | [drǽgl] [쥬래그얼]<br>타 질질 끌어 더럽히다 |
| **dragnet** | [drǽgnèt] [쥬래그넷]<br>명 저인망(底引網), 그물, 수사망 |
| **dragon** | [drǽgən] [쥬래건]<br>명 용(龍), ((천문)) 용자리 |
| **dragonfly** | [drǽgənflai] [쥬래건흘라이]<br>명 잠자리 |
| **drain** | [drein] [쥬레인]<br>타자 배수하다, 흘러 없어지다 |
| **drainage** | [dréinidʒ] [쥬레이니쥐]<br>명 배수, 하수 |

A
B
C
**D**
E
F
G
H
I
J
K
L
M
N
O
P
Q
R
S
T
U
V
W
X
Y
Z

| | |
|---|---|
| **drake** | [dreik] [쥬뤠익]<br>몡 수오리, 집오리 |
| **drama** | [drάːmə] [쥬롸아머]<br>몡 극, 희곡, 각본 |
| **dramatic** | [drəmǽtik] [쥬뤄매틱]<br>혱 연극의, 희곡의 |
| **drapery** | [dréipəri] [쥬뤠이퍼뤼]<br>몡 포목, 피륙, 휘장 |
| **drastic** | [drǽstik] [쥬뤠스틱]<br>혱 과감한, 맹렬한, 철저한 |
| **draught** | [drάːft] [쥬뤠흐트]<br>똥 선발하다(draft) |
| **draw** | [drɔː] [쥬롸아]<br>타자 끌다, 당기다, 접근하다<br>* draw away 떼어 놓다, 앞서다<br>* draw back 되돌리다, 후퇴하다, 물러나다<br>* draw in 끌어들이다, 저물다,<br>  꾀어 들이다, 절감하다<br>* draw near 가까워지다, 다가오다<br>* draw off 벗다, (물 따위를) 빼다,<br>  (주의를) 딴 데로 돌리다<br>* draw on 다가오다, 신다, ~에 의지하다, |

(장갑 따위를) 끼다
* draw out 끌어내다, 그리다, 잡아 늘이다
* draw to a close [an end] 종말에
가까워지다
* draw up 끌어 올리다, (마차가) 멈추다

D

**drawer**
[drɔ́ːər] [쥬롸어]
명 (어음) 발행인, 서랍

**drawing**
[drɔ́ːiŋ] [쥬롸잉]
명 뽑기, 유인, 제도, 그림

**drawing room**
[drɔ́ːiŋ rum] [쥬롸잉 루음]
명 응접실, 객실

**drawl**
[drɔ́ːl] [쥬롸올]
타자 느릿느릿 말하다

**drawn**
[drɔ́ːn] [쥬롸온]
동 draw의 과거분사 형 무승부의

**dread**
[dred] [쥬뤠드]
타자 두려워하다, 걱정하다

**dreadful**
[drédfəl] [쥬뤠드훠얼]
형 무서운, 무시무시한, 지독한

**dream**

[dri:m] [쥬뤼임]
명 꿈, 공상 자타 꿈을 꾸다
* dream of ~의 꿈을 꾸다, ~을 몽상하다

**dreary**

[dríəri] [쥬뤼어뤼]
형 쓸쓸한, 황량한, 음울한

**drench**

[drentʃ] [쥬뤤취]
타 흠뻑 적시다, 물에 담그다
* [be] drenched to the skin 흠뻑 젖다

**dress**

[dres] [쥬레쓰]
명 의복, 복장 타자 옷을 입히다
* dress up 성장하다(시키다)

**drift**

[drift] [쥬뤼흐트]
자타 표류하다 명 표류

**drill**

[dril] [쥬뤼얼]
명 훈련, 송곳 타자 훈련하다, 구멍을 뚫다

**drink**

[driŋk] [쥬륑크]
타자 마시다, 건배하다 명 음료

* drink up ~을 다 마셔 없애다
* have [take] a drink (술을) 한잔하다

## drip

[dríp] [쥬립]
자타 (물방울 따위가) 똑똑 떨어지다
* in a drip 방울져서, 젖어서

## drive

[draiv] [쥬롸이브]
타자 몰다, 운전하다, 드라이브하다
* drive at ~을 겨누다, ~을 하려고
   마음먹다
* drive away 몰아내다, 차를 몰고
   가버리다
* drive out 몰아내다, 배격하다
* drive to work 일터로 차를 몰고 가다
* driving force 추진력

## driver

[dráivər] [쥬롸이버]
명 마부, 조종자, 운전사

## drizzle

[drízəl] [쥬뤼즈얼]
자 이슬비가 내리다 명 이슬비, 가랑비

## drone

[droun] [쥬로운]
명 (꿀벌의) 수펄, 게으름뱅이

| **droop** | [druːp] [쥬루웁]<br>자 시들다, 수그러지다 |
| --- | --- |
| **drop** | [dráp] [쥬랍]<br>명 물방울, 낙하 자타 떨어지다<br>* drop across ~을 우연히 만나다, 꾸짖다<br>* drop away 한 방울씩 떨어지다,<br>하나 둘 가버리다<br>* drop down 쓰러지다, (바람 따위가)<br>갑자기 멎다<br>* drop in ~에 잠깐 들르다<br>* drop into 기항하다, 습관에 빠지다<br>* drop off 하나 둘 가버리다,<br>차차 줄어들다, (차례차례) 떨어져 나가다 |
| **drought** | [draut] [쥬롸웃]<br>명 가뭄, 한발 |
| **drown** | [draun] [쥬롸운]<br>타자 물에 빠뜨리다, 물에 빠지다 |
| **drowsy** | [dráuzi] [쥬롸우지]<br>형 졸리는, 졸음 오게 하는 |
| **drug** | [drʌg] [쥬롸그]<br>명 약, 약제, 약품 |

| **druggist** | [drʌ́gist] [쥬롸기스트]<br>명 약종상, 약제사 |
| **drum** | [drʌ́m] [쥬뢈]<br>명 북, 고동 타자 북을 치다 |
| **drunkard** | [drʌ́ŋkərd] [쥬뤙커드]<br>명 술고래 |
| **drunken** | [drʌ́ŋkən] [쥬뤙컨]<br>형 술 취한, 술고래의 |
| **dry** | [drai] [쥬롸이]<br>형 마른, 건조한 타자 말리다<br>* dry up 바싹 마르다 [말리다], 고갈되다 |
| **dryly** | [dráili] [쥬롸일리]<br>부 냉담하게, 공정하게 |
| **duchess** | [dʌ́tʃis] [더취이쓰]<br>명 공작 부인, 여공작 |
| **duck** | [dʌ́k] [덕]<br>명 오리, 집오리 |
| **due** | [d(j)uː] [듀우]<br>형 만기가 된, 마땅히 지불되어야 할 |

| | |
|---|---|
| **duel** | [djú:əl] [듀어얼]<br>명 결투, 투쟁 자 결투하다 |
| **duke** | [djú:k] [듀우크]<br>명 공작(公爵) |
| **dull** | [dʌl] [더얼]<br>형 둔한, 무딘 반 sharp(예리한) |
| **duly** | [djú:li] [듀을리]<br>부 정당하게, 충분히 |
| **dumb** | [dʌm] [덤]<br>형 벙어리의, 말을 못하는 |
| **dump** | [dʌmp] [덤프]<br>타 (쓰레기를) 버리다 명 쓰레기 버리는 곳 |
| **duplicate** | [djú:plikət] [듀우플리컷]<br>형 이중의, 복사의 명 사본, 복사 |
| **durable** | [djúərəbl] [듀뤄브얼]<br>형 오래 견디는, 질긴 |
| **during** | [djúəriŋ] [듀륑]<br>전 ～ 동안에, ～하는 중에 |

| | |
|---|---|
| **dusk** | [dʌsk] [더스크]<br>명 땅거미, 황혼 반 dawn(새벽) |
| **dust** | [dʌst] [더스트]<br>명 먼지, 티끌 타자 먼지를 떨다 |
| **dusty** | [dʌ́sti] [더스티]<br>형 먼지가 많은, 먼지 투성이의 |
| **Dutch** | [dʌʧ] [더취]<br>명 네덜란드 사람(말) 형 네덜란드 사람(말)의 |
| **duty** | [djúːti] [듀우티]<br>명 의무, 직무, 세금<br>* off [on] duty 비(당)번으로,<br>  근무 시간 외(내)에 |
| **duty-free** | [djúːtifri] [듀우티흐뤼]<br>형부 면세의, 면세로 |
| **dwarf** | [dwɔːrf] [드워어흐]<br>명형 난장이(의) 반 giant(거인) |
| **dwell** | [dwel] [드웨얼]<br>자 거주하다, 살다<br>* dwell upon [on] ~에 대해서 상세히<br>  말하다, 곰곰이 생각하다 |

285

A B C **D** E F G H I J K L M N O P Q R S T U V W X Y Z

| | |
|---|---|
| **dwindle** | [dwíndl] [드윈드얼]<br>困 (점점) 작아지다, 줄다, 저하하다 |
| **dye** | [dai] [다이]<br>圐 물감, 색조 困타 물들이다 |
| **dyeing** | [dáiiŋ] [다이잉]<br>圐 염색, 염색법 |
| **dying** | [dáiiŋ] [다이잉]<br>圀 죽어가는, 임종의, 망해 가는 |
| **dynamic** | [dainǽmik] [다이내믹]<br>圀 힘찬, 동적인, 역학상의, 유력한 |
| **dynamics** | [dainǽmiks] [다이내믹쓰]<br>圐 역학, 동력학 |
| **dynamite** | [dáinəmàit] [다이너마잇]<br>圐 다이너마이트 |
| **dynamo** | [dáinəmou] [다이너모우]<br>圐 발전기, 다이너모 |
| **dynasty** | [dáinəsti] [다이너스티]<br>圐 왕조, 왕가 |

| **each** | **[iːtʃ]** [이이취] |
| | 형 각자의, 각각의 대 각자, 제각기 |
| | * each other 서로, 상호간에 |
| | * each time 그때마다, ~할 때마다 |

| **eager** | **[íːgər]** [이이거] |
| | 형 열심인, 열망하는 |
| | * [be] eager to [do] 몹시 ~하고 싶어하다 |

| **eagerly** | **[íːgərli]** [이이거얼리] |
| | 부 열심히, 간절히 |

| **eagle** | **[íːgl]** [이이그얼] |
| | 명 독수리 |

| | |
|---|---|
| **ear** | [iər] [이어]<br>명 귀, 청각 |
| **early** | [ə́:rli] [어얼리]<br>형 이른, 가까운 장래의 부 일찍이 |
| **earn** | [ə:rn] [어언]<br>타 일하여 벌다, 얻다<br>* earn [make] one's living 생계비를 벌다 |
| **earnest** | [ə́:rnist] [어어니스트]<br>형 열심인, 진지한 명 진심, 진지함<br>* in earnest 진지하게, 열심히 |
| **earphone** | [íərfòun] [이어호운]<br>명 이어폰, 수신기 |
| **earth** | [ə:rθ] [어어쓰]<br>명 지구, 땅, 흙 반 하늘(heaven)<br>* on earth 세상에서, (의문문에서) 도대체,<br>(부정문에서) 조금도 |
| **earthly** | [ə́:rθli] [어어쓸리]<br>형 지구의, 속세의 |

| | |
|---|---|
| **earthquake** | [ə́ːrθkeik] [어어쓰크웨익]<br>명 지진 |
| **ease** | [iːz] [이이즈]<br>명 편안, 안정 타자 안심시키다<br>* at ease 마음 놓고, 편안히<br>* be [feel] at ease 안심하다<br>* ill at ease (불안하여) 마음 놓이지 않는,<br>  긴장하여<br>* with ease 용이하게, 쉽게 |
| **easily** | [íːzəli] [이이즈얼리]<br>부 용이하게, 쉽게, 쉽사리, 편안히 |
| **east** | [iːst] [이이스트]<br>명 동쪽, 동방 형 동쪽의 부 동쪽에 |
| **Easter** | [íːstər] [이이스터]<br>명 부활절 |
| **eastern** | [íːstərn] [이이스터언]<br>형 동쪽의, 동양의 |
| **easy** | [íːzi] [이이지]<br>형 쉬운, 용이한, 안락한, 마음 편한 |
| **eat** | [íːt] [이이트]<br>타자 먹다, 식사하다, 침식하다 |

| | |
|---|---|
| **eaves** | [íːvz] [이이브즈]<br>명 차양, 처마 |
| **ebb** | [eb] [에브]<br>명 썰물, 간조, 쇠퇴 반 flow(밀물) |
| **ebony** | [ébəni] [에버니]<br>명 흑단, 칠흑 형 흑단의 |
| **eccentric** | [ikséntrik] [익쎈츄릭]<br>형 이상한, 별난, 괴벽스러운 |
| **echo** | [ékou] [에코우]<br>명 메아리, 반향 타자 반향하다 |
| **eclipse** | [iklíps] [이클립쓰]<br>명 일식, 월식, (세력·명예가) 떨어짐 |
| **ecology** | [iːkálədʒi] [이이칼러쥐]<br>명 생태학 |
| **economic** | [èkənámik] [에커나믹]<br>형 경제학의, 경제상의 |
| **economical** | [èkənámikəl] [에커나미커얼]<br>형 절약하는, 경제적인 |
| **economics** | [èkənámiks] [에커나믹쓰]<br>명 경제학 |

| economist | [iːkánəmist] [이이카너미스트]<br>몡 경제학자, 검약자 |
|---|---|
| economize | [iːkánəmàiz] [이이카너마이즈]<br>자타 절약하다 |
| economy | [iːkánəmi] [이이카너미]<br>몡 경제, 절약, 검약 |
| ecstasy | [ékstəsi] [엑스터씨]<br>몡 환희, 황홀, 대희열, 무아의 경지 |
| ecstatic | [ekstǽtik] [엑스태틱]<br>혱 황홀한, 꿈같은 |
| eddy | [édi] [에디]<br>몡 소용돌이, 회오리 |
| edge | [edʒ] [에쥐]<br>몡 칼날, 날카로움, 가장자리<br>* on [at] the edge of ~의 가장자리에,<br>막 ~하려고 하는 찰나에 |
| edit | [édit] [에딧]<br>타 편집하다 |
| edition | [edíʃən] [에디션]<br>몡 판(版), 간행본 |

| editor | [éditər] [에디터]<br>명 편집인, 기자, 논설위원 |
| --- | --- |
| editorial | [èdətɔ́ːriəl] [에디토오뤼어얼]<br>명 사설(社說) 형 편집의 |
| educate | [édʒukèit] [에쥬케잇]<br>타 교육하다, 훈련하다, 길들이다 |
| education | [èdʒukéiʃən] [에쥬케이션]<br>명 교육, 소양 |
| educational | [èdʒukéiʃənəl] [에쥬케이셔느얼]<br>형 교육상의 |
| effect | [ifékt] [이휍트]<br>명 결과, 영향, 효과<br>* have an effect on [upon] ~에 영향을<br>  미치다, ~에 효과가 있다 |
| effective | [iféktiv] [이휍티브]<br>형 유효한, 효과적인 |
| effectual | [iféktjuəl] [이휔츄얼]<br>형 유효한, 효과 있는 |
| efficiency | [ifíʃənsi] [이휘션씨]<br>명 능률, 효력, 능력 |

| | |
|---|---|
| **efficient** | [ifíʃənt] [이휘션트]<br>형 효과적인, 유능한 |
| **effort** | [éfərt] [에훠트]<br>명 노력, 수고, 노고 |
| **egg** | [eg] [에그]<br>명 알, 달걀 |
| **ego** | [íːgou] [이고우]<br>명 자아, 자기, 자부심, 에고 |
| **Egypt** | [íːʤipt] [이이쮑트]<br>명 이집트 |
| **eight** | [eit] [에잇]<br>명 8 형 8의 |
| **eighteen** | [éitíːn] [에이티인]<br>명 18 형 18의 |
| **eighteenth** | [éitíːnθ] [에이티인쓰]<br>명 제 18 형 제 18의 |
| **eighth** | [eitθ] [에잇스]<br>명 제 8 형 제 8의 |
| **eighty** | [éiti] [에이티]<br>명 80 형 80의 |

| | |
|---|---|
| **either** | [áiðər, íːðər] [아이더, 이이더]<br>형대 둘 중 어느 하나의, 어느 것이든<br>* either ~ or ~든가 또는 ~든가,<br>어느 한 쪽, ~도 ~도 아니하다(부정을<br>수반) |
| **ejaculate** | [idʒǽkjulèit] [이재큘레잇]<br>자타 별안간 소리지르다 |
| **eject** | [idʒékt] [이젝트]<br>타 쫓아내다, 추방하다, 뿜어내다, 분출하다 |
| **elaborate** | [ilǽbərit] [일래버릿]<br>형 공들인, 정성 들여 만든 |
| **elapse** | [ilǽps] [일랩쓰]<br>자 (때가) 경과하다 |
| **elastic** | [ilǽstik] [일래스틱]<br>형 탄력 있는, 신축성 있는 |
| **elate** | [iléit] [일레잇]<br>타 의기양양하게 하다 |
| **elbow** | [élbou] [에얼보우]<br>명 팔꿈치 타자 팔꿈치로 찌르다 |
| **elder** | [éldər] [에얼더]<br>형 손위의, 나이가 위인 명 연장자 |

| elderly | **[éldərli]** [에얼더얼리]<br>형 나이가 위인, 나이가 지긋한 |
|---|---|
| **eldest** | **[éldist]** [엘디스트]<br>형 최연장의, 맏이의 |
| elect | **[ilékt]** [일렉트]<br>타 뽑다, 선거하다 형 뽑힌 |
| **election** | **[ilékʃən]** [일렉션]<br>명 선택, 선거, 선임 |
| electioneer | **[ilèkʃəníər]** [일렉셔니어]<br>자 선거 운동을 하다 |
| **elector** | **[iléktər]** [일렉터]<br>명 선거인, 유권자 |
| electric | **[iléktrik]** [일렉츄뤽]<br>형 전기의, 전기 장치의<br>* electric light 전등<br>* electric power 전력 |
| electrical | **[iléktrikəl]** [일렉츄뤼커얼]<br>형 전기 같은, 강렬한<br>* electrical engineer 전기 기사 |

| | |
|---|---|
| **electricity** | [ilektrísəti] [일렉츄뤼써티]<br>명 전기, 전기학 |
| **elegant** | [éligənt] [엘리건트]<br>형 우아한, 품위 있는 |
| **elegy** | [élədʒi] [엘러쥐]<br>명 비가(悲歌), 애가(哀歌) |
| **element** | [éləmənt] [엘러먼트]<br>명 요소, 원소 |
| **elementary** | [èləméntəri] [엘러멘터뤼]<br>형 초보의 |
| **elephant** | [éləfənt] [엘러훤트]<br>명 코끼리 |
| **elevate** | [éləvèit] [엘러베잇]<br>타 올리다, 승진시키다, 향상시키다 |
| **elevator** | [éləvèitər] [엘러베이터]<br>명 ((미)) 승강기, 엘리베이터 |
| **eleven** | [ilév(ə)n] [일레븐]<br>형 11의 명 11 |
| **eliminate** | [ilímənèit] [일리머네잇]<br>타 제거하다, 삭제하다 |

| | |
|---|---|
| **elite** | [ilíːt] [일리이트]<br>명 선택된 사람, 엘리트 |
| **eloquent** | [éləkwənt] [엘러크원트]<br>형 웅변의, 능변인 |
| **else** | [els] [엘쓰]<br>부 그 밖에, (or else로서) 그렇지 않으면 |
| **elsewhere** | [élshwέər] [에얼쓰웨어]<br>부 어딘가 딴 곳에, 딴 곳으로 |
| **elude** | [ilúːd] [일루우드]<br>타 피하다, 모면하다, 회피하다 |
| **emancipate** | [imǽnsəpèit] [이맨서페잇]<br>타 해방하다, 석방하다 |
| **embank** | [imbǽŋk] [임뱅크]<br>타 둑으로 두르다, 둑을 쌓다 |
| **embark** | [imbάːrk] [임바아크]<br>자타 배를 타다, 배에 태우다 |
| **embarrass** | [imbǽrəs] [임배뤄쓰]<br>타 난처하게 하다, 곤란하게 하다 |
| **embarrassment** | [imbǽrəsmənt] [임배뤄쓰먼트]<br>명 난처함, 당황 |

| | |
|---|---|
| **embassy** | [émbəsi] [엠버씨]<br>명 대사관, 사절 |
| **ember** | [émbər] [엠버]<br>명 타다 남은 불 |
| **emblem** | [émbləm] [엠블럼]<br>명 상징, 문장 타 상징하다 |
| **embody** | [imbádi] [임바디]<br>타 구현하다, 구체화하다 |
| **embrace** | [imbréis] [임브뤠이쓰]<br>타 포옹하다, 껴안다 |
| **embroider** | [imbrɔ́idər] [임브로이더]<br>타 자수하다, 수놓다 |
| **embroidery** | [imbrɔ́idəri] [임브로이더뤼]<br>명 자수, 수, 윤택 |
| **embryo** | [émbriòu] [엠브리오우]<br>명 태아, 움, 싹, 징조 |
| **emerald** | [émərəld] [에머뤄얼드]<br>명 취옥, 에메랄드(빛깔) |
| **emerge** | [imə́ːrdʒ] [이머어쥐]<br>자 나타나다, 벗어나다 |

| | |
|---|---|
| **emergency** | [imə́:rdʒənsi] [이머어쥔씨]<br>몡 위급, 긴급, 비상사태<br>* in an emergency 위급한 때에 |
| **emigrant** | [éməgrənt] [에머그뤈트]<br>혱 이주하는, 이민의 몡 이민 |
| **emigrate** | [éməgreit] [에머그뤠잇]<br>쟈탸 이주하다, 이주시키다 |
| **eminence** | [émənəns] [에머넌쓰]<br>몡 높은 곳, 언덕, 탁월, 고귀 |
| **eminent** | [émənənt] [에머넌트]<br>혱 우수한, 저명한 |
| **emission** | [imíʃən] [이미션]<br>몡 (빛 · 열 따위의) 방사, 방출 |
| **emit** | [imít] [이밋]<br>탸 내다, 방사하다, 발행하다 |
| **emotion** | [imóuʃən] [이모우션]<br>몡 정서, 감정 |
| **emotional** | [imóuʃənl] [이모우셔느얼]<br>혱 감정의, 감정적인 |

| | |
|---|---|
| **emperor** | [émpərər] [엠퍼뤄] <br> 명 황제 |
| **emphasis** | [émfəsis] [엠풔씨쓰] <br> 명 강조, 강세, 여세 |
| **emphasize** | [émfəsàiz] [엠풔싸이즈] <br> 타 강조하다, 역설하다 |
| **empire** | [émpaiər] [엠파이어] <br> 명 제국, 절대 지배권 |
| **employ** | [implɔ́i] [임플로이] <br> 타 고용하다, 쓰다 명 사용, 고용 |
| **employee** | [implɔ́ii:] [임플로이이이] <br> 명 고용인, 종업원 |
| **employment** | [implɔ́imənt] [임플로이먼트] <br> 명 고용, 사용 |
| **empress** | [émpris] [엠프뤼쓰] <br> 명 황후, 여제(女帝) |
| **empty** | [émpti] [엠(프)티] <br> 형 빈, 공허한 타자 비우다 |
| **emulate** | [émjulèit] [에뮬레잇] <br> 타 경쟁하다 |

| | |
|---|---|
| **enact** | [inǽkt] [이낵트]<br>타 (법률을) 제정하다, 공연하다 |
| **encamp** | [inkǽmp] [인캠프]<br>자타 야영하다, 야영시키다 |
| **enchantment** | [intʃǽntmənt] [인챈(트)먼트]<br>명 요술, 매력 |
| **encircle** | [insə́:rkl] [인써어크얼]<br>타 둘러싸다 |
| **enclose** | [inklóuz] [인클로우즈]<br>타 봉해 넣다, 둘러싸다 |
| **encore** | [á:ŋkɔ:r] [앙코오]<br>명 앙코르, 재청(再請) |
| **encounter** | [inkáuntər] [인카운터]<br>타자 (우연히) 만나다 명 조우(遭遇) |
| **encourage** | [inkə́:ridʒ] [인커어뤼쥐]<br>타 용기를 돋우다, 격려하다 |
| **encyclop[a]edia** | [insàikləpí:diə] [인싸이클러피이디어]<br>명 백과사전(百科事典) |
| **end** | [end] [엔드] 명 마지막, 종말, 끝, 최후<br>\* at the end 마침내 |

* end for end 거꾸로, 반대로
* end to end 끝과 끝을 이어서

| | |
|---|---|
| **endeavo(u)r** | [indévər] [인데버]<br>명 노력 타자 노력하다 |
| **endless** | [éndlis] [엔들리쓰]<br>형 끝없는, 무한한 |
| **endow** | [indáu] [인다우]<br>타 부여하다, 기부하다<br>* (be) endowed with ~이 부여되어 있다,<br>~을 갖추고 있다 |
| **endurable** | [indjúərəbl] [인듀어뤄브얼]<br>형 견딜 수 있는, 감내할 수 있는 |
| **endurance** | [endjúərəns] [인듀어뤈쓰]<br>명 인내, 인내력 |
| **endure** | [indjúər] [엔듀어]<br>타자 견디다, 참다, 지속하다 |
| **enemy** | [énəmi] [에너미]<br>명 적, 원수, 적군, 반대자 |
| **energetic** | [ènərdʒétik] [에너줴틱]<br>형 정력적인, 원기 왕성한 |

| | |
|---|---|
| **energy** | [énərdʒi] [에너쥐]<br>몡 정력, 활기, 힘, 에너지 |
| **enforce** | [infɔ́ːrs] [인훠오쓰]<br>타 실시하다, 강요하다 |
| **enforcement** | [infɔ́ːrsmənt] [인훠오쓰먼트]<br>몡 실시하다, 강요하다 |
| **engage** | [ingéidʒ] [인게이쥐]<br>타자 종사하게 하다, 약속하다<br>* (be) engaged in ~에 종사하다,<br>  착수하다<br>* engage oneself to (do) (~하겠다)고<br>  서약하다<br>* engage with ~와 관계하다,<br>  ~와 교전하다 |
| **engagement** | [ingéidʒmənt] [인게이쥐먼트]<br>몡 약속, 계약, 약혼 |
| **engaging** | [ingéidʒin] [인게이징]<br>혱 애교 있는 |
| **engine** | [éndʒin] [엔쥔]<br>몡 기관, 엔진, 기관차 |

| | |
|---|---|
| **engineer** | [èndʒiníər] [엔쥐니어]<br>명 기사, 공학자, 기술자, 설계자 |
| **England** | [íŋglənd] [잉글런드]<br>명 잉글랜드, 영국 |
| **English** | [íŋgliʃ] [잉글리쉬]<br>형 영국의, 잉글랜드의, 영어의<br>\* Modern English 근대 영어(1500년 이후)<br>\* the English 영국 국민 |
| **Englishman** | [íŋgliʃmən] [잉글리쉬먼]<br>명 영국 사람 |
| **Englishwoman** | [íŋgliʃwùmən] [잉글리쉬우먼]<br>명 영국 여자 |
| **engrave** | [ingréiv] [인그뤠이브]<br>타 새기다, 조각하다, 명심하다 |
| **engross** | [ingróus] [인그로우쓰]<br>타 열중케 하다, 매점하다, 도맡아하다,<br>큰 글자로 쓰다<br>\* (be) engrossed in ～에 열중해 있다 |
| **enhance** | [inhǽns] [인핸쓰] 타 (미·가치 따위를)<br>높이다(raise), 올리다(heighten) |

*305*

| **enjoin** | [indʒɔ́in] [인조인]<br>탄 (침묵·순종 따위를) 명하다 |
| **enjoy** | [indʒɔ́i] [인죠이]<br>탄 즐기다, 향락하다<br>* enjoy oneself 즐겁게 시간을 보내다,<br>즐기다 |
| **enjoyment** | [indʒɔ́imənt] [인죠이먼트]<br>명 향락, 환락 |
| **enlarge** | [inlɑ́ːrdʒ] [인라아쥐]<br>타자 증대하다, 확대하다 |
| **enlighten** | [inlɑ́itn] [인라이튼]<br>타 계몽하다, 교화하다 |
| **enlist** | [inlíst] [인리스트]<br>타자 입대하다, 응모하다 |
| **enmity** | [énməti] [엔머티]<br>명 적의(敵意), 증오 |
| **enormous** | [inɔ́ːrməs] [이노오머쓰]<br>형 거대한, 막대한 |
| **enough** | [inʌ́f] [이너흐]<br>형 충분한, 넉넉한 부 충분히 |

| | |
|---|---|
| **enrage** | [inréidʒ] [인뤠이쥐]<br>타 격분하게 하다, 성나게 하다 |
| **enrich** | [inrítʃ] [인뤼취]<br>타 부유하게 하다 |
| **enrol(l)** | [inróul] [인로우을]<br>타 명부에 올리다, 병적에 올리다 |
| **enslave** | [insléiv] [인슬뤠이브]<br>타 노예로 삼다, 사로잡다 |
| **ensure** | [inʃúər] [인슈어]<br>타 ~을 확실하게 하다 |
| **entangle** | [intǽŋgl] [인탱그얼]<br>타 얽히게 하다, 말려들게 하다 |
| **enter** | [éntər] [엔터]<br>타자 참가하다, 들어가다<br>* enter for ~에 참가를 신청하다<br>* enter into ~들어가다, ~을 시작하다, 들어서다, ~에 참가하다<br>* enter on [upon] 소유권을 얻다, ~에 들어가다, ~에 착수하다 |

| | |
|---|---|
| **enterprise** | [éntərpràiz] [엔터프라이즈] <br> 타 기획, 기업, 모험심 |
| **entertain** | [èntərtéin] [엔터테인] <br> 타 즐겁게 하다, 접대하다 |
| **entertaining** | [èntərtéiniŋ] [엔터테이닝] <br> 형 재미있는, 흥미 있는(interesting) |
| **entertainment** | [èntərtéinmənt] [엔터테인먼트] <br> 명 대접, 환대, 연회 |
| **enthusiasm** | [inθú:ziæzm] [인쑤우지애즘] <br> 명 열심, 열중, 열광 |
| **entice** | [intáis] [인타이쓰] <br> 타 유혹하다, 꾀다 |
| **entire** | [intáiər] [인타이어] <br> 형 전체의, 완전한, 온전한 |
| **entirely** | [intáiərli] [인타이어얼리] <br> 부 전체적으로, 완전히 |
| **entitle** | [intáitl] [인타이트얼] 타 권리(칭호)를 주다 <br> * (be) entitled to ~을 받을 권리가 있다 |
| **entity** | [éntəti] [엔터티] <br> 명 (독립된) 실재물, 본질, 존재 |

| | |
|---|---|
| **entrance** | [éntrəns] [엔츄뤈쓰]<br>명 입구, 입장, 입학, 입회 |
| **entreat** | [intríːt] [인츄뤼이트]<br>타 간청하다, 탄원하다 |
| **entrust** | [intrʌ́st] [인츄롸스트]<br>타 위임하다, 위탁하다 |
| **entry** | [éntri] [엔츄뤼]<br>명 들어감, 입장, 입학 |
| **enumerate** | [injúːmərèit] [이뉴우머뤠잇]<br>타 (수를) 세다, 열거하다 |
| **envelop** | [invéləp] [인벨럽]<br>타 싸다, 에워싸다 |
| **envelope** | [énvəlòup] [엔벌로웁]<br>명 봉투 |
| **envious** | [énviəs] [엔비어쓰]<br>형 부러워하는, 시기하는 |
| **environment** | [inváiərənmənt ] [인바이뤈먼트]<br>명 환경, 주위, 둘레, 둘러쌈 |
| **envy** | [énvi] [엔비]<br>타 부러워하다 명 선망, 부러움 |

| | |
|---|---|
| **epic** | [épik] [에픽]<br>명 서사시 형 서사시적인 |
| **epidemic** | [èpədémik] [에퍼데믹]<br>명 유행병 형 유행성의 |
| **episcopal** | [ipískəpəl] [이피스커퍼얼]<br>형 감독의, 감독파의 |
| **episode** | [épəsòud] [에퍼쏘우드]<br>명 삽화, 에피소드 |
| **epistle** | [ipísl] [이피스얼]<br>명 편지, 서간 |
| **epitaph** | [épətàːf] [에퍼태흐]<br>명 묘비명 |
| **epoch** | [épək] [에퍽]<br>명 신기원, 신시대 |
| **equal** | [íːkwəl] [이크워얼]<br>형 같은, 동등한, 타 ~와 같다<br>* be equal to ~와 같다, ~에 비등하다,<br>　~을 감당할 수 있다 |
| **equality** | [ikwáləti] [이크왈러티]<br>명 평등, 대등, 평균, 동등 |

| | |
|---|---|
| **equator** | [ikwéitər] [이크웨이터] <br> 명 적도 (赤道) |
| **equilibrium** | [ìːkwəlíbriəm] [이이크월리브리엄] <br> 명 균형, 평형, (마음의) 평정 |
| **equinox** | [íːkwənáks] [이이크워낙스] <br> 명 주야, 평분시, 춘분, 추분 |
| **equip** | [ikwíp] [이크윕] <br> 타 갖추다, 준비하다, 꾸미다 <br> * equipped with ~을 갖추고 있다, <br> ~이 장비되어 있다 |
| **equipment** | [ikwípmənt] [이크윕먼트] <br> 명 채비, 준비, 장비 |
| **equity** | [ékwəti] [에크워티] <br> 명 공평, 공정, 형평법 |
| **equivalent** | [ikwívələnt] [이크위벌런트] <br> 형 동등의, 동등한, ~와 같은 |
| **era** | [írə] [이러] <br> 명 기원, 시대, 연대 |
| **eradicate** | [irǽdikèit] [이래디케잇] <br> 타 뿌리째 뽑다, 근절하다 |

| | |
|---|---|
| **erase** | [iréis] [이뤠이쓰]<br>타 지워버리다, 말살하다 |
| **eraser** | [iréisər] [이뤠이써]<br>명 칠판 지우개, 고무 지우개 |
| **ere** | [ɛ́ər] [에어]<br>전 ～의 전에 접 ～이전에 |
| **erect** | [irékt] [이랙트]<br>형 꼿꼿이 선 타 똑바로 세우다 |
| **Eros** | [éras] [에라쓰]<br>명 에로스(사랑의 신) |
| **erosion** | [iróuʒən] [이로우줜]<br>명 부식, 침해, 침식 작용 |
| **err** | [ə:r] [어어]<br>자 틀리다, 잘못하다, 실수하다 |
| **errand** | [érənd] [에뤈드]<br>명 심부름<br>* go on an errand 심부름 가다,<br>  사명을 띠고 가다 |
| **error** | [érər] [에뤄]<br>명 잘못, 과실, 착오 |

| eruption | [irʌpʃən] [이럽션]<br>명 (화산의) 폭발, 분화 |
|---|---|
| **escalator** | [éskəlèitər] [에스컬레이터]<br>명 에스컬레이터 |
| escape | [iskéip] [이스케입]<br>자타 도망하다, 벗어나다, 면하다<br>명 도망<br>* escape from ~에서 달아나다 |
| escort | [iskɔ́ːrt] [이스코오트]<br>타 호위하다<br>[éskɔːrt] [에스코오트]<br>명 호위, 호송 |
| Eskimo, -mau | [éskəmòu] [에스커모우]<br>명 에스키모 사람(말) 형 에스키모 사람의 |
| **especial** | [ispéʃəl] [이스페셔얼]<br>형 특별한, 특수한 |
| especially | [ispéʃəli] [이스페셜리]<br>부 특히, 각별히 |
| **essay** | [ései] [에쎄이]<br>명 수필, 에세이, 논문, 시도(試圖) |

| | |
|---|---|
| **essence** | [ésəns] [에쓴쓰] <br> 명 본질, 정수, 진수 |
| **essential** | [isénʃəl] [이쎈셔얼] <br> 형 본질적인, 필수의 <br> 명 ((복수)) 본질 <br> * [be] essential to ~에 필수 불가결하다 |
| **essentially** | [isénʃəli] [이쎈셔얼리] <br> 부 본질적으로, 실질상 |
| **establish** | [istǽbliʃ] [이스태블리쉬] <br> 타 확립하다, 설립하다 <br> * establish oneself 자리 잡다, 정착하다, 개업하다 |
| **establishment** | [istǽbliʃmənt] [이스태블리쉬먼트] <br> 명 설립, 시설, 설치 |
| **estate** | [istéit] [이스테잇] <br> 명 재산, 유산, 토지, 신분 |
| **esteem** | [istíːm] [이스티임] <br> 타 귀중히 여기다, 존중하다 |
| **estimate** | [éstəmeit] [에스터메잇] <br> 타자 어림잡다, 견적하다 |

314

| | |
|---|---|
| **estimation** | [èstəméiʃən] [에스터메이션]<br>명 견적, 평가, 판단 |
| **etc.** | [itsétərə] [잇쎄터러]<br>약 et cetera의 줄임말, 따위, ~등, 기타 |
| **eternal** | [itə́ːrnəl] [이터어느얼]<br>명 영원한, 불멸의, 끝없는 |
| **eternity** | [itə́ːrnəti] [이터어너티]<br>명 영원, 영구, 내세 |
| **ether** | [íːθər] [이이쎄어]<br>명 에테르, 정기(精氣) |
| **ethics** | [éθiks] [에씩쓰]<br>명 윤리, 윤리학 |
| **etiquette** | [étikèt] [에티켓]<br>명 예의, 예의범절, 예법 |
| **etymology** | [ètəmɑ́lədʒi] [에터말러쥐]<br>명 어원(語源), 어원학 |
| **Europe** | [júrəp] [유어럽]<br>명 유럽, 구주 |
| **European** | [jùrəpíːən] [유뤄피이언]<br>형 유럽의 명 유럽 사람 |

| | |
|---|---|
| **evacuate** | [ivǽkjuèit] [이배큐에잇]<br>타 철퇴하다, 비워주다, 소개시키다 |
| **evade** | [ivéid] [이베이드]<br>타 ～을 면하다, 피하다 |
| **evaporate** | [ivǽpərèit] [이배퍼뤠잇]<br>자타 증발하다, 증발시키다 |
| **Eve** | [i:v] [이이브]<br>명 이브(아담의 아내), 하와 |
| **eve** | [i:v] [이이브]<br>명 전야제, 명절의 전날 밤, 직전 |
| **even** | [íːvn] [이이븐]<br>형 평평한 부 ～이라도, ～조차<br>* even if [though] 비록 ～이라 할지라도,<br>～한다손 치더라도 |
| **evening** | [íːvniŋ] [이이브닝]<br>명 저녁, 해질 무렵 |
| **event** | [ivént] [이벤트]<br>명 사건, 대사건, 결과, 경과<br>* at all events 여하튼, 좌우간<br>* in any event 무슨 일이 있어도, 하여튼<br>* in the event of 만일 ～의 경우에는 |

| | |
|---|---|
| **eventual** | [ivéntʃuəl] [이벤츄얼]<br>형 결국의, 최후의(final) |
| **eventually** | [ivéntʃuəli] [이벤츄얼리]<br>부 결국 |
| **ever** | [évər] [에버]<br>부 일찍이, 언젠가, 언제나<br>* ever since 그 이래로 내내<br>* ever so 아무리 ~라도, 매우<br>* hardly ever 좀처럼 ~ 않다 |
| **evergreen** | [évərgri:n] [에버그뤼인]<br>형 상록의 명 상록수 |
| **ever-increasing** | [èvərinkrí:siŋ] [에버인크뤼이씽]<br>형 점증하는 |
| **everlasting** | [èvərlǽstiŋ] [에버래스팅]<br>형 영원한, 변함없는, 끝없는 |
| **evermore** | [évərmɔ́:r] [에버모어]<br>부 언제나, 항상, 영구히 |
| **every** | [évri] [에브뤼]<br>형 모든, 누구나 다, 어느 것이나 다<br>* every now and then [again] 가끔,<br>  때때로(from time to time)<br>* every time ~할 때마다(whenever) |

| **everybody** | [évribadi] [에브리바디]<br>때 누구나 다, 각자가 모두 |
|---|---|
| **everyday** | [évridei] [에브리데이]<br>형 날마다의, 매일의 |
| **everything** | [évriθiŋ] [에브뤼씽]<br>때 무엇이나 다, 가장 중요한 것 |
| **everywhere** | [évrihwɛər] [에브뤼웨어]<br>부 어디에나, 도처에 |
| **evidence** | [évidəns] [에비던쓰]<br>명 증거, 명료 타 증명하다 |
| **evident** | [évidənt] [에비던트]<br>형 명백한, 뚜렷한 |
| **evil** | [íːvəl] [이이버얼]<br>형 사악한, 유해한 명 사악(邪惡) |
| **evolution** | [èvəlúːʃən] [에벌루우션]<br>명 진화, 발전 |
| **evolve** | [iválv] [이발브]<br>자타 진화하다, 발전시키다 |
| **ewe** | [júː] [유우]<br>명 암양(羊) |

| | |
|---|---|
| **exact** | [igzǽkt] [이그잭트]<br>[형] 엄밀한, 정확한 |
| **exactly** | [igzǽktli] [이그잭틀리]<br>[부] 정확히, 바로 |
| **exaggerate** | [igzǽdʒərèit] [이그재쥐뤠잇]<br>[타] 과장하다, 허풍떨다 |
| **exalt** | [igzɔ́ːlt] [이그조올트]<br>[타] 높이다, 승진시키다 |
| **exam** | [igzǽm] [이그잼]<br>[명] ((구)) 시험(examination의 단축어) |
| **examination** | [igzæmənéiʃən] [이그재머네이션]<br>[명] 시험, 검사, 심사, 조사 |
| **examine** | [igzǽmin] [이그재민]<br>[타자] 조사하다, 검사하다 |
| **examinee** | [igzæməní:] [이그재머니이]<br>[명] 수험자 |
| **examiner** | [igzǽmənər] [이그재머너]<br>[명] 시험관 |
| **example** | [igzǽmpl] [이그잼프얼]<br>[명] 실례, 보기, 견본 |

* for example 예를 들면, 이를테면
* make an example of ~를 본보기로 (징계) 하다
* set (give) an example to ~에게 모범을 보이다

**exasperate**
[igzǽspərèit] [이그재스퍼뢔잇]
타 화나게 하다

**excavate**
[ékskəvèit] [엑스커베잇]
타 (구멍을) 파다(dig), 발굴하다

**exceed**
[iksí:d] [익씨이드]
타자 초과하다, (한도) 를 넘다

**exceeding**
[iksí:diŋ] [익씨이딩]
형 대단한, 초과의, 굉장한

**exceedingly**
[iksí:diŋli] [익씨이딩리]
부 대단히, 몹시, 굉장히

**excel**
[iksél] [익쎄얼]
자타 (남보다) 낫다, 뛰어나다

**excellent**
[éksələnt] [엑썰런트]
형 우수한, 뛰어난

**except**
[eksépt] [엑쎕트]
전 ~을 제외하고는 타 제외하다

*320*

\* except for ～외에, 만약 ～이 없었더라면
(but for)

**exception**

[iksépʃən] [익쎕션]
명 예외, 제외, 이의(異議)
\* with the exception of ～을 제외하고는,
～외에는

**excess**

[iksés] [익쎄쓰]
명 초과, 여분, 과도(過渡)

**excessive**

[iksésiv] [익쎄씨브]
형 과도한, 지나친, 엄청난

**exchange**

[ikstʃéindʒ] [익스췌인쥐]
타 자 교환하다 명 교환, 교제
\* in exchange for [of] ～와 교환으로,
～대신
\* exchange ~for… ～을 …와 교환하다

**excite**

[iksáit] [익싸잇]
타 흥분시키다, 자극하다, 일으키다

**excitement**

[iksáitmənt] [익싸잇먼트]
명 자극, 흥분

**exclaim**

[ikskléim] [익쓰클레임]
타 자 큰 소리로 외치다

| | |
|---|---|
| **exclamation** | [èkskləméiʃən] [엑쓰클러메이션]<br>명 외침, 절규, 감탄 |
| **exclude** | [iksklúːd] [익쓰클루우드]<br>타 배척하다, 추방하다 |
| **exclusive** | [iksklúːsiv] [익쓰클루우씨브]<br>형 제외적인, 배타적인 |
| **exclusively** | [iksklúːsivli] [익쓰클루우씨블리]<br>부 오로지, 독점적으로 |
| **excursion** | [ikskə́ːrʒən] [익쓰커어쥔]<br>명 소풍, 수학여행 |
| **excuse** | [ikskjúːz] [익쓰큐우즈]<br>타 변명하다, 용서하다<br>* excuse oneself 변명하다, 사과하다<br>* in excuse of ~의 변명으로서 |
| **execute** | [éksikjùːt] [엑씨큐우트]<br>타 실행하다, 실시하다 |
| **execution** | [èksikjúːʃən] [엑씨큐우션]<br>명 실행, 수행, 이행 |
| **executive** | [igzékjutiv] [이그제큐티브]<br>형 실행의, 행정적인 명 중역, 행정부 |

| | |
|---|---|
| **exempt** | [igzémpt] [이그젬(프트)] <br> 타 면제하다 형 면제된 |
| **exercise** | [éksərsàiz] [엑써싸이즈] 명 운동, 연습, <br> 행사, 사용 타자 연습하다, 행사하다 |
| **exert** | [igzə́ːrt] [이그저어트] <br> 타 발휘하다, 쓰다 <br> * exert oneself to do 노력하다, 진력하다 |
| **exhale** | [ekshéil] [엑스헤일] <br> 타자 내쉬다, 발산하다 |
| **exhaust** | [egzɔ́ːst] [에그조오스트] <br> 타자 다 써 버리다, 지치게 하다 |
| **exhibit** | [igzíbit] [이그지빗] <br> 타 보이다, 전람하다 명 출품, 전시 |
| **exhibition** | [èksəbíʃən] [엑써비션] <br> 명 박람회, 전시회 |
| **exhort** | [igzɔ́ːrt] [이그조오트] <br> 타 간곡히 당부하다, 권하다 |
| **exile** | [égzail] [에그자일] <br> 명 유배, 추방 타 추방하다 |

| | |
|---|---|
| **exist** | [igzíst] [이그지스트]<br>자 존재하다, 살아 있다 |
| **existence** | [igzístəns] [이그지스턴쓰]<br>명 존재, 실체, 생활 |
| **exit** | [éksit] [엑씻]<br>명 출구, 퇴장 자 퇴장하다 |
| **exotic** | [igzátik] [이그자틱]<br>형 외국의, 이국적(異國的)인 |
| **expand** | [ikspǽnd] [익쓰팬드]<br>자타 퍼지다, 펴다, 확대하다 |
| **expect** | [ikspékt] [익쓰펙트]<br>타 기대하다, ~이라고 생각하다 |
| **expectation** | [èkspektéiʃən] [엑쓰펙테이션]<br>명 기대, 예상, 가망 |
| **expedition** | [èkspədíʃən] [엑스퍼디션]<br>명 탐험, 탐험대, 원정 |
| **expel** | [ikspél] [익쓰페얼]<br>타 내쫓다, (탄환을) 발사하다 |
| **expend** | [ikspénd] [익쓰펜드]<br>타 (시간·노력을) 들이다, 쓰다 |

| | |
|---|---|
| **expense** | [ikspéns] [익쓰펜쓰]<br>명 소비, 지출, 비용, 손실<br>* at the expense of ~의 비용으로,<br>  ~에게 폐를 끼치고, ~을 희생하여 |
| **expensive** | [ikspénsiv] [익쓰펜씨브]<br>형 비싼, 사치스런, 비용이 드는 |
| **expensively** | [ikspénsivli] [익쓰펜씨블리]<br>부 비싸게 |
| **experience** | [ikspíəriəns] [익쓰피어뤼언쓰]<br>명 경험, 체험, 경험담 |
| **experienced** | [ikspíəriənst] [익쓰피어뤼언스트]<br>형 경험이 있는, 노련한 |
| **experiment** | [ikspérəmənt] [익쓰페뤄먼트]<br>명 실험, 시험 타 시험하다 |
| **experimental** | [ikspèrəméntl] [익쓰페뤄멘트얼]<br>형 실험적인, 실험상의 |
| **expert** | [ékspəːrt] [엑스퍼어트]<br>명 숙련자, 노련가, 전문가 |
| **expire** | [ikspáiər] [익쓰파이어]<br>자타 끝나다, (숨을) 내쉬다 |

| | |
|---|---|
| **explain** | [ikspléin] [익쓰플레인]<br>타자 설명하다, 해석하다 |
| **explanation** | [èksplənéiʃən] [엑쓰플러네이션]<br>명 설명, 해설 |
| **explode** | [iksplóud] [익쓰플로우드]<br>타자 폭발시키다, 파열하다 |
| **exploit** | [iksplóit] [익쓰플로잇]<br>타 이용하다, 개척하다 명 공적 |
| **exploration** | [èkspləréiʃən] [엑쓰플러뤠이션]<br>명 탐험, 탐구, 개발 |
| **explore** | [iksplɔ́ːr] [익쓰플로오]<br>타자 탐험하다, 탐구하다 |
| **explorer** | [iksplɔ́ːrər] [익쓰플로오뤄]<br>명 탐험가, 탐구자 |
| **explosion** | [iksplóuʒən] [익쓰플로우줸]<br>명 파열, 폭발 |
| **export** | [ikspɔ́ːrt] [익쓰포오트]<br>명 수출 타 수출하다 |
| **expose** | [ikspóuz] [익쓰포우즈]<br>타 (위험 · 비바람 따위에) 쐬다 |

326

| | |
|---|---|
| **exposition** | [èkspəzíʃən] [엑쓰퍼지션]<br>명 자세한 설명, 해명, 박람회 |
| **exposure** | [ikspóuʒər] [익쓰포우줘]<br>명 진열, 노출, 폭로 |
| **express** | [iksprés] [익쓰프뤠쓰]<br>타 짜내다, 표현하다, 발표하다<br>* by express 속달로, 급행 열차로<br>* express oneself 생각하는 바를 말하다 |
| **expression** | [ikspréʃən] [익쓰프뤠션]<br>명 표현, 말투, 표정, 발표 |
| **exquisite** | [ékskwizit] [엑스퀴짓]<br>형 지극히 아름다운, 섬세한 |
| **extend** | [iksténd] [익쓰텐드]<br>타 뻗다, 펴다, 넓히다<br>* extend into ~로 퍼지다 |
| **extension** | [iksténʃən] [익쓰텐션]<br>명 신장, 연장, 확장 |
| **extensive** | [iksténsiv] [익쓰텐씨브]<br>형 넓은, 대규모의 |

| | |
|---|---|
| **extent** | [ikstént] [익쓰텐트]<br>명 넓이, 크기, 범위<br>* to a certain extent 어느 정도, 다소간 |
| **extenuate** | [iksténjuèit] [익쓰테뉴에잇]<br>타 죄를 가볍게 하다 |
| **exterior** | [ikstíəriər] [익쓰티어리어]<br>형 외부의, 바깥의 명 외부, 외관 |
| **exterminate** | [ikstə́ːrmənèit] [익쓰터어머네잇]<br>타 전멸시키다, 근절시키다 |
| **external** | [ikstə́ːrnəl] [익쓰터어느얼]<br>형 외주의, 외계의, 피상적인 |
| **extinct** | [ikstíŋkt] [익쓰팅(크)트]<br>형 꺼진, 끊어진, 폐지된 |
| **extinction** | [ikstíŋkʃən] [익쓰팅(크)션]<br>명 소화, 진화, 소멸 |
| **extinguish** | [ikstíŋgwiʃ] [익쓰팅그위쉬]<br>타 끄다, 꺾다, 절멸시키다 |
| **extol(l)** | [ikstɔ́l] [익쓰토얼]<br>타 격찬하다(praise highly), 칭찬하다 |

328

| | |
|---|---|
| **extra** | [ékstrə] [엑쓰츄라]<br>형 가외의(additional), 특별한, 부 가외로 |
| **extract** | [ikstrǽkt] [익쓰츄랙트]<br>타 뽑아내다, 발췌하다<br>[ékstrækt] [엑스츄랙트]<br>명 발췌 |
| **extraordinary** | [ikstrɔ́:rdənèri] [익쓰츄뤄오더네뤼]<br>형 이상한, 비범한, 비상한 |
| **extravagant** | [ikstrǽvəgənt] [익쓰츄뢔버건트]<br>형 돈을 함부로 쓰는, 터무니없는 |
| **extreme** | [ikstrí:m] [익쓰츄뤼임]<br>형 극단의, 과격한 명 극단(極端)<br>* go to extremes [to an extreme]<br>극단에 치우치다 |
| **extremely** | [ikstrí:mli] [익쓰츄뤼임리]<br>부 극단적으로, 몹시 |
| **extricate** | [ékstrəkèit] [엑스츄뤄케잇]<br>타 구해 내다, 탈출시키다 |
| **exult** | [igzʌ́lt] [이그절트]<br>자 몹시 기뻐하다 |

| | |
|---|---|
| **eye** | [ai] [아이]<br>명 눈, 시력 타 보다, 주시하다<br>* in the eyes of ～이 보는 바로는,<br>　～의 견지에서 보면<br>* have an eye for ～을 보는 눈이 있다 |
| **eyeball** | [áibɔːl] [아이보얼]<br>명 눈알 |
| **eyebrow** | [áibràu] [아이브라우]<br>명 눈썹 |
| **eyelash** | [áilæʃ] [아일래쉬]<br>명 속눈썹 |
| **eyelid** | [áilid] [아일리드]<br>명 눈꺼풀, 눈두덩 |
| **eye-opening** | [áióupniŋ] [아이오우프닝]<br>형 괄목할 만한, 놀랄 만한, 눈에 번쩍 띄는 |
| **eyesight** | [áisait] [아이싸잇]<br>명 시력, 시계, 시야, 시각 |
| **eyewitness** | [áiwítnis] [아이윗니쓰]<br>명 목격자 |

| | |
|---|---|
| **fable** | **[féibl]** [훼이브얼]<br>명 우화(寓話), 꾸며낸 이야기, 비유<br>* Aesop's Fables 이솝 우화 |
| **fabric** | **[fǽbrik]** [홰브릭]<br>명 조직, 피륙, 건물, 건축물 |
| **fabulous** | **[fǽbjuləs]** [홰뷸러쓰]<br>형 전설적인, 믿기 어려운, 황당무계한 |
| **face** | **[feis]** [훼이쓰]<br>명 얼굴, 표정, 표면, 뻔뻔스러움<br>타자 직면하다<br>* face to face (with) (~와) 얼굴을 맞대고,<br>~에 직면하여 |

* in (the) face of ~의 면전에서,
  ~에도 아랑곳없이, ~에도 불구하고
* make faces 얼굴을 찌푸리다
* to a person's face 사람에게 정면으로,
  공공연히

**facility**

[fəsíləti] [훠씰러티]
명 쉬움, 재주, 솜씨

**fact**

[fǽkt] [홱트]
명 사실, 진상 반 fiction(허구, 꾸며낸 것)
* in fact 실로, 실제로, 요컨대

**faction**

[fǽkʃən] [홱션]
명 무리, 당파, 파벌, 분쟁

**factor**

[fǽktər] [홱터]
명 요소, 요인

**factory**

[fǽktəri] [홱터뤼]
명 공장(工場)

**faculty**

[fǽkəlti] [홰컬티]
명 능력, 재능, 기능, 수완, (대학의) 교수

**fade**

[feid] [훼이드]
자타 (빛깔이) 바래다, 시들다

333

* fade away 바래다, (빛 · 기억이)
흐릿해지다, 시들다

**Fahrenheit**

[fǽrənhàit] [홰륀하잇]
형 화씨의, 화씨 온도계의, 〈약어 F.〉

**fail**

[feil] [훼얼]
자타 실패하다, 버리고 돌보지 않다
* fail in ~에 실패하다
* fail of ~을 달성하지 못하다,
~을 실패하다, ~할 수 없다
* fail to [do] ~을 달성하지 못하다,
~할 수 없다
* cannot [never] fail to (do)
반드시 ~하다

**failure**

[féiljər] [훼얼려]
명 실패, 불이행, 태만, 낙제, 쇠약

**fain**

[fein] [훼인]
형 기꺼이 ~하는 부 기꺼이, 쾌히

**faint**

[féint] [훼인트]
형 약한, 희미한 명 기절 자 기절하다

**faintly**

[féintli] [훼인틀리]
부 힘없이, 희미하게

| | |
|---|---|
| **fair** | [fɛər] [훼어]<br>형 아름다운, 공명한, 맑은 명 전시회<br>* be in a fair way to (do) ~할 가망이<br>있다 |
| **fairly** | [fɛərli] [훼얼리]<br>부 공평하게, 완전히, 꽤 |
| **fairy** | [fɛəri] [훼어뤼]<br>명 요정 형 요정의, 요정 같은 |
| **fairyland** | [fɛərilænd] [훼어륄랜드]<br>명 요정의 나라, 동화의 나라 |
| **faith** | [feiθ] [훼이쓰]<br>명 믿음, 신뢰, 신념, 신앙 |
| **faithful** | [féiθfəl] [훼이쓰훠얼]<br>명 성실한, 정확한, 충실한 |
| **faithfully** | [féiθfəli] [훼이쓰훨리]<br>부 충실하게, 성실하게 |
| **faithfulness** | [féiθfəlnis] [훼이쓰훨니쓰]<br>명 충실 |
| **fake** | [feik] [훼익]<br>명 위조품 타 위조하다, 날조하다 |

## falcon

[fǽlkən] [홸컨]

명 (사냥에 쓰는) 매

## fall

[fɔːl] [호얼]

자 떨어지다, 함락하다 명 낙하, 가을

* fall asleep 잠들다
* fall away 저버리다 (desert), 줄다,
  사라지다, 여위다
* fall back upon (on) ~에 의지하다
* fall down 넘어지다, 엎드리다
* fall ill (sick) 병이 들다
* fall in (지붕 따위가) 내려앉다, 꺼지다,
  (눈이) 쑥 들어가다
* fall in love with ~와 사랑에 빠지다
* fall in one's way 만나다
* fall in with ~와 우연히 만나다,
  ~와 일치하다
* fall into ~이 되다, ~에 빠지다,
  ~하기 시작하다
* fall into the habit of ~하는 버릇이
  생기다
* fall into the hands of ~의 수중에
  들어가다
* fall off 떨어지다, 넘어지다

| | |
|---|---|
| **fallen** | [fɔ́:ln] [호얼른]<br>동 fall의 과거분사 형 떨어진 |
| **false** | [fɔ́:ls] [호얼쓰]<br>형 거짓의, 틀린 부 거짓으로 |
| **falsehood** | [fɔ́:lshud] [호얼쓰후드]<br>명 거짓, 허위, 잘못 |
| **falter** | [fɔ́:ltər] [호얼터]<br>자타 비틀거리다, 머뭇머뭇 말하다 |
| **fame** | [feim] [훼임]<br>명 명성, 세평 타 유명하게 만들다 |
| **familiar** | [fəmíljər] [훠밀리어]<br>형 친한, 흔한, 잘 알려져 있는 |
| **familiarity** | [fəmìliǽrəti] [훠밀리애러티]<br>명 친교, 정통 |
| **family** | [fǽmili] [홰밀리]<br>명 가족, 식구, 일가, 한 집안 |
| **famine** | [fǽmin] [홰민]<br>명 기근, 굶주림, 대부족 |
| **famous** | [féiməs] [훼이머쓰]<br>형 유명한, 이름 있는 |

| **fan** | [fæn] [핸]<br>명 부채, 팬 타자 부채질하다 |
|---|---|
| **fancy** | [fǽnsi] [핸씨]<br>명 공상, 환상, 변덕 타 공상하다 |
| **fantastic(al)** | [fæntǽstik(əl)] [핸태스틱(티크얼)]<br>형 변덕스러운, 공상적인, 기묘한 |
| **fantasy** | [fǽntəsi] [핸터씨]<br>명 공상, 환상 |
| **far** | [faːr] [화아]<br>형 먼, 저쪽의 부 멀리, 아득히<br>* by far 아주, 훨씬, 단연코((최상급, 비교급을 수식한다))<br>* far and away 훨씬, 사뭇<br>* far and wide 널리, 두루(far and near, everywhere), 도처에<br>* far from (~ing) ~하기는 커녕, 조금도 ~않다<br>* far off 멀리 떨어져서(far away)<br>* go too far 너무 하다, (너무) 지나치다<br>* so far 지금까지, 여기까지 |
| **farce** | [faːrs] [화아쓰]<br>명 익살, 소극, 어릿광대극 |

| fare | [fɛər] [훼어]<br>명 (탈것의) 요금, 승객 자 지내다, 여행하다 |
|---|---|
| **farewell** | [fɛərwél] [훼어웨얼]<br>감 안녕! 형 작별의 명 작별 |
| farm | [faːrm] [화암]<br>명 농장, 농가 타자 경작하다 |
| **farmer** | [fάːrmər] [화아머]<br>명 농부 |
| farmhouse | [fάːrmhaus] [화암하우쓰]<br>명 농가, 농사꾼의 집 |
| **farmstead** | [fάːrmərsted] [화암스테드]<br>명 (부속 건물을 합친) 농가, 농장 |
| farmyard | [fάːrmjaːrd] [화암야아드]<br>명 농가의 마당 |
| **far-off** | [fάːrɔ́ːf] [화아오흐]<br>형 아득히 먼, 까마득한, 아주 먼 |
| farther | [fάːrðər] [화아더]<br>형 더 먼, 더 앞의 부 더 멀리 |
| **farthest** | [fάːrðist] [화아디스트]<br>형 가장 먼 부 가장 멀리 |

| | |
|---|---|
| **farthing** | [fɑ́ːrðiŋ] [화아딩]<br>몡 파싱(영국의 옛날 최소액의 동전, 1/4 penny)<br>* don't care s farthing 조금도 개의치 않다 |
| **fascinate** | [fǽsənèit] [홰써네잇]<br>타 매혹시키다(charm)<br>* be fascinated with ~에 매혹당하다, ~에 홀리다 |
| **fascination** | [fæ̀sənéiʃən] [홰써네이션]<br>몡 매혹, (최면술의) 감응 |
| **fascism** | [fǽʃizm] [홰쉬즘]<br>몡 파시즘, 독재적 국가 사회주의 |
| **fashion** | [fǽʃən] [홰션]<br>몡 유행, 방식, 형(style)<br>* [be] in [out of] fashion 유행하고(유행에 뒤떨어져) 있다<br>* bring [come] into fashion 유행시키다 [하기 시작하다] |
| **fashionable** | [fǽʃənəbl] [홰셔너브얼]<br>혱 유행하는, 유행에 맞는, 사교계의 |

| | |
|---|---|
| **fast** | [fæst] [훼스트]<br>혱 빠른, 고정된, 민첩한 부 빨리 |
| **fasten** | [fǽsn] [훼슨]<br>타자 단단히 고정시키다, 단단히 묶다 |
| **fat** | [fæt] [훼트]<br>혱 살찐, 비옥한 명 지방(脂肪) |
| **fatal** | [féitl] [훼이트얼]<br>혱 치명적인, 숙명적인 |
| **fate** | [feit] [훼잇]<br>명 죽음, 숙명, 파멸 타 운명지우다 |
| **father** | [fɑ́:ðər] [화아더]<br>명 아버지, 선조, 원조(元朝), 신부 |
| **father-in-law** | [fɑ́:ðərinlɔ:] [화아더인로오]<br>명 시아버지, 장인 |
| **fathom** | [fǽðəm] [훼덤]<br>명 길(길이를 재는 단위: 1.83m) |
| **fatigue** | [fətí:g] [훠티이그]<br>명 피로, 노동 타 피로하게 하다 |
| **fault** | [fɔ:lt] [호올트]<br>명 결점, 잘못, 죄 반 merit(장점) |

*341*

| | |
|---|---|
| **favo(u)r** | [féivər] [훼이버]<br>명 호의, 부탁, 찬성, 유리, 편지<br>* ask a favor of (one) (~에게) 청을 하다, 부탁하다<br>* in favor of ~에 찬성하여, ~에 유리하게, ~에게 지불하는 (수표 따위)<br>* out of favor with (~의) 눈밖에 나서 |
| **favo(u)rable** | [féivərəbl] [훼이버러브얼]<br>형 호의적인, 찬성하는, 유리한 |
| **favo(u)rite** | [féivərit] [훼이버릿]<br>형 마음에 드는 명 인기 있는 사람 |
| **fawn** | [fɔ:n] [화언]<br>명 새끼 사슴 자타 (사슴이) 새끼를 낳다 |
| **fear** | [fíər] [휘어]<br>명 두려움, 공포, 걱정 타자 무서워하다<br>* for fear of [that~ should] ~을 두려워하여, ~하지 않을까 염려하여 |
| **fearful** | [fíərfəl] [휘어휘얼]<br>형 무서운, 염려하는, 걱정하는 |
| **fearfully** | [fíərfəli] [휘어휘얼리]<br>부 지독히, 두려워하면서 |

342

| feast | [fiːst] [휘이스트]<br>명 축제일, 향연 타자 잔치를 베풀다 |
| **feat** | [fiːt] [휘이트]<br>명 행위, 공적, 묘기 |
| feather | [féðər] [훼더]<br>명 깃털, 깃 |
| **feature** | [fíːtʃər] [휘이춰]<br>명 용모, 특징 타 ~의 특징이 되다 |
| February | [fébruèri] [훼브루에뤼]<br>명 2월 〈약어 Feb.〉 |
| **federal** | [fédərəl] [훼더뤄얼]<br>형 연방(聯邦)의 |
| federate | [fédərit] [훼더릿]<br>형 연합한, 동맹의 자타 연합하다 |
| **fee** | [fiː] [휘이]<br>명 요금, 보수 타 요금을 치르다 |
| feeble | [fíːbl] [휘이브얼]<br>형 약한, 기력이 없는, 연약한 |
| **feed** | [fiːd] [휘이드]<br>타자 먹을 것을 주다, 양육하다 명 먹이 |

* feed on ～을 먹고 살다, ～으로 기르다

**feel**
[fi:l] [휘이얼]
타자 느끼다, 만져보다 명 촉각, 느낌
* feel like ~ing ～하고 싶은 느낌이 들다

**feeling**
[fí:liŋ] [휘이얼링]
명 느낌, 촉감, 지각, 감정 형 감정적인

**feign**
[fein] [훼인]
타자 ～인 체하다, 속이다

**fellow**
[félou] [휄로우]
명 동료, 동지, 동년배, 사나이
형 동료의, 동지의

**female**
[fí:neil] [휘이메얼]
명 여성, 암컷 형 여성의, 암컷의

**feminine**
[fémənin] [훼머닌]
형 여성의, 여성다운, 연약한

**fence**
[fens] [휀쓰]
명 담, 울타리 자타 울타리를 치다

| | |
|---|---|
| **ferocious** | [fəróuʃəs] [훠로우셔쓰]<br>혱 흉포한, 사나운 핸 gentle(순한) |
| **ferry** | [féri] [훼뤼]<br>몡 나룻배, 나루터 |
| **fertile** | [fə́ːrtl] [훠어트얼]<br>혱 비옥한, 기름진 |
| **fervo(u)r** | [fə́ːrvər] [훠어버]<br>몡 열심, 열정, 백열 (상태) |
| **festival** | [féstivəl] [훼스티버얼]<br>몡 축전, 축제일, 축제 혱 축제의 |
| **fetch** | [fétʃ] [훼취]<br>텨 가서 가져오다, 불러오다 |
| **fetter** | [fétər] [훼터]<br>몡 족쇄, 속박 텨 속박하다 |
| **feud** | [fjúːd] [휴우드]<br>몡 불화, 반목, 싸움 |
| **feudal** | [fjúːdl] [휴우드얼]<br>혱 봉토 제도의, 봉건적인 |
| **feudalism** | [fjúːdəlìzm] [휴우덜리즘]<br>몡 봉건 제도 |

| | |
|---|---|
| **fever** | [fíːvər] [휘이버]<br>몡 열병, 열, 열광 타 발열시키다 |
| **feverish** | [fíːvəriʃ] [휘이버리쉬]<br>몡 열이 있는, 열병의 |
| **few** | [fjuː] [휴우]<br>몡 소수 혱 소수의, 약간의, 거의 없는<br>* a few 소수의, 두셋의<br>* few and far between 아주 드물게 |
| **fiance** | [fiːaːnséi] [휘이아안쎄이]<br>몡 ((프)) 약혼자(남자) |
| **fiber** | [fáibəl] [화이버]<br>몡 섬유, 천의 바탕, 성질 |
| **fickle** | [fíkl] [휘크얼]<br>혱 변덕스러운, 변하기 쉬운 |
| **fiction** | [fíkʃən] [휘션]<br>몡 소설, 꾸며낸 일, 허구 |
| **fictitious** | [fiktíʃəs] [휙티셔쓰]<br>혱 소설적인, 허구의(fictive) |
| **fiddle** | [fídl] [휘드얼]<br>몡 바이올린 자타 바이올린을 켜다 |

| fidelity | [fidéləti] [휘델러티]<br>몡 충실, 성실, 절개, 진실 |
|---|---|
| **field** | [fi:ld] [휘일드]<br>몡 벌판, 들, 광장, 분야 |
| fiend | [fi:nd] [휘인드]<br>몡 악마, 악령, 잔인한 사람 |
| **fierce** | [fiərs] [휘어쓰]<br>혱 사나운, 맹렬한, 지독한 |
| fiercely | [fíərsli] [휘어쓸리]<br>튄 맹렬히, 지독하게 |
| **fiery** | [fáiəri] [화이어뤼]<br>혱 불의, 불같은, 불빛의 |
| fifteen | [fiftí:n] [휘흐티인]<br>몡 15 혱 15의 |
| **fifteenth** | [fiftí:nθ] [휘흐티인쓰]<br>몡 열다섯째 혱 15번째 |
| fifth | [fifθ] [휘흐쓰]<br>몡 제 5, 5분의 1 혱 제 5의 |
| **fiftieth** | [fíftiiθ] [휘흐티이쓰]<br>몡 제 50 혱 제 50의 |

| | |
|---|---|
| **fifty** | [fifti] [휘흐티]<br>몡 50 혱 50의 |
| **fig** | [fig] [휘그]<br>몡 무화과, 복장, 몸차림 |
| **fight** | [fáit] [화잇]<br>몡 전투, 다툼 탸쟈 싸우다<br>* fight for ~을 위하여 싸우다<br>* fight off 싸워서 격퇴하다 |
| **fighter** | [fáitər] [화이터]<br>몡 전사, 투사, 권투 선수 |
| **fighting** | [fáitiŋ] [화이팅]<br>몡 싸움, 전투 |
| **figure** | [fígjər] [휘겨]<br>몡 모양, 그림, 숫자 쟈탸 그리다<br>* figure out 계산하여 합계하다 |
| **filament** | [fíləmənt] [휠러먼트]<br>몡 (삼 따위의) 섬유, (전구의) 필라멘트 |
| **file** | [fail] [화열]<br>몡 서류철, 파일, 종렬(縱列) |

| | |
|---|---|
| **filial** | [fíliəl] [휠리얼] <br> 형 자식으로서의, 효성스러운 |
| **fill** | [fil] [휠] <br> 타자 채우다, 가득 차다 명 충분한 양 <br> * fill up [in] 채우다, 메우다, (서류 · 공백에) <br> 필요 사항을 기입하다 |
| **film** | [film] [휘얼음] <br> 명 필름, 영화, 얇은 막 |
| **filter** | [fíltər] [휘얼터] <br> 명 필터, 여과기 자타 여과하다 |
| **filth** | [filθ] [휘얼쓰] <br> 명 쓰레기, 오물, 분뇨, 더러움 |
| **fin** | [fin] [휜] <br> 명 지느러미 |
| **final** | [fáiəl] [화이느얼] <br> 형 최후의, 결정적인 반 first(최초의) |
| **finally** | [fáiəli] [화이널리] <br> 부 최후로, 마침내 |
| **fiance** | [finǽns] [휘낸쓰] <br> 명 재정, 재원 타 자금을 공급하다 |

349

| | |
|---|---|
| **find** | [faind] [화인드]<br>타자 찾아내다, 발견하다<br>\* find fault with ~의 흠을 잡다,<br>~을 비난하다, ~에 잔소리하다<br>\* find one's way 길을 찾아가다,<br>~에 도달하다<br>\* find out 발견하다(discover), 이해하다,<br>(문제를) 풀다<br>\* find time for ~을 위한 시간이 있다 |
| **fine** | [fain] [화인]<br>형 아름다운, 훌륭한 명 벌금, 과료<br>\* fine art 미술 |
| **finely** | [fáinli] [화인리]<br>부 훌륭히, 아름답게 |
| **finger** | [fíŋgər] [휭거]<br>명 손가락 타자 손가락으로 만지다 |
| **fingerprint** | [fíŋgərprint] [휭거프린트]<br>명 지문(指紋) |
| **finish** | [fíniʃ] [휘니쉬]<br>타자 끝내다, 완성하다, 완료하다 |

| **finite** | [fáinait] [화이나잇]<br>형 유한의, 한정된 |
| **fir** | [fəːr] [훠어]<br>명 전나무 |
| **fire** | [faiər] [화이어]<br>명 불, 화롯불, 모닥불<br>* on fire 불타는(burning), 흥분하여,<br>  격하여<br>* open fire 포문을 열다, 사격을 시작하다<br>* catch [take] fire 불이 붙다,<br>  타기 시작하다 |
| **fire engine** | [fáiərénʤin] [화이어엔쥔]<br>명 소방차, 소방 펌프 |
| **firefly** | [fáiərflai] [화이어흘라이]<br>명 개똥벌레 |
| **fireman** | [fáiərmən] [화이어먼]<br>명 (직업적인) 소방수, 소방관 |
| **fireplace** | [fáiərpleis] [화이어플레이쓰]<br>명 (벽)난로, 화로 |
| **fireworks** | [fáiərwəːks] [화이어워크스]<br>명 꽃불, 봉화 |

*351*

| | |
|---|---|
| **firm** | [fəːrm] [훠엄]<br>형 굳은, 견고한, 안정된 부 굳게 |
| **firmament** | [fəːrməmənt] [훠어머먼트]<br>명 하늘, 창공 |
| **firmly** | [fəːrmli] [훠엄리]<br>부 튼튼하게, 굳게, 단단히 |
| **firmness** | [fəːrmnis] [훠엄니스]<br>명 견고, 확실 |
| **first** | [fəːrst] [훠어스트]<br>형 제 1의, 최초의 부 첫째로, 최초로<br>* at first 처음에는, 최초에는<br>* at first sight 언뜻 보아서는, 한 번<br>  보아서는, 첫눈에, 얼핏 보기에<br>* first of all 첫째로, 우선, 제일 먼저<br>* for the first time 처음으로<br>* in the first place 맨 먼저, 무엇보다도<br>  먼저 |
| **fish** | [fiʃ] [휘쉬]<br>명 물고기 타 (물고기를) 낚다 |
| **fit** | [fit] [휫] 명 (병의) 발작<br>형 ～에 적당한 타자 ～에 적합하다 |

352

* by fits (and starts) 발작적으로
* fit on ~에 맞는지 입어 보다, 잘 끼우다

**fitness**

[fítnis] [휘트니쓰]
명 적당, 적합

**five**

[faiv] [화이브]
명 5 형 5의
* Five-Year Economic Development
  Plan 경제 개발 5개년 계획

**fix**

[fiks] [휙쓰]
타자 고정시키다, 정하다
* fix on [upon] ~으로 결정하다,
  ~을 택하다, ~을 고르다

**flag**

[flæg] [흘래그]
명 기(旗) 타 기를 세우다

**flake**

[fleik] [흘레익]
자 (눈·깃털 따위가) 펄펄 내리다

**flame**

[fleim] [흘레임]
명 불꽃, 격정 자타 떠오르다

**flank**

[flæŋk] [흘랭크]
명 옆구리, 측면 타자 ~의 측면에 서다

| | |
|---|---|
| **flannel** | [flǽnl] [플래느얼]<br>명 플란넬 |
| **flap** | [flæp] [흘랩]<br>타자 찰싹 때리다, 날개를 치다 |
| **flare** | [flɛər] [흘레어]<br>자타 훨훨 타오르다 명 확 타오름 |
| **flash** | [flæʃ] [흘래쉬]<br>명 번쩍임, 순간 타자 번쩍이다<br>* in a flash 순식간에 |
| **flask** | [flæsk] [흘래스크]<br>명 (실험용) 플라스크, 병, 탄약통 |
| **flat** | [flæt] [흘랫]<br>형 평평한, 무미건조한 명 평면 |
| **flatten** | [flǽtn] [흘래튼]<br>타자 평평하게 하다, 무미하게 되다 |
| **flatter** | [flǽtər] [흘래더]<br>타 아첨하다, 즐겁게 하다<br>* flatter oneself 자부하다, 우쭐해하다 |

| | |
|---|---|
| **flavo(u)r** | [fléivər] [흘레이버] <br> 명 독특한 맛, 풍취 타 풍미를 더하다 |
| **flaw** | [flɔ:] [흘로오] <br> 명 결함, 흠, 갈라진 금 |
| **flea** | [fli:] [흘리이] <br> 명 벼룩 |
| **flee** | [fli:] [흘리이] <br> 자타 도망하다, 달아나다 |
| **fleece** | [fli:s] [흘리이쓰] <br> 명 (한 마리 분의) 양털 |
| **fleet** | [fli:t] [흘리이트] <br> 명 함대, 대(隊) 자 쏜살같이 지나가다 |
| **flesh** | [fleʃ] [흘레쉬] <br> 명 살, 육체 반 soul(정신) |
| **flexible** | [fléksəbl] [흘렉써브얼] <br> 형 유연성 있는, 융통성 있는 |
| **flicker** | [flíkər] [흘리커] <br> 자 깜빡거리다 명 (빛의) 깜빡임 |
| **flight** | [flait] [흘라잇] <br> 명 비행, 항공 여행, 날기, 시간의 경과 |

| **fling** | [fliŋ] [흘링]<br>타자 내던지다, 돌진하다 |
| **flint** | [flint] [흘린트]<br>명 부싯돌, 완고한 사람, 라이터돌 |
| **flinty** | [flínti] [흘린티]<br>형 고집이 센 |
| **flirt** | [fləːrt] [흘러어트]<br>타자 흔들어대다, 희롱하다 |
| **flit** | [flít] [흘리트]<br>자 훌쩍 날다, 문득 스치다 |
| **float** | [flout] [흘로옷]<br>자타 뜨다, 띄우다 명 낚시 찌 |
| **flock** | [flák] [흘락]<br>명 (양·새의) 떼 자 떼지어 오다 |
| **flog** | [flɔg] [흘로그]<br>타 채찍질하다(whip, beat) |
| **flood** | [flʌd] [흘러드]<br>명 홍수, 범람, 만조 타자 범람하다 |

| | |
|---|---|
| **floor** | [flɔːr] [플로오]<br>명 마루, 층계, 의원석, 바닥<br>* have [get] the floor 발언권을 가지다<br>　(have the right to speak in meeting) |
| **flop** | [flɔ́p] [플롭]<br>자타 털썩 떨어지다, 탁 던지다 |
| **Flora** | [flɔ́ːrə] [플로오라]<br>명 ((로마 신화)) 플로라 여신 |
| **florid** | [flɔ́ːrid] [플로오리드]<br>형 화려한, 사치스러운, 현란한 |
| **florist** | [flɔ́ːrist] [플로오리스트]<br>명 꽃장수 |
| **flounder** | [fláundər] [플라운더]<br>명 버둥거림 자 버둥거리다 |
| **flour** | [fláuər] [플라우어]<br>명 가루, 밀가루 타 가루를 뿌리다 |
| **flourish** | [flʌ́riʃ] [플러뤼쉬]<br>자타 무성하다, 번창하다, 번영하다 |
| **flow** | [flou] [플로우]<br>자 흐르다, 넘쳐흐르다 명 흐름, 유출 |

| | |
|---|---|
| **flower** | [fláuər] [플라우어]<br>명 꽃 자타 꽃이 피다 |
| **fluctuate** | [flʌ́ktʃuèit] [플럭츄에잇]<br>자 (시세 · 열 따위가) 오르내리다 |
| **fluent** | [flúːənt] [플루언트]<br>형 유창한, 거침없는 |
| **fluid** | [flúːid] [플루이드]<br>명 유동체 형 유동성의, 변하기 쉬운 |
| **flush** | [flʌʃ] [플러쉬]<br>자타 (얼굴이) 붉어지다 명 홍조 |
| **flute** | [fluːt] [플루우트]<br>명 피리, 플루트 타자 피리를 불다 |
| **flutter** | [flʌ́tər] [플러터]<br>자타 날개치다, (깃발이) 펄럭이다 |
| **fly** | [flai] [플라이]<br>명 파리, 비행 자타 날다, 도망치다 |
| **foam** | [foum] [호움]<br>명 거품 자 거품이 일다 |
| **focus** | [fóukəs] [훠우커쓰]<br>명 초점, 중심 타자 집중하다 |

| | |
|---|---|
| **foe** | [fou] [훠우]<br>명 적(enemy) |
| **fog** | [fɔːg] [훠오그]<br>명 안개, 혼미 타자 안개가 끼다 |
| **foil** | [fɔil] [호일]<br>명 (금속의) 박(箔) 타 좌절시키다 |
| **fold** | [fould] [훠울드]<br>타자 접다, 끼다, 싸다 명 주름<br>* fold one's hands 깍지 끼다, 빈둥빈둥<br>놀고 지내다<br>* fold up 반듯하게 접다, 파산하다 |
| **foliage** | [fóuliidʒ] [훠울리이쥐]<br>명 (무성한) 나뭇잎 |
| **folk** | [fouk] [훠욱]<br>명 사람들, 가족, 민족, 일가 |
| **follow** | [fálou] [활로우]<br>타자 ~의 뒤를 따라가다, 따르다<br>* as follows 다음과 같이<br>* follow out 끝까지 해내다,<br>철저히 추구하다 |
| **follower** | [fálouər] [활로우어]<br>명 부하, 문하, 제자, 수행원 |

| | |
|---|---|
| **following** | [fálouiŋ] [활로우잉]<br>명 다음 형 다음의, 이하의, 순풍의<br>* the following day 그 다음 날, 그 이튿날 |
| **folly** | [fáli] [활리]<br>명 어리석음, 어리석은 짓 |
| **fond** | [fánd] [환드]<br>형 좋아하는 다정한, 사랑하는<br>* be fond of ~을 좋아하다 |
| **fondly** | [fándli] [환들리]<br>부 정답게, 애정을 가지고, 다정하게 |
| **fondness** | [fándnis] [환드니쓰]<br>명 애호, 자애 |
| **food** | [fuːd] [후우드]<br>명 음식물, 자양분, 식량 |
| **fool** | [fuːl] [후우얼]<br>명 바보 자타 우롱하다, 농담하다<br>* be a fool to ~와는 비교가 안 되다,<br>  훨씬 못하다 |

* make a fool of ~을 바보 취급하다,
  ~을 우롱하다

**foolery**

[fúːləri] [후울러뤼]
몡 어리석은 짓

**foolhardy**

[fúːlhaːrdi] [후울하아뒤]
혱 무모한, 물불을 가리지 않는

**foolish**

[fúːliʃ] [후울리쉬]
혱 어리석은, 바보 같은

**foot**

[fut] [훗]
몡 발, (책상 따위의) 다리 탸 걷다
* at the foot of ~의 기슭에,
  (페이지의) 아랫부분에
* on foot 걸어서, 도보로
* set foot in ~에 발을 디디대[들어가다]
* set foot on ~을 밟고 서다,
  ~에 들어가다

**football**

[fútbɔːl] [훗보얼]
몡 축구, 축구공

**for**

[fɔ́ːr, fər] [호, 허]
젼 ~을 위해, ~동안, ~ 때문에, ~에 관해,

361

~을 향해

전 왜냐하면, ~이기 때문에

* for all ~에도 불구하고
* for long 한참 동안, 오래
* for my [own] part 나로서는, 나라면
* for oneself 스스로, 혼자 힘으로, 남의 도움 없이
* for one's age 나이에 비해서는
* for one's life 필사적으로, 목숨을 걸고 (desperately)
* for one's own sake 자신을 위하여

| | |
|---|---|
| **forage** | [fɔ́ːridʒ] [호리쥐] <br> 명 꼴, 마초 타자 말 먹이를 구하다 |
| **forbear** | [fɔːrbɛ́ər] [호오베어] <br> 타자 억누르다, 참고 견디다, 삼가다 |
| **forbid** | [fərbíd] [훠비드] <br> 타 금하다, 금지하다, 방해하다 |
| **forbidden** | [fərbídn] [훠비든] <br> 동 forbid의 과거분사 형 금지된 |
| **force** | [fɔ́ːrs] [호오씨] <br> 명 힘, 폭력, 병력, 완력 타 강요하다 |

* by force 힘으로, 강제적으로, 폭력으로
* force ~ to… ~이 …하지 않을 수 없게
  하다(be forced to)
* in force 시행되고 있는, 효력이 있는

**ford**

[fɔːrd] [호오드]
명 여울 타자 여울을 건너다

**fore**

[fɔ́ːr] [호오]
명 앞면 부 앞에, 먼저 형 전방의

**forecast**

[fɔ́ːrkæst] [호오캐스트]
명 예보, 예상 타 예상[예보]하다

**forefather**

[fɔ́ːrfaːðər] [호오화아더]
명 선조, 조상

**forefinger**

[fɔ́ːrfiŋgər] [호오휭거]
명 집게손가락(index finger)

**forehead**

[fɔ́rid] [호리드]
명 이마, 앞부분

**foreign**

[fɔ́rin] [호뤼]
형 외국의, 외래의, 이질적인
* foreign language 외국어

363

| foreigner | [fɔ́rinər] [호뤼너]<br>명 외국인, 이방인, 외래품, 외국선 |
|---|---|
| foremost | [fɔ́rmoust] [호오모우스트]<br>형 맨 앞의 부 맨 앞에 |
| forenoon | [fɔ́rnuːn] [호오누은]<br>명 오전 |
| foresee | [fɔ́rsiː] [호오씨이]<br>타자 예지하다, 예견하다 |
| foresight | [fɔ́rsait] [호오싸잇]<br>명 선견지명, 심려, 전망 |
| forest | [fɔ́rist] [호뤼스트]<br>명 숲, 삼림 타 숲으로 만들다 |
| foretell | [fɔːrtél] [호오테얼]<br>타자 예언하다, 예고하다 |
| forever | [fərévər] [훠뤠버]<br>부 영원히, 언제나, 영구히 |
| forfeit | [fɔ́rfit] [호오핏]<br>명 벌금, 상실 타 상실하다 |
| forge | [fɔːrdʒ] [호오쥐]<br>명 철공장 타 버리다, 단련하다 |

364

| | |
|---|---|
| **forget** | [fərgét] [훠겟]<br>타 잊다, 잊어버리다, 소홀히 하다<br>\* forget oneself (일 따위에) 몰두하다,<br>자신을 돌보지 않다 |
| **forgive** | [fərgív] [훠기브]<br>타 용서하다, 면제하다 |
| **forgiveness** | [fərgívnis] [훠기브니쓰]<br>명 용서, 면제, 관용, 너그러움 |
| **fork** | [fɔːrk] [호오크]<br>명 포크, 쇠스랑, 갈퀴 |
| **forlorn** | [fərlɔ́ːrn] [훠로은]<br>형 버림받은 고독한, 비참한 |
| **form** | [fɔːrm] [훠엄]<br>명 꼴, 형태, 모양, 외형<br>타 모양을 짓다<br>\* in the form of ~한 형태[모습]로 |
| **formal** | [fɔ́ːrməl] [포오머얼]<br>형 형식상의, 형식적인, 정식의 |
| **formality** | [fɔːrmǽləti] [포오맬러티]<br>명 정식, 의례, 형식에 구애됨 |

| former | [fɔ́ːrmər] [호오머] |
| | 형 이전의, 옛날의, 전자의 명 전자 |

| formerly | [fɔ́ːrməli] [호오머얼리] |
| | 부 옛날에, 이전에 |

| formidable | [fɔ́ːrmidəbl] [호오미더브얼] |
| | 형 무서운, 만만치 않은 |

| formular | [fɔ́ːrmjulə] [호오뮬러] |
| | 명 (수학 따위의) 공식, 처방, 정칙 |

| forsake | [fərséik] [휘쎄익] |
| | 타 버리다, 포기하다 |

| fort | [fɔːrt] [호오트] |
| | 명 성체, 보루, 요새(要塞) |

| forth | [fɔːrθ] [호오쓰] |
| | 부 앞으로, 나타나서, 밖으로 |

| fortitude | [fɔ́ːrtətjùːd] [호오터튜우드] |
| | 명 인내, 용기 |

| fortnight | [fɔ́ːrtnait] [호오트나잇] |
| | 명 2주일 간 |

| fortress | [fɔ́ːrtris] [호오츄뤼쓰] |
| | 명 요새, 요새지 |

| | |
|---|---|
| **fortunate** | [fɔ́ːrtʃənit] [호오춰닛]<br>형 운 좋은, 행운의 |
| **fortune** | [fɔ́ːrtʃən] [호오춴]<br>명 운, 행운, 재산 |
| **forty** | [fɔ́ːrti] [호오티]<br>명 40 형 40의 |
| **forum** | [fɔ́ːrəm] [호오륌]<br>명 (여분의) 심판, 공개 토론회 |
| **forward** | [fɔ́ːrwərd] [호오워어드]<br>부 앞쪽에, 앞으로 형 전방의 |
| **fossil** | [fásl] [화쓰얼]<br>명 화석 형 화석의 |
| **foste** | [fɔ́stər] [호스터]<br>타 기르다, 양육하다, 돌보다 |
| **foulr** | [faul] [화우을]<br>형 더러운, 불결한, 추잡한, 엉클어진 |
| **foulness** | [fáulnis] [화울니쓰]<br>명 더러움, 불결, 입이 상스러움 |
| **found** | [faund] [화운드]<br>타자 기초를 두다, 창설하다 |

*367*

| | |
|---|---|
| **foundation** | [faundéiʃən] [화운데이션]<br>명 토대, 기초, 근거 |
| **founder** | [fáundər] [화운더]<br>명 창설자, 시조 자타 침몰하다 |
| **fountain** | [fáuntin] [화운틴]<br>명 샘, 분수, 원천, 수원 |
| **fountain pen** | [fáuntin pen] [화운틴 펜]<br>명 만년필 |
| **four** | [fɔːr] [훠오]<br>명 4, 넷 형 4의, 넷의<br>* on all fours 네 발로 기어, 꼭 들어맞아 |
| **fourscore** | [fɔ́ːrskɔ́ːr] [훠오스코오]<br>명 80 형 80의 |
| **fourteen** | [fɔ́ːrtíːn] [훠오티인]<br>명 제 14, 열넷 형 제 14의 |
| **fourth** | [fɔ́ːrθ] [훠오씨]<br>명 제 4, 넷째 형 제 4의 |
| **fowl** | [fául] [화우을]<br>명 가금, (특히) 닭, 닭고기 |

368

| | |
|---|---|
| **fox** | [fάks] [확쓰]<br>몡 여우 |
| **fraction** | [frǽkʃən] [흐랙션]<br>몡 단편, 부분, 분수 |
| **fracture** | [frǽktʃər] [흐랙춰]<br>몡 부서짐, 부러짐 타자 부수다 |
| **fragile** | [frǽdʒail] [흐래줘얼]<br>혱 부서지기 쉬운, 연약한 |
| **fragment** | [frǽgmənt] [흐래그먼트]<br>몡 파편, 단편, 미완성 유고 |
| **fragmentary** | [frǽgməntəri] [흐래그먼터리]<br>혱 단편적인(fragmental) |
| **fragrance(y)** | [fréigrəns(i)] [흐뤠이그륀쓰(씨)]<br>몡 향기, 방향(芳香) |
| **fragrant** | [frgrənt] [흐뤠이그뤈트]<br>혱 냄새 좋은, 유쾌한 |
| **frail** | [freil] [흐뤠얼]<br>혱 약한 반 strong(튼튼한) |
| **frame** | [freim] [흐뤠임]<br>몡 구조, 골격 타 형성하다, 구성하다 |

| | |
|---|---|
| **framework** | [fréimwə:rk] [흐뤠임워어크]<br>몡 뼈대, 골격, 구조 |
| **France** | [fræns] [흐랜쓰]<br>몡 프랑스 |
| **frank** | [fræŋk] [흐랭크]<br>혱 솔직한, 정직한, 명백한 |
| **frankly** | [fræŋkli] [흐랭클리]<br>뷔 솔직히, 터놓고, 숨김없이 |
| **frantic** | [frætik] [흐랜틱]<br>혱 광란의, 열광한 |
| **fraternal** | [frətə́:rnl] [흐러터어느얼]<br>혱 형제의, 친한 |
| **fraternity** | [frətə́:rnəti] [흐러터어너티]<br>몡 형제 관계, 우애, 동업, 친목 |
| **fraud** | [frɔ:d] [흐로드]<br>몡 사기, 부정 수단, 사기꾼 |
| **freak** | [fríːk] [흐뤼이크]<br>몡 변덕, 기형물 |
| **freckle** | [frékl] [흐뤠크얼]<br>몡 주근깨 자타 주근깨가 생기다 |

| free | [frí:] [흐뤼이] |
| | 형 자유로운 타 자유롭게 하다 |
| | * free from ~을 벗어난, 모면한, ~이 없는 |
| | * free of ~이 면제되어, ~을 떠나서, |
| | ~이 없는 |
| | * free to do 자유로이 ~해도 좋다 |
| | * make free with 허물없이 굴다, |
| | ~마음대로 쓰다 |
| | * set free ~을 해방하다, ~을 석방하다 |

| freedom | [frí:dəm] [흐뤼덤] |
| | 명 자유; 자주, 독립, 해방, 면제 |

| freeman | [frí:mən] [흐뤼이먼] |
| | 명 자유민, 공민, 자유 시민 |

| freeze | [frí:z] [흐뤼즈] |
| | 자 (얼음이) 얼다, 오싹하다 |

| freight | [fréit] [흐뤠잇] |
| | 명 화물 수송, 화물 |

| French | [fréntʃ] [흐뤤취] |
| | 형 프랑스의, 프랑스어의 |

| Frenchman | [fréntʃmən] [흐뤤취먼] |
| | 명 프랑스인, 프랑스 사람 |

| frenzy | [frénzi] [흐렌쥐]<br>명 광란, 열광 타 광란케 하다 |
|--------|----------------------------------------|
| **frequent** | [frí:kwənt] [흐뤼크원트]<br>형 빈번한 타 자주 가다 |
| frequently | [frí:kwəntli] [흐뤼크원틀리]<br>부 자주, 빈번하게, 흔히 |
| **fresh** | [fréʃ] [흐뤠쉬]<br>형 새로운, 신선한, 상쾌한, 청순한 |
| fret | [frét] [흐뤳]<br>타자 초조하게 하다, 애태우다, 괴롭히다 |
| **fretful** | [frétful] [흐뤳프얼]<br>형 초조해 하는, 뽀로통한 |
| friar | [fráiər] [흐롸이어]<br>명 탁발승, 수도승 |
| **friction** | [fríkʃən] [흐뤽션]<br>명 마찰, 불화, 알력 |
| Friday | [fráidei] [흐롸이데이]<br>명 금요일 〈약어 Fri.〉 |
| **friend** | [frend] [흐뤤드]<br>명 벗, 친구, 동무, 자기편 |

* be [keep, make] friend with ~와
  친하다 [친하게 지내다]

**friendly**

[frédli] [흐뤤들리]
형 친한, 호의적인, 친절한, 우정 있는

**friendship**

[fréndʃip] [흐뤤드쉽]
명 우정, 친선, 교우 관계

**fright**

[frait] [흐롸잇]
명 놀람, 공포, 보기 흉한 사람(사물)
* take fright at ~에 깜짝 놀라다

**frighten**

[fráitn] [흐롸이튼]
타 깜짝 놀라게 하다, 겁을 주다

**frigid**

[frídʒid] [흐뤼쥐드]
형 몹시 추운, 쌀쌀한, 매정한, 차가운

**fringe**

[frindʒ] [흐륀쥐]
명 가두리 장식, 가장자리, 변두리

**frivolous**

[frívələs] [흐뤼벌러쓰]
형 경박한, 어리석은(foolish)

**fro**

[frou] [흐로우]
부 저쪽으로

| | |
|---|---|
| **frock** | [frak] [흐롹]<br>몡 부인복, 성직자의 옷 |
| **frog** | [frάːg] [흐롸그]<br>몡 개구리 |
| **frolic** | [frάlik] [흐롸릭]<br>邓 장난치다, 법석 떨다 몡 야단법석 |
| **from** | [frớm] [흐롬]<br>젠 ~에서, ~부터, ~으로, ~때문에, ~로<br>* from day to day 매일매일(everyday), 날마다<br>* from hand to mouth 그 날 벌어 그 날 먹는<br>* from hour to hour 시시각각 (every hour)<br>* from now on 금후, 지금부터(from now forward)<br>* from nowhere 어디선지, 모르는 곳에서<br>* from~ point of view ~의 견지로는<br>* from sun-up to sun-down 해가 뜨면서부터 해가 지기까지<br>* from then on 그 이후로 계속<br>* from time to time 때때로(sometimes), 종종(often) |

| | |
|---|---|
| **front** | [frʌnt] [흐뢌트]<br>명 앞쪽 형 정면의 타자 맞서다<br>* come to the front 정면에 나서다,<br>유명해지다<br>* in front of (~의) 앞에, 전면에, 표면에 |
| **frontier** | [frʌntíər] [흐뢴티어]<br>명 국경 지방, 변경, 새 분야<br>* frontier spirit 개척자 정신 |
| **front line** | [frʌnt láin] [흐뢌트 라인]<br>명 최전선, 일선 |
| **frost** | [frɔːst] [흐롸스트]<br>명 서리, 결빙 타 서리가 내리다 |
| **frosty** | [frásti] [흐롸스티]<br>형 서리가 내리는, 쌀쌀한 |
| **frown** | [fraun] [흐롸운]<br>타자 눈살을 찌푸리다<br>* frown down 무서운 얼굴로 위압하다 |
| **frozen** | [fróuzn] [흐로우즌]<br>동 freeze의 과거분사 형 냉동의 |

| | |
|---|---|
| **frugal** | [frú:gəl] [흐루우거얼]<br>형 검소한, 알뜰한, 검약한 |
| **fruit** | [fru:t] [흐루우트]<br>명 과일, 과실 자타 열매를 맺다 |
| **fruitful** | [frú:tful] [흐루웃훠얼]<br>형 열매가 잘 열리는, 다산의 |
| **fruitless** | [frú:tlis] [흐루웃리쓰]<br>형 효과가 없는, 불모의 |
| **frustrate** | [frʌ́streit] [흐롸스츄뤠잇]<br>타 (적의 계략 따위를) 꺾다 |
| **fry** | [frai] [흐롸이]<br>타자 기름에 튀기다 |
| **frying pan** | [fráiŋpæn] [흐롸잉팬]<br>명 프라이팬 |
| **fuel** | [fjú:əl] [휴어얼]<br>명 연료 타자 연료를 공급하다 |
| **fugitive** | [fjú:ʤətiv] [휴우줘티브]<br>형 도망친, 달아나는 명 도망자 |
| **fulfill** | [fulfíl] [훌휘얼]<br>타 (의무·약속 따위를) 완수하다 |

| | |
|---|---|
| **full** | [ful] [후을] <br> 형 가득 찬, 충분한 명 전부 부 충분하게 <br> * [be] full of ~으로 가득하다, <br>   ~에 몰두하고 있다 <br> * in full 상세히, 모조리 |
| **full-time** | [fúltáim] [후을타임] <br> 형 전 시간 근무의, 전임의 |
| **fully** | [fúli] [후을리] <br> 부 충분히, 완전히 |
| **fumble** | [fʌ́mbl] [훰브얼] <br> 자타 손으로 더듬다, 서투르게 다루다 |
| **fume** | [fjúːm] [휴음] <br> 명 증기, 연기 자 연기가 나다 |
| **fun** | [fʌn] [훤] <br> 명 장난, 희롱, 농담, 즐거운 일 <br> * for fun 장난으로, 재미로 <br> * make fun (of) ~을 놀리다, <br>   노리개로 삼다 |
| **function** | [fʌ́ŋkʃən] [훵(크)션] <br> 명 기능, 역할, 직능 자 작용하다 |
| **fund** | [fʌnd] [훤드] <br> 명 자금, ((복수)) 재원, 공채 |

| | |
|---|---|
| **fundamental** | [fʌ́ndəméntl] [훤더멘트얼]<br>형 기본적인, 근본적인 명 기본, 기초 |
| **funeral** | [fjúːnərəl] [휴우너뤄얼]<br>명 장례식 형 장례식의 |
| **fungus** | [fʌ́ŋgəs] [휑거쓰]<br>명 버섯, 균류(菌類) |
| **funnel** | [fʌ́nl] [훤느얼]<br>명 깔때기, (기관차·기선의) 굴뚝 |
| **funny** | [fʌ́ni] [훤니]<br>형 재미있는, 우스운, 기묘한 |
| **fur** | [fəːr] [훠어]<br>명 모피, 부드러운 털, 털가죽 옷 |
| **furious** | [fjúəriəs] [휴어뤼어쓰]<br>형 격분한, 맹렬한 |
| **furiously** | [fjúəriəsli] [휴어뤼어쓸리]<br>부 무섭게, 맹렬히 |
| **furl** | [fəːrl] [훠얼]<br>자타 (기 따위를) 감다, (우산 따위를) 접다 |
| **furnace** | [fə́ːrnis] [훠어니쓰]<br>명 화덕, 용광로, 화로 |

378

| | |
|---|---|
| **furnish** | [fə́ːrniʃ] [훠어니쉬]<br>国 비치하다, 공급하다, 설비하다 |
| **furniture** | [fə́ːrnitʃər] [훠어니춰]<br>명 가구, 비품 |
| **furrier** | [fə́ːriər] [훠어리어]<br>명 모피 장수 |
| **furrow** | [fə́ːrou] [훠어로우]<br>명 도랑, 밭고랑, 굵은 주름살 |
| **furry** | [fə́ːri] [훠어리]<br>형 모피로 덮인, 부드러운 털의 |
| **further** | [fə́ːrðər] [훠어더]<br>형 더 먼, 그 이상의 부 더욱이, 게다가 |
| **furthermore** | [fə́ːrðərmɔ̀ːr] [훠어더모오]<br>부 더욱이, 게다가 |
| **furthermost** | [fə́ːrðərmoust] [훠어더모우스트]<br>형 가장 먼 |
| **furthest** | [fə́ːrðist] [훠어디스트]<br>형 가장 먼 부 가장 멀리 |
| **fury** | [fjúəri] [휴어뤼]<br>명 격분, 격렬, 광포 |

| | |
|---|---|
| **fuse** | [fjuːz] [휴우즈]<br>명 퓨즈, 도화선, 신관 타자 녹이다, 타다 |
| **fusion** | [fjúːʒən] [휴우줜]<br>명 융해, 융합 |
| **fuss** | [fʌs] [훠쓰]<br>명 야단법석, 대소동, 안달 자타 속 타다<br>* make a fuss 야단법석하다 |
| **futile** | [fjúːtl] [휴우트얼]<br>형 쓸데없는, 하찮은, 경박한 |
| **future** | [fjúːʧər] [휴우춰]<br>명 미래, 장래, 앞날 형 미래의, 장래의<br>* for the future 장래는,<br>금후에는(in (the) future)<br>* in (the) future 장래에 (있어서) |
| **fuzz** | [fʌz] [훠즈]<br>명 잔털, 솜털 타 보풀이 일다 |
| **fuzzy** | [fʌzi] [훠지]<br>형 솜털 같은, 솜털 모양의 |

| gabble | [gǽbl] [개브얼]<br>자타 재잘거리다 명 허튼 |
| --- | --- |
| **gadget** | [gǽdʒit] [개쥐트]<br>명 부속품, 기구, 작은 기계 |
| gag | [gæg] [개그]<br>명 입마개, ((연극)) 개그 자 익살부리다 |
| **gaiety** | [géiti] [게이티]<br>명 유쾌, 명랑, 화려, 환락 |
| gaily | [géili] [게일리]<br>부 흥겹게, 유쾌하게, 명랑하게, 화려하게 |
| **gain** | [gein] [게인]<br>타자 얻다, 벌다, 이기다, 도달하다 |

\* gain on [upon] ~을 바싹 쫓아가다,
~을 침식하다
\* gain over 설복시키다,
(자기편으로) 끌어들이다

**gait**
[geit] [게잇]
몡 걸음걸이, 걷는 모양, 보조

**gaiter**
[géitər] [게이터]
몡 각반, 장화

**galaxy**
[gǽləksi] [갤럭씨]
몡 은하(수)

**gale**
[geil] [게얼]
몡 강풍, 큰 바람, 센 바람

**gall**
[gɔːl] [고올]
몡 쓸개즙, 담낭, 원한, 오배자

**gallant**
[gǽlənt] [갤런트]
혱 용감한, 씩씩한, 친절한

**gallantly**
[gǽləntli] [갤런틀리]
閈 용감하게

**gallantry**
[gǽləntri] [갤런트뤼]
몡 용감, 무용(武勇), 정중

**gallery**

[gǽləri] [갤러뤼]

명 화랑, 관람석

**galley**

[gǽli] [갤리]

명 갤리선(고대 그리스 · 로마 군함)

**gallon**

[gǽlən] [갤런]

명 갤런(액체 용적을 재는 단위)

**gallop**

[gǽləp] [갤럽] 명 갤럽(말의 가장 빠른 발놀림) 자타 질주하다

**gallows**

[gǽlouz] [갤로우즈]

명 교수대, 교수형

**gamble**

[gǽmbl] [갬브얼]

자타 도박을 하다, 투기하다

**game**

[geim] [게임]

명 유희, 경기, 시합, 사냥감 타자 내기하다

**gander**

[gǽndər] [갠더]

명 수컷 거위(male goose)

**gang**

[gæŋ] [갱]

명 (악한 따위의) 한 떼, 일당, 갱

**gaoler**

[ʤéilər] [줴얼러]

명 교도관, ((미)) jailer

| | |
|---|---|
| **gap** | [gæp] [갭]<br>명 간격, 갈라진 틈, 협곡 |
| **gape** | [geip] [게입]<br>자 입을 크게 벌리다, 하품하다 |
| **garage** | [gərάːdʒ] [거롸아쥐]<br>명 차고(車庫), 자동차 수리장 |
| **garb** | [gάːrb] [가아브]<br>명 복장, 의상 |
| **garden** | [gάːrdn] [가아든]<br>명 뜰, 정원 자타 뜰을 만들다 |
| **gardener** | [gάːrdnər] [가아드너]<br>명 정원사 |
| **garland** | [gάːrlæ̀nd] [가얼랜드]<br>명 영관, 화환, 화관 타 화관을 씌우다 |
| **garment** | [gάːrmənt] [가아먼트]<br>명 긴 웃옷, ((복수)) 의복 |
| **garnish** | [gάːrniʃ] [가아니쉬]<br>타 장식하다 명 장식 |
| **garret** | [gǽrit] [개릿]<br>명 다락방 |

| garrison | [gǽrisn] [개리슨] |
| | 명 수비대, 주둔군, 요새 |

| garter | [gɑ́ːrtər] [가아터] |
| | 명 양말 대님 |

| gas | [gæs] [개쓰] |
| | 명 기체, 가스 타 가스를 공급하다 |

| gaseous | [géisiəs] [게이씨어쓰] |
| | 형 가스의, 기체의 |

| gash | [gæʃ] [개쉬] |
| | 명 깊은 상처 타 깊은 상처를 주다 |

| gasoline | [gǽsəliːn] [개썰리인] |
| | 명 가솔린, 휘발유 |

| gasp | [gæsp] [개습] |
| | 지 타 헐떡거리다, 숨이 막히다 |

| gate | [geit] [게잇] |
| | 명 문짝, 문, 수로, 출입문 |

| gateway | [géitwei] [게잇웨이] |
| | 명 문, 출입구, 통로 |

| gather | [gǽðər] [개더] |
| | 타 자 모으다, 수집하다, 모이다 |

* gather flesh 살찌다, 살이 붙다
* gather oneself up 기운을 내다,
  용기를 내다
* gather up 한데 모으다, 주워 모으다,
  움츠리다

**GATT**

[gæt] [개트]
((약어)) General Agreement on Tariffs
and Trade(관세 및 무역에 관한
일반 협정)

**gaudy**

[gɔ́:di] [고오디]
형 야한, 현란한

**ga(u)ge**

[geidʒ] [게이쥐]
명 계량기, 계기, 표준 치수

**gauze**

[gɔ́:z] [고오즈]
명 얇은 천, 사(紗), 가제

**gay**

[gei] [게이]
형 쾌활한, 명랑한 반 sad(슬픈)

**gaze**

[geiz] [게이즈]
자 지켜보다, 응시하다 명 응시

**gear**

[giər] [기어]
명 톱니바퀴 자타 톱니바퀴가 맞물리다

| | |
|---|---|
| **gem** | [ʤem] [젬] <br> 명 보석, 옥(玉) |
| **general** | [ʤénərəl] [줴너뤄얼] <br> 형 일반적인, 개괄적인 명 육군대장 <br> * in general 일반적으로, 대체로 |
| **generally** | [ʤénərəli] [줴너뤌리] <br> 부 대개, 일반적으로, 대체로 <br> * generally speaking 일반적으로 말하면, <br> 대체로 말하면 |
| **generate** | [ʤénəreit] [줴너뤠잇] <br> 타 낳다, 발생시키다, 일으키다 |
| **generation** | [ʤènəréiʃən] [줴너뤠이션] <br> 명 일대(一代, 약 30년), 세대 |
| **generous** | [ʤénərəs] [줴너뤄쓰] <br> 형 관대한, 마음이 넓은, 비옥한 |
| **generously** | [ʤénərəsli] [줴너뤄쓸리] <br> 부 관대하게, 아낌없이 |
| **genial** | [ʤíːnjəl] [지이니어얼] <br> 형 온화한, 친절한, 상냥한 |

**geniality**

[ʤìːniǽləti] [쥐이니앨러티]

명 온화, 친절

**genius**

[ʤíːnjəs] [쥐이니어스]

명 천재, 타고난 자질, 특질, 수호신

**genteel**

[ʤentíːl] [줸티얼]

형 고상한, 품위 있는(refined), 예의 바른

**gentle**

[ʤéntl] [줸트얼]

형 상냥한, 온화한, 얌전한, 침착한

**gentleman**

[ʤéntlmən] [줸트얼먼]

명 신사, 점잖은 사람, 남자

**gentleness**

[ʤéntlnis] [줸트얼니쓰]

명 온화, 상냥, 친절

**gently**

[ʤéntli] [줸틀리]

부 상냥하게, 친절하게

**gentry**

[ʤéntri] [줸트뤼]

명 신사 계급, 상류 사회, 양반

**genuine**

[ʤénjuin] [줴뉴인]

형 순수한, 성실한, 진짜의

**geography**

[ʤiάgrəfi] [쥐아그뤄휘]

명 지리학, 지세(地勢)

A B C D E F G H I J K L M N O P Q R S T U V W X Y Z

| | |
|---|---|
| **geographic(al)** | [dʒìːəgrǽfik(əl)] [쥐어그래휙(커얼)]<br>혱 지리학의, 지세의 |
| **geology** | [dʒiɔ́lədʒi] [쥐올러쥐]<br>명 지질학, 지질 |
| **geometry** | [dʒiɑ́mətri] [쥐아머츄뤼]<br>명 기하학 |
| **germ** | [dʒəːrm] [쥐엄]<br>명 어린 싹, 병원균, 세균, 근원 |
| **German** | [dʒə́ːrmən] [쥐어먼]<br>자 독일의 명 독일 사람 |
| **Germany** | [dʒə́ːrməni] [쥐어머니]<br>명 독일 |
| **germinate** | [dʒə́ːrməneit] [쥐어머네잇]<br>자타 싹트다, 발아하다, 발생시키다 |
| **gerund** | [dʒérənd] [쥐뤈드]<br>명 《문법》 동명사 |
| **gesture** | [dʒéstʃər] [줴스춰]<br>명 손짓, 몸짓, 태도, 거동 |
| **get** | [get] [겟]<br>타자 얻다, 이르다, ~하게 하다, 도착하다 |

* get about 돌아다니다, 일에 힘쓰다
* get [earn, make] a living 벌어먹고 살다
* get along 살아가다, 지내다, 진척되다
* get along with ~와 사이좋게 지내다
* get at ~에 이르다, 닿다, 도착하다,
  ~에 달하다
* get down (위에서) 내려오다
* get in (탈것에) 타다,
  (기차·기선 따위가) 도착하다
* get in the way 방해가 되다
* get off 출발하다, 도망치다,
  (말·자동차에서) 내리다, ~을 피하다
* get on 입다, 신다, 진보하다,
  성공하다, 살아가다,
  (버스·기차·비행기 따위에) 타다
* get out of (차에서) 내리다,
  ~에서 나오다
* get ready for ~에 대한 준비를 하다
* get the better of ~을 이기다
* get to ~에 도착하다, 하기 시작하다,
  연락을 취하다
* get up 일어나다, 일어서다

A B C D E F G H I J K L M N O P Q R S T U V W X Y Z

**ghastly**

[gǽstli] [가아스틀리]
형 무서운, 유령 같은 부 송장같이

| ghost | [goust] [고우스트]<br>몡 귀신, 유령, 환영, 망령 |
|---|---|
| **giant** | [dʒáiənt] [좌이언트]<br>몡 거인 혱 거대한 |
| giddy | [gídi] [기디]<br>혱 현기증 나는, 어지러운 |
| **gift** | [gift] [기흐트]<br>몡 선물, 증여, 기증품 탄 선사하다 |
| gifted | [gíftid] [기흐티드]<br>혱 천부의 재능이 있는, 수재의 |
| **gigantic** | [dʒaigǽntik] [좌이갠틱]<br>혱 거인 같은, 거대한 |
| giggle | [gígl] [기그얼]<br>쟈 낄낄거리다 몡 낄낄 웃음 |
| **gild** | [gíld] [기얼드]<br>탄 금박을 입히다, 도금하다 |
| gill | [gil] [기얼]<br>몡 (물고기의) 아가미 |
| **gilt** | [gilt] [기얼트]<br>동 gild의 과거분사 혱 도금한 |

**ginger**

[dʒíndʒər] [쥔줘]
명 생강, 원기, 기운

**ginseng**

[dʒínsèŋ] [쥔셍]
명 인삼

**gipsy**

[dʒípsi] [쥡씨]
명 집시, 집시 같은 사람

**giraffe**

[dʒəræf] [줘래흐]
명 기린

**gird**

[gəːrd] [거어드]
타자 두르다, 띠를 졸라매다

**girl**

[gəːr] [거얼]
명 소녀(少女), 애인

**gist**

[dʒist] [쥐스트]
명 요점, 요지, 취지

**give**

[giv] [기브]
타자 주다, 선사하다, 자선하다
* give a try to~ ～해 보려고 시험해
  보다(have a try to~), 해 보다
* give attention ～에 주력하다, 유의하다
* give away 거저 주다, (비밀을) 누설하다
* give in 항복하다, 제출하다

*393*

* give oneself (up) to ～에 전념하다,
  ～에게 바치다
* give oneself up for ～자수하다,
  단념하다
* give out 발산하다, 다 쓰다, 분배하다,
  힘이 다하다
* give over 그만두다, 버리다, 단념하다,
  넘겨주다, 양보하다
* give place to ～에 대신하다,
  ～에게 양보하다
* give up 그만두다, 단념하다, 포기하다
* give vent to 나올 구멍을 만들어 주다,
  ～을 트다
* give way ～에게 자리를 양보하다,
  ～에게 지다, 힘이 빠지다, 무너지다

| | |
|---|---|
| **giver** | [gívər] [기버]<br>명 주는 사람 |
| **glacier** | [gléisjər] [글레이셔]<br>명 빙하 |
| **glad** | [glæd] [글래드]<br>형 기쁜, 기쁜 듯한, 즐거운 |
| **gladness** | [glǽdnis] [글래드니쓰]<br>명 기쁨, 기꺼움, 즐거움 |

| | |
|---|---|
| **gladden** | [glǽdn] [글래든]<br>타자 기쁘게 하다, 기뻐하다 |
| **glade** | [gleid] [글레이드]<br>명 숲 속의 빈터, 늪지 |
| **glamour** | [glǽmər] [글래머]<br>명 마력, 신비한 매력 |
| **glance** | [glǽns] [글랜쓰]<br>명 힐끗 봄 자타 힐끗 보다, 얼른 보다<br>* at a glance 첫눈에, 얼른 보아서 |
| **gland** | [glænd] [글랜드]<br>명 ((생리)) 선(腺), 분비 기관 |
| **glare** | [glɛər] [글레어]<br>명 번쩍이는 빛 자타 눈부시게 빛나다 |
| **glass** | [glǽs] [글래쓰]<br>명 글라스, 유리컵 타 유리를 끼우다 |
| **glaze** | [gleiz] [글레이즈]<br>타자 유리를 끼우다, 매끄럽게 되다 |
| **gleam** | [gli:m] [글리이임]<br>명 희미한 빛, 섬광 자 번쩍이다 |

| | |
|---|---|
| **glean** | [gli:n] [글리이인]<br>타자 (이삭을) 줍다, 조금씩 모으다 |
| **glee** | [gli:] [글리이]<br>명 환희, 유쾌, 기쁨 |
| **glen** | [glen] [글렌]<br>명 협곡, 작은 골짜기 |
| **glide** | [glaid] [글라이드]<br>자타 미끄러지다, 미끄러뜨리다 |
| **glider** | [gláidər] [글라이더]<br>명 글라이더, 활주자, 활공기 |
| **glimmer** | [glímər] [글리머]<br>자 깜박이다, 희미하게 빛나다 명 미광 |
| **glimpse** | [glimps] [글림프쓰]<br>명 힐끗 봄, 언뜻 봄 타 힐끗 보다 |
| **glint** | [glint] [글린트]<br>자 반짝이다 명 반짝이는 빛, 섬광 |
| **glitter** | [glítər] [글리터]<br>자 번쩍번쩍 빛나다, 화려하다 |
| **globe** | [gloub] [글로우브]<br>명 공, 구(球), [the-] 지구 |

| | |
|---|---|
| **gloom** | [glu:m] [글루음]<br>명 어둠, 우울 자타 어두워지다 |
| **gloomy** | [glú:mi] [글루우미]<br>형 어두운, 우울한 |
| **glorious** | [gló:riəs] [글로오뤼어쓰]<br>형 영광스러운, 빛나는, 장려한 |
| **glory** | [gló:ri] [글로오뤼]<br>명 영광, 광휘 자 기뻐하다 |
| **gloss** | [glɔ:s] [글로오쓰]<br>명 광택 자타 윤을 내다, 허식하다 |
| **glossy** | [gló:si] [글로오씨]<br>형 광택이 있는, 그럴 듯한 |
| **glove** | [glʌv] [글러브]<br>명 장갑, ((야구 · 권투)) 글러브 |
| **glow** | [glou] [글로우]<br>자 작열하다 명 백열(白熱), 홍조 |
| **glue** | [glu:] [글루우]<br>명 아교, 풀 타 아교로 붙이다 |
| **gnaw** | [nɔ:] [노오]<br>타자 갉아먹다, 괴롭히다 |

**GNP**

[dʒíːénpíː] [쥐엔피이]
((약어)) Gross National Product
(국민 총생산)

**go**

[gou] [고우]
자 가다 타 견디다

* go about 돌아다니다, ~에 힘쓰다
* go abroad 외국에 가다
* go against ~에 반항하다, ~에 거스르다
* go along 나아가다, ~을 실행하다
* go away 떠나다, 가버리다
* go back 되돌아오다, 회고하다
* go by (날·때가) 지나가다, 경과하다
* go down 내려가다, 기록되다, 항복하다
* go into ~에 들어가다, ~로 통하다
* go off (총 따위가) 오발하다, 떠나다
* go on 계속되다, 진행하다
* go out 나가다, 외출하다, (불이) 꺼지다
* go over ~을 넘어가다, 되풀이하다
* go round 돌다, 골고루 미치다
* go through 통과하다, 경험하다 [겪다]
* go through with ~을 끝까지 해내다
* go too far 극단으로 흐르다
* go up 오르다, (가격이) 상승하다

* go wel [wrong] (with) 잘되어 가다
  (잘못되어 가다)
* go with ~와 동행하다, ~에 조화되다
* (be) going to (do) ~하려 하고 있다,
  ~할 작정이다

**goal**
[goul] [고우을]
명 결승점, 목적, 목적지, 목표

**goat**
[gout] [고웃]
명 염소

**god**
[gad] [갓]
명 신(神), [G-] (기독교의) 하느님

**goddess**
[gádis] [가디쓰]
명 여신(女神)

**godfather**
[gádfaːðər] [갓화아더]
명 대부(代父)

**godly**
[gádli] [가들리]
형 신을 공경하는, 믿음이 깊은, 경건한

**gold**
[gould] [고우을드]
명 금, 금빛 형 금의, 황금빛의

**golden**
[góuldən] [고울든]
형 금빛의, 황금 같은, 귀중한

**golf**

[gɔlf] [고얼흐]
명 골프

**good**

[gud] [굿]
형 좋은, 잘된, 훌륭한, 착한
* be good at [in] ~에 능숙하다
  (be a good hand at)
* good for nothing 아무 소용도 없는
* a good deal 많은(a great deal), 많이
* a good many 많은, 다수의
  (a great many)
* be good for ~에 유익하다,
  ~동안은 유효하다
* be no good 도움이 되지 않다, 틀렸다
* do good to 이롭다, 도움이 되다,
  기쁘게 하다
* for the good of ~을 위하여,
  ~의 이익을 위하여

**good-by(e)**

[gùdbái] [굿바이]
감 안녕히! 명 고별, 작별

**good-looking**

[gúdlúkiŋ] [굿루킹]
형 잘생긴, 핸섬한

**goodly**

[gúdli] [굿리]
형 꽤 많은, 잘생긴, 훌륭한

| good-natured | [gúdnéitʃərd] [굿네이춰드]<br>형 사람이 좋은, 온후한 |
| goodness | [gúdnis] [굿니쓰]<br>명 좋음, 선량함, 미덕 |
| goods | [gúdz] [구즈]<br>명 물건, 재산, 천, 필요한 조건 |
| goodwill | [gúdwíl] [굿위얼]<br>명 호의, 동정, 영업권 |
| goose | [gu:s] [구우쓰]<br>명 거위, 바보, 얼간이 |
| gore | [gɔ:r] [고어]<br>명 흘린 피, 응혈, 삼각주 |
| gorge | [gɔ́:rʤ] [고오쥐]<br>명 목구멍, 골짜기, 삼킨 음식 |
| gorgeous | [gɔ́:rʤəs] [고오줘쓰]<br>형 호화스러운, 굉장한 |
| gosh | [gɔ́ʃ] [고쉬]<br>감 아이쿠! 큰일났군! |
| gospel | [gɔ́spəl] [고스프얼]<br>명 (예수의) 복음, 교리, 진리 |

| | |
|---|---|
| **gossip** | [gásəp] [가썹]<br>명 잡담, 가십 자 잡담하다 |
| **Gothic** | [gɔ́θik] [고씩]<br>형 고딕 건축의, 고트족의 |
| **govern** | [gʌ́vərn] [가버언]<br>타자 통치하다, 관리하다 |
| **government** | [gʌ́vərnmənt] [가버(언)먼트]<br>명 정부, 통치, 지배, 정치 |
| **governor** | [gʌ́vərnər] [가버너]<br>명 통치자, 지사, 장관, 사령관 |
| **gown** | [gáun] [가운]<br>명 긴 겉옷, 잠옷, 가운 |
| **grab** | [grǽb] [그래브]<br>타자 움켜잡다 명 움켜쥐기 |
| **grace** | [greis] [그레이쓰]<br>명 은총, 우아 타 우아하게 하다 |
| **gracious** | [gréiʃəs] [그레이셔쓰]<br>형 우아한, 정중한, 자애로운 |
| **grade** | [greid] [그레이드]<br>명 등급, 학년 타 등급으로 나누다 |

| **gradual** | [grǽdʒuəl] [그래쥬어얼]<br>형 서서히 하는, 점차적인 |
|---|---|
| **gradually** | [grǽdʒuəli] [그래쥬얼리]<br>부 서서히, 점차로 |
| **graduate** | [grǽdʒuèit] [그래쥬에잇]<br>타자 졸업하다, 학위를 주다<br>[grǽdʒuət] [그래쥬엇]<br>명 졸업생 형 졸업생의 |
| **graduation** | [grædʒuéiʃən] [그래쥬에이션]<br>명 졸업, 학위 수여 |
| **graft** | [gra:ft] [그래흐트]<br>명 접목, 눈접 타자 접목하다 |
| **grain** | [gréin] [그뤠인]<br>명 곡식, 낟알, 미량 |
| **gram** | [græm] [그램]<br>명 그램 〈약어 g, gr〉 |
| **grammar** | [grǽmər] [그래머]<br>명 문법, 문법책 |

| | |
|---|---|
| **grammarian** | [grəmɛ́əriən] [그뤄메에리언]<br>명 문법학자 |
| **grammatical** | [grəmǽtikəl] [그뤄매티커얼]<br>형 문법(상)의 |
| **gramme** | [græ] [그램]<br>명 ((영국)) 그램 |
| **gramophone** | [grǽməfòun] [그뢔머훠운]<br>명 축음기 |
| **granary** | [grǽnəri] [그뢔너뤼]<br>명 곡창 |
| **grand** | [grǽ:nd] [그뢘드]<br>형 웅대한, 장엄한, 위대한 |
| **grandchildren** | [grǽndtʃildrən] [그뢘(드)취얼칠드뤈]<br>명 grandchild(손자·손녀)의 복수 |
| **granddaughter** | [grǽnddɔ̀:tər] [그뢘(드)도오터]<br>명 손녀 |
| **grandeur** | [grǽndʒər] [그뢘쥐]<br>명 장엄, 화려, 성대, 웅장 |
| **grandfather** | [grǽndfa:ðər] [그뢘(드)화아더]<br>명 할아버지, 조부 |

| grandma | [grǽndma:] [그랜(드)마아] |
|---|---|
| | 명 할머니 |

| grandmother | [grǽndmʌ̀ðər] [그랜(드)마더] |
|---|---|
| | 명 조모, 할머니 |

| grandpa | [grǽndpa:] [그랜(드)파아] |
|---|---|
| | 명 할아버지 |

| grandson | [grǽndsʌ́n] [그랜(드)썬] |
|---|---|
| | 명 손자 |

| granite | [grǽnit] [그래닛] |
|---|---|
| | 명 화강암, 쑥돌 |

| granny | [grǽni] [그래니] |
|---|---|
| | 명 할머니, 늙은 여자 |

| grant | [grǽnt] [그랜트] |
|---|---|
| | 타 승낙하다, 허락하다, 수여하다 |
| | * granted [granting] that 설사 ~이라고 하더라도, 가령 ~이라 할지라도 |
| | * look~ for granted ~을 당연하다고 생각하다 |
| | * take~ for granted ~을 당연한 것으로 생각하다 |

| grape | [greip] [그뤠입] |
|---|---|
| | 명 포도 |

| graph | [grǽf] [그래흐] |
|---|---|
| | 명 도표, 그래프 |

| grasp | [grǽsp] [그래스프] |
|---|---|
| | 타 잡다, 쥐다, 이해하다 |
| | * with one's grasp 손이 닿는 곳에, 가까이에 |

| grass | [grǽs] [그래쓰] |
|---|---|
| | 명 풀, 목초, 잔디, 목장 |

| grasshopper | [grǽshápər] [그래쓰하퍼] |
|---|---|
| | 명 메뚜기, 여치 |

| grassy | [grǽsi] [그래씨] |
|---|---|
| | 형 풀 같은, 풀이 무성한 |

| grate | [greit] [그뤠엇] |
|---|---|
| | 타자 (신경에) 거슬리다, 박박 긁다 |

| grateful | [gréitfəl] [그뤠잇훠얼] |
|---|---|
| | 형 감사하여 마지않는 |

| gratify | [grǽtəfai] [그래터화이] |
|---|---|
| | 타 만족시키다, 기쁘게 하다 |

| | |
|---|---|
| **gratitude** | [grǽtitjuːd] [그래티튜우드]<br>명 감사, 사의(謝意) |
| **grave** | [greiv] [그뤠이브]<br>형 중대한, 엄숙한 명 무덤 타 조각하다 |
| **gravel** | [grǽvəl] [그래버얼]<br>명 자갈 타 자갈을 깔다 |
| **gravely** | [gréivəli] [그뤠이벌리]<br>부 진지하게, 중대하게 |
| **gravelly** | [grǽvəli] [그래벌리]<br>형 자갈이 많은, 자갈을 깐 |
| **gravitate** | [grǽvəitèit] [그래버테잇]<br>자 중력에 끌리다, 가라앉다 |
| **gravitation** | [grævətéiʃən] [그래버테이션]<br>명 인력, 중력 |
| **gravity** | [grǽvəti] [그래버티]<br>명 중력, 중량, 장중 |
| **gravy** | [gréivi] [그뤠이비]<br>명 고깃국물(소스) |
| **gray** | [grei] [그뤠이]<br>명 회색, 황혼 형 회색의, 창백한 |

*407*

| | |
|---|---|
| **grayish** | [gréiiʃ] [그뤠이이쉬]<br>형 잿빛을 띤, 희끄무레한 |
| **graze** | [greiz] [그뤠이즈]<br>자타 풀을 뜯어 먹다 명 목축 |
| **grease** | [gri:s] [그뤼이쓰]<br>명 (윤활유 따위의) 기름 타 기름을 바르다 |
| **great** | [gréit] [그뤠잇]<br>형 큰, 위대한, 훌륭한 |
| **greatly** | [gréitli] [그뤠이틀리]<br>부 크게, 대단히 |
| **greatness** | [gréitnis] [그뤠잇니쓰]<br>명 큼, 위대, 거대, 거창 |
| **Greece** | [gri:s] [그뤼이쓰]<br>명 그리스 |
| **greed** | [gri:d] [그뤼이드]<br>명 탐욕, 지나친 욕심 |
| **greedy** | [grí:di] [그뤼이디]<br>형 탐욕스런 |
| **Greek** | [gri:k] [그뤼이크]<br>형 그리스 (사람 · 말)의 명 그리스 사람 |

| | |
|---|---|
| **green** | [gri:n] [그뤼인]<br>형 녹색의 명 녹색, 채소, 녹지 |
| **greet** | [gri:t] [그뤼이트]<br>타 인사하다, 환영하다 |
| **grief** | [gri:f] [그뤼이흐]<br>명 큰 슬픔, 비탄, 통탄할 일 |
| **grieve** | [gri:v] [그뤼이브]<br>타자 슬프게 하다, 몹시 슬퍼하다 |
| **grill** | [gril] [그뤼얼]<br>명 석쇠, 구운 고기 타 굽다 |
| **grim** | [grim] [그륌]<br>형 무서운, 엄격한 |
| **grin** | [grin] [그륀]<br>자 이를 드러내고 싱긋 웃다 명 싱긋 웃음 |
| **grind** | [graind] [그롸인드]<br>타자 찧다 명 찧음, 빻음 |
| **grip** | [grip] [그륍]<br>명 꽉 쥠, 손잡이 타자 꽉 쥐다, 붙잡다 |
| **grit** | [grit] [그륏]<br>명 (기계 등에 끼이는) 잔모래 |

| | |
|---|---|
| **grizzle** | [grízl] [그리즐얼]<br>명 회색(의 것) 타자 회색이 되다 |
| **groan** | [groun] [그로운]<br>자 신음하다 명 신음소리 |
| **grocer** | [gróusər] [그로우써]<br>명 어물상, 식료품상 |
| **grocery** | [gróusəri] [그로우써뤼]<br>명 어물점, 식료품점 |
| **groom** | [gru:m] [그루음]<br>명 마부, 신랑 타 몸차림시키다 |
| **groove** | [gru:v] [그루우브]<br>명 가늘고 긴 홈, 정해진 순서 |
| **grope** | [group] [그로웁]<br>지타 모색하다, 손으로 더듬다 |
| **gross** | [grous] [그로우쓰]<br>형 조잡한, 큰, 투박한, 거친 |
| **grotesque** | [groutésk] [그로우테스크]<br>형 괴상한, 터무니없는 |
| **ground** | [graund] [그라운드]<br>명 땅 타자 세우다, 좌초하다 |

* break ground 땅을 일구다, 땅을 갈다, 착수(기공)하다
* burn to the ground 전소(全燒)하다
* come [go] to the ground 망하다, 지다
* fall to the ground (계획 따위가) 실패로 돌아가다
* on the ground of [that] ～이라는 이유로

**groundwork**

[gráundwə:rk] [그라운드워어크]
명 기초, 토대(foundation)

**group**

[grú:p] [그루우프]
명 무리, 집단 자타 모으(이)다

**grouse**

[gráus] [그라우쓰]
명 뇌조(雷鳥), 불평 자 불평하다

**grove**

[grouv] [그로우브]
명 작은 숲, 수풀, 작은 나무 밭

**grow**

[grou] [그로우]
자타 성장하다, 자라나다, ～이 되다
* grow hot with rage 격노하다
* grow on [upon] 점점 더하다, 차차 마음에 들게 되다
* grow out of (성장해서) ～을 못 입게 되다, ～에서 탈피하다

* grow rich 부자가 되다
* grow up 성장하다, 어른이 되다
* grow (up) into 발달하여 ~이 되다

**growl**
[graul] [그롸우을]
자 으르렁거리다 명 으르렁거리는 소리

**grown-up**
[gróunʌp] [그로운업]
명 성인, 어른(adult) 형 성장한

**growth**
[grouθ] [그로우쓰]
명 성장, 증가, 발달
* growth rate 성장 비율

**grub**
[grʌb] [그럽]
타 (나무뿌리 따위를) 찾아내다

**grudge**
[grʌdʒ] [그롸쥐]
타 아까워하다 명 원한

**gruff**
[grʌf] [그롸흐]
형 (목소리가) 굵고 탁한, 거친, 난폭한

**grumble**
[grʌmbl] [그륌브얼]
자타 불평하다, 투덜거리다

| | |
|---|---|
| **grunt** | [grʌnt] [그뤈트]<br>자 투덜거리다 명 불평 |
| **guarantee** | [gærəntíː] [개뤈티이]<br>타 보증하다, 보장하다 명 개런티 |
| **guard** | [gaːrd] [가아드]<br>타자 지키다, 경비하다 명 경계, 위병<br>* guard against ～하지 않도록<br>　조심[경계]하다, 방지하다<br>* guard ~ from… …로부터 ～을 지키다<br>* off [on] one's guard 방심[경계]하여 |
| **guardian** | [gáːrdiən] [가아디언]<br>명 보호자, 후견인 |
| **guess** | [ges] [게쓰]<br>타자 추측하다 명 추측 |
| **guest** | [gest] [게스트]<br>명 손님, 숙박인 반 host(주인) |
| **guidance** | [gáidns] [가이든쓰]<br>명 안내, 지도, 길잡이<br>* under the guidance of ～의 지도[안내]로 |

A B C D E F G H I J K L M N O P Q R S T U V W X Y Z

| guide | [gaid] [가이드]<br>명 안내자, 가이드, 지침 타 안내하다 |
| guild | [gíld] [기얼드]<br>명 동업 조합, 협회, 길드 |
| guilt | [gílt] [기얼트]<br>명 죄, 유죄, 범죄행위 |
| guilty | [gílti] [기얼티]<br>형 유죄의, 양심에 거리낌이 있는<br>* be guilty of ~의의 죄를 범한 |
| guitar | [gitá:r] [기타아]<br>명 기타 |
| gulf | [gʌlf] [거얼흐]<br>명 만(灣) 타 삼키다 |
| gull | [gʌl] [거얼]<br>명 갈매기, 잘 속는 사람 타 속이다 |
| gulp | [gʌlp] [거얼프]<br>타자 단숨에 꿀꺽 마시다 명 한 모금 |
| gum | [gʌm] [검]<br>명 고무, ((미)) 껌 |

| | |
|---|---|
| **gun** | [gʌn] [건]<br>명 총, 대포 자타 총으로 쏘다 |
| **gunpowder** | [gʌ́npaudər] [건파우더]<br>명 화약(火藥) |
| **gush** | [gʌ́ʃ] [거쉬]<br>자타 내뿜다, 분출시키다 명 분출 |
| **gust** | [gʌ́st] [거스트]<br>명 질풍, 소나기, (감정의) 폭발 |
| **gusto** | [gʌ́stou] [거스토우]<br>명 기호, 좋아함, 취미, 맛 |
| **gut** | [gʌ́t] [것]<br>명 내장, 창자, 담력 |
| **gutter** | [gʌ́tər] [거터]<br>명 (처마의) 홈통 타자 도랑을 내다 |
| **guy** | [gai] [가이]<br>명 사나이, 녀석, 놈 |
| **gym** | [dʒim] [쥠]<br>명 체육관, 도장, 체조 |
| **gymnasium** | [dʒimnéiziəm] [쥠네이지엄]<br>명 (실내) 경기장, 체육관 |

*415*

| | |
|---|---|
| **gymnastic** | [dʒimnǽstik] [짐내스틱] <br> 몡 체조 혱 체조의, 체육의 |
| **gymnastics** | [dʒimnǽstiks] [짐내스틱쓰] <br> 몡 체조, 훈련 |
| **Gypsy, Gipsy** | [dʒípsi] [집씨] <br> 몡 집시(유랑 민족) |

| | |
|---|---|
| **ha** | [ha:] [하아]<br>감 하아! 허어! 야아! |
| **habit** | [hǽbit] [해빗]<br>명 버릇, 습관, 습성, 성질, 체질<br>* be in the habit of ~하는 버릇이 있다 |
| **habitation** | [hæbitéiʃən] [해비테이션]<br>명 주소, 거주 |
| **habitual** | [həbítʃuəl] [허비츄어얼]<br>형 습관적인, 버릇대로의 |
| **hack** | [hæk] [핵]<br>타자 새기다, 잘게 베다 명 칼자국 |

| | |
|---|---|
| **had** | [hæd, həd] [해드, 허드]<br>동 have의 과거분사<br>* had better do ~하는 편이 낫다<br>* had it not been for ~이 없었더라면<br>* had rather ~ than 차라리 ~하는 편이 낫다 |
| **hag** | [hæg] [해그]<br>명 마귀 할멈, 마녀, 늪 |
| **haggard** | [hǽgərd] [해거드]<br>형 여윈, 비쩍 마른, 수척한 |
| **hail** | [heil] [헤일]<br>명 싸락눈, 우박 자타 싸락눈이 오다 |
| **hair** | [hɛər] [헤어]<br>명 털, 머리카락<br>* both of a hair 우열이 없음, 같은 정도,<br>  비슷비슷함<br>* by the [a] turn of a hair 가까스로,<br>  간신히, 아슬아슬하게<br>* put up one's hair 머리를 얹다, 조발하다,<br>  소녀가 어른이 되다 |
| **hale** | [heil] [헤일]<br>형 늠름한, 건강한, 근력이 좋은 |

| | |
|---|---|
| **half** | [hæf] [해흐]<br>명 절반 형 절반의 부 반쯤, 대략 |
| **halfpenny** | [hǽfpéni] [해흐페니]<br>명 반 페니(영국의 화폐 단위) 형 하찮은 |
| **halfway** | [hǽfwéi] [해흐웨이]<br>형 중도의, 불충분한 부 중도에서 |
| **hall** | [hɔːl] [호얼]<br>명 회관, 복도, 큰 방, 홀, 현관 |
| **hallow** | [hǽlou] [핼로우]<br>타 신성하게 하다 |
| **halt** | [hɔːlt] [호얼트]<br>자타 멈춰 서다, 휴식하다 명 휴지 |
| **ham** | [hæm] [햄] 명 햄(돼지 허벅다리 고기를<br>소금에 절여 훈제한 것) |
| **hamburger** | [hǽmbəːrgər] [햄버어거]<br>명 햄버거(스테이크용의 다진 고기) |
| **hamlet** | [hǽmlit] [햄릿]<br>명 (교회가 없는) 작은 마을 |
| **hammer** | [hǽmər] [해머]<br>명 해머, 쇠망치 타자 망치로 치다 |

| | |
|---|---|
| **hammock** | [hǽmək] [해먹]<br>명 해먹(달아 맨 그물 침대) |
| **hamper** | [hǽmpər] [햄퍼]<br>명 족쇄(足鎖) 타 방해하다 |
| **hand** | [hænd] [핸드]<br>명 손, 일손, 솜씨 타 넘겨주다<br>* (at) first [second] hand<br>　직접으로(간접으로, 중고로)<br>* at hand 바로 가까이에, 준비되어<br>* by hand 손으로, 인공으로<br>* from hand to mouth 하루 벌어 하루 먹는<br>* give a hand 손을 빌리다, 도와주다<br>* hand down ~을 유산으로 남기다,<br>　후세에 전하다<br>* hand in hand 손에 손을 잡고, 제휴하여,<br>　협력하여<br>* hand on 전하다, 다음 차례로 돌리다<br>* in hand 수중에 있는, 당면한,<br>　(일 따위가) 진행 중인, 착수하여<br>* on the other hand 한편으로,<br>　그와 반면에, 그런가 하면<br>* put one's hand to ~에 착수하다,<br>　~에 종사하다<br>* with bare hands 맨손으로 |

| | |
|---|---|
| **handbag** | [hǽndbæg] [핸(드)백]<br>명 핸드백(부인용 손가방) |
| **handbook** | [hǽndbuk] [핸(드)북]<br>명 안내서 |
| **handicap** | [hǽndikæp] [핸디캡]<br>명 핸디캡, 불리한 조건 타 불리한 조건을 달다 |
| **handkerchief** | [hǽŋkərtʃif] [행커취흐]<br>명 손수건 |
| **handle** | [hǽndl] [핸드얼]<br>명 자루, 손잡이 타 조종하다 |
| **handsome** | [hǽnsəm] [핸썸]<br>형 멋진, 잘생긴, 핸섬한, 당당한 |
| **handy** | [hǽndi] [핸디]<br>형 가까이 있는, 알맞은, 편리한 |
| **hang** | [hæŋ] [행]<br>타자 걸다, 매달리다, 교살하다<br>\* hang around ((미)) 이리저리 돌아다니다<br>\* hang on 매달리다, 붙잡고 늘어지다.<br>  귀를 기울이고 기다리다<br>\* hang oneself 목매어 죽다<br>\* hang over ~에 접근하고 있다, 위로 |

돌출하다, 임박하다
* hang together 앞뒤가 맞다, 단결하다
* hang up 전화를 끊다, ~을 걸다, 매달다,
  ~을 연기하다

| | |
|---|---|
| **hanging** | [hǽŋiŋ] [행잉]<br>몡 교수(형), 교살 혱 축 늘어진 |
| **happen** | [hǽpən] [해펀]<br>짜 일어나다, 생기다, 마침 …하다<br>* as it happens 공교롭게<br>* happen to do 우연히 ~하다 |
| **happening** | [hǽpəniŋ] [해퍼닝]<br>몡 우발 사건, 해프닝 |
| **happiness** | [hǽpinis] [해피니쓰]<br>몡 행복, 행운, 유쾌, 만족 |
| **happily** | [hǽpili] [해필리]<br>뷔 행복하게, 다행히, 운좋게 |
| **happy** | [hǽpi] [해피]<br>혱 행복한, 행운의, 즐거운, 기쁜 |
| **harass** | [hǽrəs] [해뤄쓰]<br>타 애먹이다, 괴롭히다 |

| **harbo[u]r** | [háːrbər] [하아버] <br> 몡 정박소, 항구  타자 숨기다, 정박하다 |
|---|---|
| **hard** | [haːrd] [하아드] <br> 혱 어려운, 단단한  븀 열심히, 굳게 <br> * be hard on ~에게 모질게 굴다 <br> * (be) hard up [for] ~(이) 몹시 필요하다, <br> 곤경에 빠지다 |
| **harden** | [háːrdn] [하아든] <br> 타자 딱딱하게 하다, 굳어지다 |
| **hardly** | [háːrdli] [하아들리] <br> 븀 거의 ~아니다 [하지 않다] <br> * hardly~ when [before] 하자마자 <br> (as soon as) |
| **hare** | [hɛər] [헤어] <br> 몡 산토끼 |
| **harm** | [haːrm] [하엄] <br> 몡 해(害), 손상  타 해치다 <br> * do ~ harm, do harm to ~을 해치다, <br> ~에 해를 끼치다 |
| **harmful** | [háːrmful] [하엄훠얼] <br> 혱 해로운, 유해한 |

| | |
|---|---|
| **harmless** | [hάːrmlis] [하엄리쓰]<br>형 해가 없는, 순진한, 무해한 |
| **harmonica** | [haːrmάnikə] [하아마니커]<br>명 하모니카 |
| **harmony** | [hάːrməni] [하아머니]<br>명 조화, 화합, ((음악)) 화음(和音)<br>* in harmony (with) (~와) 조화되어,<br>사이좋게 |
| **harness** | [hάːrnis] [하아니쓰]<br>명 마구(馬具) 타 마구를 채우다 |
| **harp** | [haːrp] [하아프]<br>명 하프 자 하프를 타다 |
| **harrow** | [hǽrou] [해로우]<br>명 써레 타자 써레질하다 |
| **harry** | [hǽri] [해리]<br>타 침략하다, 약탈하다 |
| **harsh** | [hάːrʃ] [하아쉬]<br>형 거친, 귀에 거슬리는, 가혹한 |
| **harshly** | [hάːrʃli] [하아쓸리]<br>부 거칠게, 가혹하게, 엄하게 |

| | |
|---|---|
| **hart** | [hάːrt] [하아트]<br>명 수사슴(stag) |
| **harvest** | [hάːrvist] [하아비스트]<br>명 수확, 추수, 보수 타자 거두어들이다<br>* an abundant harvest 풍작 |
| **has** | [hæt, həz] [해즈, 허즈]<br>동 have의 3인칭 단수 |
| **haste** | [heist] [헤이스트]<br>명 급속, 서두름 자타 서두르다, 재촉하다<br>* in haste 서둘러서, 조급하게 |
| **hasten** | [héisn] [헤이슨]<br>타자 서두르게 하다, 재촉하다 |
| **hastily** | [héistili] [헤이스틸리]<br>부 급히 서둘러서, 허둥대어 |
| **hasty** | [héisti] [헤이스티]<br>형 급한, 성급한, 경솔한 |
| **hat** | [hæt] [햇]<br>명 (테가 있는) 모자 |

| **hatch** | [hætʃ] [해취]<br>타자 알을 까다 명 부화, (배의) 승강구 |
| **hate** | [héit] [헤잇]<br>타 (몹시) 미워하다, 싫어하다 명 혐오 |
| **hatred** | [héitrid] [헤이츄뤼드]<br>명 증오, 미움 명 잡아당김 |
| **haul** | [hɔːl] [호얼]<br>타자 (끈 따위를) 세게 끌어당기다 |
| **haunt** | [hɔːnt] [호언트]<br>타자 종종 방문하다, 출몰하다 |
| **have** | [hæv, həv] [해브, 허브]<br>타 가지고 있다<br>* have a good [fine] time 즐겁게 지내다<br>* have a hard time of it 고생하다,<br>  고난을 겪다<br>* have a mind to do ~하려고 하다,<br>  ~할 작정이다<br>* have a share in ~을 분담하다,<br>  ~에 관여하다<br>* have done with ~을 끝마치다,<br>  ~와 관계를 끊다<br>* have got ((구어)) ~을 가지다(have) |

* have got to (do) ~하지 않으면 안 된다
* have one's [own] way 마음대로 하다, 뜻대로 하다
* have only to (do) ~하기만 하면 된다
* have something to do with ~와 관계가 조금 있다
* have to do ~하지 않으면 안 된다

**haven**

[héivn] [헤이븐]
명 항구, 피난처

**havoc**

[hǽvək] [해벅]
명 대파괴, 황폐

**Hawaii**

[həwáiiː] [허와이이]
명 하와이

**hawk**

[hɔːk] [호오크]
명 매 타자 매사냥을 하다, 행상하다

**hay**

[hei] [헤이]
명 건초(乾草)

**hazard**

[hǽzərd] [해저드]
명 위험, 모험 타 위험을 무릅쓰고 하다
* at all hazards 만난을 무릅쓰고

| haze | [heiz] [헤이즈]<br>명 아지랑이, 몽롱 자타 흐릿해지다 |
|---|---|
| hazel | [héizəl] [헤이저얼]<br>명 담갈색, 개암나무 형 엷은 색의 |
| he | [hi:] [히이]<br>대 그는, 그가, 그 사람 |
| head | [hed] [헤드]<br>명 머리, 두뇌, 정상, 지력<br>* head for ~을 향하여 가다 |
| headache | [hédeik] [헤데익]<br>명 두통, 골칫거리 |
| headlight | [hédlait] [헤들라잇]<br>명 헤드라이트 |
| headline | [hédlain] [헤들라인]<br>명 제목, 표제 타 제목을 붙이다 |
| headlong | [hédlɔ:ŋ] [헤들로엉]<br>부 곤두박이로, 무모하게 형 무모한 |
| headquarters | [hédkwɔ:rtərz] [헤드쿼어터즈]<br>명 본부, 본영, 사령부, 본사 |

| | |
|---|---|
| **headstrong** | [hédstrɔ:ŋ] [헤드스츄뤄엉] <br> 형 고집이 센, 완고한 |
| **heal** | [hi:l] [히이얼] <br> 타자 낫게하다, 고치다, 치료하다 |
| **health** | [hélθ] [헤얼쓰] <br> 명 건강, 건강상태 |
| **healthful** | [hélθfəl] [헤얼쓰훠얼] <br> 형 건강에 좋은, 건전한 |
| **healthy** | [hélθi] [헤얼씨] <br> 형 건강한, 위생적인, 건전한 |
| **heap** | [hi:p] [히이프] <br> 명 더미, 퇴적 타 쌓아 올리다 |
| **hear** | [hiər] [히어] <br> 타자 듣다, 들리다, 들어서 알다 <br> * hear about ~에 대하여 자세히 듣다 <br> * hear from ~에게서 소식을 듣다 <br> [편지를 받다] <br> * hear of ~의 소문을 듣다, ~에 찬성하다 |
| **hearer** | [híərər] [히어러] <br> 명 듣는 사람 |

*430*

| | |
|---|---|
| **hearing** | [híəriŋ] [히어링]<br>몡 청취, 청력, 청각, 듣기<br>* in one's hearing ～이 듣고 있는 데에서 |
| **hearken** | [háːrkən] [하아컨]<br>짜 귀를 기울이다, 경청하다 |
| **heart** | [haːrt] [하아트]<br>몡 심장, 마음, 애정, 본심, 중심<br>* at heart 내심은, 사실은, 마음속은<br>* be of good heart 비관하지 않다<br>* break one's heart 비탄에 젖게 하다<br>* by heart 암기하여(learn by heart),<br>　암기하다<br>* heart attack 심장마비(heart failure) |
| **heartfelt** | [háːrfelt] [하아트훼얼트]<br>혱 진심에서 우러나온(sincere) |
| **hearth** | [haːrθ] [하아쓰]<br>몡 난로, 난로가, 노변(fireside) |
| **hearty** | [háːrti] [하아티]<br>혱 진심에서 우러난, 기운찬 |

*431*

| heat | [hi:t] [히이트]<br>명 열, 더위 타자 뜨겁게 하다 |
|------|-------------------------------------------|
| heater | [hí:tər] [히이터]<br>명 난방 장치, 난로, 히터 |
| heath | [hí:θ] [히이쓰]<br>명 히스가 무성한 황야, 히스 |
| heathen | [hí:ðən] [히이던]<br>명 이교도, 이방인, 형 이교도의 |
| heather | [héðər] [헤더]<br>명 히스(heath) 속(屬)의 식물 |
| heave | [hi:v] [히이브]<br>타자 들어올리다, (한숨을) 쉬다, 높아지다 |
| heaven | [hévən] [헤번]<br>명 천국, 하늘, 공중, 하느님 |
| heavenly | [hévənli] [헤번리]<br>형 하늘의, 천국 같은, 거룩한 |
| heavy | [hévi] [헤비]<br>형 무거운, 답답한, 침울한, 심한 |
| Hebraic | [hibréiik] [히브레이익]<br>명 히브리 사람의 |

| **Hebrew** | [híːbruː] [히이브루우]<br>몡 히브리 사람, 유대인 |
|---|---|
| **hectogram** | [héktougræm] [헥토우그램]<br>몡 100그램(g) |
| **hectoliter** | [héktoulìːtər] [헥토울리이터]<br>몡 100리터(용량 단위) |
| **hedge** | [hedʒ] [헤쥐]<br>몡 산울타리 탄 울타리로 에워싸다 |
| **heed** | [hiːd] [히이드]<br>몡 조심, 주의 탄잔 주의하다, 유의하다<br>* give [pay] heed to ~에 주의하다,<br>　~을 명심하다<br>* take heed of ~에 조심하다, 주의하다 |
| **heedless** | [híːdlis] [히이들리쓰]<br>혱 조심성 없는, 주의하지 않는 |
| **heel** | [hiːl] [히얼]<br>몡 뒤꿈치 탄잔 뒤축을 대다 |
| **height** | [hait] [하잇]<br>몡 높이, 고도, 키, 절정<br>* at the height of ~의 절정에,<br>　한창 ~중에 |

| | |
|---|---|
| **heighten** | [háitn] [하이튼]<br>타자 높이다, 높게 하다, 늘이다 |
| **heir** | [ɛər] [에어]<br>명 상속인, 후계자, 계승자 |
| **heiress** | [ɛ́əris] [에어뤼쓰]<br>명 여자 상속인 |
| **heirless** | [ɛ́ərlis] [에얼리쓰]<br>형 상속인이 없는 |
| **hell** | [hel] [헤얼]<br>명 지옥, 곤경, 저승<br>* be hell on ~에 해롭다, ~에게 모질게 굴다<br>* hell for ~에 굉장히 열성적이고<br>* hell of ~지옥 같은 |
| **hellish** | [héliʃ] [헬리쉬]<br>형 지옥 같은 |
| **hello** | [helóu] [헬로우]<br>감 여보! 여보세요!(hallo, hallo) |
| **helm** | [hélm] [헤얼름]<br>명 키, 지배 타 키를 잡다<br>* take the helm of ~의 주도권을 잡다,<br>  정권을 잡다 |

| **helmet** | [hélmit] [헤얼밋]<br>명 투구, 헬멧, 철모 |
|---|---|
| **helmsman** | [hélmzmən] [헬므즈먼]<br>명 키 잡는 사람, 조타수 |
| **help** | [hélp] [헤얼프]<br>타자 돕다, 구해 주다, 거들어 주다<br>\* help off 거들어서 벗겨 주다,<br>　차에서 내려 주다<br>\* help on 거들어서 입히다, 차에 태우다<br>\* help oneself to ～을 마음대로 집어<br>　먹다, 훔치다(steal)<br>\* help out 구해내다, 도와서 완성시키다<br>\* help ～with …가 ～하는 것을 거들다 |
| **helpful** | [hélpfəl] [헤얼(프)훠얼]<br>형 도움이 되는, 유용한 |
| **helpless** | [hélplis] [헤얼플리쓰]<br>형 어찌할 수 없는, 속수무책인 |
| **hem** | [hem] [헴]<br>명 (천·옷의) 가장자리, 감침질 |
| **hemisphere** | [héməsifiər] [헤머스휘어]<br>명 (지구·천체의) 반구(半球) |

| | |
|---|---|
| **hen** | [hen] [헨]<br>명 암탉, (일반적으로 새의) 암컷 |
| **hence** | [hens] [헨쓰]<br>부 지금부터, ~후에, 그러므로 |
| **henceforth** | [hénsfɔ́:rθ] [헨쓰훠오쓰]<br>부 이제부터는, 앞으로 |
| **herald** | [hérəld] [헤뤄얼드]<br>명 전달자, 선구자 타 미리 알리다 |
| **herb** | [hə:rb] [허어브]<br>명 풀, 약용 식품 |
| **herd** | [hə:rd] [허어드]<br>명 떼, 군중 자타 떼를 짓다 |
| **here** | [hiər] [히어]<br>부 여기에, 이때에 반 there(저기에)<br>명 여기<br>* here and there 여기저기에(to and fro) |
| **hereafter** | [hiəræftər] [히어래흐터]<br>부 이제부터 |
| **hereby** | [hiərbái] [히어바이]<br>부 이에 의하여, 이로 말미암아 |

| **hereditary** | [hiréditèri] [히뤠디터뤼]<br>형 세습의, 유전의, 대대의 |
|---|---|
| **herein** | [híərín] [히어린]<br>부 여기에, 이 속에 |
| **heresy** | [hérəsi] [헤러시]<br>명 이교(異敎), 이단(異端) |
| **heretic** | [hérətik] [헤러틱]<br>명 이교도 형 이교도의, 이단자의 |
| **heretofore** | [híərtəfɔ̀ːr] [히어터훠오]<br>부 지금까지, 이제까지 |
| **heritage** | [héritidʒ] [헤뤼티쥐]<br>명 유산, 상속 재산, 천성 |
| **hermit** | [hə́ːrmit] [허어밋]<br>명 은자, 속세를 버린 사람 |
| **hero** | [híərou] [히어로우]<br>명 영웅, (연극·소설 속의) 주인공 |
| **heroic** | [hiróuik] [히로우익]<br>형 영웅적인, 용감한, 장렬한 |
| **heroine** | [hérouin] [헤로우인]<br>명 여주인공, 여걸, 여장부 |

| | |
|---|---|
| **heroism** | [hérouìzm] [헤로우이즘]<br>명 영웅적 행위, 장렬 |
| **heron** | [hérən] [헤뤈]<br>명 ((조류)) 왜가리 |
| **herring** | [hériŋ] [헤륑]<br>명 ((어류)) 청어 |
| **hers** | [həːrz] [허어즈]<br>대 그 여자의 것 |
| **herself** | [həːrsélf] [허어쎄얼흐]<br>대 그 여자 자신 |
| **he's** | [hiːz] [히이즈]<br>약 he is (he has)의 줄임 |
| **hesitate** | [hézətèit] [헤저테잇]<br>자 주저하다, 싫어하다 |
| **hew** | [hjuː] [휴우]<br>타자 (도끼로) 찍다, 베다 |
| **hiccup** | [híkʌp] [히캅]<br>명 딸꾹질 자타 딸꾹질하다 |
| **hidden** | [hídn] [히든]<br>동 hide의 과거분사 형 숨겨진 |

| hide | [haid] [하이드]<br>타자 숨기다 명 짐승의 가죽 |
| --- | --- |
| hideous | [hídiəs] [히디어스]<br>형 무서운, 소름 끼치는 |
| hierarchy | [háiərɑ̀ːrki] [하이어라키]<br>명 성직 계급 제도, (일반적으로) 계급 조직 |
| high | [hai] [하이]<br>형 높은, 고급의 부 높게 명 높은 곳<br>* high school 고등학교 |
| high-handed | [háihhǽndid] [하이핸디드]<br>형 고압적인, 고자세의 |
| highland | [háilənd] [하일런드]<br>명 고지, 산악지 형 고지의 |
| highly | [háili] [하일리]<br>부 높이, 격찬하여 |
| highway | [háiwei] [하이웨이]<br>명 공로(公路), 큰길, ((미)) 간선 도로 |
| hike | [haik] [하익]<br>자타 도보 여행을 하다 명 도보 여행 |

| **hiking** | [háikiŋ] [하이킹]<br>명 하이킹, 도보 여행 |
| --- | --- |
| **hill** | [hil] [히얼]<br>명 언덕, 작은 산, 야산, 흙더미 |
| **hillside** | [hílsàid] [히얼싸이드]<br>명 산중턱, 산허리 |
| **hilltop** | [híltàp] [히얼탑]<br>명 언덕의 꼭대기 |
| **hilly** | [híli] [히얼뤼]<br>형 작은 산이 많은 |
| **him** | [him] [힘]<br>대 그를, 그에게 |
| **himself** | [himsélf] [힘쎄얼흐]<br>대 그 자신, 자기 스스로<br>* by himself 혼자 힘으로, 혼자서 |
| **hind** | [haid] [하인드]<br>형 뒤의, 후방의, 뒤쪽의 |

| | |
|---|---|
| **hinder** | [híndər] [힌더]<br>타자 방해하다, 방해가 되다 |
| **hindrance** | [híndrəns] [힌쥬런쓰]<br>명 방해 |
| **Hindu, Hindoo** | [híndú:/-u:] [힌두우]<br>명 힌두교 신자, 인도 사람 |
| **Hinduism** | [híndu:izm] [힌두우이즘]<br>명 힌두교 |
| **hinge** | [hindʒ] [힌쥐]<br>명 돌쩌귀, 경첩, 요점 |
| **hint** | [hint] [힌트]<br>명 힌트, 암시 타자 암시하다 |
| **hinterland** | [híntərlænd] [힌털랜드]<br>명 (강가 · 해안의) 배후 지역, 오지, 시골 |
| **hip** | [hip] [힙]<br>명 엉덩이, 둔부 |
| **hippopotamus** | [hìpəpátəməs] [히퍼파터머쓰]<br>명 하마(河馬) |
| **hire** | [háiər] [하이어]<br>명 임대료, 고용 타 세놓다 |

| | |
|---|---|
| **his** | [hiz] [히즈] <br> 대 그의, 그의 것 |
| **hiss** | [his] [히쓰] <br> 명 쉬이, 쉿 자타 쉬이 소리를 내다 |
| **historian** | [histɔ́:riən] [히스**토**뤼언] <br> 명 역사가, 사학자 |
| **historic** | [histɔ́:rik] [히스**토**뤽] <br> 형 역사상, 유명한, 역사에 남은 |
| **historical** | [histɔ́:rikəl] [히스**토**뤼커얼] <br> 형 역사상의, 역사적인 |
| **history** | [hístəri] [**히**스터뤼] <br> 명 역사, 사학, 연혁 |
| **hit** | [hit] [힛] 타자 치다, 적중하다 명 명중 <br> * hit at ～에 덤벼들다, ～을 조소하다 <br> * hit it off 사이좋게 지내다, 잘 어울려 <br>   지내다 <br> * hit it up 버티다, 견디어내다 <br> * hit on [upon] ～에게 부딪히다, <br>   생각해 내다 |
| **hitch** | [hitʃ] [히취] <br> 타자 홱 움직이다, 걸어매다 |

| **hither** | [híðər] [히더]<br>부 이리로, 여기로  형 이쪽의 |
|---|---|
| **hitherto** | [híðərtù:] [히더투우]<br>부 지금까지, 여태까지 |
| **hive** | [haiv] [하이브]<br>명 벌(꿀)통  타 벌통에 넣다 |
| **ho** | [hou] [호우]<br>감 어이! 저런! 허허! 흥! |
| **hoard** | [hɔːrd] [호오드]<br>타자 저장하다  명 저장, 축적 |
| **hoarse** | [hɔːrs] [호오쓰]<br>형 목이 쉰, 쉰 목소리의 |
| **hobby** | [hábi] [하비]<br>명 취미, 오락, 장기 |
| **hockey** | [háki] [하키]<br>명 하키 |
| **hoe** | [hou] [호우]<br>명 괭이  타자 괭이질하다 |
| **hoist** | [hɔist] [호이스트]<br>타 (기 따위를) 올리다  명 게양 |

## hold

[hould] [호우올드]
타자 갖고 있다, 쥐다 명 움켜쥠
* hold back 말리다, 억제하다, 망설이다
* hold down 누르다, 압박하다
* hold forth 제시(提示)하다
* hold good 유효하다, 적용되다
* hold on 붙잡고 늘어지다, 지탱하다
* hold one's breath 숨을 죽이다
* hold one's peace [tongue] 평화를
  [침묵을] 지키다
* hold out 지탱하다, 제출하다
* hold to ～을 고수하다, 고집하다
* hold up 올리다, 강탈하다
* catch [take] hold of ～을 붙잡다,
  ～을 파악하다
* have a hold on ～에게 지배력을 가지다

## hole

[houl] [호우을]
명 구멍, 굴, 곤경 자타 구멍을 파다

## holiday

[hálədèi] [할러데이]
명 휴일, 명절, 휴가, 축일
* in holiday spirits 축제 기분으로
* make holiday 휴업하다

| **holiness** | [hóulinis] [호울리니쓰]<br>명 신성, 맑고 깨끗함 |
|---|---|
| **Holland** | [hɔ́lənd] [홀런드]<br>명 네덜란드 |
| **hollow** | [hɔ́lou] [홀로우]<br>명 우묵한 곳 자타 움푹 들어가다 |
| **holly** | [hɔ́li] [홀리]<br>명 호랑가시나무 |
| **holy** | [hóuli] [호울리]<br>형 신성한, 거룩한, 덕이 높은 |
| **homage** | [hɔ́midʒ] [호미쥐]<br>명 신하로서의 예(禮), 존경, 경의 |
| **home** | [houm] [호움]<br>명 가정, 고향, ((야구)) 본루 형 가정의<br>* at home 집에 있어, 본국에, 고향에, 마음 편히<br>* feel at home 마음이 놓이다, 익숙해지다<br>* go home 귀가하다, 귀국하다 |
| **homeland** | [hóumlænd] [호움랜드]<br>명 고국(故國), 조국 |

| | |
|---|---|
| **homely** | [hóumli] [호움리]<br>형 가정적인, 검소한, 수수한 |
| **homesick** | [hóumsik] [호움씩]<br>형 회향병의, 향수에 잠긴 |
| **homework** | [hóumwə:rk] [호움워어크]<br>명 숙제, 가정에서 하는 일 |
| **honest** | [ánist] [아니스트]<br>형 정직한, 성실한 |
| **honesty** | [ánisti] [아니스티]<br>명 정직, 성실 |
| **honey** | [hʌ́ni] [하니]<br>명 벌꿀, 감미, 애인 형 꿀의, 단맛의 |
| **hono[u]r** | [ánər] [아너]<br>명 명예, 경의, 자존심 타 명예를 주다<br>* in hono[u]r of ~을 축하하여,<br>  ~에게 경의를 표하여<br>* on one's honor 명예를 걸고, 맹세코 |
| **hood** | [hud] [후드]<br>명 두건, 덮개 타 두건으로 가리다, 숨기다 |
| **hoof** | [hu:f] [후우흐]<br>명 발굽 |

| | |
|---|---|
| **hook** | [huk] [훅] 명 갈고리, 코바늘<br>자타 구부리다, 갈고리로 걸다 |
| **hop** | [hap] [합]<br>자타 한 발로 뛰다 명 도약 |
| **hope** | [houp] [호웁]<br>명 희망, 기대 타자 희망하다<br>* hope for ～을 기대하다, ～을 바라다 |
| **hopeful** | [hóupfəl] [호웁훠얼]<br>형 유망한, 희망에 찬 |
| **hopeless** | [hóuplis] [호우플리쓰]<br>형 가망 없는, 절망의 |
| **horde** | [hɔ:rd] [호오드]<br>명 군중, 큰 무리(crowd) |
| **horizon** | [həráizn] [허롸이즌]<br>명 수평선, 지평선, 시야 |
| **horizontal** | [hɔrizántl] [호뤼잔트얼]<br>형 지평선의, 수평의, 평면의 |
| **horn** | [hɔ:rn] [호언]<br>명 뿔, 촉각, 촉수, 뿔 제품 |

| | |
|---|---|
| **hornless** | [hɔ́ːrnlis] [호언리쓰]<br>형 뿔 없는 |
| **horrible** | [hɔ́rəbl] [호뤄브얼]<br>형 무서운, 심한, 지겨운, 끔찍한 |
| **horrid** | [hɔ́rid] [호리드]<br>형 무서운, 지겨운, 심한 |
| **horrify** | [hɔ́rifai] [호뤄화이]<br>타 무섭게 하다, 소름 끼치게 하다 |
| **horror** | [hɔ́ːrər] [호로뤄]<br>명 공포, 혐오, 몹시 무서움<br>* have a horror of ～이 질색이다 |
| **horse** | [hɔːrs] [호오쓰]<br>명 말 타자 말을 타다, 말에 태우다 |
| **horseback** | [hɔ́ːrsbæk] [호오쓰백]<br>명 말의 등 |
| **horseman** | [hɔ́ːrsmən] [호오쓰먼]<br>명 말 탄 사람, 기수, 마술가 |
| **horsepower** | [hɔ́ːrpauər] [호오쓰파우어]<br>명 마력 |

| | |
|---|---|
| **horseshoe** | [hɔ́ːrsʃù] [호오쓰슈우]<br>명 편자 타 편자를 박다 |
| **hose** | [houz] [호우즈]<br>명 호스 타 긴 양말을 신기다 |
| **hospitable** | [háspitəbl] [하스피터브얼]<br>형 후대하는, 호의적인 |
| **hospital** | [háspitl] [하스피트얼]<br>명 병원 |
| **hospitality** | [hàspətǽləti] [하스퍼탤러티]<br>명 환대, 친절한 대접 |
| **host** | [houst] [호우스트]<br>명 주인 (노릇), 집주인, 많은 사람<br>* a host of 많은, 다수의 |
| **hostel** | [hástl] [하스터얼]<br>명 합숙소, 호스텔 |
| **hostile** | [hástail] [하스타얼]<br>형 적의가 있는, 반대하는, 적국의 |
| **hostility** | [hastíləti] [하스틸러티]<br>명 적의, 적대(敵對), ((복수)) 전쟁 |

| | |
|---|---|
| **hot** | [hat] [핫]<br>몡 더운, 뜨거운 뷔 뜨겁게 |
| **hotel** | [houtél] [호우테얼]<br>몡 호텔, 여관 |
| **hound** | [haund] [하운드]<br>몡 사냥개, 비열한 사내 탸 추적하다 |
| **hour** | [áuər] [아우어]<br>몡 시간, 시각, 때<br>* by the hour 시간제로<br>* the small hours 밤중의(1~2시경)<br>* hour and hour 매시간 |
| **hourly** | [áuərli] [아우어얼리]<br>혱 매 시간의 뷔 매 시간마다 |
| **house** | [haus] [하우쓰]<br>몡 집, 가옥, 집안<br>* house rent 집세 |
| **household** | [háushòuld] [하우쓰호우을드]<br>몡 가족, 한 집안 혱 가족의<br>* household appliances 가정 용구 |

| **housekeeper** | [háuski:pər] [하우쓰키이퍼]<br>명 주부, 가정부, 우두머리 하녀 |
|---|---|
| **housekeeping** | [háuski:piŋ] [하우쓰키이핑]<br>명 살림살이, 가정, 가계 |
| **housemaid** | [háusmeid] [하우쓰메이드]<br>명 하녀 |
| **housetop** | [háustap] [하우쓰탑]<br>명 지붕 (꼭대기), 용마루 |
| **housewife** | [háuswaif] [하우쓰와이흐]<br>명 주부, 반짇고리 |
| **housework** | [háuswər:k] [하우쓰워어크]<br>명 가사, 집안일 |
| **hover** | [hʌvər] [허버]<br>자 배회하다 명 배회, 망설임 |
| **how** | [hau] [하우]<br>부 어떻게, 어떤 식으로, 얼마나<br>* How about~? ~는 어떤가?<br>　~는 어떻게 생각하는가?<br>* How come~? 어째서 그렇게 되었나?<br>* how to~ ~하는 방법, ~하는 법 |

| **however** | [hauévər] [하우에버]<br>부 아무리 ~할지라도 접 그렇지만 |
|---|---|
| **howl** | [haul] [하우을] 자타 (개 · 늑대 따위가)<br>짖다, 울부짖다, 바람이 윙윙거리다 |
| **huddle** | [hʌ́dl] [허들]<br>타 뒤죽박죽 주워 모으다 자 붐비다<br>* huddle oneself up 몸을 움츠리다 |
| **hue** | [hjuː] [휴우]<br>명 빛깔, 색채 |
| **hug** | [hʌg] [허그]<br>타 꼭 껴안다 명 꼭 껴안음 |
| **huge** | [hjuːʤ] [휴우쥐]<br>형 거대한, 막대한 |
| **hull** | [hʌl] [헐]<br>명 껍데기, 깍지 타 덮개를 벗기다 |
| **hum** | [hʌm] [험]<br>자 (벌 · 팽이가) 윙윙거리다 |
| **human** | [hjúːmən] [휴우먼]<br>형 인간의, 인간다운 명 사람 |

* human being 인간
* human nature 인간성(humanity)
* thehuman race 인류

| | |
|---|---|
| **humane** | [hju:méin] [휴우메인]<br>형 인정 있는, 친절한 |
| **humanism** | [hjú:mənìzm] [휴우머니즘]<br>명 인문주의, 인도주의, 인본주의 |
| **humanist** | [hjú:mənist] [휴우머니스트]<br>명 인문주의자, 인문학자 |
| **humanity** | [hju:mǽnəti] [휴우매너티]<br>명 인간성, 인간애 |
| **humble** | [hʌ́mbl] [험브얼]<br>형 비천한, 겸손한 타 천하게 하다 |
| **humid** | [hjú:mid] [휴우미드]<br>형 습기 있는, 눅눅한 |
| **humidity** | [hju:mídəti] [휴우미더티]<br>명 습도, 습기 |
| **humiliate** | [hju:mílièit] [휴우밀리에잇]<br>타 창피를 주다, 모욕을 주다 |

*453*

| | |
|---|---|
| **humo[u]r** | [hjúːmər] [유(휴)우머]<br>몡 유머, 해학 탄 비위를 맞추다 |
| **hump** | [hʌmp] [험프]<br>몡 (잔등의) 군살, (낙타의) 혹 |
| **hundred** | [hʌ́ndrəd] [헌쥬뤄드]<br>몡 100 혱 100의<br>* hundreds of 수백의, 많은~<br>* hundreds of thousands of 수십만의~,<br>  무수한~ |
| **hunger** | [hʌ́ŋgər] [헝거]<br>몡 배고픔, 굶주림 자타 굶주리다 |
| **hungry** | [hʌ́ŋgri] [헝그뤼]<br>혱 배고픈, 갈망하는<br>* go hungry 굶주리다 |
| **hunt** | [hʌnt] [헌트]<br>타자 사냥하다, 추적하다 몡 사냥 |
| **hunter** | [hʌ́ntər] [헌터]<br>몡 사냥꾼, 사냥개 |
| **hurdle** | [həːrdl] [허어드얼]<br>몡 장애물, ((복수)) 허들 (경주) |

**hurl**

[həːrl] [허얼]
자타 내던지다, (욕을) 퍼붓다

**hurrah**

[hərάː] [허롸아]
감 만세! 자 만세를 부르다

**hurricane**

[həːrəkèin] [허어뤄케인]
명 태풍, 대폭풍우, 허리케인

**hurry**

[həːri] [허어뤼]
자타 서두르다, 재촉하다
명 매우 급함, 허둥지둥 서두름
* hurry off [away] 부리나케 가 버리다
* in a hurry 허둥지둥, 급히, 서둘러

**hurt**

[həːrt] [허어트] 타자 상처를 입히다,
감정을 해치다 명 상처, 고통

**husband**

[hʌ́zbənd] [허즈번드]
명 남편 타 절약하다
* husband your money 돈을 절약하라

**hush**

[hʌ́ʃ] [허시]
타자 조용하게 하다 감 쉬!

**husk**

[hʌ́sk] [허스크]
명 껍질, 꼬투리 타 껍질을 벗기다

| | |
|---|---|
| **husky** | [hΛ́ski] [허스키]<br>형 깍지의, 쉰 목소리의, 껍질 같은 |
| **hustle** | [hΛ́sl] [허쓰얼]<br>자타 난폭하게 밀다 명 밀치락달치락 |
| **hut** | [hΛ́t] [헛]<br>명 오두막, 오막살이 |
| **hutch** | [hΛ́tʃ] [허취]<br>명 (토끼 등 작은 동물을 기르는) 우리 |
| **hyacinth** | [háiəsinθ] [하이어씬쓰]<br>명 ((식물)) 히아신스 |
| **hybrid** | [háibrid] [하이브뤼드]<br>명 잡종, 혼성물 형 잡종의 |
| **hydrogen** | [háidrədʒən] [하이쥬뤄줜]<br>명 수소<br>* a hydrogen bomb 수소 폭탄<br>〈약어 H-bomb〉 |
| **hydrometer** | [haidrámətər] [하이드라머터]<br>명 액체 비중계 |
| **hygiene** | [háidʒiːn] [하이쥐인]<br>명 위생학, 건강법 |

| hygienic | [hàidʒiénik] [하이쥐에닉] <br> 형 위생적인, 위생학의 |
|---|---|
| **hymn** | [him] [힘] <br> 명 찬송가 타 찬송가를 부르다 |
| **hymnal** | [hímnl] [힘느얼] <br> 명 찬송가집 형 찬송가의 |
| **hyphen** | [háifən] [하이훤] <br> 명 하이픈 타 하이픈으로 연결하다 |
| **hypocrisy** | [hipάkrəsi] [히파크뤄씨] <br> 명 위선, 협잡 |
| **hypocrite** | [hípəkrit] [히퍼크륏] <br> 명 위선자, 협잡군 |
| **hypocritical** | [hìpəkrítikəl] [히퍼크뤼티커얼] <br> 형 위선의 |
| **hypothesis** | [haipάθəsis] [하이파써씨쓰] <br> 명 가설(假說) 형 가설의 |
| **hypothetical** | [hàipəθétikəl] [하이퍼쩨티크얼] <br> 형 가정의, 가설의 |
| **hysteria** | [histíəriə] [히스티어뤼어] <br> 명 병적 흥분(발작), 히스테리 |

**hysterical**

[histérikəl] [히스테뤼커얼]
형 히스테리의, 발작적 흥분

**hysterogenic**

[hìstəroudʒénik] [히스터로우줴닉]
형 히스테리를 일으키는

**I**

[ai] [아이]

대 나, 나는, 내가

* I dare say [daresay] 아마 ～일 것이다,
그럴 거야

**I.C.B.M.**

((약어)) Intercontinental Ballistic Missile
(대륙간 탄도탄)

**ice**

[ais] [아이쓰]

명 얼음, 얼음과자 타 얼리다

**iceberg**

[áisbəːrg] [아이쓰버어그]

명 빙산, 유빙(遊氷)

**icebox**

[áisbaks] [아이쓰박쓰]

명 아이스박스, ((미)) 냉장고

| | |
|---|---|
| **Iceland** | [áislənd] [아이슬런드]<br>몡 아이슬란드 |
| **icicle** | [áisikl] [아이씨크얼]<br>몡 고드름 |
| **icily** | [áisili] [아이씰리]<br>뷔 얼음같이, 차게 |
| **icy** | [áisi] [아이씨]<br>혱 얼음의, 얼음 같은 |
| **idea** | [aidí:ə] [아이디어]<br>몡 생각, 이념, 관념, 사상, 의견<br>* have an idea of ~을 알고 있다.<br>  ~의 관념을 갖고 있다 |
| **ideal** | [aidí:əl] [아이디어얼]<br>혱 이상적인, 완전한 몡 이상 |
| **idealism** | [aidí:əlìzm] [아이디얼리즘]<br>몡 이상주의, 관념론 |
| **idealist** | [aidí:əlist] [아이디얼리스트]<br>몡 이상주의자 |
| **idealistic** | [aidí:əlístik] [아이디얼리스틱]<br>혱 이상주의적인, 관념론적인 |

| | |
|---|---|
| **idealize** | [aidí:əlaiz] [아이디얼라이즈]<br>재타 이상화하다 |
| **identical** | [aidéntikəl] [아이덴티커얼]<br>형 동일한, 같은 |
| **identification** | [aidèntəfikéiʃən] [아이덴터휘케이션]<br>명 동일시, 신분증명서 |
| **identify** | [aidéntəfai] [아이덴터화이]<br>타 동일시하다, (~임을) 증명하다<br>* identify ~with… …와 ~을 동일시하다 |
| **identity** | [aidéntəti] [아이덴터티]<br>명 동일함, 정체, 신원 |
| **ideology** | [àidiálədʒi] [아이디알러쥐]<br>명 관념론, 이데올로기, 관념 형태 |
| **idiom** | [ídiəm] [이디엄]<br>명 관용구, 숙어 |
| **idiot** | [ídiət] [이디엇]<br>명 바보, 천치, 백치 |
| **idle** | [áidl] [아이드얼]<br>형 한가한, 게으른 타자 빈둥거리며 살다 |

* idle away 게으름을 피우며 (시간을) 헛되이 보내다

**idleness**

[áidlnis] [아이들니쓰]
명 무위(無爲), 나태, 놀고 지냄

**idol**

[áidl] [아이드얼]
명 우상(偶像)

**if**

[if] [이흐]
접 만일 ~이라면, 비록 ~일지라도
명 조건, 가정
* if any 가령 있다 하더라도
* if anything 어떠냐 하면, 무슨 차이가 있다고 하면
* if it were not for 만약 ~이 없다면
* if not 만약 ~이 아니라면, 비록 ~이 아닐지라도
* if only ~을 할 수만 있다면

**ignoble**

[ignóubl] [이그노우브얼]
형 천한, 성품이 저열한, 비열한

**ignominy**

[íɡnəmìni] [이그너미니]
명 불명예, 치욕

**ignorance**

[íɡnərəns] [이그너륀쓰]
명 무지, 무식, 모르고 있음

| **ignorant** | [ígnərənt] [이그너뤈트]<br>형 무지몽매한, 무식한, 모르는 |
|---|---|
| **ignore** | [ignɔ́ːr] [이그노오]<br>타 무시하다 |
| **ill** | [il] [이얼]<br>형 병든, 나쁜 명 악 부 나쁘게<br>* ill at ease 마음이 편치 않은, 걱정스러운, 불안한<br>* be ill at (계산이) 서투르다<br>* be ill off 살림 형편이 좋지 않다<br>* speak ill of (남을) 나쁘게 말하다<br>* take ~ ill ~을 나쁘게 여기다, 성내다 |
| **illegal** | [ilíːgəl] [일리이거얼]<br>형 불법의, 위법의, 비합법적인 |
| **illness** | [ílnis] [이얼니쓰]<br>명 병, 불쾌 |
| **illogic** | [iládʒik] [일라직]<br>명 모순, 불합리(성) |
| **illuminate** | [iljúːmənèit] [일루우머네잇]<br>타 밝게 하다, 계몽하다, 조명하다 |

| **illumination** | [iljùːmənéiʃən] [일루우머네이션]<br>몡 조명, 계몽, 계발 |
| **illusion** | [iljúːʒən] [일루우줜]<br>몡 환영, 환상, 착각 |
| **illustrate** | [íləstrèit] [일러스츄레잇]<br>타 (보기를 들어) 설명하다 |
| **illustration** | [ìləstréiʃən] [일러스츄레이션]<br>몡 실례, 삽화, 도해, 설명 |
| **illustrator** | [íləstrèitər] [일러스츄레이터]<br>몡 삽화가, 설명하는 사람 |
| **illustrious** | [ilʌ́striəs] [일러스츄뤼어쓰]<br>혱 유명한, 현저한, 찬란한 |
| **image** | [ímidʒ] [이미쥐] 몡 상(像), 꼭 닮은 사람,<br>상징, 관념 타 상상하다 |
| **imaginable** | [imǽdʒənəbl] [이매쥐너브얼]<br>혱 상상할 수 있는 |
| **imagination** | [imæ̀dʒənéiʃən] [이매쥐네이션]<br>몡 상상, 상상력 |
| **imaginative** | [imǽdʒənətiv] [이매쥐너티브]<br>혱 상상력이 풍부한 |

| imagine | [imǽʤin] [이매쥔] |
| | 타자 상상하다, 짐작하다, 생각하다 |
| IMF | ((약어)) International Monetary Fund (국제통화기금) |
| imitate | [ímətèit] [이머테잇] |
| | 타 흉내내다, 모방하다, 본받다 |
| imitation | [ìmətéiʃən] [이머테이션] |
| | 명 모방, 흉내, 모조(품) |
| immature | [ìmətʃúər] [이머츄어] |
| | 형 미숙한 |
| immediate | [míːdiət] [이미이디엇] |
| | 형 직접의, 즉시의, 바로 옆의 |
| immediately | [míːdiətli] [이미이디어틀리] |
| | 부 곧, 즉시, 곧 이어서 접 ~하자마자 |
| immense | [iméns] [이멘쓰] |
| | 형 무한한, 광대한 |
| immerse | [imə́ːrs] [이머어쓰] |
| | 타 잠그다, 가라앉히다 |
| immigrant | [ímigrənt] [이미그뤈트] |
| | 명 이민, 이주자 형 이주의, 이주해 오는 |

| | |
|---|---|
| **immigrate** | [íməgrèit] [이머그레잇]<br>자타 (외국으로부터) 이주하다 |
| **immigration** | [ìməgréiʃən] [이머그레이션]<br>명 (외국으로부터의) 이주, 이민 |
| **imminent** | [ímənənt] [이머넌트]<br>형 (위험 따위가) 임박한, 절박한 |
| **immoral** | [imɔ́ːrəl] [이모오뤄얼]<br>형 부도덕한, 행실나쁜 |
| **immortal** | [imɔ́ːrtl] [이모오트얼]<br>형 불사의, 불멸의 명 불사신 |
| **immortality** | [ìmɔːrtǽləti] [이모오탤러티]<br>명 불멸, 불사 |
| **impact** | [ímpækt] [임팩트]<br>명 충격, 충돌, 영향 |
| **impair** | [impέər] [임페어]<br>타자 해치다, 손상하다 |
| **impart** | [impɑ́ːrt] [임파아트]<br>타 나누어 주다, (보도 따위를) 전하다 |
| **impartial** | [impɑ́ːrʃəl] [임파아서얼]<br>형 공평한, 정당한 |

467

| impatience | [impéiʃəns] [임페이션쓰] |
|---|---|
| | 명 성급함, 조급, 안달 |

| impatient | [impéiʃənt] [임페이션트] |
|---|---|
| | 형 성마른, 참을 수 없는, 성급한 |
| | * be impatient for ~을 안타깝게 |
| | 바라다(eager for) |
| | * be impatient of ~을 견딜 수 |
| | 없다(unberable) |

| impatiently | [impéiʃəntli] [임페이션틀리] |
|---|---|
| | 부 안절부절하며, 조급하게, 성급하게 |

| impel | [impél] [임페얼] |
|---|---|
| | 타 재촉하다, 추진하다, 억지로 ~시키다 |

| impending | [impéndiŋ] [임펜딩] |
|---|---|
| | 형 절박한(imminent), 박두한 |

| imperative | [impérətiv] [임페뤄티브] |
|---|---|
| | 형 명령적인, 긴급한 |

| imperceptible | [ìmpərséptəbl] [임퍼셉터브얼] |
|---|---|
| | 형 감지할 수 없는, 눈에 보이지 않는 |

| imperfect | [impə́ːrfikt] [임퍼어휙트] |
|---|---|
| | 형 불완전한, 미완성의 |

| | |
|---|---|
| **imperial** | [impíəriəl] [임피어뤼어얼]<br>형 제국의, 황제의 명 황제 수염 |
| **imperialism** | [impíəriəlizm] [임피어뤼얼리즘]<br>명 제국주의 |
| **imperialist** | [impíəriəlist] [임피어뤼얼리스트]<br>명 제국주의자 |
| **imperil** | [impérəl] [임페러얼]<br>타 위태롭게 하다(put or bring in danger) |
| **imperious** | [impí:riəs] [임피이리어쓰]<br>형 전제적인, 긴급한, 거만한 |
| **imperishable** | [impériʃəbl] [임페리셔브얼]<br>형 불멸의, 영원한, 불사의 |
| **impermanent** | [impə́:rmənənt] [임퍼어머넌트]<br>형 영구적이 아닌, 일시적인 |
| **impetuous** | [impétʃuəs] [임페츄어쓰]<br>형 성급한, 열렬한 |
| **implement** | [ímpləmənt] [임플러먼트]<br>명 기구, 도구<br>[ímpləmènt] [임플러멘트]<br>타 도구를 주다, 이행하다 |

| | |
|---|---|
| **implicit** | [implísit] [임플리씻]<br>형 은연중의, 절대적인, 맹목적인 |
| **implore** | [implɔ́ːr] [임플로오]<br>타 탄원하다 |
| **imply** | [implái] [임플라이]<br>타 의미하다, 암시하다 |
| **impolite** | [ìmpəláit] [임펄라잇]<br>형 버릇없는 |
| **import** | [impɔ́ːrt] [임포오트]<br>타 수입하다, 의미하다<br>[ímpɔːrt] [임포오트]<br>명 수입, 의미, ((복수)) 수입품 |
| **importance** | [impɔ́ːrtəns] [임포오턴쓰]<br>명 중요, 중요성, 소중함<br>* of (no) importance 중요한(하찮은) |
| **important** | [impɔ́ːrtənt] [임포오턴트]<br>형 중요한, 탁월한, 젠 체하는 |
| **impose** | [impóuz] [임포우즈]<br>타자 (부담 따위를) 과하다, 떠맡기다 |

| | |
|---|---|
| **impossible** | [impásəbl] [임파써브얼]<br>혱 불가능한, 곤란한 |
| **impotent** | [ímpətənt] [임퍼턴트]<br>혱 무기력한, 허약한 |
| **impractical** | [imprǽktikəl] [임프랙티커얼]<br>혱 실제적이 아닌, 실행할 수 없는 |
| **impress** | [imprés] [임프뤠쓰]<br>타 인상을 주다, (도장)을 찍다 |
| **impression** | [impréʃən] [임프뤠션]<br>명 인상, 느낌, 흔적, 날인, 자국 |
| **impressive** | [imprésiv] [임프뤠씨브]<br>혱 인상적인, 깊은 인상을 주는 |
| **imprison** | [imprízn] [임프뤼즌]<br>타 투옥하다, 교도소에 넣다 |
| **imprisonment** | [impríznmənt] [임프뤼즌먼트]<br>명 투옥, 감금, 구금 |
| **improbable** | [imprábəbl] [임프라버브얼]<br>혱 있을 법하지 않은, 참말 같지 않은 |
| **improper** | [imprápər] [임프라퍼]<br>혱 적당치 않은 |

| | |
|---|---|
| **improve** | [imprú:v] [임프루우브]<br>타자 개선하다, 향상되다, 이용하다 |
| **improvement** | [imprú:vmənt] [임프루우브먼트]<br>명 개선, 개량, 향상, 진보 |
| **impudent** | [ímpjudənt] [임퓨던트]<br>형 경솔한, 무분별한, 건방진 |
| **impulse** | [ímpʌls] [임퍼얼쓰]<br>명 충동, 장려, 자극 |
| **impure** | [impjúər] [임퓨어]<br>형 불순한, 불결한 |
| **impute** | [impjú:t] [임퓨우트]<br>타 ~의 탓으로 돌리다, 씌우다 |
| **in** | [in] [인]<br>전 ~속에, 안에, 내에, 동안에<br>* in and out 들락날락, 보였다 말았다<br>* in oneself 본래, 그 자체로서<br>* be in for (불쾌한 일을) 당해야 하다<br>* be in on ((구어)) 한패가 되다<br>* be in with ~와 친하다,<br>　(나쁜 친구와) 어울려 있다 |

| | |
|---|---|
| **inability** | [ìnəbíləti] [이너빌러티]<br>명 ~할 수 없음, 무력, 무능 |
| **inaccurate** | [inǽkjurət] [이내큐럿]<br>형 부정확한, 틀림이 있는 |
| **inactive** | [inǽktiv] [이낵티브]<br>형 활동하지 않는, 게으른 |
| **inadequate** | [inǽdikwit] [이내디크윗]<br>형 부적당한, 불충분한 |
| **inalienable** | [inéiljənəbl] [이네일려너브얼]<br>형 양도할 수 없는, 빼앗을 수 없는 |
| **inasmuch** | [ìnəzmʌ́ʧ] [이너즈머취]<br>부 ~이기 때문에, ~이므로 |
| **inattention** | [ìnəténʃən] [이너텐션]<br>명 부주의(carelessness), 태만 |
| **inaugurate** | [inɔ́ːgjurèit] [이노오규레잇]<br>타 취임식을 행하다, 개시하다 |
| **in-between** | [inbitwíːn] [인비트위인]<br>형 중간적인 명 중개자(go-between) |
| **inborn** | [ínbɔ́ːrn] [인보언]<br>형 타고난, 선천적인(natural) |

| | |
|---|---|
| **incapable** | [inkéipəbl] [인케이퍼브얼] <br> 형 무능한, ~을 할 능력이 없는 <br> * be incapable of ~할 수 없다 |
| **incense** | [ínsens] [인쎈쓰] <br> 명 향(香) 자 향을 피우다 |
| **incentive** | [inséntiv] [인쎈티브] <br> 형 자극적인, 장려하는 명 자극 |
| **incessant** | [insésnt] [인쎄스트] <br> 형 끊임없는, 연속적인 |
| **inch** | [intʃ] [인취] <br> 명 인치(길이 단위: 1/12피트, 2.54cm) |
| **incident** | [ínsədənt] [인써던트] <br> 형 일어나기 쉬운 명 일어난 일 |
| **incidental** | [ìnsədéntl] [인써덴트얼] <br> 형 부수적으로 일어나는, 우발적인 |
| **incidentally** | [ìnsədéntəli] [인써덴털리] <br> 부 부수적으로, 우연히, 그런데(by the way) |
| **inclination** | [ìnklənéiʃən] [인클러네이션] <br> 명 경사, 경향, 기울기 |

| incline | [inkláin] [인클라인] |
| --- | --- |
| | 타자 기울이다, 기울다, 굽히다 |
| | * (be) inclined to (do) ~에 마음이 |
| | 내키다, ~하는 경향이 있다 |

| inclose | [inklóuz] [인클로우즈] |
| --- | --- |
| | 타 울타리를 두르다(enclose) |

| include | [inklú:d] [인클루우드] |
| --- | --- |
| | 타 포함하다(contain) |

| income | [ínkʌm] [인컴] |
| --- | --- |
| | 명 소득, 수입 |

| incomparable | [inkámpərəbl] [인캄퍼러브얼] |
| --- | --- |
| | 형 비교할 수 없는, 비길 바 없는 |

| incompatible | [ìnkəmpǽtəbl] [인컴패터브얼] |
| --- | --- |
| | 형 양립할 수 없는, 모순된 |

| incompetent | [inkámpətənt] [인캄퍼턴트] |
| --- | --- |
| | 형 무능한, 부적당한 |

| incomplete | [ìnkəmplí:t] [인컴플리이트] |
| --- | --- |
| | 형 불완전한, 미완성의 |

| incomprehensible | [ìnkamprihénsibl] [인캄프뤼헨씨브얼] |
| --- | --- |
| | 형 이해할 수 없는 |

| | |
|---|---|
| **inconsistent** | [ìnkənsístənt] [인컨씨스턴트]<br>형 양립하지 않는, 모순되는 |
| **inconvenience** | [ìnkənví:njəns] [인컨비이년쓰]<br>명 불편, 폐 타 불편을 주다 |
| **inconvenient** | [ìnkənví:njənt] [인컨비이년트]<br>형 불편한, 폐가 되는 |
| **incorporate** | [inkɔ́:rpərèit] [인코오퍼뤠잇]<br>타자 합동시키다, 합동하다 |
| **increase** | [inkrí:s] [인크뤼이쓰]<br>명 증가 타자 증가하다, 늘다 |
| **increasingly** | [inkrí:siŋli] [인크뤼이씽리]<br>부 점점, 증가하여, 더욱더 |
| **incredible** | [inkrédəbl] [인크뤼더브얼]<br>형 믿기 어려운, 믿을 수 없는 |
| **incur** | [inkə́:r] [인커어]<br>타 ~에 부딪치다, 초래하다 |
| **indebted** | [indétid] [인데티드]<br>형 은혜를 입고 있는, 빚이 있는 |
| **indeed** | [indí:d] [인디이드]<br>부 참으로, 과연 |

| | |
|---|---|
| **indefinite** | [indéfənit] [인데휘닛] <br> 형 불명확한, 막연한 |
| **independence** | [ìndipéndəns] [인디펜던쓰] <br> 명 독립, 독립심 |
| **independent** | [ìndipéndənt] [인디펜던트] <br> 형 독립한, 명 무소속 의원 <br> * (be) independent of ~에서 독립하고 <br>  있다, ~와 관계없다 |
| **index** | [índeks] [인덱쓰] 명 색인, 지표, <br> ((수학)) 지수(指數) 타 색인을 붙이다 |
| **India** | [índiə] [인디어] <br> 명 인도 |
| **Indian** | [índiən] [인디언] <br> 형 인도의, 인도 사람의 명 인도 사람 |
| **indicate** | [índikèit] [인디케잇] <br> 타 지시하다, 가리키다 |
| **indifference** | [indífərəns] [인디휘런쓰] <br> 명 냉담, 무관심 |
| **indifferent** | [indífərənt] [인디휘런트] <br> 형 무관심한, 대수롭지 않은 |

| **indignant** | [indígnənt] [인디그넌트]<br>형 (부정 따위에) 분개한, 노한 |
|---|---|
| **indignantly** | [indígnəntli] [인디그넌틀리]<br>부 분개하여, 분연히 |
| **indignation** | [ìndignéiʃən] [인디그네이션]<br>명 의분, 분개, 분노 |
| **indigo** | [índigòu] [인디고우]<br>명 쪽빛, 청람, 남빛 |
| **indirect** | [ìndərékt] [인디렉트]<br>형 간접의, 2차적인, 우회하는 |
| **indirectly** | [ìndəréktli] [인디렉틀리]<br>부 간접적으로 |
| **indiscreet** | [ìndiskríːt] [인디스크뤼이트]<br>형 분별없는, 무모한 |
| **indispensable** | [ìndispénsəbl] [인디스펜써브얼]<br>형 절대 필요한, 피할 수 없는<br>* indispensable to ~에 필요 불가결한, 없어서는 안 될 |

| **individual** | [ìndəvídʒuəl] [인더비쥬어얼] |
| | 형 단일한, 개개의 명 개인 |

| **individuality** | [ìndəvìdʒuǽləti] [인더비쥬앨러티] |
| | 명 개상, 개체, 개인 |

| **indoor** | [índɔ:r] [인도오] |
| | 형 옥내의, 실내의, 집 안의 |

| **indoors** | [índɔ́:rz] [인도오즈] |
| | 부 옥내에서, 집 안에서 |

| **induce** | [indjú:s] [인듀우쓰] |
| | 타 꾀다, 설득하여 ~하게 하다 |

| **indulge** | [ndʌldʒ] [인덜쥐] |
| | 자타 빠지다, 즐겁게 하다, 만족시키다 |
| | * indulge (oneself) in ~에 빠지다 |

| **industrial** | [indʌ́striəl] [인더스츄리어얼] |
| | 형 산업의, 공업의 |

| **industry** | [índəstri] [인더스츄리] |
| | 명 공업, 산업, 근면 |

| **inefficient** | [ìnifíʃənt] [이니휘션트] |
| | 형 무능한, 쓸모 없는 |

| | |
|---|---|
| **inequality** | [ìnikwáləti] [이니크왈러티] <br> 명 불평등 |
| **inert** | [inə́ːrt] [이너어트] <br> 형 생기가 없는, 활발하지 못한 |
| **inescapable** | [ìneskéipəbl] [이네스케이퍼브얼] <br> 형 달아날 수 없는, 피할 수 없는 |
| **inevitable** | [inévitəbl] [이네비터브얼] <br> 형 피할 수 없는, 필연의 |
| **inevitably** | [inévitəbli] [이네비터블리] <br> 부 불가피하게 |
| **inexhaustible** | [ìnegzɔ́ːstəbl] [이네그조오스터브얼] <br> 형 무진장의, 다 써 버릴 수 없는 |
| **inexpensive** | [ìnikspénsiv] [이닉스펜씨브] <br> 형 비용이 들지 않는, 값싼 |
| **inexplicable** | [inéksplikəbl] [이넥스플리커브얼] <br> 형 설명할 수 없는, 불가해한 |
| **infamous** | [ínfəməs] [인훠머쓰] <br> 형 악명 높은, 수치스러운 |
| **infancy** | [ínfənsi] [인훤씨] <br> 명 유년 시대, 초기, 미성년 |

| infant | [ínfənt] [인풘트]<br>명 유아(7세 미만) 형 유아의 |
|---|---|
| **infantry** | [ínfəntri] [인풘츄리]<br>명 보병 |
| infect | [infékt] [인풱트]<br>타 전염시키다, 감염시키다 |
| **infer** | [infə́ːr] [인풔어]<br>타자 추론하다, 결론을 끌어내다 |
| inference | [ínfərəns] [인풔뤈쓰]<br>명 추론, 추리, 결론, 함축 |
| **inferior** | [infíəriər] [인풔어뤼어]<br>형 하위의 명 하급자<br>* be inferior to ~보다 못하다 |
| **infernal** | [infə́ːrnl] [인풔어느얼]<br>형 지옥의, 지옥 같은, 지독한 |
| infest | [infést] [인풰스트]<br>타 (해충 · 해적 따위가) 들끓다 |
| infield | [ínfiːld] [인풔일드]<br>명 농가 주위의 경지, ((야구)) 내야 |

|  |  |
|------|-----------|
| **infinite** | [ínfənit] [인휘닛] <br> 형 무한의, 막대한 ((문법)) 부정형의 명 무한 |
| **infinitely** | [ínfənətli] [인휘너틀리] <br> 부 무한히, 한없이 |
| **infinitive** | [infínətiv] [인휘너티브] <br> 명 ((문법)) 부정사 |
| **inflame** | [infléim] [인흘레임] <br> 타자 불을 붙이다, 불붙다 |
| **inflation** | [infléiʃən] [인흘레이션] <br> 명 팽창, 통화 팽창 |
| **inflict** | [inflíkt] [인흘릭트] <br> 타 (고통 · 형벌을) 당하게 하다 |
| **influence** | [ínfluəns] [인흘루언쓰] <br> 명 영향, 감화력 |
| **influential** | [ìnfluénʃəl] [인흘루엔셔얼] <br> 형 영향을 미치는, 유력한 |
| **influenza** | [ìnfluénzə] [인흘루엔저] <br> 명 인플루엔자, 유행성 감기 |
| **inform** | [infɔ́rm] [인휘엄] <br> 타자 알리다, 밀고하다 |

| | |
|---|---|
| **informal** | [infɔ́ːrməl] [인훠오머얼] <br> 형 비공식의, 약식의 |
| **information** | [ìnfərméiʃən] [인훠메이션] <br> 명 통지, 정보, 밀고 |
| **ingenious** | [indʒíːnjəs] [인쥐이너쓰] <br> 형 슬기로운, 독창적인 |
| **inhabit** | [inhǽbit] [인해빗] <br> 타 ～에 살다, 차지하다 |
| **inhabitant** | [inhǽbətənt] [인해버턴트] <br> 명 주민(住民) |
| **inhale** | [inhéil] [인헤얼] <br> 타 빨아들이다 반 exhale(내뿜다) |
| **inherent** | [inhí(:)rənt] [인히(어)뤈트] <br> 형 본래의, 고유의, 타고난 |
| **inherit** | [inhérit] [인헤륏] <br> 타 자 상속하다, 유전자를 물려받다 |
| **inheritance** | [inhéritəns] [인헤뤼턴쓰] <br> 명 상속, 유산, 유전 |
| **initial** | [iníʃəl] [이니서얼] <br> 형 처음의 명 머리글자 |

| initiate | [iníʃièit] [이니쉬에잇]<br>타 시작하다, 창시하다 |
| **initiative** | [iníʃiətiv] [이니쉬어티브]<br>명 솔선, 진취의 기상 형 처음의 |
| inject | [indʒékt] [인젝트]<br>타 주사하다, 주입하다 |
| **injure** | [índʒər] [인줘]<br>타 해치다, 고통을 주다 |
| injurious | [indʒúəriəs] [인주어뤼어쓰]<br>형 해로운 |
| **injury** | [índʒəri] [인줘뤼]<br>명 상해, 손해 |
| injustice | [indʒʌ́stis] [인줘스티쓰]<br>명 부정, 불공평, 불법 행위 |
| **ink** | [iŋk] [잉크]<br>명 잉크 타 ~을 잉크로 쓰다 |
| inland | [ínlænd] [인랜드]<br>형 내륙의, 국내의 명 내륙, 국내<br>[inlǽnd] [인랜드]<br>부 내륙으로, 국내에 |

| | |
|---|---|
| **inn** | [in] [인]<br>명 여인숙, 여관 |
| **innate** | [inéit] [이네잇]<br>형 타고난, 천성의 |
| **inner** | [ínər] [이너]<br>형 안의, 내부의 |
| **inning** | [íniŋ] [이닝]<br>명 ~회, ((야구)) (공을) 칠 차례 |
| **innocent** | [ínəsənt] [이너썬쓰]<br>명 무죄, 결백 |
| **innocently** | [ínəsəntli] [이너썬틀리]<br>형 죄 없는, 결백한, 순진한 |
| **innovate** | [ínouvèit] [이노우베잇]<br>타 새롭게 하다, 혁신하다 |
| **innumerable** | [injúːmərəbl] [이뉴우머뤄브얼]<br>형 무수한, 이루 셀 수 없는 |
| **inquire** | [inkwáiər] [인크와이어]<br>타자 묻다, 문의하다<br>* inquire after ~의 안부(건강)를 묻다<br>* inquire for (~에게) 면회를 청하다<br>* inquire into ~을 조사하다, 심사하다 |

*485*

| | |
|---|---|
| **inquiry** | [inkwáiəri] [인크와이어뤼]<br>몡 질문, 조회, 조사 |
| **inquisitive** | [inkwízitiv] [인크위지티브]<br>혱 알고 싶어하는(curious) |
| **insane** | [inséin] [인쎄인]<br>혱 발광한, 미친 |
| **insanity** | [insǽnəti] [인쌔너티]<br>몡 광기, 정신 이상 |
| **inscribe** | [inskráib] [인스크롸이브]<br>탸 (종이·금속 따위에) 적다, 새기다 |
| **inscription** | [inskrípʃən] [인스크륍션]<br>몡 비문, 제명 |
| **insect** | [ínsekt] [인쎅트]<br>몡 곤충, 벌레 |
| **insecurity** | [ìnsikjúrəti] [인씨큐뤄티]<br>몡 불안정(不安定) |
| **insensible** | [insénsəbl] [인쎈써브얼]<br>혱 무감각한, 인사불성의 |

| | |
|---|---|
| **inseparable** | [insépərəbl] [인쎄퍼러브얼]<br>톙 분리할 수 없는, 불가분의 |
| **insert** | [insə́:rt] [인써어트]<br>타 삽입하다, 게재하다<br>[ínsə:rt] [인써어트]<br>톙 삽입물, 끼워 넣은 광고 |
| **inside** | [ìnsáid] [인싸이드]<br>톙 내면 톙 안쪽으로 톙 내면의 젼 ~의 안에 |
| **insight** | [ínsait] [인싸잇]<br>톙 통찰력, 식견 |
| **insignificant** | [ìnsignífikənt] [인씨그니휘컨트]<br>톙 무의미한, 하찮은 |
| **insist** | [insíst] [인씨스트]<br>타자 주장하다, 우기다 |
| **insolence** | [ínsələns] [인설런씨]<br>톙 불손, 오만, 무례, 건방짐 |
| **inspect** | [inspékt] [인스펙트]<br>타 검사하다, 시찰하다 |
| **inspector** | [inspéktər] [인스펙터]<br>톙 검사관, 장학관, 감독 |

| | |
|---|---|
| **inspiration** | [ìnspəréiʃən] [인스퍼뤠이션]<br>몡 숨 쉼, 영감, 고취 |
| **inspire** | [inspáiər] [인스파이어]<br>타 고취하다, 영감을 주다 |
| **install** | [instɔ́ːl] [인스토얼]<br>타 취임시키다, 자리에 앉히다 |
| **installation** | [ìnstəléiʃən] [인스털레이션]<br>몡 취임(식), 설비 |
| **insta(l)ment** | [instɔ́ːlmənt] [인스토울먼트]<br>몡 분할 불입금, 월부금 |
| **instance** | [ínstəns] [인스턴쓰]<br>몡 보기, 예, 실증 타 예를 들다<br>* at the instance of ~의 의뢰로,<br>~의 발기로<br>* for instance 예컨대, 이를테면 |
| **instant** | [ínstənt] [인스턴트]<br>혱 즉시의, 절박한 몡 즉각 |
| **instantly** | [ínstəntli] [인스턴틀리]<br>부 즉시, (접속사 용법으로) ~하자마자 |
| **instead** | [instéd] [인스테드]<br>부 (~의) 대신에 |

**instinct**

[ínstiŋkt] [인스팅(크)트]
명 본능, 천성

**instinctive**

[instíŋktiv] [인스팅(크)티브]
형 본능적인, 천성의

**instinctively**

[instíŋktivli] [인스팅(크)티블리]
부 본능적으로, 자연히

**institute**

[ínstətjùːt] [인스터튜우트]
타 설립하다 명 협회, 학회

**institution**

[ìnstətjúːʃən] [인스터튜우션]
명 설립, 제도, 시설, 관례

**instruct**

[instrʌ́kt] [인스츄롹트]
타 가르치다, 알리다

**instruction**

[instrʌ́kʃən] [인스츄롹션]
타 교수, 지시, 교훈
* give instruction in ~의 교수를 하다
* give instructions to ~에게 명령하다

**instructive**

[instrʌ́ktiv] [인스츄롹티브]
형 교육적인, 유익한

*489*

| | |
|---|---|
| **instructor** | [instrʌ́ktər] [인스츄락터]<br>명 교사, 지도자, (대학의) 전임 강사 |
| **instrument** | [ínstrumənt] [인스츄뤄먼트]<br>명 기구, 수단 |
| **insufficient** | [ìnsəfíʃənt] [인써휘션트]<br>형 불충분한, 적절하지 못한 |
| **insularity** | [ìnsəlǽrəti] [인설래러티]<br>명 섬나라 근성, 편협 |
| **insult** | [insʌ́lt] [인써얼트]<br>타 모욕하다 |
| **insurance** | [inʃúərəns] [인슈어뤈쓰]<br>명 보증, 보험, 보험금, 보험 계약 |
| **insure** | [inʃúər] [인슈어]<br>타 보증하다, 보험을 계약하다 |
| **insurrection** | [ìnsərékʃən] [인써뤡션]<br>명 폭동, 반란 |
| **intact** | [intǽkt] [인택트]<br>형 손을 대지 않은, 본래대로의 |
| **integrate** | [íntəgrèit] [인터그뤠잇]<br>타자 전체로 종합하다, 통합하다 |

| **integrity** | [intégrəti] [인테그러티]<br>명 성실, 고결, 완전 |
| **intellect** | [íntəlèkt] [인털렉트]<br>명 지력, 이지, 지성, 지식인 |
| **intellectual** | [intəléktʃuəl] [인털렉츄어얼]<br>형 지력의, 지적인 명 지식인 |
| **intelligence** | [intélədʒəns] [인텔러줜쓰]<br>명 지능, 지혜, 정보, 총명 |
| **intelligent** | [intélədʒənt] [인텔러줜트]<br>형 지적인, 영리한, 현명한, 총명한 |
| **intend** | [inténd] [인텐드]<br>타 ~할 작정이다, 꾀하다 |
| **intense** | [intés] [인텐쓰]<br>형 강렬한, 열심인, 긴장한 |
| **intensely** | [inténsli] [인텐슬리]<br>부 격렬하게, 열심히 |
| **intent** | [intént] [인텐트]<br>명 의향, 의미 형 열심인<br>* (be) intent on [upon] ~에 열심이다,<br>여념이 없다 |

| **intention** | [inténʃən] [인텐션]<br>명 의지, 의향, 개념 |
| **intercept** | [intərsépt] [인터쎕트]<br>타 도중에서 빼앗다, 가로채다 |
| **interchange** | [intərtʃéindʒ] [인터췌인쥐]<br>타자 교환하다, 교체시키다 |
| **intercourse** | [íntərkɔːrs] [인터코오쓰]<br>명 교제, 왕래, 교류 |
| **interdependence** | [intərdipéndəns] [인터디펜던쓰]<br>명 상호 의존(相互依存) |
| **interdependent** | [intərdipéndənt] [인터디펜던트]<br>형 서로 의존하는 |
| **interest** | [íntərést] [인터레스트]<br>명 흥미 타 흥미를 갖게 하다<br>*of interest 재미있는(interesting)<br>* in the interests of~ ~을 위하여<br> (in one's interest)<br>* take an interest in ~에 흥미를 가지다<br>* with interest 흥미를 가지고 |
| **interested** | [íntəréstid] [인터레스티드]<br>형 흥미를 가진, 타산적인 |

* (be) interested in ~에 흥미가 있다
  (feel an interest in~)
* interested parties 이해 관계자

| | |
|---|---|
| **interesting** | [íntərestiŋ] [인터뤠스팅]<br>형 재미있는, 흥미 있는 |
| **interfere** | [ìntərfíər] [인터휘어]<br>자 간섭하다, 조정하다 |
| **interference** | [ìntərfíərəns] [인터휘어뤈쓰]<br>명 충돌, 간섭, 방해 |
| **interior** | [intíəriər] [인티어뤼어]<br>형 내부의, 내륙의 명 내부 |
| **interjection** | [ìntərdʒékʃən] [인터�션]<br>명 감탄, ((문법)) 감탄사 |
| **intermediate** | [ìntərmíːdiət] [인터미이디엇]<br>형 중간의 명 중간물, 중개자 |
| **intermission** | [ìntərmíʃən] [인터미션]<br>명 중절, 휴지, 막간 |
| **intern, interne** | [íntəːrn] [인터언]<br>명 인턴, 수련의 |

493

| | |
|---|---|
| **internal** | [intə́:rnl] [인터어느얼]<br>형 내부의, 정신적인, 국내의 |
| **international** | [ìntərnǽʃənəl] [인터내셔느얼]<br>형 국제간의, 국제적인, 만국의 |
| **interpose** | [ìntərpóuz] [인터포우즈]<br>타자 삽입하다, 중재하다 |
| **interpret** | [intə́:rprit] [인터어프륏]<br>타자 해석하다, 통역하다, 이해하다 |
| **interpreter** | [intə́:rprətər] [인터프뤄터]<br>명 통역, 통역자, 해석자 |
| **interrupt** | [ìntərʌ́pt] [인터룹트]<br>타 훼방 놓다, 가로막다, 방해하다 |
| **interval** | [íntərvəl] [인터버얼]<br>명 짬, 간격, (시간적인) 사이, 막간<br>* at intervals 여기저기에, 때때로 |
| **intervene** | [ìntərví:n] [인터비인]<br>자 사이에 들다, 중재하다, 조정하다 |
| **interview** | [íntərvjù:] [인터뷰우]<br>명 면접, 회견, 인터뷰 타 면접하다 |

| | |
|---|---|
| **intimate** | [íntəmət] [인터멋] <br> 형 친밀한, 심오한, 내심의 명 친구 <br> [íntəmèit] [인터메잇] <br> 부 암시하다, 알리다 |
| **into** | [íntu] [인투] <br> 전 ~의 속에, ~으로, ~에, ~의 안에 |
| **intolerable** | [intɔ́lərəbl] [인톨러러브얼] <br> 형 견딜 수 없는, 참을 수 없는 |
| **intonation** | [ìntounéiʃən] [인토우네이션] <br> 명 (찬송가·기도문을) 읊음, 억양, 어조 |
| **intoxicate** | [intɔ́ksikèit] [인톡시케잇] <br> 타 취하게 하다, 흥분시키다 |
| **intransitive** | [intrǽnsətiv] [인츄랜써티브] <br> 형 자동의 명 ((문법)) 자동사 |
| **intricate** | [íntrəkit] [인츄뤼킷] <br> 형 뒤섞인, 복잡한 |
| **intrigue** | [intríːg] [인츄뤼이그] <br> 자타 음모를 꾸미다, 밀통하다 |
| **introduce** | [ìntrədjúːs] [인츄뤼듀우쓰] <br> 타 안내하다, 소개하다, 채용하다 |

| introduction | [ìntrədʌ́kʃən] [인츄뤄덕션]<br>명 도입, 소개, 머리말, 초보 지도 |
|---|---|
| intrude | [intrúːd] [인츄루우드]<br>타자 처넣다, 강요하다, 침입하다 |
| intruder | [intrúːdər] [인츄루우더]<br>명 침입자, 방해자 |
| intrusion | [intrúːʒən] [인츄루우줜]<br>명 강요, 침입, 난입 |
| intrust | [intrʌ́st] [인츄뤄스트]<br>동 맡기다, 위임하다(entrust) |
| invade | [invéid] [인베이드]<br>타 침입하다, 침범하다, 엄습하다 |
| invader | [invéidər] [인베이더]<br>명 침입자, 침략자 |
| invalid | [ínvəlid] [인버얼리이드]<br>명 병자 형 허약한, 망가져 가는 |
| invaluable | [invǽljuəbl] [인밸류어브얼]<br>형 극히 귀중한 |
| invasion | [invéiʒən] [인베이쥔]<br>명 침입, 침략, 침해 |

| invent | [invént] [인벤트] |
| | 타 발명하다, 고안하다 |

| inventor | [invéntər] [인벤터] |
| | 명 발명자, 발명가 |

| inventory | [ínvəntɔ̀ːri] [인번토오뤼] |
| | 명 상품(재산) 목록, 재고품 목록 |
| | 타 목록을 작성하다, 재고품을 조사하다 |

| inversion | [invə́ːrʒən] [인버어줜] |
| | 명 전도, 도치 |

| invert | [invə́ːrt] [인버어트] |
| | 타 거꾸로 하다, 뒤집다 |

| invest | [invést] [인베스트] |
| | 타자 입히다, 포위하다, 투자하다 |

| investigate | [invéstəgèit] [인베스터게잇] |
| | 타자 연구하다, 조사하다 |

| investigation | [invèstəgéiʃən] [인베스터게이션] |
| | 명 연구, 조사 |

| investigator | [invéstəgèitər] [인베스터게이터] |
| | 명 연구자, 조사자 |

| | |
|---|---|
| **investment** | [invéstmənt] [인베스트먼트]<br>명 투자, 포위, 서임(敍任) |
| **invincible** | [invínsəbl] [인빈서브얼]<br>형 정복할 수 없는, 무적의 |
| **invisible** | [invízəbl] [인비저브얼]<br>형 눈에 보이지 않는, 숨은 |
| **invitation** | [ìnvətéiʃən] [인버테이션]<br>명 초대, 안내장, 유혹 |
| **invite** | [inváit] [인바잇]<br>타 초래하다, 간청하다, 끌다 |
| **involuntary** | [invɔ́ləntəri] [인볼런터뤼]<br>형 무의식적인, 본의 아닌 |
| **involve** | [invɔ́lv] [인볼브]<br>타 감싸다, 수반하다, 말려들다<br>* be involved in ~에 휘말리다,<br>  ~에 열중하다<br>* be [get] involved with ~에 휘감기다,<br>  ~와 연루되다 |
| **involvement** | [invɔ́lvmənt] [인볼브먼트]<br>명 관련, 휩쓸려 듦, 곤란 |

| | |
|---|---|
| **inward** | [ínwərd] [인워드]<br>형 내부의 부 마음속으로, 내부로 |
| **IOC** | ((약어)) International Olympic Committee<br>(국제 올림픽 위원회) |
| **IOU, I.O.U.** | [áiòujú:] [아이오우유우]<br>명 차용증서(I owe you) |
| **IRC** | ((약어)) International Red Cross<br>(국제 적십자사) |
| **Ireland** | [áiərlənd] [아이얼런드]<br>명 아일랜드, 에이레 |
| **iris** | [áiris] [아이뤼쓰]<br>명 붓꽃, (눈알의) 홍채(虹彩) |
| **Irish** | [áiəriʃ] [아이어뤼쉬]<br>형 아일랜드의 명 아일랜드 사람(말) |
| **iron** | [áiərn] [아이언]<br>명 다리미, 쇠, 철, 쇠로 만든 기구 |
| **irony** | [áirəni] [아이뤄니]<br>명 반어(反語), 빈정댐, 풍자 |
| **irregular** | [irégjulər] [이뤠귤러]<br>형 불규칙한, 변칙의, 고르지 못한 |

| | |
|---|---|
| **irrelevant** | [iréləvənt] [이뤠러번트]<br>혱 적합하지 않은, 관계가 없는 |
| **irresistible** | [ìrizístəbl] [이리쥐스터브얼]<br>혱 저항할 수 없는, 억제할 수 없는 |
| **irresolute** | [irézəlù:t] [이뤠절루우트]<br>혱 결단력이 없는, 우유부단한 |
| **irrespective** | [ìrispéktiv] [이뤼스펙티브]<br>혱 관계없는, 고려하지 않는<br>* irrespective of ~을 묻지 않고,<br>  ~에 관계없이 |
| **irritate** | [írətèit] [이뤄테잇]<br>타 안달나게 하다, 화나게 하다 |
| **irritation** | [ìrətéiʃən] [이뤄테이션]<br>혱 성냄, 초조, 자극, 노여움 |
| **is** | [iz, is] [이즈, 이스]<br>동 be의 3인칭 단수 현재형 |
| **Islam** | [islάːm] [이슬라암]<br>혱 이슬람교, 이슬람교 신자 |
| **island** | [áilənd] [아일런드]<br>혱 섬 |

| | |
|---|---|
| **isle** | [ail] [아얼]<br>명 ((시어)) 섬(island), 작은 섬 |
| **isolate** | [áisəlèit] [아이썰레잇]<br>타 고립시키다, 격리하다 |
| **Israel** | [ízriəl] [이즈뤼어얼]<br>명 이스라엘 사람, 이스라엘 공화국 |
| **issue** | [íʃuː] [이슈우] 명 유출, 출구, 문제, 발행<br>타자 발행하다, 유출하다<br>* make an issue of ～을 문제화하다<br>* take issue with ～에 이의를 제기하다,<br>　～에 반대하다 |
| **it** | [it] [잇]<br>대 그것은, 그것이, 그것을<br>* it is no use ~ ing ～하여도 소용없다 |
| **Italian** | [itǽljən] [이탤려언]<br>형 이탈리아의 명 이탈리아 사람(말) |
| **italic** | [itǽlik] [이탤릭]<br>형 이탤릭체의 |
| **Italy** | [ítəli] [이털리]<br>명 이탈리아 |

| | |
|---|---|
| **itch** | **[itʃ]** [이취]<br>囿 가려움, 갈망 짜 가렵다 |
| **item** | **[áitəm]** [아이텀]<br>囿 조항, 종목, 항목, (신문) 기사 |
| **itemize** | **[áitəmàiz]** [아이터마이즈]<br>囤 조목 별로 쓰다 |
| **its** | **[its]** [이츠]<br>떼 그것 자체, 바로 그것<br>* by itself 단독으로, 그것만으로<br>* in itself 본래, 본질적으로<br>* of itself 저절로, 자연히 |
| **ivory** | **[áivəri]** [아이버뤼]<br>囿 상아(象牙), 상앗빛, 상아로 만든 물건<br>* an ivory tower 상아탑<br>* the Ivory Coast 상아 해안,<br>  코트디브아르(Cote d'Ivoire) |
| **ivy** | **[áivi]** [아이비]<br>囿 담쟁이덩굴<br>囤 담쟁이덩굴로 장식하다 [덮다] |

MEMO

# J

| | |
|---|---|
| **jab** | [ʤæb] [잽] 명 쿡 찌르기, 때리기, ((권투)) 잽 타 쿡 찌르다 |
| **jack** | [ʤæk] [잭] 명 (자동차 등의) 잭, (카드패의) 잭 |
| **jacket** | [ʤǽkit] [좨킷] 명 재킷, 짧은 저고리 |
| **jade** | [ʤeid] [줴이드] 명 비취, 옥 |
| **jail** | [ʤeil] [줴얼] 명 감옥, 교도소 |
| **jam** | [ʤæm] [잼] 명 잼, 혼잡 타 자 채우다, ~에 잼을 바르다 |

| jamboree | [ʤæmbərí:] [쳄버뤼이] |
| | 명 보이스카우트 대회, 유쾌한 회합 |

| janitor | [ʤǽnətər] [좨너터] |
| | 명 수위, 문지기 |

| Japan | [ʤəpǽn] [줘팬] |
| | 명 일본 |

| Japanese | [ʤæpəní:z] [좨퍼니이즈] |
| | 형 일본의 명 일본인, 일본어 |

| jar | [ʤa:r] [좌아] |
| | 명 항아리, 삐걱거리는 소리 자타 삐걱거리다 |

| jaunty | [ʤɔ́:nti] [죠온티] |
| | 형 명랑한, 경쾌한 |

| javelin | [ʤǽvlin] [좨블린] |
| | 명 (던지는) 창 타 창으로 찌르다 |

| jaw | [ʤɔ:] [죠오] |
| | 명 턱, 입부분 타자 군소리하다 |

| jay | [ʤei] [줴이] |
| | 명 어치, 얼간이 |

| jazz | [ʤæz] [좨즈] |
| | 명 재즈 형 재즈의 자 재즈를 연주하다 |

| | |
|---|---|
| **jealous** | [dʒéləs] [젤러쓰]<br>형 질투심이 많은, 시샘을 내는 |
| **jealousy** | [dʒéləsi] [젤러씨]<br>명 질투, 샘 |
| **jean** | [dʒiːn] [쥐인]<br>명 진(무명의 일종), ((복수)) 그 천으로 만든 의복 |
| **jeep** | [dʒiːp] [쥐이프]<br>명 지프차 |
| **jeer** | [dʒiər] [쥐어]<br>명 조소, 비웃음 자 비웃다, 조소하다 |
| **jelly** | [dʒéli] [젤리]<br>명 젤리, 우무 |
| **jeopardy** | [dʒépərdi] [줴퍼디]<br>명 위험, 위난 |
| **jerk** | [dʒəːrk] [줘어크]<br>타자 확 잡아당기다 명 확 잡아당김 |
| **jest** | [dʒést] [줴스트]<br>명 농담 자 농담을 하다 |
| **Jesus** | [dʒíːzəs] [쥐이저스]<br>명 예수 |

| | |
|---|---|
| **jet** | [ʤet] [젵]<br>재타 분출하다 명 분출, 제트기 |
| **Jew** | [ʤuː] [쥬우]<br>명 유대인, 히브리인 |
| **jewel** | [ʤúːəl] [쥬우어얼]<br>명 보석 |
| **jeweler** | [ʤúːələr] [쥬우얼러]<br>명 보석 세공인, 보석상 |
| **Jewish** | [ʤúːiʃ] [쥬우이쉬]<br>형 유대인의, 유대인 같은 |
| **jingle** | [ʤíŋgl] [쥥그얼]<br>명 찌르릉, 짤랑짤랑 |
| **job** | [ʤab] [잡]<br>명 직업, 일 재타 품팔이하다<br>* do a good job 일을 잘 해내다 |
| **jocund** | [ʤɔ́kənd] [죠컨드]<br>형 유쾌한, 즐거운(merry) |
| **John** | [ʤɔn] [쟌]<br>명 남자 이름, 세례자 요한 |

| join | [dʒɔin] [죠인]<br>타자 합류하다, 결합하다<br>* join in ～에 가담하다, ～에 가입하다<br>* join A with B A와 B를 연결하다(connect) |
|---|---|
| joint | [dʒɔint] [죠인트]<br>형 공동의 명 이음새, 접합 타 접합하다 |
| joke | [dʒouk] [죠욱]<br>명 농담, 익살 자타 농담하다<br>* in joke 농담으로 |
| jolly | [dʒáli] [촬리]<br>형 명랑한, 유쾌한 부 대단히 |
| jolt | [dʒoult] [죠울트]<br>자타 덜걱덜걱 흔들다 명 동요, 놀람 |
| jostle | [dʒásl] [자스얼]<br>타자 (팔꿈치로) 밀다 명 밀치기 |
| journal | [dʒə́ːrnəl] [쥐어느얼]<br>명 일간 신문, 정기 간행물, 잡지 |
| journalism | [dʒə́ːrnəlìzm] [쥐어널리즘]<br>명 신문 · 잡지업, 저널리즘 |

| | |
|---|---|
| **journalist** | [dʒə́ːrnəlist] [쥐어널리스트]<br>명 신문 · 잡지 기자, 언론인 |
| **journey** | [dʒə́ːri] [쥐어니]<br>명 여행, 여정 자 여행하다 |
| **jovial** | [dʒóuviəl] [죠우비얼]<br>형 유쾌한, 명랑한 |
| **joy** | [dʒɔi] [죠이]<br>명 환의, 기쁨 |
| **joyful** | [dʒɔ́ifəl] [죠이휘얼]<br>형 기쁜, 즐거운 |
| **judge** | [dʒʌ́dʒ] [좌쥐]<br>명 재판관, 판사 타자 판결하다, 심판하다 |
| **judg[e]ment** | [dʒʌ́dʒmənt] [좌쥐먼트]<br>명 판단, 재판, 견해 |
| **judicial** | [dʒuːdíʃəl] [주우디셜]<br>형 사법의, 재판관의, 법원의 |
| **judicious** | [dʒuːdíʃəs] [주우디셔스]<br>형 사려깊은, 분별력 있는, 현명한 |
| **jug** | [dʒʌ́g] [좌그]<br>명 주전자, 큰 맥주잔, 조끼, 물병 |

**juice**

[ʤu:s] [쥬우쓰]

명 (고기 · 과일 따위의) 즙, 주스, 액

**July**

[ʤu:lái] [쥴라이]

명 7월 〈약어 Jul.〉

**jumble**

[ʤʌ́mbl] [잠브얼]

명 난잡, 뒤범벅 타자 뒤범벅이 되다

**jumbo**

[ʤʌ́mbou] [잠보우]

명 엄청나게 큰 것 형 초대형의

**jump**

[ʤʌ́mp] [잠프]

자타 뛰다, 뛰어넘다 명 도약, 폭등, 급등

* jump to [at] (결론 따위를) 서두르다, 비약하다, 덤벼들다

* jump off 출발하다, 시작하다, (군사) 공격을 개시하다

* jump on [upon] 덤벼들다, 비난하다, 호통치다

* jump with ~와 일치하다

**jumpy**

[ʤʌ́mpi] [잠피]

형 뛰어 오르는, 변동하기 쉬운

**junction**

[ʤʌ́ŋkʃən] [장크션]

명 접합(점), 연합, 접착, 연락역

| June | [ʤuːn] [쥬운] |
| | 명 6월 〈약어 Jun.〉 |

| **jungle** | [ʤʌ́ŋgl] [쟝그얼] |
| | 명 정글, 밀림 (지대) |

| **junior** | [ʤúːnjər] [쥬우녀어] |
| | 형 손아래의, 후배의 명 연소자, 후배 |

| **jurisdiction** | [ʤùərisdíkʃən] [쥬어리스딕션] |
| | 명 사법권, 지배권, 관할권 |

| **jury** | [ʤúri] [쥬뤼] |
| | 명 배심, 배심원 (전원) |

| **just** | [ʤʌ́st] [좌스트] |
| | 형 올바른, 정의의, 공평한 부 꼭, 정확히 |
| | * just as much(~) as …와 꼭 마찬가지로, 꼭 같이 |
| | * just now 방금, 지금 막, 바로 지금 |

| **justice** | [ʤʌ́stis] [좌스티스] |
| | 명 정의, 공정, 공평, 타당, 재판 |
| | * do justice to ~을 공평하게 다루다 |
| | * do oneself justice 자기 능력을 충분히 발휘하다 |

| **justifiable** | [ʤʌ́stəfàiəbl] [좌스터화이어브얼] |
| | 형 이치에 닿는, 타당한 |

| justification | [dʒʌstəfikéiʃən] [좌스티피케이션]<br>명 정당화, 정당한 변명, 변호 |
|---|---|
| **justify** | [dʒʌstəfài] [좌스터화이]<br>타 정당화하다, 옳다고 주장하다 |
| justly | [dʒʌstli] [좌스틀리]<br>부 바르게, 공평하게, 올바르게 |
| **jut** | [dʒʌt] [좟]<br>명 돌출부 자 돌출하다, 튀어나오다 |
| juvenile | [dʒúːvənəl] [쥬우버느얼]<br>형 젊은, 연소한, 소년의, 소년 소녀를 위한<br>* juvenile delinquency 소년 범죄<br>* juvenile literature 아동 문학 |

| | |
|---|---|
| **kaleidoscope** | [kəláidəskòup] [컬라이더스코웁]<br>몡 만화경 |
| **kangaroo** | [kæŋgərúː] [캥거루우]<br>몡 캥거루 |
| **keen** | [kiːn] [키인]<br>혱 날카로운, 예리한, 예민한 |
| **keenly** | [kíːnli] [키인리]<br>튀 예리하게, 격렬하게 |
| **keep** | [kiːp] [키이프]<br>타자 지니다, 간직하다, 지키다, 보호하다<br>* keep a watch on [upon] ~을 파수<br>　보다, ~을 지키다<br>* keep abreast with [of] ~와 병행하여 |

나아가다
* keep away [from] ~을 멀리하다,
  ~에 가까이하지 않다
* keep back 감추어 두다, 억제하다
* keep down 억누르다, 진정시키다
* keep ~ from… …에게 ~을 시키지 않다,
  …을 ~에서 보호하다
* keep in mind 마음속에 간직하다,
  기억하다
* keep in touch [contact] with
  ~와 접촉을 유지하다
* keep on 계속하다, (몸에) 걸친 채 있다
* keep to ~을 고수하다, ~을 고집하다
* keep~ to oneself ~을 자기 혼자
  간직하다
* keep up 지탱하다, 유지하다, 계속하다
* keep up with ~에 따라가다,
  ~에 낙오되지 않다

| | |
|---|---|
| **keeper** | [kíːpər] [키이퍼]<br>명 지키는 사람, 관리인, 소유자 |
| **keg** | [keg] [케그]<br>명 작은 나무통 |
| **kennel** | [kénl] [케느얼]<br>명 개집(doghouse) |

| | |
|---|---|
| **kettle** | [kétl] [케xmdjf]<br>명 냄비, 주전자, 솥 |
| **key** | [ki:] [키이]<br>명 열쇠, (문제 해결의) 실마리, 비결 |
| **kick** | [kik] [킥]<br>타자 차다, ((구)) 반항하다 명 차기, 반발<br>* kick off 걷어차다, (축구에서) 킥오프하다 |
| **kid** | [kid] [키드]<br>명 새끼 염소, 아이 자타 농담하다 |
| **kidnap** | [kídnæp] [키드냅]<br>명 (아이를) 훔치다, 유괴하다 |
| **kidney** | [kídni] [키드니]<br>명 콩팥, 신장, 기질, 성질 |
| **kill** | [kil] [킬] 타 죽이다, 말살하다, (시간을) 보내다<br>* kill by inches 괴롭히며(애태우며)<br>  천천히 죽이다<br>* kill oneself 자살하다<br>* kill or cure 운을 하늘에 걸고,<br>  죽기 아니면 살기로<br>* kill time 심심풀이를 하다, 시간을 보내다 |

516

| | |
|---|---|
| **kilo** | [kílə] [킬러]<br>명 킬로(1,000의 뜻) 〈약어 k〉 |
| **kilogram(me)** | [kíləgræm] [킬러그램]<br>명 킬러그램 〈약어 kg〉 |
| **kilometer** | [kíləmì:tər] [킬러미이터]<br>명 킬로미터 〈약어 km〉 |
| **kin** | [kin] [킨]<br>명 친척, 혈족 관계, 가문 |
| **kind** | [káind] [카인드]<br>형 친절한, 인정 많은, 상냥한 명 종류, 종족<br>* kind of 약간, 어느 정도<br>* a kind of ~일종의, ~ 같은 종류의 |
| **kindergarten** | [kíndərgà:rtn] [킨더가아튼]<br>명 유치원(독일어에서 유래) |
| **kindle** | [kíndl] [킨드얼]<br>타 자 태우다, 점화하다, 불이 붙다 |
| **kindliness** | [káindlinis] [카인들리니쓰]<br>명 친절, 온정, 온화함 |
| **kindness** | [káindnis] [카인(드)니쓰]<br>명 친절, 상냥함, 애정 |

| | |
|---|---|
| **kindred** | [kíndrid] [킨쥬뤼드]<br>명 혈연, 일가, 친척 형 혈연의 |
| **king** | [kiŋ] [킹]<br>명 왕, 국왕 반 queen(여왕) |
| **kingdom** | [kíŋdəm] [킹덤]<br>명 왕국(王國), 계(界), 영역, 분야 |
| **kinsfolk** | [kínzfouk] [킨즈훠욱]<br>명 ((복수)) 친척, 일가, 친족 |
| **kiss** | [kis] [키쓰]<br>명 입맞춤, 키스 타자 키스하다 |
| **kitchen** | [kítʃin] [키취인]<br>명 부엌, 취사장 |
| **kite** | [kait] [카잇]<br>명 연, 솔개, 사기꾼 |
| **kitten** | [kítn] [키튼]<br>명 새끼 고양이, 말괄량이 |
| **kitty** | [kíti] [키티]<br>명 야옹, 새끼 고양이 |
| **knack** | [næk] [낵]<br>명 숙련된 기술, 교묘한 솜씨, 요령 |

| | |
|---|---|
| **knapsac** | [nǽpsæk] [냅쌕]<br>명 배낭(背囊) |
| **knavek** | [neiv] [네이브]<br>명 악한, 무뢰한, 불량배, (카드놀이의) 잭 |
| **knead** | [ni:d] [니이드]<br>타 (가루 · 흙 등을) 반죽하다 |
| **knee** | [ni:] [니이]<br>명 무릎, 무릎 관절 타 무릎으로 스치다<br>* on one's [the] knees 무릎을 꿇고 |
| **kneel** | [ni:l] [니얼]<br>자 무릎 꿇다, 굴복하다 |
| **knell** | [nel] [넬]<br>명 장례식의 종소리, 흉조 |
| **knife** | [naif] [나이흐]<br>명 나이프, 칼 타 칼로 찌르다, 칼로 베다 |
| **knight** | [nait] [나잇]<br>명 기사, 나이트 작위 |
| **knighthood** | [náithùd] [나이트후드]<br>명 기사의 신분, 나이트의 작위 |

519

| | |
|---|---|
| **knightly** | [náitli] [나이틀리]<br>형 기사의, 의협적인 |
| **knit** | [nit] [닛]<br>타자 뜨개질하다, 짜다 |
| **knob** | [nάb] [나브]<br>명 혹, 마디, (문 따위의) 손잡이 |
| **knock** | [nɔk] [녹] 타자 두드리다, 치다, 때리다<br>* knock down 때려 눕히다, 경락시키다,<br>　분해하다<br>* knock on (문 따위를) 두드리다<br>* knock out 두들겨 내쫓다, 항복시키다<br>* knock over (사람을) 쳐서 넘어뜨리다,<br>　뒤집어엎다 |
| **knoll** | [noul] [노울]<br>명 작은 산, 둥근 언덕, 야산 |
| **knot** | [nάt] [낫]<br>명 매듭, 옹이, (항해) 노트 타자 매다 |
| **know** | [nóu] [노우]<br>타자 알다, 식별할 수 있다, 정통하다<br>* be known as ~로 알려져 있다<br>* be known to ~에게 알려져 있다<br>* know better 좀 더 분별이 있다, |

(〜할 만큼) 어리석지는 않다
* know ~ from 〜와 …을 분간하다,
  구별하다
* know of 〜을 알고 있다, 〜의 일을
  알고 있다
* God knows~ (신이 알고 계시다) 맹세코,
  아무도 〜을 모른다

**knowledge**

[nálidʒ] [날리쥐]
명 지식, 이해, 학문, 학식, 숙지, 통달

**know-nothing**

[nóu-nʌθiŋ] [노우너씽]
명 아무것도 모르는 사람 형 문맹의

**knuckle**

[nʌkl] [너크얼]
명 손가락 관절[마디] 자타 주먹으로 치다

**Korea**

[kəríə] [커뤼어]
명 한국

**Korean**

[kəríən] [커뤼언]
형 한국의 명 한국 사람, 한국어
* Korean War 한국전쟁, 6 · 25동란

**Kremlin**

[krémlin] [크레믈린]
명 크렘린 궁전, 소련 정부

| lab | [læb] [랩] <br> 명 연구실(laboratory) |
| --- | --- |
| **label** | [léibəl] [레이버얼] <br> 명 딱지, 라벨 타 딱지를 붙이다 |
| **laboratory** | [lǽbərətɔ̀:ri] [래버뤄토오뤼] <br> 명 실험실, 연구소 |
| **laborious** | [ləbɔ́:riəs] [러보오뤼어쓰] <br> 형 힘든, 고심한, 일 잘하는, 고된 |
| **labo[u]r** | [léibər] [레이버] <br> 명 노동, 일, ((집합적)) 노동자 자타 일하다 |
| **labo[u]rer** | [léibərər] [레이버뤄] <br> 명 노동자 |

| | |
|---|---|
| **lace** | [leis] [레이쓰]<br>명 레이스, 여러 가닥으로 꼰 끈 |
| **lack** | [læk] [랙]<br>명 부족, 결핍 타자 결핍하다<br>* (be) lacking in ~이 결핍하다,<br>~이 부족하다 |
| **lacquer** | [lǽkər] [래커]<br>명 래커, 옻 타 ~에 옻을 칠하다 |
| **lad** | [læd] [래드]<br>명 젊은이, 소년 |
| **lader** | [lǽdər] [래더]<br>명 사닥다리, 출세의 길(수단) |
| **lade** | [leid] [레이드]<br>타 쌓다, 무거운 짐을 지우다<br>* be laden with ~이 실려 있다,<br>~이 지워져 있다 |
| **lady** | [léidi] [레이디]<br>명 부인, 귀부인, 숙녀 |
| **lag** | [læg] [래그]<br>지 꾸물거리다, 늦어지다 명 지연 |

| | |
|---|---|
| **lake** | [leik] [레익]<br>명 호수, (공원 따위의) 연못 |
| **lamb** | [læm] [램]<br>명 새끼 양 타자 (새끼 양을) 낳다 |
| **lame** | [leim] [레임]<br>형 다리를 저는 타 불구로 만들다 |
| **lameness** | [léimnis] [레임니쓰]<br>명 절름발이, 불구 |
| **lament** | [ləmént] [러멘트]<br>타자 슬퍼하다, 애도하다 명 비탄 |
| **lamentable** | [læməntəbl] [래먼터브얼]<br>명 슬픔, 비탄 |
| **lamentation** | [læməntéiʃən] [래먼테이션]<br>명 슬픔, 비탄 |
| **lamp** | [læmp] [램프]<br>명 램프, 등불, 남포 |
| **lance** | [læns] [랜쓰]<br>명 창 타 창으로 찌르다 |
| **land** | [lænd] [랜드]<br>명 육지, 토지, 나라 타자 상륙시키다, 착륙하다 |

| | |
|---|---|
| **landed** | [lǽndid] [랜디드]<br>형 토지를 소유하는 |
| **landholder** | [lǽndhouldər] [랜드호울더]<br>명 지주(landowner) |
| **landing** | [lǽndiŋ] [랜딩]<br>명 상륙, 착륙, 하차, 하선 |
| **landlady** | [lǽndleidi] [랜들레이디]<br>명 (여관 따위의) 안주인, 여주인 |
| **landmark** | [lǽndmɑ:rk] [랜(드)마아크]<br>명 경계표, 획기적인 사건, 랜드마크 |
| **landscape** | [lǽndskeip] [랜(드)스케입]<br>명 풍경, 경치, 조망 |
| **lane** | [lein] [레인]<br>명 작은 길, 시골길, 골목길, 차선 |
| **language** | [lǽŋgwidʒ] [랭그위쥐]<br>명 언어, 국어, 말씨, 어법 |
| **languish** | [lǽŋgwiʃ] [랭그위쉬]<br>자 약해지다, 시들다, 그리워하다 |

| **lantern** | [læntərn] [랜터언]<br>명 초롱불, 각등(角燈), 칸델라 |
|---|---|
| **lap** | [læp] [랩]<br>명 핥기, 무릎 타 핥다 |
| **lapse** | [læps] [랩쓰]<br>명 경과, 타락, 착오, 과실 자 타락하다 |
| **large** | [la:rʤ] [라아쥐]<br>형 커다란, 넓은, 다수의, 다량의<br>* at large 일반적으로, 상세하게,<br>(범인이) 잡히지 않고, 마음대로 |
| **largely** | [lɑ́:rʤli] [라아쥘리]<br>부 크게, 주로, 풍부하게, 대규모로 |
| **lark** | [la:rk] [라아크]<br>명 종달새 |
| **larva** | [lɑ́:rvə] [라아버]<br>명 유충, 유생(幼生), 애벌레 |
| **lash** | [læʃ] [래쉬]<br>명 채찍질, 비난 타자 때리다, 빈정대다<br>* lash out (말이) 걷어차다, 폭언을 퍼붓다,<br>강타하다 |

**lassie**

[lǽsi] [래시]

명 계집애, 소녀, ((애칭)) 아가씨

**last**

[læst] [래스트]

형 [late의 최상급의 하나] 최후의

부 최후로 명 최후 자 계속하다

* at last 드디어, 마침내

* the last ~ to do 가장 …할 것 같지 않은

**lasting**

[lǽstiŋ] [래스팅]

형 오래가는, 영속하는, 영구불변의

**lastly**

[lǽstli] [래스틀리]

부 최후로, 마침내

**latch**

[lætʃ] [래취]

명 걸쇠, 빗장 타자 걸쇠를 걸다

**late**

[leit] [레잇]

형 더딘, 늦은, 고(故) 부 늦게

* of late 요사이, 최근에

**lately**

[léitli] [레이틀리]

부 요즈음, 최근에

527

| | |
|---|---|
| **latent** | [léitənt] [레이턴트]<br>형 숨어있는 |
| **later** | [léitər] [레이터]<br>형 (late의 비교급의 하나) 더 늦은, 더 뒤의<br>부 뒤에, 나중에<br>* later on 좀 더 나중에, 후에 |
| **latest** | [léitist] [레이티스트] 형 [late의 최상급의<br>하나] 최근의, 최신의 부 가장 늦게 |
| **Latin** | [lǽtn] [래튼]<br>형 라틴의, 라틴 말의 명 라틴 사람 |
| **latitude** | [lǽtətjùːd] [래터튜우드]<br>명 위도(緯度), 범위 |
| **latter** | [lǽtər] [래터]<br>형 (late의 비교급의 하나) 후자(後者)의 |
| **laugh** | [lǽf] [래흐]<br>자타 웃다 명 웃음<br>* laugh at ~을 (보고, 듣고) 웃다,<br>~을 비웃다<br>* laugh off 웃음으로 얼버무리다, 일소하다,<br>웃어넘기다<br>* laugh out 웃음을 터뜨리다, 폭소하다 |

| laughter | [læftər] [래흐터] |
| | 명 웃음, 웃음 소리 |

| launch | [lɔ:ntʃ] [로온취] |
| | 타자 진수시키다, 착수하다 |

| laundry | [lɔ́:ndri] [로온쥬뤼] |
| | 명 세탁소, 세탁물 |

| laurel | [lɔ́:rəl] [로뤄얼] |
| | 명 월계수, 영예, 월계관 |

| lava | [lɑ́:və] [라아버] |
| | 명 용암, 화산암층 |

| lavatory | [lǽvətɔ́:ri] [래버토뤼] |
| | 명 세면장, 세면대, 화장실 |

| lavender | [lǽvəndər] [래번더] |
| | 명 라벤더 형 옅은 자주색의 |

| lavish | [lǽviʃ] [래비쉬] |
| | 타 아낌없이 주다 형 아끼지 않는 |

| lavishly | [lǽviʃli] [래비쉴뤼] |
| | 부 함부로, 아끼지 않고 |

| law | [lɔ:] [로오] |
| | 명 법률, 국법, 법규, 법칙 |

* go to law with ~을 기소하다
* read (go in for) law 법률을 연구하다

**lawful**

[lɔ́:fəl] [로오훠얼]
형 합법의, 법정의, 정당한

**lawless**

[lɔ́:lis] [로오리쓰]
형 법률이 없는, 법을 지키지 않는

**lawn**

[lɔ:n] [로온]
명 잔디, 잔디밭, 풀밭

**lawsuit**

[lɔ́:sju:t] [로오슈우트]
명 소송

**lawyer**

[lɔ́:jər] [로오이어]
명 법률가, 변호사

**lax**

[læks] [랙스]
형 느슨한, 완만한, 엄격하지 못한

**lay**

[lei] [레이]
타자 눕히다, 놓다  형 속인(俗人)의
* lay aside 간직해 두다, 저금하다,
  버리고 돌보지 않다
* lay by 저축하다, 옆에 두다
* lay down 밑에 놓다, 부설하다
* lay on ~을 부과하다, 끌어들이다

* lay out ((구어)) 투자하다, 설계하다
* lay up 저축[보존]하다

| | |
|---|---|
| **layer** | [léiər] [레이어]<br>몡 쌓는 사람, 층, 켜 |
| **lazy** | [léizi] [레이지]<br>몡 게으른, 굼뜬 |
| **lead** | [li:d] [리이드]<br>몡 지휘, 선도 탸자 인도하다<br>* lead astray 방황케 하다, 타락시키다<br>* lead off 솔선하다, 시작하다<br>* lead on 꾀어 들이다, 꾀다<br>* lead to ~에 통하다, ~에 계속하다,<br>  ~에 귀착하다<br>* lead up to ~으로 이끌다, ~하도록<br>  만들다, ~으로 화제를 돌리다 |
| **leader** | [lí:dər] [리이더]<br>몡 지도자, 솔선자, 주장 |
| **leadership** | [lí:dərʃip] [리이더쉽]<br>몡 지도력, 지도자의 임무, 리더십 |
| **leading** | [lí:diŋ] [리이딩]<br>몡 지도, 통솔 혱 지휘하는 |

| | |
|---|---|
| **leaf** | [líːf] [리이흐]<br>명 잎(사귀), (책의) 1장(2페이지)<br>* turn over a new leaf 마음을 고쳐먹다,<br>면목을 일신하다, 페이지를 넘기다 |
| **leaflet** | [líːflit] [리이흘릿]<br>명 어린 잎, 삐라, (광고) 전단지 |
| **leafy** | [líːfi] [리이휘]<br>형 잎이 많은, 무성한 |
| **league** | [liːg] [리이그]<br>명 연맹, 동맹, 리그 타자 연합하다 |
| **leak** | [liːk] [리이크]<br>명 샘, 새는 구멍 자타 새다 |
| **lean** | [liːn] [리인]<br>자타 기울다, 기대다 명 경사 형 야윈<br>* lean on (upon) ~에 기대다, 의지하다 |
| **leap** | [liːp] [리이프]<br>자타 껑충 뛰다 명 도약 |
| **learn** | [ləːrn] [러언]<br>타자 배우다, 알다, 기억하다 |

| | |
|---|---|
| **learned** | [lə́ːrnid] [러어니드]<br>형 학식이 있는 |
| **learning** | [lə́ːrniŋ] [러어닝]<br>명 학문, 배움, 학식 |
| **lease** | [liːs] [리이쓰]<br>명 차지(借地) 계약, 임대차 계약 |
| **least** | [liːst] [리이스트] 형 (little의 최상급) 가장<br>적은 [작은] 부 가장 적게 [작게] 명 최소<br>*least of all 가장 ~이 아니다, 특히 ~않다<br>* all [the] least 적어도<br>* not in the least 조금도 ~하지 않은 |
| **leather** | [léðər] [레더]<br>명 (무두질한) 가죽 타 가죽을 대다 |
| **leave** | [liːv] [리이브]<br>타자 떠나다, 남기다 명 허락<br>* leave behind ~을 두고 가다(오다),<br>  놓아둔 채 잊다<br>* leave off 그만두다, 그치다, 벗다<br>* leave out 빠뜨리다, 생략하다, 무시하다<br>* leave to oneself 방임하다. |

홀로 버려두다

* take one's leave of ~에게 작별 인사를 하다, 작별을 고하다

| | |
|---|---|
| **leaven** | [lévən] [레번]<br>몡 효모, 누룩 団 발효시키다 |
| **lecture** | [léktʃər] [렉춰]<br>몡 강의, 강연 団전 강의하다 |
| **lecturer** | [léktʃərər] [렉춰뤄]<br>몡 연사, 강사 |
| **lectureship** | [léktʃərʃip] [렉춰쉽]<br>몡 강사의 직위 |
| **ledge** | [ledʒ] [레쥐]<br>몡 (벽에서 내민) 선반, 암초 |
| **lee** | [liː] [리이]<br>몡 바람이 불어가는 방향 |
| **leech** | [liːtʃ] [리이취]<br>몡 거머리, 흡혈귀 |
| **leek** | [liːk] [리이크]<br>몡 ((식물)) 부추 |

**left**

[left] [레흐트]

형 왼쪽의 부 왼쪽에 명 왼쪽

**leg**

[leg] [레그]

명 (사람 · 동물 · 책상 따위의) 다리

**legal**

[líːgəl] [리이거얼]

형 법률의, 합법의, 정당한

**legend**

[lédʒənd] [레줜드]

명 전설, 신화

**legion**

[líːdʒən] [리이줜]

명 군대, 군단

**legislation**

[lèdʒisléiʃən] [레쥐슬레이션]

명 입법, 법률, 법제

**legitimate**

[lidʒítəmit] [리쥐터멋]

형 합법의, 정당한, 정통의

[lidʒítəmeit] [리쥐터메잇]

타 합법화하다

**leisure**

[léʒər] [레줘]

명 틈, 여기, 레저 형 한가한

* at leisure 틈이 있어서, 천천히

A B C D E F G H I J K L M N O P Q R S T U V W X Y Z

| | |
|---|---|
| **lemon** | [lémən] [레먼]<br>명 레몬, 레몬빛, 담황색 |
| **lend** | [lend] [렌드]<br>타 빌리다, 대부하다 |
| **length** | [leŋkθ] [렝(크)쓰]<br>명 길이, 기장, 세로, 기간<br>* at length 드디어, 상세하게, 충분히 |
| **lengthen** | [léŋkθən] [랭(크)썬]<br>자타 길게하다, 늘이다, 늘어나다 |
| **lens** | [lenz] [렌즈]<br>명 렌즈, (눈의) 수정체 |
| **Lent** | [lent] [렌트]<br>명 기독교의 사순절(四旬節) |
| **leopard** | [lépərd] [레퍼드]<br>명 표범 |
| **less** | [les] [레쓰] 형 (little의 비교급) 보다 적은<br>명 보다 적은 양<br>* in less than no time 곧, 이내<br>* little less than ~와 같은 정도,<br>　거의 같은 만큼의 |

* more or less 얼마간, 다소
* no less than 적어도 ~만큼,
  ~에 못지 않게
* no [not the] less 역시, 그래도 역시

**lessen**
[lésn] [레슨]
타자 적게 하다, 줄이다, 감하다

**lesser**
[lésər] [레써]
형 (little의 이중 비교급) 보다 적은

**lesson**
[lésn] [레슨]
명 학과, 과업, ~과, 수업

**lest**
[lest] [레스트]
접 ~하지 않도록
* lest~should ~하면 안 되므로

**let**
[let] [렛]
타 ~시키다, ((영)) 빌리다
* let alone ~은 말할 것도 없이,
  ~을 방임하다
* let be 내버려 두다, 상관하지 않다
* let down 늦추다, 내리다, 실망시키다
* let into ~에 넣다, 들이다, 삽입하다

* let off (형벌을) 면제하다, 발사하다, 끄다
* let on ((속)) 고자질하다, 폭로하다
* let out 입 밖으로 내다, 흘러 나가게 하다
* let pass 눈감아주다, 불문에 부치다
* let up ((구)) 그치다, ~을 그만두다
* let us say 예를 들면, 예컨대

**letter**
[létər] [레터]
명 편지, 글자 타 ~에 글자를 찍다

**lettuce**
[létis] [레티쓰]
명 상추, 양상추

**level**
[lévəl] [레버얼]
형 평평한 명 수평, 수준, 레벨

**lever**
[lévər] [레버]
명 지레, 레버 자타 지레로 움직이다

**liability**
[làiəbíləti] [라이어빌러티]
명 책임이 있음, 책임, 의무

**liable**
[láiəbl] [라이어브얼]
형 ~하기 쉬운, 책임이 있는
* (be) liable to (do) ~하기 쉽다

| liar | [láiər] [라이어]<br>몡 거짓말쟁이 |
|---|---|
| **liberal** | [líbərəl] [리버뤄얼]<br>혱 자유주의의, 대범한, 풍부한 |
| **liberalism** | [líbərəlizm] [리버뤌리즘]<br>몡 자유주의 |
| **liberality** | [lìbəræləti] [리버랠러티]<br>몡 활수(滑水), 관대함, 베푸는 것 |
| **liberate** | [líbəreit] [리버레잇]<br>탄 자유롭게 하다, 석방하다 |
| **liberty** | [líbərti] [리버티]<br>몡 자유, 해방, 방면, 멋대로 함<br>* liberty of the speech [press] 언론<br>　[출판]의 자유<br>* at liberty 한가해서, 자유로워,<br>　마음대로 ~해도 좋은 |
| **librarian** | [laibréəriən] [라이브뤠어뤼언]<br>몡 도서관원, 사서(司書) |
| **library** | [láibrèri] [라이브뤠뤼]<br>몡 도서관, 문고, 서고(書庫) |

| | |
|---|---|
| **license** | [láisəns] [라이쎈쓰]<br>명 면허, 인가, 허가 |
| **lichen** | [láikən] [라이컨]<br>명 이끼 |
| **lick** | [lik] [릭]<br>타 핥다, 때리다, 해내다 |
| **lid** | [lid] [리드]<br>명 뚜껑, 눈꺼풀(eyelid) |
| **lie** | [lai] [라이]<br>명 거짓말, 위치 타자 거짓말하다, 눕다<br>* lie by 휴식하다, 쓰여지지 않고 있다, 곁에 있다<br>* lie in ~에 있다(consist in)<br>* lie on one's back 반듯이 눕다<br>* lie in one's way 앞길에 가로놓여 있다 |
| **lieutenant** | [lu:ténənt] [루우테넌트]<br>명 육(공)군 중위, 부관, 해군 대위 |
| **life** | [laif] [라이흐]<br>명 목숨, 생명, 생물, 일생<br>* come [back, bring] to life 소생하다, 소생시키다<br>* for life 종신(의), 일생(의) |

* for one's life 기를 쓰고, 필사적으로
* in one's life ～의 생애에
* live [lead] a life 생활을 하다
* on [upon] my life 목숨을 걸고, 맹세코,
  이거 놀랐는데!

**lifeless**

[láiflis] [라이흘리쓰]
형 생명 없는, 죽은, 김빠진

**lifetime**

[láiftaim] [라이흐타임]
명 평생 형 한평생의

**lift**

[lift] [리흐트]
타 자 들어올리다 명 오르기, 승강기

**light**

[lait] [라잇]
명 빛 형 밝은, 가벼운 타 자 불을 붙이다
* bring [come] to light 폭로하다, 드러내다
* light up 밝게 하다, 명랑해지다
* light in hand 다루기 쉬운
* make light of ～을 얕보다

**lighten**

[láitn] [라이튼]
타 자 비추다, 빛나다, 가볍게 하다

**lighthouse**

[láithaus] [라잇하우쓰]
명 등대

541

| lightly | [láitli] [라이틀리] |
|---|---|
| | 뷔 가볍게, 손쉽게 |

| lightning | [láitniŋ] [라잇닝] |
|---|---|
| | 뗑 번개, 전광 혱 급속한 |

| like | [laik] [라익] |
|---|---|
| | 혱 같은, 비슷한 쩐 ~처럼, ~ 같이 |
| | 뷔 ~듯이 뗑 비슷한 것 |
| | 타자 좋아하다, ~하고 싶다 |
| | * and the like 그 밖의 같은 종류의 것, |
| |   ~따위 |
| | * Like father, like son ((속담)) 부전자전 |

| likelihood | [láiklihùd] [라이클리후드] |
|---|---|
| | 뗑 있음직한 일, 가능성, 가망 |
| | * in all likelihood 아마, 십중팔구 |

| likely | [láikli] [라이클리] |
|---|---|
| | 혱 있음직한, 정말 같은 뷔 아마 |
| | * be likely to (do) ~할 것 같다 |

| likeness | [láiknis] [라익니쓰] |
|---|---|
| | 뗑 비슷함, 근사, 유사, 모습 |

| | |
|---|---|
| **likewise** | [láikwàiz] [라익와이즈]<br>부 마찬가지로, 또한, 게다가 또 |
| **liking** | [láikiŋ] [라이킹]<br>명 좋아함, 기호, 취미<br>* have a liking for ～을 좋아하다 |
| **lilac** | [láilək] [라일럭]<br>명 라일락 형 라일락 빛의 |
| **lily** | [líli] [릴리]<br>명 백합, 나리꽃 형 순결한, 흰 |
| **limb** | [lim] [림]<br>명 (인간 · 동물의) 팔다리, 수족, 날개 |
| **lime** | [laim] [라임]<br>명 석회 |
| **limestone** | [láimstoun] [라임스토운]<br>명 석회암(石灰巖) |
| **limit** | [límit] [리밋]<br>명 제한, ((복수)) 범위 타 제한하다<br>* off limits 출입 금지 구역<br>* to the limit ((미)) 극도로, 충분히 |

| **limitation** | [lìmətéiʃən] [리머테이션]<br>명 제한, 한계 |
| **limp** | [limp] [림프]<br>자 절뚝거리다 명 발을 절기 형 유연한 |
| **line** | [lain] [라인]<br>명 선, 줄, 노선 자타 늘어서다, 선을 긋다<br>* in line with ~와 일직선으로 |
| **lineage** | [líniidʒ] [리니이쥐]<br>명 가계(家系), 혈통 |
| **linen** | [línin] [리닌]<br>명 리넨, 아마포 형 리넨의 |
| **linger** | [língər] [링거]<br>자타 오래 머무르다, 우물쭈물 보내다 |
| **linguist** | [língwist] [링그위스트]<br>명 어학자, 언어학자 |
| **linguistic** | [lingwístik] [링그위스틱]<br>형 말의, 언어의, 어학상의 |
| **link** | [líŋk] [링크]<br>명 고리, 연쇄 자타 연결하다 |

| **linoleum** | [linóuliəm] [리노울렴]<br>명 (마룻바닥에 까는) 리놀륨 |
| **lion** | [láiən] [라이언]<br>명 사자, 용맹스러운 사람 |
| **lip** | [lip] [립]<br>명 입술, 입 형 말뿐인 |
| **liquid** | [líkwid] [리크워드]<br>명 액체, 유동체 형 액체의 |
| **liquor** | [líkər] [리커]<br>명 알코올 음료, 주류 |
| **list** | [list] [리스트]<br>명 표, 명부 타자 명부에 올리다<br>* a long list of 수많은~ |
| **listen** | [lísn] [리슨]<br>자 경청하다, 듣다, 귀를 기울이다<br>* listen to ~에 귀를 기울이다 |
| **listener** | [lísnər] [리스너]<br>명 (라디오) 청취자, 경청자 |

| | |
|---|---|
| **liter** | [líːtər] [리이터]<br>명 리터(1,000cc) 〈약어 l., lit.〉 |
| **literal** | [líːtərəl] [리터뤄얼]<br>형 문자 그대로의, 정확한 |
| **literally** | [líːtərəli] [리터륄리]<br>부 문자 그대로, 정확하게 |
| **literary** | [líːtərèri] [리터뤠리]<br>형 문학의, 문예의, 학문의 |
| **literature** | [lítərətʃər] [리터뤄춰]<br>명 문학, 문예, 문헌 |
| **litter** | [lítər] [리터]<br>명 잡동사니, 난잡 |
| **little** | [lítl] [리트얼]<br>형 작은 부 조금은 명 조금<br>* little by little 조금씩, 천천히<br>* little less than ~와 거의 같은 정도의<br>* little more than ~에 불과할 정도의,<br>　~이나 마찬가지로 적은<br>* a little 조금, 조금은<br>* a little while 잠시 |

| | |
|---|---|
| **live** | [liv] [리브]<br>자타 살다, 생활하다, 거주하다<br>[laiv] [라이브]<br>형 살아 있는, 활기 있는<br>* live on (upon) ~을 주식으로 하다,<br>  ~으로 생활하다<br>* live through ~을 타개하다, 목숨을<br>  부지하다<br>* live up to ~에게 부끄럽지 않은 생활을<br>  하다 |
| **livelihood** | [láivlihùd] [라이블리후드]<br>명 생계, 살림 |
| **lively** | [láivli] [라이블리]<br>형 활기 있는, 활발한 부 활발하게 |
| **liver** | [lívər] [리버]<br>명 거주자, 간장(肝臟), 간 |
| **livery** | [lívəri] [리버리]<br>명 제복, 말(마차) 세 놓는 업 |
| **living** | [lívin] [리빙]<br>형 살아 있는, 현존한, 활발한 명 생활<br>* make one's living 생계를 세우다 |

| | |
|---|---|
| **lizard** | [lízərd] [리저드] <br> 몡 도마뱀 |
| **load** | [loud] [로우드] <br> 몡 부담, 짐 자타 짐을 싣다 |
| **loaf** | [louf] [로우흐] <br> 몡 (빵의) 한 덩이 자타 빈둥거리며 지내다 |
| **loan** | [loun] [로운] <br> 몡 대부(금), 공채 타자 ((미)) 빌려주다 <br> * on loan 대부하여, 차입하여 |
| **loathe** | [louð] [로우드] <br> 타 몹시 싫어하다 |
| **lobby** | [lábi] [라비] <br> 몡 로비, 휴게실, 복도 |
| **local** | [lóukəl] [로우커얼] <br> 혱 지방의 몡 ((종종 복수)) 지방 주민 |
| **locate** | [lóukeit] [로우케잇] <br> 자 거주하다, (관청 따위를) 설치하다 |
| **location** | [loukéiʃən] [로우케이션] <br> 몡 위치, 배치, 야외 촬영 |

| | |
|---|---|
| **lock** | [lák] [락]<br>명 자물쇠 타자 자물쇠를 채우다<br>\* lock out 내쫓다 |
| **locker** | [lákər] [라커]<br>명 (옷이나 물건을 넣어두고 잠그게 되어<br>있는) 장<br>\* locker room 탈의실 |
| **locket** | [lákit] [라킷] 명 로켓(유물 따위를 넣어<br>목걸이에 달아맨 금·은으로 만든 작은 곽) |
| **lockout** | [lɔ́kaut] [록아웃]<br>명 공장 폐쇄 타 공장을 폐쇄하다 |
| **locomotive** | [lòukəmóutiv] [로우커모우티브]<br>형 이동하는 명 기관차 |
| **locust** | [lóukəst] [로우커스트]<br>명 메뚜기, 매미, 대식가 |
| **lodge** | [ládʒ] [라쥐]<br>명 오두막 자타 묵다, 숙박케 하다 |
| **lodger** | [ládʒər] [라줘]<br>명 숙박인, 하숙인, 세든 사람 |

| **lodging** | [ládʒiŋ] [라쥐잉]<br>몡 숙박, 숙소, 하숙<br>* lodging house 하숙집 |
|---|---|
| **loft** | [láft] [라흐트]<br>몡 다락방, 비둘기장 |
| **loftiness** | [láftinis] [라흐티니쓰]<br>몡 고상, 거만 |
| **lofty** | [láfti] [라흐티]<br>혱 몹시 높은, 치솟은 |
| **log** | [lɔg] [로그]<br>몡 통나무, 항해 일기 |
| **logic** | [lɔ́dʒik] [로쥐익]<br>몡 논리학, 논리, 설득력 |
| **logical** | [lɔ́dʒikəl] [로쥐커얼]<br>혱 논리적인, 필연의 |
| **loin** | [lɔin] [로인]<br>몡 허리, (짐승의) 허리살 |
| **loiter** | [lɔ́itər] [로이터]<br>자타 어슬렁어슬렁 걷다 |

| London | [lʌndən] [런던] <br> 몡 런던 (영국의 수도) |
|---|---|
| **lone** | [loun] [로운] <br> 톙 고독한, 쓸쓸한, 독신의 |
| **lonely** | [lóunli] [로운리] <br> 톙 고립한, 쓸쓸한, 외로운, 외딴 |
| **loneliness** | [lóunlinis] [로운리니쓰] <br> 몡 고독, 고립, 외로움 |
| **lonesome** | [lóunsəm] [로운썸] <br> 톙 쓸쓸한(lonely) |
| **long** | [lɔːŋ] [로엉] <br> 톙 긴, 오랜 톋 오랫동안, 오래 <br> 톚 동경하다, 간절히 바라다 |

* as long as ~하는 한은, ~하는 동안은, 하기만 한다면
* at (the) longest 길어도, 기껏(해서)
* before long 얼마 안 있어, 곧
* for long 오랫동안
* in the long run 결국(마침내는)
* long ago 옛날에, 오래전에
* long ears 귀 밝음
* long in the arm ((속)) 손버릇이 나쁜
* make [pull] a long face 실망한 표정을

짓다

* not long ago 요 얼마 전에, 요전에
* so long! 안녕!(good-bye)
* long for ~을 간절히 바라다(= yearn)

**longing**

[lɔ́ːŋiŋ] [로엉잉]
명 열망, 동경 형 갈망하는

**longitude**

[lɔ́ndʒətjùːd] [론줘튜우드]
명 경도(經度) 반 latitude(위도)

**look**

[luk] [룩]
자타 보다, ~으로 보이다

* look about 둘러보다
* look after ~을 돌보다, 찾다
* look ahead 앞을 보다, (앞길을) 조심하다
* look as if 마치 ~와 같이 보이다
* look down on [upon] 경멸하다,
  낮추어 보다
* look for 찾다, 기대하다(expect)
* look forward to ~을 고대하다
  (anticipate with pleasure)
* look in 잠깐 들여다보다, 들르다
* look ~in the face 정면으로 보다,
  ~에 전념하다
* look into 조사하다

* look like ～처럼 보이다
* look on [upon] ～을 바라보다(view),
  ～로 향해 있다, 방관하다
* look out 밖을 보다, 주의하다(be careful)
* look over ～너머로 보다, 대강 훑어보다
* look round [around] 둘러보다, 고려하다
* look through ～을 통하여 보다, 뚫어지게
  보다, ～을 간파하다
* look to ～에 주의하다, 기대하다,
  ～돌보다
* look up 조사하다, 올려다보다
* look up at 쳐다보다
* look up to ～을 쳐다보다, ～을 존경하다
  (respect)
* look upon~ as… ～을 …로 생각하다,
  간주하다(regard~ as… ; think of~
  as…)

| | |
|---|---|
| **lookout** | [lúkáut] [룩아웃] <br> 명 망, 전망, 감시 |
| **loom** | [lu:m] [루음] <br> 명 베틀, 직기 자 어렴풋이 보이다 |
| **loop** | [lu:p] [루우프] <br> 명 (실·끈 따위의) 고리 |

553

| | |
|---|---|
| **loose** | [lu:s] [루우쓰] <br> 형 헐거운, 야무지지 못한 타자 풀다, 놓아주다 |
| **loosen** | [lúːsn] [루우슨] <br> 타자 늦추다, 풀다 |
| **lopsided** | [lápsáidid] [랍싸이디드] <br> 형 한쪽으로 기울어진 |
| **lord** | [lɔ:rd] [로오드] <br> 명 군주, 주인, ((영)) 귀족 자 뽐내다 <br> * lord it over ～에 군림하다, 뽐내다 |
| **lose** | [lu:z] [루우즈] <br> 타자 잃다, 지다, 손해 보다 <br> * lose no time in [ing] 때를 놓치지 않고 ～하다 <br> * lose one's temper 버럭 화를 내다 <br> * lose oneself in ～에 열중하다, 빠지다 <br> * lose the day 싸움에 지다 |
| **loss** | [lɔ:s] [로오쓰] <br> 명 손실, ((종종 복수)) 손해, 사망 <br> *at a loss 어쩔 줄 몰라서, 난처하여 |

| | |
|---|---|
| **lost** | [lɔːst] [로오스트]<br>[형] [lose의 과거분사] 잃어버린 |
| **lot** | [lot] [롯] [명] (뽑는) 제비, 운명, 당첨, 많음<br>* a lot of 많은, 잔뜩(lots of) |
| **loud** | [laud] [라우드]<br>[형] 목소리가 큰, 시끄러운 |
| **loudly** | [láudli] [라우들리]<br>[부] 큰 소리로 |
| **loudspeaker** | [láudspíːkər] [라우드스피이커]<br>[명] 확성기 |
| **lounge** | [laundʒ] [라운쥐]<br>[명] 한가히 걷는 걸음, 휴게실, 오락실 |
| **love** | [lʌv] [러브]<br>[명] 사랑, 애정 [타자] 사랑하다<br>* fall [be] in love (with) (~을) 사랑하다,<br>(~에게) 반하다 |
| **loveliness** | [lʌ́vlinis] [러블리니쓰]<br>[명] 귀염성, 아름다움 |
| **lovely** | [lʌ́vli] [러블리]<br>[형] 아름다운, 사랑스러운, 귀여운 |

*555*

| lover | [lʌ́vər] [러버]<br>명 애인, 연인, 연인끼리, 애호가 |
| --- | --- |
| loving | [lʌ́viŋ] [러빙]<br>형 사랑하는, 친애하는 |
| low | [lóu] [로우]<br>형 싼, 낮은 부 낮게, 싸게 |
| lowbrow | [lóubrau] [로우브라우]<br>명 지성이 낮은 사람 |
| lower | [lóuər] [로우어]<br>타자 낮추다, 내려가다 형 더 낮은 |
| lowland | [lóulænd] [로울랜드]<br>명 낮은 곳 형 낮은 지방의 |
| lowliness | [lóulinis] [로울리니스]<br>명 겸손, 비천 |
| lowly | [lóuli] [로울리]<br>형 신분이 낮은, 비천한 부 천하게 |
| loyal | [lɔ́iəl] [로이어얼]<br>형 충성스러운, 성실한, 충실한 |
| loyalty | [lɔ́iəlti] [로이얼티]<br>명 충의, 충성, 충실, 애국심, 성실 |

| | |
|---|---|
| **luck** | [lʌk] [럭]<br>명 운, 행운, 운수(chance)<br>* in [out of, off] luck 운이 좋아서 [나빠서] |
| **luckily** | [lʌkili] [러킬리]<br>부 운수 좋게, 천만다행히도 |
| **lucky** | [lʌki] [러키]<br>형 운이 좋은, 행운의 |
| **ludicrous** | [lúːdəkrəs] [루우더크러쓰]<br>형 익살맞은(comical), 터무니없는(absurd) |
| **luggage** | [lʌɡidʒ] [러기쥐]<br>명 수하물, 여행 가방 |
| **lull** | [lʌl] [러얼]<br>타자 달래다, 잔잔해지다 명 잠잠함 |
| **lullaby** | [lʌləbài] [럴러바이]<br>명 자장가 타 자장가를 불러 재우다 |
| **luminous** | [ljúːmənəs] [루우머너쓰]<br>형 빛나는, 밝은, 명백한 |
| **lump** | [lʌmp] [럼프]<br>명 덩어리, 혹 타자 한 묶음으로 하다 |

| lunar | [lúːnər] [루우너] |
| | 형 달의 반 solar(해의) |

| lunatic | [lúːnətik] [루우너틱] |
| | 형 정신 이상의 명 정신병자 |

| lunch | [lʌntʃ] [런취] |
| | 명 점심, 도시락 자타 점심을 먹다 |

| luncheon | [lʌ́ntʃən] [런춴] |
| | 명 오찬(午餐) |

| lung | [lʌŋ] [렁] |
| | 명 폐, 허파 |

| lure | [luər] [루어] |
| | 명 매력, 미끼, 유혹물 타 유혹하다 |

| lurk | [ləːrk] [러어크] |
| | 자 숨어 있다, 잠복하다 |

| luscious | [lʌ́ʃəs] [러셔쓰] |
| | 형 감미로운, 아주 단, 달콤한 |

| lust | [lʌst] [러스트] |
| | 명 욕망, 번뇌 자 갈망하다 |

| luster, -tre | [lʌ́stər] [러스터] |
| | 명 광택, 영예 타 광택을 내다 |

| | |
|---|---|
| **lusty** | [lʌ́sti] [러스티]<br>형 튼튼한, 원기 왕성한 |
| **lute** | [luːt] [루우트]<br>명 류트(기타와 비슷한 악기) |
| **luxuriant** | [lʌgzjúəriənt] [럭쥬어뤼언트]<br>형 무성한, 다산이, 화려한 |
| **luxurious** | [lʌgzúəriəs] [럭쥬어뤼어쓰]<br>형 사치스러운, 사치를 좋아하는 |
| **luxury** | [lʌ́kʃəri] [럭서뤼]<br>명 사치, 호화, 사치품, 쾌락 |
| **lying** | [láiiŋ] [라이잉]<br>명 드러눕기, 잠자리 |
| **lynx** | [liŋks] [링크스]<br>명 삵괭이, 스라소니 |
| **lyre** | [láiər] [라이어]<br>명 수금(고대에 쓰인 7현악기) |
| **lyric** | [lírik] [리뤽]<br>명 서정시 형 서정적인 반 epic(서사시) |

| | |
|---|---|
| **ma** | [ma:] [마아]<br>똉 엄마, 마마(mamma의 줄임말) |
| **machine** | [məʃíːn] [머쉬인]<br>똉 기계, 기관 |
| **machinery** | [məʃíːnəri] [머쉬너뤼]<br>똉 기계류, 기계장치 |
| **mad** | [mæd] [매드]<br>뼹 미친, 무모한, 열광적인, 성난 |
| **madam** | [mǽdəm] [매덤]<br>똉 여사, 부인, 아씨, 마담, 안주인 |
| **madcap** | [mǽdkæ̀p] [매드캡]<br>똉 말괄량이 뼹 무모한, 엉뚱한 |

| | |
|---|---|
| **madden** | [mǽdn] [매든]<br>재타 발광하다, 발광시키다 |
| **made** | [meid] [메이드]<br>동 make의 과거분사 형 만든 |
| **madly** | [mǽdli] [매들리]<br>부 미쳐서, 미친 듯이, 몹시 |
| **madness** | [mǽdnis] [매드니쓰]<br>명 광기(狂氣), 정신 착란 |
| **Madonna** | [mədánə] [머다너]<br>명 성모 마리아, 마돈나 |
| **maestro** | [máistrou] [마이스트로우]<br>명 대음악가, (예술의) 거장, 명지휘자 |
| **magazine** | [mǽgəzíːn] [매거지인]<br>명 잡지(정기 간행물), 화약고, 병기고 |
| **Magi** | [méidʒai] [메이좌이] 명 동방박사<br>(Magus[méigəs]의 복수형) |
| **magic** | [mǽdʒik] [매쥑]<br>형 마법의, 기묘한 명 마법, 요술<br>* like [as if by] magic 당장에, 신비스럽게,<br>이상하게 |

| | |
|---|---|
| **magical** | [mǽdʒikəl] [매쥐커얼] <br> 혱 요술 같은, 마법의 |
| **magician** | [mədʒíʃən] [머쥐션] <br> 몡 마술사, 마법사, 요술쟁이 |
| **magistrate** | [mǽdʒəstrèit] [매쥐스츄레잇] <br> 몡 행정 장관, 치안 판사 |
| **magnanimity** | [mæɡnəníməti] [매그너니머티] <br> 몡 아량, 관대 |
| **magnesium** | [mæɡníːziəm] [매그니이지엄] <br> 몡 마그네슘 〈원소 기호 Mg〉 |
| **magnet** | [mǽɡnit] [매그닛] <br> 몡 자석, 지남철 |
| **magnificent** | [mæɡnífəsnt] [매그니훠슨트] <br> 혱 장려한, 당당한, ((구어)) 멋진 |
| **magnify** | [mǽɡnəfài] [매그너화이] <br> 탙 (렌즈 따위로) 확대하다, 과장하다 |
| **magnitude** | [mǽɡnətjùːd] [매그너튜우드] <br> 몡 크기, 중요함 |
| **maid** | [meid] [메이드] <br> 몡 소녀, 아가씨, 하녀, 처녀 |

| | |
|---|---|
| **maiden** | [méidn] [메이든]<br>몡 소녀, 처녀 몒 소녀의, 처녀의 |
| **mail** | [meil] [메얼]<br>몡 우편물, 탐 우송하다 |
| **maim** | [meim] [메임]<br>탐 (손·발을 잘라) 불구로 만들다 |
| **main** | [mein] [메인]<br>몒 주요한, 충분한 몡 힘<br>* in the main 대개, 주로, 대체로<br>* with might and main 전력을 다하여 |
| **mainland** | [méinlænd] [메인랜드]<br>몡 본토, 대륙 |
| **mainly** | [méinli] [메인리]<br>부 오로지, 대부분, 주로, 대개 |
| **maintain** | [meintéin] [메인테인]<br>탐 유지하다, 계속하다, 보존하다 |
| **maintenance** | [méintənəns] [메인터넌쓰]<br>몡 유지, 보존, 지속, 부양 |
| **maize** | [meiz] [메이즈]<br>몡 옥수수, 옥수수 열매(Indian corn) |

| | |
|---|---|
| **majestic(al)** | [mədʒéstik(əl)] [머줴스틱(티커얼)]<br>톙 위엄있는, 당당한 |
| **majesty** | [mǽdʒisti] [매쥐스티]<br>몡 위엄, 장엄, 주권, 존엄 |
| **major** | [méidʒər] [메이줘]<br>톙 주요한 몡 육군 소령 통 전공하다<br>* major in ~을 전공하다 |
| **majority** | [mədʒɔ́ːrəti] [머줘뤄티]<br>몡 대다수, 과반수, (득표의) 차 |
| **make** | [meik] [메익]<br>타자 만들다, 얻다, ~이 되다 몡 제작<br>* make away with ~을 없애다,<br>　~을 멸망시키다<br>* make for ~의 이익이 되다,<br>　~을 향하여 나아가다<br>* make light [little] of ~을 소홀히 하다,<br>　업신여기다<br>* make much of ~을 존중하다,<br>　~을 추켜 올리다<br>* make nothing of ~을 문제시하지 않다,<br>　~을 전혀 알 수 없다<br>* make one's way 나아가다, 성공하다 |

* make out 이해하다, 발견하다,
  작성하다, 증명하다
* make sure (of) (~을) 확인하다,
  다짐하다
* make the best of ~을 충분히 이용하다,
  될 수 있는 대로 이용하다
* make the most of 가장 잘 이용하다,
  가장 좋게 보이게 하다
* make up for ~의 보상을
  하다(compensate for)
* make up one's mind 결심하다(decide)
* make use of ~을 이용하다(utilize)
* make way for ~을 위하여 진로를 트다,
  ~에게 길을 열어주다

| | |
|---|---|
| **malaria** | [məlǽriə] [멀래뤼어]<br>명 말라리아 |
| **Malaysia** | [məléiʃə] [멀레이셔]<br>명 말레이시아 |
| **male** | [meil] [메얼]<br>명 남자, 수컷 형 남성의, 수컷의 |
| **malice** | [mǽlis] [매얼리쓰]<br>명 악의(惡意), 원한 |

| | |
|---|---|
| **malignant** | [məlígnənt] [멀리그넌트]<br>형 악의의, 악성의 |
| **malnutrition** | [mælnju:tríʃən] [맬뉴우츄뤼션]<br>명 영양 실조 |
| **mam[m]a** | [mɑ́:mə] [마아머]<br>명 엄마 반 papa(아빠) |
| **mammal** | [mǽməl] [매머얼]<br>명 포유동물 |
| **mammoth** | [mǽməθ] [매머쓰]<br>명 매머드 형 거대한 |
| **man** | [mæn] [맨]<br>명 사람, 남자, 어른 타 사람을 배치하다 |
| **manage** | [mǽnidʒ] [매니쥐]<br>타자 관리하다, 다루다<br>* manage to do 어떻게든 해서 ~하다,<br>애써서 ~하다 |
| **management** | [mǽnidʒmənt] [매니쥐먼트]<br>명 취급, 관리, 경영, 조종 |
| **manager** | [mǽnidʒər] [매니쥐]<br>명 지배인, 경영자, 관리인, 감독 |

| **Manchuria** | [mæntʃúəriə] [맨츄어리어]<br>명 만주 형 만주 사람의 |
|---|---|
| **mandate** | [mǽndeit] [맨데잇]<br>명 명령 타 위임 통치령으로 하다 |
| **mandolin** | [mǽndəlin] [맨덜린]<br>명 만돌린(현악기) |
| **mane** | [mein] [메인]<br>명 (말·사자 따위) 갈기 |
| **maneuver** | [mənú:vər] [머누우버]<br>명 작전적 행동 자 연습하다, 조종하다 |
| **manful** | [mǽnfəl] [맨훠얼]<br>형 씩씩한, 사내다운, 결단성 있는 |
| **manger** | [méindʒər] [메인쥐]<br>명 여물통, 구유 |
| **mangle** | [mǽŋgl] [맹그얼]<br>타 토막토막 자르다, 망쳐 놓다 |
| **manhood** | [mǽnhùd] [맨후드]<br>명 성인, 성년, 사나이다움 |
| **manifest** | [mǽnəfèst] [매너훼스트]<br>형 명백한 타 명시하다, 나타내다 |

| **manifestation** | [mænəfestéiʃən] [매너훼스테이션]<br>몡 표명, 발표, 명시 |
|---|---|
| **manifold** | [mǽnəfòuld] [매너훠울드]<br>혱 (다종) 다양한 몡 다양성<br>자타 (복사기로) 많은 사본을 만들다 |
| **mankind** | [mænkáind] [맨카인드]<br>몡 인류, 인간, 사람 |
| **manlike** | [mǽnlaik] [맨라익]<br>혱 사람다운, 사내다운, 남성적인 |
| **manly** | [mǽnli] [맨리]<br>혱 사내다운, 남자 같은, 씩씩한 |
| **manner** | [mǽnər] [매너]<br>몡 방법, 방식, 태도, 예절, 풍습<br>* all manner of 모든 종류의<br>* have no manners 예의범절을 모르다<br>* in a manner 어떤 의미에서는, 얼마간<br>* to the manner born 태어나면서부터,<br>  적합한, 타고난 |
| **man-of-war** | [mǽnəvwɔ:r] [매너브워어]<br>몡 군함(warship) |

| manor | [mǽnər] [매너]<br>명 (봉건 시대 귀족들의) 영지(領地) |
|---|---|
| **mansion** | [mǽnʃən] [맨션]<br>명 대저택, 큰 집 |
| mantle | [mǽntl] [맨트얼]<br>명 망토, (소매 없는 여자) 외투 타 덮다, 싸다 |
| **manual** | [mǽnjuəl] [매뉴어얼]<br>형 손의, 손으로 만든 명 편람, 소책자 |
| manufactory | [mæ̀njufǽktəri] [매뉴홱터뤼]<br>명 공장, 제작소 |
| **manufacture** | [mæ̀njufǽktʃər] [매뉴홱춰]<br>타 제조하다 명 제품, 제조 |
| manufacturer | [mæ̀njufǽktʃərər] [매뉴홱춰뤄]<br>명 제조업자, 생산자 |
| **manure** | [mənjúər] [머뉴어]<br>명 비료 타 비료를 주다 |
| manuscript | [mǽnjuskrìpt] [매뉴스크륍트]<br>명 원고, 사본 |
| **many** | [méni] [메니]<br>형 많은, 다수의 명 다수 반 few(적은) |

* a good many 꽤 많은
* a great many 대단히 많은
* like so many ~와 같은 수의,
  마치 ~처럼

**map**

[mæp] [맵]
명 지도(地圖) 타 지도를 그리다

**maple**

[méipl] [메이프얼]
명 단풍, 단풍나무

**mar**

[ma:r] [마아]
타 손상하다, 망쳐놓다

**marathon**

[mǽrəθàn] [매뤄싼]
명 장거리 경주, 마라톤 경주

**marble**

[má:rbl] [마아브얼]
명 대리석

**march**

[ma:rtʃ] [마아취]
명 행진, 진전, 행진곡 자타 행진하다

**March**

[ma:rtʃ] [마아취]
명 3월 〈약어 Mar.〉

**mare**

[mɛər] [메어]
명 암말, (당나귀 · 노새 등의) 암컷

| | |
|---|---|
| **margarin(e)** | [mάːrdʒərin] [마아줘륀]<br>명 마가린 |
| **margin** | [mάːrdʒin] [마아쥔]<br>명 가장자리, 여백 타 끝동을 달다 |
| **marginal** | [mάːrdʒinəl] [마아쥐느얼]<br>형 언저리의, 변두리의, 한계의 |
| **marine** | [məríːn] [머뤼인]<br>형 바다의, 해운의 명 선박, 해군 |
| **mariner** | [mǽrənər] [매러너]<br>명 수부, 선원(sailor) |
| **maritime** | [mǽrətàim] [매리타임]<br>형 바다의, 해변의, 해안에 사는 |
| **mark** | [maːrk] [마아크]<br>명 표, 목표, 득점, 자국 타자 표를 하다<br>* mark off ~을 구별하다, 구획하다<br>* beside (wide of) the mark 들어맞지<br>않는, 요령 부득인<br>* hit the mark 적중하다, 목적을 달성하다 |
| **marked** | [maːrkt] [마아크트]<br>형 표적이 있는, 낙인찍힌, 두드러진 |

| | |
|---|---|
| **market** | [máːrkit] [마아킷] <br> 명 시장 타자 시장에 내놓다 <br> * be in the market 팔 것으로 나와 있다 <br> * make a market of ~을 돈벌이의 <br> 수단으로 삼다, ~으로 이득을 보다 |
| **marquis** | [máːrkwis] [마아크위스] <br> 명 후작 |
| **marriage** | [mǽridʒ] [매뤼쥐] <br> 형 결혼, 결혼식, 밀접한 결합 |
| **married** | [mǽrid] [매뤼드] <br> 형 기혼의, 결혼한, 부부의 |
| **marrow** | [mǽrou] [매로우] <br> 명 골수, 정수, 골자 |
| **marry** | [mǽri] [매뤼] <br> 타자 ~와 결혼하다, 결혼시키다 |
| **Mars** | [maːrz] [마아즈] <br> 명 화성, 마르스(로마 신화의 군신) |
| **marsh** | [maːrʃ] [마아쉬] <br> 명 늪, 습지, 소택(沼澤) |
| **marshal** | [máːrʃəl] [마아셔얼] <br> 명 육군 원수, 의전관, 경찰서장 |

*572*

| mart | [maːrt] [마아트]<br>명 시장(市場), 상업 중심지 |
|---|---|
| **martial** | [máːrʃəl] [마아셔얼]<br>형 전쟁의, 군인다운, 호전적인 |
| martyr | [máːrtər] [마아터]<br>명 순교자 |
| **marvel** | [máːrvəl] [마아버얼]<br>명 경탄할 만한 일 자 경탄하다 |
| marvel[l]ous | [máːrvələs] [마아벌러쓰]<br>형 놀라운, 기묘한, 이상한 |
| **mascot** | [mǽskat] [매스캇]<br>명 수호신, 마스코트 |
| masculine | [mǽskjulin] [매스큘린]<br>형 남자의, 남성적인 |
| **mask** | [mæsk] [매스크]<br>명 가면, 복면 타자 가면을 쓰다 |
| mason | [méisn] [메이슨]<br>명 석공, 벽돌공 |
| **masquerade** | [mæskəréid] [매스커레이드]<br>명 가장(가면) 무도회 자 가장하다 |

| | |
|---|---|
| **mass** | [mæs] [매쓰]<br>명 미사, 덩어리, 대중 타자 집중하다<br>* mass production 대량 생산 |
| **massacre** | [mǽsəkər] [매써커]<br>명 대학살 타 대량 학살하다 |
| **massage** | [məsáːʒ] [머싸아쥐]<br>명 마사지, 안마 타 안마하다 |
| **massive** | [mǽsiv] [매씨브]<br>형 크고 무거운, 육중한, 묵직한 |
| **mast** | [mǽst] [매스트]<br>명 돛대, 마스트 타 돛을 올리다 |
| **master** | [mǽstər] [매스터]<br>명 주인 타 정복하다, 습득하다<br>* master of ceremonies 주례, 사회자 |
| **masterpiece** | [mǽstərpiːs] [매스터피이쓰]<br>명 걸작, 명작 |
| **mastery** | [mǽstəri] [매스터뤼]<br>명 지배권, 정통, 숙달, 우위 |

574

| mat | [mæt] [맷]<br>명 매트, 멍석 타 멍석을 깔다 |
|---|---|
| **match** | [mætʃ] [매취]<br>명 성냥, 적수, 짝, 결혼 타 결혼시키다,<br>짜맞추다<br>* (be) no match for~ ~의 상대가 안 되다,<br>　~의 적수가 못 되다 |
| **matchless** | [mǽtʃlis] [매췰리쓰]<br>형 비길 데 없는, 무적의 |
| **mate** | [meit] [메잇]<br>명 동료, 한패 타자 짝지우다 |
| **material** | [mətíəriəl] [머티어뤼어얼]<br>형 물질적인, 실질적인 명 재료 |
| **maternal** | [mətə́ːrnl] [머터어느얼]<br>형 어머니의, 어머니다운 |
| **math** | [mæθ] [매쓰]<br>명 수학(mathematics의 준말) |
| **mathematical** | [mæθəmǽtikəl] [매쓰매티커얼]<br>형 수학의, 수리적인 |
| **mathematician** | [mæθəmətíʃən] [매쓰머티션]<br>명 수학자 |

| mathematics | [mæθəmǽtiks] [매써매틱쓰]<br>명 수학(數學) |
|---|---|
| matter | [mǽtər] [매터]<br>명 물질, 사건, 문제 자 중요하다<br>* a matter of ~의 문제, 대략, 대개<br>* a matter of course 당연한 일<br>* as a matter of fact 사실은, 실제로는,<br>  사실상<br>* in the matter of ~에 관해서는<br>* no matter how~ [may]… 비록 어떻게<br>  …한다 하더라도 |
| mattress | [mǽtris] [매츄뤼쓰]<br>명 (침대용의) 요, 매트리스 |
| mature | [mətjúər] [머튜어]<br>형 성숙한, 완성된 타 자 성숙하다 |
| maturity | [mətjúərəti] [머튜어러티]<br>명 성숙, 완성, 만기 |
| maxim | [mǽksim] [맥씸]<br>명 격언, 금언, 좌우명 |
| maximum | [mǽksəməm] [맥써멈]<br>명 최대한도, 극대 형 최대한도의 |

| | |
|---|---|
| **may** | [mei] [메이]<br>조 ~해도 좋다, ~일지도 모른다<br>* may as well (as)… …할 바에는 ~하는<br> 편이 낫다<br>* may [might] well ~하는 것도 당연하다 |
| **May** | [mei] [메이]<br>명 5월 |
| **maybe** | [méibi(:)] [메이비]<br>부 아마(perhaps), 어쩌면 |
| **mayor** | [méiər] [메이어]<br>명 시장(市長) |
| **maze** | [meiz] [메이즈]<br>명 미로(迷路) 타 당황케 하다 |
| **mead** | [mi:d] [미이드]<br>명 초원(meadow) |
| **meadow** | [médou] [메도우]<br>명 목초지, 강변의 낮은 풀밭, 초원 |
| **meager, -gre** | [míːgər] [미이거]<br>형 야윈, 빈약한, 불충분한 |
| **meal** | [mi:l] [미얼]<br>명 식사, (옥수수 따위의) 거친 가루 |

| | |
|---|---|
| **mean** | [mi:n] [미인]<br>형 천한, 중간의 타자 의미하다<br>* for the mean time 그동안, 일시적으로 |
| **meaning** | [mí:niŋ] [미이닝]<br>명 뜻, 의미, 의의, 취지 |
| **means** | [mí:nz] [미인즈]<br>명 방법, 수단, 평균값(mean), 값<br>* by all means 반드시, 꼭,<br>(대답) 좋고 말고요, 좋습니다<br>* by any means 아무리 해도, 도무지<br>* by means of ~에 의하여, ~으로<br>* by no means 결코 ~이 아니다(하지<br>않다), ((대답)) 천만에<br>* ways and means 방법, 수단 |
| **meanwhile** | [mí:nhwail] [미인화월]<br>부 이럭저럭 하는 동안에, 그동안에<br>* in the meanwhile 그러는 동안에(in the<br>meantime) |
| **measles** | [mí:zlz] [미이즈얼즈]<br>명 홍역 |

| | |
|---|---|
| **measure** | [méʒər] [메줘]<br>명 측정, 양, 척도 타자 측정하다<br>* beyond [above] measure 엄청나게,<br>잴 수 없을 정도로<br>* common measure 공약수<br>* in a large [great] measure 대단히,<br>대부분, 꽤 많이<br>* made to measure 치수에 맞추어 지은<br>(옷)<br>* take a person's measure<br>(아무의) 치수를 재다 |
| **measureless** | [méʒərlis] [메줠리쓰]<br>형 무한한 |
| **measurement** | [méʒərmənt] [메줘먼트]<br>명 측량, 측정, 측정법, 치수, 크기 |
| **meat** | [mi:t] [미이트]<br>명 (식용 짐승의) 고기, 먹을 것 |
| **mechanic** | [məkǽnik] [머캐닉]<br>명 기계공, 직공, ((복수)) 기계학 |
| **mechanical** | [məkǽnikəl] [머캐니커얼]<br>형 기계의, 기계적인 |

| mechanism | [mékənìzm] [메커니즘]<br>명 기계, 기계 장치, 기구(機構) |
| mechanization | [mèkənizéiʃən] [메커니제이션]<br>명 기계화(機械化) |
| medal | [médl] [메드얼]<br>명 메달, 상패, 훈장, 기장 |
| meddle | [médl] [메드얼]<br>자 간섭하다, 쓸데없는 참견을 하다 |
| medial | [mí:diəl] [미이디어얼]<br>형 중간에 있는, 중앙의, 평균의 |
| mediate | [mí:dièit] [미이디에잇]<br>자타 중재하다, 조정하다, 매개하다 |
| medical | [médikəl] [메디커얼]<br>형 의학의, 의료의, 내과적인 |
| medicine | [médəsin] [메더씬]<br>명 의술, 의학, 약 타 투약하다 |
| medieval | [mì:díí:vəl] [미디이이버얼]<br>형 중세의(5~16세기경) |
| meditate | [médətèit] [메더테잇]<br>자타 숙고하다, 묵상하다, 꾀하다 |

| | |
|---|---|
| **Mediterranean** | [mèdətəréiniən] [메더터뤠이니언]<br>몡 지중해 톙 지중해의 |
| **medium** | [míːdjəm] [미이디엄]<br>몡 매개(물), 중간 톙 보통의, 중간의 |
| **meek** | [miːk] [미이크]<br>톙 유순한, 온순한, 용기 없는 |
| **meekly** | [míːkli] [미이클리]<br>뷔 얌전하게, 온순하게 |
| **meet** | [miːt] [미이트]<br>탸쟈 만나다, 마주치다, 마중하다<br>* meet with ~와 우연히 만나다,<br>~와 마주치다 |
| **meeting** | [míːtiŋ] [미이팅]<br>몡 회합, 회견, 집회, 회전(會戰) |
| **megaphone** | [mégəfoun] [메거훠운]<br>몡 메가폰 탸 확성기로 알리다 |
| **melancholy** | [mélənkàli] [멜런칼리]<br>몡 우울, 우울증 톙 우울한 |
| **mellow** | [mélou] [멜로우]<br>톙 (과일이) 익어서 달콤한, 원숙한 |

*581*

| | |
|---|---|
| **melody** | [mélədi] [멜러디]<br>명 아름다운 곡조, 멜로디, 선율 |
| **melon** | [mélən] [멜런]<br>명 멜론(muskmelon), 참외 |
| **melt** | [melt] [메얼트]<br>자타 녹다, 용해하다 명 용해물, 융해<br>* melt into 녹아서 ~이 되다,<br>  마음이 풀려서 ~하기 시작하다 |
| **member** | [mémbər] [멤버]<br>명 (단체의) 일원, 구성원, 회원 |
| **membership** | [mémbərʃip] [멤버쉽]<br>명 회원(사원), 회원(사원)의 자격 |
| **membrane** | [mémbrein] [멤브레인]<br>명 얇은 막, 양피지 |
| **memo** | [mémou] [메모우]<br>명 메모(memorandum의 준말) |
| **memoir** | [mémwaːr] [멤와아]<br>명 회상록, 언행록, 실록, 전기 |
| **memorandum** | [mèmərǽndəm] [메머랜덤]<br>명 각서, 비망록, 메모 |

582

| | |
|---|---|
| **memorial** | [məmɔ́ːriəl] [머모오뤼어얼]<br>명 기념물, 기념비 형 기념의 |
| **memorize** | [méməràiz] [메머롸이즈]<br>타 기억하다, 암기하다 |
| **memory** | [méməri] [메머뤼]<br>명 기억, 기억력, 추억, 기념<br>* in memory of ~의 기념으로,<br>　~을 잊지 않기 위해<br>* to the memory of ~의 영전에 바치어 |
| **menace** | [ménəs] [메너쓰]<br>명 협박, 위협 타자 협박하다 |
| **mend** | [mend] [멘드]<br>타자 수선하다, 개선하다 명 수선 |
| **menial** | [míːniəl] [미이니얼]<br>형 천한 명 머슴, 하인, 하녀 |
| **mental** | [méntl] [멘트얼]<br>형 정신의, 마음의, 지적인 |
| **mention** | [ménʃən] [멘션]<br>타 말하다, 언급하다 명 진술, 언급<br>* not to mention~ ; without mentioning<br>　~은 말할 것도 없고 |

| | |
|---|---|
| **mentor** | [méntər] [멘터] <br> 명 훌륭한 지도자 |
| **menu** | [ménjuː] [메뉴우] <br> 명 식단표, 메뉴 |
| **merchandise** | [mə́ːrtʃəndàiz] [머어천다이즈] <br> 명 ((집합적)) 상품(goods) |
| **merchant** | [mə́ːrtʃənt] [머어천트] <br> 명 상인, ((영)) 도매상인, ((미)) 소매상인 |
| **mercury** | [mə́ːrkjuri] [머어큐리] <br> 명 수은, 온도계, 머큐리(로마 신화의 신) |
| **mercy** | [mə́ːrsi] [머어씨] <br> 명 자비, 연민, 행운, 자유 <br> * at the mercy of ～의 처분대로 |
| **mere** | [miər] [미어] <br> 형 단순한, 단지 ～에 불과한 |
| **merely** | [míərli] [미어얼리] <br> 부 단지, 전혀, 오직, 아주 <br> * merely [simply] because 단지 ～라는 이유로 <br> * not merely ～ but ～뿐 아니라 …도 또한 |

| | |
|---|---|
| **merge** | [məːrdʒ] [머어쥐]<br>타자 합병하다, 몰입하다 |
| **meridian** | [mərídiən] [머뤼디언]<br>명 자오선, 정오 형 정오의 |
| **merit** | [mérit] [메륏]<br>명 장점, 공적, 공로 반 fault(단점) |
| **merrily** | [mérəli] [메륄리]<br>부 흥겹게, 명랑하게, 즐겁게 |
| **merriment** | [mérimənt] [메리먼트]<br>명 흥겹게 떠들기, 법석, 환락 |
| **merry** | [méri] [메뤼]<br>형 명랑한, 흥겨운, 쾌활한 |
| **mesh** | [meʃ] [메쉬]<br>명 그물코, 올가미, 그물 |
| **mess** | [mes] [메쓰]<br>명 혼란, 잡탕 타자 망치다, 더럽히다 |
| **message** | [mésidʒ] [메씨쥐]<br>명 전갈, 통신, 사명 |
| **messenger** | [mésəndʒər] [메썬쥐]<br>명 사자(使者), 배달부 |

| | |
|---|---|
| **metal** | [métl] [메트얼]<br>명 금속(金屬) |
| **metaphor** | [métəfər] [메터훠]<br>명 은유(隱喩), 비유 |
| **meteor** | [míːtiər] [미이티어]<br>명 유성, 운성(隕星), 별똥별 |
| **meteorite** | [míːtiəràit] [미이티어롸잇]<br>명 운석(隕石) |
| **meter, -re** | [míːtər] [미이터]<br>명 미터 〈약어 m〉, 계량기 |
| **method** | [méθəd] [메써드]<br>명 방법, 순서 |
| **metropolis** | [mitrápəlis] [미츄롸펄리쓰]<br>명 수도(首都), 주요 도시, 중심지 |
| **metropolitan** | [mètrəpálitən] [메츄뤄팔리튼]<br>형 수도의 명 대도시에 사는 사람 |
| **mettlesome** | [métlsəm] [메트얼썸]<br>형 기운찬, 원기 왕성한(mettled) |
| **mew** | [mjuː] [뮤우]<br>명 야옹 자 (고양이가) 야옹하고 울다 |

| | |
|---|---|
| **Mexican** | [méksikən] [멕씨컨]<br>몡 멕시코 사람 囼 멕시코의 |
| **Mexico** | [méksikou] [멕씨코우]<br>몡 멕시코 |
| **mice** | [mais] [마이쓰]<br>몡 mouse의 복수, 생쥐들 |
| **microbe** | [máikroub] [마이크로웁]<br>몡 미생물, 세균(germ) |
| **microbus** | [máikroubʌs] [마이크로우버쓰]<br>몡 마이크로버스, 소형 버스 |
| **microfilm** | [máikrəfilm] [마이크뤄휘얼음]<br>몡 축소 복사용 필름 |
| **microphone** | [máikrəfòun] [마이크뤄훠운]<br>몡 확성기, 마이크 |
| **microscope** | [máikrəskòup] [마이크뤄스코웁]<br>몡 현미경 |
| **mid** | [mid] [미드]<br>囼 중앙의, 중간의, 중부의 |
| **mid-afternoon** | [mídæftərnú:n] [미드애흐터누운]<br>몡 한낮, 오후의 중간 |

| | |
|---|---|
| **midday** | [mídei] [밋데이]<br>명 정오(noon) 형 정오의, 한낮의 |
| **middle** | [mídl] [미드얼]<br>명 중앙, 중간 형 한가운데의<br>* in the middle of ~의 중앙에,<br>~하는 도중에, ~의 한가운데에<br>* the Middle East 중동 |
| **middleaged** | [mídléidʒid] [미드얼에이쥐드]<br>형 중년의 |
| **midget** | [mídʒit] [미쥣]<br>명 난장이, 꼬마, 소형의 물건 |
| **midnight** | [mínait] [밋나잇]<br>명 한밤중 형 한밤중의 |
| **midst** | [mídst] [밋스트]<br>명 한가운데 부 ~의 한복판에<br>* in the midst of 한창 ~ 중에,<br>~의 한가운데에 |
| **midway** | [mídwéi] [미드웨이]<br>부 중도에 형 중도의 명 중도 |
| **might** | [mait] [마잇]<br>명 힘, 능력 조 may의 과거형 |

| **mighty** | [máiti] [마이티] <br> 명 강력한, 위대한 |
| --- | --- |
| **migrate** | [máigreit] [마이그뤠잇] <br> 자 이주하다, (새 따위가) 옮겨 살다 |
| **migration** | [maigréiʃən] [마이그뤠이션] <br> 명 이주, 이동 |
| **mild** | [maild] [마일드] <br> 형 유순한, 온화한, 순한 |
| **mildly** | [máildli] [마얼들리] <br> 부 온화하게, 부드럽게 |
| **mile** | [mail] [마얼] <br> 명 마일(1,760yd., 약 1,690km) |
| **military** | [mílətèri] [밀러테뤼] <br> 형 군인다운, 군용의, 육군의 |
| **militia** | [milíʃə] [밀리셔] <br> 명 의용군, 민병, 국민군 |
| **milk** | [milk] [미얼크] <br> 명 젖, 우유 타 젖을 짜다, 젖이 나다 |

589

| | |
|---|---|
| **milky** | [mílki] [미얼키]<br>형 젖의, 젖 같은, 젖 빛깔의 |
| **mill** | [mil] [미얼]<br>명 방앗간, 제분소, 제조 공장 |
| **miller** | [mílər] [미얼러]<br>명 방앗간 주인, 제분업자 |
| **milli** | [mílə] [밀러]<br>명 1/1,000의 뜻의 결합사 |
| **million** | [míljən] [밀려언]<br>명 100만, 무수 형 100만의, 수없는<br>* millions of 몇 백만의, 수 백만에 이르는 |
| **millionaire** | [mìljənέər] [미얼러네어]<br>명 백만 장자, 대부호 |
| **mimic** | [mímik] [미믹]<br>타 흉내내다 형 모방의, 모의의 |
| **mince** | [mins] [민쓰]<br>타 잘게 썰다 형 잘게 다진 고기 |
| **mind** | [maind] [마인드]<br>명 마음, 생각 타자 걱정하다, 돌보다 |

* come into one's mind 생각이 떠오르다,
  마음에 떠오르다
* give one's mind to ～에 전념하다
* have a great mind to 몹시 ～하고
  싶어하다
* with ~in mind ～을 염두에 두고

**mine**

[main] [마인]
대 나의 것 명 광산, 지뢰 타자 채굴하다

**mineral**

[mínərəl] [미너뤌얼]
명 광물, 광석 형 광물의

**mingle**

[míŋgl] [밍그얼]
타자 혼합하다, 섞이다, 사귀다

**miniature**

[míniətʃər] [미니어춰]
명 모형, 축도, 세밀화법 형 축도의, 소형의

**minimize**

[mínəmàiz] [미너마이즈]
타 가장 작게 하다, 과소평가하다

**minimum**

[mínəməm] [미너멈]
명 최소량, 최소한도 형 최저의
* a minimum of ～최소한의
* at the minimum of cost 최저 비용으로

| | |
|---|---|
| **mining** | [máiniŋ] [마이닝]<br>명 채광, 광업 |
| **minister** | [mínistər] [미니스터]<br>명 장관, 대신, 목사 자타 봉사하다<br>* minister to ∼의 도움이 되다,<br>　∼에 기여하다 |
| **ministerial** | [mìnistíəriəl] [미니스취어리얼]<br>형 장관의, 목사의 |
| **ministry** | [mínistri] [미니스츄뤼]<br>명 부(部), 성(省), 장관직, 대신 |
| **mink** | [miŋk] [밍크]<br>명 밍크, 담비의 무리 |
| **Minnesota** | [mìnəsóutə] [미너쏘우터]<br>명 미네소타(미국 중북부의 주) |
| **minor** | [máinər] [마이너]<br>형 보다 작은, 미성년의 명 미성년자 |
| **minority** | [minɔ́:rəti] [미노오뤄티]<br>명 소수, 소수파, 미성년 |
| **mint** | [mint] [민트]<br>명 조폐공사, ((식물)) 박하 |

| | |
|---|---|
| **minus** | [máinəs] [마이너쓰] 형 마이너스의, 빼기의 전 ~을 뺀 명 뺄셈표 |
| **minute** | [mínit] [미닛] 명 분(分), 순간 [mainjú:t] [마이뉴우트] 형 미소한, 상세한, 자디잔 * in a minute 곧, 즉시, 하자마자 * to the minute 정각 그 시간에, 일 분도 틀리지 않고 |
| **miracle** | [mírəkl] [미뤄크얼] 명 기적(奇蹟) |
| **miraculous** | [mirǽkjuləs] [미뢔큘러쓰] 형 기적적인, 초자연적인 |
| **mirage** | [mirá:ʒ] [미라아즈] 명 신기루, 아지랑이, 망상 |
| **mire** | [máiər] [마이어] 명 진흙, 진창 |
| **mirror** | [mírər] [미뤄] 명 거울, 모범 타 (거울에) 비추다 |
| **mirth** | [mə:rθ] [머어쓰] 명 환락, 유쾌, 명랑 |

| | |
|---|---|
| **miscellaneous** | [mìsəléiniəs] [미썰뤠이니어쓰]<br>형 잡다한, 여러 가지의, 잡종의 |
| **mischief** | [místʃif] [미쓰취흐]<br>명 화, 손해, 해, 장난, 위해 |
| **mischievous** | [místʃivəs] [미쓰취버쓰]<br>형 유쾌한, 해로운, 장난치는 |
| **miser** | [máizər] [마이저]<br>명 구두쇠, 수전노 |
| **miserable** | [mízərəbl] [미저뤄브얼]<br>형 비참한, 불쌍한, 초라한 |
| **miserably** | [mízərəbli] [미저뤄브얼리]<br>부 불쌍하게, 비참하게 |
| **misery** | [mízəri] [미저뤼]<br>명 불행, 비참, 진곤, 곤궁 |
| **misfortune** | [misfɔ́ːrtʃən] [미쓰풔오춴]<br>명 불운, 불행, 재난 |
| **misgiving** | [misgívin] [미쓰기빙]<br>명 불안, 의심, 염려 |
| **mishap** | [míshæp] [미쓰햅]<br>명 재난, 불행한 사고, 불운 |

| | |
|---|---|
| **mislead** | [mislí:d] [미쓸리이드]<br>타 잘못 인도하다, 그르치다 |
| **Miss** | [mis] [미쓰]<br>명 ~양(미혼 여자에 대한 경칭) |
| **miss** | [mis] [미쓰]<br>타자 놓치다, 잃다 명 실책, 실패 |
| **missile** | [mísəl] [미써얼]<br>명 미사일, 비행 무기, 유도탄 |
| **mission** | [míʃən] [미션]<br>명 사절단, 사명, 천직, 전교 |
| **misspell** | [mísspél] [미쓰스페얼]<br>타 ~의 철자를 잘못 쓰다 |
| **mist** | [mist] [미스트]<br>명 안개, 연무 타자 안개가 끼다 |
| **mistake** | [mistéik] [미쓰테익]<br>타자 틀리다 명 잘못, 과실<br>* mistake ~ for… ~을 …으로 잘못 알다<br>* make a mistake 실수하다,<br>잘못 생각하다, 잘못을 저지르다 |
| **mister** | [místər] [미스터]<br>명 ((호칭)) 씨, 귀하 [보통 Mr.로 씀] |

| mistreat | [mistríːt] [미쓰츄뤼잇] |
| | 타 학대하다, 혹사하다 |

| **mistress** | [místris ] [미쓰츄뤼쓰] |
| | 명 주부, 여교사 |

| mistrust | [místrʌ́st] [미쓰츄롸스트] |
| | 명 불신 타 의심하다 |

| **misty** | [místi] [미스티] |
| | 형 어렴풋한, 안개 낀 |

| misunderstand | [misʌndərstǽnd] [미쓰언더스탠드] |
| | 타 오해하다 명 오해, 불화 |

| **misuse** | [mìsjúːz] [미쓰유우즈] |
| | 타 오용하다, 학대하다 |

| mitigate | [mítəgèit] [미터게잇] 타 완화하다, |
| | 누그러지게 하다, 덜다, 경감하다 |

| **mitt** | [mit] [밋] |
| | 명 벙어리 장갑, ((야구)) 미트 |

| mix | [miks] [믹쓰] |
| | 타자 섞다, 섞이다 명 혼합(물) |
| | * get mixed up 뭐가 뭔지 알 수 없다, |
| | 뒤섞여 있다 |

| | |
|---|---|
| **mixture** | [míkstʃər] [믹스춰]<br>명 혼합, 결합, 혼합물 |
| **moan** | [moun] [모운]<br>타자 신음하다 명 신음 소리 |
| **moat** | [mout] [모웃]<br>명 호, 해자(垓字) 명 호를 파서 두르다 |
| **mob** | [mab] [마브]<br>명 폭도 타자 떼지어 습격하다 |
| **mock** | [mák] [막]<br>타자 조롱하다 명 조롱 형 모조의 |
| **mockery** | [mákəri] [마커뤼]<br>명 조롱, 흉내, 우롱 |
| **mode** | [moud] [모우드]<br>명 양식, 방법, 유행 |
| **model** | [mádl] [마드얼]<br>명 모형 형 모범적인 타 본받다 |
| **moderate** | [mádərət] [마더륏]<br>형 알맞은 명 온건한 사람 |
| **moderation** | [màdəréiʃən] [마더뤠이션]<br>명 적당, 알맞음, 절제 |

| | |
|---|---|
| **modern** | [màdərn] [마더언]<br>형 현대의, 근대적인 |
| **modest** | [màdist] [마디스트]<br>형 조심하는, 겸손한, 수줍은 |
| **modesty** | [màdisti] [마디스티]<br>명 조심스러운, 겸손, 정숙 |
| **modification** | [màdəfikéiʃən] [마더휘케이션]<br>명 가감, 수정, 수식 |
| **modify** | [mádəfài] [마더화이]<br>타 가감하다, 수정하다, 수식하다 |
| **modulate** | [mádʒulèit] [마쥴레잇]<br>타 조절하다 |
| **moist** | [mɔist] [모이스트]<br>형 습기 있는, 축축한 반 dry(마른) |
| **moisture** | [mɔ́istʃər] [모이스춰]<br>명 습기, 물기 |
| **mo[u]ld** | [mould] [모울드]<br>명 형(型), 성질, 토양, 곰팡이 |
| **molest** | [moulést] [모울레스트]<br>타 방해하다, 괴롭히다 |

| | |
|---|---|
| **moment** | [móumənt] [모우먼트]<br>명 순간, 중요, 때, 경우, 요소<br>* at the moment 바로 지금, 바로 그때,<br>  지금 막, 방금<br>* for a moment 잠깐 동안, 잠시 동안,<br>  잠깐<br>* for the moment 우선, 당장은<br>* in a moment 순식간에, 곧<br>* of moment 중요한 |
| **momentary** | [móumentèri] [모우먼테뤼]<br>형 순간의, 찰나의 |
| **momentous** | [mouméntəs] [모우멘터쓰]<br>형 중대한 |
| **monarch** | [mánərk] [마너크]<br>명 군주 |
| **monarchical** | [məná:rkikəl] [머나아키커얼]<br>형 군주의, 군주다운 |
| **monarchism** | [mánərkizm] [마너키즘]<br>명 군주 정치, 군주주의 |
| **monarchist** | [mánərkist] [마너키스트]<br>명 군주주의자 |

| | |
|---|---|
| **monarchy** | [mánərki] [마너키] <br> 명 군주 정치, 군주국 |
| **monastery** | [mɔ́nəstəri] [모너스터리] <br> 명 (주로 남자의) 수도원 |
| **Monday** | [mʌ́ndei] [먼데이] <br> 명 월요일 〈약어 Mon.〉 |
| **monetary** | [mʌ́nətèri] [마너테뤼] <br> 형 화폐의, 금전의, 금융의 |
| **money** | [mʌ́ni] [머니] <br> 명 돈, 금전, 재산, 부(wealth) <br> * raise money on ~을 저당하여 돈을 <br> 마련하다 |
| **monitor** | [mɔ́nitər] [모니터] <br> 명 (학급의) 반장, 충고자, 모니터 |
| **monk** | [mʌŋk] [멍크] <br> 명 승려, 수도승 |
| **monkey** | [mʌ́ŋki] [멍키] <br> 명 원숭이 |
| **monopoly** | [mənápəli] [머나펄리] <br> 명 전매(專賣), 전매권, 독점, 전매품 |

| | |
|---|---|
| **monotone** | [mánətòun] [마너토운]<br>명 단조(單調) 형 단조의 |
| **monotonous** | [mənátənəs] [머나터너쓰]<br>형 단조로운, 지루함 |
| **monotony** | [mənátəni] [머나터니]<br>명 단음, 단조, 천편일률 |
| **monsoon** | [mansúːn] [만수은]<br>명 계절풍, 몬순 |
| **monster** | [mánstər] [만스터]<br>명 괴물, 거인 형 거대한 |
| **montage** | [mantáːʒ] [만타아쥐]<br>명 합성 사진, 몽타주 |
| **month** | [mʌnθ] [먼쓰]<br>명 월(月), 한 달 |
| **monthly** | [mʌ́nθli] [먼쓸리]<br>형 매월의 부 한 달에 한 번 명 월간 잡지 |
| **monument** | [mɔ́njumənt] [모뉴먼트]<br>명 기념비, 묘비, 기록 |
| **monumental** | [mɔ̀njuméntl] [모뉴멘트얼]<br>형 기념되는, 불멸의, 거대한 |

| | |
|---|---|
| **mood** | [muːd] [무우드]<br>몡 마음의 상태, 기분, 감정 |
| **moon** | [muːn] [무은]<br>몡 (하늘의) 달, 위성 |
| **moonlight** | [múːnlait] [무은라잇]<br>몡 달빛 혱 달빛의, 달밤의 |
| **moor** | [muər] [무어]<br>몡 황무지, 황야 티 정박시키다 |
| **moose** | [muːs] [무우쓰]<br>몡 큰 사슴 |
| **mop** | [máp] [맙]<br>몡 (긴 자루가 달린) 걸레 |
| **moral** | [mɔ́rəl] [모뤄얼]<br>혱 도덕의, 윤리적인 몡 교훈 |
| **morality** | [mɔːrǽliti] [모뢜리티]<br>몡 도덕, 도의, 덕행 |
| **morbid** | [mɔ́ːrbid] [모오비드]<br>혱 (정신·사상 따위가) 병적인, 불건전한 |
| **more** | [mɔːr] [모어] 혱 (many·much의 비교급)<br>더 많은 부 더욱 몡 더 많은 수 |

* all the more 그만큼 더, 더욱더
* more and more 더욱더, 점점(the more
  ~ the more)
* more or less 다소, 어느 정도, ~가량
* more than ~이상으로, 더할 나위 없이
* more ~ than… …이라기보다 오히려
  ~이다
* no more 그 이상 ~ 않다, 죽어서,
  사망하여
* no more than 겨우 ~뿐, 다만 ~에
  불과한, ~이 아닌 것과 같이 ~아니다
* what is more 그 위에 또, 더군다나

| | |
|---|---|
| **moreover** | [mɔ:róuvər] [모오로우버]<br>부 그 위에, 게다가, 또한 |
| **morn** | [mɔ:rn] [모온]<br>명 아침, 새벽 |
| **morning** | [mɔ́:rniŋ] [모오닝]<br>명 아침, 오전, 초기, 주간<br>* in the morning 오전 중<br>* morning papers 조간 신문<br>* of a morning 언제나 아침나절에 |
| **morrow** | [mɔ́rou] [모로우]<br>명 아침, 이튿날 (사건의) 직후 |

| | |
|---|---|
| **morsel** | [mɔ́ːrsəl] [모오설]<br>몡 한 입, 한 조각, 소량 |
| **mortal** | [mɔ́ːtl] [모오트얼]<br>혱 죽어야 할, 치명적인, 인간의 |
| **mortality** | [mɔːrtǽləti] [모오탤러티]<br>몡 죽어야 할 운명, 사망률 |
| **mortar** | [mɔ́ːrtər] [모오터]<br>몡 모르타르, 회반죽, 절구 |
| **mortgage** | [mɔ́ːrgidʒ] [모오기쥐]<br>몡 저당, 담보 탸 저당 잡히다 |
| **mortify** | [mɔ́ːrtifài] [모오티화이]<br>탸 굴욕을 느끼게 하다, 억제하다 |
| **mosaic** | [mouzéiik] [모우제이익]<br>몡 모자이크 혱 모자이크의 |
| **mosquito** | [məskíːtou] [머스키이토우]<br>몡 모기 |
| **moss** | [mɔːs] [모쓰]<br>몡 이끼 탸 이끼로 덮다 |
| **mossy** | [mɔ́ːsi] [모씨]<br>혱 이끼 낀, 이끼 같은 |

| | |
|---|---|
| **most** | [moust] [모우스트]<br>형 (many · much의 최상급) 가장 많은<br>\* most of ~의 대부분, 대개의<br>\* most of all 그 중에서도,<br>  특히(above all)<br>\* at (the) most 많아야, 기껏해야, 고작 해야<br>\* make the most of ~을 충분히<br>  이용하다, ~을 가장 좋게 보이게 하다 |
| **mostly** | [móustli] [모우스틀리]<br>부 대개, 보통, 주로 |
| **moth** | [mɔθ] [모쓰]<br>명 나방, 좀벌레 |
| **mother** | [mʌðər] [마더]<br>명 어머니 |
| **motion** | [móuʃən] [모우션]<br>명 몸짓, 운동 자타 몸짓으로 알리다 |
| **motive** | [móutiv] [모우티브]<br>형 동기가 되는 명 동기, 목적 |
| **motor** | [móutər] [모우터]<br>명 발동기, 모터 형 움직이게 하는 |

| motorcar | [móutərkɑːr] [모우터카아] |
|---|---|
| | 명 자동차 |

| motto | [mátou] [마토우] |
|---|---|
| | 명 표어, 처세훈, 격언 |

| mount | [maunt] [마운트] |
|---|---|
| | 명 산 〈약어 Mt.〉 타자 오르다, (말에) 타다 |

| mountain | [máuntn] [마운튼] |
|---|---|
| | 명 산, ((복수)) 산맥 |

| mountainous | [máuntənəs] [마운터너쓰] |
|---|---|
| | 형 산지의, 산더미 같은 |

| mourn | [mɔ́ːrn] [모언] |
|---|---|
| | 타자 슬퍼하다, 한탄하다 |

| mournful | [mɔ́ːrnfəl] [모언훠얼] |
|---|---|
| | 형 슬퍼 보이는, 슬픔에 잠긴 |

| mourning | [mɔ́ːrniŋ] [모어닝] |
|---|---|
| | 명 비탄, 애도, 상중(喪中), 상복 |

| mouse | [maus] [마우쓰] |
|---|---|
| | 명 생쥐, (컴퓨터) 마우스 |
| | [mauz] [마우즈] |
| | 자 (고양이가) 쥐를 잡다 |

**mouth**

[mauθ] [마우쓰]
명 (인간 · 동물의) 입
[mauð] [마우드]
타자 큰 소리로 말하다, 입에 넣다
* from mouth to mouth 입에서 입으로,
구전으로
* with one mouth 이구동성으로

**move**

[muːv] [무우브]
타자 **움직이다, 감동시키다** 명 **움직임**
* move about 돌아다니다, 여기저기로
주소를 옮기다
* move away 물러가다
* move in (새집으로) 이사하다
* move off 떠나다, ((속어)) 죽다
* move on 앞으로 계속 나아다가

**movement**

[múːvmənt] [무우브먼트]
명 (정치적 · 사회적) 운동, 동작, 이동, 운전

**movie**

[múːvi] [무우비]
명 영화, ((미)) 영화관(cinema)
* go to the movies 영화 보러 가다

| | |
|---|---|
| **mow** | [mou] [모우]<br>타 (풀 따위를) 베다 명 건초 더미 |
| **MP, M.P.** | [empi:] [엠피]<br>명 헌병(Military Police의 약어) |
| **Mr., Mr** | [místər] [미스터]<br>명 ~씨, 군, 님(남성에 대한 존칭) |
| **Mrs,. Mrs** | [mísiz] [미씨즈]<br>명 ~부인(기혼 여성에 대한 존칭) |
| **Mt., mt** | [maunt] [마운트]<br>((약어)) Mount, Mountain |
| **much** | [mʌtʃ] [머취]<br>형 많은, 다량의 명 다량 부 매우, 대단히<br>* as much 그 만큼 [정도]<br>* as much … as ~와 같은 정도[만큼]의…<br>* be too much for ~에게 힘겹다,<br> ~을 감당할 수 없다<br>* how much 얼마만큼(의), (값이) 얼마<br>* make much of ~을 중요시하다,<br> ~에게 친절히 대하다<br>* much less 더군다나 [하물며] ~은<br> 아니다(부정적 어구 뒤에서)<br>* much more 하물며, 더욱더,<br> 말할 것 없이(긍정적 어구 뒤에서) |

* much the same 거의 같은
* not so much as ~조차 않다
* not so much … as~ …이라기보다는 오히려~
* not up to much 뒤떨어지는, 평범한
* without so much as doing ~조차 아니하고

| | |
|---|---|
| **muck** | [mʌk] [먹]<br>명 퇴비, 오물, 쓰레기 타 더럽히다 |
| **mud** | [mʌd] [머드]<br>명 진흙, 진창, 보잘것없는 것 |
| **muddle** | [mʌ́dl] [머드얼]<br>타 뒤범벅으로 만들다 명 혼란, 당황 |
| **muddy** | [mʌ́di] [머디]<br>형 진흙투성이의, 흐린, 탁한 |
| **muffle** | [mʌ́fl] [머흘]<br>타 덮어 싸다 |
| **muffler** | [mʌ́flər] [머흘러]<br>명 목도리, 머플러, 소음 장치 |
| **multiply** | [mʌ́ltəplài] [멀터플라이]<br>타자 늘다, 늘리다, ((수학)) 곱하다 |

| **multitude** | [mʌltətjùːd] [멀터튜우드]<br>명 다수, 군중<br>* a multitude of 많은, 수많은 |
|---|---|
| **mumble** | [mʌmbl] [멈브얼] 타자 (입 속에서)<br>우물거리다, 중얼거리다 명 입속말 |
| **mummy** | [mʌ́mi] [머미]<br>명 미라, ((어린아이 말)) 엄마 |
| **munch** | [mʌntʃ] [먼취]<br>자타 와작와작 씹다(먹다) |
| **municipal** | [mjuːnísəpəl] [뮤우니써퍼얼]<br>형 자치 도시의, 시(市)의, 지방 자치의 |
| **munition** | [mjuːníʃən] [뮤우니션]<br>명 탄약, 군수품, 자금 타 군수품을 공급하다 |
| **mural** | [mjúərəl] [뮤어러얼]<br>형 벽(면)의 명 벽화 |
| **murder** | [mə́ːrdər] [머어더]<br>명 살인, 모살, 살해 타 죽이다 |
| **murderer** | [mə́ːrdərər] [머어더뤄]<br>명 살인자, 살인범 |

| murderous | [mə́ːrdərəs] [머더뤄쓰]<br>형 살인의, 잔인한, 살인적인 |
| murmur | [mə́ːrmər] [머어머]<br>타자 투덜대다 명 중얼거림 |
| muscle | [mΛsl] [머쓰얼]<br>명 근육, 완력 자 완력을 휘두르다 |
| muscular | [mΛskjulər] [머쓰큘러]<br>형 근육의, 늠름한, 힘센 |
| Muse | [mjuːz] [뮤우즈]<br>명 (그리스 신화의) 뮤우즈 신 |
| muse | [mjuːz] [뮤우즈]<br>자 묵상에 잠기다 |
| museum | [mjuːzíːəm] [뮤우지엄]<br>명 박물관, 미술관 |
| mushroom | [mΛʃruːm] [머쉬루움]<br>명 버섯 형 버섯 꼴의 자 갑자기 성장하다 |
| music | [mjúːzik] [뮤우직]<br>명 음악, 악곡, 악보, 아름다운 소리 |
| musical | [mjúːzikəl] [뮤우지커얼]<br>형 음악의, 음악적인, 음악을 좋아하는 |

| musician | [mjuːzíʃən] [뮤우지션]<br>명 음악가, 작곡가, 악사 |
|---|---|
| **musket** | [mʌ́skit] [머스킷]<br>명 (구식) 보병총 |
| must | [mʌst] [머스트]<br>조 ~하지 않으면 안 된다, ~임에 틀림없다 |
| **mustache** | [mʌ́stæʃ] [머스태쉬]<br>명 콧수염 |
| mustard | [mʌ́stərd] [머스터드]<br>명 겨자, 갓 |
| **muster** | [mʌ́stər] [머스터]<br>형 소집, 점호, 집합 타 소집하다 |
| mute | [mjuːt] [뮤우트]<br>형 벙어리의, 무언의, 말 없는 명 벙어리 |
| **mutiny** | [mjúːtini] [뮤우티니]<br>명 폭동, 반란, 반항 타 폭동을 일으키다 |
| mutter | [mʌ́tər] [머터]<br>자타 속삭이다, 중얼거리다 명 속삭임 |
| **mutton** | [mʌ́tn] [머튼]<br>명 양고기 |

| | |
|---|---|
| **mutual** | [mjúːtʃuəl] [뮤우츄어얼]<br>형 서로의, 상호간의, 공통의 |
| **muzzle** | [mʌzl] [머즈얼]<br>명 (동물의) 주둥이, 코, 재갈, 총구 |
| **my** | [mái] [마이]<br>대 나의 감 아이고!, 저런!<br>* My goodness! ((경악의 감탄사)) 아이고!,<br> 저런!, 이것 참! |
| **myriad** | [míriəd] [미리어드]<br>명 만(萬), 무수 형 무수한<br>* a myriad ~ of 무수한 ~ |
| **myrtle** | [mə́ːrtl] [머어트얼]<br>명 은매화(銀梅花), 덩굴일일초 |
| **myself** | [maisélf] [마이쎄얼흐]<br>대 나 자신<br>* by myself 혼자서, 단독으로<br>* for myself 나 자신을 위해서,<br> 남의 부림을 받지 않고, 자력으로 |
| **mysterious** | [mistíəriəs] [미스티어뤼어쓰]<br>형 신비한, 불가사의한 |

| | |
|---|---|
| **mystery** | [místəri] [미스터뤼]<br>몡 신비, 비밀, 불가사의, 비전(秘傳) |
| **mystic** | [místik] [미스틱]<br>혱 신비로운, 비결의 몡 신비주의자 |
| **mystical** | [místikəl] [미스티크얼]<br>혱 신비의, 신비주의의 |
| **myth** | [miθ] [미쓰]<br>몡 신화(神話), 꾸민 이야기 |
| **mythological** | [mìθəládʒikəl] [미썰라쥐커얼]<br>혱 신화의, 신화적인, 신화 같은 |
| **mythology** | [miθálədʒi] [미쌀러쥐]<br>몡 신화(집), 신화학 |

**nag**

[næg] [낵]
타자 잔소리하다 명 잔소리

**nail**

[neil] [네얼]
명 손톱, 발톱, 못 타 못을 박다

**naked**

[néikid] [네이키드]
형 나체의, 벌거벗은, 드러난, 있는 그대로의

**name**

[neim] [네임]
명 이름, 명성 타 이름짓다, 부르다, 지명하다

* name after [for] ∼의 이름을 따서
  명명하다
* by name 이름은, 이름으로, 이름만으로
* by [under] the name of ∼이라는
  이름으로, ∼의 권위로

**namely**
[néimli] [네임리]
부 즉, 말하자면

**namesake**
[néimseik] [네임쎄익]
명 동명이인, 이름이 같은 사람

**nap**
[næp] [냅] 명 선잠, 낮잠 자 졸다, 낮잠 자다
* take a nap 낮잠 자다

**napkin**
[næpkin] [냅킨]
명 냅킨, ((영)) 기저귀

**narcotic**
[naːrkátik] [나아카틱]
형 마취성의 명 마취제, 마취약, 중독 환자

**narration**
[næréiʃən] [내뤠이션]
명 이야기, 서술, ((문법)) 화법

**narrator**
[næreitər] [내뤠이터]
명 해설자, 이야기하는 사람

**narrow**
[nærou] [내로우]
형 좁은, 정밀한 명 해협 타자 좁게 하다

**narrowly**
[nærouli] [내로울리]
부 좁게, 정밀하게, 가까스로

| | |
|---|---|
| **nasal** | [néizəl] [네이저얼]<br>형 코의, 콧소리의, 비음의 |
| **nasty** | [nǽsti] [내스티]<br>형 더러운, 불쾌한, 비음의 |
| **nation** | [néiʃən] [네이션]<br>명 국민, 국가, 민족 |
| **national** | [nǽʃənl] [내셔느얼]<br>형 국민의, 국가의 명 동포, 교포 |
| **nationalism** | [nǽʃənəlìzm] [내셔널리즘]<br>명 애국심, 민족주의 |
| **nationalist** | [nǽʃənəlist] [내셔널리스트]<br>명 민족주의자 |
| **nationality** | [næʃənǽləti] [내셔낼러티]<br>명 국민성, 국적, 국민, 국가 |
| **nation-wide** | [néiʃənwáid] [네이션와이드]<br>형 전국적인 |
| **native** | [néitiv] [네이티브]<br>형 타고난, 출생지의 명 토착민<br>* native speaker 모국어를 말하는 사람 |

**NATO**

[néitou] [네이토우]

《약어》 North Atlantic Treaty Organization
(북대서양 조약기구)

---

**natural**

[nǽtʃərəl] [내춰뤄얼]

형 자연의, 천연의, 타고난

---

**naturally**

[nǽtʃərəli] [내춰륄리]

부 자연히, 천성적으로

---

**nature**

[néitʃər] [네이춰]

명 자연, 성질, 종류

* by nature 나면서부터, 본래
* in nature 정말이지, 사실상, 도대체, 전혀

---

**naught**

[nɔːt] [노오트]

명 제로, 영(零), 무(無)

---

**naughty**

[nɔ́ːti] [노오티]

형 행실이 나쁜, 막된, 버릇없는

---

**nausea**

[nɔ́ːziə] [노오지어]

명 메스꺼움, 멀미, 욕지기

---

**nautical**

[nɔ́ːtikəl] [노오티커얼]

형 해상의, 항해의, 선박의

---

A
B
C
D
E
F
G
H
I
J
K
L
M
**N**
O
P
Q
R
S
T
U
V
W
X
Y
Z

| | |
|---|---|
| **naval** | [néivəl] [네이버얼]<br>혱 해군의, 군함의, 배의 |
| **navigate** | [nǽvəgèit] [내버게잇]<br>재타 항해하다, 조종하다 |
| **navigation** | [nǽvəgéiʃən] [내버게이션]<br>몡 항행, 항해, 항공술 |
| **navy** | [néivi] [네이비]<br>몡 (N-) 해군, ((총칭)) 해군 군인 |
| **nay** | [nei] [네이]<br>뷔 ((고)) 아니, 글쎄 몡 부정, 거부 |
| **near** | [niər] [니어]<br>뷔 가까이 젠 가까이에<br>혱 가까운, 친밀한 타자 접근하다<br>* near at hand 바로 가까이에<br>* near by 가까이에 (있는) |
| **nearby** | [níərbai] [니어바이]<br>혱 가까운 뷔 가까이에서 |
| **nearly** | [níərli] [니어얼리]<br>뷔 거의, 겨우, 밀접하게, 친하게 |
| **neat** | [ni:t] [니이트]<br>혱 산뜻한, 단정한, 솜씨 좋은 |

| neatly | [níːtli] [니이틀리] <br> 부 산뜻하게, 조촐하게 |
|---|---|
| **nebula** | [nébjulə] [네뷸러] <br> 명 성운(星雲) |
| necessarily | [nèsəsérili] [네써쎄릴리] <br> 부 필연적으로, 부득이, 반드시 |
| **necessary** | [nésəsèri] [네써쎄뤼] <br> 형 필요한, 필연적인 명 필수품 |
| necessitate | [nisésətèit] [니쎄써테잇] <br> 타 필요로 하다, 부득이 ~하게 하다 |
| **necessity** | [nisésəti] [니쎄써티] <br> 명 필요, 필연, 필요물 |
| neck | [nek] [넥] <br> 명 목, 목덜미 타자 목을 껴안다 |
| **necklace** | [néklis] [네클리쓰] <br> 명 목걸이 |
| necktie | [néktai] [넥타이] <br> 명 넥타이 |
| **need** | [niːd] [니이드] <br> 명 소용, 필요 타 필요로 하다 |

| **needle** | [ní:dl] [니이드얼] |
| | 명 바늘, 침엽(針葉) 타자 바늘로 꿰매다 |

| **needless** | [ní:dlis] [니이들리쓰] |
| | 형 불필요한 |
| | * needless to say 말할 필요도 없이 |

| **needs** | [ni:dz] [니이드즈] |
| | 부 꼭, 반드시 |

| **negative** | [négətiv] [네거티브] |
| | 형 부정적인, 음(陰)의 명 부정 |

| **neglect** | [niglékt] [니글렉트] |
| | 타 게을리하다, 무시하다 명 태만, 무시 |

| **neglectful** | [nigléktfəl] [니글렉트훠얼] |
| | 형 태만한, 소홀한 |

| **negligence** | [néglidʒəns] [네글러줜쓰] |
| | 명 태만, 소홀 |

| **negotiate** | [nigóuʃièit] [니고우쉬에잇] |
| | 타자 교섭하다, 협상하다 |

| **negotiation** | [nigòuʃiéiʃən] [니고우쉬에이션] |
| | 명 교섭, 절충, 협상 |

| negro | [níːgrou] [니이그로우]<br>명 흑인 형 흑인의, 검은 |
|---|---|
| **neigh** | [nei] [네이]<br>명 (말의) 울음소리 자 (말이) 울다 |
| **neighbor** | [néibər] [네이버]<br>명 이웃 사람 형 이웃의 |
| **neighborhood** | [néibərhùd] [네이버후드]<br>명 근처, 지역, 이웃, 부근 |
| **neighborly** | [néibərli] [네이벌리]<br>형 친하기 쉬운 |
| **neither** | [níːðər, náiðər] [니이더, 나이더]<br>부 ~도 아니고, ~도 아니다<br>* neither~ nor ~도 아니고 또 ~도 아니다<br>* neither here nor there 아무데도 없는,<br>시시한, 요점에서 벗어난 |
| **neon** | [níːɔn] [니이온]<br>명 네온(기체 원소) 〈원소 기호 Ne〉 |
| **nephew** | [néfjuː] [네휴우]<br>명 조카, 생질 반 niece(조카딸) |
| **Neptune** | [néptjuːn] [넵튜은]<br>명 해왕성, 넵튠(로마 신화의 바다의 신) |

| | |
|---|---|
| **nerve** | [nəːrv] [너어브]<br>명 신경, 기력, 용기, 침착 |
| **nerveless** | [nə́ːrvlis] [너어블리쓰]<br>형 무기력한 |
| **nervous** | [nə́ːrvəs] [너어버쓰]<br>형 신경의, 신경질적인, 소심한 |
| **nest** | [nest] [네스트] 명 보금자리, 둥우리<br>자타 보금자리에 깃들게 하다 |
| **nestle** | [nésl] [네스얼]<br>자타 편안하게 쉬다 |
| **net** | [net] [넷]<br>명 그물, 네트 형 정량의, 정미(正味)의 |
| **network** | [nétwə̀ːrk] [넷워어크]<br>명 그물 세공, 방송망, 네트워크 |
| **neutral** | [njúːtrəl] [뉴우츄뤄얼]<br>형 중립의, 중성의 명 중립자, 중립국 |
| **never** | [névər] [네버]<br>부 결코 ~아니다<br>* never ~ but [that] ~하면 반드시 …하다 |

| | |
|---|---|
| **nevertheless** | [nèvərðəlés] [네버덜레쓰]<br>접부 그럼에도 불구하고 |
| **new** | [nju:] [뉴우]<br>형 새로운, 처음 보는 부 새로이<br>* the New Community Movement<br>concept 새마을 운동 정신 |
| **newcomer** | [njú:kʌmər] [뉴우커머]<br>명 신참자, 새로운 사람 |
| **new-fashioned** | [njú:fǽʃənd] [뉴우홰션드]<br>형 새 유행의, 신식의, 신형의 |
| **newly** | [njú:li] [뉴우을리]<br>부 최근, 새로이, 다시 |
| **new-mown** | [njú:moun] [뉴우모운]<br>형 갓 베어낸 |
| **news** | [nju:s] [뉴우쓰]<br>명 뉴스, 보도, 기사 |
| **newscast** | [njú:skæst] [뉴우쓰캐스트]<br>명 뉴스 방송 자 뉴스를 방송하다 |
| **newspaper** | [njú:speipər] [뉴우쓰페이퍼]<br>명 신문(지) |

| | |
|---|---|
| **newsy** | [njú:zi] [뉴우지]<br>형 화제가 되는, 뉴스가 많은 |
| **Newton** | [njú:tn] [뉴우튼]<br>명 뉴튼(영국의 과학자 · 수학자) |
| **New York** | [njú:jɔ́:rk] [뉴우요오크]<br>명 뉴욕 주, 뉴욕 시 |
| **next** | [nekst] [넥스트]<br>형 다음의 부 다음에 전 ~의 다음에<br>* next door to ~의 이웃에, 거의<br>* next to ~의 다음에, 거의 ~와 같다<br>* next to nothing 거의 ~아니다 |
| **nibble** | [níbl] [니브얼]<br>타자 조금씩 갉아 먹다, 흠을 찾다 |
| **nice** | [nais] [나이쓰]<br>형 좋은, 깨끗한, 훌륭한, 멋진 |
| **nicely** | [náisli] [나이쓸리]<br>부 깨끗하게, 잘, 세심하게 |
| **nick** | [nik] [닉]<br>명 새김눈(notch) 타 새김눈을 내다 |
| **nickel** | [níkəl] [니커얼]<br>명 니켈 〈원소 기호 Ni〉 타 니켈 도금하다 |

| nickname | [níknèim] [닉네임]<br>명 별명, 애칭 타 별명을 붙이다 |
| --- | --- |
| **niece** | [ni:s] [니이쓰]<br>명 조카딸, 질녀 반 nephew(조카) |
| **nigh** | [nai] [나이]<br>부 가까이 형 가까운 |
| **night** | [nait] [나잇]<br>명 밤, 저녁, 야음<br>* at night 밤중에<br>* by night 밤에는<br>* night after night 매일 밤, 밤마다 |
| **nightingale** | [náitngèil] [나이튼게일]<br>명 ((새)) 나이팅게일, 목소리가 고운 가수 |
| **nightmare** | [náitmɛər] [나잇메어]<br>명 악몽, 가위 눌림, 공포감 |
| **nihilism** | [náihəlìzm] [나이얼리즘]<br>명 니힐리즘, 허무주의 |
| **nimble** | [nímbl] [님브얼]<br>형 민첩한, 눈치가 빠른 |
| **nine** | [nain] [나인]<br>형 9의 명 9 |

| | |
|---|---|
| **nineteen** | [náintíːn] [나인티인]<br>형 19의 명 19 |
| **ninetieth** | [náintiiθ] [나인티이쓰]<br>명 제 90 형 제 90의 |
| **ninety** | [náinti] [나인티]<br>명 90 형 90의 |
| **ninth** | [nainθ] [나인쓰]<br>명 제 9 형 제 9의 |
| **nip** | [nip] [닙]<br>타자 집다, 물다, 꼬집다, 깨물다 |
| **nitrogen** | [náitrədʒən] [나이츄러쥔]<br>명 질소 〈원소 기호 N〉 |
| **no** | [nou] [노우]<br>형 ~이 없는, ~이 아니다 명 부정, 거절<br>* no better than ~이나 마찬가지로<br>  (as bad as)<br>* no~ but (that) ~하면 반드시 ~하다,<br>  하지 않는 것은 없다<br>* no less than ~나 다름없는,<br>  꼭 ~만큼이나<br>* no less ~ than ~에 못지않게<br>* no longer 이미 ~아니다 [않다](no more) |

* no matter how 아무리 ~하더라도
  (however)
* no more than 겨우 ~뿐, 다만 ~에
  불과하다
* no more ~ than ~이 아님은 마치 ~이
  아님과 같다
* no sooner ~ than ~하자마자(as soon
  as)

| | |
|---|---|
| **No., no** | [nʌ́mbər] [넘버]<br>((라틴어 numero의 약어)) 제 ~번 |
| **noble** | [nóubl] [노우브얼]<br>형 고귀한, 귀족의, 고상한 |
| **nobleman** | [nóublmən] [노우블먼]<br>명 귀족 |
| **nobody** | [nóubàdi] [노우바디]<br>대 아무도 ~않다 명 하찮은 사람 |
| **nod** | [nad] [나드]<br>자타 끄덕이다, 끄덕여 승낙하다 |
| **noise** | [nɔiz] [노이즈]<br>명 소음, 소란 |

**noisy**

[nɔ́izi] [노이지]
형 떠들썩한, 시끄러운

**nominal**

[nάmənl] [나머느얼]
형 명의상의, 명목상의, ((문법)) 명사의

**nominate**

[nάmənèit] [나머네잇]
명 지명하다, 추천하다

**none**

[nʌn] [넌]
대 아무도 ~아니다 부 조금도 ~ 않다
* none the less 그런데도 불구하고, 역시

**nonfiction**

[nanfíkʃən] [넌휔션]
명 논픽션(소설 이외의 산문 문학)

**nonsense**

[nάnsens] [난쎈쓰]
명 난센스, 어리석은 말, 무의미

**nonsensical**

[nansénsikəl] [난쎈씨커얼]
형 어리석은, 터무니 없는

**nonstop**

[nònstάp] [논스탑]
형 도중에서 정차하지 않는, 무착륙의

| **nook** | [nuk] [눅]<br>명 구석, 모퉁이, 아늑한 피난처 |
|---|---|
| **noon** | [nu:n] [누운]<br>명 정오, 한낮 형 정오의 |
| **noonday** | [nú:ndei] [누운데이]<br>명 정오, 한낮 |
| **noontime** | [nú:ntaim] [누운타임]<br>명 한낮, 정오(noonday) |
| **nor** | [nɔːr] [노오]<br>접 ~도 또한 ~ 않다(아니다) |
| **normal** | [nɔ́ːrməl] [노오머얼]<br>형 보통의, 정상의, 평준의 |
| **north** | [nɔːrθ] [노오쓰]<br>명 북, 북방 형 북쪽의 부 북쪽에 |
| **northeast** | [nɔ́ːrθíːst] [노오씨이스트]<br>명 북동 (지방) |
| **northeastern** | [nɔ́ːrθíːstərn] [노오씨이스터언]<br>형 북동의, 북동으로의 |
| **northerly** | [nɔ́ːrðərli] [노오덜리]<br>형 북쪽의 부 북쪽으로부터 |

| | |
|---|---|
| **northern** | [nɔ́ːrðərn] [노오더언]<br>형 북쪽의, 북에 있는 |
| **northerner** | [nɔ́ːrðərnər] [노오더너]<br>명 북부 사람 |
| **northward** | [nɔ́ːrθwərd] [노오쓰워드]<br>형 북쪽을 향한 부 북방으로 |
| **northwest** | [nɔ́ːrθwést] [노오쓰웨스트]<br>명 북서 (지방) 형 북서쪽의 |
| **northwestern** | [nɔ́ːrθwéstərn] [노오쓰웨스터언]<br>형 북서의, 북서로의 |
| **Norway** | [nɔ́ːrwei] [노오웨이]<br>명 노르웨이 |
| **Norwegian** | [nɔːrwíːdʒin] [노오위이쥔]<br>형 노르웨이의 명 노르웨이 사람 |
| **nose** | [nouz] [노우즈]<br>명 코, 후각 타자 냄새를 맡다 |
| **nostalgia** | [nastǽldʒə] [나스탤쥐]<br>명 향수(鄕愁), 회향병 |
| **nostril** | [nɑ́strəl] [나스츄뤼얼]<br>명 콧구멍 |

**not**

[nat] [낫] 閠 ~이 아니다, ~않다

* not a bite 조금도 ~아니다
* not a little 적지 않게
* not all ((부분 부정)) 모두가 다 ~인 것은 아니다
* not always (necessarily) ((부분 부정)) 반드시 ~인 것은 아니다
* not ~ any more than… …아닌 것처럼 ~이 아니다
* not because ~ but because… ~때문이 아니라 …때문에
* not ~ but… ~이 아니고 …이다
* not less ~ than… …보다 나을망정 못하지는 않다
* not more ~ than… …만큼 ~은 아니다
* not only ~ but [also]… ~뿐만 아니라 …도 또한
* not so much as ~조차도 아니다, ~조차 없다
* not so much ~ as… ~이기보다는 오히려…
* not to mention ~은 말할 것도 없이
* not yet 아직 ~아니다

**notable**

[nóutəbl] [노우터브얼]
휑 주목할 만한, 현저한 몡 명사(名士)

633

| | |
|---|---|
| **notch** | [nɔtʃ] [노취]<br>명 벤 자리, 새김눈 타 금을 새기다 |
| **note** | [nout] [노웃]<br>명 ((보통 복수)) 기록, 필기, 지폐, 주의 |
| **notebook** | [nóutbuk] [노웃북]<br>명 노트, 공책 |
| **nothing** | [nʌ́θiŋ] [나씽]<br>대 아무것도 ~ 않다 명 무(無), 영<br>* do nothing but ~하기만 하다<br>* for nothing 헛되이, 공짜로, 까닭 없이<br>* nothing but ~이외에는 아무것도<br>　~아니다, 단지 ~뿐(only)<br>* nothing more~ than ~만큼 ~한 것은 없다 |
| **notice** | [nóutis] [노우티쓰]<br>명 주의, 주목, 인지, 통지 타 알게 되다<br>* at [on] short notice 갑자기, 급히<br>* come in to [under] notice ~주의를<br>　끌다, 눈에 띄다<br>* without notice 예고 없이 |
| **noticeable** | [nóutisəbl] [노우티써브얼]<br>형 눈에 띄는, 주목할 만한, 현저한 |

| notify | [nóutəfai] [노우터화이] |
|---|---|
| | 타 통지[통고]하다, 공고하다, 발표하다 |
| notion | [nóuʃən] [노우션] |
| | 명 개념, 의향, 견해 |
| notorious | [noutɔ́:riəs] [노우토뤼어쓰] |
| | 형 소문난, 악명이 자자한 |
| nought | [nɔ:t] [노오트] |
| | 명 영(零), 제로, 파멸 |
| noun | [naun] [나운] |
| | 명 ((문법)) 명사(名詞) |
| nourish | [nə́:riʃ] [너어뤼쉬] |
| | 동 기르다, 자양분을 주다 |
| nourishment | [nə́:riʃmənt] [너어뤼쉬먼트] |
| | 명 자양물, 영양 상태 |
| novel | [návəl] [나버얼] |
| | 명 소설 형 색다른, 신기한, 진기한 |
| novelist | [návəlist] [나벌리스트] |
| | 명 소설가 |
| novelty | [návəliti] [나벌티] |
| | 명 지니함, 신기함, 진기한 사물 |

| | |
|---|---|
| **November** | [nouvémbər] [노우벰버] <br> 명 11월 〈약어 Nov.〉 |
| **novice** | [nάːvis] [나비쓰] <br> 명 무경험자, 풋내기, 초심자 |
| **now** | [nau] [나우] 부 벌써, 지금, 이젠, 그런데 <br> 명 지금, 현재 접 ~이니까 <br> * but [even] now 지금 막(just now) <br> * by now 지금쯤은 이미 <br> * for now 당장은, 우선은, 지금 곧 <br> * from now on 지금부터는, 금후는 <br> * just now 방금, 지금 막 <br> * [every] now and then 때때로, 가끔 <br> * now that ~이므로, ~인 이상은 <br> * right now ((미·속어)) 바로 지금, 방금 |
| **nowadays** | [nάuədèiz] [나우어데이즈] <br> 명 지금 부 요즈음은, 지금은 |
| **nowhere** | [nóuhwεər] [노우웨(훼)어] <br> 부 아무 데에도 ~없다 [않다] |
| **nuclear** | [njúːkliər] [뉴우클리어] <br> 명 핵의, (세포의) 핵을 이루는 |
| **nucleus** | [njúːkliəs] [뉴우클리어쓰] <br> 명 핵, 핵심, 중심, (원자) 핵 |

| | |
|---|---|
| **numb** | [nʌm] [넘]<br>⟨형⟩ 마비된, 감각이 없는 ⟨타⟩ 마비시키다 |
| **number** | [nʌ́mbər] [넘버] ⟨명⟩ 수, 숫자, 번호 ⟨타⟩ 세다<br>\* a number of 다수의, 얼마간의(some)<br>\* a large [great] number of ~수많은<br>\* a small number of 적은 수의~<br>\* in great [small] numbers 다수 [소수]로<br>\* in number 수로, 수효는<br>\* numbers off~ (군대에서) 번호를 부르다 |
| **numeral** | [njúːmərəl] [뉴우머뤄얼]<br>⟨명⟩ 숫자, ((문법)) 수사 ⟨형⟩ 수의 |
| **numerous** | [njúːmərəs] [뉴우머뤄쓰]<br>⟨형⟩ 많은 수의, 다수의 |
| **nun** | [nʌn] [넌]<br>⟨명⟩ 수녀, 여승 ⟨반⟩ monk(수도승) |
| **nuptial** | [nʌ́pʃəl] [넙셔얼]<br>⟨형⟩ 결혼(식)의 ⟨명⟩ ((복수)) 결혼식, 혼례 |
| **nurse** | [nəːrs] [너어쓰]<br>⟨명⟩ 유모, 간호원 ⟨타자⟩ 기르다, 간호하다 |
| **nursery** | [nə́ːrsəri] [너어써뤼]<br>⟨명⟩ 어린이 방, 육아실, 양성소 |

| | |
|---|---|
| **nurture** | [nə́ːrtʃər] [너어춰]<br>[타] 양육하다, 양성하다 [명] 양육 |
| **nut** | [nʌt] [넛]<br>[명] 견과(堅果) , (호두 · 밤나무 등의) 열매<br>* a hard nut to crack 어려운 문제,<br>  만만찮은 것, 골칫덩어리 |
| **nutrition** | [njuːtríʃən] [뉴우츄뤼션]<br>[명] 영향, 음식물 |
| **nutritious** | [njuːtríʃəs] [뉴우츄뤼셔쓰]<br>[형] 영양의, 자양분이 있는 |
| **nylon** | [náilan] [나일란]<br>[명] 나일론, ((복수)) 나일론 양말 |
| **nymph** | [nimf] [님흐]<br>[명] 요정(妖精), 님프, 미소녀, 처녀 |
| **nymphean** | [nímfiən] [님휘언]<br>[형] 님프의, 님프같이 아름다운 |
| **nymphlike** | [nímflaik] [님흘라익]<br>[형] 님프 같은 |
| **nympholepsy** | [nímfəlèpsi] [님휠렙씨]<br>[명] 황홀, 광희(狂喜), 환희 |

**o**
[ou] [오우]
감 오오!, 아아, 아이구!, 어머나!

**oak**
[ouk] [오욱]
명 참나무, 떡갈나무

**oar**
[ɔər] [오오]
명 노 타자 노를 젓다

**oarsman**
[ɔ́ːrzmən] [오어즈먼]
명 노 젓는 사람

**oasis**
[ouéisis] [오우에이씨쓰]
명 (사막에 있는) 오아시스, 휴식처

**oat**
[out] [오웃]
명 귀리

| | |
|---|---|
| **oatmeal** | [óutmiːl] [오웃미얼]<br>몡 빻은 귀리, 오트밀 |
| **oath** | [ouθ] [오우쓰]<br>몡 맹세, 서약, 저주, 험담<br>* on [upon, under] oath 맹세코<br>* take the oath 맹세[선서]하다 |
| **obedience** | [oubíːdiəns] [오우비이디언쓰]<br>몡 복종, 순종<br>* in obedience to ~에 순종하여,<br>　~에 따라서 |
| **obedient** | [oubíːdiənt] [오우비이디언트]<br>혱 순종하는, 유순한 |
| **obey** | [oubéi] [오우베이]<br>타자 복종하다, 순종하다, 따르다 |
| **object** | [ábdʒikt] [아브쥑트]<br>몡 물체, 사물, ((문법)) 목적어<br>[əbdʒékt] [어브쥅트]<br>동 반대하다 |
| **objection** | [əbdʒékʃən] [어브쥅션]<br>몡 반대, 이의, 혐오, 난점 |

| | |
|---|---|
| **objectionable** | [əbdʒékʃənəbl] [어브줵셔너브얼]<br>형 반대해야 할, 이의 있는, 불만인 |
| **objective** | [əbdʒéktiv] [어브줵티브]<br>형 물질적인, 목적의 명 목표 |
| **obligation** | [àbləgéiʃən] [아블러게이션]<br>명 계약, 의무, 책임, 채무<br>* under obligation to (do) ~할 의무가<br>  있다 |
| **oblige** | [əbláidʒ] [어블라이쥐]<br>타 ~할 의무를 지우다, 은혜를 베풀다<br>* (be) obliged to ~하지 않을 수 없다,<br>  고맙게 여기다 |
| **oblivion** | [əblíviən] [어블리비언]<br>명 망각, 잊기 쉬움 |
| **obscure** | [əbskjúər] [어브스큐어]<br>형 애매한, 희미한, 어슴프레한 |
| **obscurity** | [əbskjúərəti] [어브스큐어러티]<br>명 애매, 불명료, 무명 |
| **observance** | [əbzə́:rvəns] [어브저어번쓰]<br>명 준수, 의식, 습관, 규율, 관례 |

| observation | [àbzərvéiʃən] [아브저베이션]<br>몡 관찰, 주목, 감시, 관측, 소견 |
| observatory | [əbzə́ːrvətɔ̀ːri] [어브저어버토뤼]<br>몡 관측소, 천문대, 전망대, 기상대 |
| observe | [əbzə́ːrv] [어브저어브]<br>타자 주시하다, 관찰하다, 준수하다 |
| observer | [əbzə́ːrvər] [어브저어버]<br>몡 관찰자, 입회인, 준수자, 옵서버 |
| obstacle | [ábstəkl] [아브스터크얼]<br>몡 장애(물), 고장 |
| obstinate | [ábstənət] [아브스터넛]<br>혱 완고한, 고집센, 끈질긴 |
| obstruct | [əbstrʌ́kt] [어브스츄뢁트]<br>타자 방해하다, 가로막다 |
| obstruction | [əbstrʌ́kʃən] [어브스츄뢁션]<br>몡 방해(물), 장애(물) |
| obtain | [əbtéin] [어브테인]<br>타자 얻다, (습관 따위가) 행하여지다 |
| obvious | [ábviəs] [아브비어쓰]<br>혱 명백한, 빤한 |

| | |
|---|---|
| **obviously** | [ábviəsli] [아브비어쓸리]<br>부 명백하게, 분명하게 |
| **occasion** | [əkéiʒən] [어케이줜]<br>명 경우, 기회, 이유 타 발생시키다<br>* on occasion 가끔, 이따금, 때때로 |
| **occasional** | [əkéiʒənəl] [어케이줘느얼]<br>형 때때로의 |
| **occasionally** | [əkéiʒənəli] [어케이줘널리]<br>부 이따금, 가끔 |
| **Occidental** | [àksədéntl] [악써덴트얼]<br>형 서양의 명 서양 사람 |
| **occupation** | [àkjupéiʃən] [아큐페이션]<br>명 일, 직업, 점유, 점령 |
| **occupy** | [ákjupài] [아큐파이]<br>타 차지하다, 점령하다, 종사시키다 |
| **occur** | [əkə́ːr] [어커어]<br>자 일어나다, 생각이 나다 |
| **occurrence** | [əkə́ːrəns] [어커어뤈쓰]<br>명 발생, 사건 |

| | |
|---|---|
| **ocean** | [óuʃən] [오우션]<br>몡 [the-] 대양, ((종종 복수)) 많음 |
| **o'clock** | [əklák] [어클락]<br>몡 ~시(時) |
| **octagon** | [áktəgàn] [악터간]<br>몡 8각형, 8변형 |
| **October** | [aktóubər] [악**토**우버]<br>몡 10월 〈약어 Oct.〉 |
| **odd** | [ad] [아드]<br>혱 나머지의, 여분의, 기묘한<br>* odd jobs 뜨내기 일, 부업 |
| **oddly** | [ádli] [아들리]<br>뷔 괴상하게, 짝이 맞지 않게 |
| **odds** | [adz] [아드즈]<br>몡 불평등, 우열의 차, 차이<br>* make no odds 균형을 이루다,<br>  대차가 없다<br>* odds and ends 남은 것, 잡동사니,<br>  허접쓰레기 |

| | |
|---|---|
| **ode** | [oud] [오우드]<br>몡 (고아하고 장중한) 송시(訟詩) |
| **odious** | [óudiəs] [오우디어쓰]<br>혱 밉살스런, 싫은, 가증한 |
| **odorous** | [óudərəs] [오우더러쓰]<br>혱 향기로운 |
| **odour** | [óudər] [오우더]<br>몡 냄새, 향기, 기색 |
| **o'er** | [ɔ́ər] [오어]<br>븠쩐 위에, 넘어서(over) |
| **of** | [əv] [어브]<br>쩐 ～의, ～에 속하는, ～부터<br>* of all 많이 있는 중에서(among all)<br>* of course 물론, 당연히(naturally)<br>* of no use 쓸모없는, 소용없는, 헛된<br>* of oneself 저절로, 자연히<br>* of use 쓸모 있는, 유용한(useful) |
| **off** | [ɔ:f] [오오흐]<br>븠 떨어져서 쩐 ～에서 떨어져<br>* off and on 단속적으로, 때때로<br>* Off Limits 출입 금지 (구역)<br>* off hand 준비 없이, 당장에, 즉석에서 |

| **offend** | [əfénd] [어휀드]<br>타자 성나게 하다, (죄를) 짓다 |
| **offender** | [əféndər] [어휀더]<br>명 범죄자, 위반자 |
| **offense, -ce** | [əféns] [어휀쓰]<br>명 죄, 범죄, 무례, 모욕, 공격 |
| **offensive** | [əfénsiv] [어휀씨브]<br>형 불쾌한, 공격적인 명 공격 |
| **offer** | [ɔ́ːfər] [오오훠]<br>타자 제공하다, 제의하다 명 제공 |
| **office** | [ɔ́ːfis] [오오휘쓰]<br>명 사무소, 회사, 관청 |
| **officer** | [ɔ́ːfisər] [오오휘써]<br>명 공무원, 장교 |
| **officious** | [əfíʃəs] [어피셔쓰]<br>형 간섭하기 좋아하는, 참견 잘하는 |
| **offset** | [ɔ́ːfsèt] [오오흐쎗]<br>명 계정, 차감, 오프셋 인쇄 |
| **offshore** | [ɔ́ːfʃɔ́ːr] [오오흐쇼오]<br>형 앞바다로 향하는, 앞바다의 |

**offspring**
[ɔ́ːspriŋ] [오오흐스프링]
몡 자식, 자손, 결과, 소산(所産)

**offstage**
[ɔ́ːfstéidʒ] [오오흐스테이쥐]
혱 무대 뒤의 뷔 무대 뒤에서

**oft**
[ɔ́ːft] [오오흐트]
뷔 종종, 자주(often)

**often**
[ɔ́ːfən] [오오펀]
뷔 종종 여러 번, 자주

**oh**
[ou] [오우]
감 오오!, 애!, 앳!

**oil**
[ɔil] [오일]
몡 기름, 석유 탣 기름을 바르다

**oily**
[ɔ́ili] [오일리]
혱 기름의, 기름투성이의

**old**
[ould] [오울드]
혱 나이 먹은, ～살의, 옛날의 몡 옛날

**old-fashioned**
[óuldfǽʃənd] [오울드홰션드]
혱 구식의, 고풍의

| | |
|---|---|
| **olive** | [áliv] [알리브]<br>명 올리브, 올리브색 |
| **Olympiad** | [əlímpiæd] [얼림피애드]<br>명 올림픽 대회(the Olympic Games) |
| **Olympic** | [əlímpik] [얼림픽]<br>형 올림픽의 명 국제 올림픽 대회 |
| **omen** | [óumən] [오우먼]<br>명 전조, 예언 타자 전조가 되다 |
| **ominous** | [ámənəs] [아머너쓰]<br>형 불길한, 험악한, 전조의 |
| **omission** | [oumíʃən] [오우미션]<br>명 생략, 탈락, 태만, 누락 |
| **omit** | [oumít] [오우밋]<br>타 생략하다, 게을리하다 |
| **omnibus** | [ɔ́mnibəs] [옴니버쓰]<br>명 승합차, 버스 |
| **omnipotence** | [ɔmnípətəns] [옴니퍼턴쓰]<br>명 전능, 무한의 힘 |
| **omnipotent** | [ɔmnípətənt] [옴니퍼턴트]<br>형 만능의, 전능한(almighty) |

**on**

[ɑn, ɔːn] [안, 오언]
젠 ~의 위에 부 위에, 위로
* on all sides 주위에, 사면 팔방으로,
  여기저기
* on a sudden 갑자기(all of a sudden)
* on and on 계속해서, 쉬지 않고
* turn on (전등·가스·수도·라디오를)
  켜다, 틀다

**once**

[wʌns] [원쓰]
부 한 번, 한때, 일찍이, 일단, 이전에
* all at once 갑자기, 동시에
* once and again 여러 번(repeatedly)
* once (and) for all  단 한 번만, 이번만,
  결정적으로, 단연
* once more (again) 한 번 더 (다시)
* once upon a time 옛날에(long ago)
* at once 곧, 즉시, 동시에
* for once 한 번만은

**one**

[wʌn] [원]
명 하나 형 하나의 대 ((일반적으로)) 사람
* one after another 연달아, 줄이어, 속속
* one another 서로
* one by one 하나씩, 한 사람씩, 차례로

A
B
C
D
E
F
G
H
I
J
K
L
M
N
O
P
Q
R
S
T
U
V
W
X
Y
Z

* one ~ the other… (둘 중) 하나는 ~ 또 하나는…
* ~ one thing…another ~와 …와는 다르다
* the one ~ the other…전자는 ~ 후자는…

**oneself**
[wʌnsélf] [원쎄얼흐]
때 몸소, 자기만, (자기) 자신이

**onion**
[ʌ́niən] [아니언]
명 양파

**only**
[óunli] [오운리]
형 유일한, ~만의 부 겨우, 오직~이기는 하나
* only not 마치, 거의 다름없이
* only to [do] 다만 ~하기 위하여
* only too 매우, 유감스럽지만

**onto**
[ántuː, ántu] [안투우, 안투]
전 ~의 위에

**onward**
[ónwərd] [오언워드]
형 전진으로, 전방으로의 부 전방에

**onwards**
[ónwərdz] [오언워드즈]
부 앞으로, 나아가, 전방으로

**ooze**
[uːz] [우우즈]
자타 스며나오다, (비밀이) 새다

651

| | |
|---|---|
| **opal** | [óupəl] [오우퍼얼]<br>몡 단백석(蛋白石), 오팔 |
| **open** | [óupn] [오우픈]<br>톙 열린 타자 열다 몡 빈 터<br>* be open to ~을 쾌히 받아들이다,<br>  ~을 받기 쉽다<br>* open to ~에게 열려 있는,<br>  ~의 여지가 있는 |
| **opener** | [óupnər] [오우프너]<br>몡 여는 사람(물건), 개시자, 깡통따개 |
| **open-handed** | [óupnhǽndid] [오우픈핸디드]<br>몡 후한, 관대한(generous) |
| **open-hearted** | [óupnhάːrtid] [오우픈하아티드]<br>톙 솔직한, 너그러운 |
| **opening** | [óupniŋ] [오우프닝]<br>몡 열기, 개시, 구멍 톙 개시의 |
| **openly** | [óupnli] [오우픈리]<br>閈 솔직히, 공공연히 |
| **open-minded** | [óupnmáindid] [오우픈마인디드]<br>톙 허심탄회한 |

| | |
|---|---|
| **opera** | [ápərə] [아퍼러]<br>몡 가극, 오페라, 가극장 |
| **operate** | [ápərèit] [아퍼뤠잇]<br>자타 일하다, 작용하다, 수술하다 |
| **operation** | [àpəréiʃən] [아퍼뤠이션]<br>자타 일, 작용, 운전, 수술 |
| **operator** | [ápərèitər] [아퍼뤠이터]<br>몡 (기계의) 조작자, 교환수, 수술자 |
| **opinion** | [əpíniən] [어피니언]<br>몡 의견, 견해, ((복수)) 소신, 신념 |
| **opium** | [óupiəm] [오우피엄]<br>몡 아편 |
| **opponent** | [əpóunənt] [어포우넌트]<br>몡 적(敵), 상대 혱 적대하는 |
| **opportunity** | [àpərtjú:nəti] [아퍼튜우너티]<br>몡 기회, 호기(好機) |
| **oppose** | [əpóuz] [어포우즈]<br>타 반대하다, 방해를 하다<br>* be opposed to ～에 반대되다,<br>  ～에 대립하다 |

| | |
|---|---|
| **opposite** | [ápəzit] [아퍼짓]<br>형 마주 보는 명 반대자 |
| **opposition** | [àpəzíʃən] [아퍼지션]<br>명 반대, 저항, 방해, 야당 |
| **oppress** | [əprés] [어프뤠쓰]<br>타 압제하다, 압박하다 |
| **oppression** | [əpréʃən] [어프뤠션]<br>명 압박, 압제, 우울, 무기력 |
| **optimism** | [áptəmìzm] [압터미즘]<br>명 낙천주의, 낙관 |
| **or** | [ɔ:r] [오어]<br>접 또는, 즉, 그렇지 않으면 |
| **oracle** | [ɔ́:rəkl] [오뤄크얼]<br>명 신탁, 성언, 현인 |
| **oral** | [ɔ́:rəl] [오오뤄얼]<br>형 구두의, 구술의, 입의 |
| **orange** | [ɔ́:rindʒ] [오오륀쥐]<br>명 오렌지, 귤 형 오렌지색의 |
| **oration** | [ɔ:réiʃən] [오오뤠이션]<br>명 (형식을 갖춘) 연설 |

| **orator** | [ɔ́:rətər] [오오뤄터] |
| | 명 연설자, 웅변가 |

| **orb** | [ɔ:rb] [오오브] |
| | 명 구(球), 원형, 천체, 안구 |

| **orbit** | [ɔ́:rbit] [오오빗] |
| | 명 궤도, 안와(眼窩), 생활의 궤도 |

| **orchard** | [ɔ́:rtʃərd] [오오춰드] |
| | 명 과수원 |

| **orchestra** | [ɔ́:rəkəstrə] [오오커스츄뢰] |
| | 명 오케스트라, 관현악단 |

| **orchid** | [ɔ́:rkid] [오오키드] |
| | 명 난초 |

| **ordain** | [ɔ:rdéin] [오오데인] |
| | 타 정하다, 임명하다, 운명지우다 |

| **ordeal** | [ɔ:rdí:l] [오오디이얼] |
| | 명 모진 시련, 시죄법(試罪法) |

| **order** | [ɔ́:rdər] [오오더] |
| | 명 정돈, 명령 타 정돈하다 |
| | * call to order 개회하다 |
| | * in [good] order 순조롭게, 정연하게 |
| | * in order that ~하기 위하여, ~할 |

A
B
C
D
E
F
G
H
I
J
K
L
M
N
**O**
P
Q
R
S
T
U
V
W
X
Y
Z

목적으로
* in order to (do) ～하기 위하여
* out of order 문란하여, 고장이 나서
* put ~in order ～을 정리하다, 정돈하다

**ordinal**

[ɔ́ːrdənəl] [오오더느얼]
형 차례를 표시하는 명 서수(序數)

**ordinary**

[ɔ́ːrdənèri] [오오더네뤼]
형 보통의, 평범한 명 보통, 보통의 일

**ore**

[ɔːr] [오오]
명 원광(原鑛), 광석

**organ**

[ɔ́ːrgən] [오오건]
명 기관(器官), 기관지, 오르간

**organic**

[ɔːrgǽnik] [오오개닉]
형 기관의, 유기체의, 조직적인

**organism**

[ɔ́ːrgənìzm] [오오거니즘]
명 유기체, 생물, 유기적 조직체

**organization**

[ɔ̀ːrgənizéiʃən] [오오거니제이션]
명 조직, 단체, 기구

**organize**

[ɔ́ːrgənàiz] [오오거나이즈]
타자 조직하다

| | |
|---|---|
| **orient** | [ɔ́:riənt] [오오뤼언트]<br>몡 [the O-] 동양 혱 동양의<br>[ɔ́:riènt] [오오뤼엔트]<br>짜탸 동쪽으로 향하다 |
| **Oriental** | [ɔ̀:riéntl] [오오뤼엔트얼]<br>혱 동양의 몡 동양. 사람 |
| **orientation** | [ɔ̀:riəntéiʃən] [오오뤼엔테이션 ]<br>몡 방위, 측정, 지도, 적응 |
| **origin** | [ɔ́:rədʒin] [오오뤼쥔]<br>몡 기원, 발단, 태생 |
| **original** | [ərídʒinl] [어뤼쥐느얼]<br>혱 처음의, 독창적인 몡 원문(原文) |
| **originality** | [ərìdʒinǽləti] [어뤼쥐낼러티]<br>몡 독창력, 신기(新奇), 창의 |
| **originally** | [ərídʒinəli] [어뤼쥐널리]<br>뷔 본래, 최초부터, 원래는 |
| **originate** | [ərídʒənèit] [어뤼줘네잇]<br>탸짜 시작하다, 일으키다, 생기다 |
| **ornament** | [ɔ́:rnəmənt] [오오너먼트]<br>몡 장식(품) 탸 장식하다 |

| | |
|---|---|
| **orphan** | [ɔ́ːrfən] [오오훤]<br>똉 고아 똉 고아의 |
| **orphanage** | [ɔ́ːrfənidʒ] [오오훠니쥐]<br>똉 고아원, 고아 |
| **orthodox** | [ɔ́ːrθədɔ̀ks] [오오써독쓰]<br>똉 정교(政敎)의, 정통파의 |
| **ostrich** | [ɔ́ːstritʃ] [오스츄뤼취]<br>똉 타조 |
| **other** | [ʌ́ðər] [어더]<br>똉 다른 때 다른 것 뿐 그렇지 않고<br>* other than ~와 다른<br>* among others 특히<br>* every other 하나 걸러, 다른 모든<br>* in other words 바꾸어 말하면, 환언하면<br>* none other than 다름 아닌 ~이다<br>* the other day 전날에, 일전에, 요전날 |
| **otherwise** | [ʌ́ðərwàiz] [어더와이즈]<br>뿐 딴 방법으로, 그렇지 않으면 |
| **otter** | [ɔ́tər] [오터]<br>똉 수달, 수달피(皮) |

| | |
|---|---|
| **ought** | [ɔːt] [오오트]<br>조 ~해야만 한다, ~함이 당연하다 |
| **ounce** | [auns] [아운쓰]<br>명 온스(중량의 단위: 약 28.35g) |
| **our** | [áuər] [아우어]<br>대 [we의 소유격] 우리들의 |
| **ours** | [áuərz] [아우어즈]<br>대 [we의 소유 대명사] 우리의 것 |
| **out** | [aut] [아웃]<br>부 밖으로, 밖에 전 ~에서 명 외부<br>* out of~ ~에서, ~으로부터<br>* out of question 의심할 나위 없이, 물론<br>* out of the question 문제가 되지 않는, 어림도 없이 |
| **outbreak** | [áutbrèik] [아웃브레익]<br>명 발발, 돌발, 폭동 |
| **outburst** | [áutbəːrst] [아웃버어스트]<br>명 (화산·격정 따위의) 폭발, 분출 |
| **outcome** | [áutkʌm] [아웃컴]<br>명 결과, 성과 |

| | |
|---|---|
| **outdo** | [autdú:] [아웃두우]<br>타 보다 낫다, 능가하다 |
| **outdoor** | [áutdɔ:r] [아웃도어]<br>형 집 밖의, 옥외의 반 indoor(옥내의) |
| **outer** | [áutər] [아우터]<br>형 바깥의, 외면의, 바깥쪽의 |
| **outfit** | [áutfit] [아웃휫]<br>명 준비 타 (필수품을) 공급하다 |
| **outgo** | [áutgou] [아웃고우]<br>명 지출<br>[autgóu] [아웃고우]<br>타 능가하다 |
| **outgrow** | [autgróu] [아웃그로우]<br>타 ~보다 커지다 |
| **outlaw** | [áutlɔ:] [아웃로오]<br>명 무법자 타 법률의 보호를 빼앗다 |
| **outlet** | [áutlet] [아웃렛]<br>명 출구, 배출구, 판로 |
| **outline** | [áutlain] [아웃라인]<br>명 윤곽, 초안 타 윤곽을 그리다 |

| outlook | [áutluk] [아웃룩]<br>뗑 전망, 예측, 견해, 감시 |
|---|---|
| out-of-date | [áutəvdéit] [아웃어브데잇]<br>혱 시대에 뒤진, 구식의 |
| out-of-doors | [áut-əv-dɔ́:rz] [아웃어브도어즈]<br>뗑튀 옥외(에서), 야외에서 |
| output | [áutput] [아웃풋]<br>뗑 생산고, 생산, 출력 |
| outrage | [áutreidʒ] [아웃레이쥐]<br>뗑 폭행, 모욕 팀 폭행하다 |
| outrageous | [autréidʒəs] [아웃레이줘쓰]<br>혱 난폭한, 포악한, 터무니없는 |
| outright | [autráit] [아웃롸잇]<br>튀 완전히, 충분히, 당장<br>[áutrait] [아웃롸잇]<br>혱 솔직한 |
| outshine | [autʃáin] [아웃샤인]<br>동 ～보다 더욱 빛나다, ～보다 낫다 |
| outside | [áutsáid] [아웃싸이드]<br>뗑 외부 젠 밖에 튀 집 밖으로 |

| outstanding | [autstǽndiŋ] [아웃스땐딩]<br>형 걸출한, 현저한, 미해결의 |
|---|---|
| outstretched | [autstrétʃt] [아웃스트뤠칫]<br>형 펼친, 뻗은 |
| outward | [áutwərd] [아웃워드]<br>형 밖으로 가는, 표면의, 외면의 |
| oval | [óuvər] [오우버얼]<br>형 달걀 모양의 명 계란형, 타원형 |
| ovary | [óuvəri] [오우버뤼]<br>명 난소, 씨방 |
| oven | [ʌ́vən] [어번]<br>명 솥, 가마 |
| over | [óuvər] [오우버]<br>부 ~의 위로, 도처에 전 ~의 위에<br>* over again 되풀이하여, 다시 한 번<br>* over and over [again] 몇 번이고 되풀이<br>  하여, 여러 번<br>* over there 저편에, 저쪽에, 맞은편에 |
| overcoat | [óuvərkòut] [오우버코웃]<br>명 외투, 오버코트 |

| overcome | [óuvərkʌ́m] [오우버컴]<br>타 이겨내다, 극복하다, 압도하다, 지우다 |
|---|---|
| **overcrowd** | [òuverkráud] [오우버크롸우드]<br>명 혼잡하게 하다 |
| overeat | [óuvərríːt] [오우버이이트]<br>타자 과식하다 |
| **overflow** | [òuvərflóu] [오우버흘로우]<br>타자 넘쳐흐르다, 충만하다 명 범람, 홍수 |
| overhang | [òuvərhǽŋ] [오우버행]<br>타 ~의 위에 드리우다, 돌출하다 |
| **overhead** | [óuvərhed] [오우버헤드]<br>부 머리 위에, 높은 곳에 형 머리 위의 |
| overland | [óuvərhænd] [오우버랜드]<br>부 육로로, 육상으로 |
| **overnight** | [óuvərnàit] [오우버나잇]<br>형 밤새껏의, 하룻밤 사이의<br>[òuvərnáit] [오우버나잇]<br>부 밤새도록 |
| **overreach** | [òuvərríːtʃ] [오우버뤼이취]<br>타자 ~이상으로 퍼지다 [미치다] |

| | |
|---|---|
| **oversea[s]** | [óuvərsíːz(z)] [오우버씨이[즈]]<br>부 해외로 형 해외의 |
| **overtake** | [òuvərtéik] [오우버테익]<br>타자 뒤따라 잡다, 만회하다 |
| **overthrow** | [òuvərθróu] [오우버쓰로우]<br>타 뒤집어엎다, 타도하다 |
| **overwhelm** | [òuvərhwélm] [오우버웰름]<br>타 압도하다, 입이 딱 벌어지게 하다 |
| **overwork** | [òuvərwə́ːrk] [오우버워억]<br>타자 지나치게 일하다 명 과로 |
| **owe** | [ou] [오우]<br>타자 은혜를 입고 있다, 빚이 있다<br>* owe to ~은 …의 덕택이다, …에게<br>  힘입고 있다 |
| **owing** | [óuiŋ] [오우잉]<br>형 빚지고 있는, ~에게 돌려야 할<br>* owing to ~때문에, ~로 인하여<br>  (because of), ~으로 말미암아 |
| **owl** | [aul] [아우을]<br>명 올빼미, 부엉이, 밤샘하는 사람 |

| | |
|---|---|
| **own** | [oun] [오운]<br>혱 자기 (자신)의, 독자적인 탄자 소유하다<br>* of one's own 자기 소유의, 자기 자신의 |
| **owner** | [óunər] [오우너]<br>몡 임자, 소유자 |
| **ownership** | [óunərʃip] [오우너쉽]<br>몡 소유권 |
| **ox** | [áks] [악쓰]<br>몡 황소 |
| **Oxford** | [áksfərd] [악쓰훠드]<br>몡 영국 남부 도시, 옥스퍼드 대학 |
| **oxide** | [áksaid] [악싸이드]<br>몡 산화물 |
| **oxygen** | [áksidʒin] [악씨쥔]<br>몡 산소 〈원소 기호 O〉 |
| **oyster** | [óistər] [오이스터]<br>몡 굴(조개류) |

| pa | [pa:] [파아]<br>몡 (어린이의 말) 아빠(papa) 반 ma(엄마) |
|---|---|
| **pace** | [peis] [페이쓰]<br>몡 걸음, 한 발짝, 보조, 걷는 속도<br>* keep [hold] pace with ~와 보조를<br>  맞추다, ~에 뒤지지 않도록 하다<br>* set [make] the pace 보조를 정하다,<br>  정조(整調)하다, 모범을 보이다 |
| **Pacific** | [pəsífik] [피씨휙]<br>혱 태평양의 몡 [the P-] 태평양 |
| **pacify** | [pǽsəfài] [패써화이]<br>탄 가라앉히다, 달래다 |

| | |
|---|---|
| **pack** | [pæk] [팩]<br>명 보따리, 짐짝 타자 싸다, 짐을 꾸리다 |
| **package** | [pækidʒ] [패키쥐]<br>명 짐, 꾸러미 |
| **packet** | [pækit] [패킷]<br>명 소포, 꾸러미, 우편선, 다발 |
| **pad** | [pæd] [패드]<br>명 덧대는 물건 타 속을 넣다 |
| **paddle** | [pædl] [패드얼]<br>명 노 타자 노를 젓다, 물장난하다 |
| **pagan** | [péigən] [패이건]<br>명 이교도, 불신자 형 이교도의 |
| **page** | [peidʒ] [페이쥐]<br>명 쪽, 페이지, 면, 기록 |
| **pageant** | [pædʒənt] [패쥔트]<br>명 야외극, 행렬, 미관(美觀), 허식 |
| **pail** | [peil] [페얼]<br>명 물통, 양동이, 한 통(의 양) |
| **pain** | [pein] [페인]<br>명 아픔, 걱정, 고통 타자 고통을 주다 |

* take pains 고심하다, 애쓰다

**painful**
[péinfəl] [페인훠얼]
형 아픈, 괴로운, 쓰라린, 힘드는

**painfully**
[péinfəli] [페인훠얼리]
부 애써서, 아프게, 애처롭게

**paint**
[peint] [페인트] 명 페인트, 도료, 그림물감
타 그리다, 채색하다

**painter**
[péintər] [페인터]
명 화가

**painting**
[péintiŋ] [페인팅]
명 그림, 유화, 페인트칠
* mural painting 벽화

**pair**
[pɛər] [페어]
명 한 쌍, 한 켤레, 부부, 한 벌
* a pair of 한 쌍의, 한 벌의

**palace**
[pǽlis] [팰리쓰]
명 궁전, 대저택, 대궐

| | |
|---|---|
| **pale** | [peil] [페얼]<br>형 창백한 자타 창백해지다<br>\* turn pale 새파랗게 질리다, 창백해지다 |
| **palm** | [pa:m] [파암]<br>명 손바닥 타 손바닥으로 쓰다듬다 |
| **palsy** | [pɔ́:lzi] [포올지]<br>명 (수족의) 마비, 중풍 타 마비시키다 |
| **pamphlet** | [pǽmflət] [팸흘럿]<br>명 소책자, 팸플릿 |
| **pan** | [pæn] [팬]<br>명 납작한 냄비, 접시 |
| **pancake** | [pǽnkèik] [팬케익]<br>명 팬케이크, 수평 낙하 |
| **pane** | [pein] [페인]<br>명 (한 장의) 창유리 |
| **panel** | [pǽnəl] [패느얼]<br>명 판벽널, 화판, 패널화 |
| **pang** | [pæŋ] [팽]<br>명 심한 고통, 번민 |

A B C D E F G H I J K L M N O P Q R S T U V W X Y Z

669

| **panic** | [pǽnik] [패닉]<br>명 공황 형 공황의, 당황한 |
| **panorama** | [pæ̀nərǽmə] [패너래머]<br>명 파노라마, 전경(全景) |
| **pansy** | [pǽnzi] [팬지]<br>명 팬지(꽃) |
| **pant** | [pænt] [팬트]<br>자타 헐떡거리다 명 헐떡거림 |
| **panther** | [pǽnθər] [팬써]<br>명 표범(leopard) |
| **pantomime** | [pǽntəmàim] [팬터마임]<br>명 무언극 자타 무언극을 하다 |
| **pantry** | [pǽntri] [팬트리]<br>명 식료품 저장실, 식기실 |
| **pants** | [pænts] [팬츠]<br>명 ((미·구어)) 바지, 팬츠 |
| **papa** | [pάːpə] [파아퍼]<br>명 아빠(daddy) |
| **paper** | [péipər] [페이퍼]<br>명 종이, 신문 형 종이의 타자 종이로 싸다 |

| | |
|---|---|
| **parachute** | [pǽrəʃùːt] [패뤄슈우트]<br>몡 낙하산 |
| **parade** | [pəréid] [퍼뤠이드]<br>몡 행렬 타자 열병(閱兵)하다<br>*on parade 총출연하여, 과시하여 |
| **paradise** | [pǽrədàis] [패뤄다이쓰]<br>몡 천국, 극락, 안락, 파라다이스 |
| **paradox** | [pǽrədɔ̀ks] [패뤄독쓰]<br>몡 역설, 모순되는 논설 |
| **paradoxical** | [pǽrədɔ̀ksikəl] [패뤄독씨커얼]<br>몡 역설의 |
| **paraffin(e)** | [pǽrəfin] [패뤄휜]<br>몡 파라핀 타 파라핀을 바르다 |
| **paragraph** | [pǽrəgrɑ̀ːf] [패뤄그래흐]<br>몡 (문장의) 마디, 절(節), 문단 |
| **parallel** | [pǽrəlèl] [패뤌레얼]<br>혱 평행의 몡 평행선 타 평행하다 |
| **paralysis** | [pərǽləsis] [퍼뢜러씨쓰]<br>몡 중풍, 마비 |

| | |
|---|---|
| **paralytic** | [pærəlítik] [패뤌리틱]<br>형 무능력한, 마비성의 명 중풍 환자 |
| **paralyz(s)e** | [pǽrəlàiz] [패뤌라이즈]<br>타 마비시키다, 무능력하게 하다 |
| **paramount** | [pǽrəmàunt] [패뤄마운트]<br>형 최고의, 보다 우수한, 탁월한 |
| **paraphrase** | [pǽrəfrèiz] [패뤄흐레이즈]<br>타자 알기 쉽게 바꾸어 말하다 |
| **parasite** | [pǽrəsàit] [패뤄싸잇]<br>명 기생충, 기식자, 식객, 어릿광대 |
| **parasol** | [pǽrəsɑ́l] [패뤄싸얼]<br>명 양산, 파라솔 |
| **parcel** | [pɑ́:rsl] [파아쓰얼]<br>명 소포, (토지의) 한 구획 타 분배하다 |
| **parch** | [pa:rtʃ] [파아취]<br>타 볶다, 굽다, 바싹 말리다 |
| **parchment** | [pɑ́:rtʃmənt] [파아취먼트]<br>명 양피지 |
| **pardon** | [pɑ́:rdn] [파아든]<br>명 용서, 면죄 타 용서하다 |

| | |
|---|---|
| **pare** | [pɛər] [페어]<br>타 껍질을 벗기다, 잘라내다 |
| **parent** | [pɛ́ərənt] [페어뤈트]<br>명 어버이, 조상, 양친 |
| **parenthesis** | [pərénθəsis] [퍼뤤써씨쓰]<br>명 삽입구, 둥근 괄호 |
| **Paris** | [pǽris] [패뤼쓰]<br>명 파리(프랑스의 수도) |
| **parish** | [pǽriʃ] [패뤼쉬]<br>명 (교회의) 교구, 교구의 주민 |
| **Parisian** | [pərízian] [퍼뤼지언]<br>형 파리의, 파리 식의 명 파리 사람 |
| **park** | [pɑːrk] [파아크]<br>명 공원, 큰 정원, 주차장<br>* No parking 주차 금지 |
| **parliament** | [pɑ́ːrləmənt] [파얼러먼트]<br>명 의회, 국회, 영국 의회 |
| **parliamentary** | [pɑ̀ːrləméntəri] [파얼러멘터뤼]<br>형 의회의, 의회가 있는 |

| | |
|---|---|
| **parlo(u)r** | [pάːrlər] [파얼러]<br>명 객실, 거실, 응접실 |
| **parrot** | [pǽrət] [패뤗]<br>명 앵무새 타 입내내다 |
| **parry** | [pǽri] [패뤼]<br>타 받아넘기다, 슬쩍 피하다 |
| **parson** | [pάːrsn] [파아슨]<br>명 교구의 목사 |
| **part** | [paːrt] [파아트]<br>명 부분, 역할 부 얼마간 타자 나누다<br>* part with ~을 버리다, ~에서 손을 떼다<br>* do one's part 본분을 다하다<br>* for my part 나로서는<br>* for the most part 대개, 대부분은<br>* in part 어느 정도, 일부분은<br>* on the part of ~의 편에서는,<br>  ~의 쪽에서는<br>* take part in ~에 참가하다 |
| **partake** | [paːrtéik] [파아테익]<br>자타 ~에 관여하다, 한몫 끼다 |
| **partial** | [pάːrʃəl] [파아셔얼]<br>형 부분적인, 불공평한 |

| | |
|---|---|
| **partially** | [páːrʃəli] [파아셜리]<br>閏 불완전하게, 일 부분은 |
| **participate** | [paːrtísəpèit] [파아티써페잇]<br>재타 관여하다, 참가하다<br>* participate in (with) ~에 참가하다,<br>  ~에 관계하다 |
| **participation** | [paːrtìsəpéiʃən] [파아티써페이션]<br>명 관계, 참가, 협동 |
| **participle** | [páːrtisìpl] [파아티씨프얼]<br>명 ((문법)) 분사 |
| **particle** | [páːrtikl] [파아티크얼]<br>명 미분자, 입자(粒子), 미량(微量) |
| **particular** | [pərtíkjulər] [퍼티큘러]<br>형 특수한, 고유의 명 사항<br>* be ~about [over, as to] ~에 까다롭게<br>  굴다<br>* in particular 특히 |
| **particularly** | [pərtíkjulərli] [퍼티큘러얼리]<br>閏 특히, 상세히 |
| **parting** | [páːrtiŋ] [파아팅]<br>명 이별, 고별, 별세 형 고별의 |

| partisan | [pàːtizǽn] [파아티잰] |
| | 명 도당, 유격병, 빨치산 형 도당의 |

| partition | [paːrtíʃən] [파아티션] |
| | 명 분할, 구획 타 분할하다 |

| partly | [páːrtli] [파아틀리] |
| | 부 부분적으로, 어느 정도는 |

| partner | [páːrtnər] [파아트너] |
| | 명 짝패, 조합원, 사원, 동무 |

| partnership | [páːrtnərʃip] [파아트너쉽] |
| | 명 공동, 협력, 조합, 상사 |

| party | [páːrti] [파아티] |
| | 명 당(파), 정당, 회, 모임, 파티 |

**pass** [pæs] [패쓰]

자타 지나가다, 급제하다 명 통행, 산길, 합격

* pass away 떠나가다, 죽다
* pass by 지나치다, 경과하다
* pass down 전하다
* pass for ~으로 통하다, ~의 시험에
  합격하다
* pass on 지나가다, 나아가다, (시간이)
  경과하다
* pass out 나가다, (시간을) 보내다

* pass over ～을 넘다, ～을 못 보고
  빠뜨리다
* pass through ～을 통과하다, 횡단하다,
  경험하다
* come to pass (사건이) 일어나다

**passage**
[pǽsidʒ] [패씨쥐]
명 통행, 통과, 통로, 항해

**passenger**
[pǽsəndʒər] [패썬쥐]
명 여객, 승객, ((특히)) 선객
* passenger train 여객 열차

**passion**
[pǽʃən] [패션]
명 열정, 격노, 열정, 정욕, 열심

**passionate**
[pǽʃənət] [패셔넛]
형 열렬한, 성급한, 감정적인

**passive**
[pǽsiv] [패씨브]
형 수동의 명 ((문법)) 수동태

**passport**
[pǽspɔːrt] [패쓰포오트]
명 여권(旅券), 패스포트

**past**
[pǽst] [패스트]
형 과거의 명 과거 부 지나쳐서

677

| paste | [peist] [페이스트]<br>명 풀, 반죽 타 풀로 붙이다 |
| --- | --- |
| **pastime** | [pǽstaim] [패쓰타임]<br>명 오락, 위안, 기분 전환 |
| **pastor** | [pǽstər] [패스터]<br>명 목사, 승려, 정신적 지도자 |
| **pastoral** | [pǽstərəl] [패스터러얼]<br>형 목양자의, 전원의 명 목가, 전원시 |
| **pastry** | [péistri] [페이스츄뤼]<br>명 반죽으로 만든 과자 |
| **pasture** | [pǽstʃər] [패스춰]<br>명 목장, 목초 타자 방목하다 |
| **pat** | [pæt] [팻]<br>타자 가볍게 치다, 토닥거리다<br>명 가볍게 치기<br>형 꼭 맞는, 들어맞는 부 꼭 맞게 |
| **patch** | [pætʃ] [패취]<br>명 헝겊 조각 타 헝겊을 대고 깁다 |

| | |
|---|---|
| **patent** | [pǽtnt] [패튼트]<br>명 특허권 형 전매 특허의, 명백한 |
| **paternal** | [pətə́ːrnl] [퍼터어느얼]<br>형 아버지의 반 maternal(어머니의) |
| **path** | [pæθ] [패쓰]<br>명 작은 길, 보도, (인생의) 행로 |
| **pathetic** | [pəθétik] [퍼쎄틱]<br>형 애처로운, 슬픈 |
| **pathos** | [péiθas] [페이싸쓰]<br>명 연민의 정을 자아내는 힘, 비애 |
| **patience** | [péiʃəns] [페이션쓰]<br>명 인내, 참음 반 impatience(성급함) |
| **patient** | [péiʃənt] [페이션트]<br>형 인내심이 강한 명 환자<br>* be patient of ~에 견딜 수 있는,<br>~의 여지가 있다 |
| **patriot** | [pétriət] [페이츄뤼엇]<br>명 애국자, 지사 |
| **patriotic** | [pèitriátik] [페이츄뤼아틱]<br>형 애국의, 애국심이 있는 |

| | |
|---|---|
| **patriotism** | [péitriətìzm] [페이츄뤼어티즘]<br>명 애국심 |
| **patrol** | [pətróul] [퍼츄로우을]<br>명 순회, 패트롤 자타 순찰하다 |
| **patron** | [péitrən] [페이츄뤈]<br>명 후원자, 고객, 수호신, 보호자 |
| **patronage** | [pǽtrənidʒ] [패츄러니쥐]<br>명 후원, 장려 |
| **patter** | [pǽtər] [패터]<br>타자 또닥또닥 소리를 내다 |
| **pattern** | [pǽtərn] [패터언]<br>명 모범, 본보기 타자 모방하다 |
| **pause** | [pɔːz] [포오즈]<br>명 중지, 중단, 멈춤 자 멈추다 |
| **pave** | [peiv] [페이브]<br>타 (길을) 포장하다, ~(을) 덮다 |
| **pavement** | [péivmənt] [페이브먼트]<br>명 인도, 포장도로 |
| **pavilion** | [pəvíljən] [퍼빌련]<br>명 큰 천막 타 큰 천막을 치다 |

| | |
|---|---|
| **paw** | [pɔ:] [포오]<br>명 (개 · 고양이 따위의) 발 |
| **pawn** | [pɔ:n] [포언]<br>명 저당물, 전당 타 전당 잡히다 |
| **pay** | [pei] [페이]<br>타자 치르다, 지불하다 명 지불<br>* pay [make] a visit to 방문하다(visit)<br>* pay dear(ly) for ~에 대단한 희생을<br>  치르다, 혼나다<br>* pay for ~의 대가를 치르다,<br>  ~을 보상하다<br>* pay off (빚을) 전부 갚다, 봉급을 주고<br>  해고하다<br>* pay out 지불하다, 보복하다,<br>  벌주다(punish) |
| **payment** | [péimənt] [페이먼트]<br>명 지불, 납부, 불입, 보상 |
| **pea** | [pi:] [피이]<br>명 완두 형 완두콩만 한 |
| **peace** | [pi:s] [피이쓰]<br>명 평화, 치안, 공안, 정직, 침묵 |

* be at peace with ~와 사이좋게 지내다
* in peace 평화롭게, 안심하여, 평안하게
* make one's peace with ~와 화해하다, 강화하다

| | |
|---|---|
| **peaceable** | [píːsəbl] [피이써브얼]<br>형 평화로운, 온화한 |
| **peaceful** | [píːsfəl] [피이쓰훠얼]<br>형 평화적인, 평온한 |
| **peacefully** | [píːsfəli] [피이쓰훠얼리]<br>부 평화롭게, 평안히 |
| **peach** | [piːtʃ] [피이취]<br>명 복숭아 형 복숭아 빛의 |
| **peacock** | [píːkɔk] [피이콕]<br>명 (수컷의) 공작 |
| **peak** | [piːk] [피이크]<br>명 봉우리, 산꼭대기, 첨단 |
| **peal** | [piːl] [피이얼]<br>명 (포성·천둥·종 따위의) 울림 |
| **peanut** | [pínʌt] [피이넛]<br>명 땅콩 |

| | |
|---|---|
| **pear** | [pɛər] [페어]<br>명 배, 배나무 |
| **pearl** | [pə:rl] [퍼얼]<br>명 진주 자타 진주로 장식하다 |
| **peasant** | [péznt] [페즌트]<br>명 농부, 소작농 형 농민의 |
| **pebble** | [pébl] [페브얼]<br>명 자갈, 둥근 자갈, 조약돌 |
| **peck** | [pek] [펙]<br>타자 부리로 쪼다 명 부리로 쪼기 |
| **peculiar** | [pikjú:liər] [피큐우을리어]<br>형 독특한, 특유한 |
| **peculiarity** | [pikjù:liǽrəti] [피큐우을리애뤄티]<br>명 특색, 버릇 |
| **pedal** | [pédl] [페드얼]<br>명 페달 자타 페달을 밟다 |
| **peddle** | [pédl] [페드얼]<br>자타 행상을 하다 |
| **pedestal** | [pédistl] [페디스트얼]<br>명 (흉상 따위의) 주춧대, 기초, 받침 |

| | |
|---|---|
| **pedestrian** | [pədéstriən] [퍼데스츄뤼언]<br>명 보행자 형 도보의 |
| **peel** | [pi:l] [피얼]<br>명 (과일) 껍질 타자 껍질을 벗기다 |
| **peep** | [pi:p] [피이프]<br>명 엿봄 자 엿보다, 들여다보다 |
| **peer** | [piər] [피어]<br>자 응시하다 명 귀족, 동료 |
| **peg** | [peg] [페그]<br>명 나무못, 말뚝 타 나무못을 박다 |
| **pelt** | [pelt] [펠트]<br>타자 던지다, 퍼붓다 명 내던짐 |
| **pen** | [pen] [펜]<br>명 펜, 필적, (가축의) 우리, 축사 |
| **penalty** | [pénəlti] [페널티]<br>명 형벌, 벌금 |
| **penance** | [pénəns] [페넌쓰]<br>명 참회, 고행, 회개 |
| **pence** | [pens] [펜쓰]<br>명 penny의 복수형 |

| | |
|---|---|
| **pencil** | [pénsl] [펜쓰얼]<br>몡 연필 타 연필로 쓰다 |
| **pending** | [péndiŋ] [펜딩]<br>혱 미결의 젼 ~동안, ~까지, ~중 |
| **pendulum** | [péndjuləm] [펜쥴럼]<br>몡 (시계 따위의) 추, 흔들이 |
| **penetrate** | [pénətreit] [페너츄뤠잇]<br>타자 뚫고 들어가다, 관통하다 |
| **penguin** | [péŋgwin] [펭그윈]<br>몡 펭귄 |
| **penholder** | [pénhouldər] [펜호울더]<br>몡 펜대 |
| **penicillin** | [pènəsílin] [페너씰린]<br>몡 페니실린 |
| **peninsula** | [pənínsjulə] [퍼닌슐러]<br>몡 반도(半島) |
| **penmanship** | [pénmənʃip] [펜먼쉽]<br>몡 서법(書法), 서도(書道) |
| **pennant** | [pénənt] [페넌트]<br>몡 페넌트, 우승기 |

| | |
|---|---|
| **penny** | [péni] [페니]<br>명 페니(영국의 화폐 단위) |
| **pension** | [pénʃən] [펜션]<br>명 유럽풍의 고급 민박 타 연금을 주다 |
| **pensive** | [pénsiv] [펜시브]<br>형 생각에 잠긴, 구슬픈 |
| **people** | [píːpl] [피이프얼]<br>명 사람들, [the~ ] 국민, 인민 |
| **pepper** | [pépər] [페퍼]<br>명 고추, 후추 타 (후추를) 뿌리다 |
| **per** | [pəːr, pər] [퍼어, 퍼]<br>전 ~마다, ~에 대해, ~으로 |
| **perceive** | [pərsíːv] [퍼어씨브]<br>타 지각하다, 이해하다 |
| **percent** | [pərsént] [퍼쎈트]<br>명 퍼센트 〈기호 %〉 |
| **percentage** | [pərséntidʒ] [퍼쎈티쥐]<br>명 백분율, 비율, 이율 |
| **perception** | [pərsépʃən] [퍼쎕션]<br>명 지각, 지각력 |

| | |
|---|---|
| **perch** | [pəːrtʃ] [퍼어취]<br>명 횃대, 높은 지위 자타 횃대에 앉다 |
| **perchance** | [pərtʃǽns] [퍼챈쓰]<br>부 아마, 우연히 |
| **perfect** | [pə́ːrfikt ] [퍼어휘트]<br>형 완전한, 결점 없는<br>[pərfék] [퍼어휔트]<br>타 완성하다 |
| **perfection** | [pərfékʃən] [퍼훸션]<br>명 완전, 완성, 극치 |
| **perfectly** | [pə́ːrfiktli] [퍼어휙틀리]<br>부 완전히, 전혀 |
| **perform** | [pərfɔ́ːrm] [퍼훠엄]<br>타자 하다, 성취하다, 실행하다 |
| **performance** | [pərfɔ́ːrməns] [퍼훠오먼쓰]<br>명 수행, 실행, 작업, 공적, 연기 |
| **perfume** | [pə́ːrfjuːm] [퍼어휴음]<br>명 방향, 향수 타 향수를 뿌리다 |
| **perhaps** | [pərhǽps] [퍼햅쓰]<br>부 아마, 혹시, 어쩌면 |

| | |
|---|---|
| **peril** | [pérəl] [페뤄얼]<br>명 위험, 모험 타 위태롭게 하다<br>* at one's peril 감히, 위험을 무릅쓰고<br>* at the peril of ~을 (내)걸고<br>* in peril of ~의 위험에 부딪혀 |
| **perilous** | [pérələs] [페뤌러쓰]<br>형 위험한, 위태한, 모험적인 |
| **period** | [píəriəd] [피뤼어드]<br>명 기간, 시대, 완결, ((문법)) 마침표<br>* come to a period 끝나다 |
| **periodical** | [pìəriádikəl] [피어뤼아디커얼]<br>형 정기 간행의 명 정기 간행물 |
| **perish** | [périʃ] [페뤼쉬]<br>자타 죽다, 멸망하다, 괴롭히다 |
| **permanent** | [pə́ːrmənənt] [퍼어머넌트]<br>형 영구한, 불변의, 영속하는 |
| **permission** | [pərmíʃən] [퍼어미션]<br>명 허가, 면허, 허용 |
| **permit** | [pərmít] [퍼밑]<br>타자 허가하다, 허락하다 |

[pə́ːrmit] [퍼어밋]
명 허가, 면허

**perpendicular**
[pə̀ːrpəndíkjulər] [퍼펀디큘러]
형 수직의, 직립의 명 수직선

**perpetual**
[pərpétʃuəl] [퍼페츄어얼]
형 영구한, 끊임없는

**perplex**
[pərpléks] [퍼플렉쓰]
타 난처하게 하다, 당황케 하다
* be perplex about ~에 고민하다,
~에 당황하다

**persecute**
[pə́ːrsikjùːt] [퍼어씨큐우트]
타 박해하다, 괴롭히다

**persecution**
[pə̀ːrsikjúːʃən] [퍼어씨큐우션]
명 종교적 박해, 괴롭힘

**persevere**
[pə̀ːrsəvíər] [퍼어써비어]
자 참다, 견디다

**Persia**
[pə́ːrʃə] [퍼어셔]
명 페르시아 명 페르시아 사람(말)

**Persian**
[pə́ːrʒən] [퍼어줜]
형 페르시아의, 페르시아 사람(말)의

| persimmon | [pə:rsímən] [퍼어씨먼] |
| | 명 감, 감나무 |

| persist | [pə:rsíst] [퍼씨스트] |
| | 자 고집하다, 주장하다, 지속하다 |
| | * persist in ~을 주장하다(insist on), 고집하다 |

| persistent | [pə:rsístənt] [퍼씨스턴트] |
| | 형 고집하는, 불굴의, 지속하는 |

| person | [pə́:rsn] [퍼어슨] |
| | 명 사람, 신체, 풍채, 인품 |
| | * in person 스스로, 몸소, 친히 |

| personage | [pə́:rsəniʤ] [퍼어써니쥐] |
| | 명 명사, 귀인, 사람, 인물 |

| personal | [pə́:rsənl] [퍼어써느얼] |
| | 형 개인의, 일신상의, 본인의 |

| personality | [pə̀:rsənǽləti] [퍼어써낼러티] |
| | 명 개성, 인격 |

| perspective | [pərspéktiv] [퍼스펙티브] |
| | 형 원근화법의 명 원근화법, 원경 |

* in perspective 원근화법에 의하여; 진상을 바르게

**perspiration**

[pə̀:rspəréiʃən] [퍼어스퍼뤠이션]
명 발한(發汗), 땀

**persuade**

[pə:rswéid] [퍼스웨이드]
타 설득하다, 믿게 하다
* persuade oneself of [that] ~을 믿다, ~을 확신하다

**persuasion**

[pərswéiʒən] [퍼스웨이줜]
명 설득, 확신

**pertain**

[pərtéin] [퍼어테인]
자 속하다, 적합하다, 관계하다

**perusal**

[pərú:zəl] [퍼루우절]
명 탐독, 정독, 정사

**peruse**

[pərú:z] [퍼루우즈]
타 정독하다, 자세히 살피다

**pervade**

[pərvéid] [퍼어베이드]
타 전면에 퍼지다, 침투하다

**perverse**

[pərvə́:rs] [퍼어버어쓰]
형 괴팍한, 완고한

| | |
|---|---|
| **pessimism** | [pésəmìzm] [페써미즘]<br>몡 비관주의, 비관 |
| **pessimistic** | [pèsəmístik] [페써미스틱]<br>혱 비관적인 |
| **pest** | [pest] [페스트]<br>몡 유해물, 흑사병, 페스트 |
| **pestilence** | [péstələns] [페쓰털뤈쓰]<br>몡 페스트, 해독 |
| **pet.** | [pet] [펫] 몡 애완동물, 귀염둥이<br>혱 사랑하는 탄 귀여워하다 |
| **petal** | [pétl] [페트얼]<br>몡 꽃잎 |
| **petition** | [pətíʃən] [퍼티션]<br>몡 청원, 청원서 탄자 청원하다 |
| **petrol** | [pétrəl] [페츄뤄얼]<br>몡 ((영)) 가솔린, 휘발유 |
| **petroleum** | [pətróuliəm] [퍼츄로울리엄]<br>몡 석유(石油) |
| **petticoat** | [pétikòut] [페티코웃]<br>몡 (여성의) 속치마 |

| | |
|---|---|
| **petty** | [péti] [페티]<br>형 사소한, 대단찮은, 시시한 |
| **pew** | [pju:] [퓨우]<br>명 (교회의) 좌석, 가족석 |
| **phantom** | [fǽntəm] [홴텀]<br>명 환영, 유령, 착각 형 유령의 |
| **phase** | [feiz] [훼이즈]<br>명 단계, 형세, 국면, 양상 |
| **pheasant** | [féznt] [훼즌트]<br>명 꿩 |
| **phenomenon** | [finάmənən] [휘나머넌]<br>명 현상, 진기한 사물, 사건 |
| **Philippine** | [fíləpì:n] [휠러피인]<br>형 필리핀 (사람)의 |
| **philosopher** | [filάsəfər] [휠라써훠]<br>명 철학자, 철인 |
| **philosophic(al)** | [filəsάfik(əl)] [휠러싸휙(휘커얼)]<br>형 철학의, 철학에 통달한 |
| **philosophy** | [filάsəfi] [휠라써휘]<br>명 철학, 철리, 철학적 정신 |

| | |
|---|---|
| **phone** | [foun] [훠운]<br>명 전화(기) 자타 전화를 걸다 |
| **phonograph** | [fóunəgræf] [훠우너그래흐]<br>명 축음기 |
| **phosphoric** | [fasfɔ́rik] [화쓰훠릭]<br>형 인(燐)의, 인을 함유하는 |
| **photo** | [fóutou] [훠우토우]<br>명 사진 타자 사진을 찍다 |
| **photograph** | [fóutəgræf] [훠우터그래흐]<br>명 사진 타자 촬영하다 |
| **photographer** | [fətágrəfər] [훠타그뤄훠]<br>명 사진사, 사진 작가 |
| **photographic** | [fòutəgræfik] [훠우터그래휙]<br>형 사진의, 사진 같은 |
| **photography** | [fətágrəfi] [훠타그뤄휘]<br>명 사진술, 사진 찍기 |
| **phase** | [freiz] [흐뤠이즈]<br>명 ((문법)) 구, 관용구 타 말로 표현하다 |
| **phraseology** | [frèiziálədʒi] [흐뤠이지알러쥐]<br>명 말씨, 어법, 문체 |

| | |
|---|---|
| **physic** | [fízik] [휘직]<br>명 약, 하제, 의술 |
| **physical** | [fízikəl] [휘지커얼]<br>형 물질의, 물질적인, 자연의 |
| **physically** | [fízikəli] [휘지컬리]<br>부 물질적으로, 자연적으로 |
| **physician** | [fizíʃən] [휘지션]<br>명 내과 의사 |
| **physicist** | [fízisist] [휘지씨스트]<br>명 물리학자 |
| **physics** | [fíziks] [휘직쓰]<br>명 《단수 취급》 물리학 |
| **physiological** | [fiziəládʒikəl] [휘지얼라쥐크얼]<br>형 생리학의, 생리적 |
| **pianist** | [piǽnist] [피애니스트]<br>명 피아니스트 |
| **piano** | [piǽnou] [피애노우]<br>명 피아노 |
| **pick** | [pik] [픽]<br>타자 쑤시다, 골라내다, 뜯다 |

\* pick off 한 사람씩 겨누어 쏘다, 잡아뜯다
\* pick out 골라내다, 분간하다
\* pick up 줍다, 집다, (사람을) 찾아내다,
(차로) 마중 나가다

| | |
|---|---|
| **picket** | [píkit] [피킷]<br>명 끝이 뾰족한 말뚝, 피켓 |
| **pickpocket** | [píkpάkit] [픽파킷]<br>명 소매치기 |
| **picnic** | [píknik] [피크닉]<br>명 피크닉, 소풍 자 소풍 가다 |
| **picture** | [píktʃər] [픽춰]<br>형 그림, 사진 타 ~을 그리다 |
| **pie** | [pai] [파이] 명 파이(고기·과일 따위를<br>가루 반죽에 넣어 구운 것) |
| **piece** | [pi:s] [피이쓰]<br>명 한 조각, 한 개 타 잇다<br>\* a piece of 한 개의, 한 조각의 |
| **pier** | [piər] [피어]<br>명 부두, 잔교(桟橋), 방파제 |

696

| | |
|---|---|
| **pierce** | [piərs] [피어쓰]<br>타자 꿰뚫다, 간파하다 |
| **pig** | [pig] [피그]<br>명 돼지, 새끼 돼지, 돼지고기 |
| **pigeon** | [pídʒən] [피줜]<br>명 비둘기 |
| **pike** | [paik] [파익]<br>명 창(槍), 가시, 바늘 |
| **pile** | [pail] [파얼]<br>명 퇴적 타자 쌓아올리다, 쌓이다 |
| **pilgrim** | [pílgrim] [피얼그림]<br>명 순례자, 길손<br>* the Pilgrim Fathers<br>1620년 the Mayflower호를 타고 도미하여<br>Plymouth에 정주한 영국 청교도단 |
| **pilgrimage** | [pílgrimidʒ] [피얼그리미쥐]<br>명 순례 여행 자 순례하다 |
| **pill** | [pil] [피얼]<br>명 알약, 환약 |
| **pillage** | [pílidʒ] [필리쥐]<br>명 약탈(품) 타 약탈하다 |

| **pillar** | [pílər] [필러]<br>명 기둥, 주석(柱石) |
| **pillow** | [pílou] [필로우]<br>명 베개, 방석 타 베개로 하다 |
| **pilot** | [páilət] [파일럿]<br>명 수로 안내인, 조종사 타 안내하다 |
| **pin** | [pin] [핀]<br>명 핀, 못바늘 타 핀을 꽂다 |
| **pincers** | [pínsərz] [핀써즈]<br>명 못뽑이, 족집게 |
| **pinch** | [pintʃ] [핀취]<br>타자 꼬집다, 죄어들다 명꼬집음 |
| **pine** | [pain] [파인]<br>명 소나무 자 사모하다, 갈망하다 |
| **pineapple** | [páinæpl] [파인애프얼]<br>명 파인애플 |
| **pingpong** | [píŋpàŋ] [핑팡]<br>명 탁구(table tennis), 핑퐁 |
| **pinion** | [pínjən] [피년]<br>명 새의 날개 끝 부분 타 묶다 |

| | |
|---|---|
| **pink** | [piŋk] [핑크]<br>명 패랭이꽃, 분홍빛 형 분홍색의 |
| **pint** | [paint] [파인트]<br>명 파인트(액체량의 단위: 약 0.57리터) |
| **pioneer** | [pàiəníər] [파이어니어]<br>명 선구자, 개척자 타자 개척하다 |
| **pious** | [páiəs] [파이어쓰]<br>형 경건한, 신앙심이 깊은 |
| **pipe** | [paip] [파입]<br>명 관(管), 도관 타자 피리를 불다 |
| **piper** | [páipər] [파이퍼]<br>명 피리 부는 사람 |
| **pique** | [pi:k] [피이크]<br>명 성남, 화, 불평 타 성나게 하다 |
| **pirate** | [páirət] [파이륏]<br>명 해적, 저작권, 침해자 타자 약탈하다 |
| **pistil** | [pístil] [피스티얼]<br>명 암술 |
| **pistol** | [pístl] [피스트얼]<br>명 권총, 피스톨 자 권총으로 쏘다 |

| | |
|---|---|
| **piston** | [pístən] [피스턴]<br>명 피스톤 |
| **pit** | [pit] [핏]<br>명 구덩이, 구멍, 탄갱 타 푹 패이다 |
| **pitch** | [pitʃ] [피취]<br>타자 던지다 명 ((야구)) 투구 |
| **pitcher** | [pítʃər] [피춰]<br>명 던지는 사람, ((야구)) 투수, 피처 |
| **pitiless** | [pítilis] [피틸리쓰]<br>형 무자비한 |
| **pity** | [píti] [피티]<br>명 불쌍히 여김, 동정, 연민<br>타자 불쌍히 여기다<br>* have pity on ~을 불쌍히 여기다 |
| **placard** | [plǽkɑːrd] [플래카아드]<br>명 플래카드, 포스터 |
| **place** | [pleis] [플레이쓰]<br>명 장소, 지위 타 두다, 놓다<br>* from place to 이곳저곳으로<br>* give place to ~에게 자리를 내주다,<br>  ~에게 양보하다 |

700

* in place of ~의 대신에
* in the first [second] place 첫째 [둘째]로
* in place 제자리에, 적합한 자리에
* know one's place 자기 분수를 알다
* out of place 부적당한
* take one's place 착석하다
* take place (사건이) 일어나다, 개최되다
* take the place of ~을 대신하다

| placid | [plǽsid] [플래씨드]<br>형 평온한, 침착한, 고요한 |
|---|---|
| **plague** | [pleig] [플레이그]<br>명 무서운 돌림병, 페스트, 재해 |
| plaid | [plæd] [플래드]<br>명 격자무늬 형 격자무늬의 |
| **plain** | [plein] [플레인]<br>형 평탄한, 쉬운, 명백한, 소박한 |
| plainly | [pléinli] [플레인리]<br>부 명백하게, 솔직히 |
| **plaintive** | [pléintiv] [플레인티브]<br>형 애처로운, 슬픈 |

701

| | |
|---|---|
| **plait** | [pleit] [플레잇] <br> 몡 주름, 엮은 끈 쟈 주름잡다, 엮다 |
| **plan** | [plæn] [플랜] <br> 몡 계획, 설계 타쟈 계획하다 <br> * make a plan 계획을 세우다(lay a plan) |
| **plane** | [plein] [플레인] <br> 몡 평면, 대패, 비행기 혱 평평한 |
| **planet** | [plǽnit] [플래닛] <br> 몡 유성, 혹성, 운성 |
| **planetary** | [plǽnətəri] [플래너터뤼] <br> 혱 유성의, 혹성의 |
| **plank** | [plæŋk] [플랭크] <br> 몡 두꺼운 판자 타 판자를 깔다 |
| **planner** | [plǽnər] [플래너] <br> 몡 계획하는 사람, 기안자 |
| **plant** | [plænt] [플랜트] <br> 몡 식물, 풀, 공장 타 (초목을) 심다 |
| **plantation** | [plæntéiʃən] [플랜테이션] <br> 몡 대농원, 재배장, 식림지 |

| planter | [plǽntər] [플랜터]<br>명 재배자, 농장 주인 |
|---|---|
| **plaster** | [plǽstər] [플래스터]<br>명 석회반죽, 석고, 고약 |
| plastic | [plǽstik] [플래스틱]<br>형 유연한, 조형의 명 플라스틱 |
| **plate** | [pleit] [플레잇]<br>명 판금, 판유리 타 도금하다 |
| plateau | [plǽtou] [플래토우]<br>명 고원, 대지 |
| **platform** | [plǽtfɔːrm] [플랫훠엄]<br>명 단(壇), (역의) 플랫폼, (정당의) 강령 |
| platinum | [plǽtnəm] [플래트넘]<br>명 백금 〈원소 기호 Pt〉 |
| **plausible** | [plɔ́ːzəbl] [플로오저브얼]<br>형 그럴듯한, 정말 같은 |
| play | [plei] [플레이]<br>타자 놀다, 경기하다, 연주하다<br>명 놀이, 경기<br>* play a part [the part of] ~의 역할을<br>맡아 하다 |

* play at ~을 하고 놀다, 놀이를 하다
* play down 정도를 낮추다, 경시하다
* play on 악기를 타다, 이용하다
* play with ~을 가지고 놀다, ~와 함께 놀다

**player**
[pléiər] [플레이어]
명 노는 사람, 선수, 연주자

**playful**
[pléifəl] [플레이풔얼]
형 놀기 좋아하는, 명랑한, 농담의

**playground**
[pléigraund] [플레이그라운드]
명 운동장, 놀이터

**plea**
[pli:] [플리이]
명 구실, 변명, 탄원

**plead**
[pli:d] [플리이드]
자타 탄원하다, 변호하다

**pleasant**
[pléznt] [플레즌트]
형 기분 좋은, 쾌활한

**please**
[pli:z] [플리이즈]
타자 기쁘게 하다, 마음에 들다
* be pleased with [at] ~이 마음에 들다, ~에 만족하다

| | |
|---|---|
| **pleased** | [plí:zd] [플리이즈드]<br>혱 만족한, 기뻐하는 |
| **pleasing** | [plí:ziŋ] [플리이징]<br>혱 유쾌한, 만족한, 상냥한 |
| **pleasure** | [pléʒər] [플레줘]<br>몡 즐거움, 쾌락, 유쾌, 오락<br>* pleasure ground 유원지<br>* at one's pleasure 마음대로, 멋대로<br>* take a pleasure in ～을 즐기다,<br>  좋아하다<br>* with pleasure 기꺼이, 쾌히(pleasantly) |
| **pledge** | [pledʒ] [플레쥐]<br>몡 전당, 저당, 서약, 맹세 탄 저당 잡히다 |
| **plenteous** | [pléntiəs] [플렌티어쓰]<br>혱 많은, 풍부한 |
| **plentiful** | [pléntifəl] [플렌티훠얼]<br>혱 많은, 풍부한 |
| **plenty** | [plénti] [플렌티]<br>몡 풍부, 많음 혱 충분한 뷔 충분히<br>* in plenty 많이, 충분히<br>* plenty of 많은, 풍부한(a lot of, lots of) |

| | |
|---|---|
| **plight** | [plait] [플라잇]<br>몡 (나쁜) 상태, 곤경 탄 약혼하다 |
| **plod** | [plɔd] [플로드]<br>자타 터벅터벅 걷다, 꾸준히 일하다 |
| **plot** | [plɔt] [플롯]<br>몡 음모 타자 음모를 꾸미다 |
| **plough, plow** | [plau] [플라우]<br>몡 쟁기, 경작 탄 쟁기질하다 |
| **plowman** | [pláumən] [플라우먼]<br>몡 농부, 쟁기질하는 사람 |
| **pluck** | [plʌk] [플럭]<br>타자 (꽃 · 과실 · 깃털 등을) 따다, 뽑다 |
| **plug** | [plʌg] [플러그]<br>몡 마개, 플러그 탄 ~을 막다 |
| **plum** | [plʌm] [플럼]<br>몡 서양 지두, 건포도 |
| **plume** | [plu:m] [플루음]<br>몡 깃털, 모자의 깃털 장식 |
| **plump** | [plʌmp] [플럼프] 타자 살찌게 하다, 털썩<br>주저앉다 휑 살이 잘 찐 뷔 털썩 |

| | |
|---|---|
| **plunder** | [plʌndər] [플런더]<br>타자 약탈하다 명 약탈품 |
| **plunge** | [plʌndʒ] [플런쥐]<br>타자 뛰어들다, 돌입하다 명 뛰어듦 |
| **plural** | [plúərəl] [플루뤄얼]<br>형 복수의 명 ((문법)) 복수 |
| **plus** | [plʌs] [플러쓰]<br>형 더하기의 전 ~을 더하여 명 양수 |
| **p.m., P.M.** | [pí:ém] [피이엠]<br>명 오후 《((라)) post meridiem의 약어〉 |
| **pneumatic** | [nju:mǽtik] [뉴우매틱]<br>형 공기가 든, 압축 공기를 넣은 |
| **pneumonia** | [nj:umóuniə] [뉴우모우니어]<br>명 폐렴 |
| **pocket** | [pάkit] [파킷] 명 포켓, 용돈<br>타 포켓에 넣다 형 휴대용의, 소형의 |
| **poem** | [póuəm] [포우엄]<br>명 시(詩), 운문 |
| **poet** | [póuit] [포우잇]<br>명 시인(詩人) |

| | |
|---|---|
| **poetic(al)** | [pouétik(əl)] [포우에틱(티커얼)]<br>형 시인의, 시인 같은 |
| **poetry** | [póuitri] [포우이츄리]<br>명 작시법, 시가, 시정, 운문 |
| **point** | [pɔint] [포인트]<br>명 (작은) 점, 첨단 타자 지시하다<br>* at the point of ~의 순간에, ~할 무렵에<br>* come to the point 요점에 이르다<br>* from ~ point of view ~이라는 견지<br>  [관점]에서 (보면)<br>* make a point of ~ing ~을 강조하다,<br>  반드시 ~하다<br>* on the point of ~ing 바야흐로 ~하려는<br>  순간에(on the verge of)<br>* point out ~을 지시하다,<br>  ~ 에 눈 [주의]을 돌리다<br>* to the point [purpose] 적절한,<br>  핵심을 찌르는 |
| **pointed** | [pɔ́intid] [포인티드]<br>형 뾰족한, 날카로운, 노골적인 |
| **poise** | [pɔiz] [포이즈]<br>타자 균형이 잡히다 명 균형 |

| poison | [pɔ́izən] [포이즌]<br>명 독(약), 해독 타 독살하다 |
| --- | --- |
| **poisonous** | [pɔ́izənəs] [포이저너쓰]<br>형 유해한, 독 있는, 해로운 |
| poke | [pouk] [포욱]<br>타자 찌르다, 어정거리다 명 찌름 |
| **poker** | [póukər] [포우커]<br>명 부지깽이, 포커(카드놀이의 하나) |
| **Poland** | [póulənd] [포울런드]<br>명 폴란드 |
| **polar** | [póulər] [포울러]<br>형 정반대의, 극지의, 자극의 |
| pole | [poul] [포우을]<br>명 막대기, 기둥, 극(極), 자극<br>* a pole and line 낚시줄 달린 낚싯대<br>* the North pole 북극<br>* the South pole 남극<br>* the positive pole 양극<br>* the negative pole 음극 |
| **polestar** | [póulstɑ:r] [포우을스타아]<br>명 북극성(polar star) |

*709*

| police | [pəlíːs] [펄리이쓰] <br> 명 경찰, 경찰관 타 단속하다 |
|---|---|
| **policeman** | [pəlíːsmən] [펄리이쓰먼] <br> 명 경관, 순경 |
| policy | [pάləsi] [팔러씨] <br> 명 정책, 방침 |
| **polish** | [pάliʃ] [팔리쉬] <br> 타자 닦다, 윤을 내다 명 닦기, 광택 <br> * polish up 끝손질하다, 마무리하다, <br> 장식하다 |
| **polite** | [pəláit] [펄라잇] <br> 형 공손한, 품위 있는 |
| politic | [pάlətik] [팔러틱] <br> 형 ((구어)) 정치의, 사려 깊은 |
| **political** | [pəlítikəl] [펄리티커얼] <br> 형 정치상의, 정치적인 |
| politician | [pὰlətíʃən] [팔러티션] <br> 명 정치가, 정상배 |
| **politics** | [pάlətiks] [팔러틱쓰] <br> 명 ((단수 취급)) 정치, 정치학, 정책 |

| pollen | [pálən] [팔런]<br>囿 꽃가루 |
|---|---|
| **pollution** | [pəlúːʃən] [펄루우션]<br>囿 오염, 공해, 불결 |
| pomp | [pamp] [팜프]<br>囿 화려, 장관(壯觀) |
| **pond** | [pand] [판드]<br>囿 못, 연못 |
| ponder | [pɔ́ndər] [폰더]<br>囲자 숙고하다, 곰곰이 생각하다 |
| **ponderous** | [pɔ́ndərəs] [폰더러쓰]<br>囮 대단히 무거운, 묵직한, 육중한 |
| pony | [póuni] [포우니]<br>囿 조랑말 |
| **pool** | [puːl] [푸얼]<br>囿 풀, 웅덩이, 작은 못, (노름의) 판돈 |
| poor | [puər] [푸어]<br>囮 가난한, 부족한, 빈약한<br>* be poor at [in] ~이 서투르다 |

| | |
|---|---|
| **poorly** | [púərli] [푸어얼리]<br>혱 건강이 좋지 못한 휭 빈약하게 |
| **pop** | [pàp] [팝]<br>재 뻥 하고 소리나다, 탕 쏘다 |
| **Pope** | [poup] [포웁]<br>명 로마 교황 |
| **poplar** | [pàplər] [파플러]<br>명 포플러, 백양 |
| **poppy** | [pàpi] [파피]<br>명 양귀비 |
| **popular** | [pápjulər] [파퓰러]<br>혱 인기 있는, 유행의, 대중적인 |
| **popularity** | [pàpjulǽrəti] [파퓰래뤄티]<br>명 인기, 평판, 통속성, 유행 |
| **population** | [pàpjuléiʃən] [파퓰레이션]<br>명 인구(人口) |
| **populous** | [pápjuləs] [파퓰러쓰]<br>혱 인구가 조밀한 |
| **porcelain** | [pɔ́ːrsəlin] [포오썰린]<br>명 자기(磁器) 혱 자기 그릇의 |

| | |
|---|---|
| **porch** | [pɔːrtʃ] [포오취]<br>명 현관, ((미)) 베란다 |
| **pork** | [pɔːrk] [포오크]<br>명 돼지고기 |
| **porous** | [pɔ́ːrəs] [포오러쓰]<br>형 구멍이 많은, 다공성의 |
| **porridge** | [pɔ́ːridʒ] [포오뤼쥐]<br>명 죽 |
| **port** | [pɔːrt] [포오트]<br>명 항구, 좌현(左舷), 포트 와인 |
| **portable** | [pɔ́ːrtəbl] [포오터브얼]<br>형 들어 옮길 수 있는 명 휴대형 |
| **portal** | [pɔ́ːrtl] [포오트얼]<br>명 문, 입구, 현관 |
| **porter** | [pɔ́ːrtər] [포오터]<br>명 현관 수위, 문지기, 짐꾼, 관리인 |
| **portion** | [pɔ́ːrʃən] [포오션]<br>명 부분, 몫, 한 사람분 타 분배하다 |
| **portrait** | [pɔ́ːrtrit] [포오츄릿]<br>명 초상화, 사진, 흡사한 것 |

| **Portugal** | [pɔ́ːrtʃugəl] [포오츄거얼]<br>명 포르투갈 |
|---|---|
| **Portuguese** | [pɔ̀ːrtʃugíːz] [포오츄기이즈]<br>명 포르투갈 사람 형 포르투갈의 |
| **pose** | [pouz] [포우즈]<br>명 자세 타자 자세를 취하다 |
| **position** | [pəzíʃən] [퍼지션]<br>명 위치, 장소, 신분, 태도, 견해<br>* be in a position to (do) ~할 수 있는<br>처지에 있다<br>* out of position 제 위치에서 벗어나 |
| **positive** | [pázətiv] [파저티브]<br>형 확실한, 명확한, 적극적인 |
| **possess** | [pəzés] [퍼제쓰]<br>타 소유하다, 지배하다, 가지다<br>* be possessed by [with] ~에 홀리어<br>있다, ~에 사로잡혀 있다<br>* be possessed of ~을 가지고 있다<br>* possess oneself of ~을 자기의 것으로<br>하다 |
| **possession** | [pəzéʃən] [퍼제션]<br>명 소유, 소유물, 정령, ((복수)) 재산 |

* in possession of ~을 소유하다,
~을 점유하다
* take possession of ~을 점유하다,
~을 입수하다

**possibility**

[pàsəbíləti] [파써빌러티]
명 가능성, ((복수)) (장래의) 가망

**possible**

[pásəbl] [파써브얼]
형 가능한, 있음직한
* as for [much] as possible 가능한 한,
되도록

**possibly**

[pásəbli] [파써블리]
부 어쩌면, 어떻게든지 해서

**post**

[poust] [포우스트]
명 우편(물), 기둥, 지위 타 우송하다

**postage**

[póustidʒ] [포우스티쥐]
명 우편 요금

**postal**

[póustəl] [포우스트얼]
형 우편의

**postcard**

[póustka:rd] [포우스(트)카아드]
명 우편엽서

| poster | [póustər] [포우스터] |
| | 명 포스터, 벽보 |

| posterior | [pɔstíəriər] [포스티어뤼어] |
| | 형 뒤의, 후의, 후천적인 명 후부(後部) |

| posterity | [pastérəti] [파스테뤄티] |
| | 명 자손, 후세 |

| postman | [póustmən] [포우스(트)먼] |
| | 명 우체부, 우편물 집배인 |

| postmark | [póustmɑːrk] [포우스(트)마아크] |
| | 명 (우편의) 소인 |

| postmaster | [póustmæstər] [포우스(트)매스터] |
| | 명 우체국장 |

| post office | [póust ɔːfis] [포우스(트)오오휘쓰] |
| | 명 우체국 |

| postpone | [postpóun] [포우스(트)포운] |
| | 명 연기하다(put off) |

| postponement | [poustpóunmənt] [포우스(트)포운먼트] |
| | 명 연기 |

| postscript | [póustskript] [포우스(트)스크립트] |
| | 명 (편지의) 추신(追伸), 추백 |

| posture | [pɔ́stʃər] [포스춰]<br>몡 자세, 상태 재타 자세를 취하다 |
| pot | [pɔt] [폿]<br>몡 단지, 항아리, (깊은) 냄비 |
| potato | [pətéitou] [퍼테이토우]<br>몡 감자, ((미)) 고구마 |
| potent | [póutnt] [포우튼트]<br>혱 힘센, 강력한, 세력 있는 |
| potential | [pəténʃəl] [퍼텐셔얼]<br>혱 가능한, 잠재적인 몡 가능성 |
| potentiality | [pətènʃiǽləti] [퍼텐쉬앨러티]<br>몡 가능성, 잠재력 |
| potter | [pótər] [포터]<br>몡 도공, 도예가, 옹기장이 |
| pouch | [pautʃ] [파우취]<br>몡 작은 주머니, ((미)) 우편 행낭 |
| poultry | [póultri] [포울츄뤼]<br>몡 ((집합적)) 가금(家禽) |
| pound | [paund] [파운드]<br>몡 파운드(무게 및 영국의 화폐 단위) |

| | |
|---|---|
| **pour** | [pɔr] [포오]<br>타자 따르다, 붓다 명 유출, 억수 |
| **poverty** | [pávərti] [파버티]<br>명 빈곤, 결핍 |
| **powder** | [páudər] [파우더]<br>명 가루, 분, 화약 타자 가루로 하다 |
| **power** | [páuər] [파우어]<br>명 힘, 능력, 권력, 강대국<br>* in one's power 힘이 미치는 범위 내에,<br>지배 하에 |
| **powerful** | [páuərfəl] [파우어훠얼]<br>형 강력한, 세력이 있는 |
| **practical** | [præktikəl] [프랙티커얼]<br>형 실제의, 실용적인, 유용한 |
| **practically** | [præktikəli] [프랙티컬리]<br>부 실제로, 사실상, 거의 |
| **practice** | [præktis] [프랙티쓰]<br>명 실시, 실행 타자 연습하다 |
| **practise** | [præktis] [프랙티쓰]<br>타자 연습하다, 실행하다 |

| | |
|---|---|
| **prairie** | [préəri] [프뤠어뤼]<br>명 (북아메리카의) 대초원 |
| **praise** | [preiz] [프뤠이즈]<br>명 칭찬, 찬미 타 칭찬하다 |
| **prank** | [præŋk] [프뤵크]<br>형 농담, 못된 장난 타자 장식하다 |
| **prate** | [preit] [프뤠잇]<br>자타 재잘거리다, 수다 떨다 |
| **pray** | [prɛər] [프뤠어]<br>명 기원, 간원, 기도문 |
| **prayer** | [préiər] [프뤠이어]<br>명 기도하는 사람 |
| **preach** | [priːʧ] [프뤼이취]<br>자타 설교하다, 전도하다 |
| **preacher** | [príːʧər] [프뤼이춰]<br>명 설교자, 주창자, 전도자 |
| **precarious** | [prikɛ́əriəs] [프뤼케어리어쓰]<br>형 불안정한, 위험한, 불안한 |
| **precaution** | [prikɔ́ːʃən] [프뤼코오션]<br>명 조심, 경계, 예방책 |

| | |
|---|---|
| **precautionary** | [prikɔ́ːʃənəri] [프리코오셔너리] <br> 형 미리 경계하는, 예방의 |
| **precede** | [prisíːd] [프리씨이드] <br> 타자 앞서다, 선행하다 |
| **precedence,-cy** | [présədəns, -si] [프뤠써던쓰, -씨] <br> 명 선행, 우선권 |
| **precedent** | [présədənt] [프뤠써던트] <br> 명 선례, 판례, 전례 |
| **preceding** | [priːsíːdiŋ] [프뤼(이)씨이딩] <br> 형 선행하는, 바로 앞의 |
| **precept** | [príːsept] [프리이쎕트] <br> 명 교훈, 격언, 명령서 |
| **precinct** | [príːsiŋkt] [프리이싱(크)트] <br> 명 경내(境內), 구내, (경찰) 관할 구역 |
| **precipice** | [présəpis] [프뤠써피쓰] <br> 명 낭떠러지, 벼랑, 위기 |
| **precise** | [prisáis] [프뤼싸이쓰] <br> 형 정확한, 명확한, 정밀한 |
| **precisely** | [prisáisli] [프뤼싸이쓸리] <br> 부 정확하게, 정밀하게 |

| | |
|---|---|
| **predecessor** | [prédisèsər] [프뤠디쎄써]<br>명 전임자, 선배 |
| **predestine** | [pri:déstin] [프뤼데스틴]<br>타 예정하다, 운명짓다 |
| **predetermine** | [pri:ditə́:rmin] [프뤼이디터어민]<br>타 ~을 선결하다, 예정하다 |
| **predict** | [pridíkt] [프뤼딕트]<br>타자 예언하다 |
| **predominant** | [pridámənənt] [프뤼다머넌트]<br>형 우세한, 유력한, 탁월한 |
| **predominate** | [pridáməneit] [프뤼다머네잇]<br>자 우위를 차지하다, 우세하다 |
| **preface** | [préfis] [프뤠휘쓰]<br>명 서문 타 ~에 서문을 쓰다 |
| **prefecture** | [prí:fektʃər] [프뤼이휔춰]<br>명 도(道), 현(縣) |
| **prefer** | [prifə́:r] [프뤼훠어]<br>타 차라리 ~을 좋아하다<br>* prefer ~ to… …보다 ~을 더욱 좋아하다 |

| | |
|---|---|
| **preference** | [préfərəns] [프뤠훠뤈쓰]<br>명 더 좋아함, 편애, 우선권, 특혜 |
| **pregnant** | [prégnənt] [프뤠그넌트]<br>형 임신한 |
| **prejudice** | [prédʒudis] [프뤠쥬디쓰]<br>명 편견 타 편견을 갖게 하다 |
| **preliminary** | [prilímənèri] [프륄리머네뤼]<br>형 예비적인, 준비의 명 예비 |
| **premature** | [prìːmətʃúər] [프뤼머츄어]<br>형 때 아닌, 조숙한 |
| **premier** | [primíər] [프뤼미어]<br>명 수상 형 제일 위의, 첫째의 |
| **premise** | [prémis] [프뤠미쓰]<br>명 전제, (대지가 딸린) 집, 구내 |
| **premium** | [príːmjəm] [프뤼이미엄]<br>명 할증금, 상금, 사례, 보험료 |
| **preparation** | [prèpəréiʃən] [프뤠퍼뤠이션]<br>명 준비, 예습, 조제, 각오 |
| **preparatory** | [pripǽrətəri] [프뤼패뤄터뤼]<br>형 준비의, 예비의 |

| | |
|---|---|
| **prepare** | [pripέər] [프리페어]<br>타자 준비하다, 각오하다 |
| **preposition** | [prèpəzíʃən] [프레퍼지션]<br>명 ((문법)) 전치사 |
| **prerogative** | [prirɔ́gətiv] [프리로거티브]<br>명 특권, 대권(大卷) |
| **prescribe** | [priskráib] [프리스크롸이브]<br>타자 명하다, 처방하다, 명령하다 |
| **presence** | [prézns] [프뤠즌쓰]<br>명 있음, 존재, 출석, 면전, 풍채<br>* in the presence of ~의 면전에서,<br>　~에 직면하여<br>* presence of mind 평정,<br>　침착(calmness, composure) |
| **present** | [préznt] [프뤠즌트]<br>형 있는, 출석한 명 현재, 선물<br>[prizént] [프뤼젠트]<br>타 주다, 증정하다, 내놓다<br>* at the present time [day] 요즈음에는<br>* present oneself 출두하다, 나타나다<br>* at present 목하, 현재 |

| | |
|---|---|
| **presentation** | [prìzəntéiʃən] [프뤼젠테이션]<br>圀 증정, 선물, 소개, 제출, 표현 |
| **presently** | [prézəntli] [프뤠즌틀리]<br>圀 곧(soon), 이내, 목하, 현재 |
| **preservation** | [prèzərvéiʃən] [프뤠저베이션]<br>圀 보존, 저장, 보호 |
| **preserve** | [prizə́:rv] [프뤼저어브]<br>圀 보존하다 圀 설탕 조림, 잼<br>* preserve ~ from ~을 ~에서 보호하다,<br>~하지 않게 하다 |
| **preside** | [prizáid] [프뤼자이드]<br>圀 사회를 보다, 관장하다 |
| **president** | [prézidənt] [프뤠지던트]<br>圀 대통령, 사장, 학장 |
| **press** | [pres] [프뤠쓰] 圀 누르다, 압박하다<br>圀 압박, 신문, 인쇄기, 압착기 |
| **pressure** | [préʃər] [프뤠셔]<br>圀 압력, 압박 |

\* under the pressure of ～에 몰려서,
～의 압력을 받고

**prestige**

[prestí:ʤ] [프레스티이쥐]
명 위력, 위신, 신망

**presumably**

[prizú:məbli] [프뤼주우머블리]
부 추측컨대, 아마

**presume**

[prizú:m] [프뤼주음]
타자 상상하다, 추정하다

**pretend**

[priténd] [프뤼텐드]
타자 ～인 체하다, 가장하다
\* pretend to [do] ～인 체하다, 꾀하다,
요구하다

**pretense,-ce**

[priténs] [프뤼텐쓰]
명 구실, 가장, 허위
\* under the pretense of ～을 빙자하여,
～을 구실 삼아

**pretty**

[príti] [프뤼티]
형 예쁜, 귀여운 명 이쁜이 부 상당히

**prevail**

[privéil] [프뤼베얼]
동 유행하다, 설득하다, 이기다

* prevail against ~을 이겨내다.
~보다 우세하다

**prevent**
[privént] [프뤼벤트]
타 방해하다, ~못하게 하다, 예방하다
* prevent ~ from… ~을 방해하여
… 못하게 하다

**preview**
[príːvjúː] [프뤼이뷰우]
명 예비 검사, 시사(試寫)

**previous**
[príːviəs] [프뤼이비어쓰]
형 앞서의, 이전의, 조급한

**previously**
[príːviəsli] [프뤼이비어쓸리]
부 이전에, 미리, 조급하게

**prey**
[prei] [프뤠이]
명 먹이, 희생 자 잡아 먹다

**price**
[práis] [프롸이쓰]
명 값, 가격 타 값을 매기다
* at any price 아무리 비싸더라도,
어떤 희생을 치르더라도
* at the price of ~을 걸고서,
~을 희생하여

| | |
|---|---|
| **priceless** | [práislis] [프롸이쓸리쓰]<br>형 돈으로 살 수 없는, 아주 귀중한 |
| **prick** | [prik] [프릭]<br>명 찌름 타자 콕콕 찌르다 |
| **pride** | [práid] [프롸이드]<br>명 자존심, 자랑, 자부 타 자랑하다<br>* take (a) pride in ~을 자랑하다 [뽐내다] |
| **priest** | [pri:st] [프뤼이스트]<br>승려, 성직자, 목사 |
| **primary** | [práimèri] [프롸이메뤼]<br>형 최초의, 본래의, 초보의 |
| **prime** | [praim] [프롸임]<br>형 첫째의, 주요한 명 초기, 청춘 |
| **primitive** | [prímətiv] [프뤼머티브]<br>형 원시의, 야만의 명 원시인 |
| **prince** | [príns] [프륀쓰]<br>명 왕자, 공작, 제후 |
| **princess** | [prínsis] [프륀씨쓰]<br>명 왕녀, 공주, 공작 부인 |

| | |
|---|---|
| **principal** | [prínsəpəl] [프린써퍼얼] <br> 형 주요한, 제1의 명 장(長), 장관, 장교 |
| **principle** | [prínsəpl] [프린써프얼] <br> 명 원리, 주의, 법칙 <br> * in principle 원칙적으로 |
| **print** | [prínt] [프린트] <br> 타자 인쇄하다, 인화하다 명 인쇄(물), 자국 |
| **prior** | [práiər] [프롸이어] <br> 형 앞의, 보다 중요한 부 앞서 <br> * prior to ~ 앞의, ~ 앞에 |
| **priority** | [praiɔ́ːrəti] [프라이오뤄티] <br> 명 우선, 우선권, 상석 |
| **prism** | [prízm] [프뤼즘] <br> 명 프리즘, 분광기 |
| **prison** | [prízn] [프뤼즌] <br> 명 형무소, 감옥, 감금소 |
| **prisoner** | [príznər] [프뤼즈너] <br> 명 죄수, 형사 피고인, 포로 |

| | |
|---|---|
| **privacy** | [práivəsi] [프롸이버씨]<br>명 은둔, 사생활, 비밀, 사적 자유 |
| **private** | [práivit] [프롸이빗]<br>형 사사로운, 개인의, 사영(私營)의<br>\* a private car 자가용차 |
| **privilege** | [prívəliʤ] [프뤼벌리쥐]<br>명 특권 타 특권을 주다 |
| **privileged** | [prívəliʤd] [프뤼벌리쥐드]<br>형 특권이 있는, 특권이 부여된 |
| **privy** | [prívi] [프뤼비]<br>형 비밀의, 사유(私有)의 명 옥외 변소 |
| **prize** | [praiz] [프롸이즈]<br>명 상품, 현상금 형 상품으로 받은<br>\* prize winner 수상자, 수상작 |
| **prizewinning** | [práizwiniŋ] [프롸이즈위닝]<br>형 상을 타는, 수상한, 입상의 |
| **pro** | [prou] [프로우] 명 ((구어)) 프로, 전문가,<br>직업 선수(professional의 준말), 찬성 |

| | |
|---|---|
| **probability** | [pràbəbíləti] [프라버빌러티]<br>명 가망, 있음직한 일, 확률<br>* in all probability 아마, 십중팔구는 |
| **probable** | [prábəbl] [프라버브얼]<br>형 있음직한, 사실 같은 |
| **probably** | [prábəbli] [프라버블리]<br>부 아마, 십중팔구는, 필시 |
| **problem** | [prábləm] [프라블럼]<br>명 문제, 난문, 의문 |
| **procedure** | [prəsíːdʒər] [프러씨이쥐]<br>명 절차, 수속, (행동의) 진행 |
| **proceed** | [prəsíːd] [프러씨이드]<br>자 나아가다, 계속하다 |
| **proceeding** | [prəsíːdŋ] [프러씨이딩]<br>명 조처, 소송 절차, 의사록, 회보 |
| **process** | [práses] [프라쎄쓰]<br>명 진행, 경과 타 처리하다<br>* in process of ~의 진행 중,<br>(~하는) 중 |

| | |
|---|---|
| **procession** | [prəséʃən] [프뤄쎄션]<br>몡 행렬, 행진 |
| **proclaim** | [proukléim] [프로우클레임]<br>타 선언하다, 공포하다, 나타내다 |
| **proclamation** | [pràkləméiʃən] [프롸클러메이션]<br>몡 선언, 공포 |
| **procure** | [proukjúər] [프로우큐어]<br>타 마련하다, 가져오다, 획득하다 |
| **prodigal** | [prádigəl] [프롸디거얼]<br>혱 낭비하는, 방탕한 몡 낭비자<br>* be prodigal of ~을 아낌없이 주다,<br>낭비하다 |
| **produce** | [prədjúːs] [프뤄듀우씨]<br>타자 생기게 하다, 생산하다 |
| **product** | [prádəkt] [프롸덕트]<br>몡 생산물, 성과 |
| **production** | [prədʌ́kʃən] [프뤄덕션]<br>몡 생산, 제작, 연출, 제공 |
| **productive** | [prədʌ́ktiv] [프뤄덕티브]<br>혱 생산적인, 다산의, 풍부한 |

| | |
|---|---|
| **profane** | [prəféin] [프뤄풰인]<br>형 모독적인 타 모독하다 |
| **profess** | [prəfés] [프뤄풰쓰]<br>타자 공언하다, 고백하다 |
| **profession** | [prəféʃən] [프뤄풰션]<br>명 (지적인) 직업, 전문<br>* by profession 직업은 |
| **professional** | [prəféʃənəl] [프뤄풰셔느얼] 형 전문의,<br>직업의 명 지적 전문가, 직업 선수 |
| **professor** | [prəfésər] [프뤄풰써]<br>명 교수(教授) |
| **proffer** | [práfər] [프롸풔]<br>타 제언하다, 제공하다 명 제언, 제공 |
| **proficient** | [prəfíʃənt] [프러풰션트]<br>형 숙달된 명 달인, 명인 |
| **profile** | [próufail] [프로우화얼]<br>명 옆모습, 프로필 |
| **profit** | [práfit] [프롸휫]<br>명 (금전상의) 이윤 타자 이익을 얻다 |

732

| | |
|---|---|
| **profitable** | [práfitəbl] [프라휘터브얼]<br>혱 유익한, 이익이 있는 |
| **profiteer** | [práfitíər] [프라휘티어]<br>자 폭리를 취하다 몡 폭리 상인 |
| **profound** | [prəfáund] [프뤄화운드]<br>혱 깊은(deep), 심원한, 정중한 |
| **profoundly** | [prəfáundli] [프뤄화운들리]<br>부 깊이, 정중하게 |
| **profoundity** | [prəfʌ́ndəti] [프러훤더티]<br>몡 심오, 깊음, 깊이 |
| **profuse** | [prəfjúːz] [프뤄휴우즈]<br>혱 통이 큰, 아낌없는, 마음이 풍부한 |
| **profusion** | [prəfjúːʒən] [프뤄휴우줜]<br>몡 풍부, 대범, 낭비 |
| **program(me)** | [próugræm] [프로우그램]<br>몡 프로그램, 예정, 계획(표) |
| **progress** | [prágres] [프라그뤠쓰]<br>몡 전진, 진행, 발달 |

| | |
|---|---|
| **progressive** | [prəgrésiv] [프뤄그뤠씨브]<br>형 전진하는, 진보적인 |
| **prohibit** | [prouhíbit] [프로우히빗]<br>타 금지하다, 방해하다 |
| **prohibition** | [pròuhəbíʃən] [프로우허비션]<br>명 금지, 금지령 |
| **project** | [prádʒékt] [프롸젝트]<br>자타 계획하다, 투영하다 명 계획 |
| **projection** | [prádʒékʃən] [프롸젝션]<br>명 돌출(부), 사출, 발사, 계획 |
| **prolog(ue)** | [próulɔg] [프로울로그]<br>명 개막사, 서막, 머리말, 서언 |
| **prolong** | [prəlɔ́ŋ] [프륄로엉]<br>타 늘이다, 연장하다 |
| **promenade** | [práməneid] [프라머네이드]<br>명 산책, 산보 자타 산책하다 |

| | |
|---|---|
| **prominent** | [prάmənənt] [프라머넌트]<br>형 돌출한, 현저한, 눈에 띄는 |
| **promise** | [prάmis] [프라미쓰]<br>명 약속, 가망 타자 약속하다 |
| **promising** | [prάmisiŋ] [프라미씽]<br>형 유망한, 장래가 촉망되는 |
| **promote** | [prəmóut] [프뤄모웃]<br>타 진급시키다, 촉진시키다 |
| **promotion** | [prəmóuʃən] [프뤄모우션]<br>명 승진, 진급, 촉진, 발기, 주창 |
| **prompt** | [prάmpt] [프람(프)트]<br>형 신속한, 즉시의 타 자극하다 |
| **promptly** | [prάmptli] [프람(프)틀리]<br>부 즉시에, 신속하게 |
| **prone** | [proun] [프로운]<br>형 엎드린, ~하기 쉬운, ~의 경향이 있는 |
| **pronoun** | [próunàun] [프로우나운]<br>명 ((문법)) 대명사 |
| **pronounce** | [prənáuns] [프뤄나운쓰]<br>자타 발음하다, 선언하다 |

| | |
|---|---|
| **pronunciation** | [prənʌnsiéiʃən] [프뤄넌씨에이션] <br> 몡 발음 |
| **proof** | [pruːf] [프루우흐] 몡 증거, 증명 <br> 혱 ~에 견디는 탄 견딜 수 있게 하다 |
| **propaganda** | [pràpəgǽndə] [프롸퍼갠더] <br> 몡 선전, 프로파간다, 선전 단체 |
| **propagate** | [prápəgèit] [프롸퍼게잇] <br> 자탄 선전하다, 보급시키다 |
| **propel** | [prəpél] [프뤄페얼] <br> 탄 추진하다, 몰아내다 |
| **propeller** | [prəpélər] [프뤄펠러] <br> 몡 프로펠러 |
| **proper** | [prápər] [프롸퍼] <br> 혱 적당한, 고유의, 올바른 |
| **properly** | [prápərli] [프롸퍼얼리] <br> 흽 적당히, 올바르게 |
| **property** | [prápərti] [프롸퍼티] <br> 몡 재산, 소유물, 소유권, 특성 |
| **prophecy** | [práfəsi] [프롸훠씨] <br> 몡 예언, 예언서 |

| | |
|---|---|
| **prophesy** | [práfisai] [프롸휘싸이]<br>타자 예언하다, 예측하다 |
| **prophet** | [práfit] [프롸휫]<br>명 예언자, 대변자, 예보자 |
| **prophetic(al)** | [prəfétik(əl)] [프뤄훼틱(티커얼)]<br>형 예언의, 예언적인, 경고의 |
| **proportion** | [prəpóːrʃən] [프뤄포오션]<br>명 비(比), 비율, 부분 타 배당하다<br>* in proportion as ~에 비례하여,<br>  ~에 따라서<br>* in proportion to ~에 비례하여,<br>  ~에 응하여 |
| **proposal** | [prəpóuzəl] [프뤄포우저얼]<br>명 신청, 제안, 결혼 신청 |
| **propose** | [prəpóuz] [프뤄포우즈]<br>타자 신청하다, 청혼하다 |
| **proprietor** | [prəpráiətər] [프뤄프롸이어터]<br>명 소유주, 경영주 |
| **prose** | [prouz] [프로우즈] 명 산문, 평범<br>자타 산문으로 쓰다 반 verse(운문) |

737

| prosecute | [prásikjùːt] [프라씨큐우트] 타 수행하다 자 기소하다 |
|---|---|
| **prosecution** | [pràsikjúːʃən] [프라씨큐우션] 명 수행, 종사, 기소, 원고 측 |
| prosecutor | [prásikjùːtər] [프라씨큐우터] 명 검사, 수행자, 고발자 |
| **prospect** | [práspek] [프라스펙트] 명 조망, 경치, 전망, 기대, 예상 |
| prospective | [praspéktiv] [프라스펙티브] 형 예기되는, 가망 있는, 장래의 |
| **prospector** | [praspéktər] [프라스펙터] 명 탐광자, 시굴자 |
| prosper | [práspər] [프라스퍼] 자타 번영하다, 성공시키다 |
| **prosperity** | [praspérəti] [프라스페러티] 명 번영, 성공, 행운 |
| prosperous | [práspərəs] [프라스퍼러쓰] 형 번영하는, 순조로운, 행운의 |
| **prostrate** | [prástreit] [프라스트레잇] 형 엎드린 타 엎드리게 하다 |

| | |
|---|---|
| **protect** | [prətékt] [프뤄텍트]<br>타 지키다, 막다, 보호하다<br>\* protect ~against [from] 막다,<br>～하지않도록 ～을 보호하다 |
| **protection** | [prətékʃən] [프뤄텍션]<br>명 보호, 방어 |
| **protective** | [prətéktiv] [프뤄텍티브]<br>형 보호하는, 방어하는 |
| **protector** | [prətéktər] [프뤄텍터]<br>명 보호자, 방어자, 보호물 |
| **protein** | [próutiːn] [프로우티이인]<br>명 단백질 형 단백질의 |
| **protest** | [prətést] [프뤄테스트]<br>타자 단언하다, 항의하다 |
| **Protestant** | [prɔ́təstənt] [프로터스턴트]<br>명 신교도 형 신교도의 |
| **protoplasm** | [próutəplæzm] [프로우터플래즘]<br>명 원형질 |
| **proud** | [praud] [프롸우드]<br>형 자랑스러운, 거만한, 교만한 |

**proudly**

[práudli] [프롸우들리]
부 거만하게, 자랑스럽게

**prove**

[pruːv] [프루우브]
타자 증명하다

**proverb**

[právəːrb] [프롸버브]
명 속담, 격언

**provide**

[prəváid] [프뤄바이드]
타자 공급하다, 준비하다, 대비하다
* provide for ~에 대하여 준비하다,
부양하다
* provide~ with… ~에 …을 공급
[설비]하다, 지급하다

**provided**

[prəváidid] [프뤄바이디드]
접 ~을 조건으로, 만약 ~이면

**providence**

[próvidəns] [프로비던쓰]
명 섭리, 신의 뜻, 선견

**providing**

[prəváidiŋ] [프뤄바이딩]
접 ~을 조건으로(provided)

| | |
|---|---|
| **province** | [próvins] [프롸빈쓰]<br>몡 주(州), 성(省), 범위, 지방, 시골 |
| **provincial** | [prəvínʃəl] [프뤄빈셔얼]<br>혱 주의, 지방의 몡 지방민 |
| **provision** | [prəvíʒən] [프뤄비줜]<br>몡 준비, 설비 팀 식량을 공급하다 |
| **provisional** | [prəvíʒənl] [프뤄비줘느얼]<br>혱 잠시의, 잠정적인, 임시의 |
| **provocation** | [pròvəkéiʃən] [프로버케이션]<br>몡 성나게 함, 자극, 성남, 도발 |
| **provocative** | [prəvákətiv] [프뤄바커티브]<br>혱 성나게 하는, 도발적인 몡 화나게 하는 것 |
| **provoke** | [prəvóuk] [프뤄보욱]<br>팀 성나게 하다, 자극하다 |
| **prowess** | [práuis] [프라우이쓰]<br>몡 용기, 용감한 행동, 무용(武勇) |
| **prowl** | [praul] [프라우을]<br>타자 (먹이를) 찾아 헤매다 |
| **prudence** | [prúːdns] [프루우드쓰]<br>몡 사려, 분별, 신중, 검약 |

| | |
|---|---|
| **prudent** | [prúːdnt] [프루우든트]<br>형 조심성 있는, 신중한, 분별 있는 |
| **prune** | [pruːn] [프루은]<br>명 말린 자두 타 (나무를) 잘라내다 |
| **Prussia** | [prʌ́ʃə] [프러셔]<br>명 프러시아 |
| **pry** | [prai] [프라이]<br>자타 들여다보다, 들추어내다 |
| **psalm** | [saːm] [싸암]<br>명 찬송가, 성가 |
| **psychic** | [sáikik] [싸이킥]<br>형 영혼의, 정신의 명 영매(靈媒) |
| **psychology** | [saikálədʒi] [싸이칼러쥐]<br>명 심리학(心理學) |
| **public** | [pʌ́blik] [퍼블릭]<br>형 공공의, 공중의 명 [the-] 공중 사회<br>* in public 공공연히, 여러 사람 앞에서 |
| **publication** | [pʌ́bləkéiʃən] [퍼블러케이션]<br>명 발표, 공표, 출판, 출판물 |

| | |
|---|---|
| **publish** | [pʌ́bliʃ] [퍼블리쉬]<br>타자 발표하다, 공표하다 |
| **puddle** | [pʌ́dl] [퍼드얼]<br>명 웅덩이, 진흙 타자 흙을 개다 |
| **puff** | [pʌf] [퍼흐]<br>명 훅 불기 자타 훅 불다 |
| **pull** | [pul] [푸을]<br>타자 잡아당기다, 끌다 명 잡아당김 |

* pull back 물러가다, 후퇴하다
* pull down (가치를) 떨어뜨리다,
  (건축물을) 헐다
* pull in (목 따위를) 움츠리다, 절약하다
* pull off 벗다, 이기다, 상을 타다,
  잘 해내다
* pull on 입다, 신다
* pull out 잡아빼다, 배를 저어 나가다,
  떠나다
* pull through (곤란을) 뚫고 나가다,
  병이 다 낫다
* pull together 힘을 합하여 일하다
* pull up 근절하다, 정지시키다, 잡아빼다,
  비난하다

| | |
|---|---|
| **pulp** | [pʌlp] [퍼얼프]<br>명 과육(果肉), 펄프(종이 원료) |
| **pulpit** | [púlpit] [푸을핏]<br>명 설교단, 설교, 설교자들 |
| **pulse** | [pʌls] [퍼얼쓰]<br>명 맥박, 고동 자 맥이 뛰다 |
| **pump** | [pʌmp] [펌프]<br>명 펌프 타자 펌프로 (물을) 퍼올리다 |
| **pumpkin** | [pʌ́mpkin] [펌(프)킨]<br>명 호박 |
| **punch** | [pʌntʃ] [펀취]<br>타 주먹으로 때리다, 구멍을 뚫다 |
| **punctual** | [pʌ́ŋktʃuəl] [펑츄얼]<br>형 시간을 엄수하는, 착실한 |
| **punctuality** | [pʌ́ŋktʃuǽləti] [펑츄앨러티]<br>명 시간엄수 |
| **punctuate** | [pʌ́ŋktʃuèit] [펑츄에잇]<br>자타 구둣점을 찍다 |
| **punctuation** | [pʌ́ŋktʃuéiʃən] [펑츄에이션]<br>명 구두법(句讀法), 구두점 |

| | |
|---|---|
| **puncture** | [pʌ́ŋktʃər] [펑춰]<br>명 뚫린 구멍, 펑크 자타 찌르다 |
| **punish** | [pʌ́niʃ] [퍼니쉬]<br>타 벌하다, 응징하다, 골탕 먹이다 |
| **punishment** | [pʌ́niʃmənt] [퍼니쉬먼트]<br>명 처벌, 징계, 학대, 형벌 |
| **punitive** | [pjúːnətiv] [퓨우너티브]<br>형 형벌의 |
| **pupil** | [pjúːpl] [퓨우프얼]<br>명 학생, 제자 |
| **puppet** | [pʌ́pit] [퍼핏]<br>명 작은 인형, 꼭두각시, 앞잡이 |
| **puppy** | [pʌ́pi] [퍼피]<br>명 강아지, 건방진 풋내기 |
| **purchase** | [pə́ːrtʃəs] [퍼어춰쓰]<br>타 사다, 노력하여 얻다 명 구입 |
| **purchaser** | [pə́ːrtʃəsər] [퍼어춰써]<br>명 사는 사람, 구매자 |
| **pure** | [pjuər] [퓨어]<br>형 순수한, 순결한, 결백한 |

| **purely** | [pjúərli] [퓨어얼리]<br>부 순수하게 |
| **purge** | [pəːrdʒ] [퍼어쥐]<br>타 (심신을) 깨끗이 하다, 정화하다 명 정화 |
| **purify** | [pjúrəfài] [퓨뤄화이]<br>타 깨끗하게 하다, 정화하다 |
| **Puritan** | [pjúrətn] [퓨뤄튼]<br>명 청교도 형 청교도의 |
| **purple** | [pə́ːrpl] [퍼어프얼]<br>형 자줏빛의 명 자줏빛 |
| **purport** | [pə́ːrpɔːrt] [퍼어포오트]<br>명 의미, 취지, 목적, 효과 |
| **purpose** | [pə́ːrpəs] [퍼어퍼쓰]<br>명 목적, 의지 타 ～하려고 생각하다<br>* for the purpose of ～의 목적으로,<br>　～을 위해<br>* on purpose 고의로, 일부러<br>* to no purpose 전혀 효과 없이,<br>　헛되이 |
| **purposely** | [pə́ːrpəsli] [퍼어퍼쓸리]<br>부 고의로, 일부러 |

| | |
|---|---|
| **purse** | [pəːrs] [퍼어쓰] 몡 돈지갑, 기부금<br>팀짜 (입 따위를) 오므리다 |
| **pursue** | [pərsúː] [퍼쑤우]<br>팀짜 추적하다, 추구하다 |
| **pursuit** | [pərsúːt] [퍼쑤우트]<br>몡 추적, 수행, 연구<br>* in pursuit of ~을 찾아서,<br>~을 추구하여 |
| **push** | [puʃ] [푸쉬]<br>팀짜 밀다 몡 밀기<br>* push ahead with ((미 · 구어)) 밀고<br>나가다, 추진하다<br>* push away 밀어제치다<br>* push one's fortunes 부지런히 돈을<br>모으다<br>* push on 힘차게 나아가다<br>* push one's way 밀어제치고 나아가다<br>* push out 밀어내다 |
| **put** | [put] [풋]<br>팀짜 놓다, 두다, ~시키다<br>* put aside [away] 제쳐 놓다, 간직하다<br>* put back 제자리에 되돌려 놓다,<br>되돌아오다 |

* put by 따로 간수하다, 저축해 두다, 따로 남겨 두다
* put down 내려놓다, 가라앉히다, (값 따위를) 내리다
* put forth 제의하다, 싹트다
* put forward ~을 두드러지게 하다, (사상 따위를) 제창하다, 말하다
* put off 연기하다, 출발하다, 벗다, 떼어버리다, 방해하다
* put on 입다, 붙이다, ~인 체하다
* put out 내놓다, 발표하다, (불을) 끄다, 출항하다
* put to use 사용하다, 이용하다(make use of)
* put together ~을 조립하다, 편찬하다, 합계하다
* put up ~을 내걸다, (천막을) 치다, (집을) 짓다
* put up at ~에서 숙박하다, ~에서 묵다
* put up with ~을 참다, 견디다(endure)

**puzzle**

[pʌzl] [퍼즈얼]
명 어려운 문제, 수수께끼, 당황
타자 당황하게 하다
* puzzle out 생각해 내다, 알아내다, 풀다

| **pygmy** | **[pígmi]** [피그미]<br>명 소인, 난쟁이 형 난쟁이의, 아주 작은 |
| **pyramid** | **[pírəmìd]** [피뤄미드]<br>명 피라미드, 금자탑 |

| | |
|---|---|
| **quack** | [kwæk] [크왝크] 困 꽥꽥 울다, 엉터리 치료를 하다 園 꽥꽥, 돌팔이 의사 |
| **quadrangle** | [kwɑ́dræŋgl] [콰드랭그얼] 園 4각형, 4변형 |
| **quadruped** | [kwɑ́drupèd] [콰드루페드] 園 네발짐승(포유류 동물) |
| **quadruple** | [kwɑ́drəpl] [콰드러프얼] 困他 4배로 하다(되다) |
| **quail** | [kweil] [크웨얼] 園 메추라기 |
| **quaint** | [kweint] [크웨인트] 園 기묘한, 이상하고 재미있는 |

| | |
|---|---|
| **quake** | **[kweik]** [크웨익]<br>재 흔들리다, 진동하다 형 진동, 떨림, 지진 |
| **Quaker** | **[kwéikər]** [크웨이커]<br>형 퀘이커 교도 |
| **qualification** | **[kwɔ̀ləfikéiʃən]** [크왈러휘케이션]<br>형 자격, 수정, 제한, 면허(장) |
| **qualify** | **[kwɔ́ləfài]** [크왈러화이]<br>재타 자격을 주다, ~로 간주하다, 제한하다 |
| **quality** | **[kwɔ́ləti]** [크왈러티]<br>형 질, 성질, 특성, 품질, 양질 |
| **qualified** | **[kwɔ́ləfaid]** [크왈러화이드]<br>형 자격이 있는, 조건부의 |
| **quantity** | **[kwɔ́ntəti]** [크완터티]<br>형 양, 수량, 분량, 다량, 다수<br>* quantities of ~다량 [다수]의 |
| **quarrel** | **[kwɔ́ːrəl]** [크워뤄얼]<br>형 싸움, 말다툼 재 말다툼하다<br>* quarrel with ~와 다투다,<br>~와 말다툼하다 |

| **quarrelsome** | [kwɔ́:rəlsəm] [크워뤌썸]<br>형 말다툼을 잘하는, 시비조의 |
|---|---|
| **quarry** | [kwɔ́:ri] [크워뤼]<br>형 채석장 자 돌을 떠내다 |
| **quart** | [kwɔːrt] [크워트]<br>형 쿼트(액체량의 단위: 약 0.95리터) |
| **quarter** | [kwɔ́:rtər] [크워터]<br>형 4분의 1, 15분 타 4(등)분하다 |
| **quartet** | [kwɔːrtét] [크워텟]<br>형 4중주 |
| **quaver** | [kwévər] [크웨버]<br>자타 진동하다 형 떨리는 소리 |
| **quay** | [kiː] [키이]<br>형 선창, 부두, 방파제 |
| **queen** | [kwiːn] [크위인]<br>형 여왕, 왕비 자타 여왕으로 군림하다 |
| **queenlike** | [kwíːnlaik] [크위인라익]<br>형 여왕의, 여왕 같은 |
| **queenly** | [kwíːnli] [크위인리]<br>형 여왕 같은 부 여왕답게 |

| | |
|---|---|
| **queer** | [kwiər] [크위어]<br>혱 묘한, 의심스러운 |
| **quench** | [kwéntʃ] [크웬취]<br>톼 (갈증을) 풀다, (불을) 끄다 |
| **querulous** | [kwérjuləs] [크웨룰러쓰]<br>혱 투덜거리는, 성마른 |
| **query** | [kwíəri] [크위어뤼]<br>혱 질문 톼 질문하다 |
| **quest** | [kwést] [크웨스트]<br>혱 탐구 짜톼 탐구하다<br>* in quest of ~을 찾아 |
| **question** | [kwéstʃən] [크웨스쳔]<br>혱 질문, 문제 짜톼 묻다<br>* beyond (all) question [without question]<br>  의심할 여지없이<br>* question mark 물음표(?)<br>* out of question 분명한, 틀림없는, 의심할<br>  바 없는, 확실한<br>* out of the question 문제 삼을 수 없는,<br>  문제가 안 되는, 전혀 불가능한 |

| **queue** | [kju:] [큐우]<br>혱 땋은 머리, 변발, 행렬 |
|---|---|
| **quick** | [kwik] [크윅]<br>혱 민첩한, 빠른, 영리한, 성급한 뷔 빨리<br>\* be quick to ~이 빠르다, ~을 잘하다,<br>~하는 것이 잽싸다<br>\* to the quick 골수에 사무치게, 뼈저리게,<br>철저한 |
| **quickly** | [kwíki] [크위클리]<br>뷔 빨리, 속히, 급히 |
| **quiet** | [kwáiət] [크와이엇]<br>혱 조용한, 평온한 혱 평온, 정숙 |
| **quietly** | [kwáiətli] [크와이어틀리]<br>뷔 조용히, 고요히 |
| **quill** | [kwil] [크위얼]<br>혱 큰 깃, 깃펜, 이쑤시개 |
| **quilt** | [kwilt] [크위얼트]<br>혱 겹이불, 누비이불 탸 (속을 넣어) 누비다 |
| **quit** | [kwit] [크윗]<br>탸 떠나다, 그만두다 혱 용서받아 |

| | |
|---|---|
| **quite** | [kwait] [크와잇]<br>부 아주, 전연, 완전히, 거의<br>* quite a few 꽤 많은 수의, 상당수의<br>* quite a little 꽤 많은 양의, 꽤 많이<br>* quite so! 과연 그렇다, 그렇고말고 |
| **quiver** | [kwívər] [크위버]<br>자 타 떨다, 떨게 하다 형 진동, 전율 |
| **quiz** | [kwíz] [크위즈]<br>형 간단한 시험(question), 질문, 퀴즈 |
| **quotation** | [kwoutéiʃən] [크오우테이션]<br>형 인용어(문, 구), 시세, 시가, 견적서<br>* quotation marks 인용부호(" ", ' ') |
| **quote** | [kwout] [크오웃]<br>자 타 인용하다, 견적하다, 예시하다 |
| **quotient** | [kwóuʃənt] [크오우션트]<br>형 몫, 지수 |

| | |
|---|---|
| **rabbit** | [rǽbit] [래비트]<br>명 집토끼, 겁쟁이 |
| **race** | [reis] [뤠이쓰]<br>명 경주, 경마, 경쟁 자타 경주하다 |
| **rack** | [ræk] [랙]<br>명 그물 시렁, 선반 타 선반에 얹다 |
| **racket** | [rǽkit] [뢔킷]<br>명 라켓, 큰 소동 타 야단법석을 떨다 |
| **radar** | [réida:r] [뤠이다아]<br>명 레이더, 전파 탐지기 |
| **radiant** | [réidiənt] [뤠이디언트]<br>형 빛나는, 방사되는 |

| | |
|---|---|
| **radiate** | [réidièit] [뤠이디에잇]<br>타 자 (빛 따위를) 방사하다, 발산하다 |
| **radiator** | [réidièitər] [뤠이디에이터]<br>명 복사체, 발광체, 라디에이터 |
| **radical** | [rædikəl] [뢔디커얼]<br>형 근본적인, 급진적인 명 [R-] 급진당원 |
| **radio** | [réidiòu] [뤠이디오우]<br>명 라디오, 무선 전화[전신] |
| **radium** | [réidiəm] [뤠이디엄]<br>명 라듐 〈원소 기호 Ra〉 |
| **radius** | [réidiəs] [뤠이디어쓰]<br>명 반지름, 반경, 범위, 복사선 |
| **raft** | [ra:ft] [뢔흐트]<br>명 뗏목, 다량 타자 뗏목을 사용하다 |
| **rafter** | [rɑ́:ftər] [뢔흐터]<br>명 서까래, 뗏목 타는 사람 |
| **rag** | [ræg] [뢔그]<br>명 넝마, 걸레, 누더기 형 누더기의 |
| **rage** | [reidʒ] [뤠이쥐]<br>명 격노, 분노 자 격노하다 |

| | |
|---|---|
| **ragged** | [rǽgid] [래기드]<br>⑧ 남루한, 초라한, 찢어진 |
| **raid** | [reid] [뤠이드]<br>⑲ 습격, 급습 ⓣⓩ 습격하다 |
| **rail** | [reil] [뤠얼]<br>⑲ 가로장(대), 난간, 레일, 철로 |
| **railroad** | [réilròud] [뤠얼로우드]<br>⑲ ((미)) 철도 ⓣⓩ 철도를 놓다 |
| **railway** | [réilwei] [뤠얼웨이]<br>⑲ ((영)) 철도, ((미)) 고가 궤도 |
| **rain** | [rein] [뤠인]<br>⑲ 비, [the~s] 우기 ⓩⓣ 비가 오다 |
| **rainbow** | [réinbòu] [뤠인보우]<br>⑲ 무지개 |
| **raincoat** | [réinkout] [뤠인코웃]<br>⑲ 비옷, 우비, 레인코트 |
| **rainfall** | [réinfɔ̀ːl] [뤠인훠얼]<br>⑲ 강우, 강우량 |
| **rainy** | [réini] [레이니]<br>⑧ 비가 오는, 비가 올 듯한 |

| | |
|---|---|
| **raise** | [reiz] [뤠이즈] <br> 타 일으키다, 올리다, 승진시키다 |
| **raisin** | [réizn] [뤠이즌] <br> 명 건포도(dried grape) |
| **rake** | [reik] [뤠익] <br> 명 갈퀴, 쇠스랑, 써레, 고무래 |
| **rally** | [ræli] [뢔얼리] <br> 타자 다시 모으다 명 재집합 |
| **ram** | [ræm] [뢤] <br> 명 숫양(male sheep) 반 ewe(암양) |
| **ramble** | [ræbl] [뢤브얼] <br> 명 산책, 소요 자 산책하다, 거닐다 |
| **ranch** | [rǽntʃ] [뢴취] <br> 명 농장, 목장 자 농장을 경영하다 |
| **random** | [rǽndəm] [뢘덤] <br> 형 닥치는 대로의, 되는 대로의 <br> * at random 되는 대로, 닥치는 대로, <br> 엉터리로, 무작위로 |
| **range** | [reindʒ] [뤠인쥐] <br> 명 줄 타자 배열하다, 배치하다 |

| | |
|---|---|
| **rank** | [rænk] [랭크]<br>몡 열(row), 횡렬, 계급<br>* the rank and file 하사관과 병졸,<br>보통 사람 |
| **ransom** | [rǽnsəm] [랜썸]<br>몡 속전(贖錢), 배상금 甲 배상하다 |
| **rapid** | [rǽpid] [래피드]<br>혱 빠른 몡 ((보통 복수)) 급류 |
| **rapidly** | [rǽpidli] [래피들리]<br>뷔 신속하게, 빨리 |
| **rapt** | [ræt] [랩트]<br>혱 넋을 잃은, 황홀한 |
| **rapture** | [rǽptʃər] [랩춰]<br>몡 큰 기쁨, ((복수)) 광희(狂喜), 환희 |
| **rare** | [rɛər] [뤠어]<br>혱 드문, 진기한, 희박한, 덜 구어진 |
| **rarely** | [rɛ́ərli] [뤄어얼리]<br>뷔 드물게, 좀처럼 ~안 하는 |
| **rascal** | [rǽskəl] [뤠스커얼] 몡 악동, 장난꾸러기<br>혱 악한, 불량배의, 파렴치한 |

| | |
|---|---|
| **rash** | [ræʃ] [래쉬]<br>형 성급한, 경솔한 명 발진(發疹) |
| **rat** | [ræt] [랫]<br>명 쥐, 변심자 |
| **rate** | [reit] [뤠잇]<br>명 비율, 율(率), 등급 타자 어림잡다<br>* at any rate 하여튼, 적어도<br>* at the rate of ~의 비율로 |
| **rather** | [rǽðər] [래더]<br>부 오히려, 얼마간<br>* would rather ~ than… …보다는 차라리<br>~하는 편이 낫다 |
| **ratify** | [rǽtəfài] [래터화이]<br>타 비준하다, 확증하다 |
| **ratio** | [réiʃou] [뤠이쇼우]<br>명 비(比), 비율(rate) |
| **ration** | [rǽʃən] [래선]<br>명 배급, ((복수)) 양식 타 배급하다 |
| **rational** | [rǽʃənl] [래셔느얼]<br>형 이성적인, 합리적인 |

| | |
|---|---|
| **rattle** | [rǽtl] [래트얼]<br>자타 덜컥덜컥 소리나다 명 재잘거림 |
| **ravage** | [rǽvidʒ] [래비쥐]<br>명 파괴, 황폐 타자 파괴하다 |
| **rave** | [reiv] [레이브]<br>자타 정신없이 지껄이다 |
| **raven** | [réivən] [뤠이번]<br>명 갈가마귀 형 새까만, 검고 윤나는 |
| **ravish** | [rǽviʃ] [래비쉬]<br>타 빼앗아가다, 황홀케 하다 |
| **raw** | [rɔ:] [라]<br>형 생[날]것의, 설익은 명 생[날]것 |
| **ray** | [rei] [뤠이]<br>명 광선, 방사선 타자 방사하다 |
| **razor** | [réizər] [뤠이저]<br>명 면도날 |
| **reach** | [ri:tʃ] [뤼이취]<br>타자 (손을) 뻗치다, 닿다 명 뻗침 |
| **react** | [ri:ǽkt] [뤼이액트]<br>자 반작용하다, 반동하다 |

| | |
|---|---|
| **reaction** | [ri:ǽkʃən] [뤼이액션]<br>명 반응, 반동, 반작용 |
| **reactionary** | [ri:ǽkʃənəri] [뤼이액셔너뤼]<br>형 반동의, 반응의 명 반동주의자 |
| **read** | [ri:d] [뤼이드]<br>타자 읽다, 독서하다, 낭독하다<br>* read between the lines 글 속에 숨은<br>   뜻을 알아내다<br>* read into ~의 뜻으로 해석 [곡해]하다<br>* read out of ~에서 제명하다<br>* read up 복습하다, 전공하다 |
| **reader** | [rí:dər] [리이더]<br>명 독본, 독자, 독서가 |
| **readily** | [rédəli] [뤠덜리]<br>부 쾌히, 곧, 즉시, 쉽사리(easily) |
| **readiness** | [rédinis] [뤠디니쓰]<br>명 준비, 채비, 신속, 용이, 자진해서 함 |
| **reading** | [rí:diŋ] [뤼이딩]<br>명 읽기, 낭독, 독서<br>* reading matter 읽을 거리, 기사 |

A
B
C
D
E
F
G
H
I
J
K
L
M
N
O
P
Q
**R**
S
T
U
V
W
X
Y
Z

| | |
|---|---|
| **ready** | [rédi] [뤠디] <br> 형 준비된, 기꺼이 ~하려는 태 준비하다 <br> * (be) ready for ~의 각오가 되어 있다 <br> * (be) ready to ~할 준비가 되어 있다, <br>　기꺼이 ~하다 <br> * give a ready consent 즉시 승낙하다 |
| **real** | [rí:əl] [뤼이어얼] <br> 형 실제의, 현실의, 부동산의 |
| **realistic** | [rì:əlístik] [뤼얼리스틱] <br> 형 현실주의의, 사실주의의 |
| **reality** | [riǽləti] [뤼앨러티] <br> 명 현실, 실제, 진실 <br> * in reality 실제는, 사실은 |
| **realize, -ise** | [rí:əlàiz] [뤼이얼라이즈] <br> 태 실현하다, 깨닫다, 실감하다 |
| **really** | [rí:əli] [뤼이얼리] <br> 부 실제로, 정말, 실로 |
| **realm** | [rélm] [뤠얼음] <br> 명 영역, 왕국, 계(界) |

| **reap** | [ri:p] [리이프]<br>자타 (농작물을) 베어 들이다, 수확하다 |
|---|---|
| **reappear** | [rìːəpíər] [뤼어어피어]<br>자 다시 나타나다 |
| **rear** | [riːər] [뤼어] 타 기르다, 사육하다 자 (말<br>따위가) 뒷다리로 서다 형 배후의 명 후방 |
| **rearrange** | [rìːəréindʒ] [뤼이어레인쥐]<br>타 재정리하다, 재배열하다 |
| **reason** | [ríːzn] [뤼이즌]<br>명 이유, 추리력 타 추론하다<br>* bring to reason 사리를 깨닫게 하다<br>* by reason of ~때문에, ~의 이유로 |
| **reasonable** | [ríːznəbl] [뤼이즈너브얼]<br>형 합리적인, 분별 있는 |
| **reasonably** | [ríːznəbli] [뤼이즈너블리]<br>부 알맞게, 정당하게, 꽤 |
| **reasoning** | [ríːzniŋ] [뤼이즈닝]<br>명 추론, 추리, 논증 |
| **reassure** | [rìːəʃúər] [뤼이어슈어]<br>타 안심시키다, 다시 보증하다 |

| | |
|---|---|
| **rebel** | [rébəl] [뤠버얼]<br>명 반역자, 모반자 |
| **rebellion** | [ribéljən] [뤼벨리언 ]<br>명 모반, 반란 |
| **rebellious** | [ribéljəs] [뤼벨리어쓰]<br>형 모반의, 반항적인, 완고한 |
| **rebuff** | [ribʌ́f] [뤼버흐]<br>명 거절, 좌절 타 거절하다 |
| **rebuild** | [ríːbíld] [뤼이비얼드]<br>타 재건하다, 다시 세우다 |
| **rebuke** | [ribjúːk] [뤼뷰우크]<br>명 비난, 힐책 타 힐책하다 |
| **recall** | [rikɔ́ːl] [뤼코얼]<br>타 다시 불러들이다, 소환하다 |
| **recede** | [risíːd] [뤼씨이드]<br>자 물러나다, 손을 떼다 |
| **receipt** | [risíːt] [뤼씨이트]<br>명 수령, 영수증 타 영수증을 떼다 |
| **receive** | [risíːv] [뤼씨이브]<br>타 받다, 수령하다, 수취하다 |

| | |
|---|---|
| **receiver** | [risíːvər] [뤼씨이버]<br>명 수취인, 수화기 |
| **recent** | [ríːsnt] [뤼이슨트]<br>형 최근의, 새로운, 근래의 |
| **recently** | [ríːsntli] [뤼이슨틀리]<br>부 요사이, 최근에, 근래 |
| **receptacle** | [riséptəkl] [뤼쎕터크얼]<br>명 용기(容器), 저장소 |
| **reception** | [risépʃən] [뤼쎕션]<br>명 접대, 환영, 응접, 수령 |
| **recess** | [risés] [뤼쎄쓰]<br>명 쉬는 시간, 휴식, 휴회 |
| **recession** | [riséʃən] [뤼쎄션]<br>명 퇴거, 후퇴, (일시적인) 불황 |
| **recipe** | [résəpi] [뤠써피]<br>명 (의약의) 처방, 비결 |
| **reciprocal** | [risíprəkəl] [뤼시프뤄커얼]<br>형 상호간의, 호혜적인, 답례의 |
| **recital** | [risáitl] [뤼싸이트얼]<br>명 암송, 리사이틀, 독창회, 독주회 |

| | |
|---|---|
| **recitation** | [rèsətéiʃən] [뤠써테이션]<br>형 자세한 이야기, 음송, 낭송 |
| **recite** | [risáit] [뤼싸잇]<br>타자 외우다, 말하다, 낭송하다 |
| **reckless** | [réklis] [뤠클리쓰]<br>형 무모한, 무작정한, 무분별한 |
| **reckon** | [rékən] [뤠컨]<br>타자 세다, 계산하다, 생각하다 |
| **reclaim** | [rikléim] [뤼클레임]<br>타 개간하다, 교정하다 |
| **recline** | [rikláin] [뤼클라인]<br>자타 기대다, 의지하다 |
| **recognition** | [rèkəgníʃən] [뤠커그니션]<br>명 인식, 승인, 알아봄<br>* in recognition of ~을 인정하여,<br>  ~의 보답으로 |
| **recognize** | [rékəgnàiz] [뤠커그나이즈]<br>타 인정하다, 인식하다 |
| **recoil** | [rikɔ́il] [뤼코얼]<br>자 되튀다, 뒤로 물러가다 명 뒷걸음질 |

| | |
|---|---|
| **recollect** | [rèkəlékt] [뤠컬렉트]<br>타 자 생각해 내다, 회상하다 |
| **recommend** | [rèkəménd] [뤠커멘드]<br>타 추천하다, 권고하다 |
| **recommendati** | [rèkəmendéiʃən] [뤠커멘데이션]<br>명 추천, 천거, 권고 |
| **recompense** | [rékəmpèns] [뤠컴펜쓰]<br>명 보수, 보답 타 보답하다 |
| **reconcile** | [rékənsàil] [뤠컨싸일]<br>타 화해시키다, 조정하다 |
| **reconstruct** | [rí:kənstrʌ́kt] [뤼이컨스츄롹트]<br>타 재건하다, 개조하다, 부흥하다 |
| **record** | [rékərd] [뤠커드]<br>명 기록, (축음기의) 레코드 형 기록적인<br>[rikɔ́:rd] [뤼코오드]<br>타 기록하다, 녹음하다 |
| **recount** | [rikáunt] [뤼카운트]<br>타 자세히 말하다 |
| **recover** | [rikʌ́vər] [뤼커버]<br>타 자 되찾다, 회복하다, 보상하다 |

| | |
|---|---|
| **recreate** | [rékrièit] [뤠크루에잇]<br>타자 회복시키다, 보양(保養)하다 |
| **recreation** | [rèkriéiʃən] [뤠크루에이션]<br>명 오락, 휴양, 레크리에이션 |
| **recruit** | [rikrúːt] [뤼크루우트]<br>타 신병을 모집하다, 보충하다 |
| **rectangle** | [réktæŋgl] [뤡탱그얼]<br>명 직사각형, 장방형 |
| **rectangular** | [rektǽŋgjulər] [뤡탱귤러]<br>형 구형(球形)의, 장방형의, 직사각형의 |
| **recur** | [rikə́ːr] [뤼커어]<br>자 회상하다, 되돌아가다 |
| **red** | [red] [뤠드]<br>형 붉은, 피에 물든 명 빨강 |
| **redbreast** | [rédbrèst] [뤠드브뤠스트]<br>명 방울새(미국의 도요새 일종) |
| **redden** | [rédn] [뤠든]<br>타자 붉게 하다, 붉어지다 |

| reddish | [rédiʃ] [뤠디시]<br>형 불그스름한, 불그레한 |
|---|---|
| **redeem** | [ridí:m] [뤼디이임]<br>타 되사다, 회복하다, 속죄하다 |
| redemption | [ridémpʃən] [뤼뎀(프)션]<br>명 도로 사들임, 속죄, (속전을 주고) 석방시킴 |
| **redemptive** | [ridémptiv] [뤼뎀프티브]<br>형 되사는, 속죄의 |
| redress | [ridrés] [뤼드레쓰]<br>타 보상하다, 시정하다 |
| **reduce** | [ridjú:s] [뤼듀우쓰]<br>타 요약하다, 감소시키다<br>* be reduced to ashes 잿더미로 변하다 |
| reduction | [ridʌkʃən] [뤼덕션]<br>명 변형, 감소, 축소, 저하 |
| redundant | [ridʌndənt] [뤼던던트] 형 여분의,<br>과다한(superfluous), 풍부한 |
| reed | [ri:d] [리이드]<br>명 갈대, 갈대밭 |

| | |
|---|---|
| **reef** | [ri:f] [뤼이흐]<br>몡 암초, 광맥, 모래톱 |
| **reel** | [ri:l] [뤼이얼]<br>몡 실감개, 얼레 탭 얼레에 감다 |
| **reestablish** | [rì:istǽbliʃ] [뤼이이스태블리쉬]<br>탭 복직 [복원]하다, 부흥하다 |
| **refer** | [rifə́:r] [뤼훠어]<br>탭재 조회하다, 언급하다<br>\* refer to ~에 언급하다, ~을 참고로 하다,<br>~에 돌리다 |
| **referee** | [rèfərí:] [뤠훠뤼이] 몡 중재인, (권투 · 축구<br>따위의) 심판원 둉 중재하다, 심판하다 |
| **reference** | [réfərəns] [뤠훠뤈쓰]<br>몡 참조, 참고, 문의, 언급<br>\* with [without] reference to ~에 관하여<br>(~에 관계없이) |
| **referendum** | [rèfəréndəm] [뤠훠렌덤]<br>몡 국민 투표 |
| **refine** | [rifáin] [뤼화인]<br>탭재 세련되게 하다, 순화하다 |

| | |
|---|---|
| **refinement** | [rifáinmənt] [리화인먼트]<br>몡 고상, 우아, 세련 |
| **reflect** | [riflékt] [리흐렉트]<br>타자 반사하다, 반영하다, 숙고하다<br>\* reflect on ~을 숙고하다 |
| **reflection** | [riflékʃən] [리흐렉션]<br>몡 반사, 반사광, 반성, 숙고 |
| **reform** | [rifɔ́ːrm] [리훠엄]<br>타자 개량하다 몡 개량, 감화 |
| **refrain** | [rifréin] [리흐뤠인]<br>자 ~을 참다, 삼가다<br>몡 ((시나 노래의)) 후렴<br>\* refrain from ~을 그만두다, ~을 삼가다 |
| **refresh** | [rifréʃ] [리흐뤠쉬]<br>타 기운나게 하다, 새롭게 하다<br>\* refresh oneself (휴식 · 음식 따위를<br>취하여) 기운을 돋우다, 원기를 되찾다 |
| **refrigerator** | [rifrídʒərèitər] [리흐뤼쥐뤠이터]<br>몡 냉장고 |

| | |
|---|---|
| **refuge** | [réfju:dʒ] [뤠휴우쥐]<br>몡 피난, 피난처, 대피소 |
| **refusal** | [rifjú:zəl] [뤼휴우즈얼]<br>몡 거절 |
| **refuse** | [rifjú:z] [뤼휴우즈]<br>자타 거절하다, 사절하다<br>[réfju:s] [뤠휴우스]<br>몡 쓰레기, 폐물 혱 쓸모없는 |
| **refute** | [rifjú:t] [뤼휴웃]<br>타 논박하다, 반박하다 |
| **regain** | [rigéin] [뤼게인]<br>타 되찾다, 회복하다, 복귀하다 |
| **regal** | [rí:gəl] [뤼이거얼]<br>혱 국왕의, 국왕다운, 당당한 |
| **regard** | [rigá:rd] [뤼가아드]<br>타자 주시하다, 응시하다 몡 주의<br>* regard ~ as ~을 ~로 간주하다<br> (look upon as), ~라고 생각하다<br>* in [with] regard to ~에 관하여 |
| **regarding** | [rigá:rdiŋ] [뤼가아딩]<br>젼 ~에 관하여는 |

| | |
|---|---|
| **regardless** | [rigάːrdlis] [뤼가들리쓰] <br> 형 무관심한 부 ~에 관계없이 |
| **regenerate** | [ridʒénərèit] [뤼줴너뤠잇] <br> 타 재생시키다, 재거하다 |
| **regent** | [ríːdʒənt] [뤼이줜트] <br> 명 섭정(攝政) 형 섭정의 |
| **regime** | [reiʒíːm] [뤠이쥐임] <br> 명 궤도, 정체, 정부, 섭생 |
| **regiment** | [rédʒəmənt] [뤠저먼트] <br> 명 (군의) 연대, 다수, 큰 떼 |
| **region** | [ríːdʒən] [뤼이줜] <br> 전명 지방, 지구, 범위, 영역 <br> * in the region of ~의 부근에, <br> ~의 근처에 |
| **register** | [rédʒistər] [뤠쥐스터] <br> 명 기록, 등록기 자 등록하다 |
| **registration** | [rèdʒistréiʃən] [뤠쥐스츄뤠이션] <br> 명 등기, 등록, 표시 |
| **regret** | [rigrét] [뤼그뤳] <br> 명 유감, 후회 타 후회하다 |

| regular | [régjulər] [뤠귤러]<br>휑 규칙적인, 일정한 휑 정규병 |
|---------|-------------------------------------------------|
| **regularity** | [règjulǽrəti] [뤠귤래러티]<br>휑 규칙적임, 질서, 균형 |
| **regularly** | [régjulərli] [뤠귤러얼리]<br>휑 규칙 바르게, 정식으로 |
| **regulate** | [régjulèit] [뤠귤레잇]<br>휑 규칙 바르게 하다, 규정하다 |
| **regulation** | [règjuléiʃən] [뤠귤레이션]<br>휑 규칙, 규정 휑 규칙의, 표준의 |
| **rehearsal** | [rihə́:rsəl] [뤼허어써얼]<br>휑 (극·음악의) 예행 연습, 리허설 |
| **rehearse** | [rihə́:rs] [뤼허어쓰]<br>휑 휑 예행 연습을 하다 |
| **reign** | [rein] [뤠인]<br>휑 통치 휑 통치하다 |
| **rein** | [rein] [뤠인]<br>휑 고삐, 통제 수단 |
| **reindeer** | [réindìər] [뤠인디어]<br>휑 ((단·복수 동형)) 뿔사슴, 순록 |

| | |
|---|---|
| **reinforce** | [riːinfɔ́ːrs] [뤼인휘오쓰]<br>타 보강하다, 강화하다 |
| **reiterate** | [riːítəreit] [뤼이이터뤠잇]<br>타 되풀이하다, 반복하다 |
| **reject** | [ridʒékt] [뤼젝트]<br>타 물리치다, 거절하다 |
| **rejoice** | [ridʒɔ́is] [뤼죠이쓰]<br>자타 기뻐하다, 기쁘게 하다<br>* rejoice in ~을 즐기다, ~을 향유하다 |
| **relapse** | [riláeps] [뤼랩쓰] 자 되돌아가다,<br>타락하다, 재발하다 명 타락, 재발 |
| **relate** | [riléit] [륄레잇]<br>타자 이야기하다, 관계가 있다<br>* relate ~ to … ~를 …에 관계시키다 |
| **related** | [riléitid] [륄레이티드]<br>형 관련된 |
| **relation** | [riléiʃən] [륄레이션]<br>명 관계, 관련, 친척 |

| | |
|---|---|
| **relationship** | [riléiʃənʃip] [릴레이션쉽]<br>명 관계, 친척 관계 |
| **relative** | [rélətiv] [렐러티브] 명 친척, ((문법)) 관계사<br>형 상대적인, 관계가 있는 |
| **relatively** | [rélətivli] [렐러티블리]<br>부 상대적으로 |
| **relax** | [rilǽks] [릴렉쓰]<br>타 자 늦추다, 느슨해지다 |
| **relay** | [rílei] [뤼일레이] 명 교대자, 릴레이<br>자타 교대하다, ((통신)) 중계하다 |
| **release** | [rilíːs] [륄리이쓰]<br>타 해방하다, 면제하다 명 방면, 해방 |
| **relent** | [rilént] [륄렌트]<br>자 (마음이) 누그러지다 |
| **reliable** | [riláiəbl] [륄라이어브얼]<br>형 믿을 수 있는, 확실한 |
| **reliance** | [riláiəns] [륄라이언쓰]<br>명 신뢰, 신용, 의지 |

*778*

| | |
|---|---|
| **relic** | [rélik] [렐릭]<br>명 ((보통 복수)) 유품, 기념품 |
| **relief** | [rilíːf] [륄리이흐]<br>명 구제, 돋을새김(세공) |
| **relieve** | [rilíːv] [륄리이브]<br>타 경감하다, 제거하다, 구제하다 |
| **religion** | [rilídʒən] [륄리줜]<br>명 종교, 신앙, 종파 |
| **religious** | [rilídʒəs] [륄리줘쓰]<br>형 종교적인, 종교상의 |
| **relinquish** | [rilíŋkwiʃ] [륄링크위쉬]<br>타 포기하다, 양도하다 |
| **relish** | [réliʃ] [렐리쉬]<br>명 풍미, 향기 타 자 맛보다 |
| **reluctance** | [rilʌ́ktəns] [릴럭턴쓰]<br>명 본의 아님, 꺼림, 싫음 |
| **reluctant** | [rilʌ́ktənt] [릴럭턴트]<br>형 마지못해 하는, 싫은 |
| **rely** | [rilái] [릴라이]<br>자 의지하다, 신뢰하다, 믿다 |

| | |
|---|---|
| **remain** | [riméin] [뤼메인] 짜 남다, 머무르다<br>명 ((보통 복수)) 나머지, 잔고, 유골, 유적 |
| **remainder** | [riméindər] [뤼메인더]<br>명 나머지, 잉여, 잔류자 |
| **remark** | [rimάːrk] [뤼마아크]<br>명 주의, 관찰 타짜 주의하다 |
| **remarkable** | [rimάːrkəbl] [뤼마아커브얼]<br>형 현저한, 주목할 만한, 비범한 |
| **remarkably** | [rimάːrkəbli] [뤼마아커블리]<br>부 현저하게, 눈에 띄게 |
| **remedy** | [rémədi] [뤠머디]<br>명 의약, 의료법 타 치료하다 |
| **remember** | [rimémbər] [뤼멤버]<br>타짜 생각해 내다, 기억하다 |
| **remembrance** | [rimémbrəns] [뤼멤브뤈쓰]<br>명 기억, 회상, 기념품, 전언 |
| **remind** | [rimáind] [뤼마인드]<br>타 생각나게 하다, 깨닫게 하다<br>* remind (one) of ~을 생각나게 하다,<br>연상시키다 |

| | |
|---|---|
| **reminiscence** | [rèmənísns] [레머니슨쓰]<br>몡 회상(remembrance), 추억 |
| **remit** | [rimít] [뤼밋]<br>타자 경감하다, 송금하다, 용서하다 |
| **remnant** | [rémnənt] [램너트]<br>몡 나머지, 찌꺼기, 유물 |
| **remonstrance** | [rimánstrəns] [뤼만스츄뤈쓰]<br>몡 충고, 간언, 항의 |
| **remonstrate** | [rimánstreit] [뤼만스츄뤠잇]<br>자타 충고하다, 간언하다, 항의하다 |
| **remorse** | [rimɔ́ːrs] [뤼모오쓰]<br>몡 후회, 뉘우침, 자책 |
| **remote** | [rimóut] [뤼모웃]<br>혱 먼, 아득한, 멀리 떨어진 |
| **removal** | [rimúːvəl] [뤼무우버얼]<br>몡 이동, 제거, 살해, 해임 |
| **remove** | [rimúːv] [뤼무우브]<br>타자 옮기다, 치우다, 이사하다 |
| **removed** | [rimúːvd] [뤼무우브드]<br>혱 떨어진, 먼, 관계가 먼 |

*781*

| **Renaissance** | [rènesá:ns] [뤠너싸안쓰]<br>몡 르네상스(문예 부흥) |
| **rend** | [rend] [뤤드]<br>탄자 찢다, 쪼개다, 째다 |
| **render** | [réndər] [뤤더]<br>탄 ~로 하다, 돌려주다, 제출하다 |
| **rendezvous** | [rá:ndivù:] [롸안디부우]<br>몡 회합, 집결, 랑데뷰 쟈 집합하다 |
| **renew** | [rinjú:] [뤼뉴우]<br>탄 갱신하다, 새롭게 하다 |
| **renounce** | [rináuns] [뤼나운쓰]<br>탄자 버리다, 부인하다 |
| **renown** | [rináun] [뤼나운]<br>몡 명성, 유명 |
| **rent** | [rent] [뤤트]<br>몡 집세, 임대료 탄자 임대하다, 임차하다 |
| **repair** | [ripέər] [뤼페어]<br>탄자 수선하다, 회복하다 몡 수선 |
| **repay** | [ripéi] [뤼페이]<br>탄자 돈을 갚다, 보답하다 |

| repeat | [ripíːt] [뤼피이트]<br>타 자 되풀이하다, 암송하다 명 되풀이 |
|---|---|
| **repel** | [ripél] [뤼페얼]<br>타 자 격퇴하다, 저항하다 |
| repent | [ripént] [뤼펜트]<br>타 자 후회하다, 뉘우치다 |
| **repertory** | [répərtòːri] [뤠퍼토오뤼]<br>명 연주 곡목, 레퍼토리 |
| repetition | [rèpətíʃən] [뤠퍼티션]<br>명 되풀이, 반복, 복창, 복사 |
| **replace** | [riplés] [뤼플레이쓰]<br>타 ~에 대신하다, 제자리에 놓다 |
| replenish | [ripléniʃ] [뤼플레니쉬]<br>타 다시 채우다, 연료를 보급하다 |
| **reply** | [riplái] [뤼플라이]<br>자 타 대꾸하다, 대답하다 명 대답 |
| report | [ripóːrt] [뤼포오트]<br>명 보고(서), 상신 자 타 보고하다 |
| **reporter** | [ripóːrtər] [뤼포오터]<br>명 통신원, 보고자, 기록원 |

| | |
|---|---|
| **repose** | [ripóuz] [뤼포우즈]<br>타자 휴식하다 명 휴식, 안면 |
| **represent** | [rèprizént] [뤠프뤼젠트]<br>타 나타내다, 표현하다, 설명하다 |
| **representation** | [rèprizentéiʃən] [뤠프뤼젠테이션]<br>명 표현, 묘사, 대표, 연출 |
| **reproach** | [ripróutʃ] [뤼프로우취]<br>명 비난, 불명예 타 비난하다 |
| **reproduce** | [rìprədjú:s] [뤼프뤼듀우쓰]<br>타 재생하다, 복사하다, 번식하다 |
| **reproduction** | [rìprədʌ́kʃən] [뤼프뤄덕션]<br>명 재생, 재현, 모조, 복사, 번식 |
| **reproof** | [riprú:f] [뤼프루우흐]<br>명 비난, 책망, 질책 |
| **reprove** | [riprú:v] [뤼프루우브]<br>타 비난하다(blame), 꾸짖다 |
| **reptile** | [réptl] [뤱트얼]<br>명 파충류 형 파충류의 |
| **republic** | [ripʌ́blik] [뤼퍼블릭]<br>명 공화국, 공화 정체 |

| | |
|---|---|
| **republican** | [ripʌ́blikən] [뤼퍼블리컨] <br> 형 공화국의, 공화주의의 |
| **repulse** | [ripʌ́ls] [뤼퍼얼쓰] <br> 명 격퇴, 거절 자 격퇴하다 |
| **repulsion** | [ripʌ́lʃən] [뤼퍼얼션] <br> 명 혐오, 거절 |
| **reputable** | [répjutəbl] [뤠퓨터브얼] <br> 형 평판이 좋은 |
| **reputation** | [rèpjutéiʃən] [뤠퓨테이션] <br> 명 평판, 명성 |
| **repute** | [ripjúːt] [뤼퓨우트] <br> 명 평판, 명성 타 ～라고 생각하다 |
| **request** | [rikwést] [뤼크웨스트] <br> 타 바라다, 신청하다 명 소원 |
| **require** | [rikwáiər] [뤼크와이어] <br> 타자 필요로 하다, 요구하다 |
| **requisite** | [rékwizit] [뤠크위짓] <br> 형 필요한 명 필수품, 요소 |
| **rescue** | [réskjuː] [뤠스큐우] <br> 타 구출하다, 구조하다 명 구조 |

| research | [risə́ːrtʃ] [리써어취] |
|---|---|
| | 몡 연구, 조사 쟈 연구하다, 조사하다 |

| resemble | [rizémbl] [리젬브얼] |
|---|---|
| | 타 ~와 닮았다, 유사하다 |

| resent | [rizént] [리젠트] |
|---|---|
| | 타 분개하다, 원망하다 |

| reservation | [rèzərvéiʃən] [뤠저베이션] |
|---|---|
| | 몡 보류, 예약 |

| reserve | [rizə́ːrv] [리저어브] |
|---|---|
| | 타 보존하다, 예약하다 |
| | 몡 보존, 예비 혱 예비의 |
| | * without reserve 거리낌 없이 |

| reserved | [rizə́ːrvd] [리저어브드] |
|---|---|
| | 혱 보류된, 예약한, 예비의 |

| reside | [rizáid] [리자이드] |
|---|---|
| | 쟈 살다, 존재하다 |

| residence | [rézidəns] [뤠지던쓰] |
|---|---|
| | 몡 거주, 주재, 주택 |

| resident | [rézidənt] [뤠지던트] |
|---|---|
| | 혱 거주하는, 고유의 몡 거주자 |

| | |
|---|---|
| **resign** | [rizáin] [리자인]<br>타 자 단념하다, 사직하다<br>* resign oneself to 단념하고 ~하기로<br>하다, 따르다 |
| **resignation** | [rèzignéiʃən] [뤠지그네이션]<br>명 사직, 체념, 포기, 사표 |
| **resist** | [rizíst] [뤼지스트]<br>타 저항하다, 방해하다, 참다 |
| **resistance** | [rizístəns] [뤼지스턴쓰]<br>명 저항, 반항, 방해 |
| **resolute** | [rézəlùːt] [뤠절루우트]<br>형 결심이 굳은, 단호한 |
| **resolutely** | [rézəluːtli] [뤠절루우틀리]<br>부 굳은 결심으로, 단호하게 |
| **resolution** | [rèzəlúːʃən] [뤠절루우션]<br>명 결심, 과단, 결의, 분해 |
| **resolve** | [rizálv] [뤼자얼브]<br>타 자 결심하다, 분해하다 명 결심 |
| **resolved** | [rizálvd] [뤼자얼브드]<br>형 결의한, 단호한, 굳은 |

| | |
|---|---|
| **resort** | [rizɔ́ːrt] [뤼조오트]<br>짜 (자주) 가다 명 놀이터, 유흥지<br>* a summer resort 피서지<br>* in the last resort 최후의 수단으로,<br>  마침내<br>* resort to (수단에) 호소하다, 다니다, 가다 |
| **resound** | [rizáund] [뤼자운드]<br>짜타 울리다, 반향하다 |
| **resource** | [ríːsɔːrs] [뤼이쏘오쓰]<br>명 ((복수)) 자원, 물자, 수단, 오락 |
| **respect** | [rispékt] [뤼스펙트]<br>타 존경하다<br>명 존경, 점, 세목, 관계<br>* have respect for ~을 존경하다<br>* have respect to ~와 관계가 있다<br>* in all [many] respects 모든 [많은]<br>  점에서<br>* in no respect 어느 점에서도 ~않다,<br>  결코 ~않다<br>* in respect to ~에 관하여<br>* in this respect 이 점에서<br>* with respect to ~에 관하여, ~에 대하여 |

| respectable | [rispéktəbl] [뤼스펙터브얼] |
| | 형 존경할 만한, 훌륭한 |
| respectful | [rispéktfəl] [뤼스펙(트)풔얼] |
| | 형 정중한, 공손한, 존경하는 |
| respectfully | [rispéktfəli] [뤼스펙(트)풔얼리] |
| | 부 정중하게, 공손히 |
| respecting | [rispéktiŋ] [뤼스펙팅] |
| | 전 ~에 관하여(about) |
| respective | [rispéktiv] [뤼스펙티브] |
| | 형 각자의, 각각의, 각기의 |
| respectively | [rispéktivli] [뤼스펙티블리] |
| | 부 각각, 각자, 제각기 |
| respiration | [rèspəréiʃən] [뤠스퍼뤠이션] |
| | 명 호흡(breathing) |
| respiratory | [réspərətɔ́:ri] [뤠스퍼러토뤼] |
| | 형 호흡 (작용)의 |
| respire | [rispáiər] [뤼스파이어] |
| | 타자 호흡하다 |
| respite | [réspit] [뤠스핏] |
| | 명 휴식, 일시적 중단, 연기 |

| | |
|---|---|
| **respond** | [rispánd] [뤼스판드]<br>재 응답하다, 응하다<br>* respond to ~에 반응하다, ~에 답하다 |
| **response** | [rispáns] [뤼스판쓰]<br>명 응답, 반응, 반향<br>* in response to ~에 응하여, ~에 답하여 |
| **responsibility** | [rispànsəbíləti] [뤼스판써빌러티]<br>명 책임, 의무 |
| **responsible** | [rispánsəbl] [뤼스판써브얼]<br>형 책임 있는, 책임을 져야 할<br>* (be) responsible for ~에 대하여<br>책임이 있다 |
| **rest** | [rest] [뤠스트]<br>명 휴식, 나머지<br>자타 쉬다, 정지하다, 기대다<br>* rest on [upon] ~에 의하다, ~나름이다<br>* at rest 휴식하여, 안심하여, 정지하여 |
| **restaurant** | [résterənt] [뤠스터라안]<br>명 요리점, 식당, 레스토랑 |

| restless | [réstlis] [뤠스틀리쓰]<br>형 침착하지 못한, 불안한 |
| --- | --- |
| **restoration** | [rèstəréiʃən] [뤠스터레이션]<br>명 회복, 복구, 복고, 복위 |
| restore | [ristɔ́ːr] [뤼스토오]<br>타 본래대로 하다, 회복하다 |
| **restrain** | [ristréin] [뤼스츄뤠인]<br>타 억제하다, 구속하다, 금지하다 |
| restraint | [ristréint] [뤼스츄뤠인트]<br>명 억제, 구속, 속박, 감금, 제한 |
| **restrict** | [ristríkt] [뤼스츄뤽트]<br>타 제한하다, 한정하다 |
| restriction | [ristríkʃən] [뤼스츄뤽션]<br>명 제한, 한정, 속박, 구속 |
| **result** | [rizʌ́lt] [뤼저얼트]<br>명 결과, 성과 자 (결과로서) 생기다<br>* as a result ~의 결과로서<br>* result from ~에서 생기다,<br>　~에서 일어나다<br>* result in ~으로 끝나다, ~으로 귀착하다,<br>　~의 결과를 가져오다 |

| resultant | [rizʌ́ltənt] [뤼절턴트]<br>형 결과로서 생기는 명 결과 |
|---|---|
| **resume** | [rizjúːm] [뤼주음]<br>타 다시 잡다, 되찾다 |
| resumption | [rizʌ́mpʃən] [뤼점(프)션]<br>명 재개시, 되찾기, 회수, 회복 |
| **resurrection** | [rèzərékʃən] [뤠저뤡션]<br>명 재생, 부흥, [the R-] 그리스도의 부활 |
| retail | [ríːteil] [뤼이테얼]<br>명 소매 반 whole-sale(도매) |
| **retain** | [ritéin] [뤼테인]<br>타 유지하다, 보류하다 |
| retake | [ritéik] [뤼테읶]<br>타 탈환하다, 다시 잡다, 되찾다 |
| **retard** | [ritάːrd] [뤼타아드]<br>타자 늦게 하다, 늦추다 명 지연 |
| retire | [ritάiər] [뤼타이어]<br>자타 물러나다, 퇴직하다 |
| **retirement** | [ritάiərmənt] [뤼타이어먼트]<br>명 퇴직, 은퇴, 은둔 |

| | |
|---|---|
| **retort** | [ritɔ́:rt] [뤼**토**오트]<br>몡 말대꾸 탸쟈 말대꾸하다 |
| **retreat** | [ritrí:t] [뤼츄**뤼**이트]<br>몡 퇴각, 은신처 쟈 물러가다, 은신하다 |
| **retrieve** | [ritrí:v] [뤼츄**뤼**이브]<br>탸 되찾다, 회복하다 |
| **return** | [ritə́:rn] [뤼**터**언]<br>쟈탸 돌아가(오)다, 돌려주다 몡 복귀<br>* in return [for] ~의 보답으로, 답례로,<br>　그 대신에 |
| **reveal** | [rivíːl] [뤼**비**얼]<br>탸 나타내다, 보이다, 알리다 |
| **revel** | [révl] [**뤠**브얼]<br>쟈 주연을 베풀다 몡 술잔치 |
| **revenge** | [rivéndʒ] [뤼**벤**쥐]<br>탸 복수하다 몡 복수<br>* take one's revenge on<br>　~에게 복수하다, 원한을 풀다 |
| **revenue** | [révənjùː] [**뤠**버뉴우]<br>몡 (국가의) 세입, 수입 |

| | |
|---|---|
| **revere** | [rivíər] [뤼비어]<br>타 존경하다 |
| **reverence** | [révərəns] [뤠버륀쓰]<br>명 존경 타 존경하다 |
| **reverend** | [révərənd] [뤠버륀드]<br>형 존경할 만한, 거룩한 |
| **reverent** | [révərənt] [뤠버륀트]<br>형 숭상하는, 경건한 |
| **reverie** | [révəri] [뤠버뤼]<br>명 환상, 공상 |
| **reverse** | [rivə́ːrs] [뤼버어쓰]<br>타 자 거꾸로 하다 명 반대, 역 |
| **revert** | [rivə́ːrt] [뤼버어트]<br>자 본래 상태로 돌아가다 |
| **review** | [rivjúː] [뤼뷰우]<br>명 비평, 논평, 재검토, 복습<br>타 자 복습하다, 재검토하다<br>* court of review 재심 법원 |
| **revile** | [riváil] [뤼바이얼]<br>자 타 욕하다, 욕설하다(abuse) |

| | |
|---|---|
| **revise** | [riváiz] [리바이즈] <br> 타 교정하다, 개정하다 명 개정 |
| **revision** | [rivíʒən] [리비줜] <br> 명 개정, 교정, 교열 |
| **revival** | [riváivəl] [리바이버얼] <br> 명 부활, 부흥, 신앙 부흥 |
| **revive** | [riváiv] [리바이브] <br> 자타 부활하다, 되살아나다 |
| **revocable** | [révəkəbl] [레버커브얼] <br> 형 취소할 수 있는 |
| **revoke** | [rivóuk] [리보욱] <br> 자타 취소하다, 해체하다 |
| **revolution** | [rèvəljú:ʃən] [레벌류우션] <br> 명 혁명, 변혁, 회전, 주기 |
| **revolutionary** | [rèvəljú:ʃənèri] [레벌류우셔네뤼] <br> 형 혁명적인, 회전의 |
| **revolve** | [riválv] [리볼브] <br> 자타 회전하다, 숙고하다 |
| **revolver** | [riválvər] [리볼버] <br> 명 연발 권총 |

| | |
|---|---|
| **reward** | [riwɔ́ːrd] [뤼워어드]<br>몡 보수, 사례금 탄 보답하다 |
| **rhetoric** | [rétərik] [뤠터릭]<br>몡 수사학, 웅변술, 미사여구 |
| **rheumatism** | [rúːmətìzm] [루우머티즘]<br>몡 류머티즘 |
| **rhyme** | [raim] [롸임]<br>몡 (시의) 운(韻) 자탄 시를 짓다 |
| **rhythm** | [ríðm] [뤼듬]<br>몡 율동, 리듬, 운율 |
| **rib** | [rib] [뤼브]<br>몡 갈빗대, 갈비, 늑골 |
| **ribbon** | [ríbən] [뤼번]<br>몡 리본, 띠 탄자 리본을 달다 |
| **rice** | [rais] [롸이쓰]<br>몡 쌀, 밥, 벼 |
| **rich** | [ritʃ] [뤼치]<br>혱 부자의, 풍부한, (빛깔이) 짙은<br>* (be) rich in ~이 풍부한 |

| | |
|---|---|
| **riches** | [rítʃiz] [뤼취즈]<br>몡 ((복수)) 부, 재산, 풍부함 |
| **richly** | [rítʃli] [뤼칠리]<br>뷔 부유하게, 풍요하게 |
| **rid** | [rid] [뤼드]<br>탸 제거하다, 퇴치하다, 쫓아버리다<br>* get [be] rid of ~을 제거하다 |
| **riddle** | [rídl] [뤼드얼]<br>몡 수수께끼 탸쟈 수수께끼를 내다 [풀다] |
| **ride** | [raid] [롸이드]<br>쟈탸 타다, 타고 가다 몡 승마, 승차 |
| **ridge** | [ridʒ] [뤼쥐]<br>몡 산마루, 산등성이 |
| **ridicule** | [rídikjùːl] [뤼디큐얼]<br>몡 비웃음, 조소 탸 비웃다, 놀리다 |
| **ridiculous** | [ridíkjuləs] [뤼디큘러쓰]<br>혱 어리석은, 우스운 |
| **rifle** | [ráifl] [롸이흐얼]<br>몡 소총, 라이플총 탸 약탈하다 |

| | |
|---|---|
| **rig** | [rig] [뤼그]<br>타 준비하다, 채비를 하다 |
| **right** | [rait] [롸잇]<br>형 올바른, 오른쪽의 부 바르게, 꼭<br>명 올바름, 권리, 오른쪽 타 바로잡다<br>* right against ~의 바로 맞은편에<br>* right away ((미·구어)) 즉시, 당장에<br>* be in the right 올바르다, 도리에 맞다 |
| **righteous** | [ráitʃəs] [롸이춰쓰]<br>형 바른, 공정한, 정직한, 고결한 |
| **righteousness** | [ráitʃəsnis] [롸이춰쓰니쓰]<br>명 정의, 공의, 정당 |
| **rightful** | [ráitʃəl] [롸잇훠얼]<br>형 올바른, 합법의, 정당한 |
| **righthand** | [ráithænd] [롸잇핸드]<br>형 오른손의, 우측의 |
| **rightly** | [ráitli] [롸이틀리]<br>부 바르게, 공정하게, 틀림없이 |
| **rigid** | [rídʒid] [뤼쥐드]<br>형 단단한(stiff), 엄중한, 엄격한, 강직한 |

| | |
|---|---|
| **rigidity** | [ridʒídəti] [뤼쥐더티]<br>⑲ 강직, 엄격 |
| **rigo(u)r** | [rígər] [뤼거]<br>⑲ 엄함, 가혹함, 엄격(strictness) |
| **rigorous** | [rígərəs] [뤼거뤄쓰]<br>⑲ 엄격한, 가혹한 |
| **rill** | [ril] [륄]<br>⑲ 시내(small brook) |
| **rim** | [rim] [륌]<br>⑲ 가장자리 ⓣ 테두리를 붙이다 |
| **rind** | [raind] [롸인드]<br>⑲ (과일의) 껍질, 외관 |
| **ring** | [riŋ] [륑]<br>⑳ⓣ 울리다 ⑲ 바퀴, 고리, 반지<br>\* ring up 전화를 걸다, 금전 등록기에<br>　(금액을) 넣다 |
| **rink** | [riŋk] [륑크]<br>⑲ 스케이트장 |
| **rinse** | [rins] [륀쓰]<br>ⓣ 물에 헹구다 ⑲ 헹굼, 가심 |

| | |
|---|---|
| **riot** | [ráiət] [라이엇]<br>명 폭동 자타 폭동을 일으키다 |
| **rip** | [rip] [립]<br>타자 찢다, 터지다 명 터짐 |
| **ripe** | [raip] [라입]<br>형 익은, 원숙한, 노련한 |
| **ripen** | [ráipən] [롸이펀]<br>자타 익다, 익히다, 원숙하다 |
| **ripple** | [rípl] [류프얼]<br>명 잔물결 자타 잔물결이 일다 |
| **rise** | [raiz] [라이즈]<br>자 일어서다, 오르다 명 상승<br>* on the rise 증가하여, 등귀하는 경향으로<br>* give rise to ～을 일으키다<br>* rise in the world 출세하다, 승진하다 |
| **rising** | [ráiziŋ] [롸이징]<br>형 떠오르는, 오르는, 증대하는 |
| **risk** | [risk] [류스크]<br>명 위험 타 (목숨 따위를) 걸다, 감행하다<br>* at all risks 어떤 위험을 무릅쓰고라도<br>* at the risk of ～을 걸고, ～의 위험을<br>  무릅쓰고 |

| | |
|---|---|
| **rite** | [rait] [라잇]<br>명 의식, 관습 |
| **ritual** | [rítʃuəl] [뤼츄어얼]<br>형 (종교적) 의식의, 관습의 명 의식 |
| **rival** | [ráivəl] [롸이버얼]<br>명 경쟁자 형 경쟁하는 타 경쟁하다 |
| **river** | [rívər] [뤼버]<br>명 강(江), 하천, 다량의 흐름 |
| **road** | [roud] [로우드]<br>명 길, 수단, 방법 |
| **roam** | [roum] [로움]<br>자타 거닐다, 방랑하다 |
| **roar** | [rɔːr] [로오]<br>자타 으르렁거리다 명 으르렁거리는 소리 |
| **roast** | [roust] [로우스트]<br>타 불에 쬐어 굽다 명 불고기 형 구운 |
| **rob** | [rab] [롸브]<br>타 자 빼앗다, (은행 등을) 털다 |

| robber | [rábər] [롸버]<br>명 도둑, 강도 |
|---|---|
| robbery | [rábəri] [롸버뤼]<br>명 강탈, 약탈 |
| robe | [roub] [로우브]<br>명 길고 헐거운 겉옷 타자 입히다 |
| robin | [rábin] [롸빈]<br>명 울새 |
| robot | [róubat] [로우밧]<br>명 인조 인간, 로봇 |
| rock | [rák, rɔk] [롹, 록]<br>명 바위, 암석, 돌<br>타자 흔들다<br>* a rocking chair 흔들의자 |
| rocket | [rákit] [롸킷]<br>명 로케트, 봉화 |
| rocky | [ráki] [롸키]<br>형 바위 같은, 완고한, 암석질의 |

| **rod** | [rad] [라드]<br>몡 막대, 장대, 회초리, 낚싯대 |
|---|---|
| **rogue** | [roug] [로우그]<br>몡 악한, 악당, 개구쟁이, 장난꾼 |
| **role** | [roul] [로우을]<br>몡 배역, 역할, 임무<br>* play a vital role 매우 중요한<br>  역할을 하다 |
| **roll** | [roul] [로우울]<br>타 자 굴리다, 구르다 몡 회전<br>* call the roll 출석 부르다, 점호하다<br>* roll off 굴러서 떨어지다 |
| **Roman** | [róumən] [로우먼]<br>혱 로마의 몡 로마 사람 |
| **romance** | [rouméns] [로우맨쓰] 몡 로맨스, 연애<br>이야기, [R-] 로맨스 말 |
| **romantic** | [rouméntik] [로우맨틱]<br>혱 로맨틱한, 낭만주의의 몡 [R-] 낭만주의자 |
| **Rome** | [roum] [로움]<br>몡 로마, 로마 제국 |

| | |
|---|---|
| **roof** | [ru:f] [루우흐]<br>명 지붕 타 지붕을 이다 |
| **room** | [rú:m] [루음]<br>명 방, 장소, 공간<br>자타 방을 차지하다<br>* make room for ~을 위하여<br>　장소를 비우다 |
| **rooster** | [rú:stər] [루우스터]<br>명 ((미)) 수탉 반 hen(암탉) |
| **root** | [ru:t] [루우트]<br>명 뿌리, 근원 자타 뿌리박다 |
| **rope** | [roup] [로웁]<br>명 밧줄, 새끼 타자 줄로 묶다 |
| **rose** | [rouz] [로우즈]<br>명 장미 형 장밋빛의 |
| **rosebud** | [róubʌd] [로우즈버드]<br>명 장미 봉오리, 아름다운 소녀 |
| **rosy** | [róuzi] [로우지]<br>형 장밋빛의, 불그스름한, 유망한 |
| **rot** | [rat] [랏]<br>자타 썩다, 썩이다 명 부패 |

| | |
|---|---|
| **rotary** | [róutəri] [로우터뤼] 형 회전하는(turning round) 명 윤전기, 로터리 |
| **rotate** | [róuteit] [로우테잇] 자타 회전하다, 교대시키다 |
| **rotation** | [routéiʃən] [로우테이션] 명 회전, 교대, 자전 |
| **rotten** | [rótn] [롸튼] 형 부패한, 약한, 더러운, 썩은 |
| **ro(u)ble** | [rúːbl] [루우브얼] 명 루블(소련의 화폐 단위) |
| **rouge** | [ruːʒ] [루우쥐] 명 연지 타자 연지를 바르다 |
| **rough** | [rʌf] [롸흐] 형 거친 부 거칠게 명 학대 |
| **roughly** | [rʌfli] [롸흘리] 부 거칠게, 대충 |
| **round** | [ráund] [롸운드] 형 둥근, 일주하는 전 ～의 둘레에 명 원 부 돌아서, 사방에 타자 둥글게 하다 * all round 온 둘레에, 어디에나 |

| | |
|---|---|
| **rouse** | [rauz] [라우즈]<br>타자 깨우다, 깨다 |
| **rout** | [raut] [롸우트]<br>명 패주 타 패주시키다 |
| **route** | [ru:t] [루우트]<br>명 통로, 수단, 항로 타 발송하다 |
| **routine** | [re:tíːn] [루우티인]<br>명 일과(日課) 형 판에 박힌, 일상의 |
| **rove** | [rouv] [로우브]<br>자타 배회하다 명 방황 |
| **row** | [rou] [로우]<br>명 줄, 열 타자 배를 젓다<br>[rau] [롸우]<br>명 소동, 싸움 타 자 소동을 일으키다 |
| **royal** | [rɔ́iəl] [로이어얼]<br>형 왕의, 당당한, 왕립의 |
| **royalty** | [rɔ́iəlti] [로이얼티]<br>명 왕위, 왕권, 로열티 |
| **rub** | [rʌb] [라브]<br>타자 마찰하다, 문지르다 명 마찰 |

| | |
|---|---|
| **rubber** | [rʌ́bər] [러버]<br>명 고무, 지우개 형 고무 제품의 |
| **rubbish** | [rʌ́biʃ] [러비쉬]<br>명 쓰레기, 잡동사니 |
| **ruby** | [rúːbi] [루우비]<br>명 루비, 홍옥 형 루비빛의, 진홍색 |
| **rudder** | [rʌ́dər] [러더]<br>명 (배·비행기의) 키, 방향타 |
| **ruddy** | [rʌ́di] [러디]<br>형 붉은, 혈색이 좋은, 건장한 |
| **rude** | [ruːd] [루우드]<br>형 무례한, 교양이 없는, 야만적인 |
| **rudely** | [rúːdli] [루우들리]<br>부 거칠게, 버릇없이 |
| **rue** | [ruː] [루우]<br>타 자 뉘우치다, 슬퍼하다, 한탄하다 |
| **ruffian** | [rʌ́fjən] [러휘언]<br>명 깡패, 악한 형 악당의, 흉악한 |
| **ruffle** | [rʌ́fl] [러흐얼]<br>타 자 물결을 일으키다, 흐트러뜨리다 |

| | |
|---|---|
| **rug** | [rʌg] [뤄그] <br> 몡 무릎 덮개, 융단, 양탄자 |
| **rugby** | [rʌ́gbi] [뤄그비] <br> 몡 럭비 |
| **rugged** | [rʌ́gid] [러기드] <br> 혱 울퉁불퉁한, 험한, 거칠고 억센 |
| **ruin** | [ruin] [루인] <br> 몡 파멸, 폐허, 영락 <br> 톼쟈 파멸시키다 <br> * be the ruin of 파멸의 원인이 되다 <br> * go to ruin 망하다, 전멸하다 |
| **rule** | [ru:l] [루얼] <br> 몡 지배, 규칙, 습관 <br> 톼쟈 규정[지배]하다 <br> * as a rule 대개, 통례로, 일반적으로 <br> * rule out (규정에 의하여) 제외하다 |
| **ruler** | [rú:lər] [루을러] <br> 몡 지배자, 통치자 |
| **rumble** | [rʌ́mbl] [뢈브얼] <br> 쟈톼 우르르 울리다 몡 우르렁 소리 |
| **rumo[u]r** | [rú:mər] [루우머] <br> 몡 소문, 풍문 톼 소문을 내다 |

808

**run**

[rʌn] [뤈]

자타 달리다, 달아나다

명 달림, 계속, ((야구)) 득점

* run after ~의 뒤를 쫓다, ~에 열중하다
* run against ~와 충돌하다, ~와 우연히 만나다
* run away 도망치다, 달아나다
* run down 달려 내려가다, (기계가) 멎다
* run into ~에 뛰어들다, (강이) ~에 흘러들다, ~에 달하다
* run on 계속 달리다, 계속하다
* run out 달려 나가다, 흘러나오다, 떨어지다
* run out of ~을 다 써 버리다, 바닥이 나다
* run over ~을 치이다, 넘치다, 대충 훑어보다

**runaway**

[rʌ́nəwei] [롸너웨이]

명 도망(자) 형 도망한

**run-down**

[rʌ́ndaun] [뤈다운]

형 지친, 피곤한(tired, worn out)

**runner**

[rʌ́nər] [롸너]

명 달리는 사람, 경주자

| | |
|---|---|
| **running** | [rániŋ] [롸닝]<br>몡 달리기, 경주 혱 달리는 |
| **rural** | [rúrəl] [루뤄얼]<br>혱 시골의, 전원의, 시골풍의 |
| **rush** | [ráʃ] [롸쉬]<br>자타 돌진하다, 몰아내다 몡 돌진<br>* rush hour 러시아워, 한창 붐비는 시간<br>* rush in ~에 뛰어들다 |
| **Russia** | [ráʃə] [롸셔]<br>몡 러시아 |
| **Russian** | [ráʃən] [롸션]<br>혱 러시아의 몡 러시아 사람(말) |
| **rust** | [rʌst] [롸스트]<br>몡 녹(슨 빛), 녹병 자타 녹슬다 |
| **rustic** | [rástik] [롸스틱]<br>혱 시골풍의, 조야한 몡 시골사람 |
| **rustle** | [rásl] [롸쓰얼]<br>몡 바스락거리는 소리 |
| **rustless** | [rástlis] [롸스틀리쓰]<br>혱 녹이 없는, 녹슬지 않는 |

| | |
|---|---|
| **rustling** | [rʌ́sliŋ] [롸쓸링] <br> 형 살랑살랑 소리나는 |
| **rustproof** | [rʌ́stprùːf] [롸스트프루우흐] <br> 형 녹슬지 않는 |
| **rusty** | [rʌ́sti] [롸스티] <br> 형 녹슨, 녹에서 생긴, 낡은 |
| **rut** | [rʌt] [롯] <br> 명 바큇자국, 판에 박힌 듯한 방법 <br> 타 바큇자국을 내다 |
| **ruthless** | [rúːθlis] [루우쓸리쓰] <br> 형 무자비한 |
| **rutilant** | [rúːtələnt] [루우털뤈트] <br> 형 빨갛게 빛나는, 번쩍번쩍 빛나는 |
| **rutty** | [rʌ́ti] [롸티] <br> 형 바큇자국이 많은 |
| **rye** | [rai] [롸이] <br> 명 호밀 |

| **Sabbath** | [sǽbəθ] [쌔버쓰]<br>명 [보통 the-] 안식일, 주일 |
| **saber, -re** | [séibər] [쎄이버]<br>명 ((펜싱)) 사브르, (기병의) 군도, 기병도 |
| **sable** | [séibl] [쎄이브얼]<br>명 검은담비, 흑색, 상복 |
| **sabotage** | [sǽbətɑ̀ːʒ] [쌔버타아쥐]<br>명 태업(怠業), 사보타주 |
| **sack** | [sæk] [쌕]<br>명 큰 자루, 가마, 마대, 약탈 타 약탈하다 |
| **sacrament** | [sǽkrəmənt] [쌔크러먼트]<br>명 (종교) 성례, 성찬, 신비한 사물 |

| | |
|---|---|
| **sacred** | [séikrid] [쎄이크리드]<br>형 신성한, (신에게) 바친, 종교적인 |
| **sacredness** | [séikridnis] [쎄이크리드니쓰]<br>명 신성함, 신성 불가침 |
| **sacrifice** | [sǽkrəfàis] [쌔크러화이쓰]<br>명 산 제물, 희생<br>타자 희생하다, 바치다<br>* at [by] the sacrifice of ~을 희생하여<br>* make the sacrifice of ~을 희생하다 |
| **sacrificial** | [sækrəfíʃəl] [쌔크러휘셔얼]<br>형 희생의, 희생적인 |
| **sad** | [sæd] [쌔드]<br>형 슬픈, 슬퍼하는, 비참한 |
| **saddle** | [sǽdl] [쌔드얼]<br>명 안장 타 안장을 얹다 |
| **sadly** | [sǽdli] [쌔들리]<br>부 슬프게, 애처롭게 |
| **sadness** | [sǽdnis] [쌔드니쓰]<br>명 슬픔, 비애 |
| **safe** | [seif] [쎄이흐]<br>형 안전한, 조심성 있는 명 ((복수)) 금고 |

*813*

* safe and sound 무사히

| | |
|---|---|
| **safety** | [séifti] [쎄이흐티]<br>명 안전, 무사, ((야구)) 안타 |
| **sage** | [seidʒ] [쎄이쥐]<br>명 현인, 철인 형 현명한 |
| **sail** | [seil] [쎄얼]<br>명 돛, 돛단배 자타 항해하다 |
| **sailor** | [séilər] [쎄일러]<br>명 선원, 수병, 해군 군인 |
| **saint** | [seint] [쎄인트]<br>명 성자(聖者), 성(聖, holy) |
| **sake** | [seik] [쎄익]<br>명 (~을) 위함, 목적, 이유, 이익<br>* for God's sake 제발, 아무쪼록, 부디<br>* for the sake of ~을 위하여,<br>~을 보아서 |
| **salad** | [sǽləd] [쌜러드]<br>명 샐러드, 생채 요리 |
| **salary** | [sǽləri] [쌜러뤼]<br>명 급료, 봉급 타 급료를 주다 |

| | |
|---|---|
| **sale** | [seil] [쎄얼]<br>명 판매, ((종종 복수)) 매상고<br>\* for sale 팔려고 내놓은<br>\* on sale ((미)) 할인 판매 중인 |
| **salesman** | [séilzmən] [쎄얼즈먼]<br>명 판매원, 점원, ((미)) 외판원, 세일즈맨 |
| **sally** | [séli] [쌜리]<br>명 출격, 외출 자 출격하다, 외출하다 |
| **salmon** | [sǽmən] [쌔먼]<br>명 ((단·복수 동형)) 연어 |
| **saloon** | [səlúːn] [썰루은]<br>명 (호텔 따위의) 큰 홀, ((미)) 주점, 살롱 |
| **salt** | [sɔːlt] [쏘얼트]<br>명 소금, 식염 형 소금기가 있는, 짠 |
| **salutation** | [sæljutéiʃən] [쌜류테이션]<br>명 인사(말) |
| **salute** | [səlúːt] [썰루우트]<br>명 인사, 경례 자타 인사하다, 경례하다 |
| **salvation** | [sælvéiʃən] [쌔얼베이션]<br>명 구조, 구제, 구제자(법) |

| | |
|---|---|
| **same** | [seim] [쎄임] <br> 형 같은, 동일한, 예의 부 마찬가지로 <br> * at the same time 동시에, 그러나 <br> * much the same 거의 같은 <br> * just [all] the same  꼭 같은, 아무래도 <br>  좋은, 여전히 <br> * the same (~) as… …와 같은 (~), <br>  …와 같은 종류의 (~) <br> * the same~ that …와 동일한~, <br>  …와 똑같은~ |
| **sample** | [sǽmpl] [쌤프얼] <br> 명 견본, 표본 타 견본을 뽑다 |
| **sanctify** | [sǽŋktəfài] [쌩(크)터화이] <br> 타 신성하게 하다(make holy, <br> consecrate), 신에게 바치다, <br> 시인하다(justify) |
| **sanction** | [sǽŋkʃən] [쌩(크)션] <br> 명 인가, 재가 타 재가하다, 시인하다 |
| **sanctuary** | [sǽŋktʃuèri] [쌩(크)츄에뤼] <br> 명 신전, 성당, 신성한 곳 |
| **sand** | [sænd] [쌘드] <br> 명 모래, 모래밭, 사막 타 모래를 뿌리다 |

| | |
|---|---|
| **sandal** | [sǽndl] [쌘드얼]<br>명 샌들, 짚신, 미투리 |
| **sandpaper** | [sǽndpèipər] [쌘(드)페이퍼]<br>명 사포(砂布) |
| **sandwich** | [sǽndwitʃ] [쌘(드)위취]<br>명 샌드위치 타 사이에 끼우다 |
| **sandy** | [sǽndi] [쌘디]<br>형 모래빛의, 모래의 |
| **sane** | [sein] [쎄인]<br>형 제정신의, 분별 있는 |
| **San Francisco** | [sæn frənsískou] [쌘흐뤈씨스코우]<br>명 샌프란시스코 |
| **sanguine** | [sǽŋgwin] [쌩귄]<br>형 다혈질의; 낙천적인; 혈색좋은 |
| **sanitarian** | [sænətɛ́əriən] [쌔너테어뤼언]<br>형 위생의 명 위생학자 |
| **sanitary** | [sǽnətèri] [쌔너테뤼]<br>형 위생상의, 위생적인 |
| **Santa Claus** | [sǽntəklɔ̀ːz] [쌘터클로오즈]<br>명 산타클로스 |

| | |
|---|---|
| **sapphire** | [sǽfaiər] [쌔화이어] <br> 명 사파이어, 청옥 |
| **sash** | [sǽʃ] [쌔쉬] <br> 명 (여성 · 소아용) 허리띠, 창틀, 새시 |
| **Satan** | [séitn] [쌔이튼] <br> 명 사탄, 악마 |
| **satellite** | [sǽtəlàit] [쌔털라잇] <br> 명 위성, 위성국 형 위성 같은 |
| **satiate** | [séiʃièit] [쌔이쉬에잇] <br> 타 만족시키다, 싫증나게 하다 |
| **satire** | [sǽtaiər] [쌔타이어] <br> 명 풍자, 풍자 문학, 비꼼 |
| **satisfaction** | [sæ̀tisfǽkʃən] [쌔티스홱션] <br> 명 만족 |
| **satisfactory** | [sæ̀tisfǽktəri] [쌔티스홱터리] <br> 형 만족한, 더할 나위 없는 |
| **satisfy** | [sǽtisfài] [쌔티스화이] <br> 타 자 만족시키다, 납득시키다 <br> * (be) satisfied with ~에 만족하다 |

| **Saturday** | [sǽtərdei] [쌔터데이]<br>명 토요일 〈약어 Sat.〉 |
| **Saturn** | [sǽtərn] [쌔터언]<br>명 새턴(로마 신화의 농업의 신), 토성 |
| **satyr** | [sǽtə] [쌔터]<br>명 사티로스(반인반수의 숲의 신) |
| **sauce** | [sɔːs] [쏘오쓰]<br>명 소스, 양념 타 소스를 치다 |
| **saucepan** | [sɔ́ːspæ̀n] [쏘오쓰팬]<br>명 (손잡이 달린 속 깊은) 냄비 |
| **saucer** | [sɔ́ːsər] [쏘오써]<br>명 받침 접시 |
| **saucy** | [sɔ́ːsi] [쏘오씨]<br>형 건방진, 멋진, 맵시 있는 |
| **Saudi Arabia** | [sáuːdiəréibiə] [사우디어뤠이비어]<br>명 사우디아라비아 |
| **sausage** | [sɔ́ːsidʒ] [쏘씨쥐]<br>명 소시지, 순대 |
| **savage** | [sǽvidʒ] [쌔비쥐]<br>형 야만적인, 잔인한 명 야만인 |

| | |
|---|---|
| **savagely** | [sǽvidʒli] [쌔비질류]<br>부 야만적으로, 잔인하게 |
| **save** | [seiv] [쎄이브]<br>타자 구하다, 저축하다 전 ~을 제외하고는<br>* save for ~을 제외하고<br>* save from ~에서 구해내다,<br>  ~에서 벗어나게 하다 |
| **saving** | [séiviŋ] [쎄이빙]<br>형 구조하는, 절약하는 명 구조 |
| **savior** | [séivjər] [쎄이비어]<br>명 구조자, [the S-] 구세주 |
| **saw** | [sɔː] [쏘오]<br>명 톱, 격언 타자 톱으로 켜다 |
| **Saxon** | [sæksn] [쌕슨]<br>명 색슨 사람 (말) 형 색슨 사람(말)의 |
| **say** | [sei] [쎄이]<br>타자 말하다, 외우다<br>명 할 말, 의견<br>* not to say ~라고는 말할 수 없을지라도<br>* say to oneself 마음속으로 생각하다,<br>  혼잣말을 하다<br>* say over 되풀이 말하다 |

* that is to say 즉, 다시 말하면
* to say nothing of ~은 말할 것도 없고, ~은 물론
* You said it! 맞았어, 바로 그거야!

**saying**
[séiŋ] [쌔잉]
몡 격언, 속담, 말

**scald**
[skɔːld] [스코올드]
타 (끓는 물 따위에) 데게 하다 몡 화상

**scale**
[skeil] [스케얼]
몡 천칭, 자, 저울, 저울의 눈금
타자 저울로 달다
* on a large [small] scale 대[소]규모로

**scamper**
[skǽmpər] [스캠퍼]
자 뛰어 돌아다니다 몡 질주(疾走)

**scandal**
[skǽndl] [스캔드얼]
몡 추문, 부정 사건, 중상

**scanty**
[skǽnti] [스캔티]
혱 부족한, 얼마 안 되는

**scar**
[skaːr] [스카아]
몡 흉터 타자 상처를 남기다

| | |
|---|---|
| **scarce** | [skɛərs] [스케어쓰]<br>형 부족한, 드문, 모자라는 |
| **scarcely** | [skɛ́ərsli] [스케어쓸리]<br>부 간신히, 거의 ~아니다 |
| **scare** | [skɛər] [스케어]<br>타 위협하다 명 겁, 공포 |
| **scarf** | [skaːrf] [스카아흐]<br>명 스카프, 목도리 |
| **scarlet** | [skɑ́ːrlit] [스카얼릿]<br>명 주홍, 진홍색 형 진홍색의 |
| **scatter** | [skǽtər] [스캐터]<br>타자 뿔뿔이 흩어버리다, 분산하다 |
| **scene** | [siːn] [씨인]<br>명 장면, 현장, 광경 |
| **scenery** | [síːnəri] [씨이너뤼]<br>명 ((집합적으로)) 풍경 |
| **scent** | [sent] [센트]<br>명 향기, 후각 타 냄새 맡다 |
| **septer, -tre** | [séptər] [쎕터]<br>명 왕홀(王笏), 왕권 타 왕권을 주다 |

| | |
|---|---|
| **sceptical, skep-** | [sképtikəl] [스켑티크얼]<br>형 의심 많은(doubtful), 회의적인 |
| **schedule** | [skédʒuːl] [스케쥬얼]<br>명 예정표 타 일람표를 만들다<br>* on schedule 예정대로,<br>  시간대로(according to schedule) |
| **scheme** | [skiːm] [스키임]<br>명 안(案), 계획 타자 계획하다 |
| **scholar** | [skálər] [스칼러]<br>명 학자, 장학생, 문하생 |
| **scholarship** | [skálərʃip] [스칼러쉽]<br>명 학식, 박학, 장학금 |
| **scholastic** | [skəlǽstik] [스컬래스틱]<br>형 학교의, 학자의, 학자인 척하는 |
| **school** | [skuːl] [스쿠얼]<br>명 학교, 수업, 학파, 유파 타 교육하다<br>* after school 방과 후에<br>* school days 학생 시절<br>* school hour 수업 시간 |
| **schoolboy** | [skúːlbɔ̀i] [스쿠얼보이]<br>명 남학생 |

| | |
|---|---|
| **schoolgirl** | [skúːlgə̀rl] [스쿨거얼] <br> 명 여학생 |
| **schoolhouse** | [skúːlhaus] [스쿨하우쓰] <br> 명 교사(校舍), 학교 건물 |
| **schoolmaster** | [skúːlmæ̀stər] [스쿨매스터] <br> 명 교장, (남자) 교사 |
| **schoolroom** | [skúːlrùːm] [스쿨루움] <br> 명 교실 |
| **schooner** | [skúːnər] [스쿠우너] <br> 명 스쿠너선(2~3개의 돛배가 있는 범선) |
| **science** | [sáiəns] [싸이언쓰] <br> 명 학문, 지식, 과학, 기술, 학술 |
| **scientific** | [sàiəntífik] [싸이언티휙] <br> 형 과학의, 과학적인, 학술상의, 계통적인 |
| **scientist** | [sáiəntist] [싸이언티스트] <br> 명 과학자 |
| **scissors** | [sízərz] [씨저어즈] <br> 명 가위 |
| **scoff** | [skɔf] [스코흐] <br> 자타 비웃다, 조롱하다 명 비웃음 |

| | |
|---|---|
| **scold** | [skould] [스코울드]<br>타자 꾸짖다 명 잔소리 심한 사람 |
| **scoop** | [sku:p] [스쿠우프]<br>명 국자, 퍼내기 타 푸다 |
| **scope** | [skoup] [스코웁]<br>명 범위, 구역, 한계 |
| **scorch** | [skɔ:rʧ] [스코오취]<br>자타 그슬리다, 타다 명 그슬음 |
| **score** | [skɔ:r] [스코오]<br>명 득점, 셈, ((음악)) 악보<br>타 기록하다, 득점하다<br>* scores of times 종종, 가끔 |
| **scorn** | [skɔ:rn] [스코언]<br>명 경멸, 웃음거리 타자 경멸하다 |
| **Scot** | [skat] [스캇]<br>명 스코틀랜드 사람 |
| **Scotch** | [skatʃ] [스카취]<br>형 스코틀랜드의, 스코틀랜드 사람(말)의 |
| **Scotland** | [skátlənd] [스카틀런드]<br>명 스코틀랜드 |

| | |
|---|---|
| **scoundrel** | [skáundrəl] [스카운드럴]<br>몡 악당, 무뢰한 |
| **scour** | [skáuər] [스카우어]<br>타자 문질러 닦다, 윤내다, 질주하다 |
| **scourge** | [skəːrdʒ] [스커어쥐]<br>몡 매, 채찍, 천벌 타 매질하다 |
| **scout** | [skaut] [스카웃]<br>몡 정찰기[병] 자타 정찰하다 |
| **scowl** | [skaul] [스카울]<br>몡 지푸린 얼굴 자 오만상을 하다 |
| **scramble** | [skrǽmbl] [스크램브얼]<br>자타 기다, 기어오르다, 뒤섞다 |
| **scrap** | [skrǽp] [스크뤱]<br>몡 조각, 부스러기 타 폐기하다 |
| **scrapbook** | [skrǽpbuk] [스크뤱북]<br>몡 스크랩북(신문에서 기사를 오려 붙인 책) |
| **scrape** | [skreip] [스크뤠입]<br>타자 문지르다, 긁다 몡 할큄 |
| **scratch** | [skrǽtʃ] [스크래취]<br>타자 할퀴다, 긁다 몡 문지름 |

| | |
|---|---|
| **scrawl** | [skrɔːl] [스크로올]<br>명 갈겨쓴 필적 자타 갈겨쓰다 |
| **scream** | [skriːm] [스크뤼임]<br>자타 소리치다 명 외침 (소리) |
| **screech** | [skriːtʃ] [스크뤼이취]<br>명 날카로운 소리 타자 비명을 지르다 |
| **screen** | [skriːn] [스크뤼인]<br>명 병풍, 칸막이, 스크린 타 가로막다 |
| **screw** | [skruː] [스크루우]<br>명 나사, 추진기 타 나사로 죄다 |
| **scribble** | [skríbl] [스크리브얼]<br>명 갈겨쓰기, 난필 자타 갈겨쓰다 |
| **script** | [skript] [스크륖트]<br>명 손으로 쓴 글, 각본 타 대본을 쓰다 |
| **scripture** | [skríptʃər] [스크륖춰]<br>명 [the S-] 성서, 경전 |
| **scroll** | [skroul] [스크로울]<br>명 두루마리, 목록 |
| **scrub** | [skrʌb] [스크롸브]<br>타자 북북 문지르다 명 세척 |

| | |
|---|---|
| **scruple** | [skrú:pl] [스크루우프얼]<br>몡 의혹, 망설임 자타 마음에 거리끼다 |
| **sculpture** | [skʌ́lptʃər] [스컬프춰]<br>몡 조각 타자 조각하다 |
| **scuttle** | [skʌ́tl] [스커트얼]<br>몡 바쁜 걸음 자 바삐 가다 |
| **scythe** | [saið] [싸이드]<br>몡 (자루가 긴) 큰 낫 타 낫으로 베다 |
| **sea** | [si:] [씨이]<br>몡 바다, 큰 물결, 큰 호수, 다량<br>* at sea 항해 중, 해상에서<br>* by sea 배로, 해로로<br>* go to sea 선원이 되다, (배가) 출항하다 |
| **seacoast** | [sí:koust] [씨이코우스트]<br>몡 해안, 연안 |
| **seal** | [si:l] [씨얼]<br>몡 바다표범, 도장, 봉인 타 날인하다 |
| **seam** | [si:m] [씨임]<br>몡 솔기, 이음매 타 꿰매어 잇다 |
| **seaman** | [sí:mən] [씨이먼]<br>몡 뱃사람, 선원, 수병 |

| | |
|---|---|
| **seaport** | [síːpɔ̀ːrt] [씨이포오트]<br>몡 항구 |
| **search** | [səːrtʃ] [써어춰]<br>탸자 찾다, 뒤지다 몡 수색, 탐색<br>* search for [after] ~을 찾다,<br>  ~을 찾아 구하다<br>* in search of ~을 찾아 |
| **seashore** | [síːʃɔ̀ːr] [씨이쇼오]<br>몡 해변, 해안 |
| **seaside** | [síːsàid] [씨이싸이드]<br>몡 해변 혱 해안의 |
| **season** | [síːzn] [씨이즌]<br>몡 계절, 한창 때 탸자 익숙해지다, 맛을 내다 |
| **seat** | [siːt] [씨이트]<br>몡 좌석, 소재지 탸 앉히다<br>* take a [one's] seat 착석하다,<br>  자리에 앉다 |
| **seclude** | [siklúːd] [씨클루우드]<br>탸 격리하다, 은퇴시키다 |
| **second** | [sékənd] [쎄컨드]<br>혱 제2의 몡 두 번째, 초, 순간 |

A
B
C
D
E
F
G
H
I
J
K
L
M
N
O
P
Q
R
**S**
T
U
V
W
X
Y
Z

* second only to (A) A 다음으로 첫째
* [be] second to none 무엇에도 뒤지지
  않는, 첫째가는

**secondary**

[sékəndèri] [쎄컨데뤼]
형 제 2의, 둘째가는 명 보좌, 대리

**secondhand**

[sékəndhǽnd] [쎄컨드핸드]
형 중고의, 간접적인 부 고물로

**secrecy**

[sí:krisi] [씨이크리쉬]
명 은밀, 비밀, 비밀주의

**secret**

[sí:krit] [씨이크륏]
형 비밀의, 숨은, 외딴 명 비밀
* in secret 비밀히(secretly), 남몰래

**secretary**

[sékrətèri] [쎄크뤄테뤼]
명 비서(관), 서기(관), 장관

**secrete**

[sikrí:t] [씨크뤼이트]
타 비밀로 하다, 숨기다, 분비하다

**secretion**

[sikrí:ʃən] [씨크뤼이션]
명 분비 (작용), 분비물, 은닉

| | |
|---|---|
| **secretive** | [sikríːtiv] [씨크뤼이티브]<br>형 비밀주의의, 분비성의 |
| **secretory** | [sikríːtəri] [씨크뤼이터뤼]<br>형 분비(성)의 명 분비선, 분비 기관 |
| **secretly** | [síːkritli] [씨이크뤼틀리]<br>부 비밀로, 은밀히, 몰래 |
| **sect** | [sékt] [쎅트]<br>명 종파, 교파, 당파 |
| **sectarian** | [sektέəriən] [쎅테어리언]<br>형 종파의, 당파심이 강한 |
| **section** | [sékʃən] [쎅션]<br>명 절개, 절단 타 해체하다 |
| **secular** | [sékjulər] [쎄큘러]<br>형 세속의, 현세의, 백년마다의 |
| **secure** | [sikjúər] [씨큐어]<br>형 안전한, 확실한 타자 안전하게 하다 |
| **securely** | [sikjúərli] [씨큐얼리]<br>부 안전하게, 확실히 |
| **security** | [sikjúərəti] [씨큐뤄티]<br>명 안전, 안심, 보안 |

| | |
|---|---|
| **see** | [si:] [씨이] 타자 보다, 만나다, 알다<br>* see about ~을 생각하다,<br>　~에 유의하다<br>* see (one) off (~을) 전송하다<br>* see to ~에 주의하다, 준비하다<br>* see (to it) that ~하도록 조처하다,<br>　~하도록 주선하다 |
| **seed** | [si:d] [씨이드]<br>명 씨, 종자 자타 씨를 뿌리다 |
| **seedling** | [síːdliŋ] [씨이들링]<br>명 묘목, 모나무, 묘종 |
| **seek** | [si:k] [씨이크]<br>타자 찾다, 구하다, 탐구하다<br>* seek for [after] ~을 구하다,<br>　찾다(look for) |
| **seem** | [si:m] [씨임]<br>자 ~으로 보이다, 생각되다, (~인 것) 같다 |
| **seethe** | [si:ð] [씨이드]<br>자 끓어오르다, 들끓다 |
| **segment** | [ségmənt] [쎄그먼트]<br>명 단편, 부분, (원의) 호, 구획 |

| | |
|---|---|
| | [ségment] [쎄그멘트]<br>타자 분열시키다, 분할하다, 갈라지다 |
| **seize** | [siːz] [씨이즈]<br>타자 붙잡다, 잡다, 빼앗다<br>* seize on [upon] ~이 엄습하다,<br>　~을 붙잡다 |
| **seizure** | [síːʒər] [씨이쥐]<br>명 붙잡음, 움켜 쥠, 압수, 몰수 |
| **seldom** | [séldəm] [쎄얼덤]<br>부 좀처럼 ~않게, 드물게 |
| **select** | [səlékt] [썰렉트]<br>타 선발하다 형 선발된, 가려낸 |
| **selection** | [səlékʃən] [썰렉션]<br>명 선발, 선택, 발췌 |
| **self** | [self] [쎄얼흐]<br>명 자기, 자아 |
| **selfish** | [sélfiʃ] [쎄얼휘쉬]<br>형 이기적인, 자기 본위의 |
| **self-support** | [sélfsəpɔ́ːrt] [쎄얼흐써포오트]<br>명 자활, 자영, 자급 |

| | |
|---|---|
| **sell** | [sel] [쎄얼]<br>타자 팔다, 팔리다 명 판매, 인기 상품 |
| **seller** | [sélər] [쎌러]<br>명 파는 사람, 팔리는 물건 |
| **semblance** | [sémbləns] [쎔블런쓰]<br>명 유사(類似), 외관, 모양 |
| **semester** | [siméstər] [씨메스터]<br>명 (1학년 2학기제 대학의) 학기 |
| **semicolon** | [sémikòulən] [쎄미코울런]<br>명 세미콜론( ; ) |
| **seminar** | [sémənàːr] [쎄머나아]<br>명 (대학의) 연구실, 세미나 |
| **senate** | [sénət] [쎄넛]<br>명 (고대 로마의) 원로원, 의회 |
| **senator** | [sénətər] [쎄너터]<br>명 원로원 의원, 상원 의원 |
| **send** | [send] [쎈드]<br>타자 보내다, (사람을) 파견하다<br>* send for ~을 가지러 보내다,<br>　부르러 보내다<br>* send forth 내다(give out), |

보내다(send out), 발하다(emit)

**senior**

[síːnjər] [씨이녀어]
형 나이 많은, 상급의 명 선배
* senior high school 고등학교

**seniority**

[siːnjɔ́ːrəti] [씨이뇨오러티]
명 손위, 고참, 상급, 선임

**sensation**

[senséiʃən] [쎈세이션]
명 감각, 물의, 감동

**sensational**

[senséiʃənəl] [쎈세이셔느얼]
형 감각의, 선풍적 인기의

**sense**

[sens] [쎈쓰]
명 감각, 분별, 느낌 타 느끼다
* in a sense 어떤 의미에서는,
  어떤 뜻으로는
* in all senses 모든 의미에서, 모든 점에서

**sensible**

[sénsəbl] [쎈써브얼]
형 분별 있는, 현명한, 느낄 수 있는

**sensitive**

[sénsətiv] [쎈써티브]
형 느끼기 쉬운, 민감한

| | |
|---|---|
| **sensual** | [sénʃuəl] [쎈슈어얼] <br> 혱 관능적인, 세속적인, 육욕의 |
| **sentence** | [séntəns] [쎈턴쓰] <br> 몡 문장, 판결 탣 판결[선고]하다 |
| **sentiment** | [séntəmənt] [쎈터먼트] <br> 몡 정서, 감정, ((종종 복수)) 의견 |
| **sentimental** | [sèntəméntl] [쎈터멘트얼] <br> 혱 감상적인, 정에 약한 |
| **sentinel** | [séntənəl] [쎈터널] <br> 몡 보초, 파수 |
| **separate** | [sépərit] [쎄퍼릿] <br> 혱 분리된, 개개의 <br> [sépərèit] [쎄퍼뤠잇] <br> 탣쟈 가르다, 분리하다 <br> * separate ~ from… ~와 …을 떼어 놓다 |
| **separately** | [sépərətli] [쎄퍼뤄틀리] <br> 붣 따로따로, 하나하나 |
| **separation** | [sèpəréiʃən] [쎄퍼뤠이션] <br> 몡 분리, 이탈, 별거, 이별 |
| **September** | [septémbər] [쎕템버] <br> 몡 9월 〈약어 Sep.〉 |

*836*

| | |
|---|---|
| **sequence** | [síːkwəns] [씨이크원쓰]<br>명 연속, 연쇄, 차례, 순서 |
| **serenade** | [sèrənéid] [쎄뤄네이드]<br>명 소야곡, 세레나데 |
| **serene** | [səríːn] [써뤼인]<br>형 맑게 갠, 고요한, 화창한 |
| **serge** | [səːrʤ] [써어쥐]<br>명 서지(옷감의 일종), 능라사 |
| **sergeant** | [sάːrʤənt] [사아쥔트]<br>명 하사관, 중사, 상사, 경사(警査) |
| **series** | [síəriːz] [씨어뤼이즈]<br>명 연속, 계열, 총서, 시리즈<br>* a series of 일련의 |
| **serious** | [síəriəs] [씨어뤼어쓰]<br>형 엄숙한, 진지한, 중대한 |
| **sermon** | [sə́ːrmən] [써어먼]<br>명 설교, 훈계, 잔소리, 설법 |
| **serpent** | [sə́ːrpənt] [써어펀트]<br>명 뱀, 음흉한 사람 |

| | |
|---|---|
| **servant** | [sə́ːrvənt] [써어번트]<br>명 하인, 머슴, 고용인, 공무원 |
| **serve** | [səːrv] [써어브]<br>타자 섬기다 명 (테니스 등의) 서브 |
| **service** | [sə́ːrvis] [써어비쓰]<br>명 봉사, 근무, 종교 의식, 서비스 |
| **servitude** | [sə́ːrvətjùːd] [써어버튜우드]<br>명 노예 상태, 예속 |
| **session** | [séʃən] [쎄션]<br>명 개회 중, 회기, ((미)) 학기 |
| **set** | [set] [쎗] 타자 두다, 놓다, 설치하다<br>형 고정된, 정해진<br>명 한 벌, 세트, 한 게임, 일몰<br>* set about ~을 하기 시작하다<br>* set aside 곁에 제쳐두다, 버리다,<br>챙겨두다<br>* set down ~을 …로 보다, 착륙하다,<br>내리다<br>* set free 석방하다, 해방하다<br>* set in 시작되다, 밀물이 들어오다<br>* set off 출발하다, 돋보이게 하다<br>* set out 출발하다, 착수하다<br>* set up 설립하다, 세우다, 시작하다 |

| settle | [sétl] [쎄트얼]<br>타자 진정시키다, 결정하다, 정주하다<br>* settle down 안정하다, 정주하다<br>* settle in 거처를 정하다, ~에 거류하다<br>* settle with ~와 화해하다, 결말짓다,<br>　지불하다 |
| --- | --- |
| settlement | [sétlmənt] [쎄트얼먼트]<br>명 정착, 거주, 식민, 이민, 해결 |
| settler | [sétlər] [쎄트얼러]<br>명 이주민, 정착민, 개척자 |
| seven | [sévən] [쎄븐]<br>명 7, 일곱 형 7의, 일곱의 |
| seventeen | [sévəntíːn] [쎄븐티인]<br>명 17 형 17의 |
| seventeenth | [sévəntíːnθ] [쎄븐티인쓰]<br>명 제 17, 17분의 1 형 제 17의 |
| seventh | [sévənθ] [쎄븐쓰]<br>명 제 7, 일곱째 형 제 7의 |
| seventieth | [sévəntiiθ] [쎄븐티이쓰]<br>명 제 70, 70분의 1 형 제 70의 |

| | |
|---|---|
| **seventy** | [sévənti] [쎄븐티]<br>명 70 형 70의 |
| **sever** | [sévər] [쎄버]<br>타 분리(절단)하다 자 끊어지다 |
| **several** | [sévərəl] [쎄버뤄얼]<br>형 몇몇의, 여러 가지의, 각각의 |
| **severally** | [sévərəli] [쎄버뤄얼리]<br>부 따로따로 |
| **severe** | [səvíər] [써비어]<br>형 호된, 모진, 가혹한, 엄한 |
| **severely** | [səvíərli] [써비어얼리]<br>부 격심하게, 엄격히, 모질게 |
| **severity** | [səvérəti] [써베러티]<br>명 격렬, 엄격, 엄중, 가혹 |
| **sew** | [sou] [쏘우]<br>타자 꿰매다, 깁다, 바느질하다 |
| **sewage** | [sjúːidʒ] [슈우이쥐]<br>명 하수, 하수 오물 |
| **sewer** | [sóuər] [쏘우어]<br>명 꿰매는 사람, 재봉사 |

| | |
|---|---|
| **sewing** | [sóuiŋ] [쏘우잉] 몡 재봉<br>* sewing machine 재봉틀 |
| **sex** | [seks] [쎅쓰]<br>몡 성(性), 성별, 성욕 |
| **shabby** | [ʃǽbi] [섀비]<br>혱 초라한, 입어서 낡은, 째째한 |
| **shade** | [ʃéid] [쉐이드]<br>몡 그늘, 응달 타자 빛[볕]을 가리다 |
| **shadow** | [ʃǽdou] [섀도우]<br>몡 그림자, 영상(映像) 타 그늘지게 하다 |
| **shadowy** | [ʃǽdoui] [섀도우이]<br>혱 그림자가 있는, 아련한, 어두운 |
| **shady** | [ʃéidi] [섀이디]<br>혱 그늘진, 응달의 빤 sunny(양지바른) |
| **shaft** | [ʃa:ft] [샤아흐트]<br>몡 화살대, 창자루, 깃대, 축(軸) |
| **shaggy** | [ʃǽgi] [섀기]<br>혱 털이 많은, 텁수룩한 |
| **shake** | [ʃéik] [쉐익]<br>타자 떨다, 흔들다 몡 진동, 동요 |

| | |
|---|---|
| **shale** | [ʃeil] [쉐얼]<br>몡 혈암(頁岩), 이판암 |
| **shall** | [ʃæl, ʃəl] [새얼, 셔얼]<br>조 ~시키다, ~일 것이다 |
| **shallow** | [ʃǽlou] [섈로우]<br>혱 얕은, 천박한 탸쟈 얕게 하다 |
| **sham** | [ʃæm] [섐]<br>몡 가짜, 속임 혱 가짜의, 속임의 |
| **shame** | [ʃéim] [쉐임]<br>몡 부끄럼 탸 부끄럽게 하다 |
| **shameful** | [ʃéimfəl] [쉐임훠얼]<br>혱 부끄러운, 창피한, 수치스러운 |
| **shameless** | [ʃéimlis] [쉐임리쓰]<br>혱 부끄러움을 모르는 |
| **shampoo** | [ʃæmpúː] [섐푸우]<br>탸 머리를 감다 몡 세발, 샴푸 |
| **shape** | [ʃéip] [쉐입]<br>몡 모양, 외관<br>탸쟈 모양짓다, 형성하다<br>* in good shape 몸의 상태가 좋은<br>* in the shape of ~의 모습을 한, ~형태로 |

| | |
|---|---|
| **share** | [[εər] [쉐어]<br>명 몫, 주(株)<br>타 자 분배하다, 부담하다<br>* have a share in ~에 한몫 끼다,<br>  ~을 분담하다<br>* share ~ with ~을 함께 나누다,<br>  ~을 공동 부담하다 |
| **shark** | [[ɑːrk] [샤아크]<br>명 상어, 고리 대금업자, 사기꾼 |
| **sharp** | [[ɑːrp] [샤아프]<br>형 날카로운, 뾰족한 부 날카롭게 |
| **sharpen** | [[ɑ́ːrpən] [샤아펀]<br>타 자 예리하게 하다 |
| **shatter** | [[ǽtər] [섀터]<br>타 자 산산이 부수다 명 ((복수)) 파편 |
| **shave** | [[eiv] [쉐이브]<br>타 자 면도하다 명 면도하기 |
| **shawl** | [[ɔːl] [쇼얼]<br>명 숄(부인용 목도리의 일종) |
| **she** | [[ʃiː] [쉬이]<br>대 그녀는, 그녀가 |

| | |
|---|---|
| **sheaf** | [ʃi:f] [쉬이흐]<br>명 (벼·화살 따위의) 묶음, 다발 |
| **shear** | [ʃiər] [쉬어]<br>타자 (가위로) 잘라내다, 베다 |
| **sheath** | [ʃi:θ] [쉬이쓰]<br>명 칼집, 씌우개 |
| **shed** | [ʃed] [쉐드]<br>명 헛간, 창고 타 발산하다, 흘리다 |
| **sheep** | [ʃi:p] [쉬이프]<br>명 양, 양피, 온순한 사람 |
| **sheer** | [ʃiər] [쉬어]<br>형 순전한, 수수한 부 전혀, 아주 |
| **sheet** | [ʃi:t] [쉬이트]<br>명 시트, 홑이불, 얇은 판 |
| **shelf** | [ʃelf] [쉐얼흐]<br>명 선반, 시렁, 모래톱, 암초 |
| **shell** | [ʃel] [쉐얼]<br>명 조가비 타자 껍질을 벗기다 |
| **shellfish** | [ʃélfiʃ] [쉐얼휘시]<br>명 조개, (새우·게 등의) 갑각류 |

| | |
|---|---|
| **shelter** | [ʃéltər] [쉘얼터]<br>명 은신처, 피난처 타자 보호하다 |
| **shelve** | [ʃelv] [쉘얼브]<br>타 선반에 얹다, 보류하다, 묵살하다 |
| **shepherd** | [ʃépərd] [쉐퍼드]<br>명 양치기 타 (양을) 지키다 |
| **sheriff** | [ʃérif] [쉐뤼흐]<br>명 ((영)) 주(州) 장관, 보안관 |
| **shield** | [ʃi:ld] [쉬일드]<br>명 방패, 보호물 타 수호하다 |
| **shift** | [ʃift] [쉬흐트]<br>타자 바꾸다, 제거하다 명 변경 |
| **shilling** | [ʃíliŋ] [쉴링]<br>명 실링(영국의 화폐 단위) |
| **shimmer** | [ʃímər] [쉬머]<br>자 가물가물 비치다 명 희미한 빛 |
| **shin** | [ʃin] [쉰]<br>명 정강이 타자 기어오르다 |
| **shine** | [ʃain] [샤인]<br>자타 빛나다, 번쩍이는, 윤이 나는 |

| | |
|---|---|
| **shingle** | [ʃíŋgl] [슁글]<br>명 지붕널 타 지붕널로 이다 |
| **shiny** | [ʃáini] [샤이니]<br>형 빛나는, 번쩍이는, 윤이 나는 |
| **ship** | [ʃip] [쉽]<br>명 배, 함(艦) 타자 배에 싣다(타다) |
| **shipment** | [ʃípmənt] [쉽먼트]<br>명 선적, 배에 실음 |
| **shipping** | [ʃípiŋ] [쉬핑]<br>명 배에 싣기, 해운, 선적 |
| **shipwreck** | [ʃíprek] [쉽뤡]<br>명 난선, 난파 자타 난선하다 |
| **shirt** | [ʃəːrt] [셔어트]<br>명 와이셔츠, 셔츠 |
| **shiver** | [ʃívər] [쉬버]<br>명 떨림, 전율 자타 후들후들 떨다 |
| **shoal** | [ʃoul] [쇼울]<br>명 얕은 곳, 모래톱, 어군(魚群) |
| **shock** | [ʃak, ʃɔk] [샥, 숔]<br>명 충격, 쇼크 타 충격을 주다 |

**shocking**
[ʃɑ́kiŋ] [샤킹]
형 소름끼치는, 충격적인

**shoe**
[ʃuː] [슈우]
명 신발, 구두 타 신을 신기다

**shoemaker**
[ʃúːmèikər] [슈우메이커]
명 구두 만드는 사람

**shoot**
[ʃuːt] [슈우트]
타자 사격하다, 싹트다 명 사격, 새싹

**shop**
[ʃap, ʃɔp] [샵, 숍]
명 가게, 작업장 자 물건을 사다

**shopkeeper**
[ʃɑ́pkìːpər] [샵키이퍼]
명 ((영)) 가게 주인, 소매상인

**shore**
[ʃɔːr] [쇼오]
명 바닷가, 기슭, 지주(支柱)

**short**
[ʃɔːrt] [쇼오트]
형 짧은, (키가) 작은 부 짤막하게
명 단편 영화, ((야구)) 유격수,
((복수)) 짧은 바지
* [be] short of ~이 부족하다,
　~이 모자라다
* for short 생략하여, 줄여서

**shortage**

[ʃɔ́ːrtidʒ] [쇼오티쥐]
몡 결핍, 부족

**shorten**

[ʃɔ́ːrtn] [쇼오튼]
타자 짧게 하다, 짧아지다

**shorthand**

[ʃɔ́ːrthænd] [쇼오트핸드]
몡 속기 혱 속기(법)의

**shortly**

[ʃɔ́ːrtli] [쇼오틀리]
囝 얼마 안 있어, 이윽고, 곧
* shortly afterwards 얼마 뒤
* shortly before 직전에

**shorts**

[ʃɔ́ːrts] [쇼오츠]
몡 반바지

**shortsighted**

[ʃɔ́ːrtsáitid] [쇼오트싸이티드]
혱 근시의, 소견이 좁은

**shot**

[ʃɔt] [숏]
몡 포탄, 탄환 타 장전하다

**shot-putting**

[ʃɔ́tputiŋ] [숏푸팅]
몡 투포환 (경기)

| | |
|---|---|
| **should** | **[ʃud]** [슈드]<br>조 shall의 과거, ~일 것이다 |
| **shoulder** | **[ʃóuldər]** [쇼울더]<br>명 어깨 타자 어깨에 짊어지다<br>* shoulder to shoulder 어깨와 어깨를<br>맞대고, 밀집하여, 협력하여 |
| **shout** | **[ʃáut]** [샤웃]<br>자타 외치다, 큰 소리로 말하다 |
| **shove** | **[ʃʌv]** [셔브]<br>자타 밀다, 떠밀다 명 떠밀기 |
| **shovel** | **[ʃʌ́vəl]** [셔버얼]<br>명 삽, 부삽 타 삽으로 푸다 |
| **show** | **[ʃou]** [쇼우]<br>타자 가리키다, 보이다<br>명 구경거리, 전람회<br>* show (a person) around (누구를)<br>안내하고 다니다<br>* show (a person) the way (누구에게)<br>길을 알려주다, 방법을 가르치다<br>* show in (손님을 안으로) 안내하다<br>* show off ~을 자랑해 보이다,<br>~을 드러내다 |

* show up ~을 폭로하다, 눈에 띄다
* make a show of ~을 자랑삼아 보이다

**showcase**

[ʃóukeis] [쇼우케이쓰]
몡 진열용 유리 상자

**shower**

[ʃáuər] [샤우어]
몡 소나기 타자 소나기로 적시다

**shred**

[ʃred] [쉬뤠드]
몡 조각 타자 조각조각으로 찢다

**shrewd**

[ʃru:d] [쉬루우드]
톙 기민한, 빈틈 없는 영리한

**shriek**

[ʃri:k] [쉬리이크]
몡 비명 자 비명을 지르다

**shrill**

[ʃrill] [쉬뤼얼]
톙 날카로운 몡 날카로운 소리

**shrine**

[ʃrain] [쉬라인]
몡 사당, 성당 타 사당에 모시다

**shrink**

[ʃriŋk] [쉬륑크]
자타 오그라들다, 오그라들게 하다
* shrink from ~을 주저하다,
  꺼려서 ~하지 않다

| | |
|---|---|
| **shrivel** | [ʃrívl] [쉬리브얼]<br>재타 주름(살)지다, 줄어들게 하다 |
| **shroud** | [ʃraud] [쉬라우드]<br>명 수의(壽衣), 덮는 것 타 가리다 |
| **shrub** | [ʃrʌb] [쉬러브]<br>명 관목(灌木) |
| **shrug** | [ʃrʌg] [쉬러그]<br>재타 (어깨를) 으쓱하다 명 어깨를 으쓱하기 |
| **shudder** | [ʃʌdər] [셔더]<br>재 몸서리치다 명 몸서리, 전율 |
| **shuffle** | [ʃʌfl] [셔흐얼]<br>타재 (카드를) 뒤섞다, 얼버무리다 |
| **shun** | [ʃʌn] [션]<br>타 (사람 따위를) 피하다 |
| **shut** | [ʃʌt] [셧]<br>타재 닫다, 가두다 형 닫은<br>* shut off (가스 · 수도 · 라디오 따위를)<br>　잠그다, 끄다<br>* shut out 내쫓다, 들이지 않다,<br>　(경기를) 완봉하다<br>* shut up 감금하다, 입을 다물다 |

| shuttle | [ʃʌtl] [셔트얼] |
| | 몡 (직조기의) 북, 연속 왕복기 |

| shy | [ʃai] [샤이] |
| | 혱 수줍어하는, 소심한 |

| sick | [sik] [씩] |
| | 혱 병의, 메스꺼운 |

| sicken | [síkən] [씨컨] |
| | 쟈 몸이 편찮다, 메스꺼워지다 |

| sickle | [síkl] [씨크얼] |
| | 몡 (작은) 낫 |

| sickly | [síkli] [씨클리] |
| | 혱 병약한, 창백한 뷔 병적으로 |

| sickness | [síknis] [씨크니쓰] |
| | 몡 병, 역겨움, 구역질 |

| side | [said] [싸이드] |
| | 몡 곁, 측 혱 측면의 쟈 편들다 |
| | * on all sides 사면 팔방에, 도처에 |
| | * side by side 나란히, 병행하여 |

| sidewalk | [saídwɔːk] [싸이드워어크] |
| | 몡 보도, 인도 |

| | |
|---|---|
| **siege** | [siːdʒ] [씨이쥐]<br>몡 포위 공격, 공성(攻城) |
| **sieve** | [siv] [씨브]<br>몡 체, 조리 타 체로 치다, 거르다 |
| **sift** | [sift] [씨흐트]<br>타자 체질하다, ~을 엄밀히 조사하다 |
| **sigh** | [said] [싸이]<br>몡 탄식, 한숨 자 탄식하다 |
| **sight** | [sait] [싸잇] 몡 광경, 시력, 바라봄 타 보다<br>* at sight 보자마자, 본 즉시<br>* at the sight of ~을 보고, ~을 보자<br>* catch [get] sight of ~을 발견하다,<br>  ~을 찾아내다<br>* in sight of ~이 보이는 곳에<br>* know (a person) by sight (~와) 안면이<br>  있다, 얼굴을 알다<br>* out of sight 보이지 않는 곳에,<br>  시야의 밖에 |
| **sightseeing** | [sáitsiːiŋ] [싸잇씨이잉]<br>몡 구경, 관광 혱 관광의 |
| **sign** | [sain] [싸인]<br>몡 부호, 신호 타 서명하다, 신호하다 |

| | |
|---|---|
| **signal** | [sígnl] [씨그느얼] <br> 명 신호(기) 형 신호의, 현저한 |
| **signature** | [sígnətʃər] [씨그너춰] <br> 명 서명(하기) |
| **significance** | [signífikəns] [씨그니휘컨쓰] <br> 명 의미, 중대성 |
| **signify** | [sígnəfài] [씨그너화이] <br> 타자 나타내다, 의미하다, 뜻하다 |
| **silence** | [sáiləns] [싸일런쓰] <br> 명 침묵 타 침묵시키다 감 쉬! |
| **silent** | [sáilənt] [싸일런트] <br> 형 조용한, 말없는, 침묵의 |
| **silently** | [sáiləntli] [싸일런틀리] <br> 부 무언으로, 잠자코, 조용히 |
| **silk** | [sílk] [씨얼크] <br> 명 비단, 견사, 명주, 견직물, 명주실 |
| **silken** | [sílkən] [씨얼컨] <br> 형 명주의, 명주로 만든 |
| **silkworm** | [sílkwə̀rm] [씨얼크워엄] <br> 명 누에 |

| sill | [sil] [씨얼]<br>명 문지방, 문턱, 창턱 |
|---|---|
| **silly** | [síli] [씰리]<br>형 어리석은, ((구어)) 바보 |
| silver | [sílvər] [씨얼버]<br>명 은(銀), 은화 형 은의, 은빛의 |
| **silverware** | [sílvərwɛər] [씨얼버웨어]<br>명 ((집합적)) 식탁용 은그릇 |
| similar | [símələr] [씨멀러]<br>형 유사한, 같은 종류의 |
| **similarly** | [símələrli] [씨멀러얼리]<br>부 마찬가지로, 유사하게 |
| simile | [síməli] [씨멀리]<br>형 유사한, 같은 종류의 |
| **simple** | [símipl] [씸프얼]<br>형 간단한, 단순한, 수수한 |
| simplicity | [simplísəti] [씸플리써티]<br>명 간단, 평이, 순진 |
| **simply** | [símpli] [씸플리]<br>부 간단하게, 수수하게, 단지, 그저 |

| | |
|---|---|
| **simultaneous** | [sàiməltéiniəs] [싸멀테이니어쓰]<br>형 동시의, ~와 동시에 일어나는 |
| **sin** | [sin] [씬]<br>명 (도덕상의) 죄 타자 죄를 짓다 |
| **since** | [sins] [씬쓰]<br>부 그 후 전 ~이래 접 ~이므로 |
| **sincere** | [sinsíər] [씬씨어]<br>형 성실한, 진실한, 정직한 |
| **sincerely** | [sinsíərli] [씬씨어얼리]<br>부 성실히, 충심으로 |
| **sincerity** | [sinsérəti] [씬쎄뤄티]<br>명 성실, 성의, 정직 |
| **sinew** | [sínjuː] [씨뉴우]<br>명 건(腱), 근육, 힘, 원기 |
| **sinewy** | [sínjuːi] [씨뉴우이]<br>형 근육이 불거진, 건장한 |
| **sing** | [siŋ] [씽]<br>타자 노래하다, (새가) 울다, 지저귀다 |
| **singe** | [sindʒ] [씬쥐]<br>자타 그을다, 그을리다 |

| | |
|---|---|
| **singer** | [síŋər] [씽어]<br>몡 가수, 성악가 |
| **single** | [síŋgl] [씽그얼]<br>혱 단 하나의, 혼자의, 단일 |
| **singular** | [síŋgjulər] [씽귤러]<br>혱 단수의, 야릇한 몡 ((문법)) 단수(형) |
| **singularity** | [sìŋgjulǽrəti] [씽귤래러티]<br>몡 기묘, 특이, 단일 |
| **sinister** | [sínistər] [시니스터]<br>혱 악의 있는, 불길한 |
| **sink** | [síŋk] [씽크]<br>자타 가라앉다, (부엌) 개수통, 싱크대 |
| **sip** | [sip] [씹]<br>타자 홀짝이다, 마시다 몡 한 모금 |
| **sir** | [sə́:r] [써어]<br>몡 선생, 님, ((영)) [S-] 경(卿) |
| **siren** | [sáirən] [싸이뤈]<br>몡 사이렌, 호적(號笛) |
| **sister** | [sístər] [씨스터] 몡 자매, 언니, 수녀<br>*sister school 자매 학교 |

| | |
|---|---|
| **sit** | [sit] [씻] 자타 앉다, 앉히다<br>* sit down 앉다, 자리 잡다<br>* sit up 일어나다, 단정히 앉다<br>* sit up late [all night] 밤늦도록 안 자다,<br> 밤샘하다 |
| **site** | [sait] [싸잇]<br>명 부지, 위치, 장소 |
| **situate** | [sítʃuèit] [씨쥬에잇]<br>타 ~의 위치를 정하다, 놓다 |
| **situated** | [sítʃuèitid] [씨쥬에이티드]<br>형 위치해 있는, ~한 처지에 있는 |
| **situation** | [sìtʃuéiʃən] [씨쥬에이션]<br>명 지위, 위치, 입장, 경우 |
| **six** | [siks] [씩쓰]<br>명 6 형 6의 |
| **sixteen** | [sìkstíːn] [씩쓰티인]<br>명 16 형 16의 |
| **sixty** | [síksti] [씩쓰티]<br>명 60 형 60의 |
| **size** | [saizs] [싸이즈]<br>명 크기, 치수 타자 재다 |

| | |
|---|---|
| **skate** | [skeit] [스케잇]<br>명 스케이트 타자 스케이트를 타다 |
| **skeleton** | [skélətn] [스켈러튼]<br>명 해골, 골격, 뼈대 형 해골의 |
| **skeptic** | [sképtik] [스켑틱]<br>명 회의론자, 무신론자, 의심 많은 사람 |
| **sketch** | [sketʃ] [스케취]<br>명 초안, 스케치 타자 사생하다 |
| **ski** | [ski:] [스키이]<br>명 스키 자 스키를 타다 |
| **skill** | [skil] [스키얼]<br>명 숙련, 교묘, 솜씨 |
| **skilled** | [skild] [스키얼드]<br>형 숙련된 |
| **skim** | [skim] [스킴]<br>타 (찌끼 따위를) 떠 (걷어)내다 |
| **skin** | [skin] [스킨]<br>명 가죽, 피부 타 가죽을 벗기다 |
| **skirmish** | [skə́:rmiʃ] [스커어미쉬]<br>명 작은 충돌 자 사소한 싸움을 하다 |

| | |
|---|---|
| **skirt** | [skə:rt] [스커어트]<br>몡 스커트, 치마 탄자 둘러싸다 |
| **skull** | [skʌl] [스커얼]<br>몡 두개골 |
| **skunk** | [skʌŋk] [스컹크]<br>몡 스컹크, ((미)) 싫은 놈 |
| **sky** | [skai] [스카이]<br>몡 ((종종 복수)) 하늘, 천국, 하늘빛 |
| **skylark** | [skáilà:rk] [스카일라아크]<br>몡 종달새 |
| **skyline** | [skáilàin] [스카일라인]<br>몡 지평선, 하늘에 그어진 윤곽 |
| **skyway** | [skáiwèi] [스카이웨이]<br>몡 ((미)) 항공로, 고가식 고속도로 |
| **slack** | [slæk] [슬랙]<br>혱 늘어진, 느슨한 틘 느슨하게 |
| **slam** | [slæm] [슬램]<br>탄자 (문 따위를) 쾅 닫다 몡 쾅 하는 소리 |
| **slander** | [slǽndər] [슬랜더]<br>몡 중상, 욕 탄 중상하다 |

| slang | [slæŋ] [슬랭]<br>명 속어, 상말, 은어(隱語) |
|---|---|
| slant | [slænt] [슬랜트]<br>형 경사진 명 경사, 비탈<br>타자 기울다<br>* on the slant 기울어, 경사져서 |
| slap | [slæp] [슬랩]<br>명 손바닥으로 때림 타 찰싹 때리다 |
| slash | [slæʃ] [슬래쉬] 타자 마구 베다, 깊숙이 베다<br>명 깊이 벤 상처, 일격 |
| slate | [sleit] [슬레잇]<br>명 슬레이트 타 슬레이트로 (지붕을) 이다 |
| slaughter | [slɔ́ːtər] [슬로오터]<br>명 도살, 학살 타 학살하다 |
| Slav | [slaːv] [슬라아브]<br>명 슬라브 민족 형 슬라브 민족의 |
| slave | [sleiv] [슬레이브]<br>명 노예 자타 노예처럼 일하다 |
| slavery | [sléivəri] [슬레이버뤼]<br>명 노예 제도, 노예의 신분 |

| | |
|---|---|
| **slay** | [slei] [슬레이]<br>卧 끔찍하게 죽이다, 학살하다 |
| **sled** | [sled] [슬레드]<br>몡 썰매 졔卧 썰매로 가다 |
| **sledge** | [sledʒ] [슬레쥐]<br>몡 대형 썰매 졔卧 썰매로 나르다 |
| **sleek** | [sli:k] [슬리익]<br>혱 (털이) 보드랍고 매끈한 |
| **sleep** | [sli:p] [슬리프] 졔卧 자다, 묵다 몡 수면, 영면<br>* sleep off (one's headache)<br>  (두통 따위를) 잠을 자서 고치다<br>* sleep on [upon, over] ~을 하룻밤 자며<br>  생각하다 |
| **sleeping** | [slí:piŋ] [슬리이핑]<br>몡 수면 혱 자는, 수면용의<br>* sleeping car 침대차<br>* sleeping pill 수면제<br>* sleeping room 침실(bedroom) |
| **sleepy** | [slí:pi] [슬리이피]<br>혱 졸린, 졸음이 오는 듯한 |
| **sleet** | [sli:t] [슬리이트]<br>몡 진눈깨비 졔 진눈깨비가 내리다 |

| | |
|---|---|
| **sleeve** | [sli:v] [슬리이브] 몡 소매 탄 소매를 달다<br>* in one's sleeve 살짝, 몰래 |
| **sleigh** | [slei] [슬레이]<br>몡 (대형) 썰매 자탄 썰매로 가다 |
| **slender** | [sléndər] [슬렌더]<br>혱 날씬한, 빈약한 뱐 stout(살찐) |
| **slice** | [slais] [슬라이쓰]<br>자탄 얇게 썰다 몡 얇은 조각 |
| **slide** | [slaid] [슬라이드]<br>자탄 미끄러지다 몡 활주, 미끄럼틀 |
| **slight** | [slait] [슬라잇]<br>혱 약간의, 사소한 몡 경멸, 멸시<br>탄 경멸하다<br>* make slight of ∼을 업신여기다 |
| **slightly** | [sláitli] [슬라이틀리]<br>뷔 약간, 조금 |
| **slim** | [slim] [슬림]<br>혱 호리호리한, 가냘픈, 얼마 안 되는 |
| **sling** | [sliŋ] [슬링] 탄 던지다, 매달다<br>* sling oneself up 술술 올라가다 |

| | |
|---|---|
| **slip** | [slip] [슬립]<br>자타 미끄러지다 명 미끄러짐 |
| **slipper** | [slípər] [슬리퍼]<br>명 실내용의 가벼운 덧신, 슬리퍼 |
| **slippery** | [slípəri] [슬리퍼뤼]<br>형 미끄러운, 교활한 |
| **slit** | [slit] [슬릿]<br>명 길게 베어진 상처 자타 (세로로) 베다 |
| **slogan** | [slóugən] [슬로우건]<br>명 함성, 표어, 슬로건 |
| **slope** | [sloup] [슬로웁]<br>명 경사, 비탈 자타 비탈지다 |
| **slow** | [slou] [슬로우]<br>형 더딘 부 느리게 타자 더디게 하다 |
| **slowly** | [slóuli] [슬로우리]<br>부 느리게, 천천히 |
| **slug** | [slʌg] [슬러그]<br>명 행동이 느린 사람, 쇳덩어리 |
| **slumber** | [slʌ́mbər] [슬럼버]<br>명 잠, 침체 자타 잠자다 |

| | |
|---|---|
| **slump** | [slʌmp] [슬럼프]<br>명 폭락, 부진, 불경기 자 폭락하다 |
| **sly** | [slai] [슬라이] 형 교활한, 음흉한, 은밀한<br>* on the sly 남몰래, 살짝 |
| **smack** | [smæk] [스맥]<br>명 맛, 낌새 타자 맛이 있다 |
| **small** | [smɔːl] [스모얼]<br>형 작은 부 작게, 잘게 명 작은 것 |
| **smallpox** | [smɔ́ːlpàks] [스모얼팍쓰]<br>명 천연두, 마마 |
| **smart** | [smaːrt] [스마아트]<br>형 재치 있는, 멋진 명 쓰린 아픔 |
| **smash** | [smæʃ] [스매시]<br>타자 박살내다, 분쇄하다, ((테니스)) 강하게 내리치다<br>명 분쇄, ((테니스)) 스매시 |
| **smear** | [smiər] [스미어]<br>자타 더럽히다 타 얼룩 |
| **smell** | [smel] [스메얼]<br>명 냄새, 후각 타자 냄새를 맡다 |

| | |
|---|---|
| **smelt** | [smelt] [스멜트]<br>타 제련하다, 용해하다 |
| **smile** | [smail] [스마얼]<br>자타 미소짓다<br>명 미소, 웃는 얼굴, 스마일<br>\* smile at ~을 보고 미소짓다,<br>일소에 붙이다<br>\* with a smile 미소를 머금고,<br>생긋 웃으며 |
| **smite** | [smait] [스마잇]<br>타자 때리다, 부딪히다, 강타하다 |
| **smith** | [smiθ] [스미쓰]<br>명 대장장이, 금속 세공인 |
| **smithy** | [smíði] [스미디]<br>명 대장간 |
| **smock** | [smɔk] [스모크]<br>명 작업복, (어린이용) 겉옷 |
| **smog** | [smag] [스마그]<br>명 스모그, 연무(smoke+fog) |
| **smoke** | [smouk] [스모욱]<br>명 연기, 흡연 자타 담배를 피우다 |

| **smoking** | [smóukiŋ] [스모우킹]<br>명 흡연, 끽연, 그을림 형 연기나는<br>* No smoking 금연<br>* smoking room 끽연실 |
| --- | --- |
| **smooth** | [smuːð] [스무우드]<br>형 매끄러운 타자 매끄럽게 하다 |
| **smother** | [smʌ́ðər] [스머더]<br>타 질식시키다 명 자욱한 연기 |
| **smuggle** | [smʌ́gl] [스머그얼]<br>타자 밀수하다 |
| **snack** | [snæk] [스낵]<br>명 가벼운 식사, 간식, 스낵 |
| **snail** | [sneil] [스네얼]<br>명 달팽이 |
| **snake** | [sneik] [스네익]<br>명 뱀, 음흉한 사람 |
| **snap** | [snæp] [스냅]<br>자타 찰칵 소리를 내다, 스냅 사진을 찍다<br>명 찰칵 소리, 스냅 사진 부 찰칵<br>* in a snap 당장에, 곧 |

| | |
|---|---|
| **snapshot** | [snǽpʃàt] [스냅샷]<br>몡 스냅 사진, 속사 |
| **snare** | [snɛər] [스네어]<br>몡 덫, 유혹 톔 덫으로 잡다 |
| **snarl** | [snɑ:rl] [스나흘]<br>자톔 으르렁거리다 몡 으르렁거림 |
| **snatch** | [snæʃ] [스내취]<br>톔자 와락 붙잡다 몡 잡아챔 |
| **sneak** | [sni:k] [스니이크]<br>자 몰래 움직이다, 몰래 하다 몡 좀도둑 |
| **sneer** | [sniər] [스니어]<br>자톔 냉소하다 몡 냉소 |
| **sneeze** | [sni:z] [스니이즈]<br>자 재채기하다 몡 재채기<br>* not to be sneezed at 얕잡아 볼 수<br>없다 |
| **sniff** | [sni:f] [스니흐]<br>톔자 코로 들이쉬다, 킁킁 냄새 맡다 |
| **snore** | [snɔ:r] [스노오]<br>몡 코골기 자톔 코를 골다 |

| snort | [snɔːrt] [스노오트]<br>자타 (말이) 콧김을 뿜다 |
|---|---|
| **snow** | [snou] [스노우]<br>명 눈, 적설 자타 눈이 내리다 |
| snuff | [snʌf] [스너흐]<br>타자 냄새 맡다 명 냄새 |
| **snug** | [snʌg] [스너그]<br>형 기분 좋은, 깨끗한, 아담한 |
| **so** | [sou] [쏘우]<br>부 그러하여, 그렇게 접 그러므로<br>감 저런!, 됐어!<br>* so ~ as… …처럼 ~한, …만큼 ~한<br>* so as to ~하기 위해, ~하도록<br>* so ~ as to (do) …할 만큼 ~이다,<br> ~하게도 …하다<br>* so far 여기까지, 지금까지는<br>* [in] so far as ~하는 한에서는<br>* so (as) far as ~ [be] concerned ~에<br> 관한 한, ~만으로는<br>* so long as ~하는 한은, ~이기만<br> 하다면, ~하는 동안은<br>* so much as ~만큼<br>* so ~ that… 몹시 ~해서 …하다 |

| | |
|---|---|
| **soak** | [souk] [쏘욱]<br>타자 담그다, 적시다, 잠기다 |
| **soap** | [soup] [쏘웁]<br>명 비누 타자 비누를 칠하다 |
| **soar** | [sɔːr] [쏘오]<br>자 높이 (두둥실) 날아오르다 |
| **sob** | [sab] [싸브]<br>자타 목메어 울다, 흐느껴 울다 |
| **sober** | [sóubər] [쏘우버]<br>형 취하지 않은 타자 술이 깨다 |
| **sobriety** | [səbráiəti] [써브라이어티]<br>명 진지함, 술 마시지 않음, 절제 |
| **socalled** | [sóukɔ́ːld] [쏘우코얼드]<br>형 이른바, 소위 |
| **soccer** | [sάkər] [싸커]<br>명 사커, 미식 축구 |

| | |
|---|---|
| **sociable** | [sóuʃəbl] [쏘우셔브얼]<br>휑 교제를 좋아하는, 사교적인, 사근사근한 |
| **social** | [sóuʃəl] [쏘우셔얼]<br>휑 사회의, 사회적인, 사교계의 |
| **socialism** | [sóuʃəlìzm] [쏘우셜리즘]<br>명 사회주의 |
| **socialist** | [sóuʃəlist] [쏘우셜리스트]<br>명 사회주의자 |
| **society** | [səsáiəti] [써싸이어티]<br>명 사회, 사교, 사교계, 회, 단체 |
| **sociology** | [sòusiálədʒi] [쏘우씨알러쥐]<br>명 사회학 |
| **sock** | [sak] [싹]<br>명 ((보통 복수)) 짧은 양말 |
| **socket** | [sákit] [싸킷]<br>명 꽂는 구멍, 소켓 |
| **soda** | [sóudə] [쏘우더]<br>명 소다, 탄산수(水) |
| **sofa** | [sóufə] [쏘우훠]<br>명 소파, 긴 의자 |

| | |
|---|---|
| **soft** | [sɔːft] [쏘오흐트]<br>형 부드러운, 온화한 부 부드럽게 |
| **soften** | [sɔ́ːfn] [쏘오흔]<br>타자 부드럽게 하다, 부드러워지다 |
| **softly** | [sɔ́ːftli] [쏘오흐틀리]<br>부 부드럽게, 상냥하게 |
| **soil** | [sɔːil] [쏘얼]<br>명 흙, 토양, 오물 타자 더럽히다 |
| **sojourn** | [sóudʒəːrn] [쏘우줘언]<br>자 체류하다, 머무르다 명 체류 |
| **solace** | [sɑ́ləs] [쌀러쓰]<br>명 위안 타자 위로하다 |
| **solar** | [sóulər] [쏘울러]<br>형 태양의 |
| **soldier** | [sóuldʒər] [쏘울줘]<br>명 군인, 병사 자 군대에 복무하다 |
| **sole** | [soul] [쏘우을]<br>형 유일한, 독점적인 명 발바닥 |
| **solemn** | [sɑ́ləm] [쌀럼]<br>형 진지한, 엄숙한, 격식을 차린 |

| solemnity | [səlémnəti] [썰렘너티]<br>명 엄숙, 장엄, 점잔 뺌 |
| solicit | [səlísit] [썰리씻]<br>타자 간청하다, 권유하다 |
| solicitation | [səlìsətéiʃən] [썰리써테이션]<br>명 간청, 권유 |
| solicitous | [səlísətəs] [썰리써터쓰]<br>형 염려(걱정)하는, 열망하는 |
| solicitude | [səlísətjùːd] [썰리써튜우드]<br>명 걱정, 열망 |
| solid | [sálid] [쌀리드]<br>형 고체의, 속이 비지 않은, 견고한 |
| solidarity | [sàlidǽrəti] [쌀리대러티]<br>명 공동 일치, 단결, 연대 책임 |
| solitude | [sálitjùːd] [쌀리튜우드]<br>명 고독, 외딴 곳 |
| solo | [sóulou] [쏘울로우]<br>명 독주(곡), 독창(곡), 독무대, 솔로 |
| soluble | [sáljubl] [쌀류브얼]<br>형 해결할 수 있는 |

| | |
|---|---|
| **solution** | [səlúːʃən] [썰루우션]<br>몡 해결, 해명, 용해, 분배, 용액 |
| **solvable** | [sálvəbl] [쌀버브얼]<br>혱 풀 수 있는 |
| **solve** | [salv] [쌀브]<br>타 해결하다, 설명하다, 풀다 |
| **solvent** | [sálvənt] [싸얼번트]<br>몡 용제 혱 지불 능력이 있는, 용해력 있는 |
| **somber** | [sámbər] [쌈버]<br>혱 어두컴컴한, 음침한, 우울한 |
| **some** | [sʌm] [썸]<br>혱 약간의, 어느, 어떤 대 어떤 사람(것)<br>\* at some time or other 언젠가(는),<br>　멀지 않아<br>\* some day 미래의 어느 날, 언젠가 |
| **somebody** | [sámbádi] [썸바디]<br>대 어떤 사람 몡 상당한 사람 |
| **somehow** | [sámhàu] [썸하우]<br>부 어떻게 해서든지, 어쩐지 |
| **someone** | [sámwʌn] [썸원]<br>대 어떤 사람(somebody), 누군가 |

| **something** | [sʌ́mθiŋ] [썸씽]<br>[대명] 어떤 것(일), 무엇인가<br>[부] 얼마쯤<br>* something like 좀 ~와 비슷한, 대략, 대단한<br>* something of 얼마간, 약간, 다소<br>* ~or something ~이거나, 그런 것 |
| **sometime** | [sʌ́mtàim] [썸타임]<br>[부] 언젠가, 언제고 훗날에 [형] 이전의 |
| **sometimes** | [sʌ́mtàimz] [썸타임즈]<br>[부] 때때로 |
| **somewhat** | [sʌ́mhwàt] [썸왓]<br>[부] 얼마간, 다소, 약간 |
| **somewhere** | [sʌ́mhwɛ̀ər] [썸웨어]<br>[부] 어딘가에, 어디론가 |
| **son** | [sʌn] [썬]<br>[명] 아들 [반] daughter(딸) |
| **sonata** | [sənɑ́:tə] [써나아터]<br>[명] 주명곡(奏鳴曲), 소나타 |
| **song** | [sɔ́:ŋ] [쏘엉]<br>[명] 노래, (새 등의) 지저귐 소리 |

A B C D E F G H I J K L M N O P Q R **S** T U V W X Y Z

| son-in-law | [sʌninlɔ̀ː] [써닌로오]<br>명 사위, 양자 |
| --- | --- |
| **soon** | [suːn] [쑤은]<br>부 얼마 안 가서, 곧, 이내<br>* as soon as possible 될 수 있는 한 빨리<br>* sooner or later 조만간, 멀지 않아 |
| **soot** | [sut] [쑷]<br>명 그을음 타 그을음 투성이로 하다 |
| soothe | [suːð] [쑤우드]<br>타 달래다, 위로하다 |
| **sophomore** | [sáfəmɔ̀ːr] [싸훠모오]<br>명 ((미)) (4년제 대학의) 2학년생 |
| sorcerer | [sɔ́ːrsərər] [쏘오서러]<br>명 마법사 |
| **sordid** | [sɔ́ːrdid] [쏘오디드]<br>형 더러운, 야비한, 누추한 |
| sore | [sɔːr] [쏘오]<br>형 아픈, 슬픈, 쓰라린 명 상처 |
| **sorrow** | [sɔ́rou] [쏘로우]<br>명 슬픔, 비애 자 슬퍼하다 |

| | |
|---|---|
| **sorry** | [sɔ́ri] [쏘뤼]<br>형 유감스러운, 슬픈, 가엾은 |
| **sort** | [sɔːrt] [쏘오트]<br>명 종류, 품질, 성질 타 고르다, 분류하다<br>* a sort of 일종의(a kind of)<br>* be out of sorts 기분이 언짢다,<br>몸이 불편하다 |
| **SOS** | [ésòués] [에쓰오우에쓰]<br>명 (구조를 청하는 조난선의) 조난 신호 |
| **soul** | [soul] [쏘우을]<br>명 혼, 영혼, 정신 반 body(신체) |
| **sound** | [saund] [싸운드]<br>명 소리, 음향 자타 소리가 나다, 울리다<br>형 건전한 부 깊이, 푹<br>* (as) sound as a bell 아주 건강하여<br>* catch the sound of 짐작하다 |
| **soup** | [suːp] [쑤우프]<br>명 수프, 고깃국 |
| **sour** | [sáuər] [싸우어]<br>형 시큼한 타자 시어지다 명 시큼한 것 |
| **source** | [sɔːrs] [쏘오쓰]<br>명 원천, 출처, 근원 |

| | |
|---|---|
| **south** | [sauθ] [싸우쓰]<br>명 남쪽 형 남쪽의 부 남으로 |
| **southern** | [sʌ́ðərn] [써어던]<br>형 남의, 남쪽의 |
| **southward** | [sáuθwərd] [싸우쓰워드]<br>부 남쪽으로, 남쪽에 형 남쪽으로의 명 남부 |
| **souvenir** | [sùːvəníər] [쑤우버니어]<br>명 기념품, 선물 |
| **sovereign** | [sάvərin] [싸버륀]<br>명 주권자, 통치자, 군주 |
| **Soviet** | [sóuvièt] [쏘우비엣]<br>명 소련(the Soviet Union) 형 소련의 |
| **sow** | [sou] [쏘우]<br>타자 (씨를) 뿌리다<br>[sau] [싸우]<br>명 암돼지 |
| **soy** | [sɔi] [쏘이]<br>명 간장 |
| **space** | [speis] [스페이쓰]<br>명 공간, 여백, 우주 타자 일정한 간격을 두다 |

| | |
|---|---|
| **spacious** | [spéiʃəs] [스페이셔쓰]<br>혱 넓은, 널찍한 |
| **spade** | [speid] [스페이드]<br>똉 가래, 삽 탄 삽으로 파다 |
| **Spain** | [spein] [스페인]<br>똉 스페인 |
| **span** | [spæn] [스팬]<br>똉 한 뼘 탄 뼘으로 재다 |
| **Spaniard** | [spǽnjərd] [스패녀드]<br>똉 스페인 사람 |
| **Spanish** | [spǽniʃ] [스페니쉬]<br>똉 스페인 말 혱 스페인의 |
| **spank** | [spæŋk] [스팽크]<br>똉 철썩 때림 탄 철썩 때리다 |
| **spare** | [spɛər] [스페어]<br>타자 아끼다 혱 여분의 똉 예비품 |
| **spark** | [spa:rk] [스파아크]<br>똉 불꽃, 불똥 자타 불꽃을 튀기다 |
| **sparkle** | [spáːrkl] [스파아크얼]<br>똉 불티, 섬광 타자 불꽃을 내다 |

| | |
|---|---|
| **sparrow** | [spǽrou] [스패로우]<br>명 참새 |
| **speak** | [spi:k] [스피이크]<br>자타 이야기하다, 말하다, 담화하다<br>* not to speak of ~은 말할 것도 없고,<br> ~은 물론<br>* speak for ~을 대변하다, 변호하다<br>* speak ill [evil] of ~을 나쁘게 말하다,<br> ~을 헐뜯다<br>* speak of ~에 관하여 말하다,<br> 남의 이야기를 하다<br>* speak out 거리낌 없이 이야기 하다,<br> 공언하다<br>* speak to ~에게 말을 걸다<br>* speak well of ~을 좋게 말하다,<br> 칭찬하다 |
| **speaker** | [spí:kər] [스피이커]<br>명 말하는 사람, [보통 S-] 하원 의장, 스피커 |
| **spear** | [spiər] [스피어]<br>명 창, 새싹 타자 창으로 찌르다, 싹트다 |
| **special** | [spéʃəl] [스페셔얼]<br>형 특별한 |

| | |
|---|---|
| **specialize** | [spéʃəlàiz] [스페셜라이즈]<br>타자 특수화하다, 전공하다 |
| **specially** | [spéʃəli] [스페셜리]<br>부 특히, 임시로, 특별히 |
| **species** | [spíːʃiːz] [스피이쉬이즈]<br>명 (생물의) 종(種), 종류(種類) |
| **specific** | [spisífik] [스피씨휔]<br>형 특수한, 독특한, 명확한 |
| **specifically** | [spisífikəli] [스피씨휘컬리]<br>부 특히, 특효적으로 |
| **specify** | [spésifai] [스페씨화이]<br>타 상세하게 적다, 명세서에 적다 |
| **specimen** | [spésəmən] [스페써먼]<br>명 견본, 표본, 실례 |
| **speck** | [spek] [스펙]<br>명 (작은) 점, 반점 타 반점을 찍다 |
| **speckle** | [spél] [스펙크얼]<br>명 작은 반점 타 얼룩지게 하다 |
| **spectacle** | [spéktəkl] [스펙터크얼]<br>명 광경, 장관(壯觀), 구경거리 |

| | |
|---|---|
| **spectacular** | [spektǽkjulər] [스펙**태**큘러]<br>혱 구경거리의, 볼 만한, 장관의 |
| **spectator** | [spékteitər] [스펙테이터]<br>몡 관객, 목격자, 구경꾼, 방관자 |
| **specter-tre** | [spéktər] [스펙터]<br>몡 유령, 유괴, 요괴 |
| **speculate** | [spékjulèit] [스페큘레잇]<br>타 사색하다, 추측하다, 투기하다 |
| **speculation** | [spèkjuléiʃən] [스페큘레이션]<br>몡 사색, 숙고, 투기(投機) |
| **speech** | [spi:tʃ] [스피이취]<br>몡 말, 연설, 이야기, ((문법)) 화법<br>* make a speech 연설하다 |
| **speed** | [spi:d] [스피이드]<br>몡 속도, 속력<br>자타 급히 가다, 서두르게 하다<br>* speed up 속도를 더 내다, 능력을 올리다 |
| **spell** | [spel] [스페얼]<br>타자 철자하다, 판독하다 몡 한동안의 계속 |

| | |
|---|---|
| **spelling** | [spélíŋ] [스펠링] <br> 몡 철자, 철자법 |
| **spend** | [spend] [스펜드] <br> 타자 소비하다, (시간을) 보내다 |
| **sphere** | [sfiər] [스피어] <br> 몡 구(球), 범위, 영역 |
| **sphinx** | [sfiŋks] [스휭크쓰] <br> 몡 스핑크스, 수수께끼 같은 인물 |
| **spice** | [spais] [스파이쓰] <br> 몡 양념, 향료 타 향료를 치다 |
| **spider** | [spáidər] [스파이더] <br> 몡 거미, 삼발이 |
| **spike** | [spaik] [스파익] <br> 몡 큰 못, 스파이크, 이삭 |
| **spill** | [sipl] [스피얼] <br> 타자 (액체 따위를) 엎지르다, 흘리다 |
| **spin** | [spin] [스핀] <br> 타자 (실을) 잣다, 방적(紡績)하다 |
| **spinach** | [spínitʃ] [스피니취] <br> 몡 시금치 |

| | |
|---|---|
| **spindle** | [spíndl] [스핀드얼]<br>명 방추(紡錘), 물레가락, 굴대 |
| **spine** | [spain] [스파인]<br>명 등뼈, 척추, 가시 |
| **spinning** | [spíniŋ] [스피닝]<br>명 방적 형 방적의 |
| **spiral** | [spáiərəl] [스파이뤄얼]<br>형 나선형의 명 나선, 나선형의 물건 |
| **spire** | [spaiər] [스파이어]<br>명 뾰족탑, 첨탑 자타 쑥 내밀다 |
| **spirit** | [spírit] [스피릿]<br>명 정신, 영혼, ((복수)) 알코올<br>타 기운을 돋우다<br>* in good spirits 원기 왕성하게, 기분이 좋아 |
| **spiritual** | [spíritʃuəl] [스피뤼츄어얼]<br>형 정신적인, 영적인 명 흑인 영가 |
| **spit** | [spit] [스핏]<br>자타 침을 뱉다 명 침 |
| **spite** | [spait] [스파잇]<br>명 악의, 원한 타 괴롭히다 |

*884*

| | |
|---|---|
| **spiteful** | [spáitfəl] [스파잇훠얼]<br>⟨형⟩ 심술궂은, 악의에 찬 |
| **splash** | [splæʃ] [스플래쉬]<br>⟨타⟩⟨자⟩ (흙탕을) 튀기다 ⟨명⟩ (물을) 튀김 |
| **splendid** | [spléndid] [스플렌디드]<br>⟨형⟩ 훌륭한, 장려한, 빛나는 |
| **splendo[u]r** | [spléndər] [스플렌더]<br>⟨명⟩ 빛남, 광휘, 호화 |
| **splinter** | [splíntər] [스플린터]<br>⟨명⟩ (돌·나무의) 쪼개진 조각 ⟨자⟩⟨타⟩ 쪼개다 |
| **split** | [split] [스플릿]<br>⟨타⟩⟨자⟩ 쪼개다 ⟨형⟩ 찢어진<br>⟨명⟩ 쪼개짐, 불화, 분열<br>* spilt rails 고된 일을 하다 |
| **spoil** | [spɔil] [스포얼]<br>⟨타⟩⟨자⟩ 약탈하다 ⟨명⟩ 약탈, 전리품 |
| **spokesman** | [spóuksmən] [스포욱쓰먼]<br>⟨명⟩ 대변인, 대표자 |

| sponge | [spʌndʒ] [스펀쥐]<br>명 해면, 스폰지 타자 해면으로 닦다 |
|---|---|
| **sponsor** | [spánsər] [스판써]<br>명 광고주, 스폰서 타 보증하다 |
| spontaneity | [spàntəníːəti] [스판터니이어티]<br>명 자연스러움, 자연발생 |
| **spontaneous** | [spantéiniəs] [스판테이니어쓰]<br>형 자발적인, 자연적인, 천연의 |
| spool | [spúːl] [스푸얼]<br>명 실패, 실감개 타 실패에 감다 |
| **spoon** | [spúːn] [스푸은]<br>명 숟가락, 스푼 타자 숟가락으로 뜨다 |
| sport | [spɔːrt] [스포오트]<br>명 오락, 유희, 스포츠, 운동 경기 |
| **sportsman** | [spɔ́ːrtsmən] [스포오츠먼]<br>명 운동가, 스포츠맨 |
| spot | [spat] [스팟]<br>명 장소, 지점, 반점<br>타자 오점을 찍다<br>형 즉석의<br>* on the spot 그 자리에서, 즉석에서 |

| | |
|---|---|
| **spotless** | [spátlis] [스파틀리쓰]<br>형 오점이 없는 |
| **spouse** | [spauz] [스파우즈]<br>명 배우자 |
| **spout** | [spaut] [스파웃]<br>타자 내뿜다 명 (주전자의) 주둥이 |
| **spray** | [sprei] [스프뤠이]<br>명 물안개, 분무기, 작은 가지 |
| **spread** | [spred] [스프뤠드]<br>타자 펴다, 퍼지다 명 퍼짐, 유포 |
| **spring** | [spriŋ] [스프륑]<br>명 봄, 샘, 도약, 용수철<br>자타 튀다<br>* spring a surprise on 갑자기 ~을<br>　놀라게 하다<br>* spring up 튀어오르다, 일어나다, 생기다 |
| **sprinkle** | [spríŋkl] [스프륑크얼]<br>타자 뿌리다, 흩다 명 가랑비, 소량 |
| **sprout** | [spraut] [스프롸웃]<br>명 새싹 자타 싹트다 |

*887*

| | |
|---|---|
| **spur** | [spəːr] [스퍼어]<br>명 박차, 격려<br>타자 박차를 가하다<br>* on the spur of the moment 얼떨결에, 앞뒤 생각 없이<br>* win one's spurs 이름을 떨치다, 공훈을 세우다 |
| **spurn** | [spəːrn] [스퍼언]<br>타자 걷어차다 명 걷어차기, 일축 |
| **spurt** | [spəːrt] [스퍼어트]<br>자타 전력을 다하다, 분출하다 명 역주 |
| **Sputnik** | [spútnik] [스푸트닉]<br>명 소련의 세계 최초 인공위성 |
| **spy** | [spai] [스파이]<br>명 스파이, 간첩 타자 탐정하다 |
| **squad** | [skwɔd] [스크워드]<br>명 (군의) 반, 분대 |
| **squadron** | [skwɔ́drən] [스크워런]<br>명 기병 대대, (소)함대 |
| **square** | [skwέər] [스크웨어]<br>명 정사각형 형 네모의, 공명정대한 |

| | |
|---|---|
| **squash** | [skwɔʃ] [스크워쉬]<br>[타][자] 으깨다, 으스러지다 |
| **squat** | [skwɔt] [스크웟]<br>[자] 웅크리다, 쭈그리다 |
| **squeak** | [skwi:k] [스크위크]<br>[자][타] (쥐 따위가) 찍찍 울다 |
| **squeal** | [skwi:l] [스크위얼]<br>[자][타] 비명을 지르다 [명] 비명 |
| **squeeze** | [skwi:z] [스크위이즈]<br>[타][자] 굳게 쥐다, 압착하다 [명] 압착 |
| **squire** | [skwáiər] [스크와이어]<br>[명] 대지주, 시골 신사 |
| **squirrel** | [skwə́:rəl] [스크워뤄얼]<br>[명] 다람쥐 |
| **stab** | [stæb] [스태브]<br>[타][자] 찌르다, 해치다 [명] 찌름 |
| **stability** | [stəbíləti] [스터빌러티]<br>[명] 안정, 영구불변, 착실 |
| **stack** | [stæk] [스택]<br>[명] 낟가리, 쌓은 더미 [타] 쌓아올리다 |

| | |
|---|---|
| **stadium** | [stéidiəm] [스테이디엄]<br>명 (야외) 경기장, 스타디움 |
| **staff** | [stæf] [스태프]<br>명 직원, 참모, 막대기, 장대 |
| **stag** | [stæg] [스태그]<br>명 수사슴 |
| **stage** | [steidʒ] [스테이쥐]<br>명 무대, 시기, 단계 타자 상연하다 |
| **stagger** | [stǽgər] [스태거]<br>자타 비틀거리다 명 비틀거림 |
| **stagnant** | [stǽgnənt] [스태그넌트]<br>형 (물이) 괴어 있는, 정체된 |
| **staid** | [steid] [스테이드]<br>형 침착한, 성실한 |
| **stain** | [stein] [스테인]<br>타자 더럽히다, 얼룩이 지다 명 얼룩, 오점 |
| **stair** | [stɛər] [스테어]<br>명 (계단의) 한 단(step), ((복수)) 계단 |
| **stake** | [steik] [스테익]<br>명 말뚝, 화형(火刑), 내기 타 말뚝에 매다 |

* at stake 위태로워져서, 문제가 되어
* burn at the stake 화형에 처하다
* play for high stake 큰 도박을 하다,
  모험을 하다
* pull up stakes 이사하다, 전직하다, 떠나다

**stale**

[steil] [스테일]
⟨형⟩ 신선하지 않은, 케케묵은

**stalk**

[stɔːk] [스토오크]
⟨명⟩ 줄기, 활보 ⟨자타⟩ 성큼성큼 걷다

**stall**

[stɔːl] [스토얼]
⟨명⟩ 매점, 노점, 마구간

**stammer**

[stǽmər] [스태머]
⟨자타⟩ 말을 더듬다 ⟨명⟩ 말 더듬기

**stamp**

[stæp] [스탬프]
⟨명⟩ 도장, 스탬프, 우표

**stand**

[stænd] [스탠드]
⟨자타⟩ 서다 ⟨명⟩ 일어서기, 관람석
* stand against ~에 대항하여 입후보
  하다, ~에 저항하다
* stand back 뒤로 물러서다,
  떨어진 곳에 있다
* stand by ~의 가까이에 있다, 편들다

* stand for ~을 나타내다, ~에 대신하다
* stand in the way of ~의 방해가 되다
* stand on [upon] ~의 위에 서다,
  ~에 의거하다
* stand out 두드러지다, 끝까지 버티다
* stand to ~을 고수하다
* stand up 일어서다, 지속하다

| | |
|---|---|
| **standard** | [stǽndərd] [스탠더드]<br>명 표준, 모범, 군기<br>형 표준의<br>* living at standards 생활 수준 |
| **standardize** | [stǽndərdàiz] [스탠더다이즈]<br>타 표준화하다, 규격화하다 |
| **standing** | [stǽndiŋ] [스탠딩]<br>형 서 있는, 선 채로의, 고정된 |
| **standpoint** | [stǽndpɔint] [스탠(드)포인트]<br>명 입장(立場), 견지, 관점 |
| **stanza** | [stǽnzə] [스탠저]<br>명 (시의) 절(節), 연(聯) |
| **staple** | [stéipl] [스테이프얼]<br>명 주요 산물, 주성분 형 주요한 |

| | |
|---|---|
| **star** | [sta:r] [스타아] <br> 몡 별, 항성, 별표( * ) <br> * the Stars and Stripes, the Star-Spangled Banner 성조기(미국 국기) |
| **starch** | [sta:rtʃ] [스타아취] <br> 몡 전분, 녹말, 풀 |
| **stare** | [stɛər] [스테어] 타자 응시하다 몡 응시 <br> * stare at ～을 응시하다 |
| **stark** | [sta:rk] [스타아크] <br> 혱 굳은, 경직한, 순전한 부 순전히 |
| **starry** | [stάːri] [스타아뤼] <br> 혱 별의, 별빛의, 별이 많은 |
| **star-sapphire** | [stάːrsӕfaiər] [스타아쌔화이어] <br> 몡 성채 청옥(星彩靑玉) |
| **start** | [sta:rt] [스타아트] <br> 자타 출발하다, 깜짝 놀라다 <br> 몡 출발, 깜짝 놀람 <br> * start off 출발하다 <br> * start off with ～로부터 시작하다 <br> * stat on (여행 · 계획 · 사업을) 시작하다 <br> * start up 갑자기 나타나다, 놀라 펄쩍 뛰다 |

| | |
|---|---|
| **startle** | [stάːrtl] [스타아트얼] <br> 타자 깜짝 놀라게 하다 명 놀람 |
| **starvation** | [staːrvéiʃən] [스타아베이션] <br> 명 아사(餓死), 기아 |
| **starve** | [staːrv] [스타아브] <br> 자타 굶어 죽다, 굶기다 <br> * starve to death 굶어 죽다, <br> 굶어 죽게 하다 |
| **state** | [steit] [스테잇] <br> 명 상태, 국가, 주(州) 형 국가의 타 진술하다 |
| **stately** | [stéitli] [스테이틀리] <br> 형 위엄 있는, 장엄한 |
| **statement** | [stéitmənt] [스테잇먼트] <br> 명 진술, 성명(서), 계산서 |
| **statesman** | [stéitmən] [스테이츠먼] <br> 명 정치가 |
| **station** | [stéiʃən] [스테이션] <br> 명 위치, 장소, 정거장, (담당) 부서 |
| **stationary** | [stéiʃənəri] [스테이셔너뤼] <br> 형 정지한, 고정된 |

| | |
|---|---|
| **stationer** | [stéiʃənər] [스테이셔너]<br>명 문방구 상인 |
| **stationery** | [stéiʃənəri] [스테이셔네뤼]<br>명 문방구 |
| **statistics** | [stətístiks] [스터티스틱쓰]<br>명 통계학, 통계(표) |
| **statue** | [stǽtʃuː] [스태튜우]<br>명 상(像), 조상, 입상(立像) |
| **stature** | [stǽtʃər] [스태춰]<br>명 신장(身長), 성장, 키 |
| **status** | [stéitəs] [스태이터쓰]<br>명 상태, 지위, 신분 |
| **statute** | [stǽtjuːt] [스태튜우트]<br>명 법령, 규칙 |
| **stay** | [stei] [스테이]<br>자타 머무르다, 버티다 명 체류 |
| **stead** | [sted] [스테드]<br>명 대신, 이익<br>* in one's stead 아무의 대신으로<br>* in stead of ~의 대신으로 |

| | |
|---|---|
| **steadfast** | [stédfæst] [스테드홰스트]<br>형 확고부동한, 불변의 |
| **steadily** | [stédili] [스테딜리]<br>부 꾸준히, 견실하게, 착실하게 |
| **steady** | [stédi] [스테디]<br>형 확고한, 견실한 타자 견고하게 하다 |
| **steak** | [steik] [스테익]<br>명 불고기 |
| **steal** | [st:l] [스티얼]<br>타자 훔치다<br>명 ((구어)) 절도, ((야구)) 도루(盜壘)<br>* steal a look at ~을 남모르게 살짝<br>* steal away 훔쳐가다, 몰래 떠나다 |
| **stealth** | [stelθ] [스텔쓰]<br>명 몰래(살금살금) 함, 비밀 |
| **stealthily** | [stélθili] [스텔씰리]<br>부 살그머니, 몰래, 은밀히 |
| **stealthy** | [stélθi] [스텔씨]<br>형 몰래하는, 남의 눈을 꺼리는 |
| **steam** | [st:m] [스티임]<br>명 증기, 김 타자 김을 올리다 |

| | |
|---|---|
| **steamboat** | [stí:mbout] [스티임보웃]<br>⽥ 기선, 증기선 |
| **steam engine** | [stí:m èndʒin] [스티임 엔쥔]<br>⽥ 증기 기관 |
| **steamer** | [stí:mər] [스티이머]<br>⽥ 기선, 찜 도구, 시루 |
| **steam-power** | [stí:mpàuər] [스티임파우어]<br>⽥ 증기력 |
| **steamy** | [stí:mi] [스티이미]<br>⽥ 증기의, 증기 같은, 김이 자욱한 |
| **steed** | [sti:d] [스티이드]<br>⽥ (승마용) 말 |
| **steel** | [sti:l] [스티얼]<br>⽥ 강철, 검 ⽥ 강철로 만든 |
| **steep** | [sti:p] [스티이프]<br>⽥ 가파른 ⽥ 담그다 ⽥ 담금 |
| **steeple** | [stí:pl] [스티이프얼]<br>⽥ (교회의) 뾰족탑 |
| **steer** | [stiər] [스티어]<br>⽥⽥ 키를 잡다, 조종하다, 향하다 |

| | |
|---|---|
| **stem** | [stem] [스템]<br>몡 줄기, 뱃머리, ((문법)) 어간 |
| **step** | [step] [스텝]<br>재타 걷다, 디디다<br>몡 보행, 단(段)<br>* step aside 비켜서다<br>* step by step 한 걸음 한 걸음<br>* step in 들어서다, 들르다<br>* step into (방·찻간 안으로) 걸어 들어가다<br>* step off 내리다<br>* step on ~을 밟다, ~을 누르다<br>* step up 접근하다 |
| **sterile** | [stérəl] [스테뤄얼]<br>혱 불모(不毛)의, 아이를 못 낳는 |
| **stern** | [stə:rn] [스터언]<br>혱 냉엄한, 엄격한 몡 (배의) 고물 |
| **stew** | [stju:] [스튜우]<br>몡 스튜 요리 타재 약한 불로 끓이다 |
| **steward** | [stjú:ərd] [스튜어드]<br>몡 스튜어드, 집사(執事), 청지기 |
| **stewardess** | [stjú:ərdis] [스튜어디쓰]<br>몡 스튜어디스 |

| | |
|---|---|
| **stick** | [stik] [스틱]<br>몡 막대기, 스틱<br>타자 찌르다, 들러붙다<br>* stick it out 끝까지 버티다, 고수하다, 꾹 참다<br>* stick to ~에 들러붙다, ~에 집착하다<br>* stick with ~에게 끝까지 충실하다 |
| **sticky** | [stíki] [스티키]<br>혱 끈적끈적한, 귀찮은 |
| **stiff** | [stif] [스티흐]<br>혱 뻣뻣한, 굳은, 완강한 |
| **stiffen** | [stífən] [스티휜]<br>타자 뻣뻣하게 하다, 세어지다 |
| **stifle** | [stáifl] [스타이흐얼]<br>타자 질식시키다, 질식하다 |
| **stigma** | [stígmə] [스티그머]<br>몡 오명, 낙인, 치욕 |
| **stile** | [stail] [스타일]<br>몡 (울타리를 넘기 위한) 디딤판 |
| **still** | [stil] [스티얼]<br>혱 고요한 타자 고요하게 하다 |

* still less 하물며 (～이 아니다),
더욱 (～이 아니다) (much less)
* still more 더욱더～이다(much more)

| | |
|---|---|
| **stimulant** | [stímjulənt] [스티뮬런트]<br>형 자극성의, 자극하는 명 자극물 |
| **stimulate** | [stímjulèit] [스티뮬레잇]<br>타자 자극이 되다, 자극하다 |
| **stimulus** | [stímjuləs] [스티뮬러쓰]<br>명 흥분제, 자극(물) |
| **sting** | [stiŋ] [스팅]<br>타자 쏘다, 찌르다 명 쏨, 찌름 |
| **stingy** | [stíndʒi] [스틴쥐]<br>형 인색한(miserly) |
| **stink** | [stiŋk] [스팅크] 명 고약한 냄새<br>자타 고약한 냄새를 풍기다, 구린내가 나다 |
| **stir** | [stəːr] [스터어]<br>타자 움직이다, 휘젓기 명 활동, 소동 |
| **stitch** | [stitʃ] [스티취]<br>명 한 바늘(뜸) 타자 꿰매다 |

| | |
|---|---|
| **stock** | [stɔk] [스톡]<br>명 재고품, 저장, 주식 형 재고의<br>\* out of stock 매진되어, 품절되어<br>\* stock farming 목축업, 축산업(stock raising) |
| **stockbroker** | [stɔ́kbròukər] [스톡브로우커]<br>명 주식 중개인 |
| **stockholder** | [stɔ́khòuldər] [스톡호울더]<br>명 주주 |
| **stocking** | [stɑ́kiŋ] [스타킹]<br>명 ((보통 복수)) 스타킹, 긴 양말 |
| **stomach** | [stʌ́mək] [스터먹]<br>명 위(胃), 배 타 참다, 소화하다 |
| **stone** | [stoun] [스토운]<br>명 돌 형 돌의 타 돌을 던지다, 돌을 깔다 |
| **stony** | [stóuni] [스토우니]<br>형 돌의, 돌이 많은 |
| **stool** | [stu:l] [스투얼]<br>명 발판, (등 없는) 걸상 |
| **stoop** | [stu:p] [스투우프]<br>자타 몸을 구부리다, 굽히다 명 새우등 |

| | |
|---|---|
| **stop** | [stap] [스탑]<br>타자 멈추다, 그만두다 명 중지, 정류장<br>* stop in ((미)) 들르다, ((영)) 집에 있다<br>* stop over ((미)) 도중 하차하다, 잠깐<br>　머무르다 |
| **store** | [stɔːr] [스토오] 명 ((미)) 가게, ((영)) ((복수))<br>백화점, 창고, 저축 타 저축하다<br>* in store 저축하여, 준비하여<br>* set store by ～을 존중하다<br>* store up ～을 저축하다, 저장하다 |
| **storehouse** | [stɔ́ːrhàus] [스토오하우쓰]<br>명 창고, (지식 따위의) 보고(寶庫) |
| **storm** | [stɔːrm] [스토엄]<br>명 폭풍(우), 소동, 급습 자타 강습하다 |
| **stormy** | [stɔ́ːrmi] [스토오미]<br>형 폭풍우의, 격렬한 |
| **story** | [stɔ́ːri] [스토오뤼]<br>명 이야기, 줄거리, (건물의) ～층 |
| **stout** | [staut] [스타웃]<br>형 튼튼한, 용감한 명 흑맥주 |
| **stove** | [stouv] [스토우브]<br>명 스토브, 난로, 화덕 |

| straddle | [strǽdl] [스트래드얼] |
| | 타자 걸터앉다, 양다리를 벌리다 |

| straggle | [strǽgl] [스트래그얼] |
| | 자 흩어지다, 일행에서 멀어지다 |

| straggler | [strǽglər] [스트래그얼러] |
| | 명 낙오자 |

| straight | [stréit] [스츄뤠잇] |
| | 형 똑바른 부 똑바로 명 일직선 |

| straighten | [stréitn] [스츄뤠이튼] |
| | 자타 똑바르게 하다, 정돈하다 |

| straightforward | [streitfɔ́ːwərd] [스츄뤠잇훠오워드] |
| | 형 솔직한, 똑바로 나아가는 |

| straightway | [stréitwèi] [스츄뤠잇웨이] |
| | 부 곧, 즉시(at once) |

| strain | [stréin] [스츄뤠인] |
| | 타자 팽팽하게 하다 명 긴장, 과로 |

| strait | [stréit] [스츄뤠잇] |
| | 형 좁은, 엄중한 명 해협, 궁핍 |

| strand | [strǽd] [스츄랜드] |
| | 명 물가 타자 좌초시키다 |

| | |
|---|---|
| **strange** | [stréindʒ] [스츄뤠인쥐]<br>형 묘한, 야릇한, 알지 못하는, 낯선<br>* strange to say 이상한 이야기이지만,<br>  이상하게도 |
| **strangely** | [stréindʒli] [스츄뤠인쥘리]<br>부 이상하게, 기묘하게 |
| **stranger** | [stréindʒər] [스츄뤠인쥐]<br>명 낯선 사람, 외국인, 문외한<br>* be a stranger to ~에 생소하다,<br>  ~을 모르다 |
| **strangle** | [stræŋgl] [스츄뢩그얼]<br>타 교살하다, 질식시키다, 억누르다 |
| **strap** | [stræp] [스츄뢥]<br>명 가죽 끈, 혁대 |
| **straw** | [strɔ:] [스츄롸아]<br>명 짚, 밀짚, 밀짚모자 |
| **strawberry** | [strɔ́:bèri] [스츄롸아베뤼]<br>명 딸기, 스트로베리 |
| **stray** | [strei] [스츄뤠이]<br>자 길을 잃다 형 길 잃은 명 미아 |

| | |
|---|---|
| **streak** | [strí:k] [스츄뤼크]<br>명 줄, 줄무늬 타자 줄을 지다 |
| **stream** | [strí:m] [스츄뤼임]<br>명 내, 개울, 풍조 자타 흐르다 |
| **street** | [strí:t] [스츄뤼이트]<br>명 거리, 차도, ~가(街), ~로(路) |
| **strength** | [streŋkθ] [스츄뤵(크)쓰]<br>명 힘, 세기, 강도, 세력, 농도 |
| **strengthen** | [stréŋkθən] [스츄뤵(크)썬]<br>타자 강하게 하다, 강해지다 |
| **strenuous** | [strénjuəs] [스츄뤠뉴어쓰]<br>형 분투적인, 열렬한 |
| **stress** | [stres] [스츄뤠쓰]<br>명 압력, 압박, 강세 타 강조하다 |
| **stretch** | [stretʃ] [스츄뤠취]<br>타자 뻗치다, 퍼지다, 펴다 |
| **strew** | [stru:] [스츄루우]<br>타자 흩뿌리다, 흩뿌려 뒤덮다 |
| **strict** | [strikt] [스츄뤽트]<br>형 엄한, 정확한, 완전한 |

| | |
|---|---|
| **stride** | [straid] [스츄롸이드]<br>자타 큰 걸음으로 걷다 명 활보하다 |
| **strife** | [straif] [스츄롸이흐]<br>명 다툼, 싸움, 투쟁 |
| **strike** | [straik] [스츄롸익]<br>타자 치다, 때리다 명 타격, 파업<br>* strike a blow for ~을 위하여 전력을<br>  다하다<br>* strike a line [path] 진로를 잡다<br>* strike a note 독특한 인상을 주다,<br>  …한 투로 말하다<br>* strike at ~에게 겨누어 치다, ~을 치고<br>  덤비다<br>* strike at the roof of ~을 근절시키려고<br>  꾀하다<br>* strike down 때려 눕히다<br>* strike in 갑자기 뛰어들다, 갑자기<br>  말참견하다<br>* strike off 삭제하다, 옆으로 빠지다,<br>  인쇄하다<br>* strike out 삭제하다, 힘차게 앞으로<br>  나아가다, 생각해 내다 |
| **string** | [strin] [스츄륑]<br>명 실, 끈, 현(弦) 타자 실을 꿰다 |

| stringy | [stríŋi] [스츄링이]<br>형 실의, 끈의, 섬유질의 |
|---|---|
| **strip** | [strip] [스츄립] 타자 벗기다, 옷을 벗다,<br>빼앗다 명 길고 가느다란 조각 |
| stripe | [straip] [스츄롸입]<br>명 줄무늬 타 줄무늬로 꾸미다 |
| **strive** | [straiv] [스츄롸이브]<br>자 애쓰다, 노력하다, 싸우다 |
| stroke | [strouk] [스츄로욱]<br>명 침, 타격, 일격 타 쓰다듬다<br>* a stroke of genius 천재적인 수완 |
| stroll | [stroul] [스츄로우을]<br>자타 산보하다, 방랑하다 명 산보 |
| **strong** | [strɔːŋ] [스츄뤄엉]<br>형 힘찬, 튼튼한, 강한, 견고한 |
| stronghold | [strɔ́ŋhòuld] [스츄뤄엉호우을드]<br>명 성체, 요새, 근거지 |
| **structural** | [strʌ́ktʃərəl] [스츄롹처럴]<br>형 구조(상)의, 건축의 |

| | |
|---|---|
| **structure** | [strʌ́ktʃər] [스츄럭춰]<br>명 구조, 조직, 건물 |
| **struggle** | [strʌ́gl] [스츄롸그얼]<br>자 허우적거리다, 명 노력, 고투<br>* struggle for ~하려고 싸우다,<br>~을 얻으려고 분투하다 |
| **strut** | [strʌt] [스츄럿]<br>자 점잔빼며 걷다, 버팀목을 받치다 |
| **stub** | [stʌb] [스터브]<br>명 그루터기, 꽁초 타 뽑다, 파내다 |
| **stubborn** | [stʌ́bərn] [스터버언]<br>형 완고한, 말 안 듣는, 완강한 |
| **stud** | [stʌd] [스터드]<br>명 징 타 장식용 못[징]을 박다 |
| **student** | [stjúːdnt] [스튜우든트]<br>명 학생, 연구자 |
| **studied** | [stʌ́did] [스터디드]<br>형 고의의, 부자연한, 연구를 쌓은 |
| **studio** | [stjúːdiòu] [스튜우디오우]<br>명 화실, 작업장, 스튜디오 |

| | |
|---|---|
| **studious** | [stjú:diəs] [스튜디어쓰]<br>형 학구적인, 열심인, 고의의 |
| **study** | [stʌ́di] [스터디]<br>명 공부, 연구 자타 배우다, 공부하다 |
| **stuff** | [stʌf] [스터흐]<br>명 재료, 잡동사니 타자 채워 넣다<br>* stuff with ~을 채워 넣다 |
| **stumble** | s[stʌ́mbl] [스텀브얼] 자타 발부리가<br>걸리다, 비틀거리다 명 비틀거림, 실책 |
| **stump** | [stʌmp] [스텀프]<br>명 그루터기, 쓰다 남은 토막 |
| **stun** | [stʌn] [스턴]<br>타 기절시키다, 어리벙벙하게 하다 |
| **stunt** | [stʌnt] [스턴트]<br>타 발육을 방해하다 명 발육의 저지 |
| **stupefy** | [stjú:pifài] [스튜우피화이]<br>타 마비시키다 |
| **stupendous** | [stju:péndəs] [스튜우펜더쓰]<br>형 놀랄 만한, 엄청난, 거대한 |

| | |
|---|---|
| **stupid** | [stjúːpid] [스튜우피드]<br>〖형〗 어리석은, 바보 같은 |
| **sturdy** | [stə́ːrdi] [스터어디]<br>〖형〗 튼튼한, 건장한 〖반〗 weakly(허약한) |
| **style** | [stail] [스타일]<br>〖명〗 형(型), 스타일, 모양 |
| **subdue** | [səbdjúː] [써브듀우]<br>〖타〗 정복하다, 이기다, 억제하다 |
| **subject** | [sʌ́bdʒikt] [써브쥑트]<br>〖형〗 지배를 받는 〖부〗 ~을 조건으로<br>* subject to ~을 받아, ~에 따라야 할,<br>~되기 쉬운, ~을 조건으로 |
| **subjective** | [sʌ́bdʒéktiv] [써브젝티브]<br>〖형〗 주관적인, ((문법)) 주격의 |
| **sublime** | [səbláim] [써블라임]<br>〖형〗 고상한 〖타자〗 고상하게 하다 |
| **submarine** | [sʌ́bməríːn] [써브머뤼인]<br>〖명〗 잠수함 |
| **submerge** | [səbmə́ːrdʒ] [써브머어쥐]<br>〖자타〗 물 속에 가라앉히다, 잠수하다 |

| submission | [səbmíʃən] [써브미션] |
| | 명 복종, 순종, 의뢰 |

| submit | [səbmít] [써브밋] |
| | 타자 복종시키다, 제출하다 |
| | * submit to ~에 복종하다, ~을 감수하다, |
| | ~에 따르다 |

| subordinate | [səbɔ́ːrdinət] [써보오디넛] |
| | 형 종속의, 예하의 명 부하 |
| | [səbɔ́ːrdənèit] [써보오더네잇] |
| | 타 종속시키다 |

| subscribe | [səbskráib] [써브스트롸이브] |
| | 타자 서명하다, 기부하다, 구독하다 |

| subscriber | [səbskráibər] [써브스크라이버] |
| | 명 기부자, 구독자 |

| subsequent | [sʌ́bsikwənt] [써브시크원트] |
| | 형 그 후의, 차후의, 결과로 일어나는 |

| subside | [səbsáid] [써브싸이드] |
| | 자 (바람 따위가) 자다, 가라앉다 |

| subsidiary | [səbsídièri] [써브씨디에러] |
| | 형 보조의, 종속적인 |

| | |
|---|---|
| **subsist** | [səbsíst] [써브씨스트]<br>자타 생존하다, ~에게 식량을 주다 |
| **substance** | [sʌ́bstəns] [써브스턴쓰]<br>명 물질, 실체, 본질, 요지(要旨) |
| **substantial** | [səbstǽnʃəl] [써브스탠셔얼]<br>형 물질의, 참다운, 실재하는 |
| **substitute** | [sʌ́bstətjùːt] [써브스터튜우트]<br>명 대리인, 대용품 타자 대용하다 |
| **subterranean** | [sʌ́btəréiniən] [써브터레이니언]<br>형 지하의(under the earth) |
| **subtle** | [sʌ́tl] [써트얼]<br>형 포착하기 어려운, 미묘한, 예민한 |
| **subtlety** | [sʌ́tlti] [써트얼티]<br>명 미묘, 예민, 정묘, 교활 |
| **subtly** | [sʌ́tli] [써틀리]<br>부 미묘하게, 교활하게, 정묘하게 |
| **subtract** | [səbstǽkt] [써브츄랙트]<br>타 덜다, 빼다, 감하다, 공제하다 |
| **suburb** | [sʌ́bəːrb] [써버어브]<br>명 교외, 변두리 |

| suburban | [səbə́:rbən] [써버어번]<br>형 교외의 |
|---|---|
| **subway** | [sʌ́bwèi] [써브웨이]<br>명 지하철, ((영)) 지하도 |
| succeed | [səksí:d] [썩씨이드]<br>자타 성공하다, 계속되다, 상속하다<br>* succeed in ~에 성공하다,<br>　~을 잘 해내다<br>* succeed to ~의 뒤를 잇다,<br>　~을 상속하다 |
| **success** | [səksés] [썩쎄쓰]<br>명 성공, 성취, 출세 |
| successful | [səksésfəl] [썩쎄쓰훠얼]<br>형 성공한, 크게 히트한 |
| **successfully** | [səksésfəli] [썩쎄쓰훠얼리]<br>부 성공적으로, 훌륭하게 |
| succession | [səkséʃən] [썩쎄션]<br>명 연속, 연속물, 계승, 상속<br>* in succession 연달아, 연속하여 |

| | |
|---|---|
| **successive** | [səksésiv] [썩쎄씨브]<br>형 연속하는, 잇따른 |
| **successor** | [səksésər] [썩쎄써]<br>명 후계자, 상속인 |
| **succumb** | [səkám] [써컴]<br>자 굴복하다 |
| **such** | [sʌʧ] [써취]<br>형 그와 같은, 그러한 대 그와 같은 물건<br>* such and such 여차여차한 일,<br>  이러이러한, 등등<br>* such as ~와 같은, 이를테면<br>* such ~ as …와 같은 ~<br>* such ~ that 대단히 ~하므로<br>* as such 그것만으로, 그 자체로,<br>  그 자격으로 |
| **suck** | [sʌk] [썩]<br>타자 빨다, 홀짝이다 명 빨기 |
| **sudden** | [sádn] [써든]<br>형 별안간의, 갑작스러운 명 불시, 돌연<br>* [all] of [on] a sudden 갑자기, 별안간,<br>  불시에 |

| suddenly | [sʌ́dnli] [써든리]<br>부 갑자기, 별안간 |
|---|---|
| sue | [sjuː] [쑤우]<br>타자 고소하다, 소송을 제기하다 |
| suffer | [sʌ́fər] [써훠어]<br>타자 겪다, 괴로워하다, 당하다<br>* suffer from ~으로 괴로워하다,<br>~에 걸리다 |
| sufferance | [sʌ́fərəns] [써훠뤈쓰]<br>명 묵인, 인내 |
| sufferer | [sʌ́fərər] [써훠뤄]<br>명 수난자, 피해자 |
| suffering | [sʌ́fəriŋ] [써훠륑]<br>명 고통, 재해, 수난, 고뇌 |
| suffice | [səfáis] [써화이쓰]<br>자타 충분하다, 만족시키다 |
| sufficient | [səfíʃənt] [써휘선트]<br>형 충분한, 넉넉한 |
| sufficiently | [səfíʃəntli] [써휘션틀리]<br>부 충분히 |

| | |
|---|---|
| **suffix** | [sʌ́fiks] [써휙쓰]<br>똉 ((문법)) 접미사 탭 첨부하다 |
| **suffocate** | [sʌ́fəkèit] [써훠케잇]<br>탭자 숨을 막다, 질식하다 |
| **suffocation** | [sʌ̀fəkéiʃən] [써훠케이션]<br>똉 질식 |
| **suffrage** | [sʌ́fridʒ] [써흐리쥐]<br>똉 투표, 선거권, 투표권 |
| **suffragette** | [sʌ̀frədʒét] [써흐러젯]<br>똉 여성 참정권론자 |
| **sugar** | [ʃúgər] [슈거]<br>똉 설탕 탭자 설탕으로 달게 하다<br>* sugar basin 식탁용 설탕 그릇<br>* sugar beet 사탕무<br>* sugar cane 사탕수수 |
| **suggest** | [sədʒést] [써줴스트]<br>탭 암시하다, 제안하다 |
| **suggestion** | [sədʒéstʃən] [써줴스쳔]<br>똉 암시, 제안, 제의<br>* make a suggestion 제안하다 |

| | |
|---|---|
| **suicide** | [sjú:əsàid] [쑤우어싸이드]<br>명 자살 자 자살하다 |
| **suit** | [su:t] [쑤우트] 명 소송, 청원, 슈트<br>타자 ~에 형편이 좋다, 적응시키다, 잘 맞다 |
| **suitable** | [sú:təbl] [쑤우터브얼]<br>형 적당한, 어울리는<br>* be suitable for ~에 적합하다 |
| **suitcase** | [sú:tkeis] [쑷케이쓰]<br>명 (소형) 여행 가방, 슈우케이스 |
| **suite** | [swi:t] [스위이트]<br>명 수행원, 일행, 한 벌 |
| **sulfur** | [sʌ́lfər] [썰훠]<br>명 유황 형 유황의 |
| **sulfuric** | [sʌlfjúərik] [썰휴어릭]<br>형 유황의, 유황을 함유하는 |
| **sullen** | [sʌ́lən] [썰런]<br>형 음침한, 부루퉁한 |
| **sultan** | [sʌ́ltən] [썰튼]<br>명 술탄(이슬람교국 군주), 터키 황제 |

| sultry | [sʌ́ltri] [썰츄뤼]<br>형 무더운, 숨막히게 더운 |
|---|---|
| sum | [sʌm] [썸]<br>명 합계, 금액<br>타자 합계하다<br>* sum up 합계하다, 요약하다 |
| summary | [sʌ́məri] [써머뤼]<br>명 요약, 적요 형 즉결의, 간략한 |
| summer | [sʌ́mər] [써머]<br>명 여름, 형 여름의 자 여름을 지내다 |
| summit | [sʌ́mit] [써밋]<br>명 정상, 절정, 극치 |
| summon | [sʌ́mən] [서먼]<br>타 호출하다, 소환하다 |
| sumptuous | [sʌ́mptʃuəs] [썸츄어쓰]<br>형 호화로운, 사치스러운 |
| sun | [sʌn] [썬]<br>명 태양, 햇빛, 햇볕 자타 햇볕에 쬐다 |
| sunbeam | [sʌ́nbìːm] [썬비임]<br>명 햇빛, 태양 광선 |

| | |
|---|---|
| **Sunday** | [sʌ́ndei] [썬데이]<br>명 일요일 〈약어 Sun.〉 |
| **sunlight** | [sʌ́nlàit] [썬라잇]<br>명 햇빛, 일광 |
| **sunny** | [sʌ́ni] [써니]<br>형 양지 바른, 햇볕이 잘 드는 |
| **sunrise** | [sʌ́nràiz] [썬롸이즈]<br>명 일출, 해돋이, 새벽녘 |
| **sunset** | [sʌ́nset] [썬쎗]<br>명 일몰(日沒), 해질녘 |
| **sunshine** | [sʌ́nʃàin] [썬사인]<br>명 햇빛, 맑은 날씨 |
| **sun-up** | [sʌ́nʌp] [써넙]<br>명 해돋이(sunrise) |
| **sup** | [sʌp] [썹]<br>자타 홀짝홀짝 마시다(sip), 홀짝거리다,<br>저녁밥을 먹다<br>명 (음료의) 한 모금 |
| **superb** | [sjùːpə́ːrb] [쑤우퍼어브]<br>형 장려한, 화려한, 멋진 |

| **superficial** | [sùːpərfíʃəl] [쑤우퍼휘셔얼]<br>형 표면의, 피상적인, 천박한 |
| --- | --- |
| **superfluity** | [sùːpərflúəti] [쑤우퍼흘루어티]<br>명 여분 |
| **superfluous** | [supə́ːrfluəs] [쑤우퍼어흘루어쓰]<br>형 여분의, 불필요한 |
| **superhighway** | [sùːpərháiwei] [쑤우퍼하이웨이]<br>명 (4차선 이상의) 고속도로 |
| **superintend** | [sùːpərinténd] [쑤우퍼륀텐드]<br>자타 감독(관리)하다(manage) |
| **superior** | [səpíəriər] [써피어뤼어]<br>형 뛰어난, 상급의<br>명 윗사람, 상관<br>* [be] superior to ~보다 뛰어나다,<br>~을 초월해 있다 |
| **superiority** | [səpìərióːriti] [써피어뤼오오뤄티]<br>명 우월(優越), 우세 |
| **superlative** | [səpə́ːrlətiv] [써퍼얼러티브]<br>형 최고의, ((문법)) 최상급의 명 최상급 |
| **superman** | [súːpərmæn] [수우퍼맨]<br>명 초인(超人), 슈퍼맨 |

| **supermarket** | [súːpərmàːrkit] [쑤우퍼마아킷]<br>몡 슈퍼마켓 |
| --- | --- |
| **supernatural** | [sùːpərnǽtʃərəl] [쑤우퍼내춰뤄얼]<br>혱 초자연의, 불가사의한 |
| **supersonic** | [sùːpərsánik] [쑤우퍼싸닉]<br>혱 초음속의 |
| **superstition** | [sùːpərstíʃən] [쑤우퍼스티션]<br>몡 미신(迷信) |
| **supervise** | [súːpərvàiz] [쑤우퍼바이즈]<br>톕 감독하다, 관리하다 |
| **supper** | [sʌ́pər] [써퍼]<br>몡 저녁 식사, 만찬 |
| **supplement** | [sʌ́plimənt] [써플리먼트]<br>몡 부록, 보충, 추가 |
| **supply** | [səplái] [써플라이]<br>톕 공급하다, 보충하다<br>몡 공급, ((복수)) 양식(糧食)<br>\* supply with ~을 공급하다 |
| **support** | [səpɔ́ːrt] [써포오트]<br>톕 지탱하다, 원조하다 몡 지지, 부양 |

| suppose | [səpóuz] [써포우즈] |
| | 타 상상하다, 추측하다 |
| | * be suppose to ~할 것으로 추측되다, |
| | ~하기로 되어 있다 |

| suppress | [səprés] [써프뤠쓰] |
| | 타 억누르다, 참다, 진압하다 |

| supremacy | [sjuprémɘsi] [쑤프뤠머시] |
| | 명 최상, 주권, 대권 |

| supreme | [sjuprí:m] [쑤프뤼임 ] |
| | 형 최고의, 지상의,최후의 |

| sure | [ʃuɘr] [슈어] |
| | 형 확실한, 믿을 수 있는 |
| | 부 그렇고 말고요, 물론이죠 |
| | * be [feel] sure of oneself 자신이 있다 |
| | * be not too sure about 의심하다 |
| | * (be) sure of (that) ~을 확신하다 |
| | * (be) sure to 반드시 ~하다, 꼭 ~하다 |
| | * for sure 확실히, 틀림없이 |
| | * make sure 확인하다 |
| | * to be sure 그렇군, 저런, 과연(~이지만, |
| | 그러나) |

| | |
|---|---|
| **surely** | [ʃúərli] [슈어얼리]<br>부 확실히, 반드시, ((부정문에서)) 설마 |
| **surf** | [səːrf] [써어흐]<br>명 (해안으로) 밀려오는 파도 |
| **surface** | [səːrfis] [써어휘쓰]<br>명 표면, 외관 형 표면의, 외관의 |
| **surfing** | [səːrfiŋ] [써어휭]<br>명 서핑, 파도타기(surf riding) |
| **surfy** | [səːrfi] [써어휘]<br>형 (밀려드는) 파도가 많은 |
| **surge** | [səːrdʒ] [써어쥐]<br>자 큰 파도가 일다 명 큰 파도, 파동 |
| **surgeon** | [səːrdʒən] [써어줜]<br>명 외과의사 |
| **surgery** | [səːrdʒəri] [써어줘뤼]<br>명 외과(外科), 수술실 |
| **surmise** | [səːrmaiz] [써어마이즈]<br>명 추측 타자 추측하다, ~라고 생각하다 |
| **surmount** | [səːrmàunt] [써마운트]<br>타 극복하다, 넘다 |

| | |
|---|---|
| **surname** | [sə́:rnèim] [써어네임]<br>몡 성(性) 턔 성을 붙이다 |
| **surpass** | [sə:rpǽs] [써패쓰]<br>턔 (양·정도 따위가) ~보다 낫다 |
| **surplus** | [sə́:rplʌs] [써어플러쓰]<br>몡 여분, 잉여 혱 여분의 |
| **surprise** | [sə:rpráiz] [써프롸이즈]<br>몡 놀람, 기습<br>턔 놀라다, 기습하다<br>* be surprised at ~에 깜짝 놀라다<br>* surprise attack 기습 공격<br>* in surprise 놀라서<br>* take ~ by surprise 불시에 ~을 기습하다<br>* to one's surprise 놀랍게도 |
| **surrender** | [səréndər] [써렌더]<br>턔짜 인도하다, 항복하다 몡 항복 |
| **surround** | [səráund] [써롸운드]<br>턔 둘러싸다, 에워싸다 |
| **surrounding** | [səráundiŋ] [써롸운딩]<br>혱 주위의, 근처의, 둘레의 |

| | |
|---|---|
| **surroundings** | [səráundiŋz] [써라운딩즈]<br>몡 환경(environment) |
| **survey** | [sərvéi] [써어베이]<br>타자 내려다보다, 측량하다<br>* make a survey 측량하다 |
| **surveyor** | [sərvéiər] [써어베이어]<br>몡 측량기사, 검사관 |
| **survival** | [sərváivəl] [써어바이버얼]<br>몡 살아 남음, 생존자 |
| **survive** | [sərvái] [써어바이브]<br>타자 ~보다 오래 살다, 살아남다 |
| **susceptible** | [səséptəbl] [써쎕터브얼]<br>혱 민감한, 예민하게 느끼는 |
| **suspect** | [səspékt] [써스펙트]<br>타 알아채다, 수상히 여기다 |
| **suspend** | [səspénd] [써스펜드]<br>타 매달다, 연기하다, 정지하다 |
| **suspense** | [səspéns] [써스펜쓰]<br>몡 미결 상태, 불안, 서스펜스 |

* keep (a person) in suspense (누구를) 불안하게 하다

**suspicion**
[səspíʃən] [써스피션]
명 혐의, 의심, 낌새, 기미

**suspicious**
[səspíʃəs] [써스피셔쓰]
형 의심 많은, 수상쩍은

**sustain**
[səstéin] [써스테인]
타 떠받치다, 부양하다

**swallow**
[swάlou] [스왈로우]
타 꿀꺽 삼키다, 마시다 명 제비, 한 모금

**swamp**
[swamp] [스왐프]
명 늪, 습지 자타 침몰시키다

**swan**
[swan] [스완]
명 백조(白鳥), 고니, 시인(詩人)

**swarm**
[swɔːrm] [스워엄]
명 (곤충의) 떼, 무리 자 떼를 짓다

**sway**
[swei] [스웨이]
자타 흔들리다 명 동요, 지배

**swear**
[swɛər] [스웨어]
자타 선서하다, 욕설하다 명 선서, 욕설

| | |
|---|---|
| **sweat** | [swet] [스웻]<br>명 땀 자타 땀을 흘리다 |
| **sweater** | [swétər] [스웨터]<br>명 스웨터, 발한제(發汗劑) |
| **Swede** | [swi:d] [스위이드]<br>명 스웨덴 사람 |
| **Sweden** | [swí:dn] [스위이든]<br>명 스웨덴 |
| **Swedish** | [swí:diʃ] [스위이디쉬]<br>형 스웨덴(사람)의, 스웨덴 말의 명 스웨덴 말 |
| **sweep** | [swi:p] [스위프]<br>타자 청소하다 명 청소, 일소 |
| **sweet** | [swi:t] [스위이트]<br>형 달콤한 명 단 것, 사탕 과자, 캔디<br>부 달게<br>* be sweet on [upon] ~에 반하다 |
| **sweeten** | [swí:tn] [스위이튼]<br>타자 달게 하다, 유쾌하게 하다 |
| **sweetheart** | [swí:thà:rt] [스위이잇하아트]<br>명 애인, 연인 |

| | |
|---|---|
| **sweetish** | [swíːtiʃ] [스위이티쉬]<br>형 조금 단, 예쁘장한 |
| **swell** | [swel] [스웨얼]<br>자타 부풀다 명 팽창, 중대, 큰 파도 |
| **swerve** | [swəːrv] [스워어브]<br>자타 벗어나다 명 벗어남 |
| **swift** | [swift] [스위흐트]<br>형 빠른, 신속한 부 신속하게 |
| **swiftly** | [swíːftli] [스위흐틀리]<br>부 빠르게 |
| **swim** | [swim] [스윔]<br>자타 헤엄치다 명 헤엄 |
| **swing** | [swig] [스윙]<br>자타 흔들리다, 그네 타다<br>명 진동, 그네<br>* go with a swing 순조롭게 나아가다<br>* in full swing 한창 진행 중인 |
| **swirl** | [swəːr] [스워얼]<br>자타 소용돌이치다 명 소용돌이 |
| **Swiss** | [swis] [스위쓰]<br>명 스위스 사람 형 스위스의 |

| | |
|---|---|
| **switch** | [switʃ] [스위취]<br>명 스위치 타자 스위치를 켜다 [끄다] |
| **Switzerland** | [swítsərlənd] [스윗써얼런드]<br>명 스위스 |
| **swoon** | [swu:n] [쓰우은]<br>자 기절하다 명 기절 |
| **swoop** | [swu:p] [쓰우우프]<br>자 (새가 공중에서) 덮치다, 급습하다 |
| **sword** | [sɔːrd] [쏘오드]<br>명 검(劍) |
| **syllable** | [síləbl] [씰러브얼]<br>명 음절(音節), 한 마디 |
| **symbol** | [símbəl] [씸버얼]<br>명 상징, 부호 |
| **sympathetic** | [sìmpəθétik] [씸퍼쎄틱]<br>형 동정심 있는, 공감하는 |
| **sympathize** | [símpəθàiz] [씸퍼싸이즈]<br>자 동정하다, 동의하다 |
| **sympathy** | [símpəθi] [씸퍼씨]<br>명 동정, 연민, 동의 |

**symphony**

[símfəni] [씸포니]
명 심포니, 교향곡, 음색의 조화

**symptom**

[símptəm] [씸(프)텀]
명 징후, 증상, 징조

**syndicate**

[síndikit] [씬디킷]
명 기업 연합, 신디케이트

**synonym**

[sínənim] [씨너님]
명 동의어, 해당어, 뜻이 같은 말

**syntax**

[síntæks] [씬택쓰]
명 ((문법)) 문장론, 통어법, 구문론

**syrup**

[sírəp] [씨뤕]
명 시럽, 당밀

**system**

[sístim] [씨스템]
명 조직, 체계, 계통, 학설, 방식

**systematic(al)**

[sìstəmǽtik(əl)] [씨스터매틱(티커얼)]
형 조직적인, 규칙 바른, 정연한, 계통적인

**systematically**

[sìstəmǽtikəli] [씨스터매티컬리]
부 조직적으로, 정연하게

**systematize**

[sístəmətàiz] [씨스터머타이즈]
타 조직화하다, 체계를 세우다

**table**

[téibl] [테이브얼]
명 테이블, 탁자, 식탁, 표(list)
* at table 식사 중, 식탁에 앉아
* lay [set, spread] the table 식탁 준비를
  하다, 밥상을 차리다
* sit (down) at [to] table 식탁에 앉다
* table manners 식탁에서의 예법

**tablet**

[tǽblit] [태블릿]
명 평판, 패(牌), 정제

**taboo**

[təbúː] [터부우]
명 금기, 금제(禁制), 터부
형 금제의 타 금하다
* put under taboo 엄금하다

**tacit**
[tǽsit] [태싯]
형 말로 나타내지 않는, 무언의

**tack**
[tæk] [택]
명 (납작한) 못, 압정, 시침질

**tackle**
[tǽkl] [태크얼]
명 도구, 기구 타자 맞붙다, 붙잡다

**tact**
[tǽkt] [택트]
명 요령, 재치, 솜씨, 박자

**tactics**
[tǽktiks] [택틱쓰]
명 전술, 병법, 술책, 책략

**tactile**
[tǽktl] [택트얼]
형 촉감의, 촉각의, 감촉할 수 있는

**tadpole**
[tǽdpoul] [태드포우을]
명 올챙이

**tag**
[tæg] [태그]
명 (리본 따위의) 늘어진 끝, 꼬리표, 부전, 술래잡기
타 부전(附箋)을 달다

**tail**
[teil] [테얼]
명 꼬리, 끄트머리 반 head(머리)

*933*

**tailor**

[téilər] [테일러]
명 (남자 옷의) 재단사, 양복점

**taint**

[teint] [테인트]
명 오점, 오명 타자 더럽히다

**take**

[teik] [테익]
재타 잡다, 갖고 가다, 타다, 먹다
* be taken ill 병에 걸리다
* take a walk 산책하다
* take after ~을 닮다, 모방하다
* take away 가지고 [데리고] 가다, 줄이다,
  식탁을 치우다
* take down 내려놓고, 적어 놓다
* take ~ for… ~을 …이라고 생각하다,
  ~을 …으로 잘못 알다
* take in 받아들이다, 이해하다
* take notice [note] of ~에 주목하다,
  ~을 후대하다
* take off 제거하다, 벗다,
  ((구어)) 출발하다, 데리고 가다
* take on ~을 떠맡다, 가장하다, 고용하다
* take out 꺼내다, 데리고 가다,
  (책 따위를) 대출하다
* take over ~을 인계받다, 접수하다,
  인수받다

* take pains 고심하다, 애쓰다
* take part in ~에 참가하다
* take to ~이 좋아지다, ~하기 시작하다
* take up 집어들다, (시간 · 장소 따위를) 잡다
* take up with ~을 참다, (학설 따위에) 동조하다

## tale

[teil] [테얼]
명 이야기, ((복수)) 고자질, 소문

## talent

[tǽlənt] [탤런트]
명 재능, ((집합적)) 재능 있는 사람들, 인재, 예능인, 탤런트

## talk

[tɔːk] [토오크]
자 이야기를 하다 명 이야기, 좌담
* talk about ~의 이야기를 하다, ~을 논하다
* talk down 말로 꼼짝 못 하게 하다, (무전으로) 착륙을 유도하다
* talk out 끝까지 이야기하다
* talk over ~에 관하여 설득[의논]하다
* talk to oneself 혼잣말을 하다
* talking of ~으로 말하자면

| talkative | [tɔ́ːkətiv] [토오커티브] <br> 형 이야기하기를 좋아하는, <br> 수다스러운(chatty) |
|---|---|
| tall | [tɔːl] [토얼] <br> 형 (키가) 큰, 높은, 과장한 |
| tallow | [tǽlou] [탤로우] <br> 명 수지(樹脂) |
| tame | [teim] [테임] <br> 형 길든, 무기력한 타자 길들이다 |
| tan | [tæn] [탠] <br> 타자 (가죽을) 무두질하다 |
| tangle | [tǽŋgl] [탱글] <br> 명 얽힘 동 얽히게 하다 |
| tango | [tǽŋou] [탱고우] <br> 명 탱고 음악, 탱고 춤 자 탱고 춤을 추다 |
| tank | [tæŋk] [탱크] <br> 명 (물·가스 따위의) 탱크, 전차 |
| tanker | [tǽŋkər] [탱커] <br> 명 유조선 |

| tap | [tæp] [탭]<br>명 꼭지 타자 가볍게 두드리다 |
| --- | --- |
| **tape** | [teip] [테입]<br>명 끈, (접착용) 테이프 타 테이프로 묶다 |
| taper | [téipər] [테이퍼]<br>명 가는 초, 약한 빛 형 끝이 가는 |
| **tapestry** | [tǽpəstri] [태퍼스츄뤼]<br>명 무늬를 놓은 두꺼운 천 |
| tar | [ta:r] [타아]<br>명 타르 타 타르를 칠하다 |
| **tardy** | [tá:rdi] [타아디]<br>형 느린, 더딘, 늦은 반 quick(빠른) |
| target | [tá:rgit] [타아깃]<br>명 과녁, 표적, 목표, 타깃 |
| **tariff** | [tǽrif] [태뤼흐]<br>명 관세(율), 요금표 |
| tarry | [tǽri] [태뤼]<br>자 늦어지다, 체재하다 |
| **task** | [tæsk] [태스크]<br>명 일, 직무, 과제 타 일을 맡기다 |

| | |
|---|---|
| **taste** | [teist] [테이스트]<br>명 맛, 취미, 기호 타자 맛을 보다<br>* have a taste for ~에 취미가 있다 |
| **tatter** | [tǽtər] [태터]<br>명 ((보통 복수)) 넝마 조각 타자 갈가리 찢다 |
| **taunt** | [tɔːnt] [토언트]<br>타 꾸짖다, 조롱하다 명 조롱 |
| **tavern** | [tǽvərn] [태버언]<br>명 술집, 선술집, 여인숙 |
| **tax** | [tæks] [택쓰]<br>명 세금, 무거운 부담 타 과세하다 |
| **taxi** | [tǽksi] [택씨]<br>명 택시 자 택시로 가다 |
| **tea** | [tiː] [티이]<br>명 차, (특히) 홍차, 차나무 |
| **teach** | [tiːtʃ] [티이취]<br>동 가르치다 반 learn(배우다) |
| **teacher** | [tíːtʃər] [티이취]<br>명 선생, 교사, 스승 |

| | |
|---|---|
| **teaching** | [tíːtʃiŋ] [티이칭]<br>명 가르침, 교육, 교수, 수업 |
| **team** | [tiːm] [티임]<br>명 팀, 조(組) |
| **tear** | [tɛər] [테어]<br>타자 찢다, 찢어지다 명 찢어진 틈<br>[tiər] [티어]<br>명 ((보통 복수)) 눈물<br>* tear away 잡아떼어 놓다, 질주하다<br>* tear off ~에서 잡아떼다,<br>  ~에서 잡아떼어 가지다<br>* tear to [in] pieces 갈기갈기 찢다<br>* tear up 뿌리째 뽑다, 갈기갈기 찢다(tear<br>  in pieces)<br>* in tears 눈물을 글썽이며 [흘리며] |
| **tease** | [tiːz] [티이즈]<br>타 성가시게 굴다, 놀려대다 |
| **technical** | [téknikəl] [테크니커얼]<br>형 기술적인, 공업의, 전문의 |
| **technique** | [tekníːk] [테크니이크]<br>명 기법, 기교, 기술 |

| | |
|---|---|
| **tedious** | [tíːdiəs] [티이디어쓰]<br>형 지루한, 장황한, 지겨운 |
| **teem** | [tiːm] [티임]<br>자 충만하다, 많이 있다, 풍부하다 |
| **teen** | [tiːn] [티인]<br>형 (연령의) 10대의 |
| **teen-ager** | [tíːnèidʒər] [티인에이줘]<br>명 10대의 소년·소녀 |
| **telegram** | [téləgræm] [텔러그램]<br>명 전보 |
| **telegraph** | [téləgræf] [텔러그래흐]<br>명 전신(기) 타자 전보를 치다 |
| **telephone** | [téləfòun] [텔러훠운]<br>명 전화, 전화기 자타 전화를 걸다 |
| **telescope** | [téləscòup] [텔러스코웁]<br>명 망원경 |
| **television** | [téləvìʒən] [텔러비줜]<br>명 텔레비전 〈약어 TV〉 |
| **tell** | [tél] [테얼]<br>자타 말하다, 고하다, 분간하다 |

| temper | [témpər] [템퍼]<br>명 기질, 짜증<br>자타 (쇠 따위를) 불리다, 완화하다 |
|---|---|
| temperament | [témpərəmənt] [템퍼러먼트]<br>명 기질, 체질, 격한 기질 |
| temperate | [témpərət] [템프릿]<br>형 삼가는, (기후 따위의) 온화한 |
| temperature | [témpərətʃər] [탬프뤄춰]<br>명 온도, 기온, 체온, ((구어)) 고열 |
| tempest | [témpist] [탬피스트]<br>명 폭풍우, 대소동 |
| temple | [témpl] [탬프얼]<br>명 절, 사원, 신전, 관자놀이 |
| tempo | [témpou] [템포우]<br>명 템포, 박자 |
| temporal | [témpərəl] [템프러얼]<br>형 일시적인, 현세의, 관자놀이의 |

| | |
|---|---|
| **temporary** | [témpərèri] [템퍼뤠리]<br>형 일시적인, 덧없는, 임시의 |
| **tempt** | [tempt] [템(프)트]<br>타 유혹하다, 부추기다 |
| **ten** | [ten] [텐]<br>명 10 형 10의<br>* ten to one 십중팔구, 거의 틀림없이 |
| **tenant** | [ténənt] [테넌트]<br>명 차지인(借地人), 세들어 사는 사람, 소작인 |
| **tend** | [tend] [텐드]<br>자타 ~의 경향이 있다, 돌보다<br>* tend to ~의 경향이 있다, ~의 도움이<br>되다 |
| **tendency** | [téndənsi] [텐던씨]<br>명 경향, 풍조, 버릇, 성향 |
| **tender** | [téndər] [텐더]<br>형 상냥한, 부드러운<br>자타 제공하다 명 돌보는 사람, 제공 |

| tenement | [ténəmənt] [테너먼트]<br>명 차지(借地), 셋집, (빈민가) 아파트 |
| --- | --- |
| tennis | [ténis] [테니쓰]<br>명 정구, 테니스 |
| tenor | [ténər] [테너]<br>명 취지, 대의, 테너(가수) |
| tense | [tens] [텐쓰]<br>형 팽팽한, 긴장한 명 ((문법)) 시제 |
| tension | [ténʃən] [텐션]<br>명 팽팽함, 긴장, 긴장 상태 |
| tent | [tent] [텐트]<br>명 텐트 자타 천막으로 덮다 |
| tenth | [tenθ] [텐쓰]<br>명 제 10 형 제 10의 |
| term | [təːrm] [터엄]<br>명 기한, 기간, 학기, (학술) 용어<br>* in terms of ~의 말로,<br>　~의 견지 [관계]에서<br>* on good [bad] terms with ~와 사이가<br>　좋게 [나쁘게] |

| **terminal** | [tə́ːrmənəl] [터어머느얼]<br>⟨형⟩ 끝의, 마지막의, 종점의 ⟨명⟩ 종점, 터미널 |
|---|---|
| **terminate** | [tə́ːrməneit] [터어머네잇]<br>⟨자타⟩ 끝나다, 끝내다, 다하다 |
| **terrace** | [térəs] [테뤄쓰]<br>대지, 높은 지대, 테라스 |
| **terrestrial** | [təréstriəl] [터뤠스츄뤼얼]<br>⟨형⟩ 지구(상)의(earthly), 육지의 |
| **terrible** | [térəbl] [테뤄브얼]<br>⟨형⟩ 무서운, 무시무시한, 호된 |
| **terribly** | [térəbli] [테뤄블리]<br>⟨부⟩ 무섭게, 지독하게 |
| **terrify** | [térəfai] [테뤄화이]<br>⟨타⟩ 겁나게 하다, 놀라게 하다 |
| **territory** | [térətɔ́ːri] [테뤄토오뤼]<br>⟨명⟩ 영토, 판도, 지방, 영역 |
| **terror** | [térər] [테뤄]<br>⟨명⟩ 공포, 무서움<br>* in terror 겁이 나서 |

| | |
|---|---|
| **test** | [test] [테스트]<br>몡 시험, 검사, 시련<br>* take a test 시험을 치다 |
| **testament** | [téstəmənt] [테스터먼트]<br>몡 유언, 유서, [the T-] 성서 |
| **testify** | [téstəfai] [테스터화이]<br>자타 증명하다, 증언하다 |
| **testimony** | [téstəmòuni] [테스터모우니]<br>몡 증거, 증명, 십계명 |
| **text** | [tekst] [텍스트]<br>몡 원문(原文), 주제, 본문 |
| **textbook** | [tékstbùk] [텍스트북]<br>몡 교과서 |
| **textile** | [tékstail] [텍스타얼]<br>혱 직물의 몡 ((보통 복수)) 직물 |
| **texture** | [tékstʃər] [텍스춰]<br>몡 직물, 피륙, 조직, 구조 |
| **Thailand** | [táilænd] [타일랜드]<br>몡 타이, 태국 |

| | |
|---|---|
| **than** | [ðǽn, ðən] [댄, 던]<br>접전 ~보다도, ~보다는 (오히려) |
| **thank** | [θæŋk] [쌩크]<br>타 감사하다 명 감사, 사례<br>* give thanks to ~에게 사의를 표하다<br>* thank Heaven 아아, 고마워라<br>* thanks to ~의 덕택으로,<br>  ~ 때문에(because of) |
| **thankful** | [θǽŋkfəl] [쌩크훠얼]<br>형 감사하고 있는, 고마워하는 |
| **thanksgiving** | [θæŋksgíviŋ] [쌩크쓰기빙]<br>명 감사(의 기도) |
| **that** | [ðæt, dət] [댓, 덧]<br>형 그, 저 대 그것, 저것 부 그렇게<br>접 ~하다는 것<br>* that is [to say] 즉, 다시 말하면<br>* that ~may… ~하기 위하여, ~하도록<br>* and all that 게다가, 그것도<br>* not that ~but that… ~하다는 것이<br>  아니라 …이다<br>* with that 그러고는, 그 뒤에, 그렇게<br>  말하고 |

| | |
|---|---|
| **thatch** | [θætʃ] [쌔취]<br>명 (지붕의) 이엉 타 지붕을 짚으로 이다 |
| **thaw** | [θɔ:] [쏘오]<br>자타 (얼음이) 녹다 명 해빙, 해동 |
| **the** | [ðə, ði] [더, 디]<br>관 ((정관사)) 저, 그 부 ~하면 할수록<br>* the more~ the more… ~하면 할수록<br>…하다 |
| **theater, -tre** | [θí:ətər] [씨이어터]<br>명 극장, 영화관, 활동 무대 |
| **theatrical** | [θiǽtrikəl] [씨애트리커얼]<br>형 극장의, 연극의, 연극 같은 |
| **thee** | [ði:] [디이]<br>대 (thou의 목적격) 그대에게 |
| **theft** | [θeft] [쎄흐트]<br>명 도둑질, 절도 |
| **their** | [ðɛər] [데어]<br>대 (they의 소유격) 그들의 |
| **them** | [ðem] [뎀]<br>대 (they의 목적격) 그들을, 그들에게 |

| | |
|---|---|
| **theme** | [θiːm] [씨임]<br>몡 논제, 화제, 테마, 주제 |
| **themselves** | [ðəmsélvz] [덤쎄얼브즈]<br>데 그들 자신(을, 이) |
| **then** | [ðən] [덴]<br>뵘 그때, 그 당시, 그러면 |
| **thence** | [ðəns] [덴스]<br>뵘 그러므로, 거기서부터 |
| **theological** | [θiəlɔ́dʒikəl] [씨얼로지커얼]<br>혱 신학의 |
| **theology** | [θiɔ́lədʒi] [씨올러쥐]<br>몡 신학(神學) |
| **theoretical** | [θiːərétikəl] [씨어뤠티커얼]<br>혱 이론(상)의, 이론적인 |
| **theory** | [θíːəri] [씨어뤼]<br>몡 학설, 이론, 공론, ~설 |
| **there** | [ðɛər] [데어]<br>뵘 그곳에, 거기에서, 저곳에<br>* there is no~ing ~할 수는 없다 |

| **therefore** | [ðɛ́ərfɔ̀ːr] [데어훠오]<br>툍 그런 까닭에 |
|---|---|
| **thermometer** | [θərmɔ́mətər] [써모머터]<br>명 온도계, 한란계 |
| **thermos** | [θə́ːrməs] [서어머쓰]<br>명 보온병 |
| **these** | [ðiz] [디이즈]<br>때 (this의 복수) 이것들은 형 이것들의<br>* these days 요즈음, 근래(nowadays) |
| **thesis** | [θíːsis] [씨이씨쓰]<br>명 논문(論文), 논제 |
| **they** | [ðei, ðe] [데이, 데]<br>때 그들, 그것들, 세상 사람들 |
| **thick** | [θik] [씩]<br>형 두꺼운 툍 두껍게 명 [the-] 울창한 숲<br>* through thick and thin 만난을 무릅쓰고,<br>물불을 가리지 않고 |
| **thicket** | [θíkit] [시킷]<br>명 잡목, 숲, 덤불 |

| | |
|---|---|
| **thief** | [θiːf] [씨이흐] <br> 명 도둑, 도적 |
| **thigh** | [θai] [싸이] <br> 명 넓적다리 |
| **thimble** | [θímbl] [씸브얼] <br> 명 골무, 끼움쇠테 |
| **thin** | [θin] [씬] <br> 형 얇은, 가는 타자 얇게 하다 |
| **thing** | [θiŋ] [씽] <br> 명 물건, 일, 사정, 사태, 도구 |
| **think** | [θiŋk] [씽크] <br> 타자 **생각하다, 상상하다** <br> * think about ~에 대하여 생각하다 <br> * think ill [well] of ~을 나쁘게 [좋게] <br>   생각하다 <br> * think little [nothing] of ~을 경시하다, <br>   대수롭지 않게 여기다 <br> * think of ~에 대하여 생각하다, <br>   ~이 생각나다 <br> * think out 생각해 내다, 안출(案出)하다 <br> * think over 숙고하다, 곰곰이 생각하다 <br> * think to oneself 마음속으로 생각하다 |

| | |
|---|---|
| **thinking** | [θíŋkiŋ] [씽킹]<br>형 생각하는 명 생각, 생각하기 |
| **third** | [θəːrd] [써어드]<br>형 제 3의, 1/3의 명 제 3, 1/3 |
| **thirstily** | [θə́ːrstili] [써어스틸리]<br>부 목마르게, 갈망적으로 |
| **thirst** | [θə́ːrst] [써어스트]<br>명 목마름, 갈증 |
| **thirteen** | [θə̀ːrtíːn] [써어티인]<br>명 13 형 13의 |
| **thirtieth** | [θə́ːrtiiθ] [써어티이쓰]<br>명 제 30 형 제 30의 |
| **thirty** | [θə́ːrti] [써어티]<br>명 30 형 30의 |
| **this** | [ðis] [디쓰]<br>대 이것, 이 물건 형 이, 지금의 |
| **thistle** | [θísl] [씨쓰얼]<br>명 엉겅퀴 |
| **thither** | [θíðər] [디더]<br>부 저쪽에, 저기에 형 저쪽의 |

| | |
|---|---|
| **thorn** | [θɔːrn] [쏘언]<br>몡 (식물의) 가시, 고통, 고민 |
| **thorough** | [θə́ːrou] [써어로우]<br>혱 완전한, 면밀한, 철저한 |
| **thoroughfare** | [θə́ːroufɛər] [써어로우훼어]<br>몡 통로, 가로, 통행, 한길 |
| **thoroughly** | [θə́ːrouli] [써어로울리]<br>퓜 아주, 철저히 |
| **those** | [ðouz] [도우즈]<br>때 (that의 복수) 그들 혱 그들의 |
| **thou** | [ðau] [다우]<br>때 너는, 네가, 그대는 |
| **though** | [ðou] [도우]<br>젭 ~에도 불구하고, ~이지만 |
| **thought** | [θɔːt] [쏘오트]<br>몡 사고력, 생각 됭 think의 과거 |
| **thoughtful** | [θɔ́ːtfəl] [쏘오앗훠얼]<br>혱 사려 깊은, 주의 깊은 |
| **thoughtless** | [θɔ́ːtlis] [쏘오앗리쓰]<br>혱 사려가 없는, 경솔한 |

| | |
|---|---|
| **thousand** | [θáuznd] [싸우즌드]<br>명 천(1,000), 무수 형 1,000의<br>\* thousands of 수천의 |
| **thrash** | [θræʃ] [쓰래시]<br>타자 채찍질하다, 도리깨질하다 |
| **thread** | [θred] [쓰레드]<br>명 실, 줄거리 타자 실을 꿰다 |
| **threat** | [θret] [쓰렛]<br>타자 협박, 위협 |
| **threaten** | [θrétn] [쓰뤠튼]<br>타자 협박하다, 을러대다 |
| **threatening** | [θrétniŋ] [쓰뤠트닝]<br>형 위협하는, 험악한 |
| **three** | [θriː] [쓰뤼이]<br>명 3 형 3의 |
| **thresh** | [θreʃ] [쓰뤠쉬]<br>자타 (곡식을 도리깨로) 두들기다, 타작하다 |
| **threshold** | [θréʃhould] [쓰뤠쉬호울드]<br>명 문지방, 입구 |

*953*

| | |
|---|---|
| **thrift** | [θrift] [쓰뤼흐트]<br>몡 절약, 검약, 번성 |
| **thrill** | [θril] [쓰뤼얼]<br>자타 오싹하다 몡 오싹함, 스릴 |
| **thrive** | [θrav] [쓰롸이브]<br>자 번성하다, 무성하다 |
| **throat** | [θrout] [쓰로웃]<br>몡 목, 목구멍 |
| **throb** | [θrab] [쓰롭]<br>자 (심장이) 뛰다, 두근거리다 |
| **throne** | [θroun] [쓰로운]<br>몡 왕위, 왕권, 옥좌 |
| **throng** | [θrɔːŋ] [쓰로엉]<br>자타 모여들다, 북적대다 몡 군중 |
| **through** | [θruː] [쓰루우]<br>젼 ~을 통하여 뷰 통하여 혱 직통의<br>* be through with ~을 끝내다,<br>　~와 관계를 끊다<br>* see through ~을 간파하다 |
| **throughout** | [θruːáut] [쓰루우아웃]<br>뷰 처음부터 끝까지 젼 ~의 전체에 걸쳐서 |

| | |
|---|---|
| **throw** | [θrou] [쓰로우] <br> 자타 던지다 <br> * throw away [aside] ~을 내버리다, 낭비하다 <br> * throw off 관계를 끊다, 벗어 던지다 <br> * throw oneself on ~에 몸을 맡기다, ~에 매달리다 <br> * throw out ~을 내던지다, ~을 내쫓다 <br> * throw up (창문 따위를) 밀어 올리다 |
| **thrush** | [θrʌʃ] [쓰뤄쉬] <br> 명 개똥지빠귀(새) |
| **thrust** | [θrʌst] [쓰뤄스트] <br> 타자 밀다, 찌르다 명 밀기 |
| **thumb** | [θʌm] [썸] <br> 명 엄지 손가락 |
| **thump** | [θʌmp] [썸프] <br> 명 탁 때림 타자 탁 때리다 |
| **thunder** | [θʌ́ndər] [썬더] <br> 명 우레, 천둥 타자 천둥치다 |
| **thunderbolt** | [θʌ́ndərbòult] [썬더보울트] <br> 명 천둥 번개, 벼락, 낙뢰 |

| | |
|---|---|
| **thunderstorm** | [θʌ́ndərstɔ:rm] [썬더스토엄]<br>몡 뇌우 |
| **Thursday** | [θə́:rzdi] [써어즈데이]<br>몡 목요일 〈약어 Thur.〉 |
| **thus** | [ðʌs] [더쓰]<br>뷔 이와 같이, 이런 식으로, 따라서 |
| **thwart** | [θwɔ:rt] [쓰워어트]<br>ㅌ 방해하다 뷔 횡단하여 |
| **thy** | [ðai] [다이]<br>때 (thou의 소유격) 너의 |
| **tick** | [tik] [틱]<br>몡 똑딱 소리 짜타 똑딱 소리내다 |
| **ticket** | [tíkit] [티킷]<br>몡 표, 티켓, 승차권, 입장권 |
| **tidal** | [táidl] [타이드얼]<br>혱 조수의 |
| **tide** | [táid] [타이드]<br>몡 조수, 조류 짜타 극복하다 |
| **tidings** | [táidiŋz] [타이딩즈]<br>몡 통지, 소식, 기별 |

| | |
|---|---|
| **tidy** | [táidi] [타이디]<br>형 단정한, 정연한 타자 정돈하다 |
| **tie** | [tai] [타이]<br>타자 매다, 매이다 명 매듭, 속박 |
| **tiger** | [táigər] [타이거]<br>명 범, 호랑이 |
| **tight** | [tait] [타잇]<br>형 탄탄한, 견고한 부 단단히 |
| **tighten** | [táitn] [타이튼]<br>타자 바싹 죄다, 단단히 하다 |
| **tightly** | [táitli] [타이틀리]<br>부 단단히, 꼭 |
| **tile** | [tail] [타일]<br>명 기와, 타일 타 기와를 이다 |
| **till** | [til] [티얼]<br>전 ~까지 접 ~할 때까지 타자 경작하다 |
| **tillage** | [tílidʒ] [틸리쥐]<br>명 경작 |
| **tilt** | [tilt] [티얼트]<br>명 기울기 자타 기울이다 |

| | |
|---|---|
| **timber** | [tímbər] [팀버]<br>명 목재, 삼림 타 재목으로 짓다 |
| **time** | [taim] [타임] 명 때, 시간,<br>((보통 복수)) 시대, 회 자타 시간을 재다<br>* all the time 그간 줄곧, 내내<br>* at a time 동시에, 한 번에<br>* at all times 항상, 언제든지<br>* [at] any time 언제든지(whenever)<br>* at one time 한때는, 동시에, 일찍이<br>* at the same time 동시에, 하지만, 역시<br>* at times 때때로<br>* for a time 일시, 임시로, 잠시<br>* for the first time 처음으로<br>* for the time being 당분간<br>* in time 때를 맞춰, 멀지 않아서, 조만간<br>* on time 시간대로, ((미)) 후불로, 분할로<br>* take time 시간이 걸리다<br>* time and again 되풀이하여(time after<br>  time) |
| **timely** | [táimli] [타임리]<br>형 시기 적절한, 때맞춘 |
| **timid** | [tímid] [티미드]<br>형 겁 많은, 마음이 약한 형 bold(대담한) |

| **timidly** | [tímidli] [티미들리]<br>형 겁이 나서, 조심스럽게 |
|---|---|
| **tin** | [tin] [틴]<br>명 주석, 양철 형 주석으로 만든 |
| **tincture** | [tíŋktʃər] [팅(크)춰]<br>명 색조, 색, 기미 타 착색하다 |
| **tinge** | [tindʒ] [틴쥐]<br>명 엷은 색조 타 가미하다 |
| **tingle** | [tíŋgl] [팅그얼]<br>자 욱신거리다 명 욱신거림 |
| **tinker** | [tíŋkər] [팅커]<br>명 땜장이 자타 땜장이 노릇을 하다 |
| **tinkle** | [tíŋkl] [팅크얼]<br>자타 짤랑짤랑 울리다 명 짤랑짤랑 |
| **tint** | [tint] [틴트]<br>명 색조, 희미한 색 타 착색하다 |
| **tiny** | [táini] [타이니]<br>형 아주 작은, 몹시 작은 |
| **tip** | [tip] [팁]<br>명 끝, 선단, 끄트머리, 팁, 봉사료 |

| | |
|---|---|
| **tiptoe** | [típtòu] [팁토우]<br>명 발끝 자 발끝으로 걷다 |
| **tire** | [taiər] [타이어]<br>타자 피로하게 하다 명 타이어<br>\* tired of ~에 싫증나다, 싫어지다<br>\* tired out 몹시 지치다<br>\* tired with ~에 지치다, 피곤해지다 |
| **tiresome** | [táiərsəm] [타이어썸]<br>형 귀찮은, 지루한 |
| **tissue** | [tíʃuː] [티슈우]<br>명 (생물의) 조직, 얇은 직물, 화장지 |
| **title** | [táitl] [타이트얼]<br>명 표제, 제목, 책 이름, 타이틀 |
| **to** | [tuː] [투우]<br>전 ~으로, ~에, ~까지, ~하게도<br>\* to and fro 이리저리, 앞뒤로(back and forth) |
| **toad** | [toud] [토우드]<br>명 두꺼비, 징그러운 놈 |
| **toady** | [tóudi] [토우디]<br>타 아첨하다, 알랑거리다 |

| | |
|---|---|
| **toast** | [toust] [토우스트] 몡 **토스트**, 축배<br>타짜 누렇게 굽다, 축배를 들다 |
| **tobacco** | [təbǽkou] [터배코우]<br>몡 담배 |
| **today** | [tudéi] [투데이]<br>몡뷔 오늘, 금일, 오늘날 |
| **toddle** | [tádl] [타드얼]<br>짜 아장아장 걷다 몡 아장아장 걷기 |
| **toe** | [tou] [토우]<br>몡 발가락 |
| **together** | [tugéðər] [투게더]<br>뷔 함께, 합쳐서, 동시에<br>* together with ~와 함께, ~와 더불어 |
| **toil** | [tɔil] [토얼]<br>짜 수고하다 몡 수고, 노예 |
| **toilet** | [tɔ́ilit] [토일릿]<br>몡 화장실, 변소, 변기, ((미)) 욕실 |
| **token** | [tóukən] [토우컨]<br>몡 상징, 표, 증거, 허가증, 토큰 |

| **tolerable** | [tάlərəbl] [탈러뤄브얼]<br>형 견딜 수 있는, 참을 수 있는 |
|---|---|
| **tolerance** | [tάlərəns] [탈러륀쓰]<br>명 관용, 관대, 포용력 |
| **tolerant** | [tάlərənt] [탈러륀트]<br>형 관대한, 아량 있는 |
| **tolerate** | [tάlərèit] [탈러레잇]<br>타 관대히 다루다, 참다 |
| **toll** | [toul] [토우을]<br>명 통행세 자타 종이 울리다 |
| **tomato** | [təméitou] [터메이토우]<br>명 토마토 |
| **tomb** | [tu:m] [투음]<br>명 묘(grave) |
| **tomorrow** | [tumɔ́ːrou] [투모오로우]<br>명부 내일, (가까운) 장래 |
| **ton** | [tʌn] [턴]<br>명 톤(중량·용적 단위: 1,000kg) |

| | |
|---|---|
| **tone** | [toun] [토운]<br>명 음(音), 음색, 어조 타자 음조를 맞추다 |
| **tongue** | [tʌn] [텅]<br>명 혀, 말, 국어, 말씨 |
| **tonight** | [tunáit] [투나잇]<br>명부 오늘밤, 오늘 저녁 |
| **tonnage** | [tʌ́nidʒ] [터니쥐]<br>명 (배의) 용적, 톤수, 용적량 |
| **too** | [tu:] [투우]<br>부 그 위에, 또한, 너무, 지나치게<br>* none too 조금도 ~ 않는, ~는커녕<br>* too~ for~ ~로서는 너무 ~하다<br>* too~ to~ 너무 ~해서 ~할 수 없다 |
| **tool** | [tu:l] [투얼]<br>명 도구, 공구, (남의) 앞잡이 |
| **tooth** | [tu:θ] [투우쓰]<br>명 이, 이 모양의 물건, 톱니 |
| **toothed** | [tú:θt] [투우쓰트]<br>형 이가 있는, 톱니 모양의 |
| **toothache** | [tú:θèik] [투우쓰에익]<br>명 치통 |

| | |
|---|---|
| **toothbrush** | [túːθbrʌʃ] [투우쓰브롸쉬]<br>명 칫솔 |
| **toothpaste** | [túːθpèiast] [투우쓰페이스트]<br>명 치약 |
| **toothpick** | [túːθpik] [투우쓰픽]<br>명 이쑤시개 |
| **top** | [tap] [탑]<br>명 꼭대기, 끝, 극점, 팽이 |
| **topaz** | [tóupæz] [토우패즈]<br>명 황옥 |
| **topic** | [tápik] [타픽]<br>명 화제, 논제, 제목, 토픽 |
| **topple** | [tápl] [타프얼]<br>자타 비틀비틀 넘어지다 |
| **topsoil** | [tápsɔ̀il] [탑쏘얼]<br>명 표토(表土) 타 표토를 덮다 |
| **torch** | [tɔːrtʃ] [토오취]<br>명 횃불, ((영)) 회중 전등 |
| **torment** | [tɔ́ːrment] [토오멘트]<br>명 고통, 고문, 고문대 |

[tɔːrmént] [토오멘트]
타 귀찮게 굴다, 괴롭히다, 고문하다

**torpedo**
[tɔːrpíːdou] [토오피이도우]
명 수뢰, 어뢰

**torrent**
[tɔ́ːrənt] [토오뤈트]
명 급류(急流), ((복수)) 억수

**torrid**
[tɔ́ːrid] [토오뤼드]
형 타는 듯한 더운, 열렬한

**tortoise**
[tɔ́ːrtəs] [토오터쓰]
명 남생이, (민물) 거북, 동작이 느린 사람

**torture**
[tɔ́ːrtʃər] [토오춰]
명 고문, 고통 타 고문을 하다

**toss**
[tɔs] [토쓰]
타자 던져 올리다 명 던져 올림

**total**
[tóutl] [토우트얼]
명 총계 형 전체의 타자 합계하다

**touch**
[tʌtʃ] [터취]
자타 닿다, 감동시키다 명 접촉
* in touch with ～와 접촉하여

| | |
|---|---|
| **touching** | [tʌ́tʃin] [터칭] <br> 형 감동적인, 심금을 울리는 |
| **tough** | [tʌf] [터흐] <br> 형 단단한, 튼튼한, 다루기 힘든 |
| **tour** | [tuər] [투어] <br> 명 (관광) 여행 자타 여행하다 |
| **tourist** | [túərist] [투어뤼스트] <br> 명 여행자, 관광객 |
| **tournament** | [tə́:rnəmənt] [터어너먼트] <br> 명 경기, 선수권 대회, 토너먼트 |
| **toward[s]** | [tɔ́wəːrd(z)] [토워어드(즈)] <br> 전 ~ 쪽으로, ~에 대하여, ~경 |
| **towel** | [táuəl] [타우어얼] <br> 명 세수 수건, 타월 |
| **tower** | [táuər] [타우어] <br> 명 탑, 망루 자 우뚝 솟다 |
| **town** | [taun] [타운] <br> 명 읍, 도회지 반 country(시골) |
| **toxic** | [táksik] [탁씩] <br> 형 독(毒)의, 유독한, 중독의 |

| | |
|---|---|
| **toy** | [tɔi] [토이]<br>몡 장난감 짜 장난하다 |
| **trace** | [treis] [츄뤠이쓰]<br>몡 자국, 행적 탄 자국을 더듬다<br>* trace back to ～의 기원 [역사]을 ～까지<br>거슬러 올라간다 |
| **track** | [træk] [츄뢱] 몡 지나간 자국, 선로,<br>(경기장) 트랙 짜 자국을 내다, 추적하다 |
| **tract** | [trækt] [츄뢱트]<br>몡 넓은 토지, 지방, (종교 · 정치상의) 소논문 |
| **tractor** | [træktər] [츄뢱터]<br>몡 견인차, 트랙터 |
| **trade** | [treid] [츄뤠이드]<br>몡 상업, 장사 짜탄 장사하다<br>* trade union 노동 조합 |
| **trademark** | [tréidma:rk] [츄뤠이드마아크]<br>몡 상표(brand) |
| **trader** | [tréidər] [츄뤠이더]<br>몡 상인, 상선, 무역업자 |

| | |
|---|---|
| **tradesman** | [tréidzmən] [츄뤠이즈먼] <br> 몡 소매 상인(shopkeeper) |
| **trading** | [tréidiŋ] [츄뤠이딩] <br> 몡 무역, 통상 |
| **tradition** | [trədíʃən] [츄뤄디션] <br> 몡 전설, 구전, 전통, 관례 |
| **traditional** | [trədíʃənəl] [츄뤄디셔느얼] <br> 혱 전설의, 전통적인 |
| **traditionally** | [trədíʃənəli] [츄뤄디셔널리] <br> 뷔 전통적으로, 관습적으로 |
| **traditionary** | [trədíʃənəri] [츄뤄디셔너뤼] <br> 혱 전설의, 전통의, 전승(傳承)의 |
| **traffic** | [trǽfik] [츄래휙] <br> 몡 교통, 거래 타자 거래하다 |
| **tragedy** | [trǽdʒədi] [츄래줘디] <br> 몡 비극, 참사 뻔 comedy(희극) |
| **tragic** | [trǽdʒik] [츄래쥑] <br> 혱 비극의, 비참한 뻔 comic(희극의) |
| **trail** | [treil] [츄뤠얼] <br> 타자 질질 끌다, 추적하다 몡 지나간 자국 |

| | |
|---|---|
| **train** | [trein] [츄뤠인]<br>명 열차 타자 훈련하다 |
| **training** | [tréiniŋ] [츄뤠이닝]<br>명 훈련, 연습 |
| **trait** | [treit] [츄뤠잇]<br>명 (성격 따위의) 특색, 특성 |
| **traitor** | [tréitər] [츄뤠이터]<br>명 배반자, 반역자 |
| **tram** | [træm] [츄뢤]<br>명 ((영)) 시내 전차, ((미)) street-car |
| **tramp** | [træp] [츄뢤프]<br>자타 터벅터벅 걷다 명 도보 여행 |
| **trample** | [trǽmpl] [츄뢤프얼]<br>타자 짓밟다, 유린하다 |
| **trance** | [træns] [츄뢘쓰]<br>명 황홀, 무아의 경지, 혼수 |
| **tranquil** | [trǽŋkwil] [츄뢩크위얼]<br>형 조용한, 침착한, 잠잠한, 평온한 |
| **transact** | [trænsǽkt] [츄뢘스액트]<br>타자 처리하다, 거래하다 |

| | |
|---|---|
| **transaction** | [trænzǽkʃən] [트츄랜스액션] <br> 명 처리, ((종종 복수)) 거래 |
| **transatlantic** | [trænsətlǽntic] [트츄랜스어틀랜틱] <br> 형 대서양 횡단의 명 대서양 정기선 |
| **transcend** | [trænsénd] [츄랜쎈드] <br> 타자 초월하다, 능가하다 |
| **transfer** | [trænsfə́ːr] [츄랜스훠어] <br> 자타 옮기다, 전학하다, 갈아타다 <br> [trǽnsfər] [트랜스훠] <br> 명 이전, 운반, 양도, 갈아타는 표 |
| **transform** | [trænsfɔ́ːrm] [츄랜스훠엄] <br> 타 변형시키다, 바꾸다 |
| **transient** | [trǽnziənt] [츄랜지언트] <br> 형 일시적인, 덧없는, 허무한 |
| **transit** | [trǽnsit] [츄랜씻] <br> 명 통과, 통행, 운송 타 횡단하다 |
| **transition** | [trænsíʒən] [츄랜씨줜] <br> 명 변이, 변천, 과도기 |
| **transitive** | [trǽnsətiv] [츄랜써티브] <br> 명 ((문법)) 타동사 형 타동사의 |

| | |
|---|---|
| **translate** | [trænsléit] [츄랜슬레잇]<br>타자 번역하다, 해석하다, 고치다 |
| **transmit** | [trænsmít] [츄랜스밋]<br>타 보내다, 회송하다, 전달하다 |
| **transparent** | [trænspέərənt] [츄랜스페어뢴트]<br>형 투명한, 명료한, 솔직한 |
| **transport** | [trænspɔ́ːrt] [츄랜스포오트]<br>타 소송하다, 유형(流刑)에 처하다 |
| **transportation** | [trænspətéiʃən] [츄랜스퍼테이션]<br>명 수송, 운송기관, 유형, 귀양 |
| **trap** | [træp] [츄랩]<br>명 덫, 함정 타자 덫에 걸리게 하다 |
| **trash** | [træʃ] [츄래시]<br>명 쓰레기, 잡동사니 |
| **travel** | [trǽvəl] [츄래브얼]<br>자타 여행하다, 전해지다 명 여행 |
| **travel(l)er** | [trǽvələr] [츄래블러]<br>명 여행자 |
| **travel(l)ing** | [trǽvəliŋ] [츄래블링]<br>형 여행하는, 순회하는 명 여행 |

*971*

| | |
|---|---|
| **traverse** | [trǽvəːrs] [츄뢔버쓰]<br>자타 횡단하다, 방해하다 명 횡단 |
| **tray** | [trei] [츄뤠이]<br>명 쟁반, 접시 |
| **treacherous** | [trétʃərəs] [츄뤠춰러쓰]<br>형 배반하는, 반역하는(disloyal) |
| **treachery** | [trétʃəri] [츄뤠춰뤼]<br>명 배신, 배반, 반역 |
| **tread** | [tred] [츄뤠드]<br>자타 밟다, 걷다, 짓밟다 명 발걸음 |
| **treason** | [tríːzn] [츄뤼이즌]<br>명 반역(죄), 불신 |
| **treasure** | [tréʒər] [츄뤠줘]<br>명 보배, 보물 타 진귀하게 여기다 |
| **treasurer** | [tréʒərər] [츄뤠줘뤄]<br>명 회계원, 출납계원 |
| **treasury** | [tréʒəri] [츄뤠줘뤼]<br>명 보고, 금고, 국고 |
| **treat** | [triːt] [츄뤼이트]<br>타자 취급하다, 대우하다 명 향응 |

| | |
|---|---|
| **treatise** | [tri:tz] [츄뤼이티즈]<br>몡 논설, 논문 |
| **treatment** | [trí:tmənt] [츄뤼잇먼트]<br>몡 취급, 대우, 치료 |
| **treaty** | [trí:ti] [츄뤼이티]<br>몡 조약, 맹약, 담판, 협정 |
| **treble** | [trébl] [츄뤠브얼]<br>몡 3배, 세 겹 혱 3배의 |
| **tree** | [tri:] [츄뤼이]<br>몡 나무, 수목 |
| **tremble** | [trémbl] [츄뤰브얼]<br>쟈 떨다 몡 떨림 |
| **tremendous** | [triméndəs] [츄뤼멘더쓰]<br>혱 무서운, 굉장한, 거대한 |
| **tremulous** | [trémjuləs] [츄뤠뮬러쓰]<br>혱 떨리는, 겁 많은 |
| **trench** | [trentʃ] [츄뤤취]<br>몡 도랑, 참호 쟈타 도랑을 파다 |
| **trend** | [trend] [츄뤤드]<br>몡 경향, 추세 쟈 기울다, 향하다 |

| | |
|---|---|
| **trespass** | [trépəs] [츄뤠스퍼쓰]<br>명 침입 자 침입하다 |
| **trial** | [tráiəl] [츄롸이얼]<br>명 시도, 시험, 시련, 재판<br>* put ~on trial ~을 시험하다 |
| **triangle** | [tráiæŋgl] [츄롸이앵그얼]<br>명 삼각형 |
| **tribe** | [traib] [츄롸이브]<br>명 종족, 부족, 동아리 |
| **tribute** | [tríbjuːt] [츄뤼뷰우트]<br>명 공물, 찬사 |
| **trick** | [trik] [츄뤽]<br>명 계략, 책략, 트릭 형 곡예의 타자 속이다 |
| **trifle** | [tráifl] [츄롸이흐얼]<br>명 사소한 일, 소량 자타 장난치다<br>* trifle with ~을 놀리다, ~을 가지고 놀다 |
| **trifling** | [tráifliŋ] [츄롸이흘링]<br>형 시시한, 하찮은, 진실치 못한 |

| trillion | [tríljən] [츄릴리언]<br>똉휑 1조(의), ((영)) 100만의, 3제곱(의) |
|---|---|
| trim | [trim] [츄림]<br>휑 산뜻한 탸잔 정돈하다, 장식하다 똉 정돈 |
| trinity | [trínəti] [츄뤼너티]<br>똉 삼위일체, 3인조 |
| trio | [tríou] [츄리오우]<br>똉 3인조, 세 개의 묶음, 삼중주 |
| trip | [tríp] [츄륍]<br>똉 여행, 소풍 탸잔 가볍게 걷다<br>* make a trip 여행을 하다 |
| triple | [trípl] [츄뤼프얼]<br>휑 3배의, 세 겹의 똉 3배, 3루타 |
| triumph | [tráiəmf] [츄롸이엄흐]<br>똉 개선, 승리 잔 이기다 |
| triumphant | [traiʌ́mfənt] [츄롸이엄훤트]<br>휑 승리를 거둔, 의기 양양한 |
| triumphantly | [traiʌ́mfəntli] [츄롸이엄훤틀리]<br>붐 의기 양양하게, 신이 나게 |

| trivial | [tríviəl] [츄뤼비어얼]<br>형 하찮은, 보잘것없는, 시시한 |
|---------|---------------------------------------------|
| **troll** | [troul] [츄로울]<br>자타 윤창하다, 명랑하게 노래하다 |
| trolley | [tróli] [츄롸리]<br>명 손수레, 트롤리 |
| **troop** | [tru:p] [츄루우프]<br>명 떼, 대(隊), 무리 자타 모이다 |
| trophy | [tróufi] [츄로우휘]<br>명 전리품, 전승(성공) 기념물, 상패 |
| **tropic** | [trópik] [츄롸픽]<br>명 회귀선(回歸線), 열대 |
| tropical | [trópikəl] [츄롸피커얼]<br>형 열대의, 열대적인, 열정적인 |
| **trot** | [trɔt] [츄롯]<br>명 빠른 걸음, 트로트 자타 빨리 걷다 |
| trouble | [trʌbl] [츄롸브얼]<br>명 고생, 근심 자타 괴롭히다, 걱정하다<br>* be in trouble with ~와의 사이에 말썽이<br>  있다<br>* get into trouble with ~와 말썽을 |

일으키다

* give oneself trouble 수고하다, 진력하다
* have trouble with (병 따위로) 고통을 받다, 시달리다
* in trouble 곤란을 겪고, 난처한 상태에
* make trouble(s) 소동을 일으키다, 말썽을 일으키다
* with no trouble 힘 안 들이고, 어렵지 않게

| | |
|---|---|
| **troublesome** | [trʌ́blsəm] [츄롸블썸]<br>휑 까다로운, 곤란한, 귀찮은 |
| **trousers** | [tráuzərz] [츄롸우저즈]<br>명 ((복수 취급)) 바지 |
| **trout** | [traut] [츄롸웃]<br>명 ((단 · 복수 동형)) 송어 |
| **truant** | [trúːənt] [츄루우언트]<br>명 게으름뱅이 휑 게으름 피우는 |
| **truce** | [truːs] [츄루우쓰]<br>명 휴전, 일시적인 정지 |
| **truck** | [trʌk] [츄룩]<br>명 화물 자동차, 트럭 |

| | |
|---|---|
| **trudge** | [trʌdʒ] [츄러쥐]<br>자타 터벅터벅 걷다 명 터벅터벅 걷기 |
| **true** | [tru:] [츄루우]<br>형 진실한, 진짜의, 성실한<br>* [be] true of ~에 대하여 진실이다,<br>　~에 해당되다<br>* come true (꿈 따위가) 실현되다<br>* It is true that ~, but… 과연 ~은<br>　사실이지만 그러나 … |
| **truly** | [trúːli] [츄루을리]<br>부 참으로, 올바르게 |
| **trump** | [trʌmp] [츄람프]<br>명 (트럼프놀이의) 으뜸패, 최후의 수단 |
| **trumpet** | [trʌ́mpit] [츄람핏]<br>명 나팔, 트럼펫 자타 나팔 불다 |
| **trunk** | [trʌŋk] [츄랑크]<br>명 줄기, 대형 여행 가방, 트렁크 |
| **trust** | [trʌst] [츄라스트]<br>명 신용, 기업 합동 타자 신뢰하다 |
| **trustee** | [trʌstíː] [츄라스티이]<br>명 피신탁인, 보관인 |

| | |
|---|---|
| **trustworthy** | [trʌstwə̀rði] [츄롸스트워어디]<br>형 신용할 수 있는, 의지가 되는 |
| **truth** | [trúːθ] [츄루우쓰]<br>명 진리, 진실, 사실 반 lie(거짓)<br>* in truth 실제로는, 실은, 실로(truly)<br>* to tell the truth 사실대로 말하면, 실은 |
| **truthful** | [trúːθfəl] [츄루우쓰훠얼]<br>형 성실한, 정직한 |
| **truthfully** | [trúːθfəli] [츄루우쓰훠얼리]<br>부 성실히, 정말로 |
| **try** | [trai] [츄롸이]<br>타자 해보다, 시도하다 명 시도<br>* give a try to ~을 (시도)해 보다(have a try at~)<br>* try on 시험해 보다, 입어 보다<br>* try out 엄밀하게 시험하다 |
| **tub** | [tʌb] [터브]<br>명 통, 목욕통 타자 목욕하다 |
| **tube** | [tjuːb] [튜우브]<br>명 관, 튜브, 지하철, 통 |

| | |
|---|---|
| **tuberculosis** | [tjubə̀ːrkjulóusis] [튜우버어큘로우씨쓰]<br>명 결핵 〈약어 T.B.〉 |
| **tuck** | [tʌk] [턱]<br>타자 접어올리다, 주름을 잡다 |
| **Tuesday** | [tjúːzdei] [튜우즈데이]<br>명 화요일 〈약어 Tue.〉 |
| **tuft** | [tʌft] [터흐트]<br>명 술, 숲 자타 술을 달다, 군생(群生)하다 |
| **tug** | [tʌg] [터그]<br>타 잡아당기다, 끌다 명 힘껏 당김 |
| **tulip** | [tjúːlip] [튜을립]<br>명 튤립 |
| **tumble** | [tʌ́mbl] [텀브얼]<br>자타 넘어지다, 뒹굴다 명 추락 |
| **tumult** | [tjúːməlt] [튜우멀트]<br>명 소동, 떠들썩함, 혼란, 흥분 |
| **tumultuous** | [tjuːmʌ́ltʃuəs] [튜우멀츄어쓰]<br>형 소란스러운, (마음이) 동요된 |
| **tuna** | [tjúːnə] [튜우너]<br>명 다랑어, 참치 |

| | |
|---|---|
| **tune** | [tju:n] [튜우은]<br>명 곡조, 선율, 올바른 가락<br>* tune in (라디오 따위의) 다이얼을 돌리다,<br>조정하다 |
| **tunnel** | [tʌ́nl] [터느얼]<br>명 터널 자타 터널을 파다 |
| **turban** | [tə́:rbən] [터어번]<br>명 터번(이슬람교도가 머리에 감는 두건) |
| **turbulent** | [tə́:rbjulənt] [터어뷸런트]<br>형 소란스러운, 불온한 |
| **turf** | [tə:rf] [터어흐]<br>명 잔디, 잔디밭, 뗏장 |
| **turkey** | [tə́:rki] [터어키]<br>명 칠면조, [T-] 터키 (공화국) |
| **turn** | [tə:rn] [터언] 자타 돌다, 딴 데로 돌리다<br>명 회전, 변화, 순번<br>* turn about 뒤돌다보다, 정색하고 대하다<br>* turn against ~에 반대하다<br>* turn aside ~빗나가다, 길을 잃다<br>* turn away 외면하다, 해고하다, 쫓아내다<br>* turn down ~을 접다, 거절하다, 구부리다 |

* turn in ((구)) 잠자리에 들다, 들르다, 제출하다
* turn (~) into (~을) …로 변하게 하다, ~로 들어가게 하다
* turn off 해고하다, (길이) 갈라지다, (전등을) 끄다
* turn on[upon] (라디오·전등 따위를) 켜다
* turn out 결국 ~이 되다, (전기 따위를) 끄다, ~임이 판명되다
* turn over 뒤집어 엎다, (책장을) 넘기다
* turn over a new leaf 마음을 고쳐먹다, 새 생활을 시작하다
* turn the tables 형세를 바꾸다
* turn to ~에 의지하다, ~에 착수하다
* turn up 나타나다, 위쪽을 향하다
* at every turn 바뀔 때마다, 언제나
* by turns 교대로
* in turn 차례로, 교대로
* take turns 교대하다, 번갈아 하다

---

**turtle**

[tə́ːrtl] [터어트얼]
몡 바다거북

---

**tutor**

[tjúːtər] [튜우터]
몡 가정 교사 탸쟈 가르치다, 후견하다

---

| twain | **[twein]** [트웨인]<br>명형 둘(의), 두 개(의) |
|---|---|
| **twelfth** | **[twelfθ]** [트웰흐쓰]<br>명 제 12의, (달의) 12일 형 제 12의, 12의 |
| **twelve** | **[twelv]** [트웰브]<br>명 12 형 12의 |
| **twentieth** | **[twéntiiθ]** [트웬티이쓰]<br>명 제 20, (달의) 20일 형 제 20의, 1/20 |
| **twenty** | **[twénti]** [트웬티] 명 20 형 20의<br>* Twenty Questions 스무고개(게임 이름) |
| **twice** | **[twais]** [트와이쓰]<br>부 두 번, 2회, 2배로 |
| **twig** | **[twig]** [트위그]<br>명 잔가지, 가는 가지 |
| **twilight** | **[twáilait]** [트와일라잇]<br>명 땅거미, 황혼, 희미한 빛 |
| **twin** | **[twin]** [트윈]<br>형 쌍둥이의 명 쌍둥이 |
| **twine** | **[twain]** [트와인]<br>명 꼰 실 타자 꼬다, 감기게 하다 |

| | |
|---|---|
| **twinkle** | [twíŋkl] [트윙크얼] <br> 자타 반짝 반짝이다 명 반짝임 |
| **twist** | [twist] [트위스트] <br> 타자 비틀다, 꼬다, 감다 명 꼬임 |
| **twitch** | [twitʃ] [트위취] <br> 타자 왈칵 잡아당기다 명 확 잡아당김 |
| **twitter** | [twítər] [트위터] <br> 명 지저귐 자타 지저귀다 |
| **two** | [tu:] [투우] 명 2, 두 개 형 2의, 두 개의 <br> * by two and threes 삼삼오오로 |
| **twopence** | [túːpəns] [투펜쓰] <br> 명 2펜스(영국의 은화) |
| **twopenny** | [túːpèni] [터페니] <br> 형 2펜스의 명 2펜스 동화(銅貨) |
| **type** | [taip] [타입] <br> 명 형(型), 전형 타 타이프로 치다 |
| **typewriter** | [táipràitər] [타이프라이터] <br> 명 타자기, 타이프라이터 |
| **typhoid** | [táifɔid] [타이훠이드] <br> 명 장티푸스 |

| | |
|---|---|
| **typhoon** | [taifúːn] [타이후은]<br>명 태풍 |
| **typhus** | [táifəs] [타이훠쓰]<br>명 발진티푸스 |
| **typical** | [típikəl] [티피커얼]<br>형 전형적인, ~을 대표하는 |
| **typify** | [típəfài] [티퍼화이]<br>타 대표하다, 표본이 되다 |
| **typing** | [táipiŋ] [타이핑]<br>명 타자, 타자기 사용법 |
| **typist** | [táipist] [타이피스트]<br>명 타자수, 타이피스트 |
| **tyrannize** | [tírənàiz] [티뤄나이즈]<br>자타 학정을 하다, 압제하다 |
| **tyranny** | [tírəni] [티뤄니]<br>명 전제 정치, 폭정, 포학, 포악한 행위 |
| **tyrant** | [táirənt] [타이뤈트]<br>명 폭군(despot), 압제자 |
| **tyro** | [táiərou] [타이어로우]<br>명 초심자, 초학자(novice) |

| | |
|---|---|
| **ugliness** | [ʌ́glinis] [어글리니쓰]<br>몡 추악, 보기 흉함 |
| **ugly** | [ʌ́gli] [어글리]<br>혱 못난, 추한, 추악한 |
| **U.H.F., u.h.f.** | 《약어》 ultra high frequency<br>(초[超]고주파) |
| **ulcer** | [ʌ́lsər] [얼서]<br>몡 종기, 궤양(潰瘍) |
| **ulterior** | [ʌltíəriər] [얼티어리어]<br>혱 (의향 따위의) 이면의, 장래의 |
| **ultimate** | [ʌ́ltimət] [얼티멋]<br>혱 최후의, 궁극의, 근본적인 |

| | |
|---|---|
| **ultimately** | [ʌ́ltəmətli] [얼터머틀리]<br>부 결국, 최후로, 마침내 |
| **ultra** | [ʌ́ltrə] [얼트러]<br>형 극단의, 과격한, 과도한 |
| **ultraviolet** | [ʌ́ltrərváiəlit] [얼트러바이얼릿]<br>형 자외선의 |
| **umbrella** | [ʌmbrélə] [엄브렐러]<br>명 우산 |
| **umpire** | [ʌ́mpaiər] [엄파이어]<br>명 (경기의) 심판 |
| **UN, U.N.** | [júːén] [유우엔]<br>《약어》 the United Nations(국제연합) |
| **unable** | [ʌnéibl] [언에이브얼]<br>형 ～할 수 없는 반 able(할 수 있는)<br>* be unable to do ～할 수 없다 |
| **unacceptable** | [ʌnəkséptəbl] [언억쎕터브얼]<br>형 받아들이기 어려운, 마음에 들지 않는 |
| **unaccountable** | [ʌnəkáuntəbl] [언어카운터브얼]<br>형 설명할 수 없는, 책임이 없는 |

| | |
|---|---|
| **unaccustomed** | [ʌnəkʌ́stəmd] [언어커스텀드]<br>형 익숙하지 않은, 통례가 아닌 |
| **unaffected** | [ʌnəféktid] [언어홱티드]<br>형 꾸밈없는, 영향을 받지 않는 |
| **unambitious** | [ʌnæmbíʃəs] [언앰비셔쓰]<br>형 야심이 없는 |
| **unanimous** | [juːnǽnəməs] [유내너머쓰]<br>형 만장일치의, 같은 의견의 |
| **unanswered** | [ʌnǽnsərd] [언앤써드]<br>형 대답 없는, 보답 없는 |
| **unarm** | [ʌnɑ́ːrm] [언아암]<br>타자 무장을 해제하다, 무기를 버리다 |
| **unattainable** | [ʌnətéinəbl] [언어테이너브얼]<br>형 얻기 어려운 |
| **unavoidable** | [ʌnəvɔ́idəbl] [언어보이더브얼]<br>형 피할 수 없는 |
| **unaware** | [ʌnəwέər] [언어웨어]<br>형 알지 못하는 반 aware(알고 있는)<br>* be unaware of ~을 모르다,<br>　~을 눈치 채지 못하다 |

| | |
|---|---|
| **unbalance** | [ʌnbæləns] [언밸런쓰]<br>타 균형을 잃다 명 불균형 |
| **unbearable** | [ʌnbɛ́ərəbl] [언베어뤄브얼]<br>형 견딜 수 없는 |
| **unbelievable** | [ʌnbilíːvəbl] [언빌리이버브얼]<br>형 믿을 수 없는 |
| **unborn** | [ʌnbɔ́ːrn] [언보언]<br>형 장래의, 후세의, 아직 태어나지 않은 |
| **uncanny** | [ʌnkǽni] [언캐니]<br>형 무시무시한, 신비스러운 |
| **unceasing** | [ʌnsíːsiŋ] [언씨이싱]<br>형 끊임없는 |
| **uncertain** | [ʌnsə́ːrtən] [언써어튼]<br>형 확실하지 않은, 의심스러운 |
| **unchanged** | [ʌntʃéindʒd] [언췌인쥐드]<br>형 변하지 않는, 불변의 |
| **uncle** | [ʌ́ŋkl] [엉크얼]<br>명 백부, 아저씨, 숙부 |
| **uncomfortable** | [ʌnkʌ́mfərtəbl] [언컴훠터브얼]<br>형 불쾌한, 불편한, 편하지 않은 |

A
B
C
D
E
F
G
H
I
J
K
L
M
N
O
P
Q
R
S
T
U
V
W
X
Y
Z

| **uncommon** | [ʌnkámən] [언카먼]<br>형 비범한, 드문, 흔하지 않은 |
|---|---|
| **unconscious** | [ʌnkánʃəs] [언칸셔쓰]<br>형 무의식의, 부지중의, 모르는 |
| **uncouth** | [ʌnkúːθ] [언쿠우쓰]<br>형 서투른, 조야한, 거친 |
| **uncover** | [ʌnkávər] [언커버]<br>타자 덮개를 벗기다, 탈모하다 |
| **uncultured** | [ʌnkáltʃərd] [언컬춰드]<br>형 교양이 없는 |
| **under** | [ándər] [언더]<br>전 ~의 아래에 부 아래에 |
| **underbrush** | [ándərbrʌʃ] [언더브라시]<br>명 잡목, 덤불(brush) |
| **underclothes** | [ándərklouðz] [언더클로우드즈]<br>명 속옷, 내의 |
| **undeveloped** | [ándərdivéləpt] [언더디벨럽트]<br>형 저개발의, 발달이 덜 된<br>* underdeveloped countries 후진국 |

| **underestimate** | [ʌ́ndəréstəmèit] [언더레스터메잇]<br>타 과소 평가하다 |
| :--- | :--- |
| **undergo** | [ʌ̀ndərgóu] [언더고우]<br>타 경험하다, 받다, 당하다 |
| **undergraduate** | [ʌ̀ndərgrǽdʒuət] [언더그래쥬엇]<br>명 대학생, 재학생 형 (재학중인) 대학생의 |
| **underground** | [ʌ́ndərgraund] [언더그라운드]<br>형 지하의, 비밀의 명 지하도 |
| **underhand** | [ʌ́ndərhænd] [언더핸드] 형 ((야구)) 공을<br>밑에서 위로 치올리면서 던지는, 비밀의 |
| **underlie** | [ʌ̀ndərlái] [언더얼라이]<br>타 ～의 아래에 있다, 기초가 되다 |
| **underline** | [ʌ̀ndərláin] [언더얼라인]<br>타 ～의 밑에 선을 긋다 명 밑줄 |
| **underneath** | [ʌ̀ndərníːθ] [언더니이쓰]<br>전 ～의 밑에 부 아래에 명 하부 |
| **underrate** | [ʌ̀ndərréit] [언더레잇]<br>타 낮게 평가하다, 얕보다 |
| **undershirt** | [ʌ́ndərʃə̀ːrt] [언더셔어트]<br>명 내의, 셔츠 |

| | |
|---|---|
| **understand** | [ʌ́ndərstǽnd] [언더스탠드]<br>자타 이해하다, 알다<br>* make oneself understood 자기 말을<br>남에게 이해시키다 |
| **understanding** | [ʌ̀ndərstǽndiŋ] [언더스탠딩]<br>몡 이해, 이해력 옝 이해력 있는 |
| **undertake** | [ʌ̀ndərtéik] [언더테익]<br>타자 떠맡다, 보증하다, 착수하다 |
| **undertaking** | [ʌ̀ndərtéikiŋ] [언터테이킹]<br>몡 청부, 사업 |
| **underwater** | [ʌ́ndərwɔ̀ːtər] [언더워어터]<br>옝 물속의, 물속에서 쓰는 |
| **underwear** | [ʌ́ndərwɛ̀ər] [언더웨어]<br>몡 속옷 |
| **underworld** | [ʌ́ndərwə̀ːrld] [언더워얼드]<br>몡 하층 사회, 하계(下界), 저승 |
| **undeserved** | [ʌ̀ndizə́ːrved] [언디저어브드]<br>옝 받을 자격 없는, 과분한 |
| **undesirable** | [ʌ̀ndzáiərəbl] [언디자이어뤄브얼]<br>옝 바람직하지 않은, 탐탁하지 않은 |

| | |
|---|---|
| **undismayed** | [ʌndisméid] [언디스메이드] <br> 혱 놀라지 않는, 태연한 |
| **undisturbed** | [ʌndistə́:rbd] [언디스터어브드] <br> 혱 방해받지 않은, 흔들리지 않은 |
| **undivided** | [ʌndiváidid] [언디바이디드] <br> 혱 나뉘지 않은, 완전한 |
| **undo** | [ʌndú:] [언두우] <br> 타 원상대로 하다, 취소하다, 풀다 |
| **undoing** | [ʌndú:iŋ] [언두우잉] <br> 명 원상대로 해 놓기, 취소, 끄르기 |
| **undoubtedly** | [ʌ̀ndáutidli] [언다우티들리] <br> 부 틀림없이, 확실히, 명백히 |
| **undress** | [ʌndrés] [언쥬뤠쓰] <br> 자타 옷을 벗다, 옷을 벗기다 |
| **undue** | [ʌndjú:] [언듀우] <br> 혱 부적당한, 과도의 |
| **uneasy** | [ʌní:zi] [언이이지] <br> 혱 불안한, 불쾌한 |
| **uneducated** | [ʌnédʒukèitid] [언에쥬케이티드] <br> 혱 교육을 받지 못한 |

| | |
|---|---|
| **unemployed** | [ʌnimplɔ́ːid] [언임플로이드]<br>형 실직한, 쓰이지 않는 |
| **unequal** | [ʌníːkwəl] [언이이크워얼]<br>형 같지 않은, 대등하지 않은 |
| **uneven** | [ʌníːvən] [언이이번]<br>형 고르지 않은, 홀수의 |
| **unexpected** | [ʌnikspéktid] [언익스펙티드]<br>형 예기치 않은, 의외의, 돌연한 |
| **unfair** | [ʌnfέər] [언훼어]<br>형 부당한, 부정한, 불공평한 |
| **unfaithful** | [ʌnféiθfəl] [언훼이스훠얼] 형 불성실한<br>(disloyal), 부정한, 부정확한(inaccurate) |
| **unfamiliar** | [ʌnfəmjlíər] [언훠밀리어]<br>형 친하지 못한, 낯선, 경험이 없는 |
| **unfavo(u)rable** | [ʌnféivərəbəl] [언훼이버뤄브얼]<br>형 형편이 나쁜, 불리한 |
| **unfinished** | [ʌnfíniʃt] [언휘니쉿]<br>형 미완성의, 완전치 못한 |
| **unfit** | [ʌnfít] [언휫]<br>형 부적당한, 적임이 아닌 |

| | |
|---|---|
| **unfold** | [ʌnfóuld] [언훠울드]<br>타 (접어갠 물건을 ) 펴다, 펼치다 |
| **unforgettable** | [ʌnfərgétəbl] [언훠게터브얼]<br>형 잊을 수 없는, 기억에 남는 |
| **unfortunate** | [ʌnfɔ́ːrtʃənət] [언훠오춰넛]<br>형 불행한 명 불운한 사람 |
| **unfriendly** | [ʌnfréndli] [언흐뤤들리]<br>형 불친절한, 박정한 |
| **unfurl** | [ʌnfə́ːrl] [언훠얼]<br>자타 펴다, 올리다 |
| **ungrateful** | [ʌngréitfəl] [언그뤠잇훠얼]<br>형 은혜를 모르는, 애쓴 보람이 없는 |
| **unhappy** | [ʌnhǽpi] [언해피]<br>형 불행한, 비참한, 슬픈 |
| **unheard** | [ʌnhə́ːrd] [언허어드] 형 들리지 않는,<br>변명이 용납되지 않는, 미지의 |
| **unification** | [jùːnəfikéiʃən] [유우너휘케이션]<br>명 통일, 단일화 |
| **uniform** | [júːnəfɔ̀ːrm] [유우너훠엄]<br>형 일정한, 한 모양의 명 제복 |

| | |
|---|---|
| **unify** | [júːnəfai] [유우너화이]<br>타 하나로 하다, 통일하다 |
| **unimportant** | [ʌnimpɔ́ːrtənt] [언임포오턴트]<br>형 중요하지 않은, 하찮은 |
| **uninteresting** | [ʌníntərəstiŋ] [언인터뤄스팅]<br>부 흥미 없는, 따분한 |
| **union** | [júːnjən] [유우녀언]<br>명 결합, 일치, 연합, 동맹 |
| **unique** | [juːníːk] [유우니이크]<br>형 유일(무이)한, 독특한, 진기한 |
| **unit** | [júːnit] [유우닛]<br>명 단위, 한 개, 단원, 부대 |
| **unite** | [juːnáit] [유나잇]<br>타자 결합하다, 일치하다 |
| **united** | [juːnáitid] [유나이티드]<br>형 결합한, 연합한<br>* the United states (of America) 미국<br>((약어)) U.S., U.S.A., USA |
| **unity** | [júːnəti] [유우너티]<br>명 통일, 단일, 일치 |

| | |
|---|---|
| **universal** | [jùːnəvə́ːrsəl] [유우너버어써얼]<br>형 우주의, 만유의, 전 세계의 |
| **universe** | [júːnəvə̀ːrs] [유우너버어쓰]<br>명 우주, 만물, 전 세계 |
| **university** | [jùːnəvə́ːrsəti] [유우너버어써티]<br>명 종합대학교 |
| **unjust** | [ʌndʒʌ́st] [언좌스트]<br>형 부정한, 부당한, 불공평한 |
| **unkind** | [ʌnkáind] [언카인드]<br>형 불친절한, 몰인정한, 불공평한 |
| **unknown** | [ʌnnóun] [언노운]<br>형 알려지지 않은, 미지의, 불명의 |
| **unless** | [ʌnlés] [언레쓰]<br>접 ~하지 않으면, ~외에는 |
| **unlike** | [ʌnláik] [언라익]<br>형 같지 않은 전 ~와 같지 않고 |
| **unlikely** | [ʌnláikli] [언라이클리]<br>형 가망 없는, 있을 것 같지 않은 |
| **unlimited** | [ʌnlímitid] [언리미티드]<br>형 끝없는, 무한한, 무제한의 |

| | |
|---|---|
| **unload** | [ʌnlóud] [언로우드]<br>타 짐을 부리다, 부담을 없애다 |
| **unlock** | [ʌnlák] [언락]<br>타 자물쇠를 열다, 비밀을 털어놓다 |
| **unlucky** | [ʌnlʌ́ki] [언러키]<br>형 불행한, 불운한 |
| **unmoved** | [ʌnmúːvd] [언무우브드]<br>형 (결심이) 흔들리지 않는, 단호한 |
| **unnatural** | [ʌnnǽtʃərəl] [언내춰뤄얼]<br>형 부자연한, 인공적인 |
| **unnecessary** | [ʌnnésəsèri] [언네써쎄뤼]<br>형 불필요한 |
| **unoccupied** | [ʌnákjupaid] [언아큐파이드]<br>형 비어 있는, 한가한, 임자 없는 |
| **unofficial** | [ʌnəfíʃəl] [언어휘셔얼]<br>형 비공식의, 사사로운 |
| **unpaid** | [ʌnpéid] [언페이드]<br>형 미불의, 미납의 |
| **unparalleled** | [ʌnpǽrəlèld] [언패뤨레얼드]<br>형 비할 데 없는 |

| | |
|---|---|
| **unpleasant** | [ʌnplézənt] [언플레전트]<br>형 불유쾌한, 싫은 |
| **unpopular** | [ʌnpápjulər] [언파퓰러]<br>형 인망이 없는, 인기가 없는 |
| **unprecedented** | [ʌnprésədèntid] [언프뤠써덴티드]<br>형 전례 없는, 공전의 |
| **unprepared** | [ʌnpripέərd] [언프리페어드]<br>형 준비가 없는, 즉석의, 뜻밖의 |
| **unquestionably** | [ʌnkwéstʃənəbli] [언크웨스춰너블리]<br>부 의심이 없이, 확실히, 명백히 |
| **unreal** | [ʌnríːəl] [언뤼이얼]<br>형 비현실적인, 진실이 아닌 |
| **unreasonable** | [ʌnríːzənəbl] [언뤼이즈너브얼]<br>형 불합리한, 터무니없는, 부당한 |
| **unrest** | [ʌnrést] [언뤠스트]<br>명 불안, 동요 |
| **unsatisfactory** | [ʌnsætisfǽktəri] [언쌔티스홱터뤼]<br>형 불만족한 |
| **unseen** | [ʌnsíːn] [언씨인]<br>형 눈에 안 보이는, 처음 보는 |

| | |
|---|---|
| **unskilled** | [ʌnskíld] [언스키얼드]<br>[형] 숙련되지 않은, 미숙련의 |
| **unsuitable** | [ʌnsúːtəbl] [언쑤우터브얼]<br>[형] 부적당한, 어울리지 않는 |
| **until** | [əntíl] [언티얼]<br>[전접] ~까지, ~하여 마침내<br>* It is not until~ that… ~이 되어 처음으로<br>    …하다 |
| **untouched** | [ʌntʌ́tʃt] [언터취트]<br>[형] 아직 손대지 않은 |
| **untrue** | [ʌntrúː] [언츄루우]<br>[형] 허위의, 진실이 아닌, 불성실한 |
| **unused** | [ʌnjúːzd] [언유즈드]<br>[형] 쓰이지 않는, 익숙하지 않은 |
| **unusual** | [ʌnjúːʒuəl] [언유우쥬어얼]<br>[형] 보통이 아닌, 진기한, 이상한 |
| **unusually** | [ʌnjúːʒuəli] [언유우쥬얼리]<br>[부] 이상하게, 아주, 유난히 |
| **unwanted** | [ʌnwɑ́ntid] [언워언티드]<br>[형] 불필요한, 원하지 않는 |

| | |
|---|---|
| **unwelcome** | [ʌnwélkəm] [언웨얼컴]<br>형 환영받지 못하는, 싫은 |
| **unwilling** | [ʌnwíliŋ] [언윌링]<br>형 바라지 않는, 마음이 내키지 않는 |
| **unwise** | [ʌnwáiz] [언와이즈]<br>형 천박한, 슬기 없는, 어리석은 |
| **unworthy** | [ʌnwə́ːrði] [언워어디]<br>형 가치 없는, ~에 어울리지 않는 |
| **up** | [ʌp] [업]<br>부 위로 전 ~의 위에 형 올라가는<br>* up and around (병자가) 자리에서<br>　일어나, 이리저리 거닐어<br>* up and down 오르락내리락, 아래위로,<br>　왔다 갔다, 여기저기<br>* ups and downs (길 따위의) 오르내림,<br>　영고성쇠<br>* up to ~만 못한, ((구어)) ~의 책임으로,<br>　~에 이르기까지<br>* It's all up with ~은 이젠 글렀다,<br>　끝장이다 |
| **upbringing** | [ʌ́pbriŋiŋ] [업브링잉]<br>명 양육, 훈육 |

| | |
|---|---|
| **upon** | [əpán, əpɔ́ːn] [어판, 어폰]<br>전 on과 같은 뜻 |
| **upright** | [ʎpràit] [업롸잇]<br>형 똑바른 부 똑바로 명 똑바름 |
| **upset** | [ʌpsét] [업쎗] 타자 뒤엎다 형 뒤집힌<br>명 전복, 혼란 |
| **upside** | [ʎpsàid] [업싸이드]<br>명 상부, 위쪽<br>* upside down 거꾸로, 뒤죽박죽으로 |
| **upstairs** | [ʎpséərz] [업스테어즈]<br>부 2층에, 위층에 형 2층의 명 2층 |
| **up-to-date** | [ʎptədéit] [업터데잇]<br>형 최신의, 현대적인 |
| **upward** | [ʎpwərd] [업워드]<br>형 위로 향한 부 위쪽으로 |
| **urban** | [ə́ːrbən] [어어번]<br>형 도시의, 도회지의 반 rural(시골의) |
| **urge** | [ə́ːrdʒ] [어어쥐]<br>타 몰아대다, 격려하다, 재촉하다 |

| | |
|---|---|
| **urgent** | [ə́ːrdʒənt] [어어줜트]<br>혱 긴급한, 재촉하는 |
| **urn** | [əːrn] [어언]<br>몡 항아리, 단지 |
| **U.S.A.** | ((약어)) the United States of America<br>(아메리카 합중국) |
| **usage** | [júːsidʒ] [유우씨쥐]<br>몡 용법, 관습, 어법, 대우 |
| **use** | [juːz] [유우즈] 재타 사용하다, 쓰다<br>[juːs] [유우쓰] 몡 사용, 효용, 용도, 습관,<br>유용성<br>* use up ～을 다 써 버리다<br>* (be) in use 쓰이고 있다, 행해지고 있다<br>* be of great use 대단히 쓸모가 있다<br>* be of no use 쓸데없다, 소용없다<br>* make use of ～을 이용[사용]하다<br>* put ~ to use ～을 쓰다, ～을 이용하다<br>* be of some [little] use 조금 도움이 되다<br>　[별로 도움이 안 되다]<br>* fall [go] out of use 쓰이지 않게 되다 |
| **used** | [juːzd] [유우즈드] 혱 써서 낡은, 중고의<br>[juːst] [유우스트] 혱 ～에 익숙해져 있는 |

* used to 늘 ～했다, (be · get과 함께)
～에 익숙해져 있는

**useful**

[júːsfəl] [유우스훠얼]
형 유용한

**useless**

[júːslis] [유우슬리쓰]
형 쓸모없는, 무익한

**usher**

[ʌ́ʃər] [어셔]
명 문지기, 수위, 안내인 타 안내하다

**usual**

[júːʒuəl] [유우쥬어얼]
형 평소의, 일상의, 보통의
* as usual 여느 때처럼
* as is usual with ～은 언제나 그럴듯이
* than usual 여느 때보다…

**usually**

[júːʒuəli] [유우쥬얼리]
부 보통, 평소에는

**utensil**

[juːténsl] [유텐스얼]
명 도구, (가정용) 기구, 부엌, 세간

**utility**

[juːtíləti] [유우틸러티]
명 효용, 이익, 유용

| | |
|---|---|
| **utilize** | [júːtəlàiz] [유우털라이즈]<br>타 ~을 이용하다(use) |
| **utmost** | [ʌ́tmòust] [엇모우스트]<br>형 극도의, 최대한의 명 극한<br>* do one's utmost 전력을 다하다<br>* to the utmost 극도로, 극력, 있는 힘을 다<br>해서 |
| **Utopia** | [juːtóupiə] [유우토우피어]<br>명 이상향, 유토피아 |
| **utter** | [ʌ́tər] [어터]<br>형 완전한, 절대의 타 말하다 |
| **utterance** | [ʌ́tərəns] [어터뢴쓰]<br>명 말(spoken words), 발언, 발성 |
| **utterly** | [ʌ́tərli] [어털리]<br>부 전연, 아주, 완전히 |
| **uttermost** | [ʌ́tərmoust] [어터모우스트]<br>형 극도의, 가장 멀리 떨어진, 극한의 |

| **vacancy** | [véikənsi] [베이컨시]<br>명 공허, 빈 일자리, 결원, 여지 |
| --- | --- |
| **vacant** | [véikənt] [베이컨트]<br>형 공허한, 텅 빈, 비어 있는, 멍한 |
| **vacate** | [véikeit] [베이케잇]<br>타 사퇴하다, ~을 비우게 하다, 떠나가다 |
| **vacation** | [veikéiʃən] [베이케이션]<br>명 방학, 휴가, 휴일 자 휴가를 얻다 |
| **vacuum** | [vǽkjuəm] [배큐엄]<br>명 진공(眞空) |
| **vagabond** | [vǽgəbànd] [배거반드]<br>명 방랑자, 무뢰한 형 방랑하는 |

| | |
|---|---|
| **vagrant** | [véigrənt] [베이그런트]<br>형 방랑하는, 유랑하는 명 방랑자 |
| **vague** | [veig] [베이그]<br>형 막연한, 어슴프레한, 애매한 |
| **vain** | [vein] [베인]<br>형 무익한, 쓸데없는, 헛된, 공허한<br>* in vain 보람 없이, 헛되이, 함부로 |
| **vale** | [veil] [베이얼]<br>명 계곡 |
| **valentine** | [væləntàin] [밸런타인]<br>명 애인, 발렌타인 선물 |
| **valiant** | [væljənt] [밸런트]<br>형 용감한, 영웅적인 |
| **valid** | [væld] [밸리드]<br>형 (법률상) 유효한, 확실한 근거가 있는 |
| **valley** | [væli] [밸리]<br>명 골짜기, (큰 강의) 유역 |
| **valuable** | [væljuəbl] [밸류어브얼]<br>형 귀중한 명 ((보통 복수)) 귀중품 |

| | |
|---|---|
| **value** | [vǽljuː] [밸류우]<br>몡 가치, 값어치 탇 평가하다, 소중히 하다<br>* (be) of value 가치가 있다 |
| **valve** | [vælv] [배얼브]<br>몡 밸브, 판(瓣) |
| **vampire** | [vǽmpaiər] [뱀파이어]<br>몡 흡혈귀, 요부(妖婦) |
| **vanilla** | [vənílə] [버닐러]<br>몡 바닐라(열대 아메리카 식물) |
| **vanish** | [vǽniʃ] [배니쉬]<br>좌 보이지 않게 되다, 사라지다 |
| **vanity** | [vǽnəti] [배너티]<br>몡 허영, 공허, 덧없음 |
| **vanquish** | [vǽŋkwiʃ] [뱅크위쉬]<br>탇 정복하다, ~을 극복하다 |
| **vapo[u]r** | [véipər] [베이퍼]<br>몡 증기, 김, 안개 |
| **variable** | [vέəriəbl] [베어뤼어브얼]<br>혱 변하기 쉬운 몡 변하기 쉬운 것 |

| variation | [vɛəriéiʃən] [베어뤼에이션]<br>명 변화, 변동, 변주곡 |
| varied | [vɛ́ərid] [베어뤼드]<br>형 가지가지의, 잡다한 |
| variety | [vəráiəti] [버롸이어티]<br>명 다양성, 잡동사니, 종류, 버라이어티 |
| various | [vɛ́əriəs] [베어뤼어쓰]<br>형 가지가지의, 가지각색의 |
| vary | [vɛ́əri] [베어뤼]<br>자타 바꾸다, 변화하다, 수정하다 |
| vase | [veis] [베이쓰]<br>명 꽃병, 병, 단지 |
| vast | [væst] [배스트]<br>형 광대한, 막대한, ((구어)) 대단한 |
| vault | [vɔːlt] [보올트]<br>명 둥근, 천장, 창공 |
| vegetable | [védʒitəbl] [베쥐터브얼]<br>명 야채 형 야채의, 식물성의 |
| vehement | [víːəmənt] [비이어먼트]<br>형 맹렬한, 열렬한 |

| | |
|---|---|
| **vehicle** | [víːikl] [비이이크얼]<br>몡 탈것, 차량, 매개물 |
| **veil** | [veil] [베얼]<br>몡 베일, 면사포, 장막 |
| **vein** | [vein] [베인]<br>몡 엽맥, 혈관, 정맥 뺸 artery(동맥) |
| **velocity** | [vilásəti] [벌라써티]<br>몡 속도, 속력 |
| **velvet** | [vélvit] [베얼빗]<br>몡 벨벳, 우단 혱 벨벳의, 부드러운 |
| **venerable** | [vénərəbl] [베너러브얼]<br>혱 존경할 만한 |
| **venerate** | [vénəreit] [베너레잇]<br>탸 존경하다(respect) |
| **vengeance** | [véndʒəns] [벤줜쓰]<br>몡 복수, 원수 갚음 |
| **Venice** | [vénis] [베니쓰]<br>몡 베니스(이탈리아의 항구 도시) |
| **venom** | [vénəm] [베넘]<br>몡 독, 독액, 원한, 앙심 |

| | |
|---|---|
| **vent** | [vent] [벤트]<br>명 구멍, 새는 구멍 타자 ~에 구멍을 내다<br>* give vent to ~을 토로하다,<br>~을 누설하다 |
| **ventilate** | [véntəlèit] [벤털레잇]<br>타 환기(換氣)하다 |
| **venture** | [véntʃər] [벤춰]<br>명 모험, 투기 타자 감행하다 |
| **Venus** | [víːnəs] [비이너쓰]<br>명 비너스(사랑과 미의 여신), 금성 |
| **veranda[h]** | [vərǽndə] [버랜더]<br>명 베란다, 툇마루 |
| **verb** | [vəːrb] [버어브]<br>명 ((문법)) 동사(動詞) |
| **verbosity** | [vərbásiti] [버어바씨티]<br>명 수다스러움, 장황 |
| **verge** | [vəːrdʒ] [버어쥐]<br>명 끝, 가장자리 자 ~에 가까워지다<br>* on the verge of 바야흐로 ~하려 하여,<br>~직전에 |

| | |
|---|---|
| **verify** | [vérəfài] [베러화이]<br>타 확인하다, 입증하다 |
| **verse** | [vəːrs] [버어쓰]<br>명 운문, 시 반 prose(산문) |
| **versed** | [vəːrst] [버어스트]<br>형 (~에) 정통한, 능숙한 |
| **version** | [véːrʒən] [버어쥔]<br>명 번역, 번역서, 소견, 설명 |
| **vertical** | [vəːrtikəl] [버어티커얼]<br>형 수직의, 직립한, 세로의 |
| **very** | [véri] [베뤼]<br>부 대단히, 매우 형 바로 ~의 |
| **vessel** | [vésl] [베쓰얼]<br>명 용기, 그릇, (큰) 배, (동물의) 맥관 |
| **vest** | [vest] [베스트]<br>명 ((미)) 조끼 타 주다, 수여하다 |
| **veteran** | [vétərən] [베트뤈]<br>명 노련한 사람, 베테랑 형 노련한 |
| **veto** | [víːtou] [비이토우]<br>명 거부권 타 (의안을) 거부하다 |

| | |
|---|---|
| **vex** | [veks] [벡쓰]<br>囲 초조하게 하다, 귀찮게 하다 |
| **via** | [váiə] [바이어]<br>젠 ~을 경유하여 |
| **vibrate** | [váibreit] [바이브레잇]<br>자타 진동하다, 떨다 |
| **vice** | [vais] [바이쓰]<br>명 악덕, 결점 |
| **vicinity** | [vəsínəti] [버씨너티]<br>명 이웃, 근처, 부근 |
| **vicious** | [víʃəs] [비셔쓰]<br>형 악덕의, 악의 있는 |
| **victim** | [víktəm] [빅텀]<br>명 희생, 희생자, 피해자 |
| **victor** | [víktər] [빅터]<br>명 승리자, 정복자 형 승리의 |
| **Victorian** | [viktɔ́:riən] [빅토오뤼언]<br>형 빅토리아 여왕의, 빅토리아 왕조 시대의 |
| **victorious** | [viktɔ́:riəs] [빅토오뤼어쓰]<br>형 이긴, 승리를 거둔 |

| | |
|---|---|
| **victory** | [víktəri] [빅터뤼]<br>명 승리, 극복 반 defeat(패배) |
| **victual** | [vítl] [비트얼] 명 ((보통 복수)) 음식물<br>타자 식량을 공급하다 |
| **view** | [vju:] [뷰우]<br>명 경치, 의견, 시야 타 관찰하다<br>* in view 보여(in sight), 꾀하여,<br>  목적으로 하여<br>* in view of ~이 보이는 곳에, ~을 고려하여<br>* with a view to ~할 목적으로,<br>  ~하기 위하여 |
| **viewpoint** | [vjú:pòint] [뷰우포인트]<br>명 견해, 견지, 입장 |
| **vigo[u]r** | [vígər] [비거]<br>명 활력, 정력, 원기 |
| **vigorous** | [vígərəs] [비거뤄쓰]<br>형 원기 왕성한, 힘찬 |
| **village** | [vílidʒ] [빌리쥐]<br>명 마을, ((집합적)) 마을 사람들 |
| **villain** | [vílən] [빌런]<br>명 악한, 악당 |

| | |
|---|---|
| **vine** | [vain] [바인]<br>명 포도나무, 덩굴 식물 |
| **vinegar** | [vínigər] [비니거]<br>명 초, 식초 타 식초를 치다 |
| **vinyl** | [váinl] [바이느얼]<br>명 비닐, 비닐수지 |
| **violate** | [váiəlèit] [바이얼레잇]<br>타 (조약을) 위반하다, 어기다 |
| **violence** | [váiələns] [바이얼런쓰]<br>명 맹렬, 격렬, 폭력 |
| **violent** | [váiələnt] [바이얼런트]<br>형 격렬한, 난폭한 |
| **violet** | [váiəlit] [바이얼릿]<br>명 오랑캐꽃, 보라색 형 보랏빛의 |
| **violin** | [vàiəlín] [바이얼린]<br>명 바이올린 |
| **virgin** | [və́ːrdʒin] [버어쥔]<br>명 처녀, [the V-] 성모 마리아 |
| **virtual** | [və́ːrtʃuəl] [버어츄어얼]<br>형 사실상의, 실질상의 |

| | |
|---|---|
| **virtue** | [və́ːrtʃuː] [버어츄우] <br> 몡 덕(德), 미덕, 정조, 효능 <br> * by [in] virtue of ～의 힘으로, <br> ～의 덕택으로 |
| **virtuous** | [və́ːrtʃuəs] [버어츄어쓰] <br> 혱 덕이 높은, 정숙한 |
| **virus** | [váiərəs] [바이뤄쓰] <br> 몡 바이러스, 여과성 병원체 |
| **viscount** | [váikaunt] [바이카운트] <br> 몡 자작(子爵) |
| **visible** | [vízəbl] [비저브얼] <br> 혱 눈에 보이는, 명백한 |
| **vision** | [víʒən] [비줜] <br> 몡 시력, 환상, 상상력, 통찰력 |
| **visit** | [vízit] [비짓] <br> 탸잨 방문하다 몡 방문 <br> * make [pay] a visit to ～을 방문하다, <br> ～을 구경하다 |
| **visitor** | [vízitər] [비지터] <br> 몡 방문자, 관광객 |

| | |
|---|---|
| **visual** | [víʒuəl] [비쥬어얼]<br>형 시각의, 눈에 보이는 |
| **visualize** | [víʒuəlàiz] [비쥬어얼라이즈]<br>타자 마음속에서 선하게 떠오르게 하다 |
| **vital** | [váitl] [바이트얼]<br>형 생명의, 활기 있는, 치명적인 |
| **vitamin[e]** | [váitəmin] [바이터민]<br>명 비타민 |
| **vivid** | [vívid] [비비드]<br>형 생생한, 활기에 찬, 발랄한 |
| **vocabulary** | [vəkǽbjulèri] [버캐뷸레뤼]<br>명 어휘, 용어, 단어집 |
| **vocal** | [vóukəl] [보우커얼]<br>형 목소리의, 음성의, 성악의 |
| **vocation** | [voukéiʃən] [보우케이션]<br>명 천직, 직업, 적성, 소질 |
| **vogue** | [voug] [보우그]<br>명 유행, 인기<br>* come into vogue 유행하기 시작하다<br>* in [out of] vogue 유행하고 [유행에<br>뒤지고] 있는 |

| voice | [vɔis] [보이쓰] |
|---|---|
| | 명 목소리, ((문법)) 태(態) |

| void | [vɔid] [보이드] |
|---|---|
| | 형 공허한, 무효의 명 공허 |

| volcano | [valkéinou] [바얼케이노우] |
|---|---|
| | 명 화산(火山) |

| volleyball | [válibɔ̀ːl] [발리보얼] |
|---|---|
| | 명 배구(排球), 배구공 |

| voltage | [vóultidʒ] [보울티쥐] |
|---|---|
| | 명 전압, 전압량, 볼트 수 |

| volume | [váljum] [발륨] |
|---|---|
| | 명 권, 책, 양, 부피 |

| voluntary | [váləntèri] [발런테뤼] |
|---|---|
| | 명 자발적인, 임의의 |

| volunteer | [vàləntíər] [발런티어] |
|---|---|
| | 명 자원 봉사자 타자 지원하다 형 자발적인 |

| vomit | [vámit] [바밋] |
|---|---|
| | 자타 토하다, 게우다 명 구토물 |

| vote | [vout] [보웃] |
|---|---|
| | 명 투표, 투표권 자타 투표하다 |

| | |
|---|---|
| **voter** | [vóutər] [보우터]<br>명 유권자, 투표자 |
| **vouch** | [vautʃ] [바우취]<br>자 보증하다, 단언하다 |
| **voucher** | [váutʃər] [바우쳐]<br>명 보증인, 증거물 |
| **vow** | [vau] [바우]<br>명 맹세, 서약 타자 맹세하다 |
| **vowel** | [váuəl] [바우어얼]<br>((문법)) 명 모음(母音) 형 모음의 |
| **voyage** | [vɔ́idʒ] [보이쥐]<br>명 항해, 항행 자타 항해하다 |
| **vulgar** | [vʌ́lgər] [벌거]<br>형 저속한, 비천한, 대중의 |
| **vulnerable** | [vʌ́lnərəbl] [벌느러블]<br>형 상하기 쉬운, 약점이 있는 |

| | |
|---|---|
| **wade** | [weid] [웨이드]<br>자타 (개울 따위를) 걸어서 건너가다 |
| **wafer** | [wéifər] [웨이훠]<br>명 웨이퍼(살짝 구운 과자의 일종) |
| **waft** | [wæft] [왜흐트]<br>타자 감돌게 하다 명 풍기는 향기 |
| **wag** | [wæg] [왜그]<br>타자 (꼬리 · 머리 따위를) 흔들다 |
| **wage** | [weidʒ] [웨이쥐]<br>명 ((보통 복수)) 임금 |
| **wager** | [wéidʒər] [웨이줘]<br>명 내기, 노름 타 걸다(bet) |

| | |
|---|---|
| **wag[g]on** | [wǽgən] [왜건]<br>몡 짐마차, ((영)) 화차 |
| **wail** | [weil] [웨얼]<br>몡 재타 슬피 울다, 몡 울부짖는 소리 |
| **waist** | [weist] [웨이스트]<br>몡 허리, 요부(腰部) |
| **wait** | [weit] [웨잇]<br>재타 기다리다 몡 기다림<br>* wait for ~을 기다리다, ~을 기대하다<br>* wait on [upon] ~의 시중을 들다, 모시다, 방문하다 |
| **waiter** | [wéitər] [웨이터]<br>몡 (호텔 등의) 남자 종업원, 웨이터 |
| **waitress** | [wéitris] [웨이트리스]<br>몡 (호텔 등의) 여자 종업원, 웨이트레스 |
| **wake** | [weik] [웨익]<br>재타 잠깨다, 일어나다<br>* wake up 깨다, 깨우다 |
| **waken** | [wéikən] [웨이컨]<br>재타 눈을 뜨다, 깨우다, 일으키다 |

| | |
|---|---|
| **walk** | [wɔːk] [워어크]<br>자타 걷다 명 산책, 보행<br>* take a walk 산책하다<br>* walk along ~을 따라 걷다<br>* walk over (경쟁 없이) 혼자 뛰다, 쉽사리<br>  이기다 |
| **wall** | [wɔːl] [워얼]<br>명 벽, 담 타 벽으로 둘러싸다<br>* wall off 가로막다, 둘러싸다 |
| **wallet** | [wάlit] [왈릿]<br>명 돈주머니, (접게 된) 지갑 |
| **walnut** | [wɔ́ːlnət] [워얼넛]<br>명 호두 |
| **wander** | [wάndər] [완더]<br>자타 헤매다, 유랑하다 |
| **wane** | [wein] [웨인]<br>자 작아지다 명 쇠미 |
| **want** | [wɔ́ːnt] [워언트] 명 결핍, 필요<br>타자 탐내다, 바라다, ~에 부족하다 |

* for want of ~의 결핍 때문에
* in want of ~이 필요하여
* be wanting in ~이 없다, ~이 결핍되어
  있다

**wanton**

[wɔ́ːntən] [워언턴]
형 제멋대로의, 방종한, 명 화냥년

**war**

[wɔːr] [워어]
명 전쟁, 투쟁
* be at war with ~와 교전 중이다
* make war upon ~에 전쟁을 걸다, ~을
  공격하다

**warble**

[wɔ́ːrbl] [워어브얼]
자타 지저귀다 명 지저귐

**ward**

[wɔːrd] [워어드]
명 병실, 병동, (도시의) 구(區), 감독

**wardrobe**

[wɔ́ːrdròub] [워어쥬로우브]
명 옷장, 양복장

**ware**

[wɛər] [웨어]
명 제품, ((복수)) 상품(商品)

**warfare**

[wɔ́ːrfɛər] [워어훼어]
명 전쟁, 전투, 싸움

| | |
|---|---|
| **warm** | [wɔːrm] [워엄] <br> 형 따뜻한, 더운  타·자 따뜻하게 하다 |
| **warmth** | [wɔːrmθ] [워엄쓰] <br> 명 따뜻함, 온정 |
| **warn** | [wɔːrn] [워언] <br> 타 경고하다, 미리 알리다 <br> * warn a person of (against) (누구에게) <br> ~을 경계시키다 |
| **warning** | [wɔ́ːrniŋ] [워어닝] <br> 명 경고, 경보, 예고  형 경고의 |
| **warrant** | [wɔ́ːrənt] [워어뤈트] <br> 타 보증하다,  명 보증, 영장, 소환장 |
| **warrior** | [wɔ́ːriər] [워어뤼어] <br> 명 병사, 전사(戰士) |
| **wary** | [wɛ́əri] [웨어뤼] <br> 형 조심성 있는, 신중한 |
| **wash** | [waʃ] [와쉬] <br> 타·자 씻다, 세탁하다  명 세탁 |
| **wasp** | [wasp] [와스프] <br> 명 말벌, 성 잘내는 사람 |

| | |
|---|---|
| **waste** | [weist] [웨이스트] 타자 낭비하다, 황폐케 하다 형 황폐한 명 황무지, 낭비 |
| **watch** | [watʃ] [와취] 명 손목시계, 회중시계, 주의 자타 망보다, 주의하다<br>* watch for (기회 따위를) 기다리다<br>* watch out ~을 조심하다, 주의하다 |
| **watchful** | [wátʃfəl] [와취훠얼]<br>형 조심스러운, 주의 깊은 |
| **water** | [wɔ́ːtər] [워어터]<br>명 물, ((종종 복수)) 바다, 타자 급수 |
| **waterfall** | [wɔ́ːtərfɔ̀ːl] [워어터훠얼]<br>명 폭포 |
| **watermelon** | [wɔ́ːtərmèlən] [워어터멜런]<br>명 수박 |
| **wave** | [weiv] [웨이브]<br>명 물결, 파동 타자 흔들다, 물결치다 |
| **waver** | [wéivər] [웨이버]<br>자 너울거리다, 흔들리다 |
| **wax** | [wæks] [왁쓰]<br>명 밀초, 밀랍, 왁스 타자 밀초를 칠하다 |

**way**

[wei] [웨이]
명 길, 도중, 방법
* all the way 도중 내내
* by way of ~을 경유해서, ~할 셈으로
* give way 꺾이다, 후퇴하다, 무너지다
* in a way 보기에 따라서는, 다소
* in any way 어쨌든, 어떤 방법으로든
* in every way 모든 수단으로, 어떤
  점으로 보나
* in no way 결코 ~않다
* in one's own way 마음대로, 제멋대로
* in other ways 다른 점에서는
* in the way 길에서, 방해가 되어
* in the way of ~의 방해가 되어, ~의
  점에서는
* make way for ~을 위해 길을 비키다
* on one's way 도중에, 진행 중에
* on one's (the) way to ~으로 가는
  도중에

**we**

[wi:, wi] [위이, 위]
대 우리가, 우리는

**weak**

[wi:k] [위이크]
형 약한, 서투른 반 strong(강한)

| | |
|---|---|
| **weaken** | [wíːkən] [위이컨]<br>자타 약하게 하다, 약해지다 |
| **weakness** | [wíːknis] [위이크니쓰]<br>명 박약, 허약, 약점 |
| **wealth** | [wélθ] [웨얼쓰]<br>명 재산, 부(富), 풍부, 부유 |
| **wealthy** | [wélθi] [웨얼씨]<br>형 유복한, 풍부한 |
| **weapon** | [wépən] [웨펀]<br>명 무기, 병기 |
| **wear** | [wɛər] [웨어]<br>자타 입고 있다, 닳게 하다 명 착용, 소모<br>* wear out 닳아 떨어지다, 지치게 하다 |
| **weary** | [wíəri] [위어뤼] 형 피곤한, 싫증이 나는<br>자타 지치다, 싫어지다<br>* [be] weary of ~이 싫어지다, ~에<br>싫증나다 |
| **weather** | [wéðər] [웨더]<br>명 날씨, 기후 타자 비바람에 맞히다 |

| **Wednesday** | [wénzdèi] [웬즈데이]<br>명 수요일 〈약어 Wed.〉 |
|---|---|
| **weed** | [wi:d] [위이드]<br>명 잡초 자타 잡초를 뽑다 |
| **week** | [wi:k] [위이크]<br>명 주(週), 주간 |
| **weekday** | [wí:kdèi] [위익데이]<br>명 평일(平日) 형 평일의 |
| **weekend** | [wí:kénd] [위이켄드]<br>명 주말 형 주말의 |
| **weekly** | [wí:kli] [위이클리]<br>형 주 1회의 부 매주 명 주간지 |
| **weep** | [wi:p] [위이프]<br>자타 울다, 눈물을 흘리다 |
| **weigh** | [wei] [웨이]<br>타자 무게를 달다, 심사숙고 하다<br>* weigh on [upon] ~을 압박하다, 무거워<br>  부담이 되다 |
| **weight** | [weit] [웨잇]<br>명 무게 타 무겁게 하다 |

| | |
|---|---|
| **weighty** | [wéiti] [웨이티]<br>몡 무게 타 무겁게 하다 |
| **welcome** | [wélkəm] [웨얼컴] 몡 환영 혱 환영받는<br>타 환영하다 캄 어서 오십시오 |
| **welfare** | [wélfɛər] [웨얼훼어]<br>몡 복지, 후생 |
| **well** | [wél] [웨얼] 뷔 잘, 훌륭히 혱 건강한, 좋은<br>캄 (자,) 이제 몡 우물<br>* as well 더욱이, 또한, 게다가<br>* as well as ~와 동시에, ~뿐만 아니라<br>　~도<br>* [be] well off 유복하다, 잘 살다 |
| **well-known** | [wélnóun] [웨얼노운]<br>혱 유명한, 주지의 |
| **west** | [west] [웨스트] 몡 서쪽, [the W-] 서양<br>혱 서쪽의 뷔 서쪽에 |
| **western** | [wéstərn] [웨스터언] 혱 서쪽의,<br>[W-] 서양의 몡 [W-] 서부극 |
| **westward** | [wéstwərd] [웨스트워드]<br>뷔혱 서쪽으로(의) |

*1029*

| | |
|---|---|
| **wet** | [wet] [웻]<br>(형) 젖은, 축축한 (타자) 적시다, 젖다 |
| **whale** | [hweil] [웨(훼)얼]<br>(명) 고래 |
| **wharf** | [hwɔːrf] [워(훠)어흐]<br>(부) 부두, 선창 |
| **what** | [hwat] [왓(홧)] (대) 무엇,<br>(형) 무슨, 어떤, ((감탄문에서)) 얼마나<br>* what by~, what by… ～을 하거나 또<br>　…을 하거나 하며<br>* what ~ for? 무엇 때문에, 왜<br>* what little 적지만 모조리<br>* what one calls [is called] 소위, 이른바<br>　(so called) |
| **whatever** | [hwatévər] [왓(홧)에버] (대) ～하는 것은<br>무엇이든 (형) 어떤 ～이라도 |
| **wheat** | [hwiːt] [위(휘)이트]<br>(명) 밀 |
| **wheel** | [hwiːl] [위(휘)얼]<br>(명) 바퀴, 차륜, ((미 · 구어)) 자전거 |

| | |
|---|---|
| **when** | [hwen] [웬(훼)] <br> 부 언제, ～할 때 접 ～할 때 대 언제 |
| **whence** | [hwens] [웬(훼)쓰] <br> 부 어디서 대 어디 명 유래 |
| **whenever** | [hwenévər] [웬(훼)에버] <br> 접 ～할 땐 언제든지 부 언제든지 |
| **where** | [hwɛər] [웨(훼)어] <br> 부 어디에 접 ～하는 곳에 대 어디 |
| **whereas** | [hwɛəræz] [웨(훼)어래즈] <br> 접 ～인 까닭에, ～임에 반하여 |
| **wherever** | [hwɛərévər] [웨(훼)어뤠버] <br> 접 어디에서나 부 어디든지 ～하는 곳에 |
| **whether** | [hwéðər] [웨(훼)더] <br> 접 ～인지 어떤지, ～이든지(아니든지) <br> * whether ～ or… ～해야 할지 어떨지 <br> * whether～ or not ～이거나 아니거나 |
| **which** | [hwitʃ] [위(휘)취] <br> 대 어느 쪽, 어느 것 형 어느 쪽의 |
| **whichever** | [hwitʃévər] [위(휘)취에버] <br> 대 ～하는 어느 것이든지 형 ～하는, 어느 |

| | |
|---|---|
| **while** | [hwail] [와(화)얼]<br>명 동안 접 ~하는 동안<br>* after a while 잠시 후에, 얼마 후에<br>* for a while 잠시 동안 |
| **whip** | [hwip] [윕(휩)]<br>명 채찍 타 채찍질하다 |
| **whirl** | [hwəːrl] [워(휘)얼]<br>자타 빙빙 돌다 명 회전, 선회 |
| **whisk** | [hwisk] [위(휘)스크]<br>명 작은 비, 총채 타자 세게 휘젓다 |
| **whisker** | [hwískər] [위(휘)스커]<br>명 구레나룻 |
| **whisk[e]y** | [hwíski] [위(휘)스키]<br>명 위스키 |
| **whisper** | [hwíspər] [위(휘)스퍼]<br>자타 속삭이다 명 속삭임 |
| **whistle** | [hwísl] [위(휘)쓰얼]<br>자타 휘파람을 불다 명 휘파람, 경적 |
| **white** | [hwait] [와(화)잇]<br>형 흰, 백인의 명 흰색, 흰옷, 백인 |

| | |
|---|---|
| **who** | [hu:, hu] [후우, 후]<br>대 누구, 어떤 사람 |
| **whoever** | [hu:évər] [후에버]<br>대 ~하는 사람은 누구든지 |
| **whole** | [houl] [호우을]<br>명 전부, 전체, 총계 형 전부의<br>* as a whole 전체로서, 전체적으로<br>* on [upon] the whole 대체로, 전체로<br> 보아서 |
| **wholeheartedly** | [hóulhá:rtidli] [호우을하아티들리]<br>부 마음으로, 성심성의로 |
| **wholesale** | [hóulsèil] [호울쎄얼]<br>형부 도매의 명 도매 타자 도매하다 |
| **wholesome** | [hóulsəm] [호울썸]<br>형 건강에 좋은, 건전한 |
| **wholly** | [hóuli] [호울리]<br>부 완전히, 전혀 |
| **why** | [hwai] [와(화)이]<br>부 왜 명 이유 감 아니, 이것 봐 |
| **wick** | [wik] [윅]<br>명 (양초 등의) 심지 |

| | |
|---|---|
| **wicked** | [wíkid] [위킷]<br>형 사악한, 심술궂은 |
| **wide** | [waid] [와이드]<br>형 넓은, 광대한 부 널리 |
| **widely** | [wáidli] [와이들리]<br>부 대단히, 널리 |
| **widen** | [wáidn] [와이든]<br>타자 넓히다, 넓게 되다 |
| **widow** | [wídou] [위도우]<br>명 미망인, 과부 반 widower(홀아비) |
| **width** | [widθ] [위드쓰]<br>명 폭, 너비 |
| **wife** | [waif] [와이흐]<br>명 아내 반 husband(남편) |
| **wig** | [wig] [위그]<br>명 가발, ((미 · 속어)) (긴) 머리카락 |
| **wild** | [waild] [와일드] 형 야생의, 난폭한<br>명 ((종종 복수)) 광야, 황무지 |
| **wilderness** | [wíldərnis] [위얼더니쓰]<br>명 황야, 황무지 |

| | |
|---|---|
| **will** | [wíl] [위얼] 몡 의지, 결의<br>조 ~일 것이다, ~할 작정이다<br>* at will 멋대로, 마음대로<br>* of one's own free will 자진해서 |
| **willing** | [wíliŋ] [윌링]<br>혱 기꺼이 ~하는, 자발적인<br>* (be) willing to (do) 기꺼이 ~하다,<br>  자진해서 행하다 |
| **willow** | [wílou] [윌로우]<br>몡 버드나무 |
| **win** | [win] [윈]<br>탸자 이기다, 얻다, 획득하다 |
| **wind** | [wind] [윈드] 몡 바람, 호흡<br>[waind] [와인드]<br>탸자 (나사못을) 돌리다, (길이) 구부러지다<br>* break wind 방귀 뀌다, 트림하다 |
| **window** | [wíndou] [윈도우]<br>몡 창(窓), 창문, 창틀 |
| **wind** | [wain] [와인]<br>몡 포도주, 검붉은 빛 |

| | |
|---|---|
| **wing** | [wiŋ] [윙]<br>명 날개, 깃 타자 날개를 달다 |
| **wink** | [wiŋk] [윙크]<br>명 눈을 깜빡임, 순식간 자타 눈짓하다 |
| **winnow** | [wínou] [위노우]<br>타 키질하다, (곡식을) 까부르다 |
| **winter** | [wíntər] [윈터]<br>명 겨울 자타 월동하다 형 겨울의 |
| **wipe** | [waip] [와입]<br>타 닦다, 훔치다 명 닦음, 훔침<br>* wipe out (얼룩 따위를) 빼다, 지우다,<br>일소하다 |
| **wire** | [waiər] [와이어] 명 철사, 전선, 전신<br>타자 철사로 감다, 전보를 치다 |
| **wireless** | [wáiərlis] [와이어얼리쓰]<br>형 무전의 명 무전, ((영)) 라디오 |
| **wisdom** | [wízdəm] [위즈덤]<br>명 지혜, 현명함, 지식 |
| **wise** | [waiz] [와이즈]<br>형 슬기로운, 현명한, 박식한 |

| | |
|---|---|
| **wisely** | [wáizli] [와이즈리]<br>부 현명하게 |
| **wish** | [wiʃ] [위쉬]<br>타자 바라다, ~을 빌다 명 소원, 소망<br>* wish for 바라다, 원하다 |
| **wistful** | [wístfəl] [위스트훠얼]<br>형 바라는 듯한, 생각에 잠긴 |
| **wit** | [wit] [윗]<br>명 기지(機智), 재치, 재사(才士) |
| **witch** | [witʃ] [위취]<br>명 마녀(魔女) |
| **with** | [wið] [위드]<br>전 ~와 함께, ~을 가지고, ~을 써서<br>* with all ~에도 불구하고 |
| **withdraw** | [wiðdrɔ́:] [위드쥬롸]<br>자타 물러나다, 탈퇴하다 |
| **wither** | [wíðər] [위더]<br>자타 시들다, 쇠퇴하다 |

| | |
|---|---|
| **withhold** | [wiðhóuld] [위드호울드]<br>타 보류하다, 만류하다 억제하다 |
| **within** | [wiðín] [위딘]<br>전 ~의 안쪽에 부 안으로 명 내부<br>* within a stone's throw of ~의 바로<br>  가까이에<br>* within the reach of ~이 닿는 곳에, 힘이<br>  미치는 범위에 |
| **without** | [wiðáut] [위다웃]<br>전 ~없이 부 밖은, 옥외에 명 외부 |
| **withstand** | [wiðstǽnd] [위드스탠드]<br>타자 저항하다, 견디다 |
| **witness** | [wítnis] [윗니쓰] 타자 목격하다, 증언하다<br>명 증인, 목격자 |
| **witty** | [wíti] [위티]<br>형 재치 있는, 익살맞은 |
| **wizard** | [wízərd] [위저드]<br>명 (남자) 마법사, 요술쟁이 |
| **woe** | [wou] [워우]<br>명 비애, 고뇌, ((보통 복수)) 재난 |

*1038*

| | |
|---|---|
| **wolf** | [wulf] [우얼흐]<br>명 늑대, 이리 |
| **woman** | [wúmən] [우먼]<br>명 부인(婦人), 여자, 부녀자 |
| **womb** | [wu:m] [우음]<br>명 자궁, ((비유적)) 내부 |
| **wonder** | [wʌ́ndər] [원더]<br>명 경이, 불가사의 자타 놀라다 |
| **wonderful** | [wʌ́ndərfəl] [원더훠얼]<br>형 불가사의한, 놀랄 만한, 훌륭한 |
| **wont** | [wount] [우오운트]<br>형 ~에 익숙한 명 습관 |
| **wood** | [wud] [우드]<br>명 나무, 목재, ((보통 복수)) 숲 |
| **wooden** | [wúdn] [우든]<br>형 나무의, 나무로 만든 |
| **wool** | [wul] [우을]<br>명 양털, 털실, 모직물 |
| **woo[l]en** | [wúlən] [울런]<br>형 양털의, 모직물의 |

| | |
|---|---|
| **word** | [wə:rd] [워어드]<br>명 낱말, 말, 약속, ((복수)) 말다툼<br>* word for word 한마디 한마디,<br>  완전히 말 그대로<br>* in a word 요컨대, 한마디로 말하면<br>* in other word 바꾸어 말하면<br>* upon my word 맹세코, 틀림없이 |
| **work** | [wə:rk] [워어크]<br>명 일, 노동, 사업, 작품 자타 일하다<br>* work at ~에 종사하다, ~을 공부하다<br>* work for ~을 위해 일하다,<br>  ~에 고용되어 있다<br>* work on [upon] 계속 일하다, 작용하다<br>* work out 완성하다, 성취하다<br>* at work 일을 하고 있는, 작업 중 |
| **workaday** | [wə́:rkədèi] [워어커데이]<br>형 일하는, 평일의(everyday), 평범한 |
| **worker** | [wə́:rər] [워어커]<br>명 노동자, 일꾼 |
| **world** | [wə:rld] [워얼드]<br>명 세계, 세상 사람, 계(界), 분야 |

* all over the world 세계에, 세계 도처에
* in the world ((의문문에서)) 도대체

| | |
|---|---|
| **worldly** | [wə́:rldli] [워얼들리]<br>형 이 세상의, 세속적인 |
| **worm** | [wə:rm] [워엄]<br>명 (지렁이 · 거머리 등) 벌레 |
| **worn-out** | [wɔ́:rnáut] [워언아웃]<br>형 써서 낡은, 기진맥진한, 케케묵은 |
| **worry** | [wə́:ri] [워어뤼]<br>타자 근심하다 명 걱정, 고생 |
| **worse** | [wə:rs] [워어쓰]<br>형 (bad, ill의 비교급) 보다 나쁜<br>부 더 나쁘게<br>* to make matters worse 설상가상으로 |
| **worship** | [wə́:rʃip] [워어쉽]<br>명 숭배, 예배 타자 숭배하다 |
| **worst** | [wə:rst] [워어스트]<br>형 (bad, ill의 최상급) 가장 나쁜<br>부 가장 나쁘게 명 최악의 사태<br>* worse of all 무엇보다도 나쁜 것은 |

| | |
|---|---|
| **worth** | [wəːrθ] [워어쓰]<br>휑 ~의 가치가 있는 몡 가치, 재산<br>* worth ~ing ~ 할 가치가 있는 |
| **worthless** | [wəːrθlis] [워어쓸리쓰]<br>휑 무가치한, 하찮은 |
| **worthwhile** | [wəːrθhwáil] [워어쓰와(화)얼]<br>휑 할 보람이 있는, 가치가 있는 |
| **worthy** | [wəːrði] [워어디]<br>휑 존경할 만한, 훌륭한 몡 명사(名士)<br>* worthy of ~의 가치가 있는, ~에<br>어울리는 |
| **would** | [wud, wəd] [우드, 워드]<br>좌 will의 과거형<br>* would [should] like to ~하고 싶다 |
| **wow** | [wau] [와우] 캄 야! 아이구! 타 ((미·속어))<br>(청중을) 열광시키다 몡 대성공 |
| **wrangle** | [ræŋgl] [랭그얼]<br>타 말다툼하다 몡 말다툼, 논쟁 |

| | |
|---|---|
| **wrap** | [ræp] [랩]<br>타자 싸다, 말다, 감다, 두르다 |
| **wrath** | [ræθ] [래쓰]<br>명 격노(rage), 분노, 격분 |
| **wreath** | [ri:θ] [뤼이쓰]<br>명 화환(花環), 화관 |
| **wreathe** | [ri:ð] [뤼이드] 타 (꽃 따위로) 둥글게 하다,<br>화환을 만들다 |
| **wreck** | [rek] [뤡]<br>명 난파(선), 파괴 타자 난파하다 |
| **wrench** | [rentʃ] [뤤취]<br>타 비틀다 명 비틀기, 렌치 |
| **wrest** | [rest] [뤠스트]<br>타 비틀어서 떼다, 비틀다, 곡해하다 |
| **wrestle** | [résl] [뤠슬]<br>자타 씨름하다 명 맞붙어 싸움, 분투 |
| **wrestling** | [réslin] [뤠슬링]<br>명 레슬링, 씨름 |
| **wretch** | [retʃ] [뤠취]<br>명 가엾은 사람, 비열한 사람 |

| **wretched** | [rétʃid] [뤠취드]<br>형 불쌍한, 가엾은 |
|---|---|
| **wriggle** | [rígl] [리그얼] 명 꿈틀거림<br>자타 (지렁이 따위가) 꿈틀거리다 |
| **wring** | [riŋ] [륑]<br>타 틀다, 짜다, 곡해하다<br>\* wring out (물·기름을) 짜내다,<br>(젖은 것을) 쥐어짜다 |
| **wrinkle** | [ríŋkl] [륑크얼]<br>명 주름, 구김살 타자 주름을 잡다 |
| **wrist** | [rist] [뤼스트]<br>명 손목 |
| **write** | [ráit] [롸잇]<br>타자 쓰다, 저술하다, 편지를 쓰다<br>\* write down 기록[기술]하다, 써 두다 |
| **writer** | [ráitər] [롸이터]<br>명 저자, 기자, 필기하는 사람, 작가 |
| **writhe** | [raið] [롸이드]<br>자타 몸부림을 치다 명 몸부림 |

| **writing** | [ráitiŋ] [롸이팅]<br>명 집필, 필적, ((복수)) 저작 |
|---|---|
| **wrong** | [rɔːŋ] [로엉] 형 나쁜, 명 부정, 과오<br>타 학대하다 부 나쁘게<br>* (be) wrong with ~의 상태가 좋지 않다<br>* go wrong (상태가) 나빠지다, 고장이<br>  생기다<br>* in the wrong (태도 · 행동이) 그릇되어 |
| **wrongly** | [rɔ́ːŋli] [로엉리]<br>부 불법으로 부당하게, 잘못하여 |

A
B
C
D
E
F
G
H
I
J
K
L
M
N
O
P
Q
R
S
T
U
V
**W**
X
Y
Z

| | |
|---|---|
| **Xmas** | [éksməs] [엑쓰머쓰]<br>몡 크리스마스(Christmas) |
| **X-ray** | [éksréi] [엑쓰뤠이]<br>몡 ((보통 복수)) X선 혱 엑스선의 |
| **xylophone** | [záiləfòun] [자일러훠운]<br>몡 실로폰, 목금(木琴) |

| yacht | [jat] [얏] <br> 몡 요트, 쾌속정 자 요트를 타다 |
| **Yankee** | [jǽŋki] [앵키] <br> 몡 양키, 미국 사람 혱 양키식의, 미국인의 |
| yard | [jɑːrd] [야아드] <br> 몡 마당, 구내, 야드 |
| **yarn** | [jɑːrn] [야언] <br> 몡 실, 방사(紡絲), 이야기 |
| yawn | [jɔːn] [여언] <br> 몡 하품 자 하품하다 |
| **yeah** | [jáː] [야아] <br> 붑 ((미·구어)) 예, 그렇소(yes) |

| | |
|---|---|
| **year** | [jíə] [이어]<br>명 해, 연(年), 연도, ((보통 복수)) 연령<br>\* year after [by] year; from year to year<br>  매년, 해마다<br>\* year in, (and) year out 일년 내내<br>\* all the year round 일년 내내,<br>  일년 중 내내 |
| **yearly** | [jíərli] [이이얼리]<br>형 1년의, 매년의 부 연 1회, 해마다 |
| **yearn** | [jə:rn] [여어언]<br>자 그리워하다, 동경하다 |
| **yeast** | [ji:st] [이이스트]<br>명 누룩, 효모, 이스트 |
| **yell** | [jel] [예얼]<br>자타 고함치다, 외치다 명 외침 소리 |
| **yellow** | [jélou] [옐로우]<br>형 황색의 명 황색 |
| **yelp** | [jelp] [옐프]<br>자 (개가) 깽깽 짖다 명 개 짖는 소리 |
| **yes** | [jes] [예쓰]<br>부 예 명 yes라는 말, 긍정 |

| | |
|---|---|
| **yesterday** | **[jéstərdèi]** [예스터데이] <br> 명 부 어제 <br> * the day before yesterday 그저께 |
| **yet** | **[jet]** [옛] <br> 부 ((부정사와 함께)) 아직, <br> ((긍정 의문문에서)) 역시 접 그러나 <br> * as yet 현재로서는, 아직까지 |
| **yield** | **[jiːld]** [이얼드] <br> 타 자 산출하다, 굴복하다 명 생산고, 수확 <br> * yield to ~에게 양보하다, ~에 굴복하다, <br> ~에 따르다 <br> * yield up 넘겨주다, 포기하다 |
| **Y.M.C.A.** | 명 ((약어)) Young Men's Christian <br> Association(기독교 청년회) |
| **yoga** | **[jóugə]** [요우거] <br> 명 요가, 수행 |
| **yoke** | **[jouk]** [요욱] <br> 명 지배, 멍에 타 자 멍에를 씌우다 |
| **yonder** | **[jándər]** [얀더] <br> 형 저쪽의 부 저쪽에 |

**zoom**
[zuːm] [주음]
- 몡 (비행기의) 급상승, (물가의) 급등
- 짜 급상승하다
- 탸 (인기가) 오르게 하다

**zym**
[zaim] [자임]
- 몡 효소, 세균성 질환의 병소(病素)

**zyngy**
[záiməːrdʒi] [자이머어쥐]
- 몡 양조학(釀造學)

**you**
[juː, ju] [유우, 유]
- 댸 당신, 당신들, ((호칭)) 여보세요

**young**
[jʌŋ] [영]
- 혱 젊은, 어린 몡 ((집합적)) 젊은이들

**youngster**
[jʌ́ŋstər] [영스터]
- 몡 청(소)년, 젊은이

**youth**
[juːθ] [유우쓰]
- 몡 청년, 청춘, 청춘기

**yule**
[juːl] [유으얼]
- 몡 그리스도의 성탄절, 크리스마스 계절

**Y.W.C.A.**
- 몡 ((약어)) Young Women's Christian Association(기독교 여자 청년회)

A B C D E F G H I J K L M N O P Q R S T U V W X **Y** Z

| | |
|---|---|
| **zeal** | [zi:l] [지얼]<br>몡 열심, 열중(eagerness) |
| **zealous** | [zéləs] [젤러쓰]<br>휑 열심인, 열렬한, 열성적인 |
| **zealously** | [zéləsli] [젤러쓸리]<br>뷔 열심히 |
| **zebra** | [zí:brə] [지이브롸]<br>몡 얼룩말, 제브라 |
| **zenith** | [zí:niθ] [지니이쓰]<br>몡 절정, 천정(天頂) |
| **zero** | [zíərou] [지어로우]<br>몡 영(零), 제로, 영점, ((비유적)) 무(無) |

| | |
|---|---|
| **zest** | [zest] [제스트]<br>몡 풍미, 맛, 묘미 |
| **Zeus** | [zu:s] [주우쓰]<br>몡 (그리스 신화의) 제 |
| **zigzag** | [zígzæg] [지그재그]<br>뷔 꼬불꼬불하게 휑 Z자형 |
| **zinc** | [ziŋk] [징크]<br>몡 아연, 함석 탸 아연을 입히다 |
| **zip code** | [zíp kòud] [집 코우드]<br>몡 ((미)) 우편 번호 |
| **zone** | [zoun] [조운]<br>몡 대(帶), 지대(region)<br>탸 띠로 두르다, 지역으로 나누다<br>* a safety zone 안전 지대 |
| **zoo** | [zu:] [주우]<br>몡 동물원 |
| **zoological** | [zòuəládʒikəl] [조우얼라지커얼]<br>휑 동물학(상)의 |
| **zoology** | [zouálədʒi] [조우알러쥐]<br>몡 동물학 |